高等量子力学（上册）

Advanced Quantum Mechanics

（第三版）

张永德　著

科学出版社
北　京

内 容 简 介

全书共12章，分别为：量子状态描述、对称性分析补充、全同多粒子非相对论量子力学——二次量子化方法述评、量子变换理论概要、非相对论量子电动力学、相对论量子力学及缺陷、量子力学的路径积分表述、多道散射理论(Ⅰ)、多道散射理论(Ⅱ)、近似计算方法、量子纠缠与混态动力学、量子理论述评。外加9个附录。

本书致力于阐述现代物理学的理论基础。全书体系清晰、内容翔实、叙述清楚、分析透彻，适合作为物理类研究生的公共理论基础教材，也是物理学工作者有用的参考书。为了便于教学和自学，除少量普通的或书中已有答案的习题，其他都给出了解答或有关参阅文献。

图书在版编目(CIP)数据

高等量子力学. 上册/张永德著. —3版. —北京：科学出版社，2015.8
ISBN 978-7-03-045431-7

Ⅰ.①高… Ⅱ.①张… Ⅲ.①量子力学 Ⅳ.①O413.1

中国版本图书馆CIP数据核字(2015)第189116号

责任编辑：钱 俊 / 责任校对：张凤琴
责任印制：吴兆东 / 封面设计：铭轩堂设计

科学出版社出版
北京东黄城根北街16号
邮政编码：100717
http://www.sciencep.com

北京中科印刷有限公司印刷

科学出版社发行 各地新华书店经销

*

2009年7月第 一 版 开本：720×1000 1/16
2010年8月第 二 版 印张：18
2015年8月第 三 版 字数：342 000
2025年1月第七次印刷

定价：98.00元

(如有印装质量问题，我社负责调换)

第三版前言

这次历时一年的修改是作者对本书力所能及的最后一次修改。修改的主要内容有：①尽力改进各章的叙述；②增加了5.3节，讲述电磁场真空态能量和Casimir效应；③增加了10.1节，全面详细计算Zeeman效应；④增加了两个附录：附录A比较全面地小结了内容广泛的经典过渡问题，附录I讲述Landau计算能级和磁力线唯象模型关联；⑤删去了原先讲述Hilbert空间的附录A，因为其内容比较常见。于是附录总数从8个变成9个。

改完书稿，本着韩愈的“**传道，授业，解惑**”精神，对初学者说几句学习和思考方法问题。不像经典理论，量子理论问题思考起来时常比较困惑，加之高等量子力学问题计算起来通常也比较繁杂，初学者容易被炫惑。但这时更应当设法直面这些物理困惑，摆脱数学炫惑，注意问题本身(和展开内容)的物理动机、物理思想、物理概念、物理逻辑、物理分析、物理图像、物理结论、物理本质、物理关联……一般而论，

数学计算只是外衣，物理思想才是本体！

不要让人看见你只有手，而要令人感觉你有脑袋。不要对人对己说：

Shut up，Caculate！

不要类似于人们熟知的劝导：

书山有路勤为径，

学海无涯苦作舟。

而要多想想Feynman在学习量子力学的时候，为什么会说：

Young氏双缝是量子力学的心脏！

这里“不要”的两种说法都是片面的、误导性的。对于抱侥幸、想偷懒、不懂事的孩子，这些说法是必要的。但是，对于已经立志做研究的研究生和做学问的人，他们并不抱侥幸也不打算偷懒。**这些说法的主导思想中带有一些匠气，缺乏灵气，不注意提升悟性，偏于造就“匠人”！**

一般地说，成功有四个要素：**天资，勤奋，方法，机遇**。其中，“**方法**”就是“**治学之道**”。如果想避免“**一生辛劳，所获不大**”的结局，除了不由自己做主的“天资”和可遇而不可求的“机遇”无法事前讲究，应当讲究的是这个可以由自己管控的“**治学之道**”！**不可被前面两种说法所误导：以为“勤”就是一切，“苦”就是一切，“治学之道”是不必**

讲究的!

总之,终至一生的整个治学过程都应当是

驭使小道,讲究中道,追求大道!

这里的“**大道**”就是

勤奋多思求悟!

如何去“**求悟**”? 这大体是一个“**大道无形,只可意会,不可言传**”的题目,是“**不拘一格降人才**”的“**见仁见智**”的题目了。

张永德

2015 年 5 月 6 日

第二版前言

趁这次再版机会，对全书作了一次全面的校订和推敲。除了改进一些叙述，改正已发现的书写、公式编号和印刷错误外，主要是继续遵循“向前看”的思想，同时也为了加强第9章Lippmann-Schwinger方程的实用性，添加了当前热点之一的碱金属原子Bose-Einstein凝聚体的Feshbach共振计算，作为新的“附录D”。这个被称作“可爱”的自由度，其实是个超精细作用诱导的超低温下双原子闭道散射问题。与此同时，为了不增加全书份量，基本删除了原先的“附录D”，只保留其中叙述偶极近似部分，将其移入第5章作为5.1.4小节。

张永德

2010年7月12日

第一版前言

本书是作者有关量子理论的几本书之一。此前,《量子力学》和《量子信息物理原理》已由科学出版社出版。而《量子菜根谭——现代量子理论专题分析》已由清华大学出版社出版。

作者对于采用《高等量子力学》作为书名有犹豫。且不去说“高等”二字当前给人的感觉,单从内在逻辑自洽性角度看,“高等”、“量子”、“力学”这三个词有一种古怪而常被人们忽略的“三体排斥作用”:三者之中无论去掉哪一个,都可以构建起逻辑自洽(至少比较自洽)的理论体系:高等力学、量子力学、量子场论等都可以,或者还可以。但三者凑到一块必定构建不出比较“自圆其说”的理论体系!比如,既然已是“高等”的“量子”,难免要涉及粒子产生、湮灭和转化,粒子数真的不守恒了。这就超出了只限于研究物体受外力作用在时空中运动的传统“力学”范畴!也有用《高等量子理论》的,但此名称又宽泛得与量子场理论牵连不清,也许还让人感觉只重理论的偏颇。思前想后,只得是“前面的书名爬,后面的书名跟着爬”了。

20 世纪 80 年代初,作者由四川三线国防单位转入中国科学技术大学,甫始即为研究生讲授《高等量子力学》这门课程。其后三十多年时间里,不断执教着它和其他各类量子课程。与此同时,也一直从事与量子理论有关的研究工作。这本书便是在这样的科研教学背景下,根据作者多年讲稿,结合科研成果和体会整理修订而成。其中包括一些我朋友、学生和国内外学者的适宜纳入本书的研究成果。

写作本书过程中,作者尽力做到体系清晰、内容清新、叙述清楚。关于选择内容、叙述角度、掌握深度等问题,作者遵循的主导思想是:**其一**,现代科学技术发展迅猛,对物理人材素质要求越来越高。当前情势要求教师在讲授《高量》时,在保持系统性和相对稳定性的同时,注意引导学生向前看,顺应科学发展趋势,适当提高标准,不断吐故纳新,缩短与前沿的距离。这对培养高素质研究人材十分重要。**其二**,要讲清当然,更要尽力讲清所以然。注意分析概念实质,揭示理论意图、挖掘物理内涵、交代清楚所讲内容与周边课程的衔接与分界。**其三**,众所周知,总体上,量子理论还存在许多基本困难和尚未弄清楚的重要问题。有鉴于此,作者本着“独立之精神,自由之思想”以开放的思维,求实的态度,说清问题本质,指明认知边界,努力实行“疑难不回避、叙述不含糊、议论不偏执”。虽时有临笔踌躇、颇费思量,但对此方针始终不离不弃。其四,书中选材,除了少部分章节,大体偏重低能、偏重非相对论量子理论。这是为了顾及物理类多数专业(以及材料物理、量子信息、量子化学等)研究生的需要,再考虑到还有相对论量子场论等课程,还有就是为了展示量子理论内在逻辑自洽、结构优美等考虑。

书中将作为依据或是细研深究所需的文献列在脚注内。各章都附有习题，部分为作者自拟。它们不少是书中内容延伸、叙述拓宽、计算落实，所以不应忽视。但由于解答的篇幅较大，所以删去了常见的或书中已叙述的解答。全书共计十二章，九个附录，详见目录。

涵括从非相对论量子力学到相对论量子场论，以及周边量子课程的整个量子理论，其领域广阔无垠，构架雄伟壮观，风姿绚丽卓绝，禀性精灵古怪。不同于其他物理理论，量子理论是大批杰出理论和实验物理学家的共同创造。她是迄今物理学中最宏伟壮丽的宫殿群落，也是应用领域最为宽广的物理理论。她不仅是整个近代物理学的理论基础，甚至正在成为包括量子信息科学、纳米材料与微结构科学、近代化学、近代生物学等几乎整个近代科学的共同理论基础。它不但是一部厚重的科学理论，更是哲学和认识论的重要源头活水。总之，她堪称为人类文化的一块瑰宝奇珍。如果说《量子力学》像一泓清澈明亮的湖水，徘徊激荡着微观世界的天光云影，令人流连忘返；《高等量子力学》便像春雨春水：时而绵绵细细，随心入夜，润思无声；时而乌云白浪，滂沱浩瀚，充满力量。诚如朱熹一首读书诗所说：

昨夜江边春水生，　艨艟巨舰一毛轻；
向来枉费推移力，　今日中流自在行。

倘若读者阅读推算辛劳之后，能够得到这份认知，那正是作者的追求和期盼。

作者感谢吴建达同学，他将作者大量杂乱讲稿和参考材料敲入计算机中。没有他的辛劳，本书问世几乎是不可能的。感谢潘建伟、陈增兵、陈宇翱、陆朝阳等教授。他们不但对作者一贯关心，而且从他们出色工作中作者学到了很多新知识，其中还包括他们向作者介绍了许多新材料和重要文献。感谢胡丹、董莹、汤卫东、邓修豪同学，赵梅生博士和陈建兰博士。他们是本书第一批读者。通过集体阅读讨论，他们对本书初稿提供了不少好意见。感谢中科院合肥分院固体物理所王玉琪教授和曾雉教授，他们盛情邀请给了作者以写作本书的初始动力。感谢香港科技大学孟国武教授提供有关的数学文献并校阅了附录 B 中部分内容。感谢科学出版社胡凯、昌盛、钱俊先生为提高本书出版质量付出的辛勤劳动。

最后，限于作者所知所为所好，一定有适宜纳入本书的好成果未被收纳，欢迎见告。言多必失、算多易误、敬盼指正。

张永德

2008 年 11 月 21 日初稿

2018 年 4 月 5 日清明节修改

目　　录

上册

下册

第 1 章　量子状态描述

1.1　Schrödinger 绘景、Heisenberg 绘景与相互作用绘景

1.1.1　三个绘景

描述微观系统动力学演化过程，有三种不同但物理上等价的观点，分别称为 **Schrödinger 绘景、Heisenberg 绘景、相互作用绘景。**

一方面，**在微观系统动力学演化时，能够直接观测的只有两类量：各种可观察力学量的数值；相应该数值的概率。**它们就是全部的可观测的内容。这里，对“观测概率”的理解是，对微观系统的测量总是对大量相同样本作某组力学量的重复测量，最终以相同测量结果出现的频度近似代替概率。**舍此两类实验观测的要素都是主观人造的事物。**

另一方面，人们为了对微观系统进行理论描述，构造出**力学量算符和动力学态矢。**它们是两个理论要素。**实验表现是自然界的、客观的，不随人们思想意志改变的；但理论是人为拟定的、主观的，按各种层次考量都是可以改变的。**按 Wigner 定理，一个可能含时的幺正(反幺正)变换 $\boldsymbol{U}$，当它以下面方式作用态矢和算符，使两者产生如下配套变换：

$$\boxed{\boldsymbol{U}:\quad \begin{cases} |\psi\rangle \rightarrow \boldsymbol{U}\,|\psi\rangle \equiv |\psi^{(U)}\rangle \\ \boldsymbol{\Omega} \rightarrow \boldsymbol{U\Omega U}^{-1} \equiv \boldsymbol{\Omega}^{(U)} \end{cases}} \tag{1.1}$$

变换 $\boldsymbol{U}$ 前后，系统所有可观测物理性质(包括全部测量概率、全体力学量算符的本征值)不会改变。比如，全部概率幅保持不变，因为

$$\langle\varphi^{(U)}\,|\,\boldsymbol{\Omega}^{(U)}\,|\,\psi^{(U)}\rangle = \langle\varphi\,|\,\boldsymbol{U}^{+}\cdot\boldsymbol{U\Omega U}^{-1}\cdot\boldsymbol{U}\,|\,\psi\rangle = \langle\varphi\,|\,\boldsymbol{\Omega}\,|\,\psi\rangle$$

再比如，(在幺正变换下)基本对易子保持不变，因为

$$x^{(U)}p^{(U)} - p^{(U)}x^{(U)} = \boldsymbol{U}x\boldsymbol{U}^{-1}\boldsymbol{U}p\boldsymbol{U}^{-1} - \boldsymbol{U}p\boldsymbol{U}^{-1}\boldsymbol{U}x\boldsymbol{U}^{-1} = \boldsymbol{U}(xp - px)\boldsymbol{U}^{-}1 = \mathrm{i}\hbar$$

于是，就实验观测而言，变换前后系统在物理上是等价的。

要求式(1.1)体现物理等价原则是下面三个绘景相互转换的依据，是构成它们之间转换关系的准则。注意，尽管变换前后物理等价，但系统算符和态矢的表达形式会有很大改变。特别是，如果变换 $U = U(t)$ 与时间相关，则系统运动方程的形式会发生很大的变化(详细见下)。

现在的问题是，**在微观系统演化中，算符和态矢这两个人造事物如何分担描写系统演化的任务。常见三种观点：①Schrödinger 绘景：令态矢承担系统的全部演化，力**

学量算符不承担;②Heisenberg 绘景:令力学量算符承担系统的全部演化,态矢不承担;③相互作用绘景:两者各有分担,各随时间变化。将三个绘景中任意算符和态矢用顶标标记,即

$$(\Omega^{(S)},|\psi^{(S)}\rangle),(\Omega^{(H)},|\psi^{(H)}\rangle),(\Omega^{(I)},|\psi^{(I)}\rangle) \tag{1.2a}$$

绘景问题有三点要素:第一,尽管三个绘景的观点很不同,但它们应当在物理上等价——三个绘景算出的两类观测要素数值必须对应相同。于是规定:由三个绘景计算出的任意概率幅都相等,即

$$\boxed{\langle\psi^{(S)}|\Omega^{(S)}|\varphi^{(S)}\rangle=\langle\psi^{(H)}|\Omega^{(H)}|\varphi^{(H)}\rangle=\langle\psi^{(I)}|\Omega^{(I)}|\varphi^{(I)}\rangle} \tag{1.2b}$$

式(1.2)是支配三个绘景相互关系的基本准则。它规定了各个绘景的两个理论要素——态矢和算符如何配套变换;第二,约定三个绘景的定义,即约定各自态矢定义;第三,既然描述同一微观系统,初态和 Hamilton 量相同,于是约定 $t=t_0$ 时刻三种图像相互重合,

$$|\psi^{(H)}\rangle=|\psi^{(S)}(t_0)\rangle=|\psi^{(I)}(t_0)\rangle,\quad \Omega^{(S)}=\Omega^{(H)}(t_0)=\Omega^{(I)}(t_0) \tag{1.2c}$$

可以抹去初态绘景标记。下面由此总体规定出发分别阐述三个绘景。

Schrödinger 绘景。此绘景对态矢演化已有定义

$$\boxed{|\psi^{(S)}(t)\rangle=U^{(S)}(t,t_0)|\psi(t_0)\rangle} \tag{1.3}$$

$|\psi(t_0)\rangle$ 是 Schrödinger 绘景初始时刻态矢,简称初态。$U^{(S)}(t,t_0)$ 是系统时间演化算符。按 $U^{(S)}(t,t_0)$ 的实际上应为逐步演化的物理含意,可写为

$$\begin{cases}U^{(S)}(t,t_0)=\lim\limits_{\Delta t\to 0}\mathrm{e}^{-\mathrm{i}H(t)\Delta t/\hbar}\mathrm{e}^{-\mathrm{i}H(t-\Delta t)\Delta t/\hbar}\cdots\mathrm{e}^{-\mathrm{i}H(t_0)\Delta t/\hbar}\equiv T\mathrm{e}^{-\mathrm{i}\int_{t_0}^{t}H(t)\mathrm{d}t/\hbar}\\ \mathrm{i}\hbar\dfrac{\partial U^{(S)}(t,t_0)}{\partial t}=H(t)U^{(S)}(t,t_0),\quad U^{(S)}(t_0,t_0)=I\end{cases} \tag{1.4}$$

这里时序算符 T 定义为:当若干个含时算符连乘时,T 的作用是按这些算符所含时间大小依序自"左 → 右"对其进行排列。即具有较早(较小)时刻的算符排在较晚(较大)时刻算符的右边(前边),则

$$T[\cdots A(t_i)\cdots B(t_j)\cdots]=[\cdots B(t_j)\cdots A(t_i)\cdots],\quad t_j\geqslant t_i$$

这种排序是一种硬性规定,所以依序重排时不顾各算符乘子彼此是否对易①。因此,在 T 作用下不妨任意调换各算符乘子的顺序。T 的作用不可误解为保持原等式成立的恒等运算(不同于微分积分等运算)。

习题 1.1　对式(1.4)的第 1 式直接求导得到第 2 个方程。

Schrödinger 绘景中,态矢按全 Hamilton 量 $H=H_0+V\equiv H^{(S)}$ 的含时 Schrödinger 方程演化,

---

① 注意,此处 T 的定义是,各个算符重新排序时不出符号。将来还有另一种定义:单次交换时规定要出负号。

$$\mathrm{i}\hbar \frac{\partial \mid \psi^{(S)}(t)\rangle}{\partial t} = H(t) \mid \psi^{(S)}(t)\rangle \tag{1.5}$$

注意,在此绘景中算符维持原状,于是位置和动量算符均不显含时间。一般说来,算符即便与时间有关,也只是由于自身的原因,与系统演化无关(由于 V 可能依赖时间,H 可能含时),**但时间导数算符除外**。时间导数算符的平均值是原算符平均值的时间导数。于是,**即使该算符本身不显含时间,只要它与 Hamilton 量 $H(t)$ 不对易,其时间导数算符不但不为零,还可能显含时间。这显示导数算符将表现出和 H 有关的动力学演化。注意,计算时间导数算符矩阵元所用的配套态矢为 $\mid \psi^{(S)}(t)\rangle$ (而不是 $\mid \psi(t_0)\rangle$) ,它们还应当是 Schrödinger 绘景算符。所以不要一看见含时算符就认为其是 Heisenberg 绘景算符。Schrödinger 绘景主要特征是态矢承担由 $H(t)$ 产生的全部演化,(除时间导数算符外)算符不承担此种演化。**此绘景由 Schrödinger 于 1926 年提出,故有此名。

Heisenberg 绘景。此绘景规定态矢不随时间演化。这等于要求它们是 Schrödinger 绘景态矢经受逆演化,返回到初态。由此按第一条准则立即得知,Heisenberg绘景的任意态矢和算符定义为

$$\boxed{\begin{cases} \mid \psi^{(H)}(t)\rangle = U^{(S)}(t,t_0)^{-1} \mid \psi^{(S)}(t)\rangle = \mid \psi(t_0)\rangle \\ \Omega^{(H)}(t) = U^{(S)}(t,t_0)^{-1}\Omega^{(S)}(t)U^{(S)}(t,t_0) \end{cases}} \tag{1.6}$$

这里态矢变换已规定,相应选配算符的变换以保证任意概率幅不变,

$$\langle \psi^{(H)}(t) \mid \Omega^{(H)}(t) \mid \varphi^{(H)}(t)\rangle = \langle \psi^{(S)}(t) \mid \Omega^{(S)}(t) \mid \varphi^{(S)}(t)\rangle$$

因此,**Heisenberg 绘景的特征是:系统全部演化由算符承担,态矢始终保持为初态。**态矢和算符随时间变化的方程为

$$\begin{cases} \dfrac{\mathrm{d} \mid \psi^{(H)}(t)\rangle}{\mathrm{d}t} = 0 \\ \dfrac{\mathrm{d}\Omega^{(H)}(t)}{\mathrm{d}t} = \dfrac{\partial \Omega^{(H)}(t)}{\partial t} + \dfrac{1}{\mathrm{i}\hbar}[\Omega^{(H)}(t), H^{(H)}(t)] \end{cases} \tag{1.7}$$

其中,$H^{(H)}(t) \equiv (U^{(S)})^{-1}H(t)U^{(S)}$,$\dfrac{\partial \Omega^{(H)}}{\partial t} \equiv (U^{(S)})^{-1}\dfrac{\partial \Omega^{(S)}}{\partial t}U^{(S)}$ $\left(\text{于是有}\ \langle \psi^{(H)} \left| \dfrac{\partial \Omega^{(H)}}{\partial t} \right| \varphi^{(H)}\rangle = \langle \psi^{(S)} \left| \dfrac{\partial \Omega^{(S)}}{\partial t} \right| \varphi^{(S)}\rangle\right)$,偏导数只对算符 $\Omega^{(S)}$ 中显含的时间参数进行。一般说来,$\Omega^{(H)}(t)$ 是一个复杂的含时算符集团。

习题 1.2 直接对式(1.6) $\Omega^{(H)}(t)$ 求导得出 Heisenberg 绘景中算符演化方程(1.7)。

特例是 $\Omega^{(S)} = H(t)$,$\Omega^{(H)} = H^{(H)}(t)$,$\dfrac{\mathrm{d}H^{(H)}}{\mathrm{d}t} = \dfrac{\partial H^{(H)}}{\partial t} \neq 0$。注意,只有系统为不显含时间的情况,时间导数算符的对易子中才有 $H^{(H)}(t) = H$。但这时导数算符的整个计算结果仍然是 Heisenberg 绘景算符,和 Schrödinger 绘景算符并不相等。因为用来和它配套作矩阵元计算的态矢是 $\mid \psi(t_0)\rangle$(而不是 Schrödinger 绘景所用的

$|\psi^{(S)}(t)\rangle$)。此绘景于 1925～1926 年由 Heisenberg，Born 等提出。

相互作用绘景。除上面两种极端绘景之外，另有一种中介绘景——相互作用绘景。建立此图像的目的与微扰论计算密切相关，和 H 是否可以划分为 $H=H_0+V$ 为前提。一般说来，有相互作用的 H 很难严格求解，这时近似求解可按微扰论思想将 H 划分为两部分，即 $H=H_0+V$，其中 H_0 的本征值和本征函数为已知，称为参照系统，V 是感兴趣的相互作用。当然，这里 H_0 也可以含有别种相互作用，甚至和复合粒子的束缚态相联系，不一定非得是真正自由的。

为叙述方便，**称根源于 V 的演化为动力学演化，而称根源于 H_0 的演化为运动学演化。**现在定义：**t 时刻相互作用绘景态矢 $|\psi^{(I)}(t)\rangle$ 为 t 时刻 Schrödinger 绘景态矢 $|\psi^{(S)}(t)\rangle$ 再按 H_0（而不是按 H!）逆演化返回初始时刻 t_0，即**

$$\boxed{|\psi^{(I)}(t)\rangle=U_0^{(S)}(t,t_0)^{-1}|\psi^{(S)}(t)\rangle} \tag{1.8a}$$

这里 $U_0^{(S)}(t,t_0)=T\exp\left\{-\mathrm{i}\int_{t_0}^{t}H_0(\tau)\mathrm{d}\tau/\hbar\right\}$ 是由 $H_0(t)$ 生成的演化。于是，**在相互作用绘景中，态矢和相应的时间演化算符规定为**

$$\begin{cases}|\psi^{(I)}(t)\rangle=U^{(I)}(t,t_0)|\psi(t_0)\rangle\\ U^{(I)}(t,t_0)\equiv U_0^{(S)}(t,t_0)^{-1}U^{(S)}(t,t_0)\end{cases} \tag{1.8b}$$

与此对应，Schrödinger 绘景的算符向相互作用绘景的转换为

$$\boxed{\Omega^{(I)}(t)=U_0^{(S)}(t,t_0)^{-1}\Omega^{(S)}(t)U_0^{(S)}(t,t_0)} \tag{1.9}$$

显然，只有式(1.8)和式(1.9)配套，两个绘景相应矩阵元才相等，即

$$\langle\psi^{(I)}(t)|\Omega^{(I)}(t)|\varphi^{(I)}(t)\rangle=\langle\psi^{(S)}(t)|\Omega^{(S)}(t)|\varphi^{(S)}(t)\rangle$$

对态矢定义求导即知，此时态矢和算符随时间变化的方程为

$$\begin{cases}\mathrm{i}\hbar\dfrac{\mathrm{d}|\psi^{(I)}(t)\rangle}{\mathrm{d}t}=V^{(I)}(t)|\psi^{(I)}(t)\rangle\\ \dfrac{\mathrm{d}\Omega^{(I)}(t)}{\mathrm{d}t}=\dfrac{\partial\Omega^{(I)}(t)}{\partial t}+\dfrac{1}{\mathrm{i}\hbar}[\Omega^{(I)}(t),H_0^{(I)}(t)]\end{cases} \tag{1.10}$$

其中

$$\begin{cases}V^{(I)}(t)\equiv U_0^{(S)}(t,t_0)^{-1}V(t)U_0^{(S)}(t,t_0),\quad H_0^{(I)}(t)\equiv U_0^{(S)}(t,t_0)^{-1}H_0(t)U_0^{(S)}(t,t_0)\\ \dfrac{\partial\Omega^{(I)}(t)}{\partial t}\equiv U_0^{(S)}(t,t_0)^{-1}\dfrac{\partial\Omega^{(S)}(t)}{\partial t}U_0^{(S)}(t,t_0)\end{cases}$$

习题 1.3 导出相互作用绘景中的算符演化方程和态矢演化方程。

其实，从 Schrödinger 绘景的 Schrödinger 方程，两边施以变换 $U_0^{(S)}(t,t_0)^{-1}$（如 H_0 不含时，变换即为 $\mathrm{e}^{\mathrm{i}H_0(t-t_0)/\hbar}$），即得式(1.10)中的态矢方程。同时，从态矢方程两边抽除初态，又直接得到时间演化算符方程

$$\boxed{\mathrm{i}\hbar\frac{\mathrm{d}U^{(I)}(t,t_0)}{\mathrm{d}t}=V^{(I)}(t)U^{(I)}(t,t_0),\quad U^{(I)}(t_0,t_0)=I} \tag{1.11}$$

式(1.10)的特点是,态矢随时间变化决定于 $V^{(I)}(t)$,正比于其中的相互作用 $V(t)$(含意是正比于其中参数),而不像通常 Schrödinger 方程正比于系统的 Hamilton 量 $H(t)$。注意:一方面,由于 V、H_0 一般不对易,不论 V、H_0 是否显含时间,$V^{(I)}(t)$都将显含时间,所以一般说来,相互作用绘景的态矢方程对应一个含时系统;另一方面,算符随时间变化(除去自身显含时间部分外)则由 H_0 决定,与相互作用 $V(t)$ 无关,完全和无相互作用 $V(t)$ 下的 Heisenberg 算符那样演化。总之,按照并不严谨的说法,相互作用绘景中态矢承担系统的动力学演化,而算符则承担系统的运动学演化。

最后指出,**绘景概念应当和以前的表象概念相互区别。表象是指确定了一组完备力学量算符组之后,选取它们共同本征函数族作为基矢,用以展开并描述任意态矢。所以常说,选取表象就是选取基矢。而绘景并不涉及基矢的选取,只涉及在系统的算符和态矢之间如何分配动力学演化和运动学演化问题。**

至此已经完全建立起了三个绘景。下面就 Heisenberg 绘景和相互作用绘景作进一步的叙述。

1.1.2 Heisenberg 绘景的进一步叙述

由式(1.6)和式(1.7)可知,虽然通常 $\Omega^{(S)}$ 不显含 t(不计时间导数算符和非孤立系 Hamilton 量算符),除非 $\Omega^{(S)}$ 与 $U^{(S)}(t,t_0)$ 对易(在 H 显含 t 情况下,要求 $\Omega^{(S)}$ 与所有时刻的 $H(t)$ 对易),否则 $\Omega^{(H)}$ 总与 t 有关,体现系统的演化。**在 Heisenberg 绘景中用量子 Poisson 括号表示的算符演化方程,与正则框架中用 Poisson 括号表示的经典运动方程形式完全相同。**这正是以前常用 Heisenberg 绘景进行量子化的缘故:**经典力学系统经量子化后就立即转到此绘景。然而,由于 Heisenberg 绘景的运动方程是算符方程,未知数是算符、是矩阵,待求的未知数个数比 Schrödinger 绘景态矢方程多得多,比较难于求解。所以一般说来,Heisenberg 绘景有利于理论形式的探讨及与经典类比,不适合进行具体的数值计算。**

下面在 Heisenberg 绘景中举一些算例作为说明。设 H 不含时,找一组与 H 对易的可观察量的完全集 $\{\xi\}$。由于 H 与它们全都对易,H 是它们的函数[②]。在使这组力学量算符对角化的表象(取它们共同本征态矢作基矢)中写出矩阵形式方程,这便是 Heisenberg 于 1925 年最初表达量子力学使用的形式。在此表象中算符 $\Omega^{(H)}$ 的矩阵元为

$$\langle\xi'\mid\Omega^{(H)}(t)\mid\xi''\rangle=\langle\xi'\mid \mathrm{e}^{\mathrm{i}H(t-t_0)/\hbar}\Omega^{(S)}\mathrm{e}^{-\mathrm{i}H(t-t_0)/\hbar}\mid\xi''\rangle=\mathrm{e}^{\mathrm{i}(E'-E'')(t-t_0)/\hbar}\langle\xi'\mid\Omega^{(S)}\mid\xi''\rangle$$

其中,$E'=E(\xi')$,$E''=E(\xi'')$。由于通常取 $\langle\xi'\mid$ 为 t_0 时刻的,所以它正是 Heisenberg 绘景下的基矢。但对定态问题,通常也用它作基矢来计算 Schrödinger 绘景下的矩阵元。

---

② Dirac P A M. 量子力学原理. 陈咸亨译,喀兴林校. 北京:科学出版社,1965,:78,定理 2。

(1)一维量子谐振子 $H=\frac{1}{2m}[(p^{(H)})^2+m^2\omega^2(q^{(H)})^2]$，

$$\dot{q}^{(H)}=\frac{\partial H}{\partial p^{(H)}}=\frac{p^{(H)}}{m},\quad \dot{p}^{(H)}=-\frac{\partial H}{\partial q^{(H)}}=-m\omega^2 q^{(H)}$$

于是

$$\frac{d^2q^{(H)}}{dt^2}=\frac{1}{m}\frac{dp^{(H)}}{dt}=-\omega^2 q^{(H)},\quad 即\quad \ddot{q}^{(H)}+\omega^2 q^{(H)}=0$$

求解得

$$q^{(H)}(t)=c_1\cos\omega t+c_2\sin\omega t,\quad p^{(H)}(t)=-c_1 m\omega\sin\omega t+c_2 m\omega\cos\omega t$$

利用初条件 $q^{(H)}(t=0)=q, p^{(H)}(t=0)=p$，得

$$\begin{cases}q^{(H)}(t)=q\cos\omega t+\frac{p}{m\omega}\sin\omega t\\ p^{(H)}(t)=-qm\omega\sin\omega t+p\cos\omega t\end{cases}$$

如果定义新算符 $\eta^{(H)}(t)=\frac{1}{\sqrt{2m\hbar\omega}}(p^{(H)}(t)+im\omega q^{(H)}(t))$，将 $p^{(H)}, q^{(H)}$ 表达式代入得

$$\eta^{(H)}(t)=\eta(0)e^{i\omega t}$$

其中，$\eta(0)=\frac{1}{\sqrt{2m\hbar\omega}}(p+im\omega q)$。

(2)自由粒子 $H=\frac{1}{2m}(p^{(H)})^2$

$$\begin{cases}\dot{x}^{(H)}=\frac{\partial H}{\partial p^{(H)}}=\frac{p^{(H)}}{m}\\ \dot{p}^{(H)}=-\frac{\partial H}{\partial x^{(H)}}=0\end{cases}\Rightarrow\begin{cases}x^{(H)}(t)=x+\frac{p}{m}t\\ p^{(H)}(t)=p\end{cases}$$

当然也可以用 $x^{(H)}(t)=e^{\frac{i}{\hbar}Ht}xe^{-\frac{i}{\hbar}Ht}$ 公式，计算对易子办法得到。

习题 1.4 计算 Heisenberg 绘景中的相对论自由粒子③。

1.1.3 相互作用绘景的进一步叙述

如果用并不严谨的方式理解由 Schrödinger 绘景向相互作用绘景的转换，则态矢所作变换 $U_0^{(S)}(t,t_0)^{-1}$ 仿佛是：**将 Schrödinger 绘景中态矢的全部动力学演化划分为运动学演化和动力学演化，将其中运动学演化以逆变换的形式予以(初步的并非完全的)“抵消”。于是态矢的演化就基本取决于动力学的相互作用，体现在态矢演化方程中；而运动学演化则大部分转嫁到算符上，体现为算符的演化方程。正由于态矢演化中剔除了占很大部分的(属于运动学演化的)“本底”，态矢的这种理论框架就很适合于复杂相互作用时对态矢演化作近似处理。这正是它名称的由来。**

---

③ Dirac P A M. 量子力学原理. 陈咸亨译，喀兴林校. 北京：科学出版社，1965：120.

将时间演化算符 $U^{(I)}(t,t_0)$ 方程(1.11)作形式积分并利用初条件,就得到关于它的积分方程

$$\begin{cases} U^{(I)}(t,t_0) = 1 + \dfrac{1}{i\hbar}\displaystyle\int_{\tau=t_0}^{\tau=t} d\tau V^{(I)}(\tau)U^{(I)}(\tau,t_0) \\ V^{(I)}(\tau) = U_0^{(S)}(\tau,t_0)^{-1}V(\tau)U_0^{(S)}(\tau,t_0) \end{cases} \tag{1.12}$$

这种积分形式提示,当感兴趣的相互作用 V 相对 H_0 而言不大时,$U^{(I)}(t,t_0)$ 计算(实践中常转化为态矢计算)可以用迭代近似展开,成为无穷级数,并能合理地指望级数收敛(至少是渐近收敛),从而能够以截断近似求解。这正是微扰论求解大量问题时的做法。所以,将系统 Hamilton 量 $H=H_0+V$ 划分为两部分,当 V 是小量时,相互作用绘景适用于作各阶微扰近似计算。

1.1.4 三个绘景小结

三个绘景之间的变换都是含时幺正变换。算符和态矢配套变换的结果是:运动方程形式不变、量子化条件形式不变、全部概率幅数值不变。无论从理论计算或者实验观测来看,物理上三种图像完全等价。

作为保持三者等价的前提条件,已经规定初始时刻($t=t_0$)三个绘景的态矢和算符(注意不包括它们导数)相同。也就是说,三个绘景出发点共同,各类运动方程的初条件不因绘景而异。

Schrödinger 绘景中态矢荷载着全部演化,而算符则完全不荷载(不计导数算符情况),因此,该绘景的主要任务是计算态矢(或波函数);Heisenberg 绘景与此相反,全部演化归于算符,态矢保持不变,主要任务是计算矩阵;相互作用绘景介于两者之间,是一种中介绘景(确切说是"中间偏向 Schrödinger"),相互作用影响归于态矢,主要计算的依然是态矢,而不是(荷载着运动学演化的)算符。

习题 1.5 按可能性,还存在另一种中间绘景——"中间偏 Heisenberg"的,即由 Schrödinger 绘景作变换 $U'(t,t_0) = Te^{-\frac{i}{\hbar}\int_{t_0}^{t}V(\tau)d\tau}$。于是

$$|\psi_*(t)\rangle = U'^{-1}|\psi_S(t)\rangle,\quad \Omega_*(t) = U'^{-1}\Omega_S U'$$

导出相应态矢方程和算符方程。但是,为什么人们不谈及这个绘景?

习题 1.6 当 H 本身不是厄米的,或 H 厄米但 H_0,V 的划分不保证两者都厄米的情况下,将出现绘景之间的不等价问题。请根据式(1.6)和式(1.8),讨论为什么会如此。

1.2 量子系综与密度矩阵(Ⅰ)——基本概念

1.2.1 量子系综与混态

1. 量子系综

首先要强调一下纯态概念。量子理论一直假定孤立的微观力学系统每一时刻都

处在确定的量子状态上，这个量子状态可以用 Hilbert 空间的一个态矢完整地描述——孤立系统全部可观测的运动特征完全由这个态矢确定。或者说，迄今为止，用一个复值概率幅函数对孤立微观力学系统进行的描述可以概括所有测量实验收集到的该系统的全部信息，所以概率幅函数的描述是量子理论能够做到的对孤立微观力学系统的完备描述。这一类能够用单个态矢(或概率幅)完备描述的状态就称为纯态。最简单的纯态是一组完全力学量组的本征态，但纯态也可以是含时相干叠加态。**总之，量子理论一直坚持认为(严格说这只是目前人们的信念)，任何孤立的微观粒子体系必定处于纯态。从微观系统到宏观宇宙的所有系统，只要可以看成是相对孤立的，它们就必定能够用某个纯态来描述。当然，不同的孤立系可能因为历史和初边条件的不同，所处纯态或是保持稳定、或因叠加纠缠而随时间变动，彼此有很大差异。**

进一步，人们经常不得不同时观察并处理大量的微观粒子。如果这些微观粒子都处于相同的纯态上，这时它们所组成的状态集合就称为“完全纯态系综”，简单地称为纯态；但更经常的是它们并非都处于同一个纯态上。这时对微观系统的描述会遇到，要么很难或不需要对单个粒子完全准确地了解；要么无法做到对每个粒子完全准确地描述。对于前者，如反应堆中大量中子，总体上人们不可能对每一个中子指定一个态矢并用态矢集合 $\{|\boldsymbol{p},S_z\rangle,\forall\boldsymbol{p},S_z\}$ 作完全准确的描述，所以不得不“退而求其次”，采用统计性的描述。对于后者，举下面两个例子：①如果两个中子处在自旋纠缠态，即它们的自旋波函数为 $\psi_S(1,2)=\frac{1}{\sqrt{2}}(|\uparrow\rangle_1|\downarrow\rangle_2-|\downarrow\rangle_1|\uparrow\rangle_2)$，虽然两个中子作为整体处于自旋为零的纯态，对两者测量结果的关联性是确定的，但每个中子的状态都因为依赖对方而不确定。对任一方进行测量，都必定导致随机坍缩，显示出状态的不确定性；②同样，在 e^--e^+ 散射中，正负电子组成一个系统确实有自己的波函数，但作为子系统的电子(或正电子)并没有自己独立的波函数，一方波函数中含有另一方参数。比如，电子极化矢量就不能不依赖于正电子的状态。这些事例说明，人们经常遇到：**难于写出或者干脆没有关于子系统的完整的最大信息，无法用一个纯态去完全描述每个子系统的行为。于是，必须引入一个重要的基本的概念：“量子系综”，以便对它们进行总体上的统计性描述。**

定义 ***N* 个微观粒子组成的状态集合，集合中粒子处于各种不同的、不一定相互正交的纯态上。假定集合的分布是：n_i 个粒子处于纯态 $|\psi_i\rangle$ $(i=1,2,\cdots)$ 等。称此集合为一个量子系综，记为**

$$\varepsilon=\left\{|\psi_i\rangle,n_i,\sum_i n_i=N\right\} \tag{1.13a}$$

所以，量子系综一般是由不同纯态组成的状态序列或状态集合。

当量子系综的粒子总数 $N\to\infty$ 时，$\frac{n_i}{N}\to p_i$，有

$$\varepsilon = \left\{ |\psi_i\rangle, p_i, \sum_i p_i = 1 \right\} \tag{1.13b}$$

设定的概率分布 $\{p_i\}$ 是先验的,要么根据另外分析与计算,要么根据实验测量,假定为已知的。**注意,量子系综的序列表示式(1.13)已经表明它的制备信息。**比如,处于状态序列 $\varepsilon = \{|+z\rangle, 1/2; |-z\rangle, 1/2\}$ 的电子系综,其制备方案可以是:一个大箱子中装有大量黑白两色小球,各占一半;随机摸出一个小球,按小球颜色决定实验制备出电子自旋朝上或是朝下;最后得到的状态序列就是所需要的量子系综。

这里需要指出量子测量的作用。量子系综也经常来源于重复测量。一般说来,对微观系统的每次测量会导致随机坍缩(测量数据呈现统计性质)。这种随机性出现在两种场合:一种是对叠加态进行的"投影测量";另一种是对纠缠态一方进行"不完全测量"。它们都导致不同纯态的非相干的混合,制备出各种量子系综。

详细些说,一个完备力学量组 $\{\boldsymbol{\Omega}\}$ 的共同本征态族 $\{|\omega_n\rangle, \forall n\}$ 可以作为基矢,支撑一个表象。此表象的测量装置对输入被测态进行测量时,以一定的概率(测量效率)和被测态作用。单次测量作用的结果是,被测态随机地坍缩向它所蕴含的某个本征态 $|\omega_n\rangle$。这就是常说的波包向本征态随机坍缩(随机性出现在上述两种场合)。$\{\boldsymbol{\Omega}\}$ 测量装置仿佛是"$\{\boldsymbol{\Omega}\}$ 本征态 $\{|\omega_n\rangle, \forall n\}$ 随机过滤器"。对大量相同纯态(完全纯态系综)进行重复测量,结果是将被测态按 $\{|\omega_n\rangle, \forall n\}$ 展开,以展开式系数模平方的预期概率,检出被测态中所含全部 $\{\boldsymbol{\Omega}\}$ 的本征态,并以同样的预期概率给出与此本征态相应的本征值。总之,完备力学量组 $\{\boldsymbol{\Omega}\}$ 的重复测量,就是将被测态按表象基矢展开并随机过滤。最后结果是制备出展开式所含 $\{\boldsymbol{\Omega}\}$ 本征态族的一个非相干集合,一个纯态系综

$$\boxed{|\Phi\rangle = \sum_n c_n |\omega_n\rangle \xrightarrow{\{\Omega\}\text{测量}} (|c_n|^2, |\omega_n\rangle, \forall n)} \tag{1.14}$$

2. 混态

量子系综概念直接导致混态概念:**将"纯态系综"归一化,使用描写单个粒子状态的语言,就是混态概念。混态定义是,若干纯态按一定概率分布的非相干混合(注意,这里不是概率幅的相干叠加,否则将是一个纯态)。**使用混态,要么是为了表现量子系综的统计性质,要么是为了描写处于量子纠缠中的子系统(进一步叙述见约化密度矩阵)。**前面强调过,任何孤立的微观粒子体系总是处于纯态,哪怕是处于含时叠加纯态或是(和其他的粒子体系共处成为一个可视为孤立系的)纠缠纯态,而不会处于任何混态。**不可以依据"客观物理实在"观点,将混态概念用于可以看成孤立的微观粒子体系。

举例说明。沿 x 轴极化的电子束入射到磁场沿 z 轴方向的 Stern-Gelach 装置。入射前,若沿 z 轴分解看入射电子束的量子态,本来是沿 $\pm z$ 轴的相干叠加态,用纯态描述。在射入装置并经过测量后,出射电子束的自旋态将需要用 $\pm z$ 轴各占一半的混态描述。

3. 系综平均

对算符 Ω 期望值进行量子系综平均，定义

$$\boxed{\langle\Omega\rangle=\sum_i p_i\langle\psi_i\mid\Omega\mid\psi_i\rangle}\tag{1.15}$$

这种基于量子系综的统计平均计算包含了两个层次的平均操作：先对所有纯态进行量子力学平均 $\langle\psi_i|\Omega|\psi_i\rangle$，得到一系列期望值；再将全部期望值以设定权重分布 $\{p_i\}$ 进行经典平均。需要后面平均是由于对这些粒子的状态，就单个而言，缺乏完全准确的掌握。

举例说明两者的区别。设有纯态 $|\Psi\rangle=\sum\limits_i\sqrt{p_i}\ |\psi_i\rangle$ 以及对应的混态 $\varepsilon=\{|\psi_i\rangle,p_i\}$。在进行本征态族为 $\{|\psi_i\rangle\}$ 的力学量测量中，这两种态表现相同：以 p_i 的概率得到 $|\psi_i\rangle$ 态。然而，在其他的种类测量时，两者表现就会不同。比如，求力学量 A 的期望值，它们分别给出

$$\boxed{\begin{cases}(\overline{A})_{\text{pure}}=\sum\limits_i^n p_i\langle\psi_i\mid A\mid\psi_i\rangle+\sum\limits_{i,j,i\neq j}^n\sqrt{p_ip_j}\langle\psi_i\mid A\mid\psi_j\rangle\\(\overline{A})_{\text{mix}}=\sum\limits_i^n p_i\langle\psi_i\mid A\mid\psi_i\rangle\end{cases}}\tag{1.16}$$

两者差别在于有无(非对角元的)交叉项：纯态有，混态没有。

换个角度再谈。如果系综与外界有相互作用，通过把有关的外界包括进来组成大系统的办法，总可以将大系统看成孤立系，处于纯态。总波函数将依赖于系综变量 x 和外界变量 q。对系综的 Ω 作测量，有

$$\Phi\ (x,q,t)_{\text{total}}=\sum_n C_n(q,t)\varphi_n(x,t)$$

$$\Rightarrow\overline{(\Phi,\Omega\Phi)_{x,t}}=\sum_{n,m}C_n^*(qt)C_m(qt)\overline{\int\mathrm{d}x\varphi_n^*(xt)\Omega\varphi_m(xt)}\quad(\text{量子平均})$$

$$\Rightarrow\langle\Omega\rangle=\overline{\overline{(\Phi,\Omega\Phi)_{xt,qt}}}=\sum_m\overline{C_m^*(q,t)C_m(q,t)}\langle\Omega\rangle_{mm}\quad(\text{经典平均})\tag{1.17}$$

这里，量子平均上的横杠表示对时间平均。**量子统计力学的基本假设**[④]**：**

其一，等概率假设。同一能级所有简并态出现的概率相等。

其二，无规相差假设。按此假设有(解释见下)

$$\overline{\int\mathrm{d}x\varphi_n^*(xt)\Omega\varphi_m(xt)}=\langle\Omega\rangle_{nm}\delta_{nm}\Rightarrow\langle\Omega\rangle=\sum_n|C_n|^2\langle\Omega\rangle_n\quad\left(\sum_n|C_n|^2=1\right)$$

④ 关于此原理的进一步叙述还见 1.4.1 节。注意这里展开取能量表象，不一定是 Ω 本征展开。

这里“无规相差假设”排除了不同能级概率幅之间的干涉。这在测量统计分析中很重要,但也许不知它之所由。解释如下:注意每个定态后面还有一个时间相因子 $e^{-iEt/\hbar}$,因此不同能级间有一个时间相关的位相差:$e^{-i(E_m-E_n)t/\hbar}$。只要记住 $\hbar=6.582\times10^{-16}\,\text{eV}\cdot\text{s}$ 很小就会理解,相对于通常的能级间距(即使小到 $\sim0.001\text{eV}$)乘以测量持续时间(即使短到 $1\text{ns}=10^{-9}\text{s}$)来说,$\hbar$ 也足够小。正是由于这个位相差因子快速正负交变的振荡,在很多个振荡周期的测量持续时间内将所测结果抹平成为零。用数学思想来简明表示就是 $e^{i\beta(x-y)}\xrightarrow{\beta\to\infty}\delta_{xy}$。

此外,补充指出,**按最可几实现的论证原则,可以得到**经典统计力学的**基本原理**⑤:**如果力学系统是粒子数 N 足够多的、没有或很弱相互作用的宏观系统,则观察到的宏观力学变量总趋于恒量,数值等于最可几分布律 $\boldsymbol{\rho}=c\mathrm{e}^{-H/kT}$ 求出的平均值。**

本质上,此基本原理应当是一个假设。显然,原理可以贯穿用到量子力学。然而,尽管基本原理相通,量子统计力学还是由于植根微观粒子波粒二象性和全同性、基于量子平均,经常表现出量子纠缠的相干性,而与植根于质点微粒性的经典统计力学有重大差异。

1.2.2 密度矩阵方法,Gleason 定理

1. 密度矩阵的引入

虽然涉及混态的任何有意义的问题都可以用态矢和非相干求和的统计平均方法来表述,但是,**对纯态和混态的平均计算方式是不同的:对纯态只有量子平均,平均具有相干性质;对混态则有两种平均,其中经典平均是非相干的。**理论上,不能以同一种方式处理纯态和混态欠缺优美,而且实践中,按这种统计平均办法,计算常常变成很繁复和不明了。1927 年 von Neumann 提出密度矩阵方法,可以统一地表示纯态和混态。

密度矩阵定义 **由一些纯态组成的量子系综,其密度矩阵 $\boldsymbol{\rho}$(又称量子密度、统计算符)定义为如下厄米矩阵**

$$\boxed{\rho\equiv\sum_{\alpha}|\alpha\rangle\omega^{(\alpha)}\langle\alpha|,\quad \omega^{(\alpha)}\geqslant0,\quad \sum_{\alpha}\omega^{(\alpha)}=1}\tag{1.18a}$$

于是,$\boldsymbol{\rho}$ 是此量子系综所含纯态的投影算符的权重和。

注意,一般情况下,这些制备出的 $|\boldsymbol{\alpha}\rangle$ 态不一定相互正交 $\langle\boldsymbol{\alpha}|\boldsymbol{\alpha}'\rangle\neq\boldsymbol{\delta}_{\alpha\alpha'}$。但 $\boldsymbol{\rho}$ 的厄米性保证每个 $\boldsymbol{\rho}$ 存在自己唯一的“谱表示”:

$$\boxed{\rho\equiv\sum_{i}|b_i\rangle p_i\langle b_i|,\quad \langle b_i|b_j\rangle=\delta_{ij},\quad p_i\geqslant0,\sum_{i}p_i=1,}\tag{1.18b}$$

⑤ 博戈留波夫 H H. 量子统计学. 杨棨译. 北京:科学出版社,1959:10;Dirac P A M. 量子力学原理. 陈咸亨译,喀兴林校. 北京:科学出版社,1965:136。张永德,量子菜根谭(第Ⅲ版). 北京:清华大学出版社,2016,第 18 讲.

这里$\{p_i, |b_i\rangle\}$**分别是$\boldsymbol{\rho}$的本征值和本征矢量。$\boldsymbol{\rho}$的“谱表示”也称为谱分解。**

习题1.7　证明：由式(1.18a)必定能导出式(1.18b)是正定的，即全部系数$p_i > 0$。

力学量期望值。按照混态ρ的定义，利用矩阵乘积的求迹循环轮换不变：$\mathrm{tr}(ABC) = \mathrm{tr}(CAB) = \mathrm{tr}(BCA)$，可以得到系综任意可观察力学量$\Omega$在此混态中的期望值。在分立表象和连续表象中，分别有

$$\langle\Omega\rangle = \mathrm{tr}(\rho\Omega) = \begin{cases} \sum_\alpha \omega^{(\alpha)}\langle\alpha|\Omega|\alpha\rangle = \mathrm{tr}\left\{\left(\sum_\alpha |\alpha\rangle\omega^{(\alpha)}\langle\alpha|\right)\Omega\right\} \\ \int \mathrm{d}\eta\,\omega(\eta)\langle\eta|\Omega|\eta\rangle = \mathrm{tr}\left\{\left(\int \mathrm{d}\eta\,|\eta\rangle\omega(\eta)\langle\eta|\right)\Omega\right\} \end{cases} \tag{1.19}$$

由式(1.19)来源或直接检验可知，$\langle\Omega\rangle$数值不依赖于表象的选取。

习题1.8　证明：密度矩阵表示的力学量的平均值$\langle\Omega\rangle$不随表象改变。

2. 密度矩阵的一般性质

(1)**密度矩阵是厄米的，即$\boldsymbol{\rho}=\boldsymbol{\rho}^+$。**从$\rho$定义式即知。此性质是必要的，因为任何力学量在态中的平均值必须为实数。

(2)**密度矩阵本征值是非负的。**这两条是对ρ的严格限制。

(3)**$\boldsymbol{\rho}$迹为1。**令$\langle\Omega\rangle$内$\Omega = I$。它保证系综总概率归一。

(4)**$\boldsymbol{\rho}$对角元$0\leqslant\rho_{nn}\leqslant 1$。**$\rho_{nn}$的意义是系综处于$|n\rangle$的概率。

(5) $\mathrm{tr}(\rho^2)\leqslant 1$。取$\langle\Omega\rangle$表示式中$\Omega$为$\rho$，得

$$\begin{aligned}\mathrm{tr}(\rho^2) &= \langle\rho\rangle = \sum_\beta \omega^{(\beta)}\langle\beta|\rho|\beta\rangle = \sum_{\beta\alpha}\omega^{(\beta)}\langle\beta|\alpha\rangle\omega^{(\alpha)}\langle\alpha|\beta\rangle \\ &= \sum_\beta \omega^{(\beta)}\sum_\alpha \omega^{(\alpha)}|\langle\beta|\alpha\rangle|^2 \leqslant \sum_\beta \omega^{(\beta)}\sum_\alpha \omega^{(\alpha)} = 1\end{aligned}$$

按 Hilbert 空间复函数的 Bessell 不等式$\left|\int fg^*\mathrm{d}x\right|^2 \leqslant \int |f|^2\mathrm{d}x \cdot \int |g|^2\mathrm{d}x$，**可得**$|\langle\beta|\alpha\rangle|^2\leqslant 1$**。$\mathrm{tr}\rho^2=1$对应纯态，$\mathrm{tr}\rho^2<1$对应混态。**这里物理原因显然是：既然说是混态，则至少混合着两个非相干的纯态。

(6)基矢变换(表象变换)时，ρ按下面方式变换

$$\rho' = S\rho S^{-1} \tag{1.20}$$

也就是说，**密度矩阵像普通力学量算符那样变换。**

证：　注意，在新基矢$|\psi'\rangle = S|\psi\rangle$中，任一可观察力学量$\Omega' = S\Omega S^{-1}$，根据矩阵乘积的循环置换不变，得

$$\mathrm{tr}(\rho'\cdot\Omega') = \mathrm{tr}(\rho'\cdot S\Omega S^{-1}) = \mathrm{tr}(S^{-1}\rho' S\cdot\Omega) \equiv \mathrm{tr}(\rho\cdot\Omega)$$

由于Ω的任意性，即得$\rho' = S\rho S^{-1}$。　　　　证毕。

特殊情况是系综处于纯态。这时$\omega^{(\alpha)} = 1, \rho = \rho^{(\alpha)} = |\alpha\rangle\langle\alpha|$是个投影算符$(\rho^{(\alpha)})^2 = \rho^{(\alpha)}$。单从密度矩阵的角度观察，**系综处于纯态有三个充要标志：$\boldsymbol{\rho}$的本征值**

只有一个为1,其余为零;密度矩阵为投影算符 $\rho^2=\rho$;$\mathrm{tr}(\rho^2)=1$。

习题1.9 证明:密度矩阵全部本征值都是非负的。

习题1.10 证明:系综处于纯态的充要标志是 ρ 为投影算符 $\rho^2=\rho$。

习题1.11 不用第(5)条叙述的方法证明第(5)条结论。

3. Gleason 定理

此定理为密度矩阵描述提供了理论依据。**就包括纯态和混态的一般情况而言,从实验测量观点看,量子理论的任务应当是对全部可能的观测概率设定一个态,这个态将能对全部观测结果给出全盘自洽的统计解释。或者说,量子系综的一个态应当是一组映射,它将每个(由测量造成的)投影算符 E_i,**

$$\sum_i E_i = I,\quad E_i^2 = E_i,\ E_i^+ = E_i,\quad \forall i \tag{1.21a}$$

映射到一个非负的实数 $p(E_i)$:

$$E_i \to p(E_i),\quad 0 \leqslant p(E_i) \leqslant 1 \tag{1.21b}$$

由此引出"**框架函数**"概念。**定义:对于任一组正交归一完备基 $\{|e_m\rangle\}$,指定一组数值为非负的数 $p(|e_m\rangle)$,使得有 $\sum_m p(|e_m\rangle)=1$,则这组数值就构成一个关于这组正交归一完备基的框架函数。**框架函数物理意义很明显:**$p(|e_m\rangle)$ 表示发现某个给定量子系综处在状态 $|e_m\rangle$ 上的概率。而且,当正交归一完备基 $\{|e_m\rangle\}$ 任意选择时,框架函数取值之和保持为1不变。于是,能够对全部观测结果给出自洽解释的、提供框架函数的、背后起支配作用的量子态,其存在条件及存在形式如何?**Gleason(1957)根据很一般性的公理性假设,证明了这个态存在,并且可以用现在密度矩阵形式表示。

Gleason 定理[⑥]**当量子系综 Hilbert 空间的维数大于2时,如果这组映射满足以下三条性质:**

(1) $p(0)=0$;

(2) $p(I)=1$;

(3)若 $E_1E_2=0$,则有 $p(E_1+E_2)=p(E_1)+p(E_2)$。

则必定存在一个厄米、正定、迹为1的算符 ρ,使得对所有映射有

$$p_i(E_i)=\mathrm{tr}(\rho E_i),\quad \forall i \tag{1.22}$$

证明前提醒两点:①单位算符 I 有无穷多种正交投影分解,即有无穷多个序列 $\{E_i,\forall i\}$,各个序列内投影算符个数也不一定相等。相应于对系综进行无穷多不同种类的测量;②平庸的是,相互正交投影算符之和还是投影算符。但不平庸的是,相互正交投影算符之和的概率是可加的:毕竟,维数 >2 时,正交投影分解会有无穷多

---

⑥ Gleason A M. J. Math. Mech., 1957, 6: 885. 简要证明见 Peres A. Quantum Theory: Conceptions and Methods. Kluwer Academic Publishers, 1993.

种。而这条坚持要求对所有各种正交投影分解,映射概率都是可加的。这实质上是主张:**任何测量过程的输入、输出关系都是线性的!**

习题 1.12 参考所引文献,证明 Gleason 定理。

证: 原证明见参考文献。下面给出一个简洁但不算完全的证明,它并不需要量子系综 Hilbert 空间的维数大于 2,只要求这组映射满足上面三条性质。

设任意物理系统态空间 A 有一组 POVM[⑦]: $\{F_i, \forall i\}$, F_i 正定、厄米、完备,但 $\mathrm{tr}F_i = \lambda_i < 1$, 不同 F_i 之间不一定正交。根据 Neumark 定理,总可以将此空间 A 延拓到一个更大空间 B, 当 B 中实施一组如下的正交投影测量

$$\left\{E_i, E_i^+ = E_i, E_iE_j = E_i\delta_{ij}, \langle\psi \mid E_i \mid \psi\rangle \geqslant 0, \sum_i E_i = I_B, \forall i\right\}$$

时,在 A 中的反映 $F_i = P_AE_iP_A, \forall i$ 便是这组 POVM,所以只需考虑 B 中正交投影测量即可。显然,如果在 B 中存在厄米、正定、迹为 1 的算符 ρ, 它在相应投影分解中,必定产生某个框架函数 $\{p_i\}$,

$$p_i = \mathrm{tr}(E_i\rho), \quad \forall i \rightarrow \left\{p_i, \sum_i p_i = 1\right\}$$

所以下面反过来证明:对任给一个框架函数 $\left\{p_i, \sum_i p_i = 1\right\}$, 必定存在一个厄米、正定、迹为 1 的 ρ, 使得 $p_i(E_i) = \mathrm{tr}(\rho E_i), \forall i$ 成立。实际上,可以直接利用给定的框架函数构造出这个算符 ρ, 为

$$\rho = \sum_i p_iE_i$$

显然,它正是所求的、能使给定数列 $\left\{p_i, \sum_i p_i = 1\right\}$ 成为该态的一个框架函数的那个态。因为,对此态实行向 $\{E_i, \forall i\}$ 的测量投影,有

$$\mathrm{tr}(E_k\rho) = \sum_i \mathrm{tr}(E_kE_i)p_i = \sum_i \delta_{ik}p_i = p_k$$

证毕。

总之,任一量子系综的任何状态,总可以用一个本征值非负的、迹为 1 的厄米矩阵 $\boldsymbol{\rho}$ 表示。用这个矩阵可以统一协调对系综的全部测量数据。从实证主义的观点看,这就足够了,不必追究 $\boldsymbol{\rho}$ 为何物(结合本章 1.3.3 节)。

1.2.3 $\frac{1}{2}$ 自旋粒子的纯态与混态,Bloch 球描述

1. 1/2 自旋粒子纯态与混态

现在用最简单的双态系统—— 1/2 自旋粒子为例,解释上面混态的论述。这时一般纯态为

$$|\chi^{(+)}(\theta,\varphi)\rangle = \begin{pmatrix} e^{-i\varphi/2}\cos(\theta/2) \\ e^{i\varphi/2}\sin(\theta/2) \end{pmatrix}, \quad |\chi^{(-)}(\theta,\varphi)\rangle = \begin{pmatrix} -e^{-i\varphi/2}\sin(\theta/2) \\ e^{i\varphi/2}\cos(\theta/2) \end{pmatrix} \tag{1.23a}$$

---

⑦ 广义测量 POVM 概念和 Neumark 定理可参见:张永德. 量子信息物理原理. 北京:科学出版社,2005.

直接检验可知，式(1.23a)和极化矢量 $\boldsymbol{P}$ 又可以写为

$$\begin{cases} |\chi^{(+)}(\theta,\varphi)\rangle = U(\boldsymbol{e}_z \to \boldsymbol{n}(\theta,\varphi))|+z\rangle \\ |\chi^{(-)}(\theta,\varphi)\rangle = U(\boldsymbol{e}_z \to \boldsymbol{n}(\theta,\varphi))|-z\rangle \\ \boldsymbol{P}^{(\pm)}(\theta,\varphi) = \langle\chi^{(\pm)}(\theta,\varphi)|\boldsymbol{\sigma}|\chi^{(\pm)}(\theta,\varphi)\rangle = \pm\boldsymbol{n}(\theta,\varphi) \end{cases} \tag{1.23b}$$

此处 $U(\boldsymbol{e}_z \to \boldsymbol{n}(\theta,\varphi))$ 是对应三维空间转动 $\boldsymbol{e}_z \to \boldsymbol{n}(\theta,\varphi)$ 的 SU_2 变换

$$U(\boldsymbol{e}_z \to \boldsymbol{n}(\theta,\varphi)) = \mathrm{e}^{-\mathrm{i}\varphi\sigma_z/2}\mathrm{e}^{-\mathrm{i}\theta\sigma_y/2} = \begin{pmatrix} \mathrm{e}^{-\mathrm{i}\varphi/2}\cos\dfrac{\theta}{2} & -\mathrm{e}^{-\mathrm{i}\varphi/2}\sin\dfrac{\theta}{2} \\ \mathrm{e}^{\mathrm{i}\varphi/2}\sin\dfrac{\theta}{2} & \mathrm{e}^{\mathrm{i}\varphi/2}\cos\dfrac{\theta}{2} \end{pmatrix} \tag{1.23c}$$

极化矢量 $\boldsymbol{P}^{(\pm)}(\theta,\varphi)$ 的模长为 1，并表明态中自旋的平均指向。对两维态空间的光子，与电子情况有两点不同：其一无静质量；其二光子极化矢量表示就是简单的两分量矢量，而不是两分量旋量。但它们的 2 维数学运算表面形式是类似的。设定光子两个极化状态基矢为：水平极化态 $|H\rangle = |0\rangle = \begin{pmatrix} 0 \\ 1 \end{pmatrix}$，垂直极化态 $|V\rangle = |1\rangle = \begin{pmatrix} 1 \\ 0 \end{pmatrix}$。沿 z 轴前进的光子，将其极化状态在 x-y 面内转动 θ 角的转动变换为

$$\begin{pmatrix} \cos\theta & \sin\theta \\ -\sin\theta & \cos\theta \end{pmatrix} = \mathrm{e}^{\mathrm{i}\theta\sigma_y} \tag{1.24a}$$

再加上对两个基的相对相移变换

$$\begin{pmatrix} \mathrm{e}^{\mathrm{i}\omega/2} & 0 \\ 0 & \mathrm{e}^{-\mathrm{i}\omega/2} \end{pmatrix} = \mathrm{e}^{\mathrm{i}\omega\sigma_z/2} \tag{1.24b}$$

两种变换的联合使用即可对光子极化状态施加任意 2×2 幺正变换

$$U(\omega,\theta) = \mathrm{e}^{\mathrm{i}\omega\sigma_z/2}\mathrm{e}^{\mathrm{i}\theta\sigma_y} \tag{1.24c}$$

注意，广泛而言，一个光子通过一个半透片后，是反射还是透射，也是两种状态的相干叠加，构成关于哪个出口的空间模的二维状态空间。依此推理，可以用实验手段引入粒子的新自由度。

不论 1/2 自旋粒子处于纯态或混态，密度矩阵 ρ 总可以写为

$$\rho = \begin{pmatrix} q_{11} & q_{10} \\ q_{01} & q_{00} \end{pmatrix} = q_{00}|0\rangle\langle0| + q_{11}|1\rangle\langle1| + q_{01}|0\rangle\langle1| + q_{10}|1\rangle\langle0| \tag{1.25a}$$

对角元素是正数，非对角元素可以是复数，并且有(纯态等号成立)

$$\mathrm{tr}\rho = q_{00} + q_{11} = 1, \qquad q_{00}^2 + q_{11}^2 + 2|q_{01}|^2 \leqslant 1 \tag{1.25b}$$

纯态的 ρ 是该纯态的并矢，$q_{01} = c_0 c_1^*$；$|q_{01}|^2 = q_{00}q_{11}$，有 2 个独立实参数(不计整体相位)。混态需要 3 个独立实参数决定(见下面的内容)。

2. Bloch 球描述

此方法主要用于双态系统纯态与混态的统一描述。1/2 自旋粒子任意混态的密

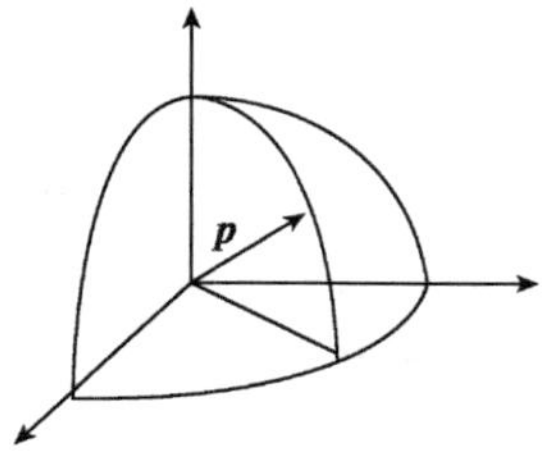

图 1.1　Bloch 球方法示意图

度矩阵是迹为 1、本征值非负的 2×2 厄米矩阵。按密度矩阵的谱分解，它总是某两个正交的两分量态按一定概率非相干混合。双态系统态所有态均能用 4 个矩阵基 $\{\sigma_0,\sigma_1,\sigma_2,\sigma_3\}$ 展开，所以 ρ 总可以写为

$$\begin{cases}\rho=\dfrac{1}{2}\begin{pmatrix}1+p_3 & p_1-\mathrm{i}p_2\\ p_1+\mathrm{i}p_2 & 1-p_3\end{pmatrix}=\dfrac{1}{2}(1+\boldsymbol{p}\cdot\boldsymbol{\sigma})\\ \det\rho=\dfrac{1}{4}(1-\boldsymbol{p}^2)\end{cases}\tag{1.26}$$

ρ 本征值（$\mathrm{tr}\rho=\lambda_1+\lambda_2=1,\det\rho=\lambda_1\lambda_2$）非负要求导致混态的极化矢量 $\boldsymbol{p}$ 的模长小于 1（$\boldsymbol{p}^2<1$）。由此，**任意 1/2 自旋粒子纯态，按照极化矢量表示，纯态（$\boldsymbol{p}^2=1$）必对应单位球面上的某一点；混态（$\boldsymbol{p}^2<1$）则对应单位球内的某一点；球外所有点（$\boldsymbol{p}^2>1$）都不能表示物理态。**后者是因为 $\det\rho<0$，于是 ρ 有负本征值。Bloch 球心（$\boldsymbol{p}^2=0$）则是一个不含任何信息的完全随机的混态——垃圾态

$$\begin{cases}\rho=\dfrac{1}{2}I=\dfrac{1}{\sqrt{2}}(|+x\rangle\langle+x|+|-x\rangle\langle-x|)=\dfrac{1}{\sqrt{2}}(|+y\rangle\langle+y|+|-y\rangle\langle-y|)=\cdots\\ \boldsymbol{p}=0\end{cases}$$

利用 Bloch 球方法（图 1.1），还可以形象地描述 1/2 自旋粒子状态随时间演化，由某个纯态转为混态的退相干过程：跟随态矢极化矢量在演化中的曲线轨迹，自球面该点，径长缩小而进入球内（在某些退相干过程中，矢径最终停到球面某个特定点——系统稳定纯态）。

3. 可观察量的测量

两个投影算符 $\hat{P}_0,\hat{P}_1$ $(\hat{P}_i^2=\hat{P}_i)$ 加上两个状态升降算符 $\sigma_\pm\left(\sigma_\pm=\dfrac{1}{2}(\sigma_x\pm\mathrm{i}\sigma_y)\right)$，2 维系统共计 4 个算符

$$P_0=|0\rangle\langle0|=\begin{pmatrix}0&0\\0&1\end{pmatrix};\quad P_1=|1\rangle\langle1|=\begin{pmatrix}1&0\\0&0\end{pmatrix}$$

$$\sigma_+=|1\rangle\langle0|=\begin{pmatrix}0&1\\0&0\end{pmatrix};\quad \sigma_-=|0\rangle\langle1|=\begin{pmatrix}0&0\\1&0\end{pmatrix}$$

同时，任何 2×2 矩阵总可以用 $\{\sigma_i,\sigma_0\}$ 展开。所以任一可观察量的厄米算符 $\hat{\Omega}$ 总可以写为

$$\begin{aligned}\hat{\Omega}&=I\hat{\Omega}I=(P_0+P_1)\hat{\Omega}(P_0+P_1)\\&=\omega_{00}|0\rangle\langle0|+\omega_{11}|1\rangle\langle1|+\omega_{01}|0\rangle\langle1|+\omega_{10}|1\rangle\langle0|=\begin{pmatrix}\omega_{11}&\omega_{10}\\\omega_{01}&\omega_{00}\end{pmatrix}\end{aligned}\tag{1.27}$$

这里 $\omega_{ij}=\langle i|\hat{\Omega}|j\rangle$。

现在考虑对态 ρ 测量 $\hat{\Omega}$ 问题。设 $\hat{\Omega}$ 本征态 $\{|\psi_{1,2}\rangle, \hat{\Omega}|\psi_{1,2}\rangle = \omega_{1,2}|\psi_{1,2}\rangle\}$，按测量公设可得:若为单次测量,即是过滤性测量。测后将随机坍缩向两个本征态之一,并得到相应的本征值

$$(\omega_1, |\psi_1\rangle) 或 (\omega_2, |\psi_2\rangle) \tag{1.28a}$$

若制备大量同一态 ρ，多次重复测量 $\hat{\Omega}$，得到

$$\rho \to \rho' : \begin{cases} (\omega_i, p_i = \langle\psi_i|\rho|\psi_i\rangle), \quad \rho' = \sum_{j=1,2} p_i |\psi_j\rangle\langle\psi_j| \\ \langle\hat{\Omega}\rangle = \mathrm{tr}(\hat{\Omega}\rho) = \mathrm{tr}\{(|\psi_1\rangle\omega_1\langle\psi_1| + |\psi_2\rangle\omega_2\langle\psi_2|)\rho\} = \sum_{j=1,2} p_j\omega_j \end{cases} \tag{1.28b}$$

若是向基矢的投影测量 $\hat{P}_i\,(\hat{P}_i^{\,2} = \hat{P}_i)$，则经统计测量之后的状态为

$$\rho \to \rho' = \sum_{i=0,1} \frac{\hat{P}_i\rho\hat{P}_i}{\mathrm{tr}\left(\sum_{j=0,1}\hat{P}_j\rho\hat{P}_j\right)} = \langle 0|\rho|0\rangle\,|0\rangle\langle 0| + \langle 1|\rho|1\rangle\,|1\rangle\langle 1| \tag{1.28c}$$

最后指出,即便对 1/2 自旋纯态的多个样品沿 z 轴进行多次测量,由于量子测量过程中坍缩的随机性,也只能决定两个叠加系数的模值,不能决定态的内部相因子。实验证明 1/2 自旋粒子状态 ρ 等价于确定其极化矢量 $\boldsymbol{p}$。

4. 密度矩阵集合的凸性

已知 N 维密度矩阵自由度为 N^2-1(见 1.4.2 节)。

定义 1　一个矢量空间的子集被说成是凸的,如果连接子集中任何两点的直线段也包含在这个子集中。

定理　在 N 维 Hilbert 空间 H 中,全体 $N\times N$ 厄米半正定矩阵构成 N^2 维空间中的一个 (N^2-1) 维凸集。

证: 设 ρ_1, ρ_2 是两个满足前述三个条件(厄米、半正定、迹为 1)的密度矩阵,则它们的任意凸性和($\lambda \in [0,1]$)

$$\rho(\lambda) = \lambda\rho_1 + (1-\lambda)\rho_2 \tag{1.29}$$

也满足密度矩阵三个条件。其实只需证明是半正定的就够了。事实确实如此,因为对任意态的平均值为

$$\langle\psi|\rho(\lambda)|\psi\rangle = \lambda\langle\psi|\rho_1|\psi\rangle + (1-\lambda)\langle\psi|\rho_2|\psi\rangle \geqslant 0$$

证毕。

定义 2　凸集中,不能表达为其他元素的线性组合的元素称为凸集的端点(极点)。

定理　不可能将一个纯态密度矩阵表示为另两个密度矩阵的凸性和。也就是说,纯态密度矩阵必是密度矩阵集合的端点。

证： 用反证法。假设 $\rho=|\psi\rangle\langle\psi|=\lambda\rho_1+(1-\lambda)\rho_2$，记与 $|\psi\rangle$ 态正交的任一态矢为 $|\psi^{\perp}\rangle$，即 $\langle\psi|\psi^{\perp}\rangle=0$。于是有

$$0=\langle\psi^{\perp}|\rho|\psi^{\perp}\rangle=\lambda\langle\psi^{\perp}|\rho_1|\psi^{\perp}\rangle+(1-\lambda)\langle\psi^{\perp}|\rho_2|\psi^{\perp}\rangle$$

由于右边两项都是非负的，总和为零必要求它俩分别为零。如设 $\lambda\neq 0,1$，则要求 ρ_1,ρ_2 均垂直于 $|\psi^{\perp}\rangle$。但 $|\psi^{\perp}\rangle$ 为垂直于 $|\psi\rangle$ 的任意态矢，即 ρ_1,ρ_2 垂直于和 $|\psi\rangle$ 垂直的任意态矢，也就是说 $\rho_1=\rho_2=\rho$。　　证毕。

但反过来不能说只有纯态是密度矩阵的端点。事实上，当 $N>2$ 时，端点已不一定是纯态。因为 $N>2$ 时，某个混态可能有了一个零本征值，因而是一个更高维凸集的端点，但不为零的本征值个数仍有可能超过1，从而是个混态。**一般地说，密度矩阵凸集的边界是由这样一些矩阵组成的，它们至少具有一个零本征值——于是其近邻将有负本征值的矩阵——不属于密度矩阵凸集合的元素存在。简单些说，端点处的混态是这样一类混态，它们的某一个或几个本征值开始要变成负值了。**

其实，Bloch 球就是这种结构。**双态系统全部纯态及混态是一个非负、单位迹、2×2 厄米矩阵集合。这是一个3维集合，对应于凸性的单位球体：球面各点对应纯态；球内各点对应混态；球外点涉及负本征值，不对应物理态。**

1.3　量子系综与密度矩阵(Ⅱ)——进一步叙述

1.3.1　密度矩阵的运动方程

由 $\rho(t)$ 并矢和的形式即知其演化方程为 $\rho(t)=U(t)\rho(0)U^{+}(t)$，对时间求导即得密度矩阵的量子 Liouville 方程

$$\mathrm{i}\hbar\frac{\mathrm{d}\rho(t)}{\mathrm{d}t}=[H(t),\rho(t)] \tag{1.30}$$

这是 $\rho(t)$ 在 Schrödinger 绘景的运动方程，用以替代以前的态矢方程。这个方程和把 ρ 当力学量在 Heisenberg 绘景中的运动方程十分相似，但相差一个负号。这是因为 $\Omega^{(H)}(t)=U(t,t_0)^{-1}\Omega^{(S)}U(t,t_0)$，而 $\rho(t)=U(t,t_0)\rho(t_0)U(t,t_0)^{-1}$。如果 H 不显含时间，可以形式上对此方程积分，得

$$\rho(t)=\mathrm{e}^{-\mathrm{i}H(t-t_0)/\hbar}\rho(t_0)\mathrm{e}^{\mathrm{i}H(t-t_0)/\hbar}$$

为了专注相互作用的影响，转入相互作用绘景。令 $H=H_0+H_i$，并作幺正变换 $U_0(t,t_0)^{-1}=\mathrm{e}^{\mathrm{i}H_0(t-t_0)/\hbar}$，记

$$\rho^{(\mathrm{I})}(t)=U_0(t,t_0)^{-1}\rho(t)U_0(t,t_0) \tag{1.31}$$

对此式求时间导数，即得

$$\boxed{\begin{cases}\mathrm{i}\hbar\dfrac{\mathrm{d}\rho^{(\mathrm{I})}(t)}{\mathrm{d}t}=[H_i^{(\mathrm{I})}(t),\rho^{(\mathrm{I})}(t)]\\ H_i^{(\mathrm{I})}(t)=U_0^{(\mathrm{S})\dagger}(t,t_0)H_iU_0^{(\mathrm{S})}(t,t_0)^{-1}\end{cases}} \tag{1.32}$$

通常由此出发转入积分方程形式,用逐级迭代法近似求解。如果转换到 Heisenberg 绘景,如同态矢一样,$\rho^{(\mathrm{H})}$ 将与 t 无关。

再考虑算符期望值的演化方程。已知 $\overline{\Omega}(t)=\mathrm{tr}\{\rho(t)\Omega\}$,于是

$$\mathrm{i}\hbar\frac{\partial\overline{\Omega}(t)}{\partial t}=\mathrm{i}\hbar\mathrm{tr}\left\{\rho(t)\frac{\partial\Omega(t)}{\partial t}\right\}+\mathrm{i}\hbar\mathrm{tr}\left\{\frac{\partial\rho(t)}{\partial t}\Omega(t)\right\}\tag{1.33a}$$

由于

$$\mathrm{tr}\left\{\rho(t)\frac{\partial\Omega(t)}{\partial t}\right\}=\overline{\frac{\partial\Omega(t)}{\partial t}}$$

于是有

$$\boxed{\mathrm{i}\hbar\frac{\partial}{\partial t}\overline{\Omega}(t)=\mathrm{i}\hbar\overline{\frac{\partial\Omega(t)}{\partial t}}+\mathrm{tr}\{[H(t),\rho(t)]\Omega(t)\}}\tag{1.33b}$$

由此,若已知 $H(t),\rho(t)$,便可以计算算符 Ω 期望值随时间的变化。

由上面叙述可知,密度矩阵和宏观统计力学相空间中状态密度 ρ(它等于系统处于相应态邻近的单位相空间体积内的概率)有许多类似性质。由于量子力学中 q、p 不能同时确定,相空间对于描述单个微观粒子动力学运动失去意义,但密度矩阵的存在使得可以用统计方式描述量子系综的动力学运动。

1.3.2 约化密度矩阵

我们常常只对大系综中某个子系统感兴趣,或只对系综的某一方面、某个特殊性质(如其自旋状况)感兴趣,可以把其余坐标和不感兴趣的自由度通过平均方式予以抹去——对它们作部分求迹,也就是用统计平均方式排除其余部分对此子系统的影响。这样就得到了只描述此子系统的“约化密度矩阵”(reduced density matrix)。

比如,一个封闭大系统分为两个相互纠缠的子系统 $(\boldsymbol{x},\boldsymbol{y})$,大系统波函数为 $\psi(\boldsymbol{x},\boldsymbol{y})=\sum\limits_{\alpha}C_\alpha(\boldsymbol{y})\varphi_\alpha(\boldsymbol{x})$,两个子系统 X,Y 均没有自己的独立波函数。求子系统 X 的约化密度矩阵 ρ_X,可用此波函数以统计平均方式排除子系统 Y 的影响。按无规相差假设,取有关平均后,即得权重系数 $|C_\alpha|^2\delta_{\alpha\alpha'}\equiv\omega(\alpha)\delta_{\alpha\alpha'}$。再比如连续表象情况,约化密度矩阵元为

$$\rho_{xx'}=\int\omega(\alpha)\varphi(\alpha,\boldsymbol{x})\varphi^*(\alpha,\boldsymbol{x}')\mathrm{d}\alpha\tag{1.34}$$

其中,$\omega(\alpha)$ 来自系统和另外系统的相互关联,含有另外系统的参量。

关于部分求迹计算,需强调 3 点:①对 $A(B)$ 部分求迹,只需局限于问题所涉及的 $A(B)$ 的部分子空间,不必对 $A(B)$ 全空间求迹。相应地,完备性条件也只需理解为有关子空间的单位矩阵分解即可;②计算中已采用了量子统计力学的基本假设(不同能级无规相差,简并态等概率);③显然,约化密度矩阵对研究任何与略去变量有关的问题毫无用处。

约化密度矩阵计算最简单的例子是**两体纯态"Schmidt 分解"**后的部分求迹。已知：**两体纯态总能经 Schmidt 分解而成为正交分解形式**

$$\boxed{|\psi\rangle_{AB}=\sum_{i=1}^{N}\sqrt{p_i}\ |i\rangle_A\ |i'\rangle_B} \tag{1.35a}$$

习题 1.13 证明 Schmidt 分解式(1.35a)(参见 13 页脚注文献，第 3 章)。

这时，子系统 A 和 B 的约化密度矩阵(混态)的表达式为

$$\begin{aligned}\rho_A&=\mathrm{tr}^{(B)}(\rho_{AB})=\sum_{i'=1}^{N}{}_B\langle i'\mid\psi\rangle_{AB\,AB}\langle\psi\mid i'\rangle_B=\sum_{i=1}^{N}p_i\mid i\rangle_{AA}\langle i\mid\quad\left(\sum_{j=1}^{N_B}\mid i'\rangle_{BB}\langle i'\mid=I_B\right)\\ \rho_B&=\mathrm{tr}^{(A)}(\rho_{AB})=\sum_{i=1}^{N}{}_A\langle i\mid\psi\rangle_{AB\,AB}\langle\psi\mid i\rangle_A=\sum_{N}p_i\mid i'\rangle_{BB}\langle i'\mid\quad\left(\sum_{i=1}^{N_A}\mid i\rangle_{AA}\langle i\mid=I_A\right)\end{aligned} \tag{1.35b}$$

约化密度矩阵另一个计算例子：两个电子系统($i=1,2$)，基矢为 $\{|\varphi\rangle=|(\boldsymbol{p}_1,S_{1,z}),(\boldsymbol{p}_2,S_{2,z})\rangle\}$，记量子数 $(\boldsymbol{p}_1,S_{1,z})\equiv k_1(k'_1)$，$(\boldsymbol{p}_2,S_{2,z})\equiv l_2(l'_2)$ 设 F_1 是电子"1"的算符，F_1 矩阵元为 $\langle k_1l_2\mid F_1\mid k'_1l'_2\rangle=\langle k_1\mid F_1\mid k'_1\rangle\delta_{l_2l'_2}$，有

$$\begin{aligned}\langle F_1\rangle&=\mathrm{tr}(\rho_{12}F_1)=\sum_{k_1l_2}\langle k_1l_2\mid\rho_{12}F_1\mid k_1l_2\rangle\\&=\sum_{k_1l_2}\sum_{k'_1l'_2}\langle k_1l_2\mid\rho_{12}\mid k'_1l'_2\rangle\langle k'_1l'_2\mid F_1\mid k_1l_2\rangle\\&=\sum_{k_1k'_1}\Big(\sum_{l_2}\langle k_1l_2\mid\rho_{12}\mid k'_1l_2\rangle\Big)\langle k'_1\mid F_1\mid k_1\rangle\equiv\sum_{k_1k'_1}\langle k_1\mid(\mathrm{tr}^{(2)}\rho_{12})\mid k'_1\rangle\langle k'_1\mid F_1\mid k_1\rangle\\&\equiv\sum_{k_1k'_1}\langle k_1\mid\rho_1\mid k'_1\rangle\langle k'_1\mid F_1\mid k_1\rangle=\mathrm{tr}^{(1)}(\rho_1F_1)\end{aligned}$$

这里电子"1"的约化密度矩阵 ρ_1 的矩阵元为

$$\langle k_1\mid\rho_1\mid k'_1\rangle\equiv\sum_{l_2}\langle k_1l_2\mid\rho_{12}\mid k'_1l_2\rangle\equiv\langle k_1\mid(\mathrm{tr}^{(2)}\rho_{12})\mid k'_1\rangle$$

这个单电子矩阵元有 6 个连续动量变数、2 个分立自旋变数，共 8 个指标。推广到多粒子系统 $|\psi(m_1,m_2,\cdots,m_N)\rangle$，单粒子约化密度矩阵定义为

$$\rho_1(m_1,m'_1)\equiv\int\langle\psi(m_1,m_2\cdots,m_N)\mid\psi(m'_1,m_2\cdots,m_N)\rangle\mathrm{d}m_2\cdots\mathrm{d}m_N \tag{1.34b}$$

换一种角度考虑两电子系统。若只考虑和自旋有关的问题，可平均掉两电子的动量指标(其作用在积分后归入 $\omega^{(\alpha)}$ 中)，得到 4 维自旋约化密度矩阵。此时若再对一个电子求部分迹，则单体自旋约化密度矩阵将是 2 维矩阵，有 $N^2-1=3$ 个独立变数。于是这种 ρ 就大大简化了。例如，两体双态系统的纠缠纯态

$$|\psi\rangle_{AB}=c_{00}|0\rangle_A\otimes|0\rangle_B+c_{01}|0\rangle_A\otimes|1\rangle_B+c_{10}|1\rangle_A\otimes|0\rangle_B+c_{11}|1\rangle_A\otimes|1\rangle_B \tag{1.36}$$

由于归一化条件和略去总体相因子,此纯态最多含 6 个独立参数。由式(1.36)得 B 粒子约化密度矩阵

$$\begin{cases}\rho_B = \mathrm{tr}^{(A)}(|\psi\rangle_{AB}\langle\psi|) = a_{00}|0\rangle_{BB}\langle 0| + a_{01}|0\rangle_{BB}\langle 1| + a_{10}|1\rangle_{BB}\langle 0| + a_{11}|1\rangle_{BB}\langle 1| \\ a_{00} = (|c_{00}|^2 + |c_{10}|^2), a_{01} = (c_{00}c_{01}^* + c_{10}c_{11}^*), a_{10} = (c_{01}c_{00}^* + c_{11}c_{10}^*), a_{11} = (|c_{01}|^2 + |c_{11}|^2)\end{cases} \tag{1.37}$$

习题 1.14 计算下面两体双态系统纠缠纯态的约化密度矩阵。

$$|\psi\rangle_{AB} = c_{00}|0\rangle_A \otimes |0\rangle_B + c_{01}|0\rangle_A \otimes |1\rangle_B + c_{10}|1\rangle_A \otimes |0\rangle_B + c_{11}|1\rangle_A \otimes |1\rangle_B$$

1.3.3 混态用密度矩阵描述的含糊性

比较密度矩阵的两种表述 $\rho = \sum_\alpha \omega^{(\alpha)} |\alpha\rangle\langle\alpha|$ 和 $\mathscr{R} = \{\omega^{(\alpha)}, |\alpha\rangle\}$ 可知,前者表示方法具有含糊性。因为**一般情况下,这些 $|\alpha\rangle$ 态不一定相互正交 $\langle\alpha|\alpha'\rangle \neq \delta_{\alpha\alpha'}$。但 ρ 的厄米性保证每个 ρ 存在自己唯一的**谱表示**(分别记 ρ 的本征值和本征矢量为 $\{p_i, |b_i\rangle\}$)**

$$\boxed{\rho \equiv \sum_i |b_i\rangle p_i \langle b_i|, \quad \langle b_i | b_j\rangle = \delta_{ij}, p_i \geqslant 0, \sum_i p_i = 1} \tag{1.18b}$$

于是对同一密度矩阵 ρ,**按量子系综观点,出现两种等效提法:**

$$\rho = \{|\alpha\rangle, \omega^{(\alpha)}, \alpha = 1,2,\cdots,n\} = \{|b_i\rangle, b_i, i \leqslant 1,2,\cdots,m\} \tag{1.18c}$$

这两个纯态序列明显不同,并有着不同的制备方式。但由于对应同一个密度矩阵,在实际统计测量实验中完全无法区分。而量子系综写法中明确规定了制备内容:以多大的概率分布制备一些什么样的纯态。但在写出对应密度矩阵时,在叠加合并成为 ρ 矩阵的过程中,抹去了这方面的信息。也就是说,逆过来看,一个 ρ 虽然只有一种正交分解,但可以有无穷多种非正交分解——对应无穷多种非正交纯态成分,就有无穷多种实验方案制备任何给定的混态 $\boldsymbol{\rho}$[⑧]。**

利用 Bloch 球表示可以证明,对于双态系统存在如下分解定理:

混态分解定理 通过双态系统任意混态的极化矢量 $\boldsymbol{p}(\theta,\varphi)$ 端点,作任意直线,交 Bloch 球面于两点,对应系统的两个纯态。它们便是此混态的两项非正交分解,混合叠加系数反比于球面交点到矢量端点的相对距离。特别地,顺着和逆着 $\boldsymbol{p}(\theta,\varphi)$ 方向朝两端延长,所交球面的两点,就是这个混态的谱分解。

习题 1.15 证明 Bloch 球表示的这个分解定理(13 页脚注⑥文献 2.4 节)。

此定理表明,混态的正交分解只有一种,但过 $\boldsymbol{p}(\theta,\varphi)$ 端点可作无穷多条直线,所以混态的非正交分解有无穷多种,对应无穷多种不同的量子系综。于是从量子态制备角度看,密度矩阵描述方法具有含糊性。

---

⑧ 关于密度矩阵非相干分解与合成的详细叙述参见 13 页脚注⑦文献第 3 章。

不过,这种含糊性在任何统计性测量中都不可能观察或鉴别。也就是说,按不同方案制备出的这些显然是不同的纯态序列,由于对应同一密度矩阵 $\boldsymbol{\rho}_A$,于是对系统 $\boldsymbol{A}$ 所能做的任何测量都无法分辨它们(单次测量因坍缩的随机性而无法判定,且统计平均完全相同)。所以在统计测量意义上,混态概念是可用的,密度矩阵描述还是合理的。只是要注意,平常以单粒子名义叙述混态概念,那仅仅是就归一化意义上说的。

但如果认真分析,其一,真正物理的东西不应当是含糊的、不唯一的;其二,任何单个(孤立)微观粒子总是处在纯态上,决不可能观察到任何单个(孤立)微观粒子处在任何混态上。即使观察被测纯态的每一次坍缩,也总是向某个纯态的坍缩。这两点理由使人相信,混态不仅并非真的描述单个微观粒子所处物理状态,甚至连它本身也并非自然界中客观存在的物理真实,而仅仅是一个用于归纳一类纯态序列统计计算的数学工具。Gleason 定理论证了这个(使全部统计测量数据逻辑自洽的)数学工具的存在。总之,混态不但纯粹是一个属于量子系综的概念,而且只是一个等效的纯数学概念。如同温度概念或 Maxwell 分布等纯粹属于平衡态统计系综的东西,并不描写单个空气分子的真实物理状态。更有甚者,**由于混态在实验制备上的含糊多义,它甚至比不上温度概念或 Maxwell 分布在物理上的合法性。**

1.4　量子系综与密度矩阵(Ⅲ)——信息、认证和应用

1.4.1　算符基与密度矩阵的正交算符展开

1. 算符基和正交算符展开法

设系统有 N 个独立的量子态,如果能找到 N^2 个厄米算符 Ω_r,它们彼此线性独立,乘积的迹正交归一,构成所谓**“正交归一算符基”**

$$\boxed{\{\Omega_r, \mathrm{tr}(\Omega_r\Omega_s) = \delta_{rs}, \quad r,s = 1,\cdots,N^2\}} \tag{1.38}$$

这些算符基如何选择的问题留待本章第 3 节讲述。现在证明,**系统任何可观察量算符 $\boldsymbol{A}$ 都能被展开成为 $\boldsymbol{\Omega}_r$ 的线性组合**

$$\boxed{A = \sum_r \lambda_r\Omega_r, \quad \lambda_r = \mathrm{tr}(A\Omega_r)} \tag{1.39}$$

证:　系统任一给定算符 A 有 N^2 矩阵元。取一个算符基 Ω_r,与 A 相乘取迹,得一个数 λ_r。于是得到一个线性方程 $\mathrm{tr}(A\Omega_r) = \lambda_r$。此方程原则上包含了 A 全部 N^2 个矩阵元。如此共得 N^2 个方程,组成 N^2 个线性非齐次方程组。由于 λ_r 确系由同一个 A 所造成,此线性非齐次方程组应当有解,解出该 A 的全部矩阵元。　　证毕。

特别地,描述系统状态的密度矩阵 ρ 也可以如此展开

$$\boxed{\rho = \sum_{r=1}^{N^2}\rho_r\Omega_r, \quad \rho_r = \mathrm{tr}(\rho\Omega_r) = \langle\Omega_r\rangle} \tag{1.40}$$

而 ρ 的矩阵元即为 $\rho_{mn}=\sum_r\langle\Omega_r\rangle\langle m\mid\Omega_r\mid n\rangle$。由此得到确定系统状态 ρ 的办法。于是,任意可观察量 Λ 的期望值 $\langle\Lambda\rangle$ 也可以表示为

$$\langle\Lambda\rangle=\mathrm{tr}(\rho\Lambda)=\mathrm{tr}\Big(\sum_r\rho_r\Omega_r\sum_s\lambda_s\Omega_s\Big)=\mathrm{tr}\Big(\sum_{rs}\rho_r\lambda_s\Omega_r\Omega_s\Big)$$

即

$$\langle\Lambda\rangle=\sum_r\rho_r\lambda_r,\quad\begin{cases}\rho_r=\mathrm{tr}(\rho\Omega_r)=\langle\Omega_r\rangle\\\lambda_r=\mathrm{tr}(\Lambda\Omega_r)\end{cases}\tag{1.41}$$

这说明,在正交算符展开法中,密度矩阵 $\boldsymbol{\rho}$ 的展开系数 $\boldsymbol{\rho}_r$ 是 $\boldsymbol{\rho}$ 在基算符 $\boldsymbol{\Omega}_r$ 上的投影,同时又是相应的基算符 $\boldsymbol{\Omega}_r$ 的系综期望值 $\langle\boldsymbol{\Omega}_r\rangle$。任意算符 $\boldsymbol{\Lambda}$ 的期望值就是由 $\boldsymbol{\Lambda}$ 和 $\boldsymbol{\rho}$ 的两组展开系数对应相乘求和而得。

最简单例子是二维系统,矩阵基和 A 展开分别为

$$\Omega=\frac{1}{\sqrt{2}}\{\sigma_0,\boldsymbol{\sigma}\};\quad A=\frac{1}{2}\sum_{i=0}^{3}a_i\sigma_i;\quad a_i=\mathrm{tr}(A\sigma_i)\tag{1.42}$$

此系统混态 ρ 按 4 个基算符展开的表达式为

$$\rho_0=\langle\Omega_0\rangle=\frac{1}{\sqrt{2}},\quad\rho_r=\langle\Omega_r\rangle=\frac{1}{\sqrt{2}}\langle\sigma_r\rangle=\frac{1}{\sqrt{2}}p_r\tag{1.43a}$$

$$\rho=\frac{1}{2}(\sigma_0+\boldsymbol{p}\cdot\boldsymbol{\sigma})=\frac{1}{2}\begin{pmatrix}1+p_3&p_1-\mathrm{i}p_2\\p_1+\mathrm{i}p_2&1-p_3\end{pmatrix}\tag{1.43b}$$

这里 $\boldsymbol{p}=\{p_1,p_2,p_3\}$ 为 Bloch 矢量。由 $\mathrm{tr}(\rho^2)=\frac{1}{2}(1+|\boldsymbol{p}|^2)$,混态 $p=|\boldsymbol{p}|<1$。ρ 本征值满足 $\det(\rho-\lambda)=0$,为

$$\lambda_{\pm}=\frac{1}{2}\left\{1\pm\sqrt{\sum_{r=1}^{3}p_r^2}\right\}\equiv\frac{1}{2}(1\pm p)\tag{1.43c}$$

本征值 $\lambda_\pm$ 是在此自旋混态中找到相应本征态 $|\chi^{(\pm)}(\theta\varphi)\rangle$ 的概率,方位角 $(\theta\varphi)$ 由 $\boldsymbol{p}$ 指向决定。最后,ρ 的谱表示为

$$\rho=|\chi^{(+)}(\theta\varphi)\rangle\lambda_+\langle\chi^{(+)}(\theta\varphi)|+|\chi^{(-)}(\theta\varphi)\rangle\lambda_-\langle\chi^{(-)}(\theta\varphi)|\tag{1.43d}$$

$p=0$ 对应完全没有极化的状态 $\rho=\frac{1}{2}\sigma_0$,是自旋态的最小信息状态。若对此态测量自旋,结果指向任何两个相反方向的概率都相等。

2. 展开法应用举例——力学量 Ω 统计涨落计算

可以表明,$\mathrm{tr}(\rho^2)$ 在区间 $[N^{-1},1]$ 中的取值在某种意义上也可以当成关于系综信息的度量。一方面,完全随机态 $\rho=I/N$ 是最小信息态——不含信息的态。对它应当有 $\rho_r=0\,(r\neq0)$。考虑到 $\rho_0=\frac{1}{\sqrt{N}}$,最后有

$$\mathrm{tr}\,(\rho^2)_{\min}=\frac{1}{N}\tag{1.44a}$$

对由 N 个独立纯态组成的量子系综来说，$\mathrm{tr}(\rho^2)$ 的这个值 $\frac{1}{N}$ 代表了 $\mathrm{tr}(\rho^2)$ 的下限。ρ_r 对零的任何偏离都会带来一定数量的信息。另一方面，任意纯态是最大信息态，这时有 $\mathrm{tr}(\rho^2)=1$，于是 $\mathrm{tr}(\rho^2)$ 的上限是 1。因此对最大信息的任意纯态有

$$\sum_{r=1}^{N^2-1}\rho_r^2=\frac{N-1}{N},\quad \rho_0=\frac{1}{\sqrt{N}} \tag{1.44b}$$

这种度量有个明显的不方便，它对不含信息的状态，$\mathrm{tr}\,(\rho^2)_{\min}=\frac{1}{N}\neq 0$。

举个简单例子说明应用。考虑可观察力学量 Ω 的统计涨落，由于

$$\mathrm{tr}(\rho^2)=\mathrm{tr}\Big(\sum_r\rho_r\Omega_r\cdot\sum_s\rho_s\Omega_s\Big)=\sum_{rs}\rho_r\rho_s\mathrm{tr}(\Omega_r\Omega_s)=\sum_{rs}\rho_r\rho_s\delta_{rs}=\sum_{r=0}^{N^2-1}\rho_r^2$$

已知 Ω 在某个态中的统计涨落，即在态中均方偏差为

$$\Delta\Omega\equiv\langle\Omega^2\rangle-\langle\Omega\rangle^2$$

对此应用正交算符展开法。设 τ_r 和 ω_r 分别是 Ω^2 和 Ω 的展开系数，有

$$\boxed{\begin{cases}\tau_r\equiv\mathrm{tr}(\Omega^2\Omega_r), & \omega_r\equiv\mathrm{tr}(\Omega\Omega_r)\\ \Delta\Omega=\sum\limits_r\rho_r\tau_r-\Big(\sum\limits_r\rho_r\omega_r\Big)^2\end{cases}} \tag{1.45}$$

显然，**$\Delta\Omega$ 增大就意味着对应力学量数值的涨落增加，也就意味着系统关于这个力学量的无序增加，也就意味着人们对这个力学量的信息减少。**实际上也是这样，因为 $\Delta\Omega$ 上述表示式中第二项与 ρ_r 是平方关系，当 $\rho_r(r\neq0)$ 由纯态的最大值减到完全随机混态的最小值(为零)时，$\Delta\Omega$ 是增加的。对最小信息态，有最大的涨落

$$\begin{aligned}(\Delta\Omega)_{\max}&=\rho_0\tau_0-(\rho_0\omega_0)^2=\frac{1}{\sqrt{N}}\mathrm{tr}(\Omega^2\Omega_0)-\Big(\frac{1}{\sqrt{N}}\mathrm{tr}(\Omega\Omega_0)\Big)^2\\&=\frac{1}{N}\mathrm{tr}(\Omega^2)-\frac{1}{N^2}(\mathrm{tr}\Omega)^2\end{aligned} \tag{1.46}$$

1.4.2　密度矩阵 ρ 的实验认证

1. ρ 的独立参量个数

这个数目 P 决定于密度矩阵中所含线性无关纯态的个数。一般说来，ρ_{nm} 脚标 n 是一组量子数的完全集($n_1,\cdots,n_r$)。许多时候，正交归一基 $|\varphi_n\rangle$ 数目是不可数无穷。现在假定问题只涉及系综的某个特殊性质，这时系综只有 N 个线性无关纯态。于是，ρ 将是一个(经过某种约化的) N 维密度矩阵。它有 $2N^2$ 个实参数。考虑到厄米条件，使独立参数减为 N^2 个，再去掉一个矩阵迹归一条件，**所以 ρ 共有**

$$P=N^2-1$$

个独立参数(类似考虑可知,此结果对幺正矩阵也成立)。注意,密度矩阵的其他性质只限制矩阵元变化范围,不导致方程式,并不减少 ρ 中独立参数数目。**于是,为了认证 N 维系综的状态,即确定系综的密度矩阵,一般需要 (N^2-1) 组独立测量。**比如,一个自旋 3/2 粒子,有 $N=4$ 个独立自旋纯态,一般需要 $P=15$ 组独立测量。若进一步,再知道此 N 维系综处于某个纯态,实验认证它就最多只需 $2N-2$ 组独立测量。因为在 N 个纯态叠加复系数中的变数是 $2N$ 个,除去(归一化条件和总体相因子为零)2 个,即得 $P=2N-2$。

2. ρ 的实验认证——正交算符展开和基本算符的选择

先说实验认证 ρ 的一般思路。按照 Gleason 定理思想,**将任意力学量 $\boldsymbol{\Lambda}$ 期望值表达式 $\langle\boldsymbol{\Lambda}\rangle$ 中 $\boldsymbol{\rho}$ 当成表征系综状态的待定算符,按照 $\langle\boldsymbol{\Lambda}\rangle=\mathrm{tr}(\boldsymbol{\rho\Lambda})$ 公式测定并求出的 $\boldsymbol{\rho}$,能以自洽方式统一系综的所有期望值。**于是,只要选择一组(**数目和 $\boldsymbol{\rho}$ 中独立变数个数相等的)独立算符 $\{\boldsymbol{\Omega}_r, r=1,2,\cdots,P\}$,并将它们的期望值 $\{\langle\boldsymbol{\Omega}_r\rangle\}$ 当成关于系综状态的原始实验知识,通过求解下列联立方程组去实验认证 $\boldsymbol{\rho}$**

$$\mathrm{tr}(\rho\Omega_r)=\langle\Omega_r\rangle,\quad r=1,2,\cdots,P \tag{1.47}$$

一旦确认了 $\boldsymbol{\rho}$,任何可观察力学量 $\boldsymbol{\Lambda}$ 的系综期望值就能用 $\langle\boldsymbol{\Lambda}\rangle=\mathrm{tr}(\boldsymbol{\rho\Lambda})$ 计算出来。于是,$\boldsymbol{\rho}$ 就是这样一个东西,它允许人们根据一组特定算符 $\{\boldsymbol{\Omega}_r\}$ 期望值 $\{\langle\boldsymbol{\Omega}_r\rangle\}$ 的实验知识,计算得到任一可观察力学量 $\boldsymbol{\Lambda}$ 的期望值 $\langle\boldsymbol{\Lambda}\rangle$。从这个意义上说,密度矩阵方法能以统一方式表示任何量子系综的任何状态,而不问系综状态是否完全制备,不问系综状态知识是否完全。所以说,密度矩阵描述方法比态矢语言更具普遍性。

现在求系数 $\boldsymbol{\rho}_r$ 的运动方程。对等式 $\rho_s=\mathrm{tr}(\rho\Omega_s)$ 两边求 t 微商,注意 Schrödinger 图像中 Ω_s 与 t 无关,代以 $\frac{\mathrm{d}\rho}{\mathrm{d}t}$ 的运动方程,得

$$\begin{aligned}\frac{\mathrm{d}\rho_s}{\mathrm{d}t}&=\frac{\mathrm{i}}{\hbar}\mathrm{tr}\{[\rho,H]\Omega_s\}=\frac{\mathrm{i}}{\hbar}\sum_r\rho_r\mathrm{tr}\{\Omega_rH\Omega_s-H\Omega_r\Omega_s\}\\&=\frac{\mathrm{i}}{\hbar}\sum_r\rho_r\mathrm{tr}\{H[\Omega_s,\Omega_r]\}\end{aligned}$$

记反称算符 $D_{sr}\equiv\frac{\mathrm{i}}{\hbar}\mathrm{tr}\{H[\Omega_s,\Omega_r]\}$。于是 $D_{SS}=0$,$\frac{\mathrm{d}\rho_s}{\mathrm{d}t}$ 方程不含 ρ_s,有

$$\frac{\mathrm{d}\rho_s}{\mathrm{d}t}=\sum_rD_{sr}\rho_r,\quad r,s=1,2,\cdots,N^2 \tag{1.48a}$$

这就是系数 $\boldsymbol{\rho}_s$ 的运动方程。一旦确定系综 Hamilton 量中感兴趣部分,并选定 $\{\Omega_r\}$ 之后,即可算出 D_{sr}。根据初态 $\rho_r(t=t_0)$ 值——即此方程的初条件,就可以解出 $\rho_s(t)$,得到 $\rho(t)$ 以及力学量期望值随时间的变化。注意,动力学算符 D 是实的,因为它全部反称矩阵元 D_{sr} 是实的

$$D_{sr}=D_{sr}^* \tag{1.48b}$$

证：

$$D_{sr}^{*}=-\frac{\mathrm{i}}{\hbar}\{\mathrm{tr}[H[\Omega_s,\Omega_r]]\}^{*}=-\frac{\mathrm{i}}{\hbar}\mathrm{tr}\{[\Omega_s,\Omega_r]^{+}H\}$$

$$=\frac{\mathrm{i}}{\hbar}\mathrm{tr}\{H[\Omega_s,\Omega_r]\}=D_{sr}$$

另外，若包含 Ω_0，则 $D_{S0}=D_{0r}=0$（因为 Ω_0 和所有 Ω_r 可交换），故 D 矩阵只包含 (N^2-1) 行和列。这是有道理的，因为 D 完全决定 ρ，而 ρ 只有 $P=(N^2-1)$ 个独立变数。

作为最简单例子，给出 1/2 自旋混态的时间演化。这是双电子自旋纠缠态的单体约化密度矩阵式(1.37)。按式(1.41) $(\Omega_0,\boldsymbol{\Omega})=\frac{1}{\sqrt{2}}(\sigma_0,\boldsymbol{\sigma})$，此自旋混态 Bloch 矢量的运动方程为（$\rho_r=\frac{1}{\sqrt{2}}p_r$）

$$\begin{cases}D_{sr}\equiv\frac{\mathrm{i}}{\hbar}\mathrm{tr}\{H[\Omega_s,\Omega_r]\}=\frac{\mathrm{i}}{\hbar}\frac{1}{2}\mathrm{tr}\{H[\sigma_s,\sigma_r]\}=-\frac{1}{\hbar}e_{srt}\mathrm{tr}\{H\sigma_t\}\\ D_{0r}=D_{s0}=0\end{cases}$$

所以

$$\frac{\mathrm{d}p_s}{\mathrm{d}t}=-\frac{1}{\hbar}\sum_{r,t=1}^{3}e_{srt}\mathrm{tr}\{H\sigma_t\}p_r \tag{1.49}$$

习题 1.16　利用正交展开法，导出外磁场中自旋 1/2 粒子的 Larmor 进动方程。

最后研究基算符选择问题。显然，正交算符展开法的可用性依赖于基算符的恰当选择。除了要求它们在乘积求迹的意义上正交归一和个数为 N^2 个之外，还要求选择有利于简化问题。于是，如果系综的初态使某些 Ω_r 的平均值 $\langle\Omega_r\rangle=0$，那么把这些 Ω_r 包括在基算符之内是有好处的，因为对初态而言，相应于这些基算符的 ρ_r 就为零。而且，如果（下面将叙述到）运动方程只和某些 ρ_r 有联系，计算就会大为简化。再举个例子，就涉及末态来说，经常感兴趣的只是少数几个可观察力学量，将它们包括在基算符之列就很方便。因为这样一来，对所感兴趣的力学量 Λ，只有一个 λ_r 不为零（自己为自己所展开），当（用 $\langle\Lambda\rangle=\sum_r\rho_r\lambda_r$）计算 $\langle\Lambda\rangle$ 时，只需要知道对应的 ρ_r 就行了。于是只需要计算少数几个 ρ_r。最后，任何时候把归一化的单位算符包括作为基算符也是很方便的。对应单位算符 I 的迹归一的 Ω_0 为

$$\Omega_0=\frac{1}{(\mathrm{tr}I)^{1/2}}I=\frac{1}{\sqrt{N}}I$$

但是注意，基算符中要能包括 Ω_0，就必须要求其余所有 Ω_r 为零迹即 $\mathrm{tr}(\Omega_r)=0$ 才行。因为

$$\mathrm{tr}(\Omega_0\Omega_r)=\frac{1}{\sqrt{N}}\mathrm{tr}(\Omega_r)=0$$

这时，与 Ω_0 对应的 ρ_0 为

$$\rho_0 = \langle \Omega_0 \rangle = \mathrm{tr}(\rho\Omega_0) = \frac{1}{\sqrt{N}}\mathrm{tr}(\rho) = \frac{1}{\sqrt{N}}$$

由于这些关于 Ω_0 的结果对系综任意状态都成立,**从而系综的任意状态现在只需要(N^2-1)个独立参量就可以唯一确定。**

习题 1.17 利用正交展开法研究所谓测量效率矩阵和响应总概率问题。

1.4.3 量子态信息的度量——von Neumann 熵与其特性[⑨]

现在简要叙述量子统计和量子信息论中一个基本概念——von Neumann 熵。设有一个信息源,它制备 n 个字符的信息,每个字符都是从一个量子系综中选取的,字符表由量子态 ρ_x 的一个集合 $\{\rho_x, \forall x\}$ 组成。假设集合中每个 ρ_x 都是以某种先验的概率 p_x 产生出来,组成一个纯态序列 $\{\rho_x, p_x\}$,对这个量子系综所作的任何测量,结果都由相应的密度矩阵 $\rho = \sum_x p_x\rho_x$ 所描述。

定义 系综 A 处于密度矩阵 $\boldsymbol{\rho}_A$ 上,其 von Neumann 熵为

$$\boxed{S(\rho_A) = -\mathrm{tr}(\rho_A \log\rho_A)} \tag{1.50}$$

设 ρ_A 的本征态为 $\{|a\rangle_A\}$,则 ρ_A 的本征表象是量子系综 $\rho_A = \{|a\rangle_A, \lambda_a\}$。此时因为态之间相互正交,此量子系综相应于经典系综。于是

$$\rho_A = \sum_a \lambda_a |a\rangle_{AA}\langle a| \to f(\rho_A) = \sum_a f(\lambda_a)|a\rangle_{AA}\langle a|$$

$$\boxed{S(\rho_A) = -\sum_a \lambda_a \log\lambda_a \equiv H(A)} \tag{1.51}$$

$H(A)$称为系综 A 的 Shannon 熵函数。将 $\boldsymbol{\rho}$ 用谱表示即表明:量子系综 $\boldsymbol{\rho}_A = \{\boldsymbol{\rho}_x, \boldsymbol{p}_x\}$的 von Neumann 熵 S 数值等于对应经典系综 $A = \{a, \lambda_a\}$的 Shannon 熵。式(1.51)推导过程也就是通常计算 von Neumann 熵的办法。也就是说,如果荷载信息的信号字符集合是由相互正交归一的纯态所组成,则量子信息源就退化为经典信息源。这时就像使用不同阿拉伯数字荷载信息一样,所有信号态都能够理想地可区分,ρ_A 的所有非对角项消失,$S(\rho) = H(X)$。**但如果使用非正交纯态集合来荷载信息,量子信息论与经典信息论就有实质的差异了。**

量子态的 von Neumann 熵是对量子态缺少认知的一种度量,是对这个量子态的信息不完备的量化标志(而且未表明这种不完备的根源)。比如,任何纯态的 von Neumann 熵为零——认知完整,不缺乏制备此纯态的知识;还有,最简单的二维完全混态——位于 Bloch 球心的垃圾态 $\rho = I/2$,它的 von Neumann 熵 $S(I/2) = 1$,等于经典 Shannon 熵 $H(1/2) = 1$。再例如

⑨ 详见脚注⑦文献。

$$\rho=\frac{3}{4}\mid 0\rangle\langle 0\mid+\frac{1}{4}\mid 0\rangle\langle 1\mid+\frac{1}{4}\mid 1\rangle\langle 0\mid+\frac{1}{4}\mid 1\rangle\langle 1\mid=\frac{1}{4}\begin{pmatrix}3 & 1\\1 & 1\end{pmatrix}$$

可得 ρ 本征值 $\lambda_1=\frac{1}{2}\left(1+\frac{1}{\sqrt{2}}\right),\lambda_2=\frac{1}{2}\left(1-\frac{1}{\sqrt{2}}\right)$，它的 von Neumann 熵为 $S(\rho)=-\lambda_1\log\lambda_1-\lambda_2\log\lambda_2=0.6009$。

von Neumann 熵还附带量化了两体纯态的纠缠。例如，Bell 基

$$\mid\psi^-\rangle_{AB}=\frac{1}{\sqrt{2}}(\mid\uparrow\rangle_A\mid\downarrow\rangle_B-\mid\downarrow\rangle_A\mid\uparrow\rangle_B)$$

整个系统是纯态，von Neumann 熵 $S(\rho_{AB})=0$；但就 $A(B)$ 任一子系统，von Neumann 熵相等，为最大值 1，即

$$S(\rho_A)=S(\rho_B)=S\left(\frac{1}{2}\begin{pmatrix}1 & 0\\0 & 1\end{pmatrix}\right)=1$$

说明所有关于这个态的信息全部蕴含在 A 和 B 的相互关联之中；任一单体量子态的知识都是完全不确定的，各自的 von Neumann 熵都为最大。应当注意，这里“不确定性”是指对态认知的“缺乏”，不应当和 Heisenberg 不确定性相混淆。后者所导致的关于测量预言和测量极限的不确定性，即使对纯态也总是存在的。

$S(\rho)$ 有一些常用的性质（其中很多性质非常接近 Shannon 熵 $H(X)$ 的性质），**只将其中主要的性质列举如下**（它们的证明见脚注⑩）。

(1)**von Neumann 熵是非负的，只对纯态为零。**混态 ρ 本征值小于 1，将 $\rho\log\rho$ 对角化即知。纯态 von Neumann 熵为零是因为其密度矩阵是个投影算符，非零本征值只有一个为 1。物理上这是说，已知的纯态没有任何不确定性，如同经典单个字符完全确定一样。

(2)**von Neumann 熵在幺正变换下不变 $S(U\rho U^{-1})=S(\rho)$。**因为 $S(\rho)$ 只依赖于 ρ 的本征值，而幺正变换不改变 ρ 的本征值。

(3)**由子系统直积而成的系统的总熵等于各子系统熵之和。**于是，假定系统 A 和环境 E 初始未关联 $\rho_{AE}=\rho_A\otimes\rho_E$，总熵是相加的，即

$$\boxed{S(\rho_{AE})=S(\rho_A)+S(\rho_E)}\tag{1.52}$$

另外要注意到，对于混态可分离态，由于已知的关于这个态的制备知识，在混并成为单一 ρ_{AB} 时被抹去了，所以**两体系统的总熵大于两个单体分别熵之和。这表现为下面熵函数的凸性。**

(4)**假定两体系统 AB 处于一个纯态上，则 $S(\rho_A)=S(\rho_B)$。**

(5)**von Neumann 熵具有凸性。此重要性质用不等式表示为**

---

⑩ 见脚注⑦文献 272 页。下面所涉及的“混态可分离态”概念也参见该文献的 51 页。

$$\boxed{S\Big(\sum_{i=1}^{n}p_i\rho_i\Big)\geqslant\sum_{i=1}^{n}p_iS(\rho_i)} \tag{1.53}$$

1.4.4 密度矩阵简单应用举例[11]

例1 微扰跃迁应用[12]。假定初始时刻 t_0,大量粒子以互不相干的方式处于许多纯态,构成量子系综。设处于 $|\alpha'\rangle$ 态概率为 $\omega_{\alpha'}$ 等,即

$$\rho=\sum^{\alpha'}|\alpha'\rangle\omega_{\alpha}{}'\langle\alpha'|$$

设演化算符为 $U(t,t_0)$,$|\alpha'\rangle\to U|\alpha'\rangle$。这时力学量 α 取值 α'' 的概率为

$$\begin{aligned}\langle\alpha''|\rho(t)|\alpha''\rangle&=\sum^{\alpha'}\langle\alpha''|U|\alpha'\rangle\omega_{\alpha}{}'\langle\alpha'|U^{-1}|\alpha''\rangle\\&=\sum^{\alpha'}\omega_{\alpha'}\langle\alpha''|U|\alpha'\rangle\langle\alpha'|U^{+}|\alpha''\rangle=\omega_{\alpha'}|\langle\alpha''|U|\alpha'\rangle|^2\end{aligned}$$

于是

$$\langle\alpha''|\rho(t)|\alpha''\rangle=\omega_{\alpha'}P(\alpha'\to\alpha'') \tag{1.54}$$

这里 $P_{\alpha'\to\alpha''}=|\langle\alpha''|U|\alpha'\rangle|^2$($P_{\alpha'\to\alpha''}$ 对所有 α'' 的求和为1),对 $\alpha'\neq\alpha''$,$P_{\alpha'\to\alpha''}$ 是 $t_0\to t$ 期间发生从态 $|\alpha'\rangle$ 到态 $|\alpha''\rangle$ 的跃迁概率。

上面结果可以解释为:在 t 时刻系统处于态 $|\alpha''\rangle$ 的概率,是系统 t_0 时刻处于任意态 $|\alpha'\rangle(\neq|\alpha''\rangle)$,并在 $t-t_0$ 内发生从态 $|\alpha'\rangle\to|\alpha''\rangle$ 跃迁的概率,再加上开始即处于态 $|\alpha''\rangle$ 而没有发生跃迁的概率。于是,各种跃迁概率按照普遍的概率规则彼此互不相干地起着作用。

例2 统计系综的密度矩阵。微正则系综分布函数($H|\varphi_n\rangle=E_n|\varphi_n\rangle$)

$$\omega_n=\begin{cases}1/N & (E<E_n<E+\Delta)\\0 & (E_n<E\text{ 或 }E_n>E+\Delta)\end{cases},\quad \rho=\frac{1}{N}\sum_{E<E_n<E+\Delta}|\varphi_n\rangle\langle\varphi_n| \tag{1.55}$$

而正则系综分布函数则为

$$\omega_n=\frac{1}{Z}\exp(-\beta E_n),\quad Z=\sum_n\exp(-\beta E_n) \tag{1.56}$$

此系综的密度矩阵 ρ 为

$$\rho=\sum_n|\varphi_n\rangle\frac{e^{-\beta E_n}}{\sum_k e^{-\beta E_k}}\langle\varphi_n|=\frac{1}{Z}e^{-\beta H} \tag{1.57}$$

---

[11] 有关密度矩阵及应用的叙述很多。例如,Blum K. Density Matrix theory and Applications; Ziman J M. Elements of Advanced Quantum Theory(Reprinted 1980), 94; Roman P. Advanced Quantum Theory, 90; Richtmver R D. Principles of Advanced Mathematical Physics, density matrix; Berestetskil V B, et al. Relativistic Quantum Theory, Part I, 89, 22 等。

[12] Dirac P A M. 量子力学原理. 陈咸亨译,喀兴林校. 北京:科学出版社,1965:177.

习题 1.18 研究光子的极化密度矩阵[13]。

例 3 磁场中热平衡电子系综。求平均极化率 m（单位体积的磁矩）。这时 $H = -\mu\boldsymbol{\sigma}\cdot\boldsymbol{B} = -\mu B\sigma_z$，$\rho = \mathrm{e}^{-\beta H}/\mathrm{tr}(\mathrm{e}^{-\beta H})$。

$$\mathrm{e}^{-\beta H} = \mathrm{e}^{\beta\mu B\sigma_z} = \begin{pmatrix} \mathrm{e}^{\beta\mu B} & 0 \\ 0 & \mathrm{e}^{-\beta\mu B} \end{pmatrix}, \quad \mathrm{tr}(\mathrm{e}^{-\beta H}) = \mathrm{e}^{\beta\mu B} + \mathrm{e}^{-\beta\mu B}$$

所以

$$\rho = \frac{1}{\mathrm{e}^{\beta\mu B} + \mathrm{e}^{-\beta\mu B}} \begin{pmatrix} \mathrm{e}^{\beta\mu B} & 0 \\ 0 & \mathrm{e}^{-\beta\mu B} \end{pmatrix}$$

$$\langle\sigma_z\rangle = \mathrm{tr}(\rho\sigma_z) = \frac{\mathrm{e}^{\beta\mu B} - \mathrm{e}^{-\beta\mu B}}{\mathrm{e}^{\beta\mu B} + \mathrm{e}^{-\beta\mu B}} = \mathrm{th}(\beta\mu B)$$

$m_g = n\mu\langle\sigma_z\rangle$，$n$ 为单位体积内粒子数。

例 4 箱内热平衡自由电子系综，求 ρ 和 $\langle H\rangle$。这时 $H = -\dfrac{\hbar^2}{2m}\nabla^2$。

取箱归一化

$$\begin{cases} \varphi(x+L,y,z) = \varphi(x,y+L,z) = \varphi(x,y,z+L) = \varphi(x,y,z) \\ \varphi_E = \dfrac{1}{\sqrt{V}}\exp(\mathrm{i}\boldsymbol{k}\cdot\boldsymbol{r}), \quad E = \dfrac{\hbar^2 k^2}{2m}, \quad \boldsymbol{k} = (k_x,k_y,k_z) = \dfrac{2\pi}{L}(n_x,n_y,n_z) \end{cases}$$

所以

$$\begin{aligned} \langle\boldsymbol{r}\mid\mathrm{e}^{-\beta H}\mid\boldsymbol{r}'\rangle &= \sum_E\langle\boldsymbol{r}\mid E\rangle\mathrm{e}^{-\beta E}\langle E\mid\boldsymbol{r}'\rangle = \sum_E \mathrm{e}^{-\beta E}\varphi_E(\boldsymbol{r})\varphi_E{}^*(\boldsymbol{r}') \\ &= \frac{1}{V}\sum_{\boldsymbol{k}}\exp\left[-\frac{\beta\hbar^2k^2}{2m} + \mathrm{i}\boldsymbol{k}\cdot(\boldsymbol{r}-\boldsymbol{r}')\right] \end{aligned}$$

将指数配方并将求和变为积分，最后求得

$$\langle\boldsymbol{r}\mid\mathrm{e}^{-\beta H}\mid\boldsymbol{r}'\rangle = \left(\frac{m}{2\pi\beta\hbar^2}\right)^{3/2}\exp\left[-\frac{m}{2\beta\hbar^2}(\boldsymbol{r}-\boldsymbol{r}')^2\right]$$

习题 1.19 求证此公式。

由此，$\mathrm{tr}(\mathrm{e}^{-\beta H}) = \int\langle\boldsymbol{r}\mid\mathrm{e}^{-\beta H}\mid\boldsymbol{r}\rangle\mathrm{d}\boldsymbol{r} = V\left(\dfrac{m}{2\pi\beta\hbar^2}\right)^{3/2}$。于是 ρ 的矩阵元为

$$\langle\boldsymbol{r}\mid\rho\mid\boldsymbol{r}'\rangle = \frac{\langle\boldsymbol{r}\mid\mathrm{e}^{-\beta H}\mid\boldsymbol{r}'\rangle}{\mathrm{tr}(\mathrm{e}^{-\beta H})} = \frac{1}{V}\exp\left[-\frac{m}{2\beta\hbar^2}(\boldsymbol{r}-\boldsymbol{r}')^2\right]$$

所以箱中热平衡电子能量的平均值为

$$\begin{aligned} \langle H\rangle &= \frac{\mathrm{tr}(H\mathrm{e}^{-\beta H})}{\mathrm{tr}(\mathrm{e}^{-\beta H})} = -\frac{\partial}{\partial\beta}\ln\mathrm{tr}(\mathrm{e}^{-\beta H}) \\ &= -\frac{\partial}{\partial\beta}\ln\left[V\left(\frac{m}{2\pi\beta\hbar^2}\right)^{3/2}\right] = \frac{3}{2\beta} = \frac{3}{2}kT \end{aligned}$$

---

[13] 见阿希叶泽尔 А И，别列斯捷茨基 В Б. 量子电动力学. 北京：科学出版社，1964：10.

习题 1.20 自旋为 1 粒子的一个混态如下，计算有关性质。设混态是由下面三个纯态以相等概率非相干混合组成，

$$\psi^{(1)}=\begin{pmatrix}1\\0\\0\end{pmatrix},\quad \psi^{(2)}=\frac{1}{\sqrt{2}}\begin{pmatrix}0\\1\\1\end{pmatrix},\quad \psi^{(3)}=\begin{pmatrix}0\\0\\1\end{pmatrix}$$

计算：(1)每一个纯态的极化矢量 $\boldsymbol{P}$；(2)此混态的极化矢量 $\boldsymbol{p}$；(3)此系统密度矩阵 ρ；(4)利用 ρ 计算 $\boldsymbol{p}$；(5)von Neumann 熵。

第 2 章　对称性分析补充

系统的某种对称性，意味着系统某种属性的不可分辨性。比如，空间内禀的均匀性意味着，无法确定任何孤立系统的空间绝对坐标，这将导致孤立系统总动量守恒；空间内禀的各向同性意味着，不能分辨任何孤立系统的绝对方位，此时不会由于实验装置安装方位不同而影响实验结果，这将导致孤立系统总角动量守恒；时间流逝内禀的均匀性意味着，没有外部干扰和参考的系统就不存在绝对的时间坐标，这将导致孤立系统总能量守恒；如果系统具有时间反演不变性，意味着该系统演化中存在某种等式关系，但并非是某种守恒定律，更不会损及时间流逝的过去-将来划分的绝对性质，能谱有上限系统除外，参见 12.1.4 节，更详细见：张永德著《量子菜根谭(第Ⅲ版)》；一个系统具有空间反射不变性意味着，该系统不存在绝对的左和绝对的右，这将导致系统宇称守恒；系统的 $U(1)$ 变换不变性意味着，系统状态的绝对位相不可观测，这将导致系统总概率(粒子数)守恒等。

通常，**对称性有着不同的层次。有的对称性属于自然界的基本规律层面，有的属于具体系统具体特性的层面**(前者如时间流淌的均匀性，后者如晶体的几何对称性)。**有的对称性是普遍成立、严格成立的，是强悍的；有的则是局部成立、近似成立的，是较弱的**(前者如电荷守恒，后者如同位旋守恒)。**有的对称性是系统本身的内禀属性，有的则是系统所处时空性质在系统运动行为上的烙印**(前者如全同粒子置换对称性，后者如能量、动量、角动量守恒)。**有的对称性和相互作用势有关，是动力学的；有的则与相互作用势无关，是几何的**(前者如 Coulomb 势的 $SO(4)$ 对称性，后者如任意一维势不存在简并)，等等。

本章只讨论 3 个专题：空间转动和角动量、时间反演、全同粒子置换对称性。关于对称性的一般讨论，如连续对称性与 Noether 定理，时空对称性与相应守恒律及守恒量等在第 3 章中进行。

2.1　空间转动变换分析

2.1.1　R_3 群与 $SU(2)$ 群

1. R_3 群与 $SU(2)$ 群

先讨论主动转动与被动转动。设基矢(一般称为基底，见式(2.1))$\{\boldsymbol{e}_i, i=1,\cdots,n\}$组成 n 维空间，其中矢量 $\boldsymbol{C}$ 的坐标为 $(c_1\cdots c_n)$。设有此空间转动变换 P_R，作用于矢量 $\boldsymbol{C}$。转动对基底和对坐标的变换是不同的。因为(将下式转置可以给

出等价的表述)

$$C = c_1 e_1 + \cdots + c_n e_n = (e_1 \cdots e_n)\begin{pmatrix} c_1 \\ \vdots \\ c_n \end{pmatrix}$$

所以对同一变换 P_R 有两种等效的描述方法。它们分别为

$$P_R C = C^{(R)} = (e_1 \cdots e_n) R \begin{pmatrix} c_1 \\ \vdots \\ c_n \end{pmatrix} = (e_1 \cdots e_n)\begin{pmatrix} c_1^{(R)} \\ \vdots \\ c_n^{(R)} \end{pmatrix} \text{或} (e_1^{(R)} \cdots e_n^{(R)})\begin{pmatrix} c_1 \\ \vdots \\ c_n \end{pmatrix} \tag{2.1}$$

这表明,可以令坐标像列矢量那样变换 $(c_i) \to (c_i^{(R)})$,基矢不变;也可以令基矢像行矢量那样变换 $(e_i) \to (e_i^{(R)})$,坐标不变。两者中只需变换其一。前者涉及与坐标固联的物理对象变换,而基底(标架)不变,称为主动变换;后者涉及基底(标架)变换,而与坐标固联的物理对象不变,称为被动变换①。

三维空间转动变换 P_R 全体构成 3 参数连续群——转动群。在直角坐标下,这个群的表示 R_3 是行列式为 $+1$ 的 3×3 **正交矩阵群**。它们常用两种描述方法:①**Euler 角表示②:绕 z 轴转 α 角,再绕新 y' 轴转 β 角,最后绕新 z'' 轴转 γ 角 $(0 \leqslant \alpha < 2\pi, 0 \leqslant \beta \leqslant \pi, 0 \leqslant \gamma < 2\pi)$。转动矩阵记为 $R(\alpha,\beta,\gamma)$。②矢量描述:绕 $n(\alpha_1,\alpha_2,\alpha_3) = n(\theta,\varphi)$ 轴转 λ 角,转动矩阵记为 $R(\lambda n(\theta,\varphi))$,$(\theta\varphi)$ 为 n 的球坐标角,α_i 为 n 的方向余弦。**两套参数之间的关系为

$$\begin{cases} \cos\alpha_1 = n \cdot e_x = \sin\theta\cos\varphi, \cos\alpha_2 = n \cdot e_y = \sin\theta\sin\varphi, \cos\alpha_3 = n \cdot e_z = \cos\theta \\ \cos\theta = \cos\alpha_3, \sin\theta = \sin\alpha_3, \cos\varphi = \cos\alpha_1/\sin\alpha_3, \sin\varphi = \cos\alpha_2/\sin\alpha_3 \end{cases}$$

由于绕任一轴旋转某个角度的转动变换,等价于先将这根轴转到 z 轴,再按 z 轴转动该角度,然后再将 z 轴转回到该轴方向。比如

$$\begin{cases} R(\gamma e_{z''}) = R(\beta e_{y'}) R(\gamma e_z) R^{-1}(\beta e_{y'}) \\ R(\beta e_{y'}) = R(\alpha e_z) R(\beta e_y) R^{-1}(\alpha e_z) \end{cases}$$

由此可知,对应 Euler 角为 (α,β,γ) 的转动 $R(\alpha,\beta,\gamma)$ 为

$$\begin{aligned} R(\alpha,\beta,\gamma) &\equiv R(\gamma e_{z''}) R(\beta e_{y'}) R(\alpha e_z) \\ &= [R(\beta e_{y'}) R(\gamma e_z) R(\beta e_{y'})^{-1}] R(\beta e_{y'}) R(\alpha e_z) = R(\beta e_{y'}) R(\gamma e_z) R(\alpha e_z) \\ &= [R(\alpha e_z) R(\beta e_y) R(\alpha e_z)^{-1}] R(\gamma e_z) R(\alpha e_z) \\ &= R(\alpha e_z) R(\beta e_y) R(\gamma e_z) R(\alpha e_z)^{-1} R(\alpha e_z) \end{aligned}$$

即

$$\boxed{R(\alpha,\beta,\gamma) = R(\alpha e_z) R(\beta e_y) R(\gamma e_z)} \tag{2.2a}$$

---

① Normand J M. A Lie Group: Rotations in Quantum Mechanics. North-Holland Publishing Company, 1980:16.

② 注意,斯米诺夫.高等数学教程.Ⅲ卷-1 分册 225 页所叙述的第二次转动是绕 x 轴.

结论是 Euler 角 (α,β,γ) 描述位形空间转动等价于绕原先 z 轴转 γ，接着绕 y 轴转 β，最后绕 z 轴转 α。显然，这三个空间转动可表示为

$$R_{\alpha e_z}=\begin{pmatrix}\cos\alpha & -\sin\alpha & 0\\ \sin\alpha & \cos\alpha & 0\\ 0 & 0 & 1\end{pmatrix},\quad R_{\beta e_y}=\begin{pmatrix}\cos\beta & 0 & \sin\beta\\ 0 & 1 & 0\\ -\sin\beta & 0 & \cos\beta\end{pmatrix},\quad R_{\gamma e_z}=\begin{pmatrix}\cos\gamma & -\sin\gamma & 0\\ \sin\gamma & \cos\gamma & 0\\ 0 & 0 & 1\end{pmatrix}$$

于是得到 **Euler 角描述下的一般转动 $R(\alpha,\beta,\gamma)$ 的表达式**

$$\begin{aligned}R(\alpha,\beta,\gamma)&=R(\alpha e_z)R(\beta e_y)R(\gamma e_z)\\&=\begin{pmatrix}\cos\alpha\cos\beta\cos\gamma-\sin\alpha\sin\gamma, & -\cos\alpha\cos\beta\sin\gamma-\sin\alpha\cos\gamma, & \cos\alpha\sin\beta\\ \sin\alpha\cos\beta\cos\gamma+\cos\alpha\sin\gamma, & -\sin\alpha\cos\beta\sin\gamma+\cos\alpha\cos\gamma, & \sin\alpha\sin\beta\\ -\sin\beta\cos\gamma & \sin\beta\sin\gamma & \cos\beta\end{pmatrix}\end{aligned}\tag{2.2b}$$

由此式可知，转动 $(\alpha\beta\gamma)$ 与 $(\pi+\alpha,-\beta,\pi+\gamma)$ 相同。至于矢量描述，可以按上面几何意义明确的关系，将其转换为 Euler 角描述

$$\boxed{R(\lambda n(\theta\varphi))=R(\varphi,\theta,0)R(\lambda,-\theta,-\varphi)}\tag{2.3}$$

SU_2 是 2 维幺模幺正矩阵构成的矩阵群，是作用于两分量复矢量构成的两维 Hilbert 空间上的幺正变换群。从 SU_n 幺模幺正条件可知有 (n^2-1) 个独立参数。于是 SU_2 独立参数是 3 个③，一般表示为

$$SU_2=\begin{pmatrix}a & b\\ -b^* & a^*\end{pmatrix},\quad aa^*+bb^*=1$$

这是二维幺正群 U_2 中行列式为 +1 的子群，称为**二维幺模幺正群。**

也可以给出 SU_2 元素的 Euler 角描述。由于与绕 y 轴转 β 角转动相对应的 $u(R(\beta e_y))$，以及与绕 z 轴转 α 角转动相对应的 $u(R(\alpha e_z))$ 分别为

$$\begin{pmatrix}x'\\y'\\z'\end{pmatrix}=\begin{pmatrix}\cos\beta & 0 & \sin\beta\\ 0 & 1 & 0\\ -\sin\beta & 0 & \cos\beta\end{pmatrix}\begin{pmatrix}x\\y\\z\end{pmatrix}\Rightarrow u(\beta e_y)=\begin{pmatrix}\cos\frac{\beta}{2} & -\sin\frac{\beta}{2}\\ \sin\frac{\beta}{2} & \cos\frac{\beta}{2}\end{pmatrix}$$

$$\begin{pmatrix}x'\\y'\\z'\end{pmatrix}=\begin{pmatrix}\cos\alpha & -\sin\alpha & 0\\ \sin\alpha & \cos\alpha & 0\\ 0 & 0 & 1\end{pmatrix}\begin{pmatrix}x\\y\\z\end{pmatrix}\Rightarrow u(\alpha e_z)=\begin{pmatrix}e^{-i\frac{\alpha}{2}} & 0\\ 0 & e^{+i\frac{\alpha}{2}}\end{pmatrix}$$

所以，**与 $R(\alpha,\beta,\gamma)$ 对应的、用 Euler 角 (α,β,γ) 描述的 SU_2 元素为**

$$\boxed{SU_2(\alpha,\beta,\gamma)=u(\alpha e_z)u(\beta e_y)u(\gamma e_z)=\begin{pmatrix}e^{-\frac{i(\alpha+\gamma)}{2}}\cos\frac{\beta}{2} & -e^{-\frac{i(\alpha-\gamma)}{2}}\sin\frac{\beta}{2}\\ e^{\frac{i(\alpha-\gamma)}{2}}\sin\frac{\beta}{2} & e^{\frac{i(\alpha+\gamma)}{2}}\cos\frac{\beta}{2}\end{pmatrix}}\tag{2.4}$$

---

③　也可以这样看：SU_2 有 3 个参数是和它向后作用的复二维矢量*（幺模）有 3 个参数有关：二维复矢量的变换规律应能决定 SU_2。于是 3 个复矢量有 9 个未知数，有 6 个方程，则 SU_2 一般应含 3 个未知数。

此式清楚显示了 R_3 与 SU_2 的对应关系。

这种形式的幺模幺正矩阵是否涵括了所有幺模幺正矩阵 SU_2？答案是肯定的。因为根据上面 SU_2 一般表示，令其中 $a = m\mathrm{e}^{-\mathrm{i}\xi}, b = -n\mathrm{e}^{-\mathrm{i}\zeta}$，得到 $m^2 + n^2 = 1$。由此可令 $m = \cos\eta, n = \sin\eta$，代入即得 SU_2 的普遍表达式为

$$\begin{pmatrix} \mathrm{e}^{-\mathrm{i}\xi}\cos\eta & -\mathrm{e}^{-\mathrm{i}\zeta}\sin\eta \\ \mathrm{e}^{\mathrm{i}\zeta}\sin\eta & \mathrm{e}^{\mathrm{i}\xi}\cos\eta \end{pmatrix}$$

这正好是关联于 Euler 角$(\zeta + \xi, 2\eta, \xi - \zeta)$的转动。这说明一般表达式(2.4)的确已全部概括了 SU_2 元素。

2. R_3 准同构(同态)于 SU_2

证： 取 Pauli 矩阵

$$\sigma_x = \begin{pmatrix} 0 & 1 \\ 1 & 0 \end{pmatrix}, \quad \sigma_y = \begin{pmatrix} 0 & -\mathrm{i} \\ \mathrm{i} & 0 \end{pmatrix}, \quad \sigma_z = \begin{pmatrix} 1 & 0 \\ 1 & -1 \end{pmatrix}$$

结合空间任一点 $\boldsymbol{r} = (x, y, z)$，构造下面厄米矩阵

$$h \equiv x\sigma_x + y\sigma_y + z\sigma_z \equiv \boldsymbol{r} \cdot \boldsymbol{\sigma} \equiv \begin{pmatrix} z & x - \mathrm{i}y \\ x + \mathrm{i}y & -z \end{pmatrix}$$

注意，这也是零迹二维厄米矩阵的普遍形式。如果 u 是 SU_2 中的一个元素，对 h 作相似变换 $h' \equiv uhu^{-1}$，则 h' 还是零迹二维厄米矩阵，因此它必可表达成同样形式

$$h' = \begin{pmatrix} z' & x' - \mathrm{i}y' \\ x' + \mathrm{i}y' & -z' \end{pmatrix} \equiv \sigma \cdot \boldsymbol{r}'$$

由于 u 不含 (x, y, z)，故 (x', y', z') 是 (x, y, z) 的实系数线性组合，组合系数与 u 矩阵元有关。注意相似变换不改变行列式数值 $\det h' = \det h$，有

$$x^2 + y^2 + z^2 = x'^2 + y'^2 + z'^2$$

可知 $\boldsymbol{r} \to \boldsymbol{r}'$ 变换是个三维空间转动，记为 $\boldsymbol{r}' \equiv P_u \boldsymbol{r}$，得

$$\boxed{u\sigma \cdot \boldsymbol{r}u^{-1} = \sigma \cdot P_u \boldsymbol{r}} \tag{2.5}$$

进一步，设 $u, v \in SU_2$，分别有 $u\sigma \cdot \boldsymbol{r}u^{-1} = \sigma \cdot P_u \boldsymbol{r}$ 和 $v\sigma \cdot \boldsymbol{r}v^{-1} = \sigma \cdot P_v \boldsymbol{r}$，于是

$$(uv)\sigma \cdot \boldsymbol{r}\,(uv)^{-1} = u(v\sigma \cdot \boldsymbol{r}v^{-1})u^{-1} = u\sigma \cdot (P_v \boldsymbol{r})u^{-1} = \sigma \cdot (P_u P_v \boldsymbol{r})$$

这再次说明，**任给一个 $u \in SU_2$，必有一个 $P_u \in R_3$ 对应，并保有相同的乘法表。说明由 SU_2 向 R_3 映射为单值的。但是，由 R_3 向 SU_2 映射不是单值的，一个 R_3 元素 R 对应 SU_2 两个元素 $\pm u(R)$。于是，R_3 准同构(同态)于 SU_2。因为 $R(\alpha, \beta, \gamma)$ 表达式表明转动 (α, β, γ) 和 $(\alpha + \pi, -\beta, \gamma + \pi)$ 是全同的，但将它们代入相应的 SU_2 表达式，相差负号。** 证毕。

习题 2.1　一般性证明 $R_3 \to \pm SU_2$。

习题 2.2　证明均匀外磁场下非相对论中子(电子)波函数和极化按 SU_2 和相应的 R_3 变化。

现在将 R_3 推广使其与 SU_2 同构。用 R_3 的矢量表示——绕轴 (θ, φ) 转 λ 角来描

述这个双值映射问题更为明确。如前所述，用 Euler 角描述办法可将 SU_2 矢量表示写为 $R(\varphi,\theta,0)R(\lambda,-\theta,-\varphi)$，有

$$\boxed{SU_2(\lambda;\theta\varphi)=\begin{pmatrix} e^{\frac{i\lambda}{2}}\sin^2\frac{\theta}{2}+e^{-\frac{i\lambda}{2}}\cos^2\frac{\theta}{2} & e^{-i\varphi}(e^{-\frac{i\lambda}{2}}-e^{\frac{i\lambda}{2}})\sin\frac{\theta}{2}\cos\frac{\theta}{2} \\ e^{i\varphi}(e^{-\frac{i\lambda}{2}}-e^{\frac{i\lambda}{2}})\sin\frac{\theta}{2}\cos\frac{\theta}{2} & e^{-\frac{i\lambda}{2}}\sin^2\frac{\theta}{2}+e^{\frac{i\lambda}{2}}\cos^2\frac{\theta}{2} \end{pmatrix}} \tag{2.6}$$

这与前面 Euler 角表示式(2.4)不同。由此可知，**两个完全相同的转动 λ 和 $\lambda+2\pi$，却对应 SU_2 的正负两个矩阵 $\pm\boldsymbol{u}$。**用下面方式推广 R_3，**使它与 SU_2 同构：设定转动周期为 4π(区别绕任一轴转 α 和 $\alpha+2\pi$ 的转动，而不再区别转 α 和 $\alpha+4\pi$ 的转动)。这个推广了的 R_3 群称为覆盖群。**

例如，可以给出宇称算符 P 的 SU_2 表达式。根据 $P\hat{\boldsymbol{r}}P^{-1}=-\hat{\boldsymbol{r}}$，按照 $u_P\boldsymbol{\sigma}\cdot\boldsymbol{r}u_P^{-1}=\boldsymbol{\sigma}\cdot P\boldsymbol{r}=-\boldsymbol{\sigma}\cdot\boldsymbol{r}$，可知 u_P 将 3 个 σ_i 全反号。于是有

$$u_P=u(-\pi\boldsymbol{e}_y)K=-\mathrm{i}\sigma_y K$$

这里 K 为复数共轭算符。验算即知，算符 u_P 和所有 $u\in SU_2$ 都对易。

3. SU_2 的不可约表示

SU_2 矩阵 $\boldsymbol{u}$ 是二维复空间矢量的幺模幺正变换，有如下形式：

$$\begin{pmatrix}\xi\\ \eta\end{pmatrix}\rightarrow\begin{pmatrix}\xi'\\ \eta'\end{pmatrix}=\boldsymbol{u}\begin{pmatrix}\xi\\ \eta\end{pmatrix}=\begin{pmatrix}a & b\\ -b^* & a^*\end{pmatrix}\begin{pmatrix}\xi\\ \eta\end{pmatrix} \tag{2.7}$$

于是当 (ξ,η) 经此变化时，将诱导给定函数 $f(\xi,\eta)$ 的一个函数变换

$$f(\xi,\eta)\rightarrow f(u^{-1}\xi,u^{-1}\eta)\equiv f(a^*\xi-b\eta,b^*\xi+a\eta) \tag{2.8}$$

如果有一组函数 $f_m^j(\xi,\eta)$，它们构成上述变换下的不变子空间，即有

$$\boxed{f_m^j(\xi,\eta)\rightarrow f_m^j(u^{-1}\xi,u^{-1}\eta)=\sum_{m'}D_{m'm}^{(j)}(u)f_{m'}^j(\xi,\eta)} \tag{2.9}$$

若要求这组函数 $\{f_m^j,\forall m\}$ 是此不变空间的一组基底，它们必须要作为行矢量按 $D^{(j)}$ 的行变化。这样，系数矩阵 $D^{(j)}(u)$ 就构成 SU_2 的一个表示

$$\begin{aligned} u_2u_1f_m^{(j)}(\xi,\eta) &= \sum_{m'}D_{m'm}^{(j)}(u_1)u_2f_{m'}^{(j)}(\xi,\eta)=\sum_{m'}D_{m'm}^{(j)}(u_1)\sum_{l'}D_{l'm'}^{(j)}(u_2)f_{l'}^{(j)}(\xi,\eta)\\ &=\sum_{l'}\Big(\sum_{m'}D_{l'm'}^{(j)}(u_2)D_{m'm}^{(j)}(u_1)\Big)f_{l'}^{(j)}(\xi,\eta)=\sum_{l'}D_{l'm}^{(j)}(u_2u_1)f_{l'}^{(j)}(\xi,\eta)\end{aligned}$$

函数 f_m^j 的特例是如下 $N+1$ 个 N 次单项式

$$\boxed{f_m^j(\xi,\eta)\equiv\frac{\xi^{j-m}\eta^{j+m}}{\sqrt{(j-m)!(j+m)!}}} \tag{2.10a}$$

这里 $j=\dfrac{N}{2}$，$m=j,j-1,\cdots,-j$（N 是自然数，故 j 只能为 $0,\dfrac{1}{2},1,\dfrac{3}{2},2,\cdots$），分母

的根式系数来源见下面。于是

$$\boxed{f_m^j(u^{-1}\xi, u^{-1}\eta) \equiv \frac{(a^*\xi - b\eta)^{j-m}\,(b^*\xi + a\eta)^{j+m}}{\sqrt{(j-m)!(j+m)!}}} \tag{2.10b}$$

用二项式定理 $(a+b)^n = \sum_{k=0}^{n} \frac{n!}{(n-k)!k!}a^{n-k}b^k$ 展开分子，得

$$(a^*\xi - b\eta)^{j-m}\,(b^*\xi + a\eta)^{j+m}$$

$$= \sum_{k=0}^{j-m}\sum_{l=0}^{j+m} \frac{(-1)^k (j-m)!(j+m)!}{k!l!(j-m-k)!(j+m-l)!}(a^*)^{j-m-k}\,(b^*)^{j+m-l}a^l b^k \xi^{2j-(k+l)}\eta^{k+l}$$

由 j,m 固定，令 $j-(k+l) = -m'$，根据 k,l 范围可得 $m' = -j,\cdots,j$，故 $(k+l) = j+m'$，$l = j+m'-k$，

$$\boxed{f_m^j(u^{-1}\xi, u^{-1}\eta) = \sum_{m'=-j}^{j} D_{m'm}^{(j)}(u) f_{m'}^j(\xi,\eta)}$$

$$\boxed{D_{m'm}^{(j)}(u) = \sum_k \frac{(-1)^k\,\sqrt{(j-m)!(j+m)!(j-m')!(j+m')!}}{k!(j-m-k)!(j+m'-k)!(k+m-m')!}(a^*)^{j-m-k}\,(b^*)^{k+m-m'}a^{j+m'-k}b^k} \tag{2.11a}$$

习题 2.3 推导式(2.11a)。

用这种办法确定的 SU_2 表示是维数为 $(2j+1)$ 的幺正表示。因为

$$\sum_m f_m^j f_m^{j*} = \sum_m \frac{(\xi\xi^*)^{j-m}\,(\eta\eta^*)^{j+m}}{(j-m)!(j+m)!} = \frac{1}{(2j)!}\sum_{n=0}^{2j}\frac{(2j)!(\xi\xi^*)^n\,(\eta\eta^*)^{2j-n}}{(2j-n)!n!} = \frac{(\xi\xi^*+\eta\eta^*)^{2j}}{(2j)!}$$

u 的幺正性保证了 $(\xi\xi^*+\eta\eta^*)$ 不变，从而 $\sum_m f_m^j f_m^{j*}$ 也不变。考虑到基底 f_m^j 彼此线性无关，这种不变性正是 $D^{(j)}$ 为幺正表示的充要条件。f_m^j 中因子 $[(j-m)!(j+m)!]^{-1/2}$ 属于基底的归一化系数，保证 $D^{(j)}$ 为幺正的。

4. R_3 的不可约表示

SU_2 群每一个表示也是覆盖群的表示。用参数 (α,β,γ) 代替 a, a^*, b, b^* 来表示 $D^{(j)}$ 就看得更为明显。作代换 $a = \mathrm{e}^{-\mathrm{i}\frac{\alpha+\gamma}{2}}\cos\frac{\beta}{2}$，$b = -\mathrm{e}^{-\mathrm{i}\frac{\alpha-\gamma}{2}}\sin\frac{\beta}{2}$，**就得到用 Euler 角描述的 SU_2 群(或覆盖群)的全部不可约表示**

$$\boxed{\begin{aligned} D_{m'm}^{(j)}(\alpha,\beta,\gamma) = \sum_k \frac{(-1)^k\,\sqrt{(j-m)!(j+m)!(j-m')!(j+m')!}}{k!(j-m-k)!(j+m'-k)!(k+m-m')!}\mathrm{e}^{-\mathrm{i}(\alpha m'+\gamma m)} \\ \cdot\left(\cos\frac{\beta}{2}\right)^{2j+m'-m-2k}\left(\sin\frac{\beta}{2}\right)^{2k+m-m'} \end{aligned}} \tag{2.11b}$$

求和对所有阶乘因子中不出负值的 k 进行。另外，当 $\beta = 0$ 时，如果指数也为零即 $2k+m-m' = 0$，则矩阵元不为零。由此即可找到对应非零矩阵元的 k。这里已用矩

阵 $M_{\mu\nu}=\delta_{\mu\nu}(-1)^{-\mu}$ 相似变换删去一个因子 $(-1)^{m-m'}$：

$$D'^{(j)}_{m'm}=\sum_{n'n}M^{-1}_{m'n'}D^{(j)}_{n'n}M_{nm}=\sum_{n'n}\delta_{m'n'}\delta_{nm}(-1)^{-m+m'}D^{(j)}_{n'n}=(-1)^{-(m-m')}D^{(j)}_{m'm}$$

$D^{(j)}$ 表达式排除负指数的部分常称为 $d^{(j)}_{m'm}(\beta)$ 函数。矩阵 $D^{(j)}$ 性质叙述见后。作为它们迹的特征标 $X^{(j)}$ 只与转角有关，与转轴无关，故只要考虑绕 z 轴转动就够了，这时 $D^{(j)}_{m'm}(\lambda,0,0)=\delta_{m'm}\mathrm{e}^{-\mathrm{i}m'\lambda}$ 最为简单。于是 $X^{(j)}$ 为

$$\boxed{X^{(j)}(\lambda)=\sum_{m=-j}^{j}\mathrm{e}^{-\mathrm{i}m\lambda}=\sum_{m=-j}^{j}\mathrm{e}^{\mathrm{i}m\lambda}=\frac{\mathrm{e}^{\mathrm{i}(j+1)\lambda}-\mathrm{e}^{-\mathrm{i}j\lambda}}{\mathrm{e}^{\mathrm{i}\lambda}-1}}\tag{2.12a}$$

因为 $X^{(j)}$ 在群上正交，将转角 λ 看成 Euler 角 (α,β,γ) 的函数，得

$$\boxed{\int X^{(j')*}(\lambda)X^{(j)}(\lambda)\sin\beta\mathrm{d}\beta\mathrm{d}\alpha\mathrm{d}\gamma=8\pi^2\delta_{j'j}}\tag{2.12b}$$

如用矢量表示，则乘以转换 Jacobi 行列式，有

$$\boxed{\int X^{(j')*}(\lambda)X^{(j)}(\lambda)g(\lambda)\mathrm{d}\lambda=8\pi^2\delta_{j'j}\,;\quad g(\lambda)\equiv\int\left|\frac{\partial(\alpha,\cos\beta,\gamma)}{\partial(\lambda,\theta,\varphi)}\right|\mathrm{d}\theta\mathrm{d}\varphi}\tag{2.12c}$$

覆盖群表示式(2.11b)中，j 为整数的表示 $\boldsymbol{D}^{(j)}$ $(j=0,1,2,3,\cdots)$ 也是 $\boldsymbol{R}_3$ 的表示。因为只有满足这一条件，α 和 $(\alpha+2\pi)$ 才由同一矩阵表示(对 γ 也如此)。如果 j 为奇数之半，则 $\alpha,\alpha+2\pi$ 这两个转动是以相反符号的矩阵来表示。与 γ 转动比较，$\gamma+2\pi$ 转动的 $D^{(j)}$ 多出因子 $(-1)^{2m}=(-1)^{2j}=(-1)^{2s}$。于是有 $D^{(j)}(R)D^{(j)}(S)=\pm D^{(j)}(RS)$ $(R,S,RS\in R_3)$。这种符号混淆的根源在于：**$\boldsymbol{R}_3$ 无法区别绕任何轴转 λ 和 $\lambda+2\pi$ 的两种转动。显然，这种双值表示不是 $\boldsymbol{R}_3$ 的表示，而是同构于覆盖群的、定义在 4π 空间中的旋量表示。但有时也称它为 $\boldsymbol{R}_3$ 的(双值)旋量表示。**

"不可约"概念的实质内容是，在变换群全体元素的作用下，态空间将不存在不变子空间。有一个通俗的比喻："将一块面团看成是个空间，揉动这块面团是此空间自身到自身的变换——映射(假定揉动前后面团外形不变)，不同的揉动手法是不同的变换。一些手法的集合是不可约的，表示接替使用这些手法揉动这块面团时，面团会揉得很"透"，不存在没揉透的局部小面块。"数学上表现为，表示的全部矩阵不会呈现为同样块对角的既约形式。

定理　**$\{\boldsymbol{D}^{(j)}(\boldsymbol{u}),\forall j\}$ 覆盖群的这些表示都是不可约的。**

习题 2.4　证明此定理。也见文献④。

定理　**$\{\boldsymbol{D}^{(j)}(\boldsymbol{u}),\forall j\}$ 形成覆盖群的全部不可约表示。**

习题 2.5　证明此定理。也见文献⑤。

---

④ Wigner E P. Group Theory and its Applications to the Quantum Mechanics of Atomic Spectra. New York and London, 1959: 177；斯米尔诺夫. 高等数学教程Ⅲ卷 1 分册；或贝依曼 B F. 群论及其在核谱学中的应用. 石生明译. 上海：上海科学技术出版社，1964；陈金全. 群表示论的新途径. 上海：上海科学技术出版社，1984.

⑤ 见前注。

5."不可约表示"概念的应用

考虑简并态微扰论的能级分裂问题。设 Hamilton 量 H_0 具有某种对称变换(下面以空间转动 R_3 不变为例说明),由此产生某个能级的全部简并态波函数集合 $\{\psi_i\}$,将荷载 R_3 的一个表示(见式(2.20b))加上微扰后为 $H=H_0+\varepsilon H_1$。下面定理表明,只当 H_1 破坏这种对称性时,简并才有可能被解除。

简并解除定理　荷载对称群不可约表示的简并态不能被保持此对称性的扰动所分裂。

证: 设这些函数 $\{\psi_i\}$ 荷载的对称群表示是不可约的,则和 H_0 一样能同 R_3 对易的微扰 H_1 不能引起能级的分裂,仍保持原来的简并。如果不是,H_1 使能级发生分裂,如分裂为 m 条。则由于不同能级本征函数相互正交,经 H_1 扰动而来的这些函数 $\{\psi_i\}$ 全体将构成 R_3 的 m 个不可约表示。当 $\varepsilon\to 0$ 还原到未微扰情况时,会发现此时 $\{\psi_i\}$ 是由 m 个在 R_3 下不变的子空间的函数所构成。换句话说,原先表示是可约的,这与假设矛盾;另外,如果原来 $\{\psi_i\}$ 是可约的,由几个不可约表示直和构成。这时即便产生分裂也只在各个不可约表示之间,每个不可约表示内部简并仍然不能解除。论证类似。　证毕。

注意,一般说来,简并态荷载的表示不一定是不可约的。例如,氢原子 $n=2$ 能级有 Coulomb 场的 $l=0,1$ 简并,可以约化为 $3+1$ 两个不可约子空间直和。这种 l 简并可被非 Coulomb 中心场微扰(与 R_3 对易)解除。

6.无穷小算符,R_3 的旋量表示和矢量表示

定义　单参数 ε 的无穷小算符 I 是算符,$\Omega(\varepsilon)=e^{-i\varepsilon I}$ 中 $I=i\dfrac{\partial}{\partial\varepsilon}\Omega(\varepsilon)\Big|_{\varepsilon=0}$。无穷小算符概念很有用,它可以决定一个李群的局域性质和线性表示。

单纯连通紧致李群基本定理　单纯连通紧致李群中,单位元素邻域的任一元素 g_α 可以展开为如下形式(结合"Lie-Cartan 可积条件"式(6.41))

$$g_\alpha = I+\sum_{r=1}^{p} i\varepsilon_r I_r \tag{2.13}$$

这里,参数$(\varepsilon_1,\varepsilon_2,\cdots,\varepsilon_p)$集合构成群参数空间,可以全部取作实数并且$|\varepsilon_r|\ll 1$。单位元素 $I=g_0$。p 个算符 $I_1,\cdots,I_p$ 称为这个李群的无穷小生成元。它们和参数无关,完全由可积条件确定。

R_3 的 $j=1/2$ 旋量表示:基底变换为⑥

⑥ 此处表示与斯米尔诺夫的高等数学教程Ⅲ卷 1 分册,251 页的表示是两个等价幺正表示。即 $\begin{pmatrix}-i & 0\\ 0 & 1\end{pmatrix}D^{(1/2)}\begin{pmatrix}i & 0\\ 0 & 1\end{pmatrix}$=该书表示。

$$(f'^{(1/2)}_{\frac{1}{2}}, f'^{(1/2)}_{-\frac{1}{2}}) = (f^{(1/2)}_{\frac{1}{2}}, f^{(1/2)}_{-\frac{1}{2}})D^{(1/2)};\quad D^{(1/2)} = \begin{pmatrix} e^{-i\frac{\alpha+\gamma}{2}}\cos\frac{\beta}{2} & -e^{-i\frac{\alpha-\gamma}{2}}\sin\frac{\beta}{2} \\ e^{i\frac{\alpha-\gamma}{2}}\sin\frac{\beta}{2} & e^{i\frac{\alpha+\gamma}{2}}\cos\frac{\beta}{2} \end{pmatrix} \tag{2.14a}$$

习题 2.6　由式(2.14a)求出 Euler 角下 R_3 的 $j=1/2$ 旋量表示的三个无穷小算符。

于是,式(2.14a)中,绕 z 轴、y 轴的无穷小算符为

$$I_3 \equiv \left.\frac{i\partial D^{(1/2)}(0,0,\gamma)}{\partial\gamma}\right|_{\gamma=0} = \frac{1}{2}\begin{pmatrix}1 & 0\\ 0 & -1\end{pmatrix};\ I_2 \equiv \left.\frac{i\partial D^{(1/2)}(0,\beta,0)}{\partial\beta}\right|_{\beta=0} = \frac{1}{2}\begin{pmatrix}0 & -i\\ i & 0\end{pmatrix};$$

$$\boxed{I_1 = \frac{1}{2}\begin{pmatrix}0 & 1\\ 1 & 0\end{pmatrix}} \tag{2.14b}$$

I_1 表达式可如下求得:根据

$$R(\lambda \boldsymbol{e}_x) = R\left(-\frac{\pi}{2}\boldsymbol{e}_z\right)R(\lambda \boldsymbol{e}_y)R\left(\frac{\pi}{2}\boldsymbol{e}_z\right)$$

所以

$$D^{(1/2)}(\lambda \boldsymbol{e}_x) = D^{(1/2)}\left(0,0,-\frac{\pi}{2}\right)D^{(1/2)}(0,\lambda,0)D^{(1/2)}\left(0,0,\frac{\pi}{2}\right)$$

$$I_1 \equiv \frac{i\partial}{\partial\lambda}\left\{D^{(1/2)}\left(0,0,-\frac{\pi}{2}\right)D^{(1/2)}(0,\lambda,0)D^{(1/2)}\left(0,0,\frac{\pi}{2}\right)\right\}\Bigg|_{\lambda=0}$$

$$= \begin{pmatrix}e^{i\pi/4} & 0\\ 0 & e^{-i\pi/4}\end{pmatrix}\begin{pmatrix}0 & -i/2\\ i/2 & 0\end{pmatrix}\begin{pmatrix}e^{-i\pi/4} & 0\\ 0 & e^{i\pi/4}\end{pmatrix} = \frac{1}{2}\begin{pmatrix}0 & 1\\ 1 & 0\end{pmatrix}$$

证毕。

习题 2.7　利用 SU_2 的矢量描述与 Euler 角描述的关系,也得到 SU_2 的矢量描述的无穷小算符。表明它们和上题形式相同。

这里无穷小算符 $[I_i, I_j] = ie_{ijk}I_k$ 与实施无穷小转动的角动量分量的对易关系 $[L_i, L_j] = i\hbar e_{ijk}L_k$ 相对应。

R_3 的 $j=1$ 矢量表示:

$$(f'^{(1)}_1, f'^{(1)}_0, f'^{(1)}_{-1}) = (f^{(1)}_1, f^{(1)}_0, f^{(1)}_{-1})D^{(1)}$$

$$D^{(1)} = \begin{pmatrix} e^{-i(\alpha+\gamma)}\cos^2\frac{\beta}{2} & -\sqrt{2}e^{-i\alpha}\cos\frac{\beta}{2}\sin\frac{\beta}{2} & e^{-i(\alpha-\gamma)}\sin^2\frac{\beta}{2} \\ \sqrt{2}e^{-i\gamma}\cos\frac{\beta}{2}\sin\frac{\beta}{2} & \cos^2\frac{\beta}{2}-\sin^2\frac{\beta}{2} & -\sqrt{2}e^{i\gamma}\cos\frac{\beta}{2}\sin\frac{\beta}{2} \\ e^{i(\alpha-\gamma)}\sin^2\frac{\beta}{2} & \sqrt{2}e^{i\alpha}\cos\frac{\beta}{2}\sin\frac{\beta}{2} & e^{i(\alpha+\gamma)}\cos^2\frac{\beta}{2} \end{pmatrix} \tag{2.15}$$

此处 $D^{(1)}$ 的矩阵元直接由前面不可约表示得出:$D^{(1)}_{11}$ 来自和式的 $k=0$ 项,$D^{(1)}_{10}$ 为 $k=1$,$D^{(1)}_{1-1}$ 为 $k=2$,$D^{(1)}_{01}$ 为 $k=0$,$D^{(1)}_{00}$ 为 $k=0,1$ 两项,$D^{(1)}_{0-1}$ 为 $k=1$,$D^{(1)}_{-11}$ 为 $k=0$,$D^{(1)}_{-10}$ 为 $k=0$,$D^{(1)}_{-1-1}$ 为 $k=0$。$D^{(1)}$ 经相似变换

$$MD^{(1)}M^{-1}=R_{e_z\alpha}R_{e_y\beta}R_{e_z\gamma},\quad M=\frac{1}{\sqrt{2}}\begin{pmatrix}-1&0&1\\-\mathrm{i}&0&-\mathrm{i}\\0&\sqrt{2}&0\end{pmatrix},\quad M^{-1}=\frac{1}{\sqrt{2}}\begin{pmatrix}-1&\mathrm{i}&0\\0&0&\sqrt{2}\\1&\mathrm{i}&0\end{pmatrix}\tag{2.16}$$

即转化为前面 Euler 角的矢量表示。同时有

$$D^{(1)}(0,0,\gamma)=\begin{pmatrix}\mathrm{e}^{-\mathrm{i}\gamma}&0&0\\0&1&0\\0&0&\mathrm{e}^{\mathrm{i}\gamma}\end{pmatrix},\quad D^{(1)}(\alpha,0,0)=\begin{pmatrix}\mathrm{e}^{-\mathrm{i}\alpha}&0&0\\0&1&0\\0&0&\mathrm{e}^{\mathrm{i}\alpha}\end{pmatrix}$$

$$D^{(1)}(0,\beta,0)=\begin{pmatrix}\cos^2\frac{\beta}{2}&-\sqrt{2}\sin\frac{\beta}{2}\cos\frac{\beta}{2}&\sin^2\frac{\beta}{2}\\\sqrt{2}\sin\frac{\beta}{2}\cos\frac{\beta}{2}&\cos^2\frac{\beta}{2}-\sin^2\frac{\beta}{2}&-\sqrt{2}\sin\frac{\beta}{2}\cos\frac{\beta}{2}\\\sin^2\frac{\beta}{2}&\sqrt{2}\sin\frac{\beta}{2}\cos\frac{\beta}{2}&\cos^2\frac{\beta}{2}\end{pmatrix}\tag{2.17}$$

当然也可改用参数 $\lambda\boldsymbol{n}(\theta\varphi)$ 描述。这时按前面无穷小算符定义，得

$$\begin{cases}I_1=\mathrm{i}\left.\dfrac{\partial R(\lambda\boldsymbol{n}(\theta\varphi))}{\partial\lambda}\right|_{\boldsymbol{e}_x,\lambda=0}=\mathrm{i}\left.\dfrac{\partial R(\lambda\boldsymbol{n}(\theta\varphi))}{\partial\lambda}\right|_{\theta=\frac{\pi}{2},\varphi=0,\lambda=0}\\I_2=\mathrm{i}\left.\dfrac{\partial R(\lambda\boldsymbol{n}(\theta\varphi))}{\partial\lambda}\right|_{\boldsymbol{e}_y,\lambda=0}=\mathrm{i}\left.\dfrac{\partial R(\lambda\boldsymbol{n}(\theta\varphi))}{\partial\lambda}\right|_{\theta=\frac{\pi}{2},\varphi=\frac{\pi}{2},\lambda=0}\\I_3=\mathrm{i}\left.\dfrac{\partial R(\lambda\boldsymbol{n}(\theta\varphi))}{\partial\lambda}\right|_{\boldsymbol{e}_z,\lambda=0}=\mathrm{i}\left.\dfrac{\partial R(\lambda\boldsymbol{n}(\theta\varphi))}{\partial\lambda}\right|_{\theta=0,\varphi=0,\lambda=0}\end{cases}\tag{2.18a}$$

由于实际上用参数 $\lambda\boldsymbol{n}(\theta\varphi)$ 替换 $D^{(j)}_{m'm}(\alpha,\beta,\gamma)$ 中参数 α,β,γ 表示较繁杂。可用前面转换公式求矢量描述下的无穷小算符，即

$$I_1=\mathrm{i}R(\varphi,\theta,0)\frac{\partial}{\partial\lambda}R(\lambda,-\theta,\varphi)\Big|_{\substack{\theta=\pi/2\\\varphi=0\\\lambda=0}}\tag{2.18b}$$

得出 R_3 的 $j=1$ 矢量表示的无穷小算符为

$$\begin{cases}I_1=\mathrm{i}D^{(1)}\left(0,\dfrac{\pi}{2},0\right)\dfrac{\partial}{\partial\lambda}D^{(1)}\left(\lambda,-\dfrac{\pi}{2},0\right)\Big|_{\lambda=0}=\dfrac{1}{\sqrt{2}}\begin{pmatrix}0&1&0\\1&0&1\\0&1&0\end{pmatrix}\\I_2=\mathrm{i}D^{(1)}\left(\dfrac{\pi}{2},\dfrac{\pi}{2},0\right)\dfrac{\partial}{\partial\lambda}D^{(1)}\left(\lambda,-\dfrac{\pi}{2},-\dfrac{\pi}{2}\right)\Big|_{\lambda=0}=\dfrac{1}{\sqrt{2}}\begin{pmatrix}0&-\mathrm{i}&0\\\mathrm{i}&0&-\mathrm{i}\\0&\mathrm{i}&0\end{pmatrix}\\I_3=\mathrm{i}D^{(1)}(\varphi,0,0)\dfrac{\partial}{\partial\lambda}D^{(1)}(\lambda,0,-\varphi)\Big|_{\lambda=0}=\begin{pmatrix}1&0&0\\0&0&0\\0&0&-1\end{pmatrix}\end{cases}\tag{2.18c}$$

可以计算检验，对 $j=1$ 的三个 I_i，只要经过矩阵 $\boldsymbol{M}$ 的相似变换即得 R_3 的矢量表示的三个如下无穷小算符 I'_i：

$$I'_i = MI_iM^{-1}, I'_1 = \begin{pmatrix} 0 & 0 & 0 \\ 0 & 0 & -\mathrm{i} \\ 0 & \mathrm{i} & 0 \end{pmatrix}, I'_2 = \begin{pmatrix} 0 & 0 & \mathrm{i} \\ 0 & 0 & 0 \\ -\mathrm{i} & 0 & 0 \end{pmatrix}, I'_3 = \begin{pmatrix} 0 & -\mathrm{i} & 0 \\ \mathrm{i} & 0 & 0 \\ 0 & 0 & 0 \end{pmatrix} \tag{2.19}$$

2.1.2 标量场、矢量场、旋量场的转动行为——总角动量的引入⑦

先说标量场。一般说来，可将标量波函数 $\Psi(\boldsymbol{r})$ 看成概率幅的标量场分布。在空间转动变换 R 下，空间点由 $R^{-1}\boldsymbol{r}$ 变到 $\boldsymbol{r}$。**转动后新场 $\Psi^{(R)}(\boldsymbol{r}) \equiv P_R\Psi(\boldsymbol{r})$ 在 $\boldsymbol{r}$ 点的数值是转动前老场 $\Psi(\boldsymbol{r})$ 在 $R^{-1}\boldsymbol{r}$ 点的数值。**所以场量 $\Psi(\boldsymbol{r})$ 在转动前后的变化是

$$\boxed{\Psi(\boldsymbol{r}) \rightarrow \Psi^{(R)}(\boldsymbol{r}) \equiv P_R\Psi(\boldsymbol{r}) = \Psi(R^{-1}\boldsymbol{r})} \tag{2.20a}$$

简并态荷载 R_3 群表示定理　如果 Hamilton 量 H 转动不变，则 H 各能级的简并度等于 R_3 群相应不等价表示的维数。也就是说，每个能级全体简并态波函数 $\{\Psi_l\}$ 作为坐标，荷载 R_3 群的一个不等价表示。特例是，无简并能级波函数是球对称的

$$\boxed{\Psi_k^{(R)}(\boldsymbol{r}) = \Psi_k(R^{-1}\boldsymbol{r}) = \sum_{l=1}^{n} D_{kl}^{(n)}(R)\Psi_l(\boldsymbol{r})} \tag{2.20b}$$

证： 因为 Hamilton 量 H 转动不变，Ψ_k 和 $\Psi_k^{(R)}$ 属于同一能级。对无简并能级，波函数在任意转动下不变表明它是球对称的；对 n 重简并能级，依据 H 本征函数族完备性定理（见附录 C）以及不同能级相互正交，所以转动后的 $\Psi_k^{(R)}$ 必定可以用 $\{\Psi_l\}$ 展开。从而这些波函数 $\{\Psi_l\}$ 作为坐标，按 R_3 转动群表示矩阵的列矢量变化。

证毕。

例如，**氢原子第 n 能级简并度 n^2 等于 Coulomb 场因 Runge-Lenz 矢量守恒而构成更大对称群 $SU_2 \otimes SU_2$ 的相应不等价表示的维数。**

习题 2.8　证明：氢原子能级简并度 $f_n = n^2$ 是 Coulomb 场计及 Runge-Lenz 矢量守恒后，所遵从的最大对称群 $SU_2 \otimes SU_2$（与 $SO(4)$ 局域同构）的各个不等价表示的维数。

这里每个波函数作为场量，变化的原因都只由于转动中空间点的变化，所以实际是一组标量场。下面表明，**标量或赝标量场转动时只出现轨道角动量，不表现出有内禀自旋。**显然，此定理也可以推广到其他的对称操作。

多分量场 $\Psi^{\mathrm{T}} = (\Psi_1, \cdots, \Psi_{2j+1})$。有些系统的场量具有更多的分量和更复杂的变换性质。例如，流体速度场就是三个位置函数组成的矢量场。转动它时，既转动了

⑦ 也可参见贝依曼 B F. 群论及其在核谱学中的应用. 石生明译. 上海：上海科学技术出版社，1964.

空间点位置(由 $R^{-1}\boldsymbol{r}\to\boldsymbol{r}$),造成场量变化;也转动了定义在原先空间点上的速度矢量的方向,造成矢量方向转动的变化。再例如,两分量简单旋量,转动时既有空间位置变化带来的函数值变化,也有上下分量在转动时相干叠加造成的变化。**如果$(2j+1)$个分量场 $\boldsymbol{\Psi}_\mu$ 在 $\boldsymbol{R}_3$ 下构成不变子空间,波函数 $\boldsymbol{\Psi}_\mu$ 作为坐标,荷载着 $\boldsymbol{R}_3$ 的$(2j+1)$维表示。即坐标 $\boldsymbol{\Psi}_\mu$ 按 $\boldsymbol{D}(\boldsymbol{R})$的 $\boldsymbol{\nu}$ 列变化**

$$\boxed{[P_R^{(j)}\Psi]_\mu(\boldsymbol{r})=\sum_{\nu=1}^{2j+1}D_{\mu\nu}^{(j)}(R)\Psi_\nu(R^{-1}\boldsymbol{r})}\tag{2.20c}$$

$[P_R^{(j)}\Psi]_\mu(\boldsymbol{r})$ 表示 P_R 对 $\Psi(\boldsymbol{r})$ 作用将其分量掺混之后取 μ 分量。**$\boldsymbol{R}_3$ 下多分量场变化行为包含两个方面:$\boldsymbol{\Psi}_\nu(\boldsymbol{R}^{-1}\boldsymbol{r})$中位置变化造成场量的变化(不像式(2.20b),此处尚未展开!);$\boldsymbol{D}_{\mu\nu}^{(j)}(\boldsymbol{R})$表示转动时分量之间(按矢量或旋量性质)相互转换、相干叠加。注意区分式(2.20b)和式(2.20c)的差别。**

***j*=1 矢量场转动分析。**定义矢量场为三个函数位置 $\psi_\mu(\boldsymbol{r})$ 的集合,当它们所描述的物理系统经受转动作用时,它们按如下变换

$$\boxed{\psi_\mu(\boldsymbol{r})\to\psi'_\mu(\boldsymbol{r})=\sum_{\nu=-1}^{+1}D_{\mu\nu}^{(1)}(R)\psi_\nu(R^{-1}\boldsymbol{r})}\tag{2.21}$$

这里 $D_{\psi\mu}^{(j)}(R)$ 是 3×3 矩阵,它们组成 R_3 群在自身空间中的一个表示,与前面 $D^{(1)}(R)$ 表示式(2.14)等价。只要计算这两个表示的特征标(绕 z 轴转 θ 角矩阵的迹),即可证实

$$\Big(\sum_\mu R_{\mu\mu}\Big)_{\theta\boldsymbol{e}_z}=2\cos\theta+1,\quad \sum_{m=-1}^{+1}D_{mm}^{(1)}(0,0,\theta)=\sum_{m=-1}^{+1}\mathrm{e}^{-\mathrm{i}m\theta}=1+2\cos\theta$$

注意,这些场分量 Ψ_ν 是矢量场的三个坐标(而不是基底),所以转动时要求它们按列矢量变换。为了使它们荷载 R_3 的表示,这是必须的。因为矢量场在旋转时,从固定坐标系中看各个分量之间有掺混。对于经受 R 继以 S 的转动后,场的 μ 分量表示式为

$$\begin{aligned}
[P_S^{(1)}P_R^{(1)}\psi]_\mu(\boldsymbol{r})&=\sum_\nu D_{\mu\nu}^{(1)}(S)\ [P_R^{(1)}\psi]_\nu(S^{-1}\boldsymbol{r})\\
&=\sum_{\nu,\omega}D_{\mu\nu}^{(1)}(S)D_{\nu\omega}^{(1)}(R)\psi_\omega(R^{-1}S^{-1}\boldsymbol{r})\\
&=\sum_\omega\ (D^{(1)}(S)D^{(1)}(R))_{\mu\omega}\psi_\omega((SR)^{-1}\boldsymbol{r})\\
&=\sum_\omega D_{\mu\omega}^{(1)}(SR)\psi_\omega((SR)^{-1}\boldsymbol{r})=[P_{SR}^{(1)}\psi]_\mu(\boldsymbol{r})
\end{aligned}$$

***j*=1/2 旋量场转动分析。**按 Pauli 理论,非相对论电子波函数是两分量简单旋量。在转动下它的变化行为是

$$\boxed{[P_R^{(1/2)}\psi]_\mu(\boldsymbol{r})=\sum_\nu D_{\mu\nu}^{(1/2)}(R)\psi_\nu(R^{-1}\boldsymbol{r})}\tag{2.22}$$

这里 2×2 矩阵 $D^{(1/2)}_{\mu\nu}(\boldsymbol{R})$ 构成 SU_2 群。ψ_ν 是按照列矢量，由 $D^{(j)}$ 的 ν 列表示其变化。乘积运算为

$$
\begin{aligned}
[P_S^{(1/2)}P_R^{(1/2)}\Psi]_\mu(\boldsymbol{r}) &= \sum_{\nu=1}^{2} D^{(1/2)}_{\mu\nu}(S)\,[P_R^{(1/2)}\Psi]_\nu(S^{-1}\boldsymbol{r}) \\
&= \sum_{\nu,\lambda=1}^{2} D^{(1/2)}_{\mu\nu}(S)D^{(1/2)}_{\nu\lambda}(R)\Psi_\lambda(R^{-1}S^{-1}\boldsymbol{r}) \\
&= \sum_{\lambda=1}^{2}(D^{(1/2)}(S)D^{(1/2)}(R))_{\mu\lambda}\Psi_\lambda((SR)^{-1}\boldsymbol{r}) \\
&= \sum_{\lambda=1}^{2} D^{(1/2)}_{\mu\lambda}(SR)\Psi_\lambda((SR)^{-1}\boldsymbol{r}) = [P_{SR}^{(1/2)}\Psi]_\mu(\boldsymbol{r})
\end{aligned}
$$

现在推导 Euler 角下的旋量场转动算符 $P_R^{(1/2)}$ 表达式，可分两步进行。

第一步，先计算 $R=\{0,0,\varepsilon\}$ 的特殊转动情况。这时有

$$[P^{(1/2)}_{(0,0,\varepsilon)}\Psi(r,\theta,\varphi)]_\mu = \sum_\nu U_{\mu\nu}(0,0,\varepsilon)\Psi_\nu(r,\theta,\varphi-\varepsilon) \tag{2.23a}$$

由前面知 $U(0,0,\varepsilon)=\begin{pmatrix} e^{-i\varepsilon/2} & 0 \\ 0 & e^{i\varepsilon/2}\end{pmatrix} = e^{-i\varepsilon\sigma_z/2}$。将 $\Psi_\nu(r,\theta,\varphi-\varepsilon)$ 展成泰勒级数

$$\Psi_\nu(r,\theta,\varphi-\varepsilon) = \sum_n \frac{(-\varepsilon)^n}{n!}\frac{\partial^n}{\partial\varphi^n}\Psi_\nu(r,\theta,\varphi) = e^{-\varepsilon\frac{\partial}{\partial\varphi}}\Psi_\nu(r,\theta,\varphi)$$

即可将此转动变换方程写成 2×2 矩阵形式

$$\boxed{P^{(1/2)}_{(0,0,\varepsilon)}\begin{pmatrix}\Psi_{1/2}\\ \Psi_{-1/2}\end{pmatrix} = e^{-i\varepsilon\frac{\sigma_z}{2}-\varepsilon\frac{\partial}{\partial\varphi}\sigma_0}\begin{pmatrix}\Psi_{1/2}\\ \Psi_{-1/2}\end{pmatrix} = e^{-i\varepsilon\left(\frac{1}{i}\frac{\partial}{\partial\varphi}\sigma_0+\frac{\sigma_z}{2}\right)}\begin{pmatrix}\Psi_{1/2}\\ \Psi_{-1/2}\end{pmatrix}} \tag{2.23b}$$

由于

$$\frac{\partial}{\partial\varphi} = \frac{\partial x}{\partial\varphi}\frac{\partial}{\partial x} + \frac{\partial y}{\partial\varphi}\frac{\partial}{\partial y} + \frac{\partial z}{\partial\varphi}\frac{\partial}{\partial z} = x\frac{\partial}{\partial y} - y\frac{\partial}{\partial x} = \frac{1}{-i\hbar}L_z$$

代入上面表达式即得[8]

$$\boxed{P^{(1/2)}_{(0,0,\varepsilon)} = e^{-i\varepsilon J_z/\hbar},\quad J_z \equiv L_z + S_z \equiv -i\hbar(\boldsymbol{r}\times\nabla)_z\sigma_0 + \frac{\hbar}{2}\sigma_z} \tag{2.24}$$

第二步，将上面结果推广(另一种计算见习题 2.9)。现求旋量场沿任意 $\boldsymbol{n}$ 轴转 λ 角的变换算符。设转动 $S:\boldsymbol{e}_z\to\boldsymbol{n}$，

$$\begin{pmatrix} n_x \\ n_y \\ n_z\end{pmatrix} = \begin{pmatrix} S_{xx} & S_{xy} & S_{xz} \\ S_{yx} & S_{yy} & S_{yz} \\ S_{zx} & S_{zy} & S_{zz}\end{pmatrix}\begin{pmatrix}0\\0\\1\end{pmatrix} \to (S_{xz},S_{yz},S_{zz}) = (n_x,n_y,n_z)$$

注意 $P_S^{(1/2)}A^nP_{S^{-1}}^{(1/2)} = (P_S^{(1/2)}AP_{S^{-1}}^{(1/2)})^n$，于是有

---

⑧ 本书指数为负号，与朗道 Л Д，栗弗席茨 E M. 量子力学(非相对论理论)中(52,56,259 页)不同(那本书轨道及自旋角动量均为正号)，原因是该书是坐标平移或旋转，不是空间平移或旋转，参见本章开始叙述。

$$P^{(1/2)}_{(\boldsymbol{n},\lambda)} = P^{(1/2)}_S \exp\left\{-\mathrm{i}\lambda\left[\frac{1}{\mathrm{i}}\ (\boldsymbol{r}\times\nabla)_z\sigma_0 + \frac{1}{2}\sigma_z\right]\right\}P^{(1/2)}_{S^{-1}}$$
$$= \exp\left\{-\mathrm{i}\lambda P^{(1/2)}_S\left[\frac{1}{\mathrm{i}}\ (\boldsymbol{r}\times\nabla)_z\sigma_0 + \frac{1}{2}\sigma_z\right]P^{(1/2)}_{S^{-1}}\right\}$$

指数上两项可交换，所以两个指数可因式分解，先计算第一项的作用：

$$P^{(1/2)}_S\ (\boldsymbol{r}\times\nabla)_z\sigma_0 P^{(1/2)}_{S^{-1}} = S\ (\boldsymbol{r}\times\nabla)_z S^{-1}\sigma_0 = S\boldsymbol{e}_z\cdot(\boldsymbol{r}\times\nabla)S^{-1}\sigma_0 = \boldsymbol{n}\cdot(\boldsymbol{r}\times\nabla)\sigma_0$$

这是因为，$P^{(1/2)}_S$ 是 2×2 方阵（$U_{\mu\nu}(R)$）变换联合对自变数的 R^{-1} 变换，前者对旋量作用将旋量分量掺混，后者是标量场的空间旋转。由于中间是只对 $\boldsymbol{r}$ 起作用的算符和单位矩阵 σ_0，故 $P^{(1/2)}_{S^{-1}}$ 的掺混旋量分量的矩阵可与之交换，从而 $P^{(1/2)}_S$ 的掺混矩阵与 $P^{(1/2)}_{S^{-1}}$ 的相消，$P^{(1/2)}_S$、$P^{(1/2)}_{S^{-1}}$ 的作用只剩下对场量空间变数的变换作用 S。其次，指数上第二项为

$$P^{(1/2)}_S\left(\frac{1}{2}\sigma_z\right)P^{(1/2)}_{S^{-1}} = \frac{1}{2}P^{(1/2)}_S\ (\boldsymbol{\sigma}\cdot\boldsymbol{e}_z)P^{(1/2)}_{S^{-1}} = \frac{1}{2}\boldsymbol{\sigma}\cdot(S\boldsymbol{e}_z) = \frac{1}{2}\boldsymbol{n}\cdot\boldsymbol{\sigma}$$

最后得

$$\boxed{P^{(1/2)}_{(\boldsymbol{n},\lambda)} = \mathrm{e}^{-\mathrm{i}\lambda\left[\frac{1}{\mathrm{i}}\boldsymbol{n}\cdot(\boldsymbol{r}\times\nabla)\sigma_0+\frac{1}{2}\boldsymbol{n}\cdot\boldsymbol{\sigma}\right]} = \mathrm{e}^{-\mathrm{i}\frac{\lambda}{\hbar}(\boldsymbol{n}\cdot\boldsymbol{L}+\boldsymbol{n}\cdot\boldsymbol{S})} = \mathrm{e}^{-\mathrm{i}\frac{\lambda\boldsymbol{n}\cdot\boldsymbol{J}}{\hbar}}} \tag{2.25a}$$

习题 2.9　已知 z 方向转动算符表达式，求任意 $\boldsymbol{n}$ 方向转动算符的表达式。

注意，由上面推导可知，对任何 j，算符的第一部分，即轨道角动量部分表达式总是一样的，只是第二部分表达式依赖于 j。这里

$$\boxed{\boldsymbol{J}\equiv\boldsymbol{L}+\boldsymbol{S}\equiv\boldsymbol{r}\times(-\mathrm{i}\hbar\ \nabla)\sigma_0+\frac{\hbar}{2}\boldsymbol{\sigma}} \tag{2.25b}$$

表明旋量波函数粒子的总角动量由两部分组成：$\boldsymbol{L}$——仅对空间坐标作用，是多分量的标量场转动中出现的轨道角动量；$\hbar\sigma/2$——只对旋量两个分量起线性组合作用，是旋量场的内禀角动量——自旋角动量。

总之，在空间转动操作下，各种多分量场（和算符）表现出不同的行为。于是转动操作可以作为对它们进行分类的手段：所有标量（和标量算符）不变化，这使它们与 J_i 对易；所有矢量（和矢量算符）变化规律相同。也就是说，所有矢量场（和算符）$\boldsymbol{A}$ 与 J_i 的对易规则相同。

转动 N 个粒子波函数，应当对每个粒子进行同样的运算 $P^{(1/2)}_{\boldsymbol{n},\theta}$

$$\boxed{P^{(1/2)}_{\boldsymbol{n},\theta}\psi(\boldsymbol{r}_1,\cdots,\boldsymbol{r}_N) = \exp\left\{-\mathrm{i}\theta\boldsymbol{n}\cdot\left(\sum_l\boldsymbol{J}_l\right)/\hbar\right\}\psi(\boldsymbol{r}_1,\cdots,\boldsymbol{r}_N)} \tag{2.26}$$

考虑不同粒子的 $\boldsymbol{J}_l$ 可交换，系统总转动算符是各粒子转动算符之积，于是系统总角动量就是各粒子角动量之和。

2.1.3　$|lm\rangle$ 的转动变换，D 函数计算

1. 基矢转动变换

如果一组态矢 $\{|\psi_\beta\rangle\}$ 按 $D(R)\beta$ 行变化，即

$$P_R|\psi_\alpha(\boldsymbol{r})\rangle=|\psi_\alpha(R^{-1}\boldsymbol{r})\rangle=\sum_\beta D_{\beta\alpha}^{(j)}(R)|\psi_\beta(\boldsymbol{r})\rangle \tag{2.27a}$$

也就是说它们作为基底荷载着 R_3 的一个 $(2j+1)$ 维表示 $D^{(j)}(R)$。$D_{\mu\nu}^{(j)}(R)$ 常称为转动矩阵。这时转动算符 P_R 矩阵元表示为

$$\langle\psi_\nu|P_R|\psi_\mu\rangle=\sum_\eta D_{\eta\mu}^{(j)}(R)\int \mathrm{d}\boldsymbol{r}\psi_\nu^*(\boldsymbol{r})\psi_\eta(\boldsymbol{r})=D_{\nu\mu}^{(j)}(R) \tag{2.27b}$$

现在研究轨道角动量本征态 $|lm\rangle$ 在 R_3 下的变化。由于 $\hat{\boldsymbol{L}}^2$ 和 $\hat{\boldsymbol{L}}$ 对易，以及 $P_{R(\lambda\boldsymbol{n})}=\exp(-\mathrm{i}\lambda\boldsymbol{n}\cdot\hat{\boldsymbol{L}}/\hbar)$，所以 $[P_{R(\lambda\boldsymbol{n})},\hat{\boldsymbol{L}}^2]=0$。于是

$$\hat{\boldsymbol{L}}^2\{P_{R(\lambda\boldsymbol{n})}|lm\rangle\}=P_{R(\lambda\boldsymbol{n})}\hat{\boldsymbol{L}}^2|lm\rangle=l(l+1)\hbar^2\{P_{R(\lambda\boldsymbol{n})}|lm\rangle\} \tag{2.28}$$

说明空间转动变换不改变 $|lm\rangle$ 的轨道量子数 l。于是，经受空间转动的 $|lm\rangle$ 仍然可以用 $\{|lm'\rangle,m'=-l,\cdots,l\}$ 来展开，即有

$$P_{R(\lambda\boldsymbol{n})}|lm\rangle=\sum_{m'=-l}^{l}D_{m',m}^{(l)}(\lambda\boldsymbol{n})|lm'\rangle;\quad D_{m',m}^{(l)}(\lambda\boldsymbol{n})=\langle lm'|P_{R(\lambda\boldsymbol{n})}|lm\rangle \tag{2.29a}$$

基矢 $|lm'\rangle$ 像行向量那样跟随 $D^{(l)}(R)$ 的行标 m' 变化。于是，$\{\hat{\boldsymbol{L}}^2,\hat{L}_z\}$ 的本征矢量 $\{|lm'\rangle,\forall m'\}$ 作为 $(2l+1)$ 个基底荷载 R_3 的 $(2l+1)$ 维不可约表示。

考虑在 (θ,φ) 表象中态矢 $|lm\rangle$ 的波函数为 $\langle\theta,\varphi|lm'\rangle=Y_{lm'}(\theta,\varphi)$。利用 $\langle\boldsymbol{r}|\hat{\boldsymbol{p}}=-\mathrm{i}\hbar\dfrac{\partial}{\partial\boldsymbol{r}}\langle\boldsymbol{r}|$ 等公式，可将展开式(2.29a)投影如下

$$\langle\theta,\varphi|P_{R(\lambda\boldsymbol{n})}|lm\rangle=U(\lambda\boldsymbol{n})\langle\theta,\varphi|lm\rangle=\sum_{m'=-l}^{l}D_{m',m}^{(l)}(\lambda\boldsymbol{n})\langle\theta,\varphi|lm'\rangle \tag{2.29b}$$

注意与(由算符 $(\hat{\boldsymbol{r}},\hat{\boldsymbol{p}})$ 组成的) $P_{R(\lambda\boldsymbol{n})}$ 不同，$U(\lambda\boldsymbol{n})$ 是由作用在波函数上的微分算符 $(\boldsymbol{r},-\mathrm{i}\hbar\partial/\partial\boldsymbol{r})$ 组成(参见式(2.34a))。于是，**球谐函数 $Y_{lm}(\theta,\varphi)$ 作为基矢荷载着 R_3 的 $2l+1$ 维幺正表示**

$$U(\lambda\boldsymbol{n})Y_{lm}(\theta,\varphi)=\sum_{m'=-l}^{l}D_{m',m}^{(l)}(\lambda\boldsymbol{n})Y_{lm'}(\theta,\varphi) \tag{2.30a}$$

$$Y_{lm'}(\theta,\varphi)=(-1)^{m'}\sqrt{\frac{(l-m')!}{(l+m')!}\frac{2l+1}{4\pi}}P_l^{m'}(\cos\theta)\mathrm{e}^{\mathrm{i}m'\varphi}\quad(m'=-l,\cdots,l) \tag{2.30b}$$

习题 2.10 给出式(2.29)的特例，$D^{(1)}(R)$ 的矩阵表达式。

当旧基矢 $\{|\psi_\beta\rangle\}$ 像行向量那样经非奇异变换 M 转为新基矢 $\{|\varphi_\alpha\rangle\}$

$$(|\varphi_1\rangle,\cdots,|\varphi_\alpha\rangle,\cdots,|\varphi_n\rangle)=(|\psi_1\rangle,\cdots,|\psi_\beta\rangle,\cdots,|\psi_n\rangle)M \tag{2.31}$$

则新基矢 $\{|\varphi_\alpha\rangle\}$ 荷载的群 R_3 表示经受一个相似变换。因为

$$\begin{aligned}P_R\varphi_\alpha &= \sum_\beta M_{\beta\alpha}P_R\psi_\beta=\sum_{\beta,\gamma}M_{\beta\alpha}D_{\gamma\beta}(R)\psi_\gamma\\ &=\sum_{\beta,\gamma,\delta}M_{\beta\alpha}D_{\gamma\beta}(R)\ (M^{-1})_{\delta\gamma}\varphi_\delta=\sum_\delta\ (M^{-1}D(R)M)_{\delta\alpha}\varphi_\delta\end{aligned}$$

于是，当荷载群表示的一组基矢经受 M：$\{\psi_\alpha\}\to\{\varphi_\beta\}$ 变换时，表示将经受 $D\to M^{-1}DM$ 的相似变换⑨，

$$\begin{cases}(\psi_1,\psi_2,\cdots)\to(\varphi_1,\varphi_2,\cdots)=(\psi_1,\psi_2,\cdots)M\\ D_\psi(R)\to D_\varphi(R)=M^{-1}D_\psi(R)M\end{cases} \tag{2.32}$$

众所周知，荷载 R_3 自身表示的基矢是三维空间矢量 $\boldsymbol{r}=(x,y,z)$，相应的表示很直观熟悉。于是也常从这个表示出发，借助式(2.32)求得 D 矩阵。R_3 的这两个三维表示彼此只差一个相似变换 M'，下面求此 M'。注意两组基矢间的关系是

$$\begin{aligned}(x,y,z)\to(-x_+,x_0,x_-)&=(-(x+\mathrm{i}y),\sqrt{2}z,(x-\mathrm{i}y))/\sqrt{2}\\ &=\sqrt{\frac{4\pi}{3}}r(Y_{1,1}(\theta,\varphi),Y_{1,0}(\theta,\varphi),Y_{1,-1}(\theta,\varphi))\end{aligned} \tag{2.33a}$$

由于保持模长不变，两个表示之间的相似变换 M 是一个幺正矩阵

$$(-x_+,x_0,x_-)=(x,\quad y,\quad z)M \tag{2.33b}$$

其中 M 是式(2.16)。由此，$D^{(1)}(\alpha,\beta,\gamma)$ 表示和自身表示 $R(\alpha,\beta,\gamma)$ 相互等价，彼此相差一个幺正的相似变换，即式(2.16)，

$$\boxed{D^{(1)}(\alpha,\beta,\gamma)=M^{-1}R(\alpha,\beta,\gamma)M} \tag{2.33c}$$

2. 用 Euler 角表示 $D^{(1)}_{m',m}(R)$ 矩阵

现在不从 D 矩阵的二项式定义出发，而从 R_3 自身表示出发，利用式(2.33c)求 D 矩阵的表达式。

首先，给出三个特例。

(1)绕 z 轴转 γ 角的转动是

$$P_{R(\gamma e_z)}=\exp(-\mathrm{i}\gamma\hat{L}_z/\hbar),\quad U(\gamma\boldsymbol{e}_z)=\exp(-\gamma\partial/\partial\varphi)$$

$$(D^{(1)}_{mm'}(0,0,\gamma))=M^{-1}\begin{pmatrix}\cos\gamma & -\sin\gamma & 0\\ \sin\gamma & \cos\gamma & 0\\ 0 & 0 & 1\end{pmatrix}M=\begin{pmatrix}\mathrm{e}^{-\mathrm{i}\gamma} & 0 & 0\\ 0 & 1 & 0\\ 0 & 0 & \mathrm{e}^{\mathrm{i}\gamma}\end{pmatrix} \tag{2.34a}$$

---

⑨ 亦参见马中骐. 物理学中的群论. 北京：科学出版社，2001：257.

(2)绕 y 轴转 β 角的转动是

$$P_{R(\beta e_y)}=\exp(-\mathrm{i}\beta\hat{L}_y/\hbar),\quad U(\beta e_y)=\exp\left(-\beta\left(\cos\varphi\frac{\partial}{\partial\theta}-\cot\theta\sin\varphi\frac{\partial}{\partial\varphi}\right)\right)$$

$$(D^{(1)}_{mm'}(0,\beta,0))=M^{-1}\begin{pmatrix}\cos\beta & 0 & \sin\beta\\ 0 & 1 & 0\\ -\sin\beta & 0 & \cos\beta\end{pmatrix}M$$

$$=\begin{pmatrix}\cos^2(\beta/2) & -\sqrt{2}\sin(\beta/2)\cos(\beta/2) & \sin^2(\beta/2)\\ \sqrt{2}\sin(\beta/2)\cos(\beta/2) & \cos^2(\beta/2)-\sin^2(\beta/2) & -\sqrt{2}\sin(\beta/2)\cos(\beta/2)\\ \sin^2(\beta/2) & \sqrt{2}\sin(\beta/2)\cos(\beta/2) & \cos^2(\beta/2)\end{pmatrix}\tag{2.34b}$$

(3)绕 x 轴转 λ 角的转动是

$$(D^{(1)}_{mm'}(R(\lambda e_x)))=M^{-1}\begin{pmatrix}1 & 0 & 0\\ 0 & \cos\lambda & -\sin\lambda\\ 0 & \sin\lambda & \cos\lambda\end{pmatrix}M$$

$$=\begin{pmatrix}\cos^2(\lambda/2) & \frac{\sqrt{2}}{\mathrm{i}}\sin(\lambda/2)\cos(\lambda/2) & -\sin^2(\lambda/2)\\ \frac{\sqrt{2}}{\mathrm{i}}\sin(\lambda/2)\cos(\lambda/2) & \cos^2(\lambda/2)-\sin^2(\lambda/2) & \frac{\sqrt{2}}{\mathrm{i}}\sin(\lambda/2)\cos(\lambda/2)\\ -\sin^2(\lambda/2) & \frac{\sqrt{2}}{\mathrm{i}}\sin(\lambda/2)\cos(\lambda/2) & \cos^2(\lambda/2)\end{pmatrix}\tag{2.34c}$$

其次,还可以再次得到两套无穷小算符式(2.18)和式(2.19)。比如,两套之间的关系为

$$\begin{cases}I_1=M^{-1}I'_1M=\mathrm{i}D^{(1)}\left(00\frac{-\pi}{2}\right)\frac{\partial D^{(1)}(0\lambda 0)}{\partial\lambda}D^{(1)}\left(00\frac{\pi}{2}\right)\Big|_{\lambda=0}\\ I_2=M^{-1}I'_2M=\mathrm{i}\frac{\partial D^{(1)}(0\beta 0)}{\partial\beta}\Big|_{\beta=0},\quad I_3=M^{-1}I'_3M=\mathrm{i}\frac{\partial D^{(1)}(00\gamma)}{\partial\gamma}\Big|_{\gamma=0}\end{cases}\tag{2.35}$$

其中绕 x 方向转动的无穷小算符不能直接由 Euler 角表示的单个矩阵求得,现用公式 $D^{(1)}(\lambda e_x)=D^{(1)}(0,0,-\pi/2)D^{(1)}(0,\lambda,0)D^{(1)}(0,0,\pi/2)$ 计算。当然也可以直接用 $D^{(1)}(\lambda e_x)$ 表达式(2.34c)计算。

3. D 函数的一些性质

性质 1　当 μ 固定时,作为空间分布函数的 $D^{(j)*}_{\omega\mu}(\alpha,\beta,\gamma)$,在 R_3 作用下,像行向量那样按 $D^{(j)}$ 的 ω 列变换。

证:　在 $S\in R_3$ 转动下,有

$$\begin{aligned}P_S D_{\omega\mu}^{(j)*}(\alpha,\beta,\gamma) &= D_{\omega\mu}^{(j)*}(S^{-1}R(\alpha,\beta,\gamma)) \\ &= D_{\mu\omega}^{(j)}((S^{-1}R)^{-1}) = D_{\mu\omega}^{(j)}(R^{-1}S) = [D^{(j)}(R)^{-1}D^{(j)}(S)]_{\mu\omega} \\ &= \sum_\nu D_{\mu\nu}^{(j)}(-\gamma,-\beta,-\alpha)D_{\nu\omega}^{(j)}(S) \\ &= \sum_\nu D_{\nu\omega}^{(j)}(S)D_{\nu\mu}^{(j)*}(\alpha,\beta,\gamma)\end{aligned}$$

第二步等号因为 $D^{(j)}$ 是幺正矩阵，$R^{-1}(\alpha\beta\gamma) = R(-\gamma,-\beta,-\alpha)$。

性质 2　正交关系。在转动下 $D_{\nu\mu}^{(j)*}(\alpha,\beta,\gamma)$ 按不可约表示 $D^{(j)}$ 的行变换，故有正交关系

$$\int D_{\nu\mu}^{(j)}(\alpha,\beta,\gamma)D_{\nu'\mu'}^{(j')*}(\alpha,\beta,\gamma)\sin\beta\mathrm{d}\beta\mathrm{d}\alpha\mathrm{d}\gamma = \delta_{j'j}\delta_{\nu'\nu}C_{\mu'\mu} \tag{2.36}$$

这里 $0\leqslant(\alpha,\gamma)\leqslant 2\pi, 0\leqslant\beta\leqslant\pi$。为求 $C_{\mu'\mu}$，令 $j'=j, \nu'=\nu$，对 ν 求和，得

$$(2j+1)C_{\mu'\mu} = \int\sum_\nu D_{\nu\mu'}^{(j)*}D_{\nu\mu}^{(j)}\sin\beta\mathrm{d}\beta\mathrm{d}\alpha\mathrm{d}\gamma = \delta_{\mu'\mu}\int\sin\beta\mathrm{d}\beta\mathrm{d}\alpha\mathrm{d}\gamma = 8\pi^2\delta_{\mu'\mu}$$

所以 $D^{(j)}$ 矩阵正交关系为

$$\boxed{\int D_{\nu'\mu'}^{(j')*}(\alpha,\beta,\gamma)D_{\nu\mu}^{(j)}(\alpha,\beta,\gamma)\sin\beta\mathrm{d}\beta\mathrm{d}\alpha\mathrm{d}\gamma = \delta_{j'j}\delta_{\nu'\nu}\delta_{\mu'\mu}\frac{8\pi^2}{2j+1}} \tag{2.37}$$

性质 3　$D^{(j)}$ 是幺正表示。于是有行列正交归一关系

$$\boxed{\begin{cases}\sum\limits_{m'} D_{m'm_1}^{(j)*}(\alpha,\beta,\gamma)D_{m'm_2}^{(j)}(\alpha,\beta,\gamma) = \delta_{m_1m_2} \\ \sum\limits_{m} D_{m'_1m}^{(j)*}(\alpha,\beta,\gamma)D_{m'_2m}^{(j)}(\alpha,\beta,\gamma) = \delta_{m'_1m'_2}\end{cases}} \tag{2.38}$$

性质 4　$D_{m'm}^{(j)}$ 的对称关系。由 $D_{m'm}^{(j)}(\alpha,\beta,\gamma)$ 表达式及幺正性，得

$$\boxed{\begin{cases}D_{m'm}^{(j)}(-\alpha,-\beta,-\gamma) = (-1)^{m'-m}D_{m'm}^{(j)*}(\alpha,\beta,\gamma) \\ D_{-m',-m}^{(j)}(\alpha,\beta,\gamma) = (-1)^{m'-m}D_{m'm}^{(j)*}(\alpha,\beta,\gamma) \\ D_{mm'}^{(j)}(\alpha,\beta,\gamma) = D_{m'm}^{(j)*}(-\gamma,-\beta,-\alpha)\end{cases}} \tag{2.39}$$

这里，第一式由表达式中 $\sin\dfrac{\beta}{2}$ 项变号而得；第二式作求和变数替换 $k+m'-m=n$ 即得；第三式根据 $D^{(j)}$ 是幺正矩阵而得。

最后，再给出有关 $d_{m'm}^{(j)}(\beta)$ 的两个公式

$$D_{m'm}^{(j)}(\alpha,\beta,\gamma) = \mathrm{e}^{-\mathrm{i}(\alpha m'+\gamma m)}d_{m'm}^{(j)}(\beta)\ ;\ d_{m'm}^{(j)}(\beta+\pi) = (-1)^{j+m'}d_{-m'm}^{(j)}(\beta) \tag{2.40}$$

前者是定义，后者用 Euler 角描述的覆盖群 $D^{(j)}(\alpha,\beta,\gamma)$ 定义式，注意作求和变数替换 $k\to K=j-m-k$。

习题 2.11　证明等式 $Y_{lm}(\theta,\varphi)=\sqrt{\dfrac{2l+1}{4\pi}}D_{m0}^{(l)*}(\varphi,\theta,0)$，给出 Y_{lm} 和 $D^{(l)}$ 函数间的一些关系。

2.1.4　角动量耦合与分解，Clebsch-Gordan 系数

1. C-G 系数定义

设有两个近独立子系统，存在弱耦合，有角动量 J_1, J_2 和 $\boldsymbol{J}=\boldsymbol{J}_1+\boldsymbol{J}_2$，由于独立 $[J_1, J_2]=0$。不计其他量子数，可以构造无耦合表象基矢 $\{|m_1m_2\rangle \equiv |j_1m_1j_2m_2\rangle \equiv |j_1, m_1\rangle \otimes |j_2, m_2\rangle\}$ 和耦合表象基矢 $\{|j_1j_2jm\rangle\}$。容易检验，两个表象基矢数目相同，都是 $(2j_1+1)(2j_2+1)$。各自正交归一完备性表明，它们必能以幺正变换相互展开

$$|j_1j_2jm\rangle = \sum_{m_1m_2}\langle j_1m_1j_2m_2 \mid j_1j_2jm\rangle \mid j_1m_1j_2m_2\rangle \tag{2.41}$$

幺正变换的系数 $\langle j_1m_1j_2m_2|j_1j_2jm\rangle$ 称为 C-G 系数。它们是在耦合基 $|j_1j_2jm\rangle$ 中发现无耦合基 $|j_1m_1j_2m_2\rangle$ 的概率幅。两个角动量的耦合与分解问题，也就是按照上式进行变换的问题，中心任务是求出 C-G 系数。

2. C-G 系数表达式

C-G 系数表达式在群论和光谱书中多有详尽叙述⑩，物理内容不多但书写冗长，下面只作简略叙述。耦合基矢和无耦合基矢都是正交归一完备基，它们之间(由 C-G 系数组成)的变换矩阵 M 必定为幺正矩阵。只要约定基矢的相位，可以令 $\boldsymbol{M}$ 是正交矩阵，也就是说，**约定 C-G 系数是实的并有规定的正交归一性。**由角动量耦合分解性质，展开系数 $\langle j_1m_1, j_2, m-m_1 \mid j_1j_2jm\rangle \equiv C(j_1j_2j; m_1, m-m_1, m)$ 应当满足下面"**三角关系和分量等式**"。从 $C(j_1j_2, j_1+j_2; m_1, m-m_1, m)$ 开始，利用后面递推关系、正交矩阵的列归一关系 $\sum_{m_1}[C(j_1j_2j; m_1, m-m_1, m)]^2=1$，在递推至 $C(j_1j_2, j_1+j_2; j_1, j_2, j_1+j_2)$ 时，约定为 $+1$ (也见式(2.45b)证明讨论其二)。这是因为，此时内积的耦合基矢与无耦合基矢已相同：$|j_1j_1, j_2j_2, j_1+j_2, j_1+j_2\rangle = |j_1j_1\rangle \otimes |j_2j_2\rangle$。最后得到 **C-G 系数 Racah 表达式**

---

⑩ Wigner E P. Group Theory and its Application to the Quantum Mechanics of Atomic Spectra. N. Y.: Academic Press, 1939; Edmonds AR. Angular Momentum in Quantum Mechanics. 2nd ed., Princeton University Press, 1960; Racah G. Phys. Rev., 1942, 62: 438; Racah G. Group Theory and Spectroscopy. Notes from Princeton, 1951; Condon E U, Shortley G H. The Theory of Atomic Spectra. Cambridge University Press, 1957; Biedenharn L C, et al. Quantum Theory of Angular Momentum. Academic Press, 1965; Normand J M. A Lie Group: Rotations in Quantum Mechanics. North-Holland Publishing Company, 1980: 451; 贝依曼 B F. 群论及其在核谱学中的应用. 石生明译. 上海：上海科学技术出版社，1964；赵伊君，张志杰. 角动量与原子能量. 北京：科学出版社，1982；陈金全. 群表示论的新途径. 上海：上海科学技术出版社，1984；马中骐. 物理学中的群论. 北京：科学出版社，1998.

$$\begin{aligned}&C(j_1j_2j;m_1m_2m)\\&=\delta(m_1+m_2,m)\Delta(j_1j_2j)\\&\quad\cdot\sqrt{(j_1-m_1)!(j_1+m_1)!(j_2-m_2)!(j_2+m_2)!(j-m)!(j+m)!(2j+1)!}\\&\quad\cdot\sum_z\frac{(-1)^z}{z!(j_1-m_1-z)!(j_2+m_2-z)!(j_1+j_2-j-z)!(j-j_1-m_2+z)!(j-j_2+m_1+z)!}\end{aligned}\tag{2.42a}$$

其中三角关系 $\Delta(j_1j_2j)$ 定义为

$$\Delta(j_1j_2j)=\begin{cases}\sqrt{\dfrac{(j_1+j_2-j)!\ (j+j_2-j_1)!\ (j+j_1-j_2)!}{(j_1+j_2+j+1)!}}, & |j_1-j_2|\leqslant j\leqslant(j_1+j_2)\\0, & j<|j_1-j_2|,j>(j_1+j_2)\end{cases}\tag{2.42b}$$

3. C-G 系数性质

尽管由 Racah 表示式(2.42)可以直接验证以下各类关系式，为有助于理解，对部分公式仍简述一些导出它们的简便方法。

三角关系和分量 m 等式

$$|j_1-j_2|\leqslant j\leqslant(j_1+j_2),\quad -j\leqslant m\leqslant j,\quad m=m_1+m_2\tag{2.43a}$$

这里 $\sum\limits_{j=|j_1-j_2|}^{j_1+j_2}(2j+1)=(2j_1+1)(2j_2+1)$。不满足这些条件的 C-G 系数全为零。

实数性和正交性

$$\langle j_1m_1j_2m_2\mid j_1j_2jm\rangle^*=\langle j_1m_1j_2m_2\mid j_1j_2jm\rangle\tag{2.43b}$$

$$\sum_{j,m}\langle j_1m_1'j_2m_2'\mid j_1j_2jm\rangle\langle j_1m_1j_2m_2\mid j_1j_2jm\rangle=\delta_{m_1'm_1}\delta_{m_2'm_2}\tag{2.43c}$$

$$\sum_{m_1,m_2}\langle j_1m_1j_2m_2\mid j_1j_2j'm'\rangle\langle j_1m_1j_2m_2\mid j_1j_2jm\rangle=\delta_{j'j}\delta_{m'm}\tag{2.43d}$$

递推关系 由升降算符 $J_\pm=J_1^\pm+J_2^\pm$ 在耦合与无耦合基之间的变换矩阵元，即得下面两个递推关系

$$\begin{aligned}&\sqrt{j(j+1)-m(m\pm1)}\langle j_1m_1j_2m_2\mid j_1j_2jm\pm1\rangle\\&=\sqrt{j_1(j_1+1)-m_1(m_1\mp1)}\langle j_1m_1\mp1j_2m_2\mid j_1j_2jm\rangle\\&\quad+\sqrt{j_2(j_2+1)-m_2(m_2\mp1)}\langle j_1m_1j_2m_2\mp1\mid j_1j_2jm\rangle\end{aligned}\tag{2.44}$$

系数对称性关系

$$\langle m_1m_2\mid j_1j_2jm\rangle=(-1)^{j_1+j_2-j}\langle -m_1,-m_2\mid j_1j_2j,-m\rangle\tag{2.45a}$$

$$\langle m_1m_2\mid j_1j_2jm\rangle=(-1)^{j_1+j_2-j}\langle m_2m_1\mid j_2j_1jm\rangle\tag{2.45b}$$

$$\langle m_1m_2\mid j_1j_2jm\rangle=\langle -m_2,-m_1\mid j_2j_1j,-m\rangle\tag{2.45c}$$

$$\langle m_1m_2\mid j_1j_2jm\rangle=(-1)^{j_1-m_1}\sqrt{\frac{2j+1}{2j_2+1}}\langle m_1,-m\mid j_1jj_2,-m_2\rangle\tag{2.45d}$$

式(2.45d)可从正交积分公式得到。其右边 C-G 系数和左边相比是$(j,m)\leftrightarrow(j_2,-m_2)$。由此式又可得

$$\langle m_1 m_2 \mid j_1 j_2 j m\rangle = (-1)^{j_2+m_2}\left(\frac{2j+1}{2j_1+1}\right)^{\frac{1}{2}}\langle -m, m_2 \mid j j_2 j_1, -m_1\rangle \quad (2.45e)$$

式(2.45a)可借助时间反演算符证明。因 $T\mid j_1 m_1\rangle = (-1)^{j_1-m_1}\mid j_1, -m_1\rangle$，所以

$$\begin{aligned}\langle m_1 m_2 \mid T^{-1}T \mid j_1 j_2 j m\rangle &= (-1)^{j_1+j_2-j-m_1-m_2+m}\langle -m_1, -m_2 \mid j_1 j_2 j, -m\rangle \\ &= (-1)^{j_1+j_2-j}\langle -m_1, -m_2 \mid j_1 j_2 j, -m\rangle\end{aligned}$$

最后一步是由于 3 个 m 量子数相互抵消。式(2.45b)证明：此式通常都从 C-G 系数一般表达式推出。这只要令式(2.42)中$(j_1, m_1)\leftrightarrow(j_2, m_2)$互换，互换后求和号前面部分没有变化，对求和号内的部分引入新求和变数 z'：$z'=j_1+j_2-j-z$，即可得证。式(2.45c)证明：结合 C-G 系数交换性质式(2.45a)和式(2.45b)即得。

几个特殊 C-G 系数　约定下面三个系数为 1：

$$\begin{aligned}&\langle j_1 j_2 \mid j_1 j_2, j_1+j_2, j_1+j_2\rangle = 1 \\ &j_2 \text{ 或 } j_1 = 0:\ \langle j_1 m_1 0 0 \mid j_1 0 j_1 m_1\rangle = 1,\quad \langle 0 0 j_2 m_2 \mid 0 j_2 j_2 m_2\rangle = 1\end{aligned} \quad (2.46)$$

4. 3j 符号

上面所有的对称性可简洁地用 **3j 符号**表示，3j 符号定义为

$$\boxed{\begin{pmatrix} j_1 & j_2 & j_3 \\ m_1 & m_2 & m_3 \end{pmatrix} \equiv (-1)^{j_1-j_2-m_3}\frac{\langle j_1 m_1 j_2 m_2 \mid j_3, -m_3\rangle}{\sqrt{2j_3+1}}} \quad (2.47)$$

于是对称性可叙述为：**3j 符号在列的偶置换下是不变的，而在列的奇变换下就要乘以$(-1)^{j_1+j_2+j_3}$**，此外

$$\begin{pmatrix} j_1 & j_2 & j_3 \\ m_1 & m_2 & m_3 \end{pmatrix} \equiv (-1)^{j_1+j_2+j_3}\begin{pmatrix} j_1 & j_2 & j_3 \\ -m_1 & -m_2 & -m_3 \end{pmatrix} \quad (2.48)$$

$$\begin{pmatrix} j_1 & j_2 & j \\ m_1 & m_2 & -m \end{pmatrix} \equiv (-1)^{j_1+j_2+j}\begin{pmatrix} j_1 & j & j_2 \\ m_1 & -m & m_2 \end{pmatrix} \quad (2.49)$$

$$\sum_{m_1}(2j+1)\begin{pmatrix} j_1 & j_2 & j \\ m_1 & m-m_1 & -m \end{pmatrix}\begin{pmatrix} j_1 & j_2 & j' \\ m_1 & m-m_1 & -m \end{pmatrix} = \delta_{j,j'} \quad (2.50a)$$

$$\sum_{j}(2j+1)\begin{pmatrix} j_1 & j_2 & j \\ m_1 & m-m_1 & -m \end{pmatrix}\begin{pmatrix} j_1 & j_2 & j' \\ m'_1 & m-m'_1 & -m \end{pmatrix} = \delta_{m,m'_1} \quad (2.50b)$$

$$\begin{pmatrix} 0 & 0 & 0 \\ 0 & 0 & 0 \end{pmatrix} = 1;\ \begin{pmatrix} j_1 & j_2 & j_3 \\ 0 & 0 & 0 \end{pmatrix} = 0 \quad (j_1+j_2+j_3 = \text{奇数}) \quad (2.51)$$

式(2.50a)和式(2.50b)是 3j 符号的正交关系。此外，还有描述 3 个角动量耦合的 6j 符号、4 个角动量耦合的 9j 符号，由于书写冗长，群论书中常见[11]，这里不再赘述。

---

⑪ 详见脚注⑩诸篇文献。比如，贝衣曼 B F. 群论及其在核谱中的应用. 第十一讲，92～98 页。

5.耦合角动量分解为不可约直和

显然,在 R_3 下 $|j_1,m_1\rangle$ 按照 $D^{(j_1)}$ 变换,$|j_2,m_2\rangle$ 按照 $D^{(j_2)}$ 变换,而 $|j_1m_1j_2m_2\rangle$ 将按乘积表示 $D^{(j_1)}\otimes D^{(j_2)}$ 变换。乘积表示往往是可约的,可以通过相似变换进行约化,使其等价于一些不可约表示的直和。

利用特征标可以考察在乘积表示 $\boldsymbol{D}^{(j_1)}\otimes\boldsymbol{D}^{(j_2)}$ 分解中将出现哪些不可约表示。 由于群特征标是表示矩阵的迹,因而是类的函数。而转角相同的转动属于同一类,所以有相同的特征标。因此只需考虑绕 z 轴的转动即可。这时转动矩阵有最简单的形式 $D_{mm'}^{(j)}(\alpha,0,0)=\delta_{mm'}\mathrm{e}^{-\mathrm{i}m\alpha}$。由于乘积表示的特征标是表示特征标的乘积,于是有

$$\boxed{X^{j_1}(\alpha)X^{j_2}(\alpha)=\sum_{m_1=-j_1,m_2=-j_2}^{j_1,j_2}\mathrm{e}^{\mathrm{i}(m_1+m_2)\alpha}} \tag{2.52}$$

将此和式分解为几个形如 $X^j(\alpha)=\sum\limits_{m=-j}^{+j}\mathrm{e}^{\mathrm{i}m\alpha}$ 的组成部分。由于 $X^j(\alpha)$ 的正交性,分解是唯一的,而且出现每个 j 值对应于 $D^{(j_1)}\otimes D^{(j_2)}$ 约化中出现的 $D^{(j)}$。设 $j_1>j_2$(若 $j_1<j_2$,最后结果为 j_2-j_1),用直角坐标 (m_1,m_2) 的矩形点阵(整数或半整数坐标)表示式(2.52)的每一项。重新划分此和式:从右上角 j_1+j_2 点沿线降到左下方 $-(j_1+j_2)$ 点,每步 m_1+m_2 依次减少 1。沿线各项之和组成一个特征标 $X^{(j_1+j_2)}(\alpha)$;再从 (j_1+j_2-1) 点沿线降到 $-(j_1+j_2-1)$ 点,沿线各项之和得另一特征标 $X^{(j_1+j_2-1)}(\alpha)$;直到左上角最后一点 $m_1+m_2=|j_1-j_2|$,垂直降到 $-|j_1-j_2|$,得特征标 $X^{|j_1-j_2|}(\alpha)$。于是,$X^{j_1}(\alpha)X^{j_2}(\alpha)$ 被分解为这些特征标之和

$$\begin{cases}X^{j_1}(\alpha)X^{j_2}(\alpha)=X^{(j_1+j_2)}(\alpha)+X^{(j_1+j_2-1)}(\alpha)+\cdots+X^{|j_1-j_2|}(\alpha)\\ \sum\limits_{m=-(j_1+j_2)}^{+(j_1+j_2)}\mathrm{e}^{\mathrm{i}m\alpha}=X^{(j_1+j_2)}(\alpha),\ \sum\limits_{m=-(j_1+j_2)+1}^{(j_1+j_2-1)}\mathrm{e}^{\mathrm{i}m\alpha}=X^{(j_1+j_2-1)}(\alpha),\cdots,\ \sum\limits_{m=-|j_1-j_2|}^{|j_1-j_2|}\mathrm{e}^{\mathrm{i}m\alpha}=X^{|j_1-j_2|}(\alpha)\end{cases} \tag{2.53}$$

由特征标分解得结论:乘积表示 $\boldsymbol{D}^{(j_1)}\otimes\boldsymbol{D}^{(j_2)}$ 可以约化为以下表示直和

$$\boxed{D^{(j_1)}\otimes D^{(j_2)}=D^{(j_1+j_2)}\oplus D^{(j_1+j_2-1)}\oplus\cdots\oplus D^{|j_1-j_2|}} \tag{2.54a}$$

式(2.54a)右边常称为左边乘积表示的 C-G 序列,写成分量形式为

$$\boxed{D_{m_1m'_1}^{(j_1)}(R)D_{m_2m'_2}^{(j_2)}(R)=\sum_{j,m,m'}\langle j_1m_1j_2m_2\mid j_1j_2jm\rangle\langle j_1m'_1j_2m'_2\mid j_1j_2jm'\rangle D_{mm'}^{(j)}(R)} \tag{2.54b}$$

习题 2.12 证明式(2.54b)。

作为约化例子,两个矢量的并矢构造 2 秩 Cartesian 张量,它有 9 个分量为 $T_{ij}=V_iU_j$。这个乘积表示是可约的,它分解为

$$(\boldsymbol{UV})_{ij} \equiv U_i V_j = \left\{ \frac{1}{3}(\boldsymbol{U}\cdot\boldsymbol{V})I + \frac{1}{2}\boldsymbol{U}\times\boldsymbol{V} + \left[\frac{1}{2}(\boldsymbol{UV}+\boldsymbol{VU}) - \frac{1}{3}(\boldsymbol{U}\cdot\boldsymbol{V})I\right]\right\}_{ij} \tag{2.55}$$

第 1 项是转动不变的标量，I 为 3 阶单位矩阵；第 2 项是 3 阶反称张量，其分量矩阵元定义为 $(\boldsymbol{U}\times\boldsymbol{V})_{ij} \equiv U_i V_j - U_j V_i$，转动中表现为一个矢量，有 3 个独立变数，构成 1 秩不可约张量；最后是 3 阶零迹对称张量，有 5 个独立变数，可构成 2 秩不可约张量。独立变数共计也是 9 个。空间转动下，这 3 部分分别按 $l=0,1,2$ 的球谐函数那样变化。这正是式(2.54)约化序列：两个 $l=1$ 角动量耦合成一个可约表示，并约化成 $l=0,1,2$ 共计 3 个不可约表示的直和。

2.1.5 两个角动量耦合基矢的广义交换对称性

式(2.45b)提供了 C-G 系数中量子数交换的概念。可将其推广到态矢情况，用于考察任意两个角动量耦合基矢的交换对称性质。将两粒子态空间作张量积，**引入两个粒子编号交换操作，由于两粒子不必全同，所以称为“广义交换算符 P”。如果直积顺序和编号的关联固定，则粒子编号交换将等价转化为直积顺序变更，即定义**

$$\boxed{\begin{aligned} &P\mid\varphi\rangle_1\otimes\mid\psi\rangle_2 \equiv \mid\psi\rangle_2\otimes\mid\varphi\rangle_1 \\ &P\{A_1\otimes B_2\}P^{-1} \equiv B_2\otimes A_1 \end{aligned}} \tag{2.56}$$

注意，P 的作用并非状态或物理量“替换”，而只是两个粒子直积顺序和纠缠地位的交换。于是不存在诸如 $P\boldsymbol{J}_1P^{-1}=\boldsymbol{J}_2$ 等式。所以作用时不要求(全同粒子置换算符经常需要的) $j_1=j_2$ 条件。由于两体算符实际上是

$$\boldsymbol{J}'(1^{\#}) \equiv \boldsymbol{J}'(1^{\#})\otimes I(2^{\#});\quad \boldsymbol{J}''(2^{\#}) \equiv I(1^{\#})\otimes \boldsymbol{J}''(2^{\#})$$

这里 I 为该粒子的单位算符。所以有

$$P\boldsymbol{J}(1^{\#})P^{-1} \equiv P\boldsymbol{J}(1^{\#})\otimes I(2^{\#})P^{-1} = I(2^{\#})\otimes\boldsymbol{J}(1^{\#}) \equiv \boldsymbol{J}(1^{\#})$$

$$P\{\boldsymbol{J}'(1^{\#})\pm\boldsymbol{J}''(2^{\#})\}P^{-1} = \boldsymbol{J}'(1^{\#})\pm\boldsymbol{J}''(2^{\#})$$

两式的最后一步等号是由于：两粒子任意态矢和算符，展开时总可表示为直积求和形式，针对其中每一项，矩阵元中的算符和左、右态矢的直积顺序都因 P 而有同样的改变，矩阵元结果不会因此而改变。

显然，P 对耦合基的作用只涉及其展开式中无耦合基直积顺序的的交换。由式(4.31b)得 $\mid j_1m_1j_2m_2\rangle = (-1)^{4j_1j_2}\mid j_2m_2j_1m_1\rangle$。于是当 j_1, j_2 都是半奇整数时，无耦合基乘积顺序调换会出负号。但现在只感兴趣：**对纠缠态或纠缠算符进行交换操作时，由它们纠缠对称性可能给出的负号**[12]。显然，两个角动量耦合时，耦合地位

[12] 其实，交换 Fermion 出负号还应当计及粒子的空间自由度，所以这里暂且规定：分离态的角动量无耦合基是交换对称的。由此，两个 1/2 自旋粒子(不一定全同)的三重态(分离态 $\mid 1,\pm1\rangle$ 和纠缠态 $\mid 1,0\rangle$ 是交换对称的；单态(纠缠态 $\mid 0,0\rangle$ 是交换反对称的。否则就要反过来称呼了。参见下面定理讨论其一和习题 2.13。

的交换（是 j_1, j_2 耦合，还是 j_2, j_1 耦合）不会影响 C-G 序列式（2.54a）⑬。可以预期，$|j_1j_2jm\rangle$ 和 $|j_2j_1jm\rangle$ 彼此最多只相差一个负号（这个事实上由下面定理所证实）。于是，不论对自旋、轨道、总角动量，可以有

定义　任意两个角动量的耦合基，如果交换粒子耦合地位时有

$$\boxed{|j_2j_1jm\rangle = \pm|j_1j_2jm\rangle} \tag{2.57a}$$

就称对应+1的一对态矢为广义交换对称的；而对应−1的一对是广义交换反对称的。

任意两个粒子的任意两个角动量的耦合基有如下广义交换性质：

广义交换对称定理　两个任意角动量耦合时，具有相同总角动量量子数 j 的 $(2j+1)$ 个耦合基矢，其交换对称性质相同。对不同 j，对应最大值 $j_{\max} = j_1 + j_2$ 的耦合基矢必为交换对称，由此开始，随 j 值逐 1 减少，耦合基矢的交换对称性交替改变。即有

$$\boxed{P|j_2j_1jm\rangle = (-1)^{j_1+j_2-j}|j_1j_2jm\rangle} \tag{2.57b}$$

证： 将左边耦合基 $|j_2j_1jm\rangle$ 用无耦合基 $|j_2m_2j_1m_1\rangle$ 展开，并用式（2.45b），可得

$$\begin{aligned}P|j_2j_1jm\rangle &= \sum_{m_1m_2}\langle j_2m_2j_1m_1|j_2j_1jm\rangle P|j_2m_2j_1m_1\rangle\\ &= \sum_{m_1m_2}\langle j_2m_2j_1m_1|j_2j_1jm\rangle|j_1m_1j_2m_2\rangle\\ &= (-1)^{j_1+j_2-j}\sum_{m_1m_2}\langle j_1m_1j_2m_2|j_1j_2jm\rangle|j_1m_1j_2m_2\rangle = (-1)^{j_1+j_2-j}|j_1j_2jm\rangle\end{aligned}$$

其中 $m_{\max} = j_{\max}$ 时 $|j_1j_2, j_1+j_2, j_1+j_2\rangle = |j_1j_1\rangle\otimes|j_2j_2\rangle$ 是分离态，约定为对称的。**所以耦合基广义交换对称性必定从对称表示开始，逐一改变。** 证毕。

定理讨论：

其一，显然 $P^2 = 1 \to P = \pm 1$。采用并矢表示 P，则为

$$P = \sum_{jm}(-1)^{j_1+j_2-j}|j_1j_2jm\rangle\langle j_2j_1jm| \tag{2.57c}$$

其实，可以论证，对任意两个角动量本征态的交换，可以令 $P = I$。

习题 2.13　论证：对于交换任何两个角动本征态的直积态，可取 $P = I$。

其二，定理的简单特例是两个 1/2 自旋粒子（不一定全同）自旋单态 $|\frac{1}{2}\frac{1}{2}00\rangle$。可以检验有（粒子编号 $1^{\#}, 2^{\#}$ 始终不变，仅直积顺序改变）

⑬ 作为一个印证，注意到反演 $\boldsymbol{P}$ 的特征标 $\chi^{(j)}(P) = \pm(2j+1)$ 只与 j 有关. 见朗道 ЛД，栗弗席茨 E M. 量子力学（下册）. 北京：高等教育出版社，1983：110. 也见：陈金全. 群表示论的新途径. 上海：上海科学技术出版社，1984：97，142.

$$P\left|\frac{1}{2}_{2^{\#}},\frac{1}{2}_{1^{\#}},0,0\right\rangle \equiv P\frac{1}{\sqrt{2}}(|\uparrow\rangle_{2^{\#}}\ |\downarrow\rangle_{1^{\#}}-|\downarrow\rangle_{2^{\#}}\ |\uparrow\rangle_{1^{\#}})$$

$$\equiv\frac{1}{\sqrt{2}}(|\downarrow\rangle_{1^{\#}}\ |\uparrow\rangle_{2^{\#}}-|\uparrow\rangle_{1^{\#}}\ |\downarrow\rangle_{2^{\#}})=-\left|\frac{1}{2}_{1^{\#}},\frac{1}{2}_{2^{\#}},0,0\right\rangle$$

符合定理结论 $j_1+j_2-j=1$，并有以下运算可供参考(已略去记号 #)

$$\begin{cases}\langle m_1m_2|j_1j_2jm\rangle=\left\langle\frac{-1}{2}_2\ \frac{1}{2}_1\middle|\frac{1}{2}_1\ \frac{1}{2}_2 00\right\rangle={}_2\left\langle\frac{-1}{2}\right|{}_1\left\langle\frac{1}{2}\right|\cdot\frac{1}{\sqrt{2}}\left(\left|\frac{1}{2}\right\rangle_1\left|\frac{-1}{2}\right\rangle_2-\left|\frac{-1}{2}\right\rangle_1\left|\frac{1}{2}\right\rangle_2\right)=\frac{1}{\sqrt{2}}\\ \langle m_2m_1|j_2j_1jm\rangle=\left\langle\frac{1}{2}_1\ \frac{-1}{2}_2\middle|\frac{1}{2}_2\ \frac{1}{2}_1 00\right\rangle={}_1\left\langle\frac{1}{2}\right|{}_2\left\langle\frac{-1}{2}\right|\cdot\frac{1}{\sqrt{2}}\left(\left|\frac{1}{2}\right\rangle_2\left|\frac{-1}{2}\right\rangle_1-\left|\frac{-1}{2}\right\rangle_2\left|\frac{1}{2}\right\rangle_1\right)=\frac{-1}{\sqrt{2}}\end{cases}$$

再举一个例子是两个耦合基矢 $|j_1j_2j_m\rangle$ 用无耦合基矢展开

$$\begin{cases}\left|\frac{1}{2},\frac{3}{2},1,0\right\rangle=\left|\frac{1}{2},\frac{1}{2}\right\rangle\left|\frac{3}{2},\frac{-1}{2}\right\rangle-\left|\frac{1}{2},\frac{-1}{2}\right\rangle\left|\frac{3}{2},\frac{1}{2}\right\rangle\\ \left|\frac{3}{2},\frac{1}{2},1,0\right\rangle=\left|\frac{3}{2},\frac{1}{2}\right\rangle\left|\frac{1}{2},\frac{-1}{2}\right\rangle-\left|\frac{3}{2},\frac{-1}{2}\right\rangle\left|\frac{1}{2},\frac{1}{2}\right\rangle\end{cases}$$

均为反称的。至于两个全同粒子系统的耦合基矢交换对称性的讨论见 2.3 节。

习题 2.14 就两个轨道角动量耦合证明式(2.45b)：$\langle l_1l_2lm\mid m_1m_2\rangle=(-1)^{l_1+l_2-l}\langle l_2l_1lm\mid m_2m_1\rangle$。

2.1.6 不可约张量算符矩阵元计算，Wigner-Eckart 定理

1. 不可约张量算符

前面说过，依照算符在转动操作下的变换行为可以将算符分类。这样做是有意义的：分类不仅加深对算符物理性质的了解，也有利于简化它们角动量表象矩阵元的计算。

定义 1 设脚标为 q 的 $(2k+1)$ 个算符(或函数) $T_q^{(k)}$ 集合，它们在空间转动 P_R 下按

$$\boxed{P_RT_q^{(k)}P_R^{-1}=\sum_{q'}D_{q'q}^{(k)}(R)T_{q'}^{(k)}} \tag{2.58}$$

变换，$D^{(k)}$ 是空间转动群 R_3 的 $(2k+1)$ 维不可约幺正表示，称这组算符(函数)集合是 k 秩不可约张量，$T_q^{(k)}$ 是第 q 个分量。

上式表明，$T_q^{(k)}$ 集合是荷载 R_3 的 $(2k+1)$ 维不可约幺正表示的基矢。将定义中转动算符 P_R 代以矢量表示，再对转角 γ 求导，可得另一等价表述。

$$\frac{1}{\mathrm{i}\hbar}\mathrm{e}^{-\mathrm{i}\gamma\boldsymbol{n}\cdot\boldsymbol{J}/\hbar}[\boldsymbol{n}\cdot\boldsymbol{J},T_q^{(k)}]\mathrm{e}^{\mathrm{i}\gamma\boldsymbol{n}\cdot\boldsymbol{J}/\hbar}=\sum_{q'}\left(\frac{\partial}{\partial\gamma}D_{q'q}^{(k)}(\boldsymbol{n}\gamma)\right)T_{q'}^{(k)}$$

令 $\boldsymbol{n}$ 为 $\boldsymbol{e}_z,\boldsymbol{e}_y,\boldsymbol{e}_x$，利用 Euler 角的 $D_{q'q}^{(j)}(0,0,\gamma)$，$D_{q'q}^{(j)}(0,\gamma,0)$，$D_{q'q}^{(j)}\left(-\frac{\pi}{2},\gamma,\frac{\pi}{2}\right)$ 表达式，取 $\gamma=0$，即得不可约张量的另一定义。

定义 2 如果一组算符(或函数)$T_q^{(k)}$ 和角动量算符有对易关系

$$\boxed{[J_z,T_q^{(k)}]=m\hbar T_q^{(k)},\quad [J_x\pm \mathrm{i}J_y,T_q^{(k)}]=\sqrt{(k\mp q)(k\pm q+1)}\,\hbar T_{q\pm1}^{(k)}}\tag{2.59}$$

称它们为 k 秩不可约张量。

显然,两种定义是等价的。由定义 2 可以推出定义 1。因为由这些对易关系可以看出 $\mathrm{e}^{-\mathrm{i}\gamma\boldsymbol{n}\cdot\boldsymbol{J}/\hbar}T_q^{(k)}\mathrm{e}^{\mathrm{i}\gamma\boldsymbol{n}\cdot\boldsymbol{J}/\hbar}$ 是 $T_q^{(k)}$ 的线性组合(将指数算符还原为求和)。按 R_3 群表示论,$T_q^{(k)}$ 一定荷载着 R_3 的一个表示,再由这些变换系数知为不可约表示 $D_{q'q}^{(k)}(\boldsymbol{n}\gamma)$。这就导出了定义 1。

不可约张量可以由一组普通函数、一根矢量或一组算符构成。只要各分量作为基矢荷载着 R_3 的相应不可约表示或是和角动量算符有如上封闭的对易关系即可。

[例 1] 球谐函数($k\to l,q\to m$)

$(2l+1)$个球谐函数 $Y_{lm}(\theta,\varphi)=T_m^l$ 是 l 秩不可约张量。式(2.30)表明 $Y_{lm}(\theta,\varphi)$ 是荷载 R_3 转动的基底,按 $D^{(l)}$ 的 m 行变化,符合定义 1。也可以证明它们符合定义 2。由 $[J_z,Y_{lm}]=(J_zY_{lm})$,$J_\pm$ 情况类似,式(2.59)变成

$$\begin{cases}(J_zY_{lm})=m\hbar Y_{lm}\\(J_\pm Y_{lm})=\sqrt{(l\mp m)(l\pm m+1)}\,\hbar Y_{l,m\pm1}\end{cases}\tag{2.60}$$

显然,$Y_{lm}(\theta,\varphi)$ 能够满足这三个方程式。

[例 2] 三维矢量算符

定义 与角动量算符有如下对易关系的集合$\{\boldsymbol{V}_x,\boldsymbol{V}_y,\boldsymbol{V}_z\}$称为矢量

$$[J_i,V_j]=ie_{ijk}V_k\quad(i,j,k=x,y,z)$$

由这 3 个直角分量,可以构造矢量 $\boldsymbol{V}$ 的 3 个球分量$\{\boldsymbol{T}_{+1}^1,\boldsymbol{T}_0^1,\boldsymbol{T}_{-1}^1\}$,

$$T_{+1}^1\equiv-\frac{1}{\sqrt{2}}(V_x+\mathrm{i}V_y),\quad T_0^1\equiv V_z,T_{-1}^1\equiv\frac{1}{\sqrt{2}}(V_x-\mathrm{i}V_y)\tag{2.61}$$

这 3 个球分量组成 1 秩不可约张量。可以直接代入定义 2 检验这个结论。其实,它们是下式的特例($l=1,\boldsymbol{V}=\boldsymbol{r}$)

$$T_m^l=\sqrt{\frac{4\pi}{3}}\,y_{lm}(V_x,V_y,V_z)$$

这里 $y_{lm}(x,y,z)\equiv r^lY_{lm}(\theta,\varphi)$ 为 **l 阶的立体球谐函数**。比如,由 Cartesian 张量 $\boldsymbol{r}(x,y,z)$、$\boldsymbol{P}(P_x,P_y,P_z)$ 和 $\boldsymbol{J}(J_x,J_y,J_z)$ 均可构成 1 秩不可约张量

$$\begin{cases}\left(r_{+1}^1=\dfrac{-1}{\sqrt{2}}(x+\mathrm{i}y)=\dfrac{1}{\sqrt{2}}\sin\theta\mathrm{e}^{\mathrm{i}\varphi},r_0^1=z=r\cos\theta,r_{-1}^1=\dfrac{1}{\sqrt{2}}\sin\theta\mathrm{e}^{-\mathrm{i}\varphi}\right)\\\left(P_{+1}^1=\dfrac{-1}{\sqrt{2}}(P_x+\mathrm{i}P_x);P_0^1=P_z;P_{-1}^1=\dfrac{1}{\sqrt{2}}(P_x-\mathrm{i}P_x)\right)\\\left(J_{+1}^1=\dfrac{-1}{\sqrt{2}}J_+,\quad J_0^1=J_z,\quad J_{-1}^1=\dfrac{1}{\sqrt{2}}J_-\right)\end{cases}\tag{2.62}$$

习题 2.15　证明：立体球谐函数 $y_{lm}(x,y,z)\equiv r^l Y_{lm}(\theta,\varphi)$ 满足 $\nabla^2(r^l Y_{lm}(\theta,\varphi))=0$。

2. 不可约张量矩阵元计算，Wigner-Eckart 定理

前面说过，P_R 作用下，标量算符（零秩张量，$D^{(0)}=1$）在角动量表象的矩阵元为零，除非这两个态矢是同一个不可约表示的同一个基矢。于是，如果 $P_R S P_R^{-1}=S$，由于 $|jm\rangle$ 是按不可约表示 $D^{(j)}$ 的 m 行变换，$|j'm'\rangle$ 是按不可约表示 $D^{(j')}$ 的 m' 行变换，则有（不考虑其他量子数）

$$\langle jm \mid S \mid j'm'\rangle=\delta_{jj'}\delta_{mm'}S^{(j)} \tag{2.63}$$

平均值 $S^{(j)}$ 只与 j 有关，与磁量子数 m 无关。此结论是 R_3 不可约表示基底正交定理的直接推论。它表明了如何计算标量算符的矩阵元。

进一步，考虑不可约张量算符在角动量表象矩阵元 $\langle j'm' \mid T_q^{(k)} \mid jm\rangle$ 的计算。这里有一个重要定理——**Wigner-Eckart 定理：**

不可约张量算符 $\boldsymbol{T}_q^{(k)}$ 在角动量表象的矩阵元为

$$\boxed{\langle \xi',j'm' \mid T_q^{(k)} \mid \xi,jm\rangle=\langle jmkq \mid jkj'm'\rangle\frac{\langle \xi',j' \parallel T^{(k)} \parallel \xi,j\rangle}{\sqrt{2j+1}}} \tag{2.64}$$

这里 ξ',ξ 为其他（如径向）量子数。双杠矩阵元是 $\boldsymbol{T}_q^{(k)}$ 的约化矩阵元，与 m',q,m 量子数无关。

证： 考虑乘积 $T_q^{(k)}\mid jm\rangle$。在 R_3 转动下，有

$$\begin{aligned}P_R T_q^{(k)}\mid jm\rangle&=(P_R T_q^{(k)}P_R^{-1})(P_R\mid jm\rangle)=\sum_{q'm'}D_{q'q}^{(k)}(R)D_{m'm}^{(j)}(R)T_{q'}^{(k)}\mid jm'\rangle\\&=\sum_{q'm'}[D^{(k)}(R)\otimes D^{(j)}(R)]_{q'm',qm}T_{q'}^{(k)}\mid jm'\rangle\end{aligned} \tag{2.65}$$

表明 $\{T_q^{(k)}\mid jm\rangle\}$ 是一组不变的态矢序列，按照直积表示 $D^{(k)}\otimes D^{(j)}$ 的行变换，它们在转动变换中的行为类同于两个角动量的无耦合基矢 $\{|jm\rangle|kq\rangle\}$，可以记为 $\{T_q^{(k)}\mid jm\rangle\equiv|WE,jmkq\rangle\}$。但直积表示常是可约的，不能直接应用不可约表示基底的正交定理。由式(2.31)，设将直积表示 $D^{(k)}\otimes D^{(j)}$ 约化为既约形式的相似变换为 M[14]。显然，M 只由 C-G 系数组成，与 $T_q^{(k)}$ 物理性质无关。即按 C-G 系数将无耦合基 $\{|WE,jmkq\rangle\}$ 线性组合，得到行为类同于耦合基的组合基矢，记为 $|WE,jkj'm'\rangle$。它们依 C-G 序列式(2.54a)荷载着全部不可约表示 $D^{(j')}$，$j'=|j-k|,\cdots,j+k;-j'\leqslant m'\leqslant j'$。依照直和分解将 WE 耦合基展开

$$|WE,jkj'm'\rangle\equiv\sum_{mq}M_{mq,j'm'}^{(j,k)}\mid WE,jmkq\rangle\quad(j'=|j-k|,\cdots,j+k;-j'\leqslant m'\leqslant j') \tag{2.66a}$$

---

[14] 由于乘积可约表示是幺正的，对其约化的非奇异（实际是正交的）矩阵 $\boldsymbol{M}$ 肯定存在。

这里 $M^{(j,k)}_{mq,j'm'}=\langle jmkq \mid jkj'm'\rangle$ 是 C-G 系数。反解可得

$$|WE,jmkq\rangle=\sum_{j'm'}(M^{-1})^{(j,k)}_{j'm',mq}\mid WE,jkj'm'\rangle=\sum_{j'm'}M^{(j,k)}_{mq,j'm'}\mid WE,jkj'm'\rangle \tag{2.66b}$$

将式(2.66b)向系统角动量耦合基矢 $\langle j'm'|$ 投影，于是

$$\begin{aligned}\langle j'm' \mid WE,jmkq\rangle &\equiv \langle j'm' \mid T^{(k)}_q \mid jm\rangle=\sum_{j''m''}M^{(j,k)}_{mq,j''m''}\langle j'm' \mid WE,jkj''m''\rangle\\ &=M^{(j,k)}_{mq,j'm'}\langle j'm' \mid WE,jkj'm'\rangle\equiv M^{(j,k)}_{mq,j'm'}\left\{\sum_{m''q''}M^{(j,k)}_{m''q'',j'm'}\langle j'm' \mid T^{(k)}_{q''} \mid jm''\rangle\right\}\\ &\equiv\langle jmkq \mid jkj'm'\rangle\frac{\langle j' \| T^{(k)} \| j\rangle}{\sqrt{2j+1}}\end{aligned}$$

大括号求和对三个磁量子数的(符合加法规则的)全部可能值进行，结果应当与事先给定的磁量子数无关。 证毕。

习题 2.16 换一种办法证明 Wigner-Eckart 定理。

定理讨论：

(1)不可约张量的角动量矩阵元总可以分解为两个因子乘积：几何因子和物理因子。前者只是一些 C-G 系数 $M^{(j,k)}_{mq,j'm'}$，依赖于 $|j'm'\rangle$，$T^{(k)}_q$，$|jm\rangle$ 在 R_3 下的转动性质，它们与不可约张量分量的物理特性以及态矢和量子数 ξ,ξ' 无关。其实矩阵 M 正是使 $D^{(j)}\otimes D^{(k)}$ 化为不可约表示的矩阵。后者称为 $T^{(k)}_q$ 的约化矩阵元，与三个磁量子数 m',q,m 无关。

(2)定理根据转动对称性简化了不可约张量算符在角动量表象矩阵元的计算。选择 m',q,m 的特殊数值算出约化矩阵元，就知道了其余矩阵元。量子力学的实际计算很多包含矩阵元计算，这种根据对称性求出矩阵元的论述很实用。例如，已知 $\left(-\frac{1}{\sqrt{2}}J_+,J_z,\frac{1}{\sqrt{2}}J_-\right)$ 构成一秩不可约张量 $T^{(1)}_q$，按定理有

$$\langle j'm' \mid T^{(1)}_q \mid jm\rangle=\langle jm1q \mid j1j'm'\rangle\langle j' \| T^{(1)} \| j\rangle/\sqrt{2j+1}$$

取简单的 $T^{(1)}_0=J_z$ 算出左边积分为 $\delta_{j'j}\delta_{m'm}m\hbar$，得到约化矩阵元为

$$\langle j' \| T^{(1)} \| j\rangle=\sqrt{2j+1}\,\delta_{j'j}\delta_{m'm}m\hbar/\langle jm10 \mid j1j'm'\rangle$$

然后根据定理并引用 C-G 系数，即可求得全部 m',q,m 值的矩阵元。

(3)作为 W-E 定理一个直接应用，证明投影定理

$$\boxed{\langle\xi',jm' \mid V_q \mid \xi,jm\rangle=\frac{\langle\xi',jm \mid \boldsymbol{J}\cdot\boldsymbol{V} \mid \xi,jm\rangle}{j(j+1)\hbar^2}\langle\xi,jm' \mid J_q \mid \xi,jm\rangle} \tag{2.67}$$

证： 对标量 $\boldsymbol{J}\cdot\boldsymbol{V}$ 的矩阵元应用 W-E 定理，有

$$\langle\xi',jm \mid \boldsymbol{J}\cdot\boldsymbol{V} \mid \xi,jm\rangle=c_j\langle\xi',j \| V_q \| \xi,j\rangle$$

系数 c_j 与磁量子数 m 无关，约化矩阵元与脚标 q 无关。由于不知 $\boldsymbol{V}$ 的性质，量子数 ξ,ξ' 不相等不一定就使矩阵元为零。若令 $\boldsymbol{V}=\boldsymbol{J}$，得

$$\langle \xi', jm \mid \boldsymbol{J}^2 \mid \xi, jm \rangle = c_j \langle \xi', j \| J_q \| \xi, j \rangle$$

对 J_q, V_q 分别应用 W-E 定理并且相比，以消除相同的 C-G 系数，得

$$\frac{\langle \xi', jm' \mid V_q \mid \xi, jm \rangle}{\langle \xi, jm' \mid J_q \mid \xi, jm \rangle} = \frac{\langle \xi', j \| V_q \| \xi, j \rangle}{\langle \xi, j \| J_q \| \xi, j \rangle}$$

此式右边正是上面两式之比，于是得

$$\frac{\langle \xi', jm' \mid V_q \mid \xi, jm \rangle}{\langle \xi, jm' \mid J_q \mid \xi, jm \rangle} = \frac{\langle \xi', jm \mid \boldsymbol{J} \cdot \boldsymbol{V} \mid \xi, jm \rangle}{\langle \xi, jm \mid \boldsymbol{J}^2 \mid \xi, jm \rangle} = \frac{1}{j(j+1)\hbar^2} \langle \xi', jm \mid \boldsymbol{J} \cdot \boldsymbol{V} \mid \xi, jm \rangle$$

证毕。

下面换一种办法，不用定理，直接用转动变换导出 $\boldsymbol{r}$ 在轨道角动量表象中的矩阵元，并给出**偶极辐射选择定则**。首先注意，轨道角动量本征态是宇称的本征态，于是，**奇宇称算符在所有轨道角动量本征态中的期望值都是零。**其次有

$$\boxed{\Delta l = \pm 1, \quad \Delta m = 0, \pm 1} \tag{2.68}$$

解： 在任意角动量矩阵元 $\langle l'm' \mid \boldsymbol{r} \mid lm \rangle$ 中插入绕 z 轴转 α 角的幺正转动算符 $U(\alpha \boldsymbol{e}_z) = \exp(\alpha \partial / \partial \varphi)$，注意 $U(\alpha \boldsymbol{e}_z) \mid lm \rangle = \mathrm{e}^{\mathrm{i}m\alpha} \mid lm \rangle$，可得

$$\begin{aligned}\langle l'm' \mid \boldsymbol{r} \mid lm \rangle &= \langle l'm' \mid U^{-1}(\alpha \boldsymbol{e}_z) U(\alpha \boldsymbol{e}_z) \boldsymbol{r} U^{-1}(\alpha \boldsymbol{e}_z) U(\alpha \boldsymbol{e}_z) \mid lm \rangle \\ &= \mathrm{e}^{\mathrm{i}(m-m')\alpha} \langle l'm' \mid U(\alpha \boldsymbol{e}_z) \boldsymbol{r} U^{-1}(\alpha \boldsymbol{e}_z) \mid lm \rangle \\ &= \mathrm{e}^{\mathrm{i}(m-m')\alpha} R(\alpha \boldsymbol{e}_z) \langle l'm' \mid \boldsymbol{r} \mid lm \rangle\end{aligned}$$

这里 $R(\alpha \boldsymbol{e}_z)$ 是正交矩阵，

$$R(\alpha \boldsymbol{e}_z) = \begin{pmatrix} \cos\alpha & \sin\alpha & 0 \\ -\sin\alpha & \cos\alpha & 0 \\ 0 & 0 & 1 \end{pmatrix}$$

由于 $R^{\mathrm{T}} R = I$，模平方 $|\langle l'm' \mid \boldsymbol{r} \mid lm \rangle|^2 = \langle l'm' \mid \boldsymbol{r} \mid lm \rangle \cdot \langle lm \mid \boldsymbol{r} \mid l'm' \rangle$ 是转动不变的。对上式所含任意角度 α 进行微商，得（$\Delta m = m' - m$）

$$0 = \mathrm{e}^{-\mathrm{i}\Delta m\alpha} \left\{ -\mathrm{i}\Delta m \begin{pmatrix} \cos\alpha & \sin\alpha & 0 \\ -\sin\alpha & \cos\alpha & 0 \\ 0 & 0 & 1 \end{pmatrix} + \begin{pmatrix} -\sin\alpha & \cos\alpha & 0 \\ -\cos\alpha & -\sin\alpha & 0 \\ 0 & 0 & 0 \end{pmatrix} \right\} \cdot \langle l'm' \mid \boldsymbol{r} \mid lm \rangle$$

若作为列矢量的三个矩阵元不全为零，则它们前面行列式必须为零

$$\det \left\{ \begin{pmatrix} -\mathrm{i}\Delta m\cos\alpha - \sin\alpha & -\mathrm{i}\Delta m\sin\alpha + \cos\alpha & 0 \\ \mathrm{i}\Delta m\sin\alpha - \cos\alpha & -\mathrm{i}\Delta m\cos\alpha - \sin\alpha & 0 \\ 0 & 0 & -\mathrm{i}\Delta m \end{pmatrix} \right\} = 0$$

显然，只在两种情况下，这个既约形式矩阵的行列式等于零。结果得

$$\Delta m = 0; \quad \Delta m = \pm 1$$

讨论：①算符 $\boldsymbol{r}$ 是奇宇称，它的角动量表象非零矩阵元必定有 $\Delta l = \pm 1$；②$\Delta m = 0$ 时，$\langle l'm' \mid z \mid lm \rangle$ 不为零，其余情况 z 分量均为零；③$\Delta m = \pm 1$ 时，$\langle l'm \mid x \mid lm \rangle = \langle l'm \mid y \mid lm \rangle \neq 0$；④ $\Delta m \neq 0, \pm 1$ 时，因为行列式不为零，所以

$\langle l'm \mid x \mid lm\rangle = \langle l'm \mid y \mid lm\rangle = 0$（$z$ 分量已为零）。三个分量矩阵元 $\langle l'm' \mid z \mid lm\rangle$ 和 $\langle l'm' \mid x \mid lm\rangle$，$\langle l'm' \mid y \mid lm\rangle$ 不会同时存在（可同时为零，若不在式(2.68)内）。

习题 2.17 不借助 Wigner-Eckart 定理，用直接计算证明：$\boldsymbol{r}$ 在角动量本征态间矩阵元的模平方与磁量子数 m 无关。于是比如，对自发衰变有 $A_{100\leftarrow 211} = A_{100\leftarrow 21-1} = A_{100\leftarrow 210}$。

2.2 时间反演变换若干应用

时间反演变换定义与基本叙述参阅[15]。时间反演变换对散射问题的应用见9.3.3节。本节只讨论对定态问题的应用。

2.2.1 时间反演变换应用(Ⅰ)：Kramers 定理

已知结论：**对任意系统，不计它所含的 Boson 数目，只计所含的 Fermion 数目，则含偶数 Fermion 态是时间反演平方算符 T^2 本征值 +1 的本征态；含奇数 Fermion 态是 T^2 本征值 −1 的本征态。**故 T^2 又记为

$$\boxed{T^2 = (-1)^N} \tag{2.69}$$

这里 N 为态中 Fermion 个数。此结论有一个直接应用，即 Kramers 定理

Kramers 定理　总自旋为半整数的时间反演不变系统的定态能级至少是双重简并的。

证： 由于系统时间反演不变 $[T,H]=0$，于是对任一定态 $H\psi = E\psi$，也必有 $H(T\psi)=E(T\psi)$。这两个定态 $\psi, T\psi$ 虽然对应同一能级 E，但它们不可能是同一个态。因为如果有 $T\psi = c\psi$，c 为某一复常数，则有

$$TT\psi = Tc\psi \rightarrow T^2\psi = c^* T\psi = |c|^2\psi \tag{2.70}$$

但总自旋为半整数系统为 $T^2\psi = -\psi$，出现矛盾。所以这两个定态 ψ 和 $T\psi$ 彼此独立，能级至少为两重简并。**注意，磁场中系统不是时间反演不变的，定理失效。**比如，均匀磁场自由电子 Landau 能级就没有此种简并。

推论：时间反演不变系统的非简并定态波函数可以取为实函数。

2.2.2 时间反演变换应用(Ⅱ)：$\mathrm{K}^0-\overline{\mathrm{K}}^0$ 问题

$\mathrm{K}^0-\overline{\mathrm{K}}^0$ 问题[16]。此问题与时间反演对称破缺密切相关。K^0，$\overline{\mathrm{K}}^0$ 是奇异中性 K 介子的正反粒子，它们通过强作用产生。强作用中奇异数 s 和同位旋第三分量 I_3 守恒，它们这两个守恒量子数不同（s 分别为 +1，−1，$I_3 = -1/2, 1/2$）。因此可以认为它

[15] 张永德．量子力学（第四版）．北京：科学出版社，2016，附录六；张永德．大学物理，1996，15(1)：9；量子场时间反演变换见 Zhang Y D, Ma L. Commun. Theor. Phys.，1997，27：87.

[16] 时间反演破缺问题详细讨论见李政道．场论与粒子物理学（上）．北京：科学出版社，1982，第 12～15 章。

们是两个独立模，是中性 K 介子的强作用和电磁作用的本征态。然而它们在空间传播时有衰变，彼此通过发射和吸收虚 π 介子实现相互转化。即使初始时刻为纯的 K^0 态，在后来 t 时刻也会成为 K^0 和 $\overline{K}^0$ 的叠加态。于是可以通过它们构造 T 的本征值为 ± 1 的本征态

$$\begin{cases} |K_1^0\rangle = \dfrac{1}{\sqrt{2}}(|K^0\rangle + |\overline{K}^0\rangle), (T=+1) \\ |K_1^0\rangle \to 2\pi \end{cases};\quad \begin{cases} |K_2^0\rangle = \dfrac{1}{\sqrt{2}}(|K^0\rangle - |\overline{K}^0\rangle), (T=-1) \\ |K_2^0\rangle \to 3\pi, \pi e\nu \end{cases} \tag{2.71}$$

这里两者衰变方式是依据 T 反演不破缺。由于末态为 2π 的相空间因子很大于 3π，$\pi e\nu$，… 的，所以 $|K_2^0\rangle$ 寿命一定长于 $|K_1^0\rangle$ 寿命。假如在中性 K 介子衰变中 T 不破缺，这些分解和衰变都将严格成立。但事实是，此衰变振荡过程中 T 反演有破缺，因此实际过程中存在的短寿命和长寿命态 $|K_S^0\rangle$、$|K_L^0\rangle$ 并不精确等于上面构造的 T 的严格本征态 $|K_1^0\rangle$、$|K_2^0\rangle$。实验发现，长寿命 $|K_L^0\rangle$ 也能衰变为 $\pi^+\pi^-$，这就证实了衰变中 T 反演有破缺。实验确定，不守恒量为一小量

$$\eta_{+-} = \left|\frac{Amp\,(K_L^0 \to \pi^+\pi^-)}{Amp\,(K_S^0 \to \pi^+\pi^-)}\right| = 2.17 \times 10^{-3} \tag{2.72}$$

2.2.3　时间反演变换应用(Ⅲ)：中子电偶极矩问题

命题　若中子系统是时间反演不变的，必定不存在电偶极矩。

反证法： 设中子有电偶极矩，即对自由中子态 $|n\rangle$ 有

$$\langle n | e\boldsymbol{r} | n\rangle \neq 0$$

则此 $|n\rangle$ 态必定不是宇称的本征态。因为如果是本征态，则有

$$\begin{aligned}\langle n | e\boldsymbol{r} | n\rangle &= \langle n | p \cdot perp \cdot p | n\rangle = -\langle n | p \cdot e\boldsymbol{r} \cdot p | n\rangle \\ &= (-1)^{3\text{或}1}\langle n | e\boldsymbol{r} | n\rangle = -\langle n | e\boldsymbol{r} | n\rangle\end{aligned} \tag{2.73}$$

这导致 $\langle n | e\boldsymbol{r} | n\rangle = 0$，与假定不符。由此，可按宇称本征态将其展开

$$|n\rangle = |+\rangle + |-\rangle \tag{2.74}$$

这里 $p|+\rangle = |+\rangle$，$p|-\rangle = -|-\rangle$，而且和 $|n\rangle$ 同属一本征值，即

$$H\{|n\rangle, |+\rangle, |-\rangle\} = E\{|n\rangle, |+\rangle, |-\rangle\} \tag{2.75}$$

按文献⑰，设 $\boldsymbol{d}$ 为中子电偶极矩算符，则在时空变换下，$\boldsymbol{d}$ 的变换性质和 $e\boldsymbol{r}$ 一样，所以，①在空间旋转下，$\boldsymbol{d}$ 表现为矢量；②在空间反演下，$\boldsymbol{d} \to -\boldsymbol{d}$；③在时间反演下，$\boldsymbol{d} \to \boldsymbol{d}$。

中子有一固定的自旋 $\boldsymbol{S}_n$，$s_n = \dfrac{1}{2}$，$m_s = \pm\dfrac{1}{2}$。它的态 $|n\rangle$ 是 $\boldsymbol{S}_n$ 的本征态。由于

---

⑰ 黄克逊. 粒子物理讲义. 159 页；亦见：依捷克森. 量子场论(上). 北京：科学出版社，1987：215.

这个 $|n\rangle$ 态只有一个矢量算符 $\boldsymbol{J} \sim \boldsymbol{S}_n$，所以 $\boldsymbol{d}$ 的期望值必为

$$\langle n \mid \boldsymbol{d} \mid n\rangle = \lambda\langle n \mid \boldsymbol{S}_n \mid n\rangle \tag{2.76}$$

λ 为某个实数(可为零)。**若时间反演不变,可推出 $\boldsymbol{\lambda=0}$。**因为由上式

$$\langle n \mid T^{-1}(T\boldsymbol{d}T^{-1})T \mid n\rangle = \lambda\langle n \mid T^{-1}(T\boldsymbol{S}_nT^{-1})T \mid n\rangle \tag{2.77}$$

可是已知：$T\boldsymbol{d}T^{-1} = \boldsymbol{d}, T\boldsymbol{S}_nT^{-1} = -\boldsymbol{S}_n$，即得时间反演下的等式

$$\langle n^{(T)} \mid \boldsymbol{d} \mid n^{(T)}\rangle = -\lambda\langle n^{(T)} \mid \boldsymbol{S}_n \mid n^{(T)}\rangle \tag{2.78}$$

这里 $|n^{(T)}\rangle \equiv T|n\rangle$。取坐标表象,若 $|n\rangle$ 在 T 反演下不破缺,即保持正常的反演对物理量的改变(并非不变!),则此态矢变换式应当可以写为

$$|n^{(T)}\rangle = T\mid \boldsymbol{x},s,m_s\rangle = (-1)^{s-m_s}\mid \boldsymbol{x},s,-m_s\rangle \tag{2.79}$$

设想将此式在自旋空间中绕 y 轴转 π 角。右边态矢经转动后 $-m_s \rightarrow m_s$，同时出一相同相因子,结合原相因子平方而为 1。于是右边态矢在此转动后还原为 $|n\rangle$。将结果代入时间反演等式,注意 $\boldsymbol{d}$ 、$\boldsymbol{S}_n$ 均按矢量变化,相同转动并不影响等式成立,即从该式得到期望值的另一等式

$$\langle n \mid \boldsymbol{d} \mid n\rangle = -\lambda\langle n \mid \boldsymbol{S}_n \mid n\rangle \tag{2.80}$$

将这两个期望值等式相比较,即得 $\lambda = 0$。 证毕。

如果 T 反演操作在 $|n\rangle$ 中破缺,则 $|n\rangle$ 中还应有其他的(不同于这里的)变化成分。**由于 $\boldsymbol{\lambda}$ 来源于 CP 不守恒,这个不守恒又发源于弱作用或是比弱作用更弱的作用,故 $\boldsymbol{\lambda}$ 应很小。一旦实验检验出 $\boldsymbol{\lambda\neq0}$,将提供第二个时间反演破坏的例证。**

习题 2.18 中子有电偶极矩 $\boldsymbol{d}$ 就意味着时间反演破缺?

2.3 全同粒子系统的置换对称性

2.3.1 微观粒子全同性原理

内禀属性完全相同的微观粒子称为全同粒子。当然,它们所处动力学状态可以不同。全部实验结果表明,**如果系统中两个全同粒子存在量子纠缠,原理上它们完全不能由实验来区分谁是谁。全同粒子这种置换对称性陈述为"全同性原理":**

由于微观粒子具有波动性,系统中的全同粒子因实验表现相同而物理上无法分辨。就是说,设想交换系统中任意两个全同粒子所处的地位,将不会表现出任何可以观察的物理效应。表明系统中全同微观粒子间存在置换对称性,导致实验中的交换效应。于是,原理上不能像 Dirac 所说:两个不同的光子不会出现干涉[18]。

事实上,**由于全同粒子系统中各粒子的编号都是人为主观强加的,既然按全同性原理各个全同粒子在"原理上"彼此不能区分,那么对它们所做的任何编号及顺序改**

---

[18] Dirac P. A. M,量子力学原理,北京:科学出版社. 1965,p. 9.

变当然不会导致可观察的物理效应。因此，**全部实验观测结果必须对编号置换为对称的！**

回顾第 1 章中曾说过，**量子系统可观测量只有两类：力学量数值和取力学量数值的概率，于是得出结论：**

全同粒子系统的全部力学量算符和全部可观察概率，对于全同粒子编号的任意置换是对称的。

既然系统总波函数的模平方必定是对称函数，那么简单推理即知[19]，**全同粒子系统所有可能的总波函数相对于任意两粒子置换，必定要么是全对称的，要么是全反对称的：**

$$\boxed{\psi(\boldsymbol{r}_1,\cdots,\boldsymbol{r}_j,\cdots,\boldsymbol{r}_k,\cdots,\boldsymbol{r}_N)=\pm\psi(\boldsymbol{r}_1,\cdots,\boldsymbol{r}_k,\cdots,\boldsymbol{r}_j,\cdots,\boldsymbol{r}_N),\quad \forall j,k} \tag{2.81}$$

总而言之，从全同性原理立即得到全同粒子系统有如下两条重要结论：

(1)系统全部可观察量算符对于粒子编号置换是对称的；

(2)系统的总波函数(不计平庸的直积态情况)对于粒子编号置换，要么是全对称的纠缠态，要么是全反对称的纠缠态。

若令 P 为任意两个全同粒子之间的置换算符，这两条就表示为

$$\boxed{P\Omega P^{-1}=\Omega;\quad P\Psi=\pm\Psi} \tag{2.82}$$

系统总波函数不可能对部分粒子置换对称、对另一部分粒子置换反对称[20]。只有涉及部分自由度的部分波函数可以出现中间类型的状态。

什么样的全同粒子系统有怎样的波函数呢？有 **Pauli 定理**[21]：

全同的整数自旋 Boson 系统，波函数对于粒子编号置换必定是对称的，遵从 Bose-Einstein 统计，应当按照对易规则进行量子化；全同的半整数自旋 Fermion 系统，波函数对于粒子编号置换必定是反对称的，遵从 Fermi-Dirac 统计，应当按照反对易规则量子化。

按上面脚注文献得知，定理证明的依据是 Lorentz 变换不变性以及相对论性定域因果律[22]这两个最一般的考虑。

由此立即导出 **Pauli 不相容原理：组成一个系统的两个全同 Fermion 不能处于相**

---

[19] 推理参见，比如，张永德. 量子力学(第四版). 北京：科学出版社，2016.

[20] 这就是为什么 Pauli 说："量子力学产生的态比自然界实际出现的态要多，是一件令人迷惑的事。"Pauli W. General Prinichple of Quantum Mechanics. 1925：119。

[21] 定理证明见张永德. 量子莱根谭(第Ⅲ版). 北京：清华大学出版社，2015，第 18 讲；也见阿希叶泽尔 A И，别列斯捷茨基 B Б. 量子电动力学. 北京：科学出版社，1964：184.

Fermi 统计由 Fermi 于 1926 年针对电子提出，Dirac 阐明(1926)了它与量子力学的关系；Bose 统计由 Bose 针对光量子提出的，被 Einstein(1924)推广。

[22] 相对论性定域因果律表述见张永德，量子莱根谭(第Ⅲ版)，北京：清华大学出版社，第 26 讲。也见本书第 12 章。

同状态上。因为这时反称化使系统总波函数为零。

全同性原理的物理根源是微观粒子所具有的波粒二象性,特别是它们的波动性。对单个微观粒子,这种波动性导致正则共轭量对的不确定性关系、轨道概念失效以及 de Broglie 波波包在演化中弥散重叠;对两个或多个全同微观粒子,除非在实验区域存在守恒而相异的量子数可供鉴别,并且测量时不破坏这类守恒量子数,否则肯定无法分辨测量坍缩中所得粒子谁是谁。注意,即使有守恒量子数可供鉴别,若它们为最终测量所不容,也会导致无法鉴别粒子谁是谁。因此,微观世界里的全同粒子,一旦它们波包有重叠而又没有守恒的内禀量子数可供鉴别,波动性使它们失去"个性"和"可分辨性",与此同时,出现交换效应㉓。

对复合粒子情况,统计性质由该复合粒子中所含 Fermion 的奇偶数确定。比如,由质子和中子组成的原子核复合系统,含偶数个核子的核为 Boson;含奇数个核子的核为 Fermion。例如,说某个复合粒子是 Fermion,含意是大量此种复合粒子在一起将遵循 F-D 统计,会出现不相容现象,这种粒子概率幅场要用反对易子规则量子化。

总之,全同性原理不仅是非相对论量子力学第五公设,更是微观世界的普遍规律,贯穿并适用于全部 QT。它导致的交换效应是一种由于波函数对称或反对称量子纠缠造成的可观察的纯量子效应,并且构筑了量子统计的基本规律(详见附录 A 第 Ⅲ 节)。

伴随着量子纠缠相干性的逐渐消退,全同性原理的量子交换作用也就逐渐消失,逐步向非相干的可分辨的宏观经典系统过渡。

2.3.2 全同粒子系统的一般状态

1. 全同 Fermion 系统

任选单个 Fermion 定态的一组正交归一基 $\{|\psi_i(\xi)\rangle, \forall\xi\}$,$\xi$ 为一组完全力学量变数。于是 N 个全同 Fermion 系统的基本反对称态为

$$
\begin{aligned}
&|\psi^A_{n_1,n_2,\cdots,n_N}(\xi_1,\xi_2,\cdots,\xi_N)\rangle \\
&\quad = \frac{1}{\sqrt{N!}}\sum_P (-1)^{[P]} P\,|\psi_{n_1}(\xi_1)\rangle\,|\psi_{n_2}(\xi_2)\rangle\cdots|\psi_{n_N}(\xi_N)\rangle \\
&\quad \equiv A\,|\psi_{n_1}(\xi_1)\psi_{n_2}(\xi_2)\cdots\psi_{n_N}(\xi_N)\rangle
\end{aligned}
\tag{2.83}
$$

这里 $A\equiv\frac{1}{\sqrt{N!}}\sum\limits_P(-1)^{[P]}P$ 为**反称化算符**,P 代表对 N 个粒子编号进行某种置换,$[P]$ 是置换 P 相对于某种指定的基本序列而言置换次数的奇偶性(于是,由于基本序列选取的任意性,Fermion 系统全部状态 $|\psi^A_{n_1,n_2,\cdots,n_N}\rangle$ 都有 ± 号的不确定性),求和对所有可能的置换进行(同构于 N 个数排列的置换群)。由单体态按反称方式

㉓ 原理在实验测量中的应用,详见张永德. 量子力学(第四版). 北京:科学出版社,2016,6.3 节.

组合成的系统的反对称态共计 $N!$ 项。称 $\{n_1,n_2,\cdots,n_N,\cdots\}\equiv\{n_k\}$ ($\sum_{k=1} n_k = N$) 为占有数分布,而占有数 n_k 的脚标为态的编号。注意这里已将 N 个粒子占据固定数目 M 个态,改变为 N 个粒子占据不定数目态(假设态数目足够多, N 个粒子只占据全部态中一部分)。现在,n_k 取零或 1。普遍反对称态可以表示为这些基本反对称态的复系数线性叠加

$$|\psi^A(\xi_1,\xi_2,\cdots,\xi_N)\rangle = \sum_{\{n_k\};\sum_k n_k = N} C(\{n_k\})|\psi^A_{\{n_k\}}(\xi_1,\xi_2,\cdots,\xi_N)\rangle \tag{2.84}$$

式(2.83)表明一个重要特点:**只有当占有数分布 $\{n_k\}$ 中非零占有数的全部脚标彼此都不同时,$|\psi^A_{\{n_k\}}\rangle$ 才不为零。** 即 Fermion 系统中不可能有两个或多个全同粒子同时处于同一状态,这体现了 **Pauli 不相容原理**。

2. 全同 Boson 系统

与 Fermion 系统不同,Boson 系统由对称波函数所描述,同一个单粒子态上可以被不止一个粒子占据,即**占有数分布** $\{n_k\}$ 中有些数大于 1。一个特殊的基本对称态可表为

$$\begin{aligned}|\psi^S_{n_1,n_2,\cdots}(\xi_1,\xi_2,\cdots,\xi_N)\rangle &= \frac{1}{\sqrt{N!n_1!\cdots n_k!}}\sum_P P\,|\psi_{P_1}(\xi_1)\rangle|\psi_{P_2}(\xi_2)\rangle\cdots|\psi_{P_N}(\xi_N)\rangle \\ &= \sqrt{\frac{n_1!n_2!\cdots n_k!}{N!}}\sum_{P'} P'\,|\psi_{P_1}(\xi_1)\rangle|\psi_{P_2}(\xi_2)\rangle\cdots|\psi_{P_N}(\xi_N)\rangle\end{aligned} \tag{2.85}$$

这里,$P_1,\cdots,P_N$ 分别为 $1,\cdots,N$ 号粒子所占据的单粒子态的编号,它们之中有相同的。第一个求和式中的 P 是对 N 个粒子编号的置换;第二个求和式中的 P' 是对不同的下标 P_n 置换(排除相同下标间的置换,故归一化因子不同)。比如,第一个和式共有 $N!$ 项,第二和式则有 $N!/(n_1!n_2!\cdots)$ 项。令 $S\equiv\frac{1}{\sqrt{N!}}\sum_P P$ 为**对称化算符**,则

$$|\psi^S_{n_1,n_2,\cdots}(\xi_1,\xi_2,\cdots,\xi_N)\rangle = \frac{1}{\sqrt{n_1!\cdots n_k!}} S\,|\psi_{P_1}(\xi_1)\rangle|\psi_{P_2}(\xi_2)\rangle\cdots|\psi_{P_N}(\xi_N)\rangle \tag{2.86}$$

这里记 n_1 为 1 号态上占据的粒子数,n_2 为 2 号态上所占据的粒子数等($n_1+n_2+\cdots+n_k=N$) 。注意,$|\psi^S_{n_1n_2}(\xi_1,\cdots,\xi_n)\rangle$ 对 ξ_i 之间置换对称,但各个 n_i 间置换不一定对称,因为各个 n_i 不一定相等。

普遍对称态可以表示为上面基本对称态的复系数线性叠加

$$|\psi^S(\xi_1,\xi_2,\cdots,\xi_N)\rangle = \sum_{\{n_k\},\sum n_i = N} C(\{n_k\})|\psi^S_{n_1,n_2,\cdots}(\xi_1,\xi_2,\cdots,\xi_N)\rangle \tag{2.87}$$

习题 2.19 Be^8 处在什么样的状态下才可以衰变成两个 α 粒子?

2.3.3 全同粒子系统的交换作用

两个电子系统的总波函数对两粒子交换为反对称的:因此,若交换坐标是对称的,交换自旋就必定是反称的;反之亦然。这里,**自旋重要性主要不在于它对电子运动的小的相对论性效应(如旋-轨耦合),而在于它带来独立态数目加倍这件事。这一事实结合 Pauli 不相容原理会带来重大影响。**于是,若忽略这些小效应,系统 Hamilton 量就可以分解为空间部分与自旋部分之和。这样,从系统总波函数中可以分离出自旋变量,从而自旋波函数就可以按耦合基展开,成为反称组合(总自旋为 0)或对称组合(总自旋为 1),如下:

$$\begin{cases}|\chi_0^0\rangle=\dfrac{1}{\sqrt{2}}\left\{\left|\dfrac{1}{2},-\dfrac{1}{2}\right\rangle-\left|-\dfrac{1}{2},\dfrac{1}{2}\right\rangle\right\}\\ |\chi_1^1\rangle=\left|\dfrac{1}{2},\dfrac{1}{2}\right\rangle,\ |\chi_0^1\rangle=\dfrac{1}{\sqrt{2}}\left\{\left|\dfrac{1}{2},-\dfrac{1}{2}\right\rangle+\left|-\dfrac{1}{2},\dfrac{1}{2}\right\rangle\right\},\left|\chi_{-1}^1\right\rangle=\left|-\dfrac{1}{2},-\dfrac{1}{2}\right\rangle\end{cases}\tag{2.88}$$

鉴于双粒子置换等价于对连线中点的空间反演,而空间波函数的角向部分$Y_{lm}(\theta\varphi)$在空间反演时出$(-1)^l$因子。于是可知,前者对应空间波函数必为对称的;后者对应空间波函数必为反对称的。或者一般地说,**全同双 Fermion 系统,与其自旋单重态相应的轨道量子数必为偶(包括 0),与自旋三重态相应的轨道量子数必为奇。**举例:H_2 基态(S 态)双电子的 l 为零,相应的自旋态必为单重态,所以总角动量为零。还比如 p-p 双质子系统,不可能有奇 l 的单重态以及偶 l 的三重态。可是氘核(p-n 系统)不是全同粒子系统,不受此处分析的限制。

设每个粒子自旋 s,系统总自旋 S。给以人为编号 $s_1,m_{s_1};s_2,m_{s_2}$。一方面,按角动量耦合基矢的置换公式(2.57a),并注意习题 2.13,有

$$\boxed{|s_1s_2SM\rangle==(-1)^{s_1+s_2-S}\,|s_2s_1SM\rangle}\tag{2.89}$$

交换两全同粒子将使系统自旋波函数多出因子$(-1)^{2s-S}$。另一方面,根据 Pauli 定理,**全同双粒子系统总波函数在交换时应出$(-1)^{2s}$。组合这两个方面就得到:全同粒子系统空间波函数的对称性只和总自旋 S 有关,由$(-1)^S$决定:S 为偶数时,空间坐标波函数是对称的,即 l 为偶数;S 为奇数时,空间坐标波函数为反称的,l 为奇数。**结论是,**无论双 Boson 或双 Fermion 组成的全同粒子系统,总自旋 S 和轨道角动量量子数 l 均满足:$S+l$=偶数,l 与 S 的奇偶性相同。**

下面仔细考虑交换作用:

(1)由上面叙述可知,**全同性原理导致对状态对称性的限制,这种状态限制又与自旋取向有单一对应关系。这等于说,自旋(对双粒子系统为总自旋;多粒子系统还应包括单粒子自旋)对可实现的状态有很大影响。显然,这也必定影响能量本征值。于是,即使系统 Hamilton 量中不考虑自旋效应,全同粒子系统(如多电子系统)的允**

许能量也仍然依赖于系统总自旋。这种能量与自旋的依赖关系，可以等效地视为粒子间有一种“交换作用”的结果。这种作用根源于全同性原理和自旋，所以是一种纯量子效应。注意，这种交换作用要比自旋-磁矩耦合作用大得多，而且似乎不能归属于自然界中(交换虚粒子造成的有待统一的那几种)基本相互作用[24]**。**

(2)交换两个粒子包括交换它们的空间坐标和自旋坐标，所以两个粒子的“**交换(替换)算符 $\boldsymbol{P}$**”定义为(现在对两个全同粒子，仍保留式(2.56)广义交换算符 P 记号)

$$P = P_x P_s \tag{2.90}$$

这里，**$\boldsymbol{P}_x$ 是粒子坐标替换算符，$\boldsymbol{P}_s$ 是粒子自旋替换算符。**已知 $s = 1/2$ 粒子的自旋替换算符 P_s 为

$$P_s = \frac{1}{2}(1 + \boldsymbol{\sigma}_1 \cdot \boldsymbol{\sigma}_2) \tag{2.91}$$

显然 $P_S^2 = 1$。由于 P 本征值为 -1，所以 $P_x = -(P_s)^{-1} = -P_s$。

习题 2.20 证明：对两个 $s = 1/2$ 粒子，$P_s = (1 + \boldsymbol{\sigma}_1 \cdot \boldsymbol{\sigma}_2)/2$，且本征值为 ± 1。

利用自旋替换算符 $\boldsymbol{P}$，可以简明地表示“交换作用”，并将其加入系统 Hamilton 量中。下面区分三种情况详细阐述。

(3)**双电子系统的交换作用。**不考虑电子间与自旋有关的作用，只考虑它们之间静电斥力，并视作微扰 $V = V(|\boldsymbol{r}_2 - \boldsymbol{r}_1|)$。下面将看到，“交换作用”会以与自旋有关的方式表现出来。设两电子分别处于 $\varphi_1(\boldsymbol{r})$ 和 $\varphi_2(\boldsymbol{r})$，按全同性原理要求，将它们对称化和反称化

$$\varphi(\boldsymbol{r}_1, \boldsymbol{r}_2) = \frac{1}{\sqrt{2}}[\varphi_1(\boldsymbol{r}_1)\varphi_2(\boldsymbol{r}_2) \pm \varphi_1(\boldsymbol{r}_2)\varphi_2(\boldsymbol{r}_1)] \tag{2.92}$$

分别对应总自旋 $S = 0$ 和 $S = 1$。于是 $V(|\boldsymbol{r}_2 - \boldsymbol{r}_1|)$ 在这两种态中的平均值为

$$\begin{aligned}\langle\varphi | V | \varphi\rangle &= \frac{1}{2}\langle\varphi_1(\boldsymbol{r}_1)\varphi_2(\boldsymbol{r}_2) \pm \varphi_1(\boldsymbol{r}_2)\varphi_2(\boldsymbol{r}_1) | V | \varphi_1(\boldsymbol{r}_1)\varphi_2(\boldsymbol{r}_2) \pm \varphi_1(\boldsymbol{r}_2)\varphi_2(\boldsymbol{r}_1)\rangle \\ &= \langle\varphi_1(\boldsymbol{r}_1)\varphi_2(\boldsymbol{r}_2) | V | \varphi_1(\boldsymbol{r}_1)\varphi_2(\boldsymbol{r}_2)\rangle \pm \langle\varphi_1(\boldsymbol{r}_2)\varphi_2(\boldsymbol{r}_1) | V | \varphi_1(\boldsymbol{r}_1)\varphi_2(\boldsymbol{r}_2)\rangle\end{aligned}$$

这里已经利用了交换中间两项积分中的 $\boldsymbol{r}_1, \boldsymbol{r}_2$，由于 V 对此交换是对称的，可知它们分别等于头尾两项。于是，

$$\boxed{\langle\varphi | V | \varphi\rangle = \int V |\varphi_1(\boldsymbol{r}_1)|^2 |\varphi_2(\boldsymbol{r}_2)|^2 \mathrm{d}\boldsymbol{r}_1 \mathrm{d}\boldsymbol{r}_2 \pm \int V \varphi_1^*(\boldsymbol{r}_2)\varphi_2^*(\boldsymbol{r}_1)\varphi_1(\boldsymbol{r}_1)\varphi_2(\boldsymbol{r}_2)\mathrm{d}\boldsymbol{r}_1 \mathrm{d}\boldsymbol{r}_2 \equiv A \pm J} \tag{2.93}$$

思考题 2.21 这里推导交换作用式(2.93)为什么只用 V，而不用 $H = T + V$？

这里，**$\boldsymbol{A}$ 为直接积分**，这就是电子云之间简单的静电 Coulomb 排斥能，并非交换引起，只引起能级上移；**$\boldsymbol{J}$ 为交换积分**，体现交换作用，积分数值及符号与对称还是反对

---

[24] Pauli W. 波动力学. 北京：人民教育出版社，1982；也见正文下面叙述.

称化以及 $\varphi_1(\boldsymbol{r}_1),\varphi_2(\boldsymbol{r}_2)$ 重叠程度有关。两个电子若分属不同原子，当原子间距 R 增大时，交换积分指数衰减，$J\sim \mathrm{e}^{-(k_1+k_2)R}$，$k_i=\frac{1}{\hbar}(2m|E_i|)^{1/2}$，$E_i$ 为这两个原子中电子的能级。**能级的交换分裂为(注意 $J>0$)**

$$\Delta E(S=0)=A+J-A=J,\quad \Delta E(S=1)=A-J-A=-J \tag{2.94}$$

自旋单态($S=0$)能级高于自旋三重态($S=1$)能级。物理原因并非自旋的直接作用，而是 Pauli 不相容原理导致的自旋取向与静电作用的耦合。直观地说，自旋波函数对称的两块电子云，因空间波函数反对称而相互远离，这使静电排斥能下降。能级交换分裂与总自旋相对应，使得可以用自旋交换算符来计算能级交换分裂。即将这两个值 $\Delta E_0,\Delta E_1$ 归属为下面自旋交换算符 V_E 的本征值

$$\boxed{V_E\equiv -JP_s=-\frac{1}{2}J(1+4\boldsymbol{s}_1\cdot\boldsymbol{s}_2)} \tag{2.95}$$

这里，$4\boldsymbol{s}_1\cdot\boldsymbol{s}_2=2(S^2-s_1^2-s_2^2)=-3(S=0),1(S=1)$。这样，基于“交换作用”与自旋的单一对应，使算符 $V(|\boldsymbol{r}_2-\boldsymbol{r}_1|)$ 的作用等效转换为算符 V_E 的作用。

(4)**三电子系统的交换作用**[25]。

定义　多体交换算符为

$$\boxed{V_E=-\frac{1}{2}\sum_{i<j}J_{ij}(1+4\boldsymbol{s}_i\cdot\boldsymbol{s}_j)=-\sum_{i<j}J_{ij}P_{ij}^{(S)}} \tag{2.96}$$

注意三个电子的状态可能不同，所以 J_{ij} 彼此可能不相等。此时

$\boldsymbol{S}_1+\boldsymbol{S}_2+\boldsymbol{S}_3=(\boldsymbol{S}_{12})+\boldsymbol{S}_3\to\overrightarrow{(1,0)}+\overrightarrow{1/2}$。共计 8 个无耦合基（$M_S=\sum_{i=1}^{3}m_{Si}$）：

$M_S=3/2$：$|1/2,1/2,1/2\rangle$；　$M_S=-3/2$：$|-1/2,-1/2,-1/2\rangle$

$M_S=1/2$：$|-1/2,1/2,1/2\rangle$，$|1/2,-1/2,1/2\rangle$，$|1/2,1/2,-1/2\rangle$

$M_S=-1/2$：$|1/2,-1/2,-1/2\rangle$，$|-1/2,1/2,-1/2\rangle$，$|-1/2,-1/2,1/2\rangle$

V_E 性质决定此 8 维矩阵是既约的：自旋交换不改变量子数 M_S，不同 M_S 间的矩阵元为零。加之 $-M_S$ 矩阵元 $=+M_S$ 矩阵元，故简并成为

$$1\oplus 1\oplus 3\oplus 3\to 2\times(1\oplus 3)$$

现在只需考虑 M_S 取正值的 $1\oplus 3$ 简并。由于已知 $\Delta E_{3/2}=-(J_{12}+J_{13}+J_{23})$，于是剩下的只是一个 3 重简并微扰论问题。可用久期方程求其能级的分裂。用 P_s 算符来计算矩阵元(比用 $\boldsymbol{S}_i\cdot\boldsymbol{S}_j$)更为方便，因为只需交换态中自旋量子数。相关矩阵元为（$V_E=-J_{12}P_{12}-J_{13}P_{13}-J_{23}P_{23}$）

$$\left\langle -\frac{1}{2},\frac{1}{2},\frac{1}{2}\middle|V_E\middle|-\frac{1}{2},\frac{1}{2},\frac{1}{2}\right\rangle=-J_{23},\left\langle \frac{1}{2},-\frac{1}{2},\frac{1}{2}\middle|V_E\middle|\frac{1}{2},-\frac{1}{2},\frac{1}{2}\right\rangle=-J_{13}\text{等。}$$

---

[25] 朗道 Л Д，栗弗席茨 E M. 量子力学(上). 北京：高等教育出版社，1983，280 页例题 1.

求得三阶久期方程为(已从行列式中抽出负号)

$$\begin{vmatrix} J_{23}+\Delta E & J_{12} & J_{13} \\ J_{12} & J_{13}+\Delta E & J_{23} \\ J_{13} & J_{23} & J_{12}+\Delta E \end{vmatrix} = 0$$

将 $\Delta E_{3/2}$ 代入即知它是一个根,所以用因子 $(\Delta E - \Delta E_{3/2})$ 去除这个 3 阶代数方程,将其降为 2 阶,即易求出另两个根($s = 1/2$ 态两个能级)

$$\boxed{\Delta E_{1/2} = \pm\sqrt{J_{12}^2 + J_{13}^2 + J_{23}^2 - J_{12}J_{13} - J_{12}J_{23} - J_{13}J_{23}}, \quad \Delta E_{3/2} = -J_{12} - J_{13} - J_{23}} \tag{2.97}$$

总共分裂为三个能级(简并度分别为 4,2,2,简并部分解除)。

(5)**N 个电子系统的交换作用。**现在考虑多电子自旋角动量叠加(轨道角动量影响已计入 J_{ij} 中)的状态数,**即由不同组合方式合成总自旋态 $|SM_S\rangle$ 的组合数。因为,如果 N 个电子所处状态不同,则不同组合的状态数目也就是用交换算符式(2.96)求得的能级数目。**

设 N 为偶数,设给定总自旋投影分量 M_S 数值的电子不同组合数为 $f(M_S)$(也称为"给定 M_S 的不同能级数")。假设能给出这个 M_S 值(设 >0)的朝上取向电子数为 $p(M_S)$。由此朝下有 $(N - p(M_S))$ 个,合成为

$$M_S = \frac{1}{2}p(M_S) + \left(-\frac{1}{2}\right)(N - p(M_S)) \longrightarrow p(M_S) = \left(\frac{1}{2}N + M_S\right)$$

于是,能合成为 M_S 的不同组合数 $f(M_S)$ 为

$$f(M_S) = \frac{N!}{p(M_S)!\,(N - p(M_S))!} = \frac{N!}{\left(\frac{1}{2}N + M_S\right)!\left(\frac{1}{2}N - M_S\right)!} \tag{2.98}$$

总自旋取值范围为 $\left[0,1,\cdots,S,\cdots,\frac{N}{2}\right]$。记给定 S 的不同组合数(即具有给定 S 的"不同能级数")为 $n(S)$,可证 $n(S) = f(S) - f(S+1)$。因为 $f(S)$ 中虽然不包括比 S 值小的自旋角动量各级投影分量的贡献(它们所有分量值都小于 S,不在 $f(S)$ 计算范围内),但包含了自旋为 S(投影分量最大 $M_S = S$)的贡献,特别是包含了更大自旋 $S+1$ 中投影分量 $M_{S+1} = S$ 的贡献(以及一直到最大自旋 $S = \frac{N}{2}$ 中 $M_{N/2} = S$ 的贡献)。后面这些贡献是对总投影分量为 S 的态数目的贡献,但也都是对总自旋大于 S 的态数目的贡献,共计为 $f(S+1)$,减除它们即可。于是得到

$$n(S) = \sum_{\{M_S\}}(|SM_S\rangle) = f(S) - f(S+1) = \frac{(2S+1)N!}{\left(\frac{1}{2}N + S + 1\right)!\left(\frac{1}{2}N - S\right)!} \tag{2.99}$$

求和对总自旋为 S 的不同组合进行。于是，全部能级总数是对它求和

$$n=\sum_{S}n(S)=f(0)=N!\Big/\left\{\left(\frac{1}{2}N\right)!\right\}^{2}\tag{2.100a}$$

对 N 为奇数同样推理，即得结果

$$n=\sum_{S}n(S)=f\left(\frac{1}{2}\right)=N!\Big/\left(\frac{1}{2}N+\frac{1}{2}\right)!\left(\frac{1}{2}N-\frac{1}{2}\right)!\tag{2.100b}$$

可以验证，对 3 电子系统，分裂为 3 条能级，正如式(2.97)那样。

2.3.4　置换群，Yang 图与 Yang 盘[26]

设有依次排列的 n 个物体，经过次序置换成为新排列，对应为

$$\begin{pmatrix}1 & 2 & \cdots & n\\ a_1 & a_2 & \cdots & a_n\end{pmatrix}$$

显然，置换操作共有三种：相邻两个物体间对换、不相邻两个物体间对换、三个或多个物体间轮换。依群的定义，所有置换的全体构成群，称为置换群 S_n。置换群是有限群。实际上，所有次序置换都可以分解为相邻对换的乘积，所以 $(n-1)$ 个相邻对换称为置换群 S_n 的生成元

$$\{g_{i,i+1};i=1,2,\cdots,n-1\}\tag{2.101}$$

自然数 n 有各种配分分解(不包括分解为负数)，比如

$$[\lambda]\equiv[\lambda_1,\lambda_2,\cdots,\lambda_n],\quad \lambda_1\geqslant\lambda_2\geqslant\cdots\geqslant\lambda_n\geqslant 1,\quad \sum_{i=1}^{n}\lambda_i=n\tag{2.102}$$

描述每一种配分数的方块拼图称“**Yang 图**”，如

$n=7:[5,2,0,0,0,0,0]$　□□□□□
□□　；　$n=7:[4,2,1,0,0,0,0]$　□□□□
□□
□

可以证明[27]，**置换群 S_n 的不等价不可约表示数目等于将 n 划分成不同配分的数目**。将 $(1,2,\cdots,n)$ 个数依照自上而下和自左而右都是增加的方式填入 S_n 的 Yang 图中，就称为“**Yang 盘 $Y_m^{[\lambda]}$**”。这里 m 是 Yang 盘的编号。例如，S_5 的一个 Yang 盘就为

1	3	4
2	5	

。将最大数 n 方块除去即为 S_n 所含的 S_{n-1} 的不可约表示。例如，S_5 的这个 Yang 盘就对应

---

[26] 有关书籍文献很多。Robinson G de B. Representation Theory of the Symmetric Group. Edingburgh Press，1961；陈金全. 群表示论的新途径. 上海：上海科学技术出版社，1984；贝依曼 B F. 群论及其在核谱学中的应用. 石生明译. 上海：上海科学技术出版社，1964；马中骐. 物理学中的群论. 北京：科学出版社，1998.

[27] Robinson G de B. Representation Theory of the Symmetric Group. Edingburgh Press，1961.

$$\begin{array}{ccccccccc} \boxed{1}\boxed{3}\boxed{4} & & \boxed{1}\boxed{3}\boxed{4} & & \boxed{1}\boxed{3} & & \boxed{1} & & \\ & \rightarrow & & \rightarrow & & \rightarrow & & \rightarrow & \boxed{1} \\ \boxed{2}\boxed{5} & & \boxed{2} & & \boxed{2} & & \boxed{2} & & \\ [32] & & [31] & & [21] & & [11] & & [1] \end{array}$$

下面一行是相应的配分。它们提供了 S_5 的这个 Yang 盘的**标准基**$\{|\boldsymbol{Y}_m^{[\lambda]}\rangle\}$。对应每一种配分 $[\lambda]$，置换群的表示记为$U^{[\lambda]}$。**下面约定，Yang 盘中每一行内关于格子中的粒子交换是对称的，而每列则是反对称的。**

2.3.5　Yang 图基本表示的一些分析

两个角动量耦合情况。耦合基的交换对称性直接用式(2.56)考察。

例 1　两个电子耦合基中 $S=1$ 态 $\{|11\rangle,|10\rangle,|1,-1\rangle\}$ 为交换对称，$S=0$ 态 $|00\rangle$ 为反对称。这时总角动量——交换对称性的序列是：$1(S)\rightarrow 0(A)$。

例 2　两个 $l=1$ 粒子的轨道耦合。这时粒子数 $n=2,l=1$。相应的不可约表示及维数为

$$\boxed{1}\boxed{2}:U^{[2]}\rightarrow L=0(S),2(S);\quad \begin{array}{c}\boxed{1}\\ \boxed{2}\end{array}:U^{[11]}\rightarrow L=1(A) \tag{2.103}$$

即总轨道角动量——对称性序列是：$2(S)\rightarrow 1(A)\rightarrow 0(S)$。

总结 $n=2$ 情况。此时，交换对称性由 (j_1+j_2-j) 奇偶决定。除 $j=\dfrac{1}{2}$ 之外，由于粒子数 $n<(2j+1)$，反对称表示的总角动量不必为零。由式(2.57b)可得最大和最小总角动量的耦合基的交换对称性质为(设 $j_1\geqslant j_2,j_{\max}=j_1+j_2,j_{\min}=j_1-j_2$)

$$\boxed{P\mid j_1j_2;j_{\max}m\rangle=\mid j_1j_2;j_{\max}m\rangle;\quad P\mid j_1j_2;j_{\min}m\rangle=(-1)^{2j_2}\mid j_1j_2;j_{\min}m\rangle} \tag{2.104}$$

比如，最大总角动量的耦合基总是对称的。最小总角动量(设 $j_1\geqslant j_2$)$j=j_1-j_2$ 的耦合基，若 j_2 是整数，耦合基是对称(S)的；若 j_2 是半奇整数，耦合基是反对称(A)的。对 $j_1=j_2=$整数，$j=$偶数的耦合基对称，$j=$奇数的耦合基反对称；对 $j_1=j_2=$半奇整数，$j=$偶数的耦合基反对称，$j=$奇数的耦合基对称[28]**，等等。**

例 3　三个 $l=1$ 粒子的轨道耦合。用一切可能方法将单个粒子耦合到式(2.103)所有态上就得到全部态。此系统全部可能的不可约表示是

$$\boxed{1}\boxed{2}\boxed{3}\quad:\quad U^{[3]}\rightarrow L=1(S),3(S) \tag{2.105a}$$

$$\begin{array}{c}\boxed{1}\boxed{2}\\ \boxed{3}\phantom{\boxed{2}}\end{array}\quad \begin{array}{c}\boxed{1}\boxed{3}\\ \boxed{2}\phantom{\boxed{3}}\end{array}\quad:\quad U^{[21]}\rightarrow L=1,2 \tag{2.105b}$$

---

[28] 后半结论亦见贝依曼 B F. 群论及其在核谱学中的应用，86 页。

$$\begin{array}{|c|}\hline 1\\\hline 2\\\hline 3\\\hline\end{array} \;:\; U^{[111]} \to L = 0(A) \tag{2.105c}$$

注意,对应式(2.105)每个 L 值的不可约表示有 $2L+1$ 个基。式(2.105a)对称表示中不含 $L=2$ 表示;式(2.105c)反对称表示必定对应 $L=0$,理由是粒子数已经等于全部不同的状态数目,参见下面定理;**式(2.105b)所对应的 $L=1,2$ 不可约表示不对应交换算符的同一个本征值——没有单一的交换对称性。**于是,总角动量——对称性序列是:$3(S)\to 2\to(1(S),1)\to 0(A)$。习题 2.22 表明如何由两粒子式(2.103)图推出三粒子式(2.105)图的全部结果。

系统反对称态的构造定理　设系统有 n 个角动量为 j 的粒子(不一定全同),只当 $n\leqslant(2j+1)$ 时,这些 l-粒子才可能构成系统的置换反对称态;等号情况的反对称态总角动量 $J=0$。

证: 证明此定理后半段。**由于 $(2j+1)$ 个 j-粒子单粒子波函数构造系统反对称总波函数,用 Slater 行列式是唯一的方式,因此 SU_{2j+1} 必须将这个行列式变到它自己和一个常数的乘积。**注意 SU_{2j+1} 行列式性质,有

$$\begin{aligned}
&(SU_{2j+1})\sum_{\alpha\cdots\delta}\varepsilon_{\alpha\cdots\delta}\varphi_\alpha^{(j)}(1)\cdots\varphi_\delta^{(j)}(2j+1)\\
&=\sum_{\substack{\alpha\cdots\delta\\ \alpha'\cdots\delta'}}\varepsilon_{\alpha\cdots\delta}\,(SU_{2j+1})_{\alpha'\alpha}\cdots\,(SU_{2j+1})_{\delta'\delta}\varphi_{\alpha'}^{(j)}(1)\cdots\varphi_{\delta'}^{(j)}(2j+1)\\
&=\sum_{\alpha'\cdots\delta'}\left\{\sum_{\alpha\cdots\delta}\varepsilon_{\alpha\cdots\delta}\,(SU_{2j+1})_{\alpha'\alpha}\cdots\,(SU_{2j+1})_{\delta'\delta}\right\}\varphi_{\alpha'}^{(j)}(1)\cdots\varphi_{\delta'}^{(j)}(2j+1)\\
&=|SU_{2j+1}|\sum_{\alpha'\cdots\delta'}\varepsilon_{\alpha'\cdots\delta'}\varphi_{\alpha'}^{(j)}(1)\cdots\varphi_{\delta'}^{(j)}(2j+1)
\end{aligned}$$

表明此常数因子就是 SU_{2j+1} 的行列式,等于 1。说明此反对称总波函数确是 SU_{2j+1} 不变的,当然也就是子群 R_3 不变的,所以 $J=0$。　证毕。

由此定理,式(2.105c)的 3 个 $l=1$ 粒子构成的反对称表示,其总角动量 $L=0$。类似地,2 个 $s=\dfrac{1}{2}$ 粒子的反对称表示的总自旋角动量 $S=0$。另外,2 个 $l=1$ 粒子的反对称表示就不如此($L=1$)。

习题 2.22　对 3 个、4 个自旋为 1 粒子系统,分析各种对称类型自旋波函数的总自旋 S。

关于系统总波函数问题。空间波函数和自旋波函数都不是完整的波函数,经常各自都没有简单的交换对称性质。但两者合成的系统总波函数,必须按 Boson 或 Fermion 性具有简单统一的交换对称性或反对称性。这时,**Boson 系统的合成总波函数必须对全部粒子交换为对称,所以自旋波函数和空间波函数的交换对称的性质必须由同一个 Yang 图给出,从而总波函数就表述成这两种函数的特定的双线性组合;Fermion 系统合成的总波函数必须对全部粒子交换为反对称,由此可以证明,自旋波**

函数的 Yang 图和空间波函数的 Yang 图必须是对偶关系(一个图行列对调即成为另一个图)。

下面按脚注文献[29]简述电子这个重要情况。这时自旋变数只能取两个值，按上面定理，多于两个电子不可能组成反对称化自旋波函数(这时必定有两个自旋变数取值相同，结果为零)。**由此，电子自旋波函数 Yang 图每列不能多于两格，即 Yang 图不多于两行，而电子的空间波函数的 Yang 图不多于两列。**于是，n 个电子系统的交换对称性的类型数目等于把 n 分解成为一项或两项之和的可能方式数。当 $n=$ 偶数，此数等于 $\frac{n}{2}+1$；当 $n=$ 奇数，等于 $\frac{1}{2}(n+1)$。物理上很显然，每个电子的自旋 Yang 图必对应于一个确定的总自旋 S。比如，对 $n=4$，自旋波函数 χ、总自旋和空间波函数 ψ 分别为

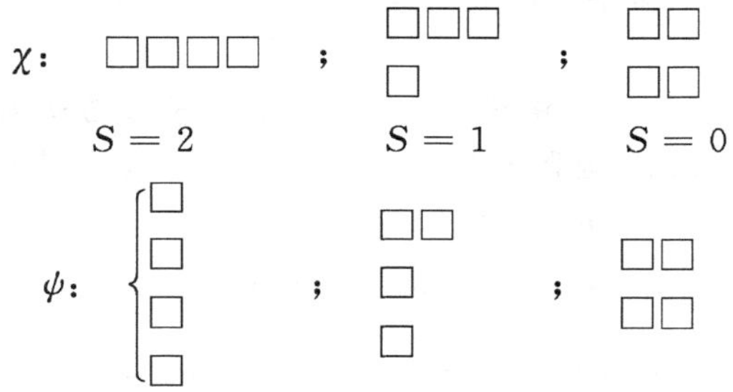

和上面定理同样道理，自旋为 s 粒子，每列不能超过 $2s+1$ 格。如果系统粒子数 n 是 $2s+1$ 的整数倍，各种可能 Yang 图中含有一个每列为 $2s+1$ 的矩形图，对应总自旋 $S=0$。由此还得出结论：**如果两个自旋 Yang 图可以拼成一个高为 $2s+1$ 的矩形，则两者的总自旋 S 数值相同。**这是因为，只有绝对值相等的两个角动量相加才可能导致总角动量为零。

最后分析电子系统基态坐标波函数零点问题。虽然对应于最低本征值的 Schrödinger 方程解是无节点的，但如果考虑电子的自旋，这个无节点解在物理上不会实现。因为，如果坐标波函数无节点，就必须对所有粒子对称。要是它对比如粒子 1,2 的交换为反对称，它在 $\boldsymbol{r}_1=\boldsymbol{r}_2$ 处将为零。可是，如果系统含有 2 个以上的电子，就不再可能有全对称的坐标波函数，因为空间波函数的 Yang 图每行最多只有两格(参见上图)。**于是，含 3 个或更多个电子的系统，基态坐标波函数一般说是有零点的。**

[29] 朗道 Л Д，栗弗席茨 E M. 量子力学(上册). 北京：高等教育出版社，1983：286-288.

第 3 章　全同多粒子非相对论量子力学——二次量子化方法述评

3.1　经典场论,Lagrange 框架和正则框架

3.1.1　经典场论,Lagrange 框架和正则框架

简略回顾经典场论的 Lagrange 框架和正则框架——Hamilton 框架。设有一个 n 分量经典场 $\{\varphi_\alpha(x)\}$，其 Lagrange 密度为 $\mathcal{L}(x,\varphi_\alpha(x),\partial_\nu\varphi_\alpha(x))$。形式上,可以用两种程式“导出”这个经典场的时空运动方程。

第一种是 **Lagrange 框架**。由系统 Lagrange 密度对 4 维时空积分给出作用量 $((x_\lambda)=(\boldsymbol{r},\mathrm{i}ct))$

$$\boxed{\mathcal{S}[\varphi_\alpha(x)]=\int \mathrm{d}^4x\mathcal{L}(x,\varphi_\alpha,\partial_\nu\varphi_\alpha)} \tag{3.1}$$

作用量 $\mathcal{S}[\varphi_\alpha]$ 是场量 $\{\varphi_\alpha(x)\}$ 的泛函数,量纲是能量乘时间。应用 **Hamilton 变分原理**[①]**:在下述条件变分下,此经典场的时空运动解 $\{\boldsymbol{\varphi_\alpha(x)}\}$ 使作用量泛函达极值,即有**

$$\boxed{\delta\mathcal{S}=\delta\int \mathrm{d}^4x\mathcal{L}(\varphi_\alpha,\partial_\nu\varphi_\alpha)=\delta\int_{t_1}^{t_2}\mathrm{d}t\int \mathrm{d}\boldsymbol{r}\quad \mathcal{L}(\varphi_\alpha,\partial_\nu\varphi_\alpha)=0} \tag{3.2}$$

这里规定,对场量 $\boldsymbol{\varphi_\alpha(x)}$ 的条件变分是:要么是箱归一化,取周期性边界条件;要么是在场的时空边界处变分为零。于是,在条件变分下,分部积分出来的项为零。因此可得(重复指标求和,以下同)

$$\begin{aligned}
0=\delta\mathcal{S}&=\delta\int \mathrm{d}^4x\mathcal{L}(\varphi_\alpha,\partial_\nu\varphi_\alpha)\\
&=\int \mathrm{d}^4x\mathcal{L}(\varphi_\alpha+\delta\varphi_\alpha,\partial_\nu\varphi_\alpha+\delta\partial_\nu\varphi_\alpha)-\int \mathrm{d}^4x\mathcal{L}(\varphi_\alpha,\partial_\nu\varphi_\alpha)\\
&=\int \mathrm{d}^4x\left\{\frac{\partial\mathcal{L}}{\partial\varphi_\alpha}\delta\varphi_\alpha+\frac{\partial\mathcal{L}}{\partial(\partial_\lambda\varphi_\alpha)}\delta(\partial_\lambda\varphi_\alpha)\right\}\\
&=\int \mathrm{d}^4x\left\{\frac{\partial\mathcal{L}}{\partial\varphi_\alpha}\delta\varphi_\alpha+\frac{\partial\mathcal{L}}{\partial(\partial_\lambda\varphi_\alpha)}\partial_\lambda(\delta\varphi_\alpha)\right\}
\end{aligned}$$

---

① 如果设定更一般的变分,可得 Schwinger 作用量变分原理,进而以统一方式得到运动方程和对易(及反对易)规则。但该原理仍不如泛函积分中变分的普适和优美,所以本书仍然使用 Hamilton 变分原理。其实,此类变分原理本就是无关物理理论实质的人为加工之物,无关宏旨。

$$= \left(\frac{\partial \mathcal{L}}{\partial(\partial_\lambda \varphi_\alpha)}\delta\varphi_\alpha\right)\Bigg|_{\text{在场的时空边界处}} + \int \mathrm{d}^4 x \left\{\frac{\partial \mathcal{L}}{\partial \varphi_\alpha} - \partial_\lambda \left(\frac{\partial \mathcal{L}}{\partial(\partial_\lambda \varphi_\alpha)}\right)\right\}\delta\varphi_\alpha$$

$$= \int \mathrm{d}^4 x \left\{\frac{\partial \mathcal{L}}{\partial \varphi_\alpha} - \partial_\lambda \left(\frac{\partial \mathcal{L}}{\partial(\partial_\lambda \varphi_\alpha)}\right)\right\}\delta\varphi_\alpha(x)$$

由变分 $\delta\varphi_\alpha(x)$ 任意性，可设为 $\delta\varphi_\alpha(x) = \varepsilon\delta_{\alpha\alpha'}\delta(x-x')$，$\varepsilon$ 为小常数。4 重 δ 函数中 $x' = (\boldsymbol{r}', t')$ 是任意参考点。对 x 积分之后，将 x'，α' 改记为 x，α，即得此经典场场量 $\varphi_\alpha(\boldsymbol{r}, t)$ 在时空传播的 **Euler-Lagrange 方程**

$$\boxed{\frac{\partial \mathcal{L}}{\partial \varphi_\alpha} - \partial_\lambda \left(\frac{\partial \mathcal{L}}{\partial(\partial_\lambda \varphi_\alpha)}\right) = 0, \quad \alpha = 1, 2, \cdots, n} \tag{3.3}$$

第二种是 Hamilton 框架或称正则框架。此时首先按如下定义引入新变量——正则共轭场量 $\pi_\alpha(x)$

$$\boxed{\pi_\alpha(x) \equiv \frac{\partial \mathcal{L}(\varphi_\alpha, \nabla\varphi_\alpha, \dot{\varphi}_\alpha)}{\partial \dot{\varphi}_\alpha}} \tag{3.4}$$

如果能够从这组方程反解出 $\dot{\boldsymbol{\varphi}}_\alpha = \boldsymbol{f}_\alpha(\boldsymbol{\varphi}_\alpha, \nabla\boldsymbol{\varphi}_\alpha, \boldsymbol{\pi}_\alpha)$，这就等于引入新变量 $\boldsymbol{\pi}_\alpha(\boldsymbol{x})$，用以替代旧变量——场量的时间导数 $\dot{\boldsymbol{\varphi}}_\alpha$。所以引入 $\pi_\alpha(x)$ 的过程实质就是场变量的变换过程，常称为"**Legendre 变换**"。进行这个变换之后，即给出此系统的 Hamilton 量密度如下

$$\boxed{\mathcal{H}(x) = \sum_\alpha \pi_\alpha(x)\dot{\varphi}_\alpha(x) - \mathcal{L}(x)}$$

注意：这时场的独立变量已换成了 $(\boldsymbol{\varphi}_\alpha, \boldsymbol{\pi}_\alpha)$。于是系统的 Hamilton 量为

$$\boxed{H(t) = \int \mathrm{d}\boldsymbol{r}\mathcal{H} = \int \mathrm{d}\boldsymbol{r}\left\{\sum_\alpha \pi_\alpha(x)\dot{\varphi}_\alpha(x) - \mathcal{L}(x)\right\}} \tag{3.5}$$

由此即进入 Hamilton 框架：场的运动方程是正则方程；而任一场量的运动方程也可以写为

$$\boxed{\frac{\mathrm{d}A}{\mathrm{d}t} = \frac{\partial A}{\partial t} + \{A, H(t)\}_{P.B.}} \tag{3.6}$$

这里，两个场量 A 和 B 的经典 Poisson 括号用泛函导数定义为

$$\boxed{\{A, B\}_{P.B.} \equiv \int \mathrm{d}\boldsymbol{r} \sum_\alpha \left\{\frac{\delta A}{\delta\varphi_\alpha(x)}\frac{\delta B}{\delta\pi_\alpha(x)} - \frac{\delta A}{\delta\pi_\alpha(x)}\frac{\delta B}{\delta\varphi_\alpha(x)}\right\}} \tag{3.7}$$

显然，能够实行"Legendre 变换"——反解出这组 $\dot{\boldsymbol{\varphi}}_\alpha$ 作为 $\boldsymbol{\pi}_\alpha$ 等的显函数，是从 Lagrange 框架转入正则框架，进而实施正则量子化的前提。而这必须要求泛函 Jacobi——Hess 行列式②

② 详见 7.3 节.

$$M_{\alpha\beta}(\boldsymbol{r},\boldsymbol{r}')=\frac{\delta_t^2 L}{\delta\dot{\varphi}_\alpha(\boldsymbol{r}t)\delta\dot{\varphi}_\beta(\boldsymbol{r}'t)}=\frac{\partial^2\mathcal{L}}{\partial\dot{\varphi}_\alpha(\boldsymbol{r}t)\partial\dot{\varphi}_\beta(\boldsymbol{r}'t)}\delta(\boldsymbol{r}-\boldsymbol{r}') \tag{3.8}$$

不为零。否则系统是奇异 Lagrange 系统或约束 Hamilton 系统。这是后继理论多用 Lagrange 框架而不用 Hamilton 框架的原因之一。

3.1.2 Noether 第一定理

此定理论述系统的连续不变性必将导致守恒律存在。

Noether 第一定理③(1918):设有时空场量$\{\varphi_\sigma(x),\sigma=1,\cdots,n\}$,假如存在时空坐标变数或是场量$\varphi_\sigma(x)$本身的某种连续变换,能够使场的作用量泛函数$S[\varphi]$保持不变。即在这种连续变换下,有

$$\delta S[\varphi]=\delta\int\mathcal{L}(\varphi_\sigma(x),\partial_\nu\varphi_\sigma(x))\mathrm{d}^4x=0 \tag{3.9}$$

则场在时空运动中必定存在与此连续变换相应的守恒律和守恒量。

定理解释:凡满足$\delta S=0$的上述两类变换都称为这个场的连续对称变换,体现场的对称性质。其中,如果系统 Lagrange 密度具有和 Poincare 群有关的时空坐标连续对称性,它们将导致该场的能量、动量、角动量守恒;如果 Lagrange 密度具有与 Poincare 群无关的"内禀"连续对称性,它们将导致额外的守恒律和守恒荷。简言之,定理断定,**场的连续对称变换必定导致场的守恒律和守恒量。或者说,作用量泛函S的连续对称变换生成元将是相应 Euler-Lagrange 方程的守恒量。**换个角度看此定理,场的分立对称变换就不一定导致对应的守恒量。时间反演变换即使是系统的对称变换,系统也不存在对应的守恒律和守恒量。

证: 这里只证明时空变换情况,内禀变换留待 3.4 节叙述。设时空变量$\{x_\lambda\}$有连续无限小改变$x\to x'$,导致$\{x_\lambda\}$和场量$\{\varphi_\sigma\}$均有各自无限小改变

$$\begin{cases}x_\lambda\to x'_\lambda=x_\lambda+\delta x_\lambda=x_\lambda+(\varepsilon_{\lambda\nu}x_\nu+\alpha_\lambda)\\ \varphi_\sigma(x)\to\varphi'_\sigma(x')=\varphi_\sigma(x)+\delta_{\mathrm{in}}\varphi_\sigma(x)\end{cases} \tag{3.10}$$

这里α_λ和$\varepsilon_{\lambda\nu}$($\varepsilon_{\lambda\nu}=-\varepsilon_{\nu\lambda}$)分别表示时空坐标的无限小平移变换和无限小转动变换;$\varphi_\sigma(x)$表示转动之前的旧场在点x处场量的σ分量,$\varphi'_\sigma(x')$表示转动之后的新场在点x'处的σ分量,两者之差为

$$\begin{aligned}\delta_{\mathrm{in}}\varphi_\sigma(x)&\equiv\varphi'_\sigma(x')-\varphi_\sigma(x)=(\varphi'_\sigma(x')-\varphi_\sigma(x'))+(\varphi_\sigma(x')-\varphi_\sigma(x))\\&\cong(\varphi'_\sigma(x)-\varphi_\sigma(x))+(\varphi_\sigma(x')-\varphi_\sigma(x))\equiv\delta\varphi_\sigma(x)+\delta_x\varphi_\sigma(x)\end{aligned} \tag{3.11}$$

这里$\delta\varphi_\sigma(x)\equiv\varphi'_\sigma(x)-\varphi_\sigma(x)$是盯住场中某一固定时空点$x$来观察转动前后新旧场的$\sigma$分量的无限小改变。第三步等号中已将变分$\delta\varphi_\sigma(x)$的变数由$x'$替换为$x$,因为

③ 数学百科全书.第三卷.北京:科学出版社,1997:916. Hill E, Rev. Mod. Phys.,1957, 23:253.对此定理有详细讨论.

变分本身为无限小量,变分的变化即为二阶无限小量,可略去不计。而 $\delta_x\varphi_\sigma(x)$ 表示转动之前旧场中仅由于时空坐标改变所导致的改变,所以有

$$\delta_x\varphi_\sigma(x)=\varphi_\sigma(x')-\varphi_\sigma(x)=(\partial_\lambda\varphi_\sigma(x))\delta x_\lambda$$

同时注意,按 $\delta_{\mathrm{in}}\varphi_\sigma(x)$ 的内禀含义,应当有

$$\boxed{\delta_{\mathrm{in}}\varphi_\sigma(x)\equiv\varphi'_\sigma(x')-\varphi_\sigma(x)=(\delta S)_{\sigma\rho}\varphi_\rho(x)=\frac{\mathrm{i}}{2}\varepsilon_{\lambda\nu}(S_{\lambda\nu})_{\sigma\rho}\varphi_\rho(x)}\tag{3.12}$$

当 $x\rightarrow x'$ 含有转动变换时,它正比于 $\varepsilon_{\lambda\nu}$,并表达各分量 $\varphi_\sigma(x)$ 间如何相互转化、相干叠加。这种变化通过张量 $(S_{\lambda\nu})_{\sigma\rho}$ 由场的内禀性质(是标量场,还是矢量场、张量场、旋量场)决定。显然,此项对标量场为零,对多分量场的时空平移($\varepsilon_{\lambda\nu}=0$)也为零,只有当多分量场作时空转动($\varepsilon_{\lambda\nu}\neq 0$)时才不为零。总之,由式(3.11)得到 $\delta\varphi_\sigma(x)=\delta_{\mathrm{in}}\varphi_\sigma(x)-(\partial_\lambda\varphi_\sigma(x))\delta x_\lambda$,或

$$\boxed{\varphi'_\sigma(x)=\varphi_\sigma(x)+\delta_{\mathrm{in}}\varphi_\sigma(x)-(\partial_\lambda\varphi_\sigma(x))\delta x_\lambda}\tag{3.13}$$

由于设定时空连续变换是对称变换,$L\mathrm{d}^4x$ 应当保持不变,即有

$$\mathcal{L}(\varphi'_\sigma(x'),\partial'_\nu\varphi'_\sigma(x'))\mathrm{d}^4x'=\mathcal{L}(\varphi_\sigma(x),\partial_\nu\varphi_\sigma(x))\mathrm{d}^4x\tag{3.14}$$

这里,由于坐标变分无限小,Jacobi 只需计及一阶小量,为

$$\mathrm{d}^4x'=J\left(\frac{\partial x'}{\partial x}\right)\mathrm{d}^4x\rightarrow J\left(\frac{\partial x'}{\partial x}\right)=J\left(\frac{\partial(x_\nu+\delta x_\nu)}{\partial x_\lambda}\right)=1+\partial_\lambda\delta x_\lambda$$

或者等价地将 $x'_\lambda=x_\lambda+\delta x_\lambda$ 代换为 x_λ,而将 x_λ 代换为 $x_\lambda-\delta x_\lambda$,有

$$\mathcal{L}(\varphi'_\sigma(x_\lambda),\partial_\nu\varphi'_\sigma(x_\lambda))=\mathcal{L}(\varphi_\sigma(x_\lambda-\delta x_\lambda),\partial_\nu\varphi_\sigma(x_\lambda-\delta x_\lambda))(1-\partial_\lambda\delta x_\lambda)\tag{3.15}$$

此式左边展开等于

$$\begin{aligned}&\mathcal{L}(\varphi_\sigma,\partial_\lambda\varphi_\sigma)+\frac{\partial\mathcal{L}}{\partial\varphi_\sigma}\delta\varphi_\sigma+\frac{\partial\mathcal{L}}{\partial(\partial_\lambda\varphi_\sigma)}\delta(\partial_\lambda\varphi_\sigma)\\&=\mathcal{L}+\left[\partial_\lambda\left(\frac{\partial\mathcal{L}}{\partial(\partial_\lambda\varphi_\sigma)}\right)\right]\delta\varphi_\sigma+\frac{\partial\mathcal{L}}{\partial(\partial_\lambda\varphi_\sigma)}\partial_\lambda(\delta\varphi_\sigma)\\&=\mathcal{L}+\partial_\lambda\left[\frac{\partial\mathcal{L}}{\partial(\partial_\lambda\varphi_\sigma)}\delta\varphi_\sigma\right]\end{aligned}$$

此处推导中已经用了 Euler-Lagrange 方程,并将偏导数与变分作了交换。与此同时,式(3.15)右边展开成为

$$\begin{aligned}&\mathcal{L}(\varphi_\sigma,\partial_\lambda\varphi_\sigma)-[\partial_\lambda\mathcal{L}(\varphi_\sigma,\partial_\lambda\varphi_\sigma)]\delta x_\lambda-\mathcal{L}(\varphi_\sigma,\partial_\lambda\varphi_\sigma)(\partial_\lambda\delta x_\lambda)\\&=\mathcal{L}(\varphi_\sigma,\partial_\lambda\varphi_\sigma)-\partial_\lambda[\mathcal{L}(\varphi_\sigma,\partial_\lambda\varphi_\sigma)\delta x_\lambda]\end{aligned}$$

由左右相等,得

$$\partial_\lambda\left[\mathcal{L}\delta x_\lambda+\frac{\partial\mathcal{L}}{\partial(\partial_\lambda\varphi_\sigma)}\delta\varphi_\sigma\right]=0$$

用式(3.13)替换此处 $\delta\varphi_\sigma(x)$,得

$$\partial_\lambda\left[\mathcal{L}\delta x_\lambda-\frac{\partial\mathcal{L}}{\partial(\partial_\lambda\varphi_\sigma)}(\partial_\nu\varphi_\sigma)\delta x_\nu+\frac{\partial\mathcal{L}}{\partial(\partial_\lambda\varphi_\sigma)}\delta_{\text{in}}\varphi_\sigma\right]=0 \tag{3.16a}$$

按如下定义引入**场的能量动量张量 $\boldsymbol{T}_{\lambda\nu}$**,于是最后得到

$$\begin{cases}\partial_\lambda\left[T_{\lambda\nu}\delta x_\nu+\dfrac{\partial\mathcal{L}}{\partial(\partial_\lambda\varphi_\sigma)}\delta_{\text{in}}\varphi_\sigma\right]=0\\ T_{\lambda\nu}=\delta_{\lambda\nu}\mathcal{L}-\dfrac{\partial\mathcal{L}}{\partial(\partial_\lambda\varphi_\sigma)}\partial_\nu\varphi_\sigma\end{cases} \tag{3.16b}$$

这里,**4 维散度等于零的方程表明,方括号内二阶张量 4 个 $\lambda=4$ 分量在全空间积分后都是守恒量(见下)。**显然,这套理论框架可以推广到有限个相互作用场的情况,这只需将场量扩充,并同时设定包含相互作用的 Lagrange 密度即可。

3.1.3 时空连续变换分析讨论

下面用此定理考察时空性质对量子力学波函数场的动力学演化的影响。这体现为时空性质对系统 Hamilton 量相关不变性的要求,导致能量、动量、角动量三个守恒定律。

(1)时空平移变换与能量、动量守恒定律。这时 $\delta x_\nu=\alpha_\nu\neq 0,\varepsilon_{\lambda\nu}=0,\delta_{\text{in}}\varphi_\sigma=0$,代入式(3.16b),得

$$\partial_\lambda T_{\lambda\nu}=0,\quad P_\nu=\int \mathrm{d}\boldsymbol{r}\mathcal{P}_\nu=\int\mathrm{d}\boldsymbol{r}(-\mathrm{i}T_{4\nu}) \tag{3.17}$$

这 4 个 4 维散度为零的方程就是 4 个流守恒方程,它们导致 4 个微分守恒定律,分别表达自由场总动量守恒定律和总能量守恒定律。

(2)Lorentz 变换——时空转动连续变换与总角动量守恒定律。这时 $\delta x_\lambda=\varepsilon_{\lambda\nu}x_\nu,\varepsilon_{\lambda\nu}=-\varepsilon_{\nu\lambda}\neq 0$,以及 $\delta_{\text{in}}\varphi_\sigma\neq 0$,得

$$\begin{aligned}\partial_\lambda(T_{\lambda\gamma}\varepsilon_{\gamma\nu}x_\nu)&=\frac{1}{2}\partial_\lambda(T_{\lambda\gamma}\varepsilon_{\gamma\nu}x_\nu-T_{\lambda\gamma}\varepsilon_{\nu\gamma}x_\nu)=\frac{\varepsilon_{\gamma\nu}}{2}\partial_\lambda(T_{\lambda\gamma}x_\nu-T_{\lambda\nu}x_\gamma)\\&=\frac{\mathrm{i}\varepsilon_{\gamma\nu}}{2}\partial_\lambda(-\mathrm{i}T_{\lambda\gamma}x_\nu+\mathrm{i}T_{\lambda\nu}x_\gamma)\end{aligned}$$

于是有

$$\partial_\lambda\left[\frac{\mathrm{i}\varepsilon_{\gamma\nu}}{2}(\mathrm{i}x_\nu T_{\lambda\gamma}-\mathrm{i}x_\gamma T_{\lambda\nu})-\frac{\partial\mathcal{L}}{\partial(\partial_\lambda\varphi_\sigma)}\delta_{\text{in}}\varphi_\sigma\right]=0$$

代入 $\delta_{\text{in}}\varphi_\sigma$ 的表达式,抽出共有的 $\varepsilon_{\lambda\nu}$,鉴于 $\varepsilon_{\lambda\nu}$ 的任意性,得

$$\partial_\lambda\left[(-\mathrm{i}x_\gamma T_{\lambda\nu}+\mathrm{i}x_\nu T_{\lambda\gamma})-\frac{\partial\mathcal{L}}{\partial(\partial_\lambda\varphi_\sigma)}(S_{\gamma\nu})_{\sigma\rho}\varphi_\rho\right]=0 \tag{3.18a}$$

这是一个 4 维散度为零的表达式,取第 4 分量的全空间积分,即得场的总角动量张量 $M_{\lambda\nu}$(二阶反称张量)守恒

$$\frac{\mathrm{d}M_{\lambda\nu}}{\mathrm{d}t}=0,M_{\lambda\nu}=\int \mathrm{d}\boldsymbol{r}\left[-\mathrm{i}(x_\lambda T_{4\nu}-x_\nu T_{4\lambda})-\frac{\partial \mathcal{L}}{\partial(\partial_4\varphi_\sigma)}(S_{\lambda\nu})_{\sigma\rho}\varphi_\rho\right]$$
$$=\int \mathrm{d}\boldsymbol{r}\left[(x_\lambda \mathcal{P}_\nu-x_\nu \mathcal{P}_\lambda)-\mathrm{i}\pi_\sigma(S_{\lambda\nu})_{\sigma\rho}\varphi_\rho\right] \tag{3.18b}$$

其中，M_{ij} 的方括号内第一项是场作为标量场旋转表现出的轨道角动量，第二项是场作为多分量场旋转时表现出的内禀的自旋角动量。

(3)举例。**“经典”自由 Dirac 场** $\mathcal{L}=-\bar{\psi}(\gamma_\lambda\partial_\lambda+\mu)\psi$。共轭场 $\pi=\mathrm{i}\psi^+$，$S_{\lambda\nu}=\frac{1}{2}\Sigma_{\lambda\nu}=\frac{1}{4i}[\gamma_\lambda,\gamma_\nu]$，场动量和角动量为($\hbar=c=1$)

$$\begin{cases}\boldsymbol{P}=\int \mathrm{d}\boldsymbol{r}p=-\int \mathrm{d}\boldsymbol{r}(\pi_\sigma\nabla\psi_\sigma)=\int \mathrm{d}\boldsymbol{r}\psi^+(-\mathrm{i}\nabla)\psi\\ M_{ij}=\int \mathrm{d}\boldsymbol{r}\psi^+J_{ij}(x)\psi,\quad J_{ij}(x)_{\sigma\rho}=-\mathrm{i}(x_i\partial_j-x_j\partial_i)\delta_{\sigma\rho}+\frac{1}{2}(\Sigma_{ij})_{\sigma\rho}\end{cases} \tag{3.19}$$

这里，算符 $-\mathrm{i}\nabla$ 和 $J_{ij}(x)$ 分别是这个场在 $\boldsymbol{x}$ 处的动量和角动量算符，这与单粒子量子力学理论相对应。场的角动量算符包括两部分：第一项是轨道部分，第二项是自旋部分。由于现在这个场仍然是“经典的”、未经受二次量子化成为量子场，场量 $\psi(\boldsymbol{x},t)$ 仍作波函数解释。故式(3.19)就是单粒子理论在波函数 $\psi(\boldsymbol{x},t)$ 中的期望值公式。

(4)能量、动量、角动量守恒定律的物理根源④。

将 Schrödinger 方程波函数看成一种“场”，按 Noether 定理分析它的动力学演化如何受时空内禀性质影响。用正则框架表述即为，**孤立系统 Hamilton 量应当具有时空连续变换不变性。这导致能量、动量、角动量三个守恒定律。**下面只列出结果，详细见脚注④。

设 $U(\tau)$ 是将系统演化时间往后推迟 τ 的时间平移算符

$$\begin{cases}\psi^{(\tau)}(\boldsymbol{r}_1,\cdots,t)=U(\tau)\psi(\boldsymbol{r}_1,\cdots,t)=\psi(\boldsymbol{r}_1,\cdots,t-\tau)\\ U(\tau)=\exp(\mathrm{i}H\tau/\hbar)\end{cases} \tag{3.20}$$

时间均匀性要求孤立的量子系统状态应有时间平移不变性，这使得孤立量子系统 Hamilton 量应有时间平移不变性，即不显含 t。这时有

$$\frac{\mathrm{d}H}{\mathrm{d}t}=[H,H]=0$$

说明孤立量子系统能量守恒定律，时间平移只导致一个整体相因子。

设 $U(\delta\boldsymbol{r})$ 是将系统的空间位置平移 $\delta\boldsymbol{r}$ 的空间平移算符

④ 张永德. 量子力学(第四版). 北京：科学出版社，2016，第 5 章.

$$\begin{cases}\psi'(\boldsymbol{r}_1,\cdots,\boldsymbol{r}_N,t)=U(\delta\boldsymbol{r})\psi(\boldsymbol{r}_1,\cdots,\boldsymbol{r}_N,t)=\psi(\boldsymbol{r}_1-\delta\boldsymbol{r},\cdots,\boldsymbol{r}_N-\delta\boldsymbol{r},t)\\ U(\delta\boldsymbol{r})=\exp\left(-\dfrac{\mathrm{i}}{\hbar}\delta\boldsymbol{r}\cdot\boldsymbol{p}\right)\end{cases}\tag{3.21}$$

由于空间固有的均匀性质,孤立量子系统的状态是空间平移不变的。物理上这体现为系统动量算符是守恒量,即存在动量守恒定律。这时

$$[U(\delta\boldsymbol{r}),H]=0\Rightarrow[\boldsymbol{p},H]=0$$

设 $U(\delta\varphi\boldsymbol{n})$ 是将系统绕 $\boldsymbol{n}$ 方向转无限小角 $\delta\varphi$ 的空间转动算符

$$\boxed{\begin{cases}\psi''(\boldsymbol{r}_i,t)=U(\delta\varphi\boldsymbol{n})\psi(\boldsymbol{r}_i,t)=\psi(\boldsymbol{r}_i-\delta\boldsymbol{r}_i,t),\quad \delta\boldsymbol{r}_i=(\boldsymbol{n}\times\boldsymbol{r}_i)\delta\varphi\\ U(\delta\varphi\boldsymbol{n})=\exp\left(-\dfrac{\mathrm{i}}{\hbar}\delta\varphi(\boldsymbol{n}\cdot\boldsymbol{L})\right)\end{cases}}\tag{3.22}$$

由于空间固有的各向同性性质,对孤立量子系统的实验是空间任意取向不变的。物理上体现为系统总角动量算符是守恒量,即存在角动量守恒定律。这时

$$[U(\delta\boldsymbol{r}),H]=0\Rightarrow[\boldsymbol{L},H]=0$$

简言之,在 $H=T+V$ 中,若 V 不显含 t,则 H 守恒;如 V 不显含 $\boldsymbol{r}$,则 $\boldsymbol{P}$ 守恒——于是粒子在各种势场、势阱、势垒中运动时 $\boldsymbol{P}$ 不守恒;当 V 只含 $|\boldsymbol{r}|=r$ 时,系统空间转动不变,$\boldsymbol{L}$ 守恒,等等。这些由时空性质导致孤立系守恒定律的情况和宏观经典力学中的情况十分相似。

以上分析表明,**现有时空的内禀性质是均匀、各向同性的。只要这些性质不遭到外来破坏,它们将直接导致量子系统状态在时空平移和空间转动下的不变性。物理上,这种不变性体现为孤立的量子系统必定遵守能量、动量、角动量三个守恒定律。**虽然从宏观到微观,研究对象的禀性、物理观念到物理规律都发生了天翻地覆的变化,但这三条定律却如中流砥柱般径直贯穿、完美保留!事情之所以会是这样,是因为,无论宏观物体或微观粒子,都生存和运动在同一时空之中。事实是,**时空均匀及各向同性性质是三个守恒定律的物理根源,三个守恒定律仅是这些时空性质在系统运动行为上的烙印和反映。**

3.1.4 内禀连续对称变换与荷守恒

讨论了场的时空连续对称变换后,现在来研究**场的内禀连续对称变换。内部对称性分为整体的和定域的两类。**

$U(1)$整体规范不变性导致电荷守恒、重子数守恒、轻子数守恒。$SU(2)$整体规范不变性导致同位旋守恒。$U(1)$(或 $SU(2)$)定域规范不变性导致引入 $U(1)$(或 $SU(2)$)规范场等。

作为例子,研究场的 $SU(2)$ 整体规范变换不变性。设多分量场 $\varphi_\sigma(x)$ 有 $SU(2)$ 连续变换不变性。当场量作变换($x'=x,\delta x_\lambda=0,\boldsymbol{\varepsilon}$ 为任意实矢量)

$$\boxed{\varphi'(x)=\exp\left(-\frac{\mathrm{i}}{2}\boldsymbol{\varepsilon}\cdot\boldsymbol{\tau}\right)\varphi(x)} \tag{3.23}$$

时，如果 Lagrange 密度不变，即

$$\mathcal{L}(\varphi'_\sigma(x),\partial_\lambda\varphi'_\sigma(x))=\mathcal{L}(\varphi_\sigma(x),\partial_\lambda\varphi_\sigma(x))$$

令 $\boldsymbol{\varepsilon}$ 为任意小矢量，有

$$\begin{aligned}\delta_{\text{in}}\varphi_\sigma(x)&=\varphi'_\sigma(x')-\varphi_\sigma(x)=\varphi'_\sigma(x)-\varphi_\sigma(x)\\&=\{(\mathrm{e}^{-\mathrm{i}\boldsymbol{\varepsilon}\cdot\boldsymbol{\tau}/2}-1)\varphi(x)\}_\sigma\cong-\mathrm{i}\left(\frac{\boldsymbol{\varepsilon}\cdot\boldsymbol{\tau}}{2}\right)_{\sigma\rho}\varphi_\rho(x)\end{aligned}$$

将它代入式(3.16)，得

$$\boxed{\partial_\lambda j_\lambda=0,\quad j_\lambda=-\mathrm{i}\frac{\partial\mathcal{L}}{\partial(\partial_\lambda\varphi)}\boldsymbol{\tau}\varphi} \tag{3.24}$$

所以有

$$\boxed{\frac{\mathrm{d}\boldsymbol{T}}{\mathrm{d}t}=0,\boldsymbol{T}=-\mathrm{i}\int\mathrm{d}\boldsymbol{r}\boldsymbol{j}_4(x)=-\int\mathrm{d}\boldsymbol{r}\frac{\partial\mathcal{L}}{\partial(\partial_4\varphi)}\boldsymbol{\tau}\varphi=-\int\mathrm{d}\boldsymbol{r}\frac{\partial\mathcal{L}}{\partial(\partial_4\varphi_\sigma)}(\boldsymbol{\tau})_{\sigma\rho}\varphi_\rho} \tag{3.25}$$

三个 Pauli 矩阵对应 $\boldsymbol{T}$ 的三个分量，构成守恒的同位旋矢量。

3.1.5 "Schrödinger 场"的"经典"场论

可以将 Schrödinger 方程中波函数看成"经典"的概率幅"场"，对它建立起"经典"场论。在以后二次量子化中知道，现在这样做法的目的是：为建立全同粒子多体量子理论做准备。

先讨论"Schrödinger 场"的 Lagrange 框架。设 Lagrange 密度⑤为

$$\boxed{\mathcal{L}_{\mathrm{S}}=\mathrm{i}\hbar\psi^*(\boldsymbol{r},t)\dot{\psi}(\boldsymbol{r},t)-\frac{\hbar^2}{2\mu}\nabla\psi^*\cdot\nabla\psi-V\psi^*\psi} \tag{3.26}$$

这是复数场，所以一般说 ψ,ψ^* 相互独立。应用 Hamilton 变分原理

$$\boxed{\delta\mathcal{S}=\delta\int\mathrm{d}^4x\mathcal{L}_{\mathrm{S}}(\psi,\partial_\lambda\psi,\psi^*,\partial_\lambda\psi^*)=0} \tag{3.27}$$

只对 ψ^* 进行变分，得"Schrödinger 场"的 Euler-Lagrange 方程

$$\boxed{\partial_\lambda\frac{\partial\mathcal{L}_{\mathrm{S}}}{\partial(\partial_\lambda\psi^*)}-\frac{\partial\mathcal{L}_{\mathrm{S}}}{\partial\psi^*}=0} \tag{3.28a}$$

将所设 Lagrange 密度代入，即得

$$\boxed{\mathrm{i}\hbar\frac{\partial\psi}{\partial t}=-\frac{\hbar^2}{2\mu}\Delta\psi+V\psi} \tag{3.28b}$$

---

⑤ 此 Lagrange 密度不含相互作用项，尽管含了一个外势 V，但它不代表场粒子之间的相互作用。

这就是这个“**经典概率幅场**”的场方程——Schrödinger 方程。

习题 3.1　依据 Lagrange 密度式(3.26)，导出运动方程(3.28b)。

习题 3.2　为了说明此处理论框架是逻辑自洽的，证明：如果对 ψ 变分，得到 $\psi^*(\boldsymbol{r},t)$ 的 Euler-Lagrange方程，取复数共轭后也可以得到式(3.28b)。

定义　与场量 $\psi(\boldsymbol{r},t)$ 对应的正则共轭动量场为

$$\boxed{\pi(\boldsymbol{r},t)=\frac{\partial\mathcal{L}}{\partial\dot{\psi}(\boldsymbol{r},t)}=\mathrm{i}\hbar\psi^*(\boldsymbol{r},t)} \tag{3.29}$$

由于这种复标量场 Lagrange 密度中不含 $\psi^*(\boldsymbol{r},t)$ 的时间导数，所以与另一独立场量 $\psi^*(\boldsymbol{r},t)$ 对应的正则共轭动量场 $\pi^*=\frac{\partial\mathcal{L}}{\partial\dot{\psi}^*}=0$ 恒为零。说明“Schrödinger 场”只存在一对独立正则共轭变量($\psi,\pi=\mathrm{i}\hbar\psi^*$) ⑥。于是 Hamilton 量密度为

$$\boxed{\mathcal{H}=\pi\dot{\psi}-\mathcal{L}=\frac{\hbar^2}{2\mu}\nabla\psi^*\cdot\nabla\psi+V\psi^*\psi}$$

对此密度积分并对右边第一项作分部积分，得场的 Hamilton 量 H 为

$$\boxed{H=\int\mathrm{d}\boldsymbol{r}\mathcal{H}=\int\mathrm{d}\boldsymbol{r}\psi^*(\boldsymbol{r},t)\left[-\frac{\hbar^2}{2\mu}\Delta+V\right]\psi(\boldsymbol{r},t)} \tag{3.30}$$

方括号内正是单粒子量子力学的 Hamilton 量。现在它是未经受量子化(那将是第二次量子化)的“经典场 $\psi(\boldsymbol{r},t)$ ”的 Hamilton 量⑦。

习题 3.3　依据 Lagrange 密度式(3.26)，导出共轭场量式(3.29)和 Hamilton 量式(3.30)。

按经典 Poisson 括号的定义，求得场量 ψ 和 ψ^* 的“经典”Poisson 括号如下(注意是等时的)

$$\{\psi(\boldsymbol{r},t),\psi^*(\boldsymbol{r}'',t)\}_{P.B}=\int\mathrm{d}\boldsymbol{r}'\left\{\frac{\delta\psi(\boldsymbol{r},t)}{\delta\psi(\boldsymbol{r}',t)}\frac{\delta\psi^*(\boldsymbol{r}'',t)}{\delta\pi(\boldsymbol{r}',t)}-\frac{\delta\psi(\boldsymbol{r},t)}{\delta\pi(\boldsymbol{r}',t)}\frac{\delta\psi^*(\boldsymbol{r}'',t)}{\delta\psi(\boldsymbol{r}',t)}\right\}$$

由于泛函导数

$$\frac{\delta\psi(\boldsymbol{r},t)}{\delta\psi(\boldsymbol{r}',t)}=\delta(\boldsymbol{r}-\boldsymbol{r}'),\quad\frac{\delta\psi^*(\boldsymbol{r}'',t)}{\delta\pi(\boldsymbol{r}',t)}=\frac{1}{\mathrm{i}\hbar}\delta(\boldsymbol{r}''-\boldsymbol{r}')$$

其余为零，故得等时的“经典”Poisson 括号为

$$\boxed{\begin{aligned}&\{\psi(\boldsymbol{r},t),\psi^*(\boldsymbol{r}',t)\}_{P.B}=\frac{1}{\mathrm{i}\hbar}\delta(\boldsymbol{r}-\boldsymbol{r}')\\&\{\psi(\boldsymbol{r},t),\psi(\boldsymbol{r}',t)\}_{P.B}=\{\psi^*(\boldsymbol{r},t),\psi^*(\boldsymbol{r}',t)\}_{P.B}=0\end{aligned}} \tag{3.31}$$

同时，还得到这个“经典场”的正则变量的运动方程⑧

---

⑥ 原则上，复标量场 ψ,ψ^* 相互独立，各自独立变分。场与共轭场应有两对 (ψ,π)，(ψ^*,π^*)。

⑦ Klein-Gordon 场、Dirac 场也类似。

⑧ 注意已设定 ψ 和 π 是由它俩各自本身组成，是不显含 t 的，故无 $\frac{\partial}{\partial t}$ 项。

$$\boxed{\frac{\mathrm{d}\psi(\boldsymbol{r},t)}{\mathrm{d}t}=\{\psi(\boldsymbol{r},t),H(t)\}_{P.B.(\psi,\pi)}} \tag{3.32}$$

由于有式(3.29),另一个关于 ψ^* 的运动方程是不独立的,不必理会。

3.2　"Schrödinger 场"对易规则二次量子化

3.2.1　"Schrödinger 场"按对易规则二次量子化

现在将正则量子化方案应用到"Schrödinger 场"上,看对这个概率幅场进行"第二次量子化"之后,所得到的"量子化场"代表什么物理事物。值得预先指出的是,实际上,这样做的结果是拟定了全同多粒子体系量子力学理论!

二次量子化方法共有两条规定。其一:将普通场量函数替换为非对易的(作用在量子系统 Hilbert 空间并改变系统状态的)场算符

$$\boxed{\psi(\boldsymbol{r},t)\rightarrow\hat{\Psi}(\boldsymbol{r},t);\quad \pi(\boldsymbol{r},t)\rightarrow\hat{\Pi}(\boldsymbol{r},t)} \tag{3.33}$$

还有 $\psi^*\rightarrow\hat{\Psi}^+$。"量子替换"的内容就是规定对易规则:经典 Poisson 括号替换为量子 Poisson 括号(除 Lagrange 密度外,就是此处引入 $\hbar$)

$$\boxed{\{A,B\}_{P.B.}\Rightarrow\frac{1}{\mathrm{i}\hbar}[\hat{A},\hat{B}]} \tag{3.34a}$$

目前情况,这种"量子替换"产生如下(等时)对易关系

$$\boxed{\begin{aligned}&[\hat{\Psi}(\boldsymbol{r},t),\hat{\Psi}^+(\boldsymbol{r}',t)]=\delta(\boldsymbol{r}-\boldsymbol{r}')\\&[\hat{\Psi}(\boldsymbol{r},t),\hat{\Psi}(\boldsymbol{r}',t)]=[\hat{\Psi}^+(\boldsymbol{r},t),\hat{\Psi}^+(\boldsymbol{r}',t)]=0\end{aligned}} \tag{3.34b}$$

显然,对易关系式(3.34b)是量子力学中 Heisenberg 基本对易关系 $[x_i,p_j]=\delta_{ij}$ 向具有空间广延性的、无穷多自由度的场论情况的自然推广(这时自由度的编号是位置矢量)。再就是,需要规定场算符的时空函数性质。**其二:维持原来"经典"场方程形式不变,只将其中场量普通函数替换成场算符。这种替换实质是规定了场算符的时空传播规律,即它们的时空函数性质。**其实,第一条"量子替换"之后,接着有两种途径求得量子场算符 $\hat{\Psi}(x)$ 的运动方程:①按 Euler-Lagrange 方程导出;②按二次量子化第二条规则,由下面场量运动方程得出

$$\boxed{\begin{cases}\dot{\hat{\Psi}}=\dfrac{1}{\mathrm{i}\hbar}[\hat{\Psi}(\boldsymbol{r},t),\hat{H}(t)]\\[2ex]\hat{H}(t)=\displaystyle\int\mathrm{d}\boldsymbol{r}'\hat{\Psi}^+(\boldsymbol{r}',t)\left[-\frac{\hbar^2}{2\mu}\Delta'+V(\boldsymbol{r}',t)\right]\hat{\Psi}(\boldsymbol{r}',t)\end{cases}} \tag{3.35}$$

可以检验,两种途径所得场算符的运动方程相同,说明二次量子化过程逻辑自洽。实际上,按照途径②由式(3.35)出发,将 $\hat{H}(t)$ 表达式代入并计算对易子,就得出

$$\dot{\hat{\Psi}}(\boldsymbol{r},t)=\int \mathrm{d}\boldsymbol{r}'\ \frac{1}{\mathrm{i}\hbar}\left[\hat{\Psi}(\boldsymbol{r},t),\hat{\Psi}^{+}(\boldsymbol{r}',t)\left(-\frac{\hbar^2}{2\mu}\Delta'+V(\boldsymbol{r}',t)\right)\hat{\Psi}(\boldsymbol{r}',t)\right]$$
$$=\frac{1}{\mathrm{i}\hbar}\int \mathrm{d}\boldsymbol{r}'\left\{\delta(\boldsymbol{r}-\boldsymbol{r}')\left(-\frac{\hbar^2}{2\mu}\Delta'+V(\boldsymbol{r}',t)\right)\hat{\Psi}(\boldsymbol{r}',t)\right\}$$
$$=\frac{1}{\mathrm{i}\hbar}\left(-\frac{\hbar^2}{2\mu}\Delta+V(\boldsymbol{r},t)\right)\hat{\Psi}(\boldsymbol{r},t)$$

这和从 Euler-Lagrange 方程所得场算子 $\hat{\Psi}(\boldsymbol{x},t)$ 的运动方程相同

$$\boxed{\mathrm{i}\hbar\frac{\partial\hat{\Psi}}{\partial t}=-\frac{\hbar^2}{2\mu}\Delta\hat{\Psi}(\boldsymbol{r},t)+V(\boldsymbol{r},t)\hat{\Psi}(\boldsymbol{r},t)} \tag{3.36}$$

注意，**二次量子化后的量子场方程和原先单粒子方程形式完全相同。**

以上就是对 Schrödinger 方程的二次量子化过程。初看起来，这种手续很古怪，不知其为何。但下面将严格证明：**这样做的结果就是从单粒子 Schrödinger 方程导出全同 Boson 多体 Schrödinger 方程。也就是说，原来的“经典”场方程——单粒子 Schrödinger 方程，经此手续转换，表面形式未变，但却已经是描述全同 Boson 多体 Schrödinger 方程。所以，就 Schrödinger 方程而言，二次量子化手续既简单也不古怪。**对此下面将逐步给以阐明。

鉴于从 Newton 力学到 Schrödinger 方程建立已经实施过量子化了⑨**，所以这次量子化应当算是第二次量子化——这是名称的由来。**

但是，将这种做法推广到 Schrödinger 方程之外，不管原来场是经典的——Maxwell场，还是已经量子化的 Dirac“场”、Klein-Gordon“场”，对它们也都进行如此的“二次量子化”，则是一个正确性只能由实践检验的重大假设。其中，对 Maxwell 场这样做实际上还应当算是第一次量子化，但从量子化的手续特征来看，却是标准的二次量子化方法⑩**。**

最后，还应当强调指出一条：**由目前这种 Schrödinger 场所得到的“量子 Schrödinger 场”，在其场量子之间并无相互作用——虽然它们各自均受到外部势场 $V(\boldsymbol{r},t)$ 的作用。**经过 3.2.2 节粒子数表象叙述之后，这一点将看得更为清楚。因为 Hamilton 量中只有单体算符，不存在两体或多体算符。这是目前所用 Lagrange 密度 $\mathcal{L}$ 决定的。至于场量子之间有相互作用的一般讨论见 3.4 节。

---

⑨ 一次量子化的核心内容为：$\boldsymbol{p}\to-\mathrm{i}\hbar\nabla, E\to\mathrm{i}\hbar\partial/\partial t$。

⑩ Maxwell 场二次量子化是由 Dirac(1927)发展的。随后，Wigner 和 Jordan 把它推广到费米子情况(1928)。二次量子化的一般论述参见 Ziman J M. Elemants of Advanced Quantum Theory. 1980；Gordon Baym, Lectures on Q M, 411-439(with problems)；Trigg G L. Quantum Mechanics. Chapter 14, Nonrelativistic field(scalar)、Dirac field, electromaguetic field or Quantization; Rickayzen G. Green's Functions and Condensed Matter, Appendix A. , Summary of the Results of Second Quantization. 1980：341。

3.2.2 转入粒子数表象

为转入(具有某种含意的)粒子数表象,第一步是先寻求适当的正交归一本征函数组对场算符 $\hat{\Psi}$ 的时空变数作展开。例如,对一个大而均匀系统,很自然采用满足周期边界条件的箱归一平面波组作为展开基矢;而对于原子中相互作用的电子系统,通常用单粒子库仑波函数完备集合作为展开基矢;对晶格点阵中运动的粒子,方便的选择是适当周期势中的 Bloch 波函数完备集,等等。**无论哪种选择,一旦选定,粒子数表象的"粒子"即被赋予相应模式的具体物理含义。**

为简单起见,限于相互作用 V 不显含 t 的情况,这时"经典"Schrödinger 方程解的完备集是

$$\left\{\psi_k(\boldsymbol{r})\mathrm{e}^{-\mathrm{i}E_k t/\hbar},\left(-\frac{\hbar^2}{2\mu}\Delta+V(\boldsymbol{r})\right)\psi_k(\boldsymbol{r})=E_k\psi_k(\boldsymbol{r}),\forall k\right\} \tag{3.37}$$

这里 k 表示完备力学量组的量子数集合。它们取值不同表示粒子状态或运动模式不同。通常这个函数族构成正交归一完备族

$$\boxed{\begin{cases}\displaystyle\int \mathrm{d}v\,\psi_k(\boldsymbol{r})\psi_{k'}^*(\boldsymbol{r})=\delta_{kk'}\\ \displaystyle\sum_k\psi_k(\boldsymbol{r})\psi_k^*(\boldsymbol{r}')=\delta(\boldsymbol{r}-\boldsymbol{r}')\end{cases}} \tag{3.38}$$

于是可以用这组函数族展开场算符 $\hat{\Psi}(\boldsymbol{r},t)$ 和 $\hat{\Psi}^+(\boldsymbol{r},t)$

$$\boxed{\Psi(\boldsymbol{r},t)=\sum_k\hat{a}_k\psi_k(\boldsymbol{r})\mathrm{e}^{-\mathrm{i}E_k t/\hbar};\quad \hat{\Psi}^+(\boldsymbol{r},t)=\sum_k\hat{a}_k^+\psi_k^*(\boldsymbol{r})\mathrm{e}^{\mathrm{i}E_k t/\hbar}} \tag{3.39}$$

这里 $\hat{a}_k$,$\hat{a}_k^+$ 是量子系数,体现场算符 $\hat{\Psi}(\boldsymbol{r},t)$、$\hat{\Psi}^+(\boldsymbol{r},t)$的非对易代数性质。实际上,利用 $\{\psi_k(\boldsymbol{r})\}$ 正交归一性可以反解出这两个量子系数

$$\boxed{\begin{cases}\hat{a}_k=\displaystyle\int \mathrm{d}\boldsymbol{r}\hat{\Psi}(\boldsymbol{r},t)\psi_k^*(\boldsymbol{r})\mathrm{e}^{\mathrm{i}E_k t/\hbar}\\ \hat{a}_k^+=\displaystyle\int \mathrm{d}\boldsymbol{r}\hat{\Psi}^+(\boldsymbol{r},t)\psi_k(\boldsymbol{r})\mathrm{e}^{-\mathrm{i}E_k t/\hbar}\end{cases}} \tag{3.40}$$

由此,再根据 $\hat{\Psi}$,$\hat{\Psi}^+$ 的对易关系,容易得到

$$\begin{aligned}[\hat{a}_k,\hat{a}_{k'}^+]&=\int \mathrm{d}\boldsymbol{r}\mathrm{d}\boldsymbol{r}'[\hat{\Psi}(\boldsymbol{r},t),\hat{\Psi}^+(\boldsymbol{r}',t)]\psi_{k'}(\boldsymbol{r}')\psi_k^*(\boldsymbol{r})\mathrm{e}^{\mathrm{i}(E_k-E_{k'})t/\hbar}\\ &=\int \mathrm{d}\boldsymbol{r}\mathrm{d}\boldsymbol{r}'\delta(\boldsymbol{r}-\boldsymbol{r}')\psi_{k'}(\boldsymbol{r}')\psi_k^*(\boldsymbol{r})\mathrm{e}^{\mathrm{i}(E_k-E_{k'})t/\hbar}\\ &=\int \mathrm{d}\boldsymbol{r}\psi_{k'}(\boldsymbol{r})\psi_k^*(\boldsymbol{r})\mathrm{e}^{\mathrm{i}(E_k-E_{k'})t/\hbar}=\delta_{kk'}\end{aligned}$$

其余类似计算,总计得到

$$\boxed{[\hat{a}_k,\hat{a}_{k'}^+]=\delta_{kk'},\quad [\hat{a}_k,\hat{a}_{k'}]=[\hat{a}_k^+,\hat{a}_{k'}^+]=0} \tag{3.41}$$

习题 3.4 由展开式(3.39),根据 $\hat{\Psi}$,$\hat{\Psi}^+$ 的对易关系,证明全部式(3.41)。

这里强调指出,"Schrödinger 场"的二次量子化,场算子 $\hat{\Psi}$ 展开式中只含湮没算符,$\hat{\Psi}^+$ 中只含产生算符。这与复 Klein-Gordon 场不同。

下面用 $\hat{a}_k$、$\hat{a}_k^+$ 表示 Hamilton 量和粒子数算符

$$\hat{H}=\int \mathrm{d}\boldsymbol{r}\mathscr{H}=\int \mathrm{d}\boldsymbol{r}\hat{\Psi}^+(\boldsymbol{r},t)\left[-\frac{\hbar^2}{2\mu}\Delta+V\right]\hat{\Psi}(\boldsymbol{r},t)$$

$$=\int \mathrm{d}\boldsymbol{r}\hat{\Psi}^+(\boldsymbol{r},t)\sum_k \hat{a}_k E_k \psi_k(\boldsymbol{r})\mathrm{e}^{\mathrm{i}E_k t/\hbar}$$

$$=\sum_{kk'}\hat{a}_{k'}^+\hat{a}_k E_k \mathrm{e}^{\mathrm{i}(E_{k'}-E_k)t/\hbar}\int \mathrm{d}\boldsymbol{r}\psi_{k'}^*(\boldsymbol{r})\psi_k(\boldsymbol{r})$$

$$\hat{N}=\int \mathrm{d}\boldsymbol{r}\hat{\Psi}^+(\boldsymbol{r},t)\hat{\Psi}(\boldsymbol{r},t)=\sum_{kk'}\hat{a}_k^+\hat{a}_{k'}\mathrm{e}^{\mathrm{i}(E_{k'}-E_k)t/\hbar}\int \mathrm{d}\boldsymbol{r}\psi_{k'}^*(\boldsymbol{r})\psi_k(\boldsymbol{r})$$

利用 $\{\psi_k(\boldsymbol{r})\mathrm{e}^{-\mathrm{i}E_k t/\hbar}\}$ 的正交归一性,即有

$$\boxed{\hat{H}=\sum_k E_k\hat{a}_k^+\hat{a}_k,\quad \hat{N}=\sum_k\hat{a}_k^+\hat{a}_k=\sum_k\hat{N}_k} \tag{3.42}$$

这里 $\hat{N}_k=\hat{a}_k^+\hat{a}_k$ 为 k 模态的粒子数算符。于是可将 $\hat{H}$ 系统看成满足对易规则式(3.41)的所有无相互作用 k 模态准粒子的集合。由于

$$\boxed{[\hat{H},\hat{N}_k]=0,\quad \forall k} \tag{3.43}$$

每个 k 模态的粒子数 n_k 都是不依赖于时间的运动常数(当然,各个 k 模态占据数可能不同,由初始条件决定)。这些 $\hat{N}_k$ 彼此也对易,从而 $\{\hat{H},\hat{N}_k\}$ 组成一个对易的完备力学量组。它们共同本征态是

$$\{|n_1,n_2,\cdots\rangle,\forall n_k\}$$

具体写出来就是

$$\boxed{|n_1,\cdots,n_k,\cdots\rangle=\frac{1}{\sqrt{(n_1!\cdots n_k!\cdots)}}(\hat{a}_1^+)^{n_1}\cdots(\hat{a}_k^+)^{n_k}\cdots|0\rangle} \tag{3.44}$$

此式表明,态中有 n_k 个场量子在 k 模态上,但却未说明这 n_k 个场量子谁是谁。实际上,由于同一个 k 模态内各个 $\hat{a}_k^+$ 之间的全同性,这 n_k 个场量子不可分辨,这要求态矢对它们置换是对称的。进一步,如果某过程中有量子数 k 交换,k 不是好量子数。这时不同 k 模态的场量子也由于对易性而无法分辨谁交换或不交换。**总之,这里理论已经自动符合于全同性原理。**

这组正交归一完备基矢称为粒子数表象基矢,撑开粒子数表象。它们的线性组合构成一个富于粒子图像的 Boson 的 Fock 空间。转入粒子数表象之后,可以清楚地看到,**此量子场物理上描述一组总数不变的全同 Boson 集合。并且,这些 Boson 彼此无相互作用,尽管各自都受着外场 V 的作用,可能处于束缚态或非束缚态。如前所说,实际上,这里是"将 $\psi_k(r)\mathrm{e}^{-\mathrm{i}E_k t/\hbar}$ 认作一个 Bose 性的准粒子——Bose 性量子场的**

量子,对它们进行产生和湮没。"但是,**根据目前非相对论量子力学 Hamilton 量的构造原则,产生和湮没过程必定相伴相随,使粒子数守恒。**所以,说是"**产生**""**湮没**",**其实只是粒子状态的跃迁或转换。**比如,一个处于 ψ_i 的"粒子"被看成场的第 i 个自由度(第 i 个模)的一个量子,演化中其数目增减由相应的产生、湮没算符决定。只不过,由于这些场量子是全同的,湮没之前或产生之后都要实行对称量子纠缠,成为"你中有我,我中有你"不可分辨的 n_k 个 Boson。

粒子数表象的态矢空间称为 Fock 空间。有时将粒子数表象称为二次量子化表象并不确切。因为,(二次量子化之前)单粒子量子力学问题,如谐振子等,也可以采用粒子数表象和 Fock 空间表示。

3.2.3　与全同 Boson 多体量子力学的等价性

上面阐述了二次量子化的做法。但为了将"**这个量子场的动力学在物理本质和数学形式上都等价于全同 Boson 多体量子力学**"这一点看得更为清楚,现将上面结果转入坐标表象。

可以证明:**$\hat{\Psi}^+(\boldsymbol{r},t)$和 $\hat{\Psi}(\boldsymbol{r},t)$分别是在 t 时刻在 $\boldsymbol{r}$ 处产生一个和湮没一个场量子的算符。**

证:　首先表明,$\hat{\Psi}^+(\boldsymbol{r},t)$ 作用到粒子数表象的任何态矢上,所构成的新态(由 $\hat{\Psi}^+(\boldsymbol{r},t)$ 展开式知,它是关于所有模 $\hat{a}_k^+$ 的叠加态),总粒子数比原先多 1。实际上可用粒子数算符作检查:假定原先为

$$\hat{N}\mid n_1,\cdots,n_k,\cdots\rangle = N\mid n_1,\cdots,n_k,\cdots\rangle$$

则有

$$\begin{aligned}
\hat{N}(\hat{\Psi}^+(\boldsymbol{r},t)\mid n_1,\cdots,n_k,\cdots\rangle) &= \int \mathrm{d}\boldsymbol{r}'\hat{\Psi}^+(\boldsymbol{r}',t)\hat{\Psi}(\boldsymbol{r}',t)\hat{\Psi}^+(\boldsymbol{r},t)\mid n_1,\cdots,n_k,\cdots\rangle \\
&= \int \mathrm{d}\boldsymbol{r}'\hat{\Psi}^+(\boldsymbol{r}',t)(\hat{\Psi}^+(\boldsymbol{r},t)\hat{\Psi}(\boldsymbol{r}',t)+\delta(\boldsymbol{r}-\boldsymbol{r}'))\mid n_1,\cdots,n_k,\cdots\rangle \\
&= (\hat{\Psi}^+(\boldsymbol{r},t)\hat{N}+\hat{\Psi}^+(\boldsymbol{r},t))\mid n_1,\cdots,n_k,\cdots\rangle \\
&= (N+1)(\hat{\Psi}^+(\boldsymbol{r},t)\mid n_1,\cdots,n_k,\cdots\rangle)
\end{aligned}$$

其次表明,**$\hat{\Psi}^+(\boldsymbol{r},t)$是在 t 时刻在 $\boldsymbol{r}$ 处产生一个场量子的算符。**已知 $\hat{a}_k^+$ 的作用是产生一个处于 $\psi_k(\boldsymbol{r})$ 模态的场量子,于是在点 $\boldsymbol{r}'$ 处找到由 $\hat{a}_k^+$ 产生的粒子的概率幅为 $\psi_k(\boldsymbol{r}')\exp(-\mathrm{i}E_kt/\hbar)$。而现在已知

$$\boxed{\hat{\Psi}^+(\boldsymbol{r},t) = \sum_k \psi_k^*(\boldsymbol{r})\mathrm{e}^{\mathrm{i}E_kt/\hbar}\cdot\hat{a}_k^+} \tag{3.45}$$

它以带有叠加系数 $\psi_k^*(\boldsymbol{r})\exp(\mathrm{i}E_kt/\hbar)$ 方式添加一个 $\hat{a}_k^+$ 粒子,并对所有模态求和。所以,在点 $\boldsymbol{r}'$ 处找到由 $\hat{a}_k^+$ 所添加的粒子的概率幅等于:新增概率幅 $\psi_k(\boldsymbol{r}')\mathrm{e}^{-\mathrm{i}E_kt/\hbar}$ 和原有叠加系数 $\psi_k^*(\boldsymbol{r})\mathrm{e}^{\mathrm{i}E_kt/\hbar}$ 乘积。整个 $\hat{\Psi}^+(\boldsymbol{r},t)$ 的总效果(不管什么模,只问 $\boldsymbol{r}'$ 处有无

粒子的概率幅)是这些乘积之和

$$\sum_{k'}\psi_{k'}^*(\boldsymbol{r})\mathrm{e}^{\mathrm{i}E_{k'}t/\hbar}\psi_{k'}(\boldsymbol{r}')\mathrm{e}^{-\mathrm{i}E_{k'}t/\hbar}=\sum_k\psi_k^*(\boldsymbol{r})\psi_k(\boldsymbol{r}')=\delta(\boldsymbol{r}-\boldsymbol{r}') \tag{3.46}$$

换句话说，**就算符 $\hat{\Psi}^+(\boldsymbol{r},t)$ 本身作用来说(不计后面所乘的任意态矢)，它把添加一个粒子的概率幅全都加在 $\boldsymbol{r}$ 点了。**这就证明了 $\hat{\Psi}^+(\boldsymbol{r},t)$ 可以作如上解释。对 $\hat{\Psi}(\boldsymbol{r},t)$ 的论证类似。 证毕。

于是，**如果说术语 $\hat{a}_k^+$、$\hat{a}_k$ 富于粒子图像的话，则术语 $\hat{\Psi}^+(\boldsymbol{r},t)$、$\hat{\Psi}(\boldsymbol{r},t)$ 就富于量子场图像，称它们为场算符是理所当然的。**现在，引入定域于某个体积 v 的、含时的**“定域粒子数算符”$\hat{N}_v$**

$$\hat{N}_v=\int_v \mathrm{d}\boldsymbol{r}\hat{\Psi}^+(\boldsymbol{r},t)\hat{\Psi}(\boldsymbol{r},t) \tag{3.47}$$

积分限于某个体积 v[⑪]。为了说明此算符的物理意义，证明如下结果

$$\begin{cases}\hat{N}_v\hat{\Psi}^+(\boldsymbol{r},t)=\hat{\Psi}^+(\boldsymbol{r},t)(\hat{N}_v+1), & \boldsymbol{r}\in v\\ \hat{N}_v\hat{\Psi}^+(\boldsymbol{r},t)=\hat{\Psi}^+(\boldsymbol{r},t)\hat{N}_v, & \boldsymbol{r}\notin v\end{cases} \tag{3.48}$$

证： $$[\hat{N}_v,\hat{\Psi}^+(\boldsymbol{r},t)]=\int_v \mathrm{d}\boldsymbol{r}'[\hat{\Psi}^+(\boldsymbol{r}',t)\hat{\Psi}(\boldsymbol{r}',t),\hat{\Psi}^+(\boldsymbol{r},t)]$$

$$=\int_v \mathrm{d}\boldsymbol{r}'\hat{\Psi}^+(\boldsymbol{r}',t)\delta(\boldsymbol{r}-\boldsymbol{r}')=\begin{cases}\hat{\Psi}^+(\boldsymbol{r},t), & \boldsymbol{r}\in v\\ 0, & \boldsymbol{r}\notin v\end{cases}$$

此结果物理意义很明显：若 $\hat{\Psi}^+(\boldsymbol{r},t)$ 所增加的那个粒子在 v 内，则用 $\hat{N}_v$ 检查时将发现增加一个粒子；若不在 v 内，$\hat{N}_v$ 的本征值不变。现在容易证明：**N 个全同 Boson 系统，其坐标表象基矢可用场算符构造为**

$$|\boldsymbol{r}_1,\boldsymbol{r}_2,\cdots,\boldsymbol{r}_N,t\rangle=\frac{1}{\sqrt{N!}}\hat{\Psi}^+(\boldsymbol{r}_1,t)\hat{\Psi}^+(\boldsymbol{r}_2,t)\cdots\hat{\Psi}^+(\boldsymbol{r}_N,t)|0\rangle \tag{3.49}$$

证： 先假定上面态矢中诸 $\boldsymbol{r}_k$ 点各不相同。于是可分别构造 $\hat{N}_{v_1},\cdots,\hat{N}_{v_N}$，让每个 v_k 足够小，小到只包含 $\boldsymbol{r}_k$ 在内。分别用每个 $\hat{N}_{v_k}$ 作 N 次检查，每个 $\hat{N}_{v_k}$ 只与对应 $\boldsymbol{r}_k$ 点附近的 $\hat{\Psi}^+(\boldsymbol{r}_k,t)$ 交换时出一个 $\hat{\Psi}^+(\boldsymbol{r}_k,t)$；而与其他 $\hat{\Psi}^+(\boldsymbol{r}_i,t)$ $(\forall i\neq k)$ 均可交换直至 $\hat{N}_{v_k}|0\rangle=0$。这样，用每个 $\hat{N}_{v_k}$ 作用的结果确实可以发现这个态分别是它的本征值为 1 的本征态。

如果 $\boldsymbol{x}_k$ 中有相重的，如 $\boldsymbol{r}_k=\boldsymbol{r}_l$ 两个位置相重，则用 $\hat{N}_{v_l}$ 作用时，和其他 $\hat{\Psi}^+$ 均可交换，直到这两个 $\hat{\Psi}^+(\boldsymbol{r}_k,t)$、$\hat{\Psi}^+(\boldsymbol{r}_l,t)$之前，与它们的交换分别出现一个$\hat{\Psi}^+(\boldsymbol{r}_k,t)$ 和 $\hat{\Psi}^+(\boldsymbol{r}_l,t)$，加起来，说明这个态是 $\hat{N}_{v_k}$ 的本征值为 2 的本征态等。 证毕。

---

⑪ 将 $\hat{\Psi}^+(\boldsymbol{r},t)$、$\hat{\Psi}(\boldsymbol{r},t)$的展开式代入此积分可知，由于 $\int_v \mathrm{d}\boldsymbol{r}\psi_k(\boldsymbol{r})\psi_{k'(\boldsymbol{r})}^*\neq\delta_{kk'}$，从而因子 $\mathrm{e}^{\mathrm{i}(E_k-E_{k'})t/\hbar}$不能消去，于是 $\hat{N}_v$ 一般含 t。物理意义是明白的：就有限体积 v 而言，$\psi(\boldsymbol{r},t)$随 t 演化并叠加的结果造成概率云的变动。

习题 3.5 由式(3.49)证明下式：$\hat{\Psi}^{+}(\boldsymbol{r},t)\mid \boldsymbol{r}_1,\cdots,\boldsymbol{r}_N,t\rangle = \sqrt{N+1}\mid \boldsymbol{r}_1,\cdots,\boldsymbol{r}_N,\boldsymbol{r},t\rangle$。还可以证明，**基矢组式(3.49)是正交归一的。**

证：

$$[\boldsymbol{r}_1',\cdots,\boldsymbol{r}_N' \mid \boldsymbol{r}_1,\cdots,\boldsymbol{r}_N] = \frac{1}{N!}\langle 0|\hat{\Psi}(\boldsymbol{r}_N',t)\cdots\hat{\Psi}(\boldsymbol{r}_1',t)\cdot\hat{\Psi}^{+}(\boldsymbol{r}_1,t)\cdots\hat{\Psi}^{+}(\boldsymbol{r}_N,t)\mid 0\rangle$$

$$= \frac{1}{N!}\langle 0|\hat{\Psi}(\boldsymbol{r}_N',t)\cdots\hat{\Psi}(\boldsymbol{r}_2',t)\{\delta(\boldsymbol{r}_1'-\boldsymbol{r}_1)+\hat{\Psi}^{+}(\boldsymbol{r}_1,t)\hat{\Psi}(\boldsymbol{r}_1',t)\}\hat{\Psi}^{+}(\boldsymbol{r}_2,t)\cdots\hat{\Psi}^{+}(\boldsymbol{r}_N,t)\mid 0\rangle$$

$$= \frac{1}{N!}\langle 0\mid \hat{\Psi}_{N'}\cdots\hat{\Psi}_{2'}\{\delta_{11'}+\hat{\Psi}_1^{+}\hat{\Psi}_{1'}\}\hat{\Psi}_2^{+}\cdots\hat{\Psi}_N^{+}\mid 0\rangle$$

$$= \frac{1}{N!}\langle 0\mid \hat{\Psi}_{N'}\cdots\hat{\Psi}_{2'}\{\delta_{11'}\hat{\Psi}_2^{+}+\delta_{1'2}\hat{\Psi}_1^{+}+\hat{\Psi}_1^{+}\hat{\Psi}_2^{+}\hat{\Psi}_{1'}\}\hat{\Psi}_3^{+}\cdots\hat{\Psi}_N^{+}\mid 0\rangle$$

$$= \cdots$$

最后即得

$$\boxed{\langle \boldsymbol{r}_1',\cdots,\boldsymbol{r}_N' \mid \boldsymbol{r}_1,\cdots,\boldsymbol{r}_N\rangle = \frac{1}{N!}\sum_P P\delta(\boldsymbol{r}_1'-\boldsymbol{r}_{P_1})\delta(\boldsymbol{r}_2'-\boldsymbol{r}_{P_2})\cdots\delta(\boldsymbol{r}_N'-\boldsymbol{r}_{P_N})} \tag{3.50}$$

这里 $P_1,P_2,\cdots,P_N = 1,2,\cdots,N$。$P$ 是对它们全体取值的一种置换，求和对所有可能的 P 进行，这共有 N! 项。最后结果对 $\{\boldsymbol{r}_k\}$ 和 $\{\boldsymbol{r}_k'\}$ 都是对称的。这是由于各个 $\hat{\Psi}^{+}$ 之间和各个 $\hat{\Psi}$ 之间对易。对此结果进行积分，即

$$\int\cdots\int \mathrm{d}\boldsymbol{r}_1'\cdots\boldsymbol{r}_N'\langle \boldsymbol{r}_1',\cdots,\boldsymbol{r}_N',t\mid \boldsymbol{r}_1,\cdots,\boldsymbol{r}_N,t\rangle = 1$$

这些是单粒子结果 $\langle \boldsymbol{r}'\mid \boldsymbol{r}\rangle = \delta(\boldsymbol{r}-\boldsymbol{r}')$，$\int \mathrm{d}\boldsymbol{r}'[\boldsymbol{r}'\mid \boldsymbol{r}] = 1$ 的简单推广。 证毕。

利用这组坐标表象基矢，就可以将前面粒子数表象结果转入 Schrödinger 表象，从而就能更清楚地看出所说的等价性。现在，记粒子数表象基矢的波函数为 $(\sum_{i=1}^{k} n_i = N)$

$$\boxed{\Phi_{n_1,n_2,\cdots}^{(N)}(\boldsymbol{r}_1,\cdots,\boldsymbol{r}_N,t) \equiv \langle \boldsymbol{r}_1,\cdots,\boldsymbol{r}_N,t\mid n_1,n_2,\cdots,n_k\rangle} \tag{3.51}$$

它的物理意义是：**模平方给出当 n_1 个粒子处在 $\psi_1(\boldsymbol{r})$、n_2 个粒子处在 $\psi_2(\boldsymbol{r})$……时，分别在 $\boldsymbol{r}_1,\cdots,\boldsymbol{r}_N$ 处找到这 N 个全同粒子的概率。**现在，将场算符 $\hat{\Psi}^{+}(\boldsymbol{r}_1,t)$ 的 Schrödinger 方程(是方程(3.36)的厄米共轭)

$$\boxed{-\mathrm{i}\hbar\frac{\partial\hat{\Psi}^{+}(\boldsymbol{r}_1,t)}{\partial t} = \left(-\frac{\hbar^2}{2\mu}\Delta_1+V(\boldsymbol{r}_1,t)\right)\hat{\Psi}^{+}(\boldsymbol{r}_1,t)}$$

乘以 $\hat{\Psi}^{+}(\boldsymbol{r}_2,t),\cdots,\hat{\Psi}^{+}(\boldsymbol{r}_N,t)$；对 $\hat{\Psi}^{+}(\boldsymbol{r}_2,t)$ 的 Schrödinger 方程也进行类似处理等。将所得 N 个方程全加起来，再乘以真空态 $\mid 0\rangle$，即得

$$\boxed{-\mathrm{i}\hbar\frac{\partial\mid \boldsymbol{r}_1,\cdots,\boldsymbol{r}_N,t\rangle}{\partial t} = \sum_{k=1}^{N}\left(-\frac{\hbar^2}{2\mu}\Delta_k+V(\boldsymbol{r}_k,t)\right)\mid \boldsymbol{r}_1,\cdots,\boldsymbol{r}_N,t\rangle}$$

乘以 $\langle n_1, n_2, \cdots |$，并取复数共轭，即得

$$i\hbar \frac{\partial}{\partial t}\Phi^{(N)}_{n_1,n_2,\cdots}(\boldsymbol{r}_1,\cdots,\boldsymbol{r}_N,t) = \sum_{k=1}^{N}\left(-\frac{\hbar^2}{2\mu}\Delta_k + V(\boldsymbol{r}_k,t)\right)\Phi^{(N)}_{n_1,n_2,\cdots}(\boldsymbol{r}_1,\cdots,\boldsymbol{r}_N,t) \tag{3.52}$$

由 $\hat{\Psi}^+(\boldsymbol{r}_k,t)$ 的相互对易可以推出 $|\boldsymbol{r}_1,\cdots,\boldsymbol{r}_N,t\rangle$ 关于 $\boldsymbol{r}_k$ 之间是对称的，从而 $\Phi^{(N)}_{n_1,n_2,\cdots}(\boldsymbol{r}_1,\cdots,\boldsymbol{r}_N,t)$ 对于 $\boldsymbol{r}_k$ 之间也是对称的。

至此证明了，"Schrödinger 场"按照对易规则二次量子化之后，完全等同于总粒子数 N 恒定的全同 Boson 多体 Schrödinger 方程。由于原方程只有单体算符，N 个 Boson 之间并无相互作用。

当然，也可以根据 $\Phi^{(N)}_{n_1,n_2,\cdots}(\boldsymbol{r}_1,\cdots,\boldsymbol{r}_N,t)$ 的定义求出下式

$$\Phi^{(N)}_{n_1,n_2,\cdots}(\boldsymbol{r}_1,\cdots,\boldsymbol{r}_N,t) = \frac{1}{\sqrt{N!n_1!n_2!\cdots}}\sum_P P\psi_{P_1}(\boldsymbol{r}_1,t)\psi_{P_2}(\boldsymbol{r}_2,t)\cdots\psi_{P_N}(\boldsymbol{r}_N,t) \tag{3.53}$$

这里 $(P_1,\cdots,P_N)\in(n_1,\cdots,n_k)$，从而换个角度证明这种等价性。

习题 3.6 求出 $\Phi^{(N)}_{n_1,n_2,\cdots}(\boldsymbol{r}_1,\cdots,\boldsymbol{r}_N,t)$ 的式(3.53)。

习题 3.7 从上题 $\Phi^{(N)}_{n_1,n_2,\cdots}(\boldsymbol{r}_1,\cdots,\boldsymbol{r}_N,t)$ 出发，证明按对易规则进行二次量子化，结果和全同 Boson 多粒子量子力学等价。

最后应当指出，**坐标表象基矢式(3.49)是一类只适用于非相对论情况的完全定域化的态矢。对于相对论性波动方程，无法构造这种完全定域化的基矢。因为，一旦空间尺度精确到 Compton 波长的量级，粒子位置概念便会失效。此时场量子的可定域性将受到"测量会产生与被测粒子无法区分的新的全同粒子"这种内禀限制[12]。而且，粒子数不再守恒和正反粒子对产生和湮没的事实，也让这类总粒子数固定的基矢不便于使用。**

3.3 "Schrödinger 场"反对易规则二次量子化

3.3.1 "Schrödinger 场"按 Jordan-Wigner 规则二次量子化

这里对"经典"的"Schrödinger 场"实施二次量子化，仍然按照正则量子化方案进行，只是使用反对易规则。也就是说，**以 Jordan-Wigner 量子化规则替代经典 Poisson 括号[13]**，即

[12] 参见卢里 D. 粒子与场. 北京：科学出版社，134、135 页.

[13] Phys. Z，1928，47：631.

$$\boxed{\begin{aligned}&\{\hat{\Psi}(\boldsymbol{r},t),\hat{\Psi}^{+}(\boldsymbol{r}',t)\}=\delta(\boldsymbol{r}-\boldsymbol{r}')\\&\{\hat{\Psi}(\boldsymbol{r},t),\hat{\Psi}(\boldsymbol{r}',t)\}=\{\hat{\Psi}^{+}(\boldsymbol{r},t),\hat{\Psi}^{+}(\boldsymbol{r}',t)\}=0\end{aligned}} \tag{3.54}$$

这里 $\{\hat{A},\hat{B}\}=\hat{A}\hat{B}+\hat{B}\hat{A}$。注意,对现在反对易子量子化情况,场算符运动方程(3.35)中的经典 Poisson 括号依然用式(3.34a)量子 Poisson 括号替换,不能也用 Jordan-Wigner 规则将其中对易子代以反对易子。这是因为,量子化后的 Hamilton 量是时间演化算符生成元,对任意不显含时间的场算符,其时间演化为 $\hat{\Omega}(0)\rightarrow\hat{\Omega}(t)=\mathrm{e}^{\mathrm{i}\hat{H}t/\hbar}\hat{\Omega}(0)\mathrm{e}^{-\mathrm{i}\hat{H}t/\hbar}$。因此不论按对易或反对易规则量子化,总是

$$\frac{\mathrm{d}\hat{\Omega}(t)}{\mathrm{d}t}=\frac{1}{\mathrm{i}\hbar}[\hat{\Omega}(t),\hat{H}] \tag{3.55}$$

由此利用 $[\hat{A},\hat{B}\hat{C}]=\{\hat{A},\hat{B}\}\hat{C}-\hat{B}\{\hat{A},\hat{C}\}$,量子化后场算符的运动方程为

$$\begin{aligned}\dot{\hat{\Psi}}(\boldsymbol{r},t)&=\frac{1}{\mathrm{i}\hbar}[\hat{\Psi}(\boldsymbol{r},t),\hat{H}(t)]=\int\mathrm{d}\boldsymbol{r}'\,\frac{1}{\mathrm{i}\hbar}[\hat{\Psi}(\boldsymbol{r},t),\hat{\Psi}^{+}(\boldsymbol{r}',t)H'_{\text{single}}\hat{\Psi}(\boldsymbol{r}',t)]\\&=\frac{1}{\mathrm{i}\hbar}\int\mathrm{d}\boldsymbol{r}'[\{\hat{\Psi}(\boldsymbol{r},t),\hat{\Psi}^{+}(\boldsymbol{r}',t)\}H'_{\text{single}}\hat{\Psi}(\boldsymbol{r}',t)-\hat{\Psi}^{+}(\boldsymbol{r}',t)H'_{\text{single}}\{\hat{\Psi}(\boldsymbol{r},t),\hat{\Psi}(\boldsymbol{r}',t)\}]\\&=\frac{1}{\mathrm{i}\hbar}\int\mathrm{d}\boldsymbol{r}'\delta(\boldsymbol{r}-\boldsymbol{r}')H'_{\text{single}}\hat{\Psi}(\boldsymbol{r}',t)=\frac{1}{\mathrm{i}\hbar}H_{\text{single}}(\boldsymbol{r},t)\hat{\Psi}(\boldsymbol{r},t)\end{aligned}$$

即场算符 $\hat{\Psi}(\boldsymbol{r},t)$ 的运动方程与原来单粒子 Schrödinger 方程形式相同

$$\boxed{\mathrm{i}\hbar\frac{\partial\hat{\Psi}(\boldsymbol{r},t)}{\partial t}=\left(-\frac{\hbar^2}{2\mu}\Delta+V(\boldsymbol{r},t)\right)\hat{\Psi}(\boldsymbol{r},t)} \tag{3.56}$$

也就是说,按正则量子化方案,用这种反对易规则对该场进行量子化的结果,只是在原先单粒子 Schrödinger 方程中,将波函数代以满足反对易关系的场算符。这是另一种,即全同 Fermion 的二次量子化。

这种量子化后的 “Schrödinger 场”其物理内容如何呢?为了揭示这种做法和结果的物理内容,下面仍然先转入粒子数表象。

3.3.2 转入粒子数表象

取上述“经典”Schrödinger 方程的本征波函数解为正交归一完备基 $\{\psi_k(\boldsymbol{r})\mathrm{e}^{-\mathrm{i}E_kt/\hbar}\}$。与前面 Boson 叙述类似,这也就是以后产生或湮没的 Fermion 模态的具体内容。展开场算符 $\hat{\Psi}(\boldsymbol{r},t)$ 和 $\hat{\Psi}^{+}(\boldsymbol{r},t)$

$$\boxed{\begin{cases}\Psi(\boldsymbol{r},t)=\sum\limits_k\hat{b}_k\psi_k(\boldsymbol{r})\mathrm{e}^{-\mathrm{i}E_kt/\hbar}\\\Psi^{+}(\boldsymbol{r},t)=\sum\limits_k\hat{b}_k^{+}\psi_k^{*}(\boldsymbol{r})\mathrm{e}^{\mathrm{i}E_kt/\hbar}\end{cases}} \tag{3.57}$$

利用 $\{\psi_k\}$ 的正交归一性,反解出量子系数,得

$$\boxed{\begin{cases}\hat{b}_k=\int\mathrm{d}\boldsymbol{r}\hat{\Psi}(\boldsymbol{r},t)\psi_k^{*}(\boldsymbol{r})\mathrm{e}^{\mathrm{i}E_kt/\hbar}\\\hat{b}_k^{+}=\int\mathrm{d}\boldsymbol{r}\,\hat{\Psi}^{+}(\boldsymbol{r},t)\psi_k(\boldsymbol{r})\mathrm{e}^{-\mathrm{i}E_kt/\hbar}\end{cases}} \tag{3.58}$$

由这两个表达式,根据 $\hat{\Psi}$ 、$\hat{\Psi}^+$ 的反对易关系,类似于 Boson 叙述,即可导出 $\hat{b}$ 、$\hat{b}^+$ 的反对易关系如下

$$\boxed{\{\hat{b}_k,\hat{b}_{k'}^+\}=\delta_{kk'},\quad \{\hat{b}_k,\hat{b}_{k'}\}=\{\hat{b}_k^+,\hat{b}_{k'}^+\}=0} \tag{3.59}$$

接着,用 $\hat{b}_k$ 、$\hat{b}_k^+$ 表示 $\hat{H}$ 和 $\hat{N}$,

$$\begin{aligned}\hat{H} &= \int \mathrm{d}\boldsymbol{r}\hat{\Psi}^+(\boldsymbol{r},t)\left[-\frac{\hbar^2}{2\mu}\Delta+V\right]\hat{\Psi}(\boldsymbol{r},t)\\ &= \int \mathrm{d}\boldsymbol{r}\sum_{kk'}\hat{b}_k^+\psi_k^*(\boldsymbol{r})\mathrm{e}^{\mathrm{i}(E_k-E_{k'})t/\hbar}E_{k'}\hat{b}_{k'}\psi_{k'}(\boldsymbol{r})\\ &= \sum_{kk'}\delta_{kk'}\mathrm{e}^{\mathrm{i}(E_k-E_{k'})t/\hbar} = \sum_k E_k\hat{b}_k^+\hat{b}_k\end{aligned}$$

所以有

$$\boxed{\hat{H}=\sum_k E_k\hat{b}_k^+\hat{b}_k,\quad \hat{N}=\sum_k\hat{b}_k^+\hat{b}_k} \tag{3.60}$$

但由于 $\hat{b}$ 、$\hat{b}^+$ 间的反对易关系,第 k 个模态的粒子数算符 $\hat{N}_k=\hat{b}_k^+\hat{b}_k$ 的本征值只能取 0 或 1。

证: 由于 $\{\hat{b}_k,\hat{b}_{k'}\}=\{\hat{b}_k^+,\hat{b}_{k'}^+\}=0\Rightarrow b_k^2=(b_k^+)^2=0$,所以

$$\hat{N}_k^2=\hat{b}_k^+\hat{b}_k\hat{b}_k^+\hat{b}_k=\hat{b}_k^+(1-\hat{b}_k^+\hat{b}_k)\hat{b}_k=\hat{b}_k^+\hat{b}_k=\hat{N}_k$$

于是 $\hat{N}_k$ 只有两个本征值 0、1。这正体现了 Pauli 不相容原理。 证毕。

显然,$\{\hat{H},\hat{N}_k,\forall k\}$ 构成可对易算符的完备组,它们共同本征态族可作为正交归一完备基矢

$$\boxed{|n_1,n_2,\cdots\rangle=(\hat{b}_1^+)^{n_1}(\hat{b}_2^+)^{n_2}\cdots|0\rangle,\quad \forall n_k=0,1} \tag{3.61}$$

撑开 Fermion 的粒子数表象,线性叠加集合构成 Fermion 的 Fock 空间。容易用 $\hat{N}_k$ 检查这个态矢的物理意义。这只要注意

$$\begin{cases}[\hat{b}_i^+\hat{b}_i,\hat{b}_k]=\hat{b}_i^+\{\hat{b}_i,\hat{b}_k\}-\{\hat{b}_i^+,\hat{b}_k\}\hat{b}_i=\begin{cases}0, & i\neq k\\ \hat{b}_i, & i=k\end{cases}\\ [\hat{b}_i^+\hat{b}_i,\hat{b}_k^+]=\hat{b}_i^+\{\hat{b}_i,\hat{b}_k^+\}-\{\hat{b}_i^+,\hat{b}_k^+\}\hat{b}_i=\begin{cases}0, & i\neq k\\ \hat{b}_i^+, & i=k\end{cases}\end{cases}$$

将 $\hat{N}_k=\hat{b}_k^+\hat{b}_k$ 逐个向右对易过去,直至 $\hat{b}_k|0\rangle=0$。由于 $\hat{b}_k^+$ 之间的反对易关系,态矢 $|n_1,n_2,\cdots\rangle$ 对其中任何两个非零 n_i,n_k 间的交换均是反称的。

至此已经清楚表明,**此量子场物理上代表一组总数固定的全同 Fermion 集合。这些 Fermion 之间除交换作用(由反称化而来)之外,彼此并无相互作用。尽管它们各自都受外场 V 的作用而处于束缚态或非束缚态。实际上,这里是“将 $\psi_k(\boldsymbol{r})\mathrm{e}^{-\mathrm{i}E_kt/\hbar}$ 当成一个 Fermi 性的准粒子——Fermi 性量子场的量子,对其进行产生或湮没”。只不过由于这些场量子是全同的,湮没之前或产生之后,都要和原先 Fermion 进行反对称量子纠缠,成为“你中有我,我中有你”,原则上不可分辨。**

3.3.3 与全同 Fermion 多体量子力学的等价性

为了进一步看清这种等价性,将上面结果转入坐标表象。

首先,场算符 $\hat{\Psi}(\boldsymbol{r},t)$ 和 $\hat{\Psi}^{+}(\boldsymbol{r},t)$ 的物理意义仍是在 t 时刻向此量子场湮没和产生一个位于 $\boldsymbol{r}$ 的场量子。

证: 大体照搬 Boson 证明,注意反对易即可。下面稍微改变形式,用箱归一化叙述。考虑箱中平面波态完全组,归一化波函数为

$$\left\{\psi_{\boldsymbol{P}}(\boldsymbol{r})=\frac{1}{\sqrt{V}}\mathrm{e}^{\mathrm{i}\boldsymbol{P}\cdot\boldsymbol{r}/\hbar}\right\},P_x=\frac{n\pi\hbar}{a},n_x=0,\pm1,\pm2,\cdots,abc=V$$

产生算符 a_{PS}^{+} 向归一化盒子里增加一个动量为 $\boldsymbol{P}$ 、自旋指向为 s 的粒子;而 a_{PS} 则相反,从盒子中移走这样一个粒子。在点 $\boldsymbol{r}'$ 找到由 a_{PS}^{+} 所增加的粒子的概率幅为 $\frac{1}{\sqrt{V}}\mathrm{e}^{\mathrm{i}\boldsymbol{P}\cdot\boldsymbol{r}'/\hbar}$。现在,$\psi_S^{+}(\boldsymbol{r})\equiv\sum_{\boldsymbol{P}}\frac{1}{\sqrt{V}}\mathrm{e}^{-\mathrm{i}\boldsymbol{P}\cdot\boldsymbol{r}/\hbar}a_{PS}^{+}$ 的作用是以叠加系数 $\frac{1}{\sqrt{V}}\mathrm{e}^{-\mathrm{i}\boldsymbol{P}\cdot\boldsymbol{r}/\hbar}$ 向给定动量态成分增加一个粒子。于是在 $\boldsymbol{r}'$ 点找到由 $\psi_S^{+}(\boldsymbol{r})$ 所增加的粒子的总概率幅将是叠加系数 $\frac{1}{\sqrt{V}}\mathrm{e}^{-\mathrm{i}\boldsymbol{P}\cdot\boldsymbol{r}/\hbar}$ 与增加粒子在 $\boldsymbol{r}'$ 点概率幅 $\frac{1}{\sqrt{V}}\mathrm{e}^{\mathrm{i}\boldsymbol{P}\cdot\boldsymbol{r}'/\hbar}$ 的乘积,再求和。最终,总概率幅为

$$\sum_{\boldsymbol{P}}\frac{1}{\sqrt{V}}\mathrm{e}^{-\mathrm{i}\boldsymbol{P}\cdot\boldsymbol{r}/\hbar}\frac{1}{\sqrt{V}}\mathrm{e}^{\mathrm{i}\boldsymbol{P}\cdot\boldsymbol{r}'/\hbar}=\delta(\boldsymbol{r}-\boldsymbol{r}')$$

这就是说,$\psi_S^{+}(\boldsymbol{r})$ 把增加一个粒子的概率幅全部加在点 $\boldsymbol{r}$ 处了。因此,$\psi_S^{+}(\boldsymbol{r})$ 的物理作用是在点 $\boldsymbol{r}$ 处增加一个自旋指向为 s 的粒子。类似地

$$\psi_S(\boldsymbol{r})\equiv\sum_{\boldsymbol{P}}\frac{1}{\sqrt{V}}\mathrm{e}^{\mathrm{i}\boldsymbol{P}\cdot\boldsymbol{r}/\hbar}a_{PS}$$

的物理作用是在点 $\boldsymbol{r}$ 处湮没一个自旋指向为 s 的粒子。 证毕。

习题 3.8 证明:当 Schrödinger 波函数用反对易规则量子化时,"场算符 $\hat{\Psi}(\boldsymbol{r},t)$ 和 $\hat{\Psi}^{+}(\boldsymbol{r},t)$ 的物理意义是在 t 时刻向此量子场湮没和产生一个位于 $\boldsymbol{r}$ 的场量子"的提法仍然成立。

下面证明,**N 个全同 Fermion 系统的正交归一坐标表象基矢可用场算符构造如下**[⑭]

$$|\boldsymbol{r}_1,\boldsymbol{r}_2,\cdots,\boldsymbol{r}_N,t\rangle=\frac{1}{\sqrt{N!}}\hat{\Psi}^{+}(\boldsymbol{r}_1,t)\hat{\Psi}^{+}(\boldsymbol{r}_2,t)\cdots\hat{\Psi}^{+}(\boldsymbol{r}_N,t)\,|\,0\rangle \tag{3.62}$$

证: 由于

$$[\hat{N}_v,\hat{\Psi}^{+}(\boldsymbol{r},t)]=\int_v\mathrm{d}\boldsymbol{r}'\hat{\Psi}^{+}(\boldsymbol{r}',t)\{\hat{\Psi}(\boldsymbol{r}',t),\hat{\Psi}^{+}(\boldsymbol{r},t)\}$$

---

⑭ 类似于 Boson 情况,对相对论性场方程,构造这种完全定域化基矢原则上是不可能的.

$$= \int_v \mathrm{d}\boldsymbol{r}' \hat{\Psi}^+(\boldsymbol{r}',t)\delta(\boldsymbol{r}-\boldsymbol{r}') = \begin{cases} \hat{\Psi}^+(\boldsymbol{r},t), & \boldsymbol{r}\in v \\ 0, & \boldsymbol{r}\notin v \end{cases}$$

这个结果和 Boson 情况一样。于是用 $\hat{N}_v$ 检查的那个叙述可以照搬过来。而且由于态矢对 $\boldsymbol{r}_k$ 为反对称的,不存在相重合的位置。

这套基矢归一性的证明和 Boson 的也相似,只需注意由反对易所造成的负号。这只要比如盯住含 $\delta(\boldsymbol{r}_1'-\boldsymbol{r}_1)$ 的项,由左向右以 $\hat{\Psi}(\boldsymbol{r}_2',t)$ 作用,如它和 $\hat{\Psi}^+(\boldsymbol{r}_2,t)$ 变为 $\delta(\boldsymbol{r}_2'-\boldsymbol{r}_2)$ 即不出负号;若不如此,反称交换越过 $\hat{\Psi}^+(\boldsymbol{r}_2,t)$ 和右边 $\hat{\Psi}^+(\boldsymbol{r}_3,t)$ 作用给出 $\delta(\boldsymbol{r}_2'-\boldsymbol{r}_3)$,就出一负号。即 $(1'1)(2'2)$ 为正,$(1'1)(2'3)$ 为负等。于是

$$\langle \boldsymbol{r}_1',\cdots,\boldsymbol{r}_N',t\,|\,\boldsymbol{r}_1,\cdots,\boldsymbol{r}_N,t\rangle = \frac{1}{N!}\langle 0\,|\,\hat{\Psi}(\boldsymbol{r}_N',t)\cdots\hat{\Psi}(\boldsymbol{r}_1',t)\cdot\hat{\Psi}^+(\boldsymbol{r}_1,t)\cdots\hat{\Psi}^+(\boldsymbol{r}_N,t)\,|\,0\rangle$$

$$= \frac{1}{N!}\sum_P (-1)^{[P]} P\delta(\boldsymbol{r}_1'-\boldsymbol{r}_{P_1})\delta(\boldsymbol{r}_2'-\boldsymbol{r}_{P_2})\cdots\delta(\boldsymbol{r}_N'-\boldsymbol{r}_{P_N})$$

$$= \frac{1}{N!}\begin{vmatrix} \delta(\boldsymbol{r}_1'-\boldsymbol{r}_1) & \delta(\boldsymbol{r}_2'-\boldsymbol{r}_1) & \cdots & \delta(\boldsymbol{r}_N'-\boldsymbol{r}_1) \\ \delta(\boldsymbol{r}_1'-\boldsymbol{r}_2) & \delta(\boldsymbol{r}_2'-\boldsymbol{r}_2) & \cdots & \delta(\boldsymbol{r}_N'-\boldsymbol{r}_2) \\ \vdots & \vdots & & \vdots \\ \delta(\boldsymbol{r}_1'-\boldsymbol{r}_N) & \delta(\boldsymbol{r}_2'-\boldsymbol{r}_N) & \cdots & \delta(\boldsymbol{r}_N'-\boldsymbol{r}_N) \end{vmatrix}$$

这里 P 是对 N 个粒子编号的一种置换,$[P]$ 是此置换对照某一规定顺序需要对换次数的奇偶性。此矩阵元对于 $\boldsymbol{r}_k$ 或 $\boldsymbol{r}_k'$ 置换均为反对称的。

有了这套基矢,可将粒子数表象的结果引入坐标表象。记概率幅

$$\boxed{\Psi^{(N)}_{n_1,n_2,\cdots}(\boldsymbol{r}_1,\cdots,\boldsymbol{r}_N,t) \equiv \langle \boldsymbol{r}_1,\cdots,\boldsymbol{r}_N,t\,|\,n_1,n_2,\cdots,n_k\rangle} \tag{3.63}$$

其物理意义和 Boson 的相似,只是这里 n_k 全都只能取 0 或 1,而 $\hat{\Psi}(\boldsymbol{r},t)$ 相对于 $\boldsymbol{r}_k$ 置换为反称的。

也可以得到 N 个全同 Fermion 多体 Schrödinger 方程,计算和结果形式都与 Boson 类同,并且也只含单体算符。也就是说,**只考虑这些粒子和外场的作用,不考虑它们之间的彼此相互作用。这正是以前量子力学方程都是线性方程的主要物理根源**(结合 97 页脚注⑰)。

至此,就无相互作用 Fermion 情况完成了等价性的证明。

3.3.4 二次量子化中对易规则选择问题

与非相对论的 Schrödinger 方程不同,所有相对论性波方程都只能以一种方式二次量子化。比如,实 Klein-Gordon 场只能以对易规则量子化。假如,用反对易规则量子化,将会得到违反定域因果律的结果。因为若如此,不等时反对易子为

$$\{\hat{\Phi}(x_1),\hat{\Phi}(x_2)\} = \int \frac{\mathrm{d}^3(kk')}{2(2\pi)^3\sqrt{\omega\omega'}}\{a(\boldsymbol{k})\mathrm{e}^{\mathrm{i}kx_1} + a^+(\boldsymbol{k})\mathrm{e}^{-\mathrm{i}kx_1}, a(\boldsymbol{k}')\mathrm{e}^{\mathrm{i}k'x_2} + a^+(\boldsymbol{k}')\mathrm{e}^{-\mathrm{i}k'x_2}\}$$

$$= \int \frac{\mathrm{d}^3(kk')}{2(2\pi)^3\sqrt{\omega\omega'}}\{\{a(\boldsymbol{k}),a^+(\boldsymbol{k}')\}\mathrm{e}^{\mathrm{i}kx_1-\mathrm{i}k'x_2}+\{a^+(\boldsymbol{k}'),a(\boldsymbol{k}')\}\mathrm{e}^{-\mathrm{i}kx_1+\mathrm{i}k'x_2}\}$$

$$= \int \frac{\mathrm{d}^3k}{2(2\pi)^3\omega_k}\{\mathrm{e}^{\mathrm{i}\boldsymbol{k}\cdot(\boldsymbol{r}_1-\boldsymbol{r}_2)-\mathrm{i}\omega_k(t_1-t_2)}+\mathrm{e}^{-\mathrm{i}\boldsymbol{k}\cdot(\boldsymbol{r}_1-\boldsymbol{r}_2)+\mathrm{i}\omega_k(t_1-t_2)}\}$$

$$= \int \frac{\mathrm{d}^3k}{2(2\pi)^3\omega_k}\mathrm{e}^{\mathrm{i}\boldsymbol{k}\cdot(\boldsymbol{r}_1-\boldsymbol{r}_2)}\{\mathrm{e}^{-\mathrm{i}\omega_k(t_1-t_2)}+\mathrm{e}^{+\mathrm{i}\omega_k(t_1-t_2)}\}$$

$$= \int \frac{\mathrm{d}^3k}{(2\pi)^3\omega_k}\mathrm{e}^{\mathrm{i}\boldsymbol{k}\cdot(\boldsymbol{r}_1-\boldsymbol{r}_2)}\cos[\omega_k(t_1-t_2)]=\Delta_1(x_1-x_2)$$

对于等时 $t_1=t_2$ 的类空间隔 $(x_1-x_2)^2=((\Delta\boldsymbol{r})^2-c^2(\Delta t)^2)=(\boldsymbol{r}_1-\boldsymbol{r}_2)^2>0$，有

$$\Delta_1(x_1-x_2)\big|_{t_1=t_2}=\int\frac{\mathrm{d}^3k}{(2\pi)^3\omega_k}\mathrm{e}^{\mathrm{i}\boldsymbol{k}\cdot(\boldsymbol{r}_1-\boldsymbol{r}_2)}=\frac{1}{(2\pi)^3}\int\frac{\mathrm{d}^3k}{\sqrt{k^2+\left(\frac{\mu c}{\hbar}\right)^2}}\mathrm{e}^{\mathrm{i}\boldsymbol{k}\cdot(\boldsymbol{r}_1-\boldsymbol{r}_2)}$$

$$=\frac{\mu c}{2\pi^2\hbar|\boldsymbol{r}|}K_1\left(\frac{|\boldsymbol{r}|\mu c}{\hbar}\right)\neq 0,\quad \boldsymbol{r}^2=(\boldsymbol{r}_1-\boldsymbol{r}_2)^2>0$$ ⑮

这里 $\lambda_c=\hbar/\mu c$ 是粒子的 Compton 波长。于是，**按反对易规则对实 Klein-Gordon 场量子化所得结果是：全部等时（再经 Lorentz 变换，就成为全部类空间隔）反对易子不为零！此结果破坏了相对论定域因果律！按此定律，类空间隔分开的两点，对其中任一点进行实验测量造成的干扰不可能以大于光速的速度传播到另一点，两点上各自进行的测量互不干扰，定域于这两点的可观测量应当彼此对易。所以，等时反对易子应当为零。**

但是，对于非相对论的 Schrödinger 场，光速与粒子运动速度相比可认为无穷大，不存在相对论定域因果律的提法。所以 Schrödinger 场既可以用对易规则量子化，也可以用反对易规则量子化。

3.4　自作用“Schrödinger 场”二次量子化

3.4.1　自作用“Schrödinger 场”的二次量子化

前面讨论了**场量子间无相互作用的情况**，那里 Lagrange 量密度下的 Schrödinger 量子场是“自由”场。**现在研究有相互作用的情况。这时，由于量子化后场量子间的相互作用，发生场量子间相互影响和状态跃迁。但按本书的既定范围，不**

---

⑮ $\int_0^\infty \frac{k\sin kx\,\mathrm{d}k}{\sqrt{k^2+m^2}}=mK_1(mx)$，见 Abramowitz M，Stegun I A. Handbook of Mathematical Functions. New York：Dover Publications Inc.，1965：376. 对那里的 K_0 表达式微商即得。

准备涉及不同粒子之间的转化问题[16]。

为讨论简单，只限于两体相互作用

$$V(\boldsymbol{r}_1,\boldsymbol{r}_2,\cdots,\boldsymbol{r}_N)=\frac{1}{2}\sum_{i\neq k}^{N}V_2(\boldsymbol{r}_i,\boldsymbol{r}_k) \tag{3.64}$$

这意味着这个“**经典概率幅场**”有自身作用，场方程不再是线性的[17]。此时 Lagrange 密度 $\mathcal{L}$ 为

$$\mathcal{L}=\mathcal{L}_0+\mathcal{L}'=\left\{i\hbar\psi^*(\boldsymbol{r},t)\dot{\psi}(\boldsymbol{r},t)-\frac{\hbar^2}{2\mu}\nabla\psi^*\cdot\nabla\psi-V_1\psi^*\psi\right\}$$
$$-\frac{1}{2}\int \mathrm{d}\boldsymbol{r}'\psi^*(\boldsymbol{r}',t)\psi^*(\boldsymbol{r},t)V_2(\boldsymbol{r},\boldsymbol{r}')\psi(\boldsymbol{r},t)\psi(\boldsymbol{r}',t) \tag{3.65}$$

注意这里 ψ^* 和 ψ 的顺序，使得量子化后 ψ^+ 和 ψ 不对易时所得 $\mathcal{L}$,$\mathcal{H}$应为厄米的。按 Euler-Lagrange 方程，这个“**经典场**”的运动方程为

$$i\hbar\frac{\partial\psi(\boldsymbol{r},t)}{\partial t}=-\frac{\hbar^2}{2\mu}\Delta\psi(\boldsymbol{r},t)+V_1(\boldsymbol{r},t)\psi(\boldsymbol{r},t)+\left\{\int \mathrm{d}\boldsymbol{r}'\psi^*(\boldsymbol{r}',t)V_2(\boldsymbol{r},\boldsymbol{r}')\psi(\boldsymbol{r}',t)\right\}\psi(\boldsymbol{r},t) \tag{3.66}$$

由前面叙述知道，现在这个 $\mathcal{L}$ 式(3.65)和式(3.66)对 Boson 和 Fermion 两者都合适。为转入正则框架，定义正则动量场

$$\boxed{\pi(\boldsymbol{r},t)=\frac{\partial\mathcal{L}}{\partial\dot{\psi}}=i\hbar\psi^*(\boldsymbol{r},t)} \tag{3.67}$$

所以

$$\mathcal{H}(\boldsymbol{r},t)=\pi\dot{\psi}-\mathcal{L}=\frac{\hbar^2}{2\mu}\nabla\psi^*\cdot\nabla\psi+V_1\psi^*\psi$$
$$+\frac{1}{2}\int \mathrm{d}v'\psi^*(\boldsymbol{r}',t)\psi^*(\boldsymbol{r},t)V_2(\boldsymbol{r},\boldsymbol{r}')\psi(\boldsymbol{r},t)\psi(\boldsymbol{r}',t)$$

$$\boxed{\begin{aligned}H(t)=\int \mathrm{d}\boldsymbol{r}\mathcal{H}=&\int \mathrm{d}\boldsymbol{r}\left\{\frac{\hbar^2}{2\mu}\nabla\psi^*\cdot\nabla\psi+V_1\psi^*\psi\right\}\\&+\frac{1}{2}\iint \mathrm{d}(\boldsymbol{r}\boldsymbol{r}')\psi^*(\boldsymbol{r}',t)\psi^*(\boldsymbol{r},t)V_2(\boldsymbol{r},\boldsymbol{r}')\psi(\boldsymbol{r},t)\psi(\boldsymbol{r}',t)\end{aligned}}\,[18] \tag{3.68}$$

经二次量子化 $\psi(\boldsymbol{r},t)\rightarrow\hat{\Psi}(\boldsymbol{r},t)$，$\pi(\boldsymbol{r},t)\rightarrow\hat{\Pi}(\boldsymbol{r},t)$，若为 Boson 取对易规则量子化，

---

[16] 其实，场量子化方法的优点正好表现在处理有相互作用情况，特别是相互作用导致粒子种类各种转化的问题上。

[17] 认为“量子力学乃至量子场论是线性理论，需要将其推广到非线性”是一种误解。详见 12.1 节。

[18] 由此 $H(t)$，利用 $\dot{\psi}=\frac{\delta H}{\delta\pi}$(参见附录 E)：

$$i\hbar\dot{\psi}=\frac{\delta H}{\delta\psi^*}=-\nabla\frac{\hbar^2}{2\mu}\nabla\psi+V_1\psi+\frac{1}{2}\int \mathrm{d}v'\psi'^*V_2\psi'\psi+\frac{1}{2}\int \mathrm{d}v'\psi'^*V_2\psi'\psi$$
$$=-\frac{\hbar^2}{2\mu}\Delta\psi+V_1\psi+\int \mathrm{d}v'\psi'^*V_2\psi'\psi$$

这里注意，双重积分中谁是 x 有两种可能，所以出两个变分项。即导出最初 Schrödinger 方程。

若为 Fermion 取反对易规则 $\{\hat{\Psi}(\boldsymbol{r},t),\hat{\Pi}(\boldsymbol{r}',t)\}=\mathrm{i}\hbar\delta(\boldsymbol{r}-\boldsymbol{r}')$ 量子化。比如，若取反对易规则量子化，有

$$\boxed{\begin{aligned}&\{\hat{\Psi}(\boldsymbol{x},t),\hat{\Psi}^{+}(\boldsymbol{x}',t)\}=\delta(\boldsymbol{x}-\boldsymbol{x}')\\&\{\Psi(\boldsymbol{x},t),\Psi(\boldsymbol{x}',t)\}=\{\hat{\Psi}^{+}(\boldsymbol{x},t),\hat{\Psi}^{+}(\boldsymbol{x}',t)\}=0\end{aligned}} \tag{3.69}$$

同时，"经典场"Hamilton 量式(3.68)成为量子场 Hamilton 量算符

$$\boxed{\begin{aligned}\hat{H}(t)=&\int \mathrm{d}\boldsymbol{r}\left\{\hat{\Psi}^{+}\left(-\frac{\hbar^{2}}{2\mu}\Delta+V_{1}\right)\hat{\Psi}\right\}\\&+\frac{1}{2}\int\int \mathrm{d}(\boldsymbol{r}\boldsymbol{r}')\hat{\Psi}^{+}(\boldsymbol{r}',t)\hat{\Psi}^{+}(\boldsymbol{r},t)V_{2}(\boldsymbol{r},\boldsymbol{r}')\hat{\Psi}(\boldsymbol{r},t)\hat{\Psi}(\boldsymbol{r}',t)\end{aligned}} \text{⑲} \tag{3.70a}$$

记 $\hat{\Psi}(\boldsymbol{r}',t)=\hat{\Psi}'$ 和 $\hat{\Psi}^{+}(\boldsymbol{r}',t)=\hat{\Psi}'^{+}$ 等，场算符的运动方程成为

$$\begin{aligned}\hat{\dot{\Psi}}=&\frac{1}{\mathrm{i}\hbar}[\hat{\Psi},\hat{H}]=\frac{1}{\mathrm{i}\hbar}\int \mathrm{d}\boldsymbol{r}'\Big[\hat{\Psi},\frac{\hbar^{2}}{2\mu}\nabla'\hat{\Psi}'^{+}\cdot\nabla'\hat{\Psi}'+\hat{\Psi}'^{+}V_{1}\hat{\Psi}'\\&+\frac{1}{2}\int \mathrm{d}\boldsymbol{r}''\hat{\Psi}''^{+}\hat{\Psi}'^{+}V_{2}\hat{\Psi}'\hat{\Psi}''\Big]\\=&\frac{1}{\mathrm{i}\hbar}\int \mathrm{d}\boldsymbol{r}'\Big\{\frac{\hbar^{2}}{2\mu}\nabla'\delta(\boldsymbol{r}-\boldsymbol{r}')\cdot\nabla'\hat{\Psi}'+\delta(\boldsymbol{r}-\boldsymbol{r}')V_{1}\hat{\Psi}'\\&+\frac{1}{2}\int \mathrm{d}\boldsymbol{r}''[\delta(\boldsymbol{r}-\boldsymbol{r}'')\hat{\Psi}'^{+}V_{2}\hat{\Psi}'\hat{\Psi}''-\hat{\Psi}''^{+}\delta(\boldsymbol{r}-\boldsymbol{r}')V_{2}\hat{\Psi}'\hat{\Psi}'']\Big\}\Rightarrow\end{aligned}$$

$$\begin{aligned}\mathrm{i}\hbar\hat{\dot{\Psi}}=&-\frac{\hbar^{2}}{2\mu}\Delta\hat{\Psi}+V_{1}\hat{\Psi}+\frac{1}{2}\int \mathrm{d}\boldsymbol{r}'\hat{\Psi}'^{+}V_{2}\hat{\Psi}'\hat{\Psi}-\frac{1}{2}\int \mathrm{d}\boldsymbol{r}''\hat{\Psi}''^{+}V_{2}\hat{\Psi}\Psi''\\=&-\frac{\hbar^{2}}{2\mu}\Delta\hat{\Psi}+V_{1}\hat{\Psi}+\frac{1}{2}\int \mathrm{d}\boldsymbol{r}'\hat{\Psi}'^{+}V_{2}\hat{\Psi}'\hat{\Psi}+\frac{1}{2}\int \mathrm{d}\boldsymbol{r}'\hat{\Psi}'^{+}V_{2}\hat{\Psi}'\Psi\end{aligned}$$

即

$$\boxed{\mathrm{i}\hbar\hat{\dot{\Psi}}=\left(-\frac{\hbar^{2}}{2\mu}\Delta+V_{1}+\int \mathrm{d}\boldsymbol{r}'\hat{\Psi}'^{+}V_{2}\hat{\Psi}'\right)\hat{\Psi}} \tag{3.70b}$$

这个全同 Fermion 多体系统场算符运动方程和对应的"经典"Schrödinger 方程形式完全相同，但波函数经受二次量子化已成为场算符。

习题 3.9 按对易规则量子化，导出有相互作用的全同多体 Boson 场算符运动方程(3.70b)。

与这种二次量子化过程相配合，任意场算符的运动方程为

$$\frac{\mathrm{d}\hat{\Omega}}{\mathrm{d}t}=\frac{\partial\hat{\Omega}}{\partial t}+\frac{1}{\mathrm{i}\hbar}[\hat{\Omega},\hat{H}]$$

若 $\hat{H}$，$\hat{\Omega}$ 均不显含 t，可以形式上解出此运动方程为

---

⑲ 这里重积分前的 1/2 系数是由于：N 体相互作用被重积分多算了 $N!$ 次。这只要将此积分转入粒子数表象，展开 $\hat{\Psi}(\boldsymbol{r}_i)$ 等，将 $(\boldsymbol{r}_1,\boldsymbol{r}_2,\cdots)$ 编号看成粒子编号。即知：处于 $\boldsymbol{r}$(和 $\boldsymbol{r}'$)的粒子编号可为全部可能的数值，比如，编号为 1#，2#，3# 三粒子作用：$V_3(\boldsymbol{r},\boldsymbol{r}',\boldsymbol{r}'')\rightarrow V_3(1,2,3)$ 等 6 项，故需除以 6。

$$\hat{\Omega}(t) = e^{i\hat{H}t/\hbar}\hat{\Omega}(0)e^{-i\hat{H}t/\hbar}$$

这已是在 Heisenberg 图像里研究这个量子化的场了。

3.4.2 转入粒子数表象

(1)**在上述量子场的任何演化中,场量子的总数守恒。**

证: 为此引入总粒子数算符

$$\hat{N} = \int d\boldsymbol{r}\hat{\Psi}^+(\boldsymbol{r},t)\hat{\Psi}(\boldsymbol{r},t)$$

利用所引入的对易(反对易)规则,有

$$[\hat{N},\hat{H}] = \int d(\boldsymbol{r}\boldsymbol{r}')[\hat{\Psi}^+\hat{\Psi},\hat{\Psi}'^+(T'+V_1')\hat{\Psi}'] + \frac{1}{2}\int d(\boldsymbol{r}\boldsymbol{r}'\boldsymbol{r}'')[\hat{\Psi}^+\hat{\Psi},\hat{\Psi}'^+\hat{\Psi}''^+V_2(\boldsymbol{r}',\boldsymbol{r}'')\hat{\Psi}''\hat{\Psi}']$$

由于不论对 Boson 或 Fermion,均有

$$[\hat{N},\hat{\Psi}^+]_\pm = \hat{\Psi}^+,\quad [\hat{N},\hat{\Psi}]_\pm = -\hat{\Psi}$$

所以

$$\begin{aligned}[\hat{N},\hat{H}] = &\int d\boldsymbol{r}'\{\hat{\Psi}'^+(T'+V_1')\hat{\Psi}' - \hat{\Psi}'^+(T'+V_1')\hat{\Psi}'\}\\ &+\frac{1}{2}\int d(\boldsymbol{r}'\boldsymbol{r}'')\{\hat{\Psi}'^+\hat{\Psi}''^+V_2\hat{\Psi}'\hat{\Psi}'' + \hat{\Psi}'^+\hat{\Psi}''^+V_2\hat{\Psi}'\hat{\Psi}''\\ &-\hat{\Psi}'^+\hat{\Psi}''^+V_2\hat{\Psi}'\hat{\Psi}'' - \hat{\Psi}'^+\hat{\Psi}''^+V_2\hat{\Psi}'\hat{\Psi}''\} = 0\end{aligned}$$

说明场量子之间的相互作用只能造成场量子状态变化,并不能真正产生或湮没场量子,不会出现粒子种类的转化,所以场量子总数守恒。物理原因是现在这种 Hamilton 量算符的特殊形式:产生和湮没算符总是配对乘积出现。这只引发全同粒子状态变化,而保持它们总数不变。

(2)由于 N 是守恒量,于是可以只限于研究 N 为某一固定值的系统。设系统的一般态矢为 $|P_N\rangle$,则按 Schrödinger 图像,此态矢按下面 Schrödinger 方程随 t 演化

$$\boxed{i\hbar\frac{\partial}{\partial t}|P_N\rangle = \hat{H}|P_N\rangle} \tag{3.70c}$$

注意 $\hat{H}$ 是式(3.70a),是此全同多粒子系统的 Hamilton 算符。选择一组正交归一完备的单粒子波函数族

$$\{\psi_k(\boldsymbol{r})e^{-iE_kt/\hbar}\},\quad E_k\psi_k(\boldsymbol{r}) = (T+V_1)\psi_k(\boldsymbol{r}) \tag{3.71}$$

将场算子 $\hat{\Psi}(\boldsymbol{r},t)$ 及 $\hat{\Psi}^+(\boldsymbol{r},t)$ 展开为

$$\boxed{\hat{\Psi}(\boldsymbol{r},t) = \sum_k a(k)\psi_k(\boldsymbol{r})e^{-iE_kt/\hbar},\quad \hat{\Psi}^+(\boldsymbol{r},t) = \sum_k a^+(k)\psi_k^*(\boldsymbol{r})e^{iE_kt/\hbar}} \tag{3.72}$$

k 为完备力学量组(现在包含 E)的本征值集合。按 $\hat{\Psi},\hat{\Psi}^+$ 的对易规则,即可导出量

子系数 a, a^+ 的对易规则，视 N 个全同粒子是 Boson，还是 Fermion 不同而不同。再引入粒子数表象基矢（占有数 n_k 也按 Boson 和 Fermion 不同而不同）：$\{|n_1,\cdots,n_k,\cdots\rangle = |n_1\rangle\cdots|n_k\rangle\cdots|n_\infty\rangle\}$。于是

$$|P\rangle = \sum_{\{n_k\}} C_P(n_1,\cdots,n_k;t)\,|n_1,\cdots,n_k,\cdots\rangle,\quad \sum_k n_k = N$$ [20]

由于基矢与 t 无关，$|P\rangle$ 对时间的相关性完全包含在叠加系数 C 中。将上面 $\hat{\Psi}$，$\hat{\Psi}^+$，$|P\rangle$ 三个展开式代入 $|P\rangle$ 的 Schrödinger 方程，注意 $\hat{H}$ 表达式(3.70a)，$\int \mathrm{d}v\psi_k^*(\boldsymbol{r})\psi_{k'}(\boldsymbol{r}) = \delta_{kk'}$，$\iint \mathrm{d}(vv')\psi_i^*(\boldsymbol{r})\psi_j^*(\boldsymbol{r}')V_2(\boldsymbol{r},\boldsymbol{r}')\psi_l(\boldsymbol{r}')\psi_m(\boldsymbol{r}) = \langle ij|V_2|lm\rangle$，最后即得

$$\boxed{\begin{cases} \mathrm{i}\hbar\dfrac{\partial}{\partial t}|P_N\rangle = \hat{H}|P_N\rangle \\ \hat{H} = \sum\limits_i E_i\hat{a}_i^+\hat{a}_i + \dfrac{1}{2}\sum\limits_{ijlm}\langle ij|V_2|lm\rangle\hat{a}_i^+\hat{a}_j^+\hat{a}_l\hat{a}_m \end{cases}} \tag{3.73}$$

注意，由于这里取的 $\psi_k(\boldsymbol{r})$ 是单粒子算符$(T+V_1)$的本征函数族，故 $\hat{H}$ 的第一项是对角的，否则将为

$$\boxed{H = \sum_{ij}\langle i|T+V_1|j\rangle a_i^+a_j + \frac{1}{2}\sum_{ijlm}\langle ij|V_2|lm\rangle a_i^+a_j^+a_la_m} \tag{3.74}$$

习题 3.10 引入场量子的总粒子数算符 $\hat{N} = \int \mathrm{d}v\hat{\Psi}^+(\boldsymbol{r},t)\hat{\Psi}(\boldsymbol{r},t)$，证明：不论对非相对论的 Fermion 还是 Boson 全同粒子集合，均有

$$[\hat{N},\hat{H}] = 0,\quad [\hat{N},\hat{\Psi}^+] = \hat{\Psi}^+,\quad [\hat{N},\hat{\Psi}] = -\hat{\Psi}$$

若有 n 体相互作用，上面的第一式仍成立。

3.4.3 转入坐标表象

为确定，设式(3.70b)是 Boson 情况，将其中空间坐标 $\boldsymbol{r}$ 记为 $\boldsymbol{r}_i$，$\hat{\Psi}(\boldsymbol{r}t)$ 记为 $\hat{\Psi}(\boldsymbol{r}_it) = \hat{\Psi}_i$，$V_1(\boldsymbol{r})$ 记为 $V^{(1)}(\boldsymbol{r}_i) = V_i^{(1)}$，$V_2(\boldsymbol{r},\boldsymbol{r}')$ 记为 $V^{(2)}(\boldsymbol{r}_i,\boldsymbol{r}')$。于是

$$\mathrm{i}\hbar\dot{\hat{\Psi}}_i = \left(-\frac{\hbar^2}{2\mu}\Delta_i + V_i^{(1)} + \int \mathrm{d}\boldsymbol{r}'\,\hat{\Psi}'^+\,V^{(2)}(\boldsymbol{r}_i,\boldsymbol{r}')\,\hat{\Psi}'\right)\hat{\Psi}_i \tag{3.75}$$

对此式左乘以同一时刻 t 的 $\dfrac{1}{\sqrt{N!}}\langle 0|\hat{\Psi}_1\cdots\hat{\Psi}_{i-1}$，右乘以 $\hat{\Psi}_{i+1}\cdots\hat{\Psi}_N$，并记

$$\frac{1}{\sqrt{N!}}\langle 0|\hat{\Psi}_1\cdots\hat{\Psi}_i\cdots\hat{\Psi}_N \equiv \langle \boldsymbol{r}_1\cdots\boldsymbol{r}_i\cdots\boldsymbol{r}_N,t|$$

令 $\dfrac{\partial}{\partial t}\to\dfrac{\partial}{\partial t_i}$，并记住只对乘积态矢中第 $\boldsymbol{r}_i$ 个态矢 $\langle\boldsymbol{r}_it|$ 的 t 求偏导，有

[20] 当然 $|P\rangle$ 也可以是基矢中的一个，而不是叠加态，这里是一般形式。

$$\mathrm{i}\hbar\frac{\partial}{\partial t_i}\langle \boldsymbol{r}_1\cdots\boldsymbol{r}_i\cdots\boldsymbol{r}_N,t| = \left(-\frac{\hbar^2}{2\mu}\Delta_i + V_i^{(1)}\right)\langle \boldsymbol{r}_1\cdots\boldsymbol{r}_i\cdots\boldsymbol{r}_N,t|$$
$$+\frac{1}{\sqrt{N!}}\langle 0|\int \mathrm{d}\boldsymbol{r}'\hat{\Psi}_1\cdots\hat{\Psi}_{i-1}\ \hat{\Psi}'^{+}\ \hat{\Psi}'\hat{\Psi}_i\hat{\Psi}_{i+1}\cdots\hat{\Psi}_N V^{(2)}(\boldsymbol{r}_i,\boldsymbol{r}')$$

将等式右边第二项中 $\hat{\Psi}'^{+}(\boldsymbol{r}'t)$ 向左方对易挪动(以下 $\hat{\Psi}$ 中略写 t)，即

$$\frac{1}{\sqrt{N!}}\int \mathrm{d}\boldsymbol{r}'\langle 0|\hat{\Psi}_1\cdots\hat{\Psi}_{i-2}(\delta(\boldsymbol{r}_{i-1}-\boldsymbol{r}')+\hat{\Psi}'^{+}\ \hat{\Psi}_{i-1})\hat{\Psi}'\hat{\Psi}_i\cdots\hat{\Psi}_N V^{(2)}(\boldsymbol{r}_i,\boldsymbol{r}')$$
$$=\langle \boldsymbol{r}_1\cdots\boldsymbol{r}_i\cdots\boldsymbol{r}_N,t|V^{(2)}(\boldsymbol{r}_i,\boldsymbol{r}_{i-1})$$
$$+\frac{1}{\sqrt{N!}}\int \mathrm{d}\boldsymbol{r}'\langle 0|\hat{\Psi}_1\cdots\hat{\Psi}_{i-3}(\delta(\boldsymbol{r}_{i-2}-\boldsymbol{r}')+\hat{\Psi}'^{+}\ \hat{\Psi}_{i-2})\hat{\Psi}_{i-1}\ \hat{\Psi}'\hat{\Psi}_i\cdots\hat{\Psi}_N V^{(2)}(\boldsymbol{r}_i,\boldsymbol{r}')$$
$$=\cdots=\langle \boldsymbol{r}_1\cdots\boldsymbol{r}_i\cdots\boldsymbol{r}_N,t|\quad V^{(2)}(\boldsymbol{r}_i,\boldsymbol{r}_{i-1})+\langle \boldsymbol{r}_1\cdots\boldsymbol{r}_i\cdots\boldsymbol{r}_N,t|\quad V^{(2)}(\boldsymbol{r}_i,\boldsymbol{r}_{i-2})+\cdots$$
$$+\frac{1}{\sqrt{N!}}\int \mathrm{d}\boldsymbol{r}'\ \langle 0|(\delta(\boldsymbol{r}_1-\boldsymbol{r}')+\hat{\Psi}'^{+}\ \hat{\Psi}_1)\hat{\Psi}_2\cdots\hat{\Psi}_{i-1}\ \hat{\Psi}'\hat{\Psi}_i\cdots\hat{\Psi}_N V^{(2)}(\boldsymbol{r}_i,\boldsymbol{r}')$$
$$=\sum_{j(<i)}\langle 0\boldsymbol{r}_1\cdots\boldsymbol{r}_i\cdots\boldsymbol{r}_N,t|\ V^{(2)}(\boldsymbol{r}_i,\boldsymbol{r}_j)$$

代入上式，对脚标 i 求和后时间导数项合并成一项，略去脚标 i，得

$$\boxed{\begin{aligned}\mathrm{i}\hbar\frac{\partial}{\partial t}\langle \boldsymbol{r}_1\cdots\boldsymbol{r}_i\cdots\boldsymbol{r}_N,t| &= \sum_i\left(-\frac{\hbar^2}{2\mu}\Delta_i+V_i^{(1)}\right)\langle \boldsymbol{r}_1\cdots\boldsymbol{r}_i\cdots\boldsymbol{r}_N,t|\\ &\quad+\sum_{i,j,(i>j)}V^{(2)}(\boldsymbol{r}_i,\boldsymbol{r}_j)\langle \boldsymbol{r}_1\cdots\boldsymbol{r}_i\cdots\boldsymbol{r}_N,t|\end{aligned}} \tag{3.76a}$$

记态 $|N,A\rangle$ 的归一化概率幅为

$$\boxed{\Phi_A^{(N)}(\boldsymbol{r}_1,\cdots,\boldsymbol{r}_N,t)=\langle \boldsymbol{r}_1\cdots\boldsymbol{r}_i\cdots\boldsymbol{r}_N,t|N,A\rangle} \tag{3.77}$$

这里 $A=(\boldsymbol{k}E\alpha)$ 为完全力学量组本征值集合任一组值，标志全同粒子系统状态，α 为其余量子数。式(3.76a)成为

$$\boxed{\begin{aligned}\mathrm{i}\hbar\frac{\partial}{\partial t}\Phi_A^{(N)}(\boldsymbol{r}_1,\cdots,\boldsymbol{r}_N,t) &= \sum_i\left[-\frac{\hbar^2}{2\mu}\Delta_i+V_i^{(1)}(\boldsymbol{r}_i)\right]\Phi_A^{(N)}(\boldsymbol{r}_1,\cdots,\boldsymbol{r}_N,t)\\ &\quad+\frac{1}{2}\sum_{i\neq j}V^{(2)}(\boldsymbol{r}_i,\boldsymbol{r}_j)\Phi_A^{(N)}(\boldsymbol{r}_1,\cdots,\boldsymbol{r}_N,t)\end{aligned}} \tag{3.76b}$$

这里 $\Phi^{(N)}$ 具有 Boson 波函数的对称性。

3.5 非相对论二次量子化方法评论

总结 Schrödinger 方程“二次量子化”的“程式”：将单粒子 Schrödinger 方程看成“经典”的“Schrödinger 场”的场方程，保持场方程形式不变，只将方程中场量替换为满足一定等时对易规则的含时空变数的场算符，即可得到对应这个“经典场”的非相对论量子场方程。上面已经严格证明，这就是该单粒子的全同多体 Schrödinger 方程。鉴于 Schrödinger 方程已经一次量子化，这个“程式”被称为“二次量子化”。所

以，二次量子化方法只是在导出全同多体 Schrödinger 方程时的一种可以证明的简化约定，并不是一个假设。它也没有使非相对论量子力学增加实质性的内容。即使考虑全同粒子间有相互作用，非相对论量子场论仍然保持着粒子数守恒，只涉及粒子状态之间的跃迁，不涉及粒子真的产生、湮没和转化。所以，非相对论量子场论实质并不是(量子)“时空场论”，而仍然是个(非相对论量子)“力学”理论。其中所用场量子概念也并非实质性的新概念，只是描述状态跃迁的数学语言。然而，考虑到多体 Schrödinger 方程比单体方程复杂得多，所以即使仅扩充了全同多体量子力学的数学描述，容许用单粒子波函数构成多粒子波函数，用单体 Schrödinger 方程形式阐述全同多体量子力学问题，也算得是一个很大的计算优点。

但是，将这个二次量子化“程式”推广开来，用于相对论的 Maxwell 场方程以及单粒子所有相对论量子力学方程，得到它们量子场方程，这是实质性推广，是一个重大假设。应当说，假如二次量子化方法只用于非相对论的 Schrödinger 方程，尚未体现这个方法的最本质的特征：实际上，方法允许考虑由于粒子间相互作用所导致的粒子(数目不守恒的)种类转化。因此更大优点还未能展现。现在这种推广正是将量子理论从粒子数守恒的力学理论扩张到可以考虑粒子转化的更广大领域。从数学上看，并不存在什么限制使二次量子化方法只能局限于低能情况的 Schrödinger 方程。从物理上看，只要那个场描述对象具有波粒二象性和全同粒子性，就可以用这个方法建立它们的多粒子量子动力学理论。这些性质正是所有相对论量子力学方程所描述的微观粒子共同具有的。它们也是这些方程能够被成功推广的物理基础！

总之，二次量子化方法是建立微观世界全同多粒子系统量子动力学理论的简捷正确途径。注意，方程的相对论性质必定导致相应场量子数可以不守恒，出现(Lagrange 密度所含)粒子在守恒定律容许下的产生、湮没、转化。其中，相对论的零质量光子(和作为准粒子的声子)，即使在与非相对论物质粒子相互作用时，也会有净产生或净湮没，初始数目可以不守恒(详见第 5 章)。另外，除了前面讲过不要将电磁场量子化当作第二次量子化之外，也不要将粒子数表象称作二次量子化表象。因为(第一次量子化的)量子谐振子也可以采用粒子数表象描述[21]。

当然，相互作用量子场这一切性质，包括 Fermion 还是 Boson、对易还是反对易规则、相对论还是非相对论、场量子数守恒还是不守恒、粒子间如何转化等，全都取决于事先选定的 Lagrange 密度的形式。

3.6 全同多体算符转入粒子数表象表示[22]

现在导出全同粒子多体算符在粒子数表象的表示。

---

[21] 见脚注④文献，第 141 页.

[22] 张永德，朱长虹. 大学物理. 1989，12:17.

3.6.1 全同 Boson N 体算符的转换

单体算符 ξ 为单粒子完全量子数组，j 为 N 个粒子编号，$f^{(j)}$ 为向第 j 个粒子作用的单体算符，α 为单粒子态编号。有如下转化公式

$$\boxed{F=\sum_{j=1}^{N}f^{(j)}\Rightarrow F=\sum_{\alpha,\beta}\langle\alpha|f|\beta\rangle a_\alpha^+a_\beta} \tag{3.78}$$

这里对 α,β 求和是对单粒子所有态进行。

证： $|\xi_\delta^j\rangle$ 表明第 j 个粒子处于第 δ 号单粒子态。记住粒子数表象基矢

$$|n_\alpha n_\beta\cdots n_\delta\cdots\rangle=(n_\alpha!n_\beta!\cdots n_\delta!\cdots)^{-1/2}S|\xi_\alpha^1\xi_\beta^2\cdots\xi_\delta^j\cdots\rangle$$

S 是对 N 个单粒子态进行对称化操作的对称化算符。考虑 $\sum\limits_{j=1}^{N}f^{(j)}$ 对粒子编号对称，可与 S 交换，于是

$$\begin{aligned}\sum_{j=1}^{N}f^{(j)}|n_\alpha n_\beta\cdots n_\delta\cdots\rangle&=\sum_{j=1}^{N}f^{(j)}(n_\alpha!n_\beta!\cdots n_\delta!\cdots)^{-1/2}S|\xi_\alpha^1\xi_\beta^2\cdots\xi_\delta^j\cdots\rangle\\&=(n_\alpha!n_\beta!\cdots n_\delta!\cdots)^{-1/2}S\sum_{j=1}^{N}f^{(j)}|\xi_\alpha^1\xi_\beta^2\cdots\xi_\delta^j\cdots\rangle\\&=(n_\alpha!n_\beta!\cdots n_\delta!\cdots)^{-1/2}S\sum_{j,\lambda}|\xi_\alpha^1\xi_\beta^2\cdots\xi_\lambda^j\cdots\rangle\langle\xi_\lambda^j|f^{(j)}|\xi_\delta^j\rangle\end{aligned}$$

这里，插入了 j 粒子单态完备性条件 $\sum\limits_\lambda|\xi_\lambda^j\rangle\langle\xi_\lambda^j|=1$，使态中 j 粒子从原来处于 δ 态换成处于 λ 态. 即与 $|\xi_\alpha^1\xi_\beta^2\cdots\xi_\delta^j\cdots\rangle$ 态相比较，$|\xi_\alpha^1\xi_\beta^2\cdots\xi_\lambda^j\cdots\rangle$ 态粒子数分布是 λ 态上多一个、δ 态上少一个。上式继续变换

$$\begin{aligned}&=(n_\alpha!n_\beta!\cdots n_\delta!\cdots)^{-1/2}\sum_{j,\lambda}[n_\alpha!\cdots(n_\lambda+1)!\cdots(n_\delta-1)!\cdots]^{1/2}\langle\xi_\lambda^j|f^{(j)}|\xi_\delta^j\rangle\\&\quad\cdot|n_1\cdots(n_\lambda+1)\cdots(n_\delta-1)\cdots\rangle\\&=\sum_{j,\lambda}\sqrt{\frac{n_\lambda+1}{n_\delta}}\langle\xi_\lambda^j|f^{(j)}|\xi_\delta^j\rangle|n_\alpha\cdots(n_\lambda+1)\cdots(n_\delta-1)\cdots\rangle\\&=\sum_{j,\lambda}\frac{1}{n_\delta}\langle\xi_\lambda^j|f^{(j)}|\xi_\delta^j\rangle a_\lambda^+a_\delta|n_\alpha\cdots n_\lambda\cdots n_\delta\cdots\rangle\\&=\sum_\lambda a_\lambda^+\left[\sum_{j=1}^{N}\frac{1}{n_\delta}\langle\xi_\lambda^j|f^{(j)}|\xi_\delta^j\rangle a_\delta\right]|n_\alpha n_\beta\cdots n_\delta\cdots\rangle\end{aligned}$$

略去矩阵元 $\langle\xi_\lambda^j|f^{(j)}|\xi_\delta^j\rangle$ 内粒子数编号 j。因为矩阵元内积积分后，编号 j 自动消失，只与 λ,δ 有关。同时注意，方括号内对粒子编号求和可以转化为对粒子占据的单态编号求和。这是因为，属于 δ 态占有数 n_δ 的项相等，相加合并，消去了分母 n_δ。再进一步，考虑态 $|n_\alpha n_\beta\cdots n_\delta\cdots\rangle$ 可为任意，以及湮没算符作用到无粒子占有的态为零，所以对全部已占据的单态编号求和可以扩充为对全部单态编号求和(如同 λ 那样)。利用完备性条件消去任意态矢 $|n_\alpha n_\beta\cdots n_\delta\cdots\rangle$，即得

$$\sum_{j=1}^{N}f^{(j)}=\sum_{\lambda,\delta}\langle\lambda|f|\delta\rangle a_\lambda^+a_\delta=\sum_{\lambda,\delta}f_{\lambda\delta}a_\lambda^+a_\delta$$

两体算符

$$\boxed{G = \sum_{\substack{i,j=1 \\ (i<j)}}^{N} g^{(ij)} = \frac{1}{2}\sum_{i\neq j=1}^{N} g^{(ij)} = \frac{1}{2}\sum_{\substack{\lambda\omega \\ \gamma\delta}} \langle \lambda\omega | g | \gamma\delta \rangle a_\lambda^+ a_\omega^+ a_\gamma a_\delta} \tag{3.79}$$

这里 $\lambda\omega\gamma\delta$ 为单粒子态编号，求和对所有单粒子态进行。

证： 类似于单体算符的做法，得

$$\frac{1}{2}\sum_{i\neq j} g^{(ij)} | n_\alpha \cdots n_\lambda \cdots n_\omega \cdots n_\gamma \cdots n_\delta \cdots \rangle = \frac{1}{2}(n_\alpha ! \cdots)^{-1/2} S \sum_{i\neq j} g^{(ij)} | \xi_\alpha^1 \cdots \xi_\gamma^i \cdots \xi_\delta^j \cdots \rangle$$

$$= \frac{1}{2}(n_\alpha ! \cdots)^{-1/2} S \sum_{\substack{i\neq j \\ \lambda,\omega}} | \xi_\alpha^1 \cdots \xi_\lambda^i \cdots \xi_\omega^j \cdots \rangle \langle \xi_\lambda^i \xi_\omega^j | g^{(ij)} | \xi_\gamma^i \xi_\delta^j \rangle$$

$$\overset{(1)}{=} \frac{1}{2}(n_\alpha ! \cdots)^{-1/2} \sum_{\substack{i\neq j \\ \lambda,\omega}} [n_\alpha ! \cdots (n_\lambda + 1)! \cdots (n_\omega + 1)! \cdots (n_\gamma - 1)! \cdots (n_\delta - 1)! \cdots]^{1/2}$$

$$\langle \xi_\lambda^i \xi_\omega^j | g^{(ij)} | \xi_\gamma^i \xi_\delta^j \rangle | n_\alpha \cdots (n_\lambda + 1) \cdots (n_\omega + 1) \cdots (n_\gamma - 1) \cdots (n_\delta - 1) \cdots \rangle$$

$$= \frac{1}{2}\sum_{\substack{i\neq j \\ \lambda,\omega}} \sqrt{\frac{(n_\lambda + 1)(n_\omega + 1)}{n_\gamma n_\delta}} \langle \xi_\lambda^i \xi_\omega^j | g^{(ij)} | \xi_\gamma^i \xi_\delta^j \rangle | n_1 \cdots (n_\lambda + 1) \cdots (n_\omega + 1) \cdots (n_\gamma - 1) \cdots (n_\delta - 1) \cdots \rangle$$

$$= \frac{1}{2}\sum_{\substack{i\neq j \\ \lambda,\omega}} \frac{1}{n_\gamma n_\delta} \langle \xi_\lambda^i \xi_\omega^j | g^{(ij)} | \xi_\gamma^i \xi_\delta^j \rangle a_\lambda^+ a_\omega^+ a_\gamma a_\delta | n_\alpha \cdots n_\lambda \cdots n_\omega \cdots n_\gamma \cdots n_\delta \cdots \rangle$$

$$\overset{(2)}{=} \frac{1}{2}\sum_{\lambda,\omega} a_\lambda^+ a_\omega^+ \left[\sum_{i\neq j}^{N} \frac{1}{n_\gamma n_\delta} \langle \xi_\lambda^i \xi_\omega^j | g^{(ij)} | \xi_\gamma^i \xi_\delta^j \rangle a_\gamma a_\delta \right] | n_\alpha \cdots n_\lambda \cdots n_\omega \cdots n_\gamma \cdots n_\delta \cdots \rangle$$

$$= \frac{1}{2}\sum_{\lambda,\omega} a_\lambda^+ a_\omega^+ \sum_{\gamma\delta} \langle \lambda\omega | g | \gamma\delta \rangle a_\gamma a_\delta | n_\alpha \cdots n_\lambda \cdots n_\omega \cdots n_\gamma \cdots n_\delta \cdots \rangle$$

$$= \frac{1}{2}\sum_{\lambda\omega\gamma\delta} \langle \lambda\omega | g | \gamma\delta \rangle a_\lambda^+ a_\omega^+ a_\gamma a_\delta | n_\alpha \cdots n_\lambda \cdots n_\omega \cdots n_\gamma \cdots n_\delta \cdots \rangle$$

标记(1)这步是针对 $\gamma \neq \delta$（即 i,j 两个粒子占据不同态）情况，若 $\gamma = \delta$ 则系数不同，这时占有数减少的两个因子 $(n_\gamma - 1$、$n_\delta - 1)$ 合并为一个 $(n_\gamma - 2)$，下一步根号内分母不是 $n_\gamma n_\delta$ 而是 $n_\gamma(n_\gamma - 1)$。但这并不妨碍论述的结论。经过相同态项合并、标记(2)式方括号对粒子编号求和转为对所包含的单粒子态求和。接着再扩展为对所有单粒子态求和(对 $| n_\alpha \cdots \rangle$ 中没有粒子占据的态，经该态湮没算符作用为零)。 证毕。

n 体算符($n \leqslant N$) 只列举结论如下。设 $w(a_1, a_2, \cdots, a_n)$ 是依赖于第 a_1 号粒子，第 a_2 号粒子，…及第 a_n 号粒子变数的算符，而且对这 n 个号码的任何置换都具有对称性。令 n 体算符为

$$W = \sum_{a_1 < a_2 < \cdots < a_n}^{N} w(a_1, a_2, \cdots, a_n)$$

按上面推导可得

$$W = \frac{1}{n!}\sum_{\substack{i_1 i_2 \cdots i_n \\ i_1' i_2' \cdots i_n'}} \langle i_1 i_2 \cdots i_n | w | i_1' i_2' \cdots i_n' \rangle a_{i_1}^+ a_{i_2}^+ \cdots a_{i_n}^+ a_{i_n'} \cdots a_{i_2'} a_{i_1'}$$

因子 $1/n!$ 的由来是，推导前先要将 W 求和对称化成为 $a_1 \neq a_2 \neq \cdots \neq a_n$，就出来 $(n!)^{-1}$ 因子，然后 W 才可以与 S 交换。论证类似，从略。

3.6.2 全同 Fermion N 体算符的转换

单体算符 设 $f^{(i)}$ 为向第 i 个 Fermion 作用的算符，则有转化公式

$$\boxed{F = \sum_{i=1}^{N} f^{(i)} = \sum_{\alpha,\beta} \langle\alpha|f|\beta\rangle b_\alpha^+ b_\beta, \quad \langle\alpha|f(\Omega)|\beta\rangle = \int \mathrm{d}\xi \psi_\alpha^* f(\Omega)\psi_\beta} \tag{3.80}$$

证： 引入对 N 个单粒子态进行反称化的算符 $A = \dfrac{1}{\sqrt{N!}}\sum_P (-1)^{[P]}P$，含义见 3.3 节的第三段。这里求和对所有置换进行。于是

$$\begin{aligned}
&\sum_{j=1}^{N} f^{(j)} |n_1\cdots 1_\delta \cdots 0_\lambda \cdots\rangle = \sum_{j=1}^{N} f^{(j)} A |\xi_\alpha^1 \xi_\beta^2 \cdots \xi_\delta^j \cdots\rangle \\
&= A\sum_{j=1}^{N} f^{(j)} |\xi_\alpha^1 \xi_\beta^2 \cdots \xi_\delta^j \cdots\rangle = A\sum_{j,\lambda} |\xi_\alpha^1 \xi_\beta^2 \cdots \xi_\lambda^j \cdots\rangle\langle\xi_\lambda^j|f^{(j)}|\xi_\delta^j\rangle \\
&= \sum_{j,\lambda} (-1)_{l=\delta+1}^{\sum^{\lambda-1} n_l} |n_1\cdots 0_\delta \cdots 1_\lambda \cdots\rangle\langle\xi_\lambda|f|\xi_\delta\rangle
\end{aligned}$$

出现相因子是因为，由态矢 $|\xi_\alpha^1 \xi_\beta^2 \cdots \xi_\lambda^j \cdots\rangle$ 经 Slater 行列式反称化为 $|n_1\cdots 0_\delta \cdots 1_\lambda \cdots\rangle$ 时，已经与 $|n_1\cdots 1_\delta \cdots 0_\lambda \cdots\rangle$ 不同：后者 δ 行单粒子态 ψ_δ 在前者中被替换成了 ψ_λ。于是反称化中要将 δ 行移动到 λ 行，跨过中间 Fermion 时要出同样数目 (-1) 因子。再由态中抽出 Fermion 算符，得

$$\begin{aligned}
&= \sum_{j,\lambda} (-1)^{\sum_{l=\delta+1}^{\lambda-1} n_l + \sum_{l=1}^{\delta-1} n_l + \sum_{l=1}^{\lambda-1} n_l} b_\lambda^+ b_\delta |n_1\cdots 1_\delta \cdots 0_\lambda \cdots\rangle\langle\xi_\lambda|f|\xi_\delta\rangle \\
&= \sum_{j,\lambda} (-1)^{n_\delta}\langle\xi_\lambda|f|\xi_\delta\rangle b_\lambda^+ b_\delta |n_1\cdots 1_\delta \cdots 0_\lambda \cdots\rangle \\
&= \sum_{j,\lambda} \langle\xi_\lambda|f|\xi_\delta\rangle b_\lambda^+ b_\delta |n_1\cdots 1_\delta \cdots 0_\lambda \cdots\rangle
\end{aligned}$$

这里注意，由推导过程可知，占有数 n_δ 是由 $|n_1\cdots 0_\delta \cdots 1_\lambda \cdots\rangle$ 态矢中抽出 b_λ^+ 时产生的，所以为零。最后，因为 Fermion 任何态占有数不超过一个粒子，可以直接将 $(j-\delta)$ 中对 j 求和改为对态编号 δ 求和。 证毕。

两体算符

$$\boxed{\begin{aligned}
G &= \sum_{p<q}^{N} g(p,q) = \frac{1}{2}\sum_{p\neq q}^{N} g(p,q) \qquad g(p,q) = g(q,p) \\
&= \frac{1}{2}\sum_{i,k,l,m} \langle ik|g|lm\rangle b_i^+ b_k^+ b_l b_m \\
&= \frac{1}{2}\iint \mathrm{d}\xi_1 \mathrm{d}\xi_2 \psi^+(\xi_1,t)\psi^+(\xi_2,t) g(1,2)\psi(\xi_2,t)\psi(\xi_1,t)
\end{aligned}} \tag{3.81}$$

式中，$\langle ik|g|lm\rangle = \iint d\xi_1 d\xi_2 \psi_i^*(\xi_1)\psi_k^*(\xi_2)g(1,2)\psi_l(\xi_2)\psi_m(\xi_1)$

习题 3.11 推导 Fermion 两体算符的转化公式(3.81)。

上面表达式表明，**虽然粒子数表象本身并不管粒子数守恒与否。但现在非相对论量子力学范围内所有 Hamilton 表达式中每项包含的产生算符与湮没算符的个数都相等，不会出现粒子的净产生或净湮没，不会发生粒子种类转化。这是非相对论量子力学的普遍特征。此时力学量算符的作用只是系统状态空间自身到自身的映射。这也正是非相对论量子力学称为"力学"理论的根据。**

3.7 简单应用

3.7.1 弱耦合全同多体系统状态跃迁概率计算

设全同 N 个粒子系统，粒子间相互作用较弱，可当作微扰。这种相互作用引起系统中粒子状态的量子跃迁。为简化问题，取单粒子能量表象。于是，系统的不考虑粒子间相互作用的 Hamilton 在此表象中是对角化的，即$\langle i'|T+V|i\rangle = \varepsilon_i\delta_{i'i}$。记粒子数表象态矢为$|\psi_S\rangle$，考虑粒子间相互作用的全同 N 体 Schrödinger 方程为

$$\boxed{i\hbar\frac{d}{dt}|\psi_S\rangle = \left\{\sum_i \varepsilon_i N_i + \frac{1}{2}\sum_{ik,i'k'} W_{i'k',ik}a_{i'}^+ a_{k'}^+ a_i a_k\right\}|\psi_S\rangle} \tag{3.82}$$

这里 $N_j = a_j^+ a_j$，$\sum_i \varepsilon_i n'_i = E$ 是无相互作用时系统的总能量。

转入相互作用绘景。为此作变换

$$|\psi_S\rangle = U_0(t)|\psi_I\rangle \equiv e^{-i\sum_j \varepsilon_j N_j \frac{t}{\hbar}}|\psi_I\rangle$$

对 Boson 系统，注意有

$$\exp\left(i\sum_j \varepsilon_j a_j^+ a_j\frac{t}{\hbar}\right)a_k\exp\left(-i\sum_j \varepsilon_j a_j^+ a_j\frac{t}{\hbar}\right) = a_k\exp\left(-i\frac{t}{\hbar}\varepsilon_k\right)$$

$$\exp\left(i\sum_j \varepsilon_j a_j^+ a_j\frac{t}{\hbar}\right)a_k^+\exp\left(-i\sum_j \varepsilon_j a_j^+ a_j\frac{t}{\hbar}\right) = a_k^+\exp\left(i\frac{t}{\hbar}\varepsilon_k\right)$$

原态矢方运动程即转化为相互作用绘景中的态矢运动方程

$$\boxed{i\hbar\frac{d}{dt}|\psi_I(t)\rangle = \frac{1}{2}\sum_{ik,i'k'} e^{i\frac{t}{\hbar}(\varepsilon_{i'}+\varepsilon_{k'}-\varepsilon_i-\varepsilon_k)}W_{i'k',ik}a_{i'}^+ a_{k'}^+ a_i a_k|\psi_I(t)\rangle} \tag{3.83}$$

转化计算中用到下面公式

$$N_k^m a_k = a_k(N_k-1)^m,\quad N_k^m a_k^+ = a_k^+(N_k+1)^m$$

习题 3.12 用归纳法证明这些公式。

将态矢$|\psi_I(t)\rangle$按粒子数表象基矢展开

$$|\psi_I(t)\rangle = \sum_{\{i,k\}} c(\{n_i\},t)|\{n_i\}\rangle$$

代入运动方程后，取定某一组 $i,k\to i',k'$ 跃迁，向相应基矢投影，得

$$\boxed{\begin{aligned}&\mathrm{i}\hbar\frac{\mathrm{d}}{\mathrm{d}t}c_1(n_1\cdots(n_{i'}+1)\cdots(n_i-1)\cdots(n_{k'}+1)\cdots(n_k-1)\cdots,t)\\&=\mathrm{e}^{\mathrm{i}\frac{t}{\hbar}(\varepsilon_{i'}+\varepsilon_{k'}-\varepsilon_i-\varepsilon_k)}\sqrt{(n_{i'}+1)(n_{k'}+1)n_in_k}W_{i'k',ik}\\&\quad\cdot c_1(n_1\cdots(n_{i'}+1)\cdots(n_i-1)\cdots(n_{k'}+1)\cdots(n_k-1)\cdots,t)\end{aligned}}\tag{3.84}$$

系数 c 是在此弱耦中，具有相应占有数分布的态出现的概率幅。W 矩阵元前因子 $\frac{1}{2}$ 消失是由于求和号下产生、湮没有两种可能的分配，两两相加。对时间积分取一阶近似——令积分号下波函数为零阶近似 $c_1=1$，得

$$\begin{aligned}c_1&=\frac{1}{\mathrm{i}\hbar}\int_0^t\exp\left[\mathrm{i}\frac{t}{\hbar}(\varepsilon_{i'}+\varepsilon_{k'}-\varepsilon_i-\varepsilon_k)\right]\sqrt{n'_{i'}+1}\sqrt{n'_{k'}+1}\sqrt{n_i}\sqrt{n_k}W_{i'k',ik}\mathrm{d}t\\&=\frac{\sqrt{(n'_{i'}+1)(n'_{k'}+1)n_in_k}}{\varepsilon_{i'}+\varepsilon_{k'}-\varepsilon_i-\varepsilon_k}W_{i'k',ik}\left\{1-\exp\left[\mathrm{i}\frac{t}{\hbar}(\varepsilon_{i'}+\varepsilon_{k'}-\varepsilon_i-\varepsilon_k)\right]\right\}\end{aligned}$$

即（$\Delta E=\varepsilon_{i'}+\varepsilon_{k'}-\varepsilon_i-\varepsilon_k$）

$$|c_1|^2=\frac{2(n'_{i'}+1)(n'_{k'}+1)n_in_k}{(\Delta E)^2}|W_{i'k',ik}|^2\left(1-\cos\frac{t\Delta E}{\hbar}\right)$$

利用 $\lim\limits_{\alpha\to\infty}\left(\frac{\sin\alpha x}{x}\right)=\pi\delta(x)$，即得单位时间跃迁速率 $P_{i'k',ik}=\frac{\mathrm{d}|c_1|^2}{\mathrm{d}t}$ 为

$$\boxed{P_{i'k',ik}=\frac{2\pi}{\hbar}|W_{i'k',ik}|^2(n_{i'}+1)(n_{k'}+1)n_in_k\delta(\Delta E)}\tag{3.85a}$$

由于这里只考虑粒子间两两相互作用，故涉及的是两个粒子的跃迁，从 $i,k\to i',k'$，共 4 个能级。$\delta(\Delta E)$ 函数体现跃迁时能量守恒。

对 Fermion 系统，按照 $b_{i'}^+b_{k'}^+b_ib_k$ 相应作用规则，由 Schrödinger 绘景→相互作用绘景时，遇到的对易子是相同的，结果也相同；只是 b_ib_k 对易反号，然而 $b_{i'}^+b_{k'}^+$ 对易也反号，仍相同于 Boson；唯一不同的是 $b_{i'}^+b_{k'}^+$ 作用时取出本征值，这将反映在系数中。所以 Fermion 有

$$\boxed{P_{i'k',ik}=\frac{2\pi}{\hbar}|W_{i'k',ik}|^2(1-n_{i'})(1-n_{k'})n_in_k\delta(\Delta E)}\tag{3.85b}$$

式(3.85a)和式(3.85b)末态占有数表明，全同粒子系统从初态 i,k 跃迁到末态 i',k' 的概率不仅依赖于初态占有数而且依赖于末态占有数。后者是量子理论的全新结果，经典理论中是不存在的。对 Boson，如果末态占有数越大，向之跃迁的概率也越大。所以 Boson 趋向占有数最多的状态，呈“Boson 凝聚”趋势。Fermion 与其相反，如末态已被粒子占有，其他粒子不能再向之跃迁。这是 Pauli 不相容原理的体现。这导致下面新的量子统计规律。不仅如此，第 5 章将进一步表明，式(3.85a)和式(3.85b)对初态占有数的依赖只是就物质粒子数守恒的非相对论量子场论而言。对

于量子光场或相对论量子场，跃迁也可以在初态无该粒子情况下进行，这就是自发衰变（见 5.6.3 节）。

3.7.2　Bose-Einstein 与 Fermi-Dirac 统计分布律的简明推导

作为上面结论的一个应用，下面导出 Bose(Fermi)气体所遵守的 B-E(F-D)统计律。量子统计基础分析见附录 A 第Ⅲ节。

假设大量有微弱作用的全同粒子，通过碰撞发生状态跃迁，构成 Bose(Fermi)气体。当此系统与外界温度达平衡（或本身为孤立系）后，求单位体积内粒子数按能量的分布。

按上面叙述，在碰撞影响下，粒子从初态 i,k 跃迁到终态 i',k' 的概率，对 Boson（取正号）、Fermion（取负号，n 值取 0 或 1）分别为

$$P_{i'k',ik} = A_{i'k',ik}(1 \pm n_{i'})(1 \pm n_{k'})n_i n_k$$

$A_{i'k',ik}$ 正比于粒子间相互作用矩阵元的模平方，而这个模平方相对于初终态的交换是对称的，因此有 $A_{i'k',ik} = A_{ik,i'k'}$。即跃迁和逆跃迁过程这个系数相等[㉓]——即所谓**精细平衡原理**。

如果，①全同粒子系统碰撞能够引起量子跃迁；②已达到精细平衡，③假定乘积的平均可以等于平均的乘积。那么，在碰撞影响下平均跃迁数可以表示为

$$\boxed{P_{i'k',ik} = A_{i'k',ik}(1 \pm \bar{n}_{i'})(1 \pm \bar{n}_{k'})\bar{n}_i \bar{n}_k} \tag{3.86}$$

注意，这里不论这些 Fermion 或 Boson 用什么状态序列来描述，即处于怎样的混合态。另外，当两个 $\bar{n}_{i'} \ll 1$，结果将回到经典公式。

据此寻找 Bose(Fermi)气体在热平衡下粒子数密度随能量的分布——系综能谱。热平衡下，跃迁和逆跃迁的粒子数相等，于是

$$(1 \pm \bar{n}_{i'})(1 \pm \bar{n}_{k'})\bar{n}_i \bar{n}_k = (1 \pm \bar{n}_i)(1 \pm \bar{n}_k)\bar{n}_{i'} \bar{n}_{k'}$$

又写作（略去平均值符号）

$$\frac{n_i}{1 \pm n_i} \frac{n_k}{1 \pm n_k} = \frac{n_{i'}}{1 \pm n_{i'}} \frac{n_{k'}}{1 \pm n_{k'}}$$

进一步可认为，热平衡时每个状态上的平均占有数 n_m 仅是这个状态能量 ε_m 的函数，即假定 $\bar{n}_m = \bar{n}_m(\varepsilon_m)$（当然，就统计而言，还和温度有关。由于相同而略写），就可有

$$\varphi(\varepsilon_i) \cdot \varphi(\varepsilon_k) = \varphi(\varepsilon_{i'}) \cdot \varphi(\varepsilon_{k'})$$

这里 φ 是粒子能量的某个函数，根据碰撞跃迁中能量守恒，应当有 $\varepsilon_i + \varepsilon_k = \varepsilon_{i'} + \varepsilon_{k'}$。因此，如要上式成立，左右两边各自必须能合并

$$\varphi(\varepsilon_i) \cdot \varphi(\varepsilon_k) = C(\varepsilon_i + \varepsilon_k)$$

㉓　Dirac P A M. 量子力学原理. 北京：科学出版社，1965：178. 也参见脚注④文献所述 Einstein 处理自发辐射第 11 章第 5 节。注意这里叙述并不等同于本书第 9 章时间反演微观可逆性原理式(9.85).

这里 C 是能量 $(\varepsilon_i+\varepsilon_i)$ 的某个函数。将上式分别对 ε_i 和 ε_k 微商，可得

$$\varphi'(\varepsilon_i)\varphi(\varepsilon_k)=\varphi(\varepsilon_i)\varphi'(\varepsilon_k)$$

或

$$\frac{\varphi'(\varepsilon_i)}{\varphi(\varepsilon_i)}=\frac{\varphi'(\varepsilon_k)}{\varphi(\varepsilon_k)}=-\frac{1}{\Theta}$$

这里 Θ 为某个与粒子能量 ε_i 和 ε_k 无关的常数(事实上只和温度 T 有关)。积分得

$$\varphi(\varepsilon_i)=\exp\left(-\frac{\varepsilon_i}{\Theta}+\alpha\right)$$

α 为另一积分常数。代入 $\varphi(\varepsilon_i)$ 的表示式解出 $\bar{n}_i$，略去脚标 i，得

$$\bar{n}\equiv\overline{n(\varepsilon)}=\frac{1}{e^{\varepsilon/\Theta-\alpha}\mp 1}$$

这里，“－”号对 Boson 气体，“＋”号对 Fermion 气体。为确定常数 Θ，令 $\varepsilon\to\infty$，这时上面分布应当过渡到**经典 M-B 分布**

$$\overline{n(\varepsilon)}=C\exp\left(-\frac{\varepsilon}{kT}\right)$$

由此得知 $\Theta=kT$。最后，**N 个全同粒子系统(单粒子有分立能级值)，经相互碰撞达温度平衡时，在能级 ε 上粒子占有数的平均值为**

$$\boxed{\overline{N(\varepsilon)}\propto\frac{1}{e^{\frac{\varepsilon}{kT}-\alpha}\mp 1}}\tag{3.87}$$

积分常数由总粒子数 $\sum\overline{N(\varepsilon)}=N$ 决定，这就是分立谱情况下的 Boson(Fermion)气体的分布律。

由于能级密度和每个能级上的状态数都不是均匀的，它们也是能量的函数。引入状态密度 $\rho(\varepsilon)$ ＝单位体积内在能量 ε 处单位能量间隔中的状态数，于是(气体总体积 V)

$$V\text{ 中 }d\varepsilon\text{ 间隔内的状态数}=V\rho(\varepsilon)d\varepsilon$$

气体中能量在 $\varepsilon\to\varepsilon+d\varepsilon$ 内的粒子平均数(能量分布律或能谱)为

$$N(\varepsilon)d\varepsilon=\frac{V\rho(\varepsilon)d\varepsilon}{e^{\frac{\varepsilon}{\Theta}-\alpha}\mp 1}$$

于是，**热平衡下全同粒子气体，能量在 $\varepsilon\to\varepsilon+d\varepsilon$ 内粒子数密度为**

$$\boxed{f(\varepsilon)d\varepsilon=\frac{\rho(\varepsilon)d\varepsilon}{e^{\frac{\varepsilon}{\Theta}-\alpha}\mp 1}}\tag{3.88}$$

取“－”号称 Bose-Einstein 分布；取“＋”号称 Fermi-Dirac 分布。这时，代替前面总粒子数条件，有

$$\int_0^\infty f(\varepsilon)d\varepsilon=\int_0^\infty\left[e^{\frac{\varepsilon}{\Theta}-\alpha}\mp 1\right]^{-1}\rho(\varepsilon)d\varepsilon=\frac{N}{V}=n$$

Fermi-Dirac 分布的一个最重要的特点是，即使气体温度降至绝对零度，气体总

能量也不为零。其原因显然是 Pauli 不相容原理的作用。在温度为绝对零度时，粒子从 $\varepsilon=0$ 开始由低能态到高能态逐个填充直到 ε_0，ε_0 值与填充粒子的总数有关。填充时有涨落现象。

3.7.3 电中性介质简并电子气的二次量子化

二次量子化方法常用于对平均场进行量子化。这时“二次”术语仅特指从位置表象(动量表象)描述转向占据数表象描述。由于是非相对论的，所以粒子数是守恒的。这里，为了说明如何对一个具体系统进行二次量子化，举一个简单例子：考虑块状介质中有相互作用的电子气，处于均匀分布正电背景下，正电背景总强度刚好使系统为电中性。在金属或等离子体中，正离子总是很重于电子，可以忽略它们的运动(及其动力学)。但此处均匀假设却稍嫌粗略，所以此模型只能提供一级近似。

(1)现在找出系统 Hamilton 量 $H=H_e+H_b+H_{eb}$。令 $\boldsymbol{r}_i$ 为第 i 个电子坐标，$\boldsymbol{r}$ 为正电背景坐标，则有

$$\boxed{\begin{cases}H_e=\displaystyle\sum_{i=1}^{N}\frac{p_i^2}{2\mu}+\frac{e^2}{8\pi}\sum_{i\neq j}^{N}\frac{\mathrm{e}^{-\alpha|\boldsymbol{r}_i-\boldsymbol{r}_j|}}{|\boldsymbol{r}_i-\boldsymbol{r}_j|}\\ H_b=\displaystyle\frac{e^2}{8\pi}\iint\mathrm{d}(\boldsymbol{r}\boldsymbol{r}')\frac{\rho(\boldsymbol{r})\rho(\boldsymbol{r}')\mathrm{e}^{-\alpha|\boldsymbol{r}-\boldsymbol{r}'|}}{|\boldsymbol{r}-\boldsymbol{r}'|}\\ H_{eb}=-\displaystyle\frac{e^2}{4\pi}\sum_{i=1}^{N}\int\mathrm{d}\boldsymbol{r}\frac{\rho(\boldsymbol{r})\mathrm{e}^{-\alpha|\boldsymbol{r}-\boldsymbol{r}_i|}}{|\boldsymbol{r}-\boldsymbol{r}_i|}\end{cases}}\tag{3.89}$$

这里 $\rho(\boldsymbol{r})=$正电背景的电荷密度$=\dfrac{N}{V}$；Coulomb 作用中均已插入衰减因子，以保证计算全过程中积分计算收敛，最后再令 $\alpha\to0$。这样做法是由于 Coulomb 作用的长程性质，这三部分 Hamilton 量在热力学极限($N\to\infty,V\to\infty,\dfrac{N}{V}\to$有限)下均发散。但由于整个系统是电中性的，因此即便极限下整个系统应当保持为有意义。加上这个负指数因子，就允许每一步都很明确地分别清除这三项发散，得到三项总和为有限的极限。极限手续是先 $L\to\infty$，然后 $\alpha\to0$。

预先对 H_b 和 H_{eb} 作些简化。假设系统足够大 $\alpha L\gg1$，以致可以移动坐标原点而无需考虑表面效应，从而移动第二重积分的坐标原点，得

$$H_b=\frac{e^2}{8\pi}\iint\mathrm{d}(\boldsymbol{r}\boldsymbol{r}')\left(\frac{N}{V}\right)^2\frac{\mathrm{e}^{-\alpha|\boldsymbol{r}'|}}{|\boldsymbol{r}'|}=\frac{e^2}{2}\frac{N^2}{V}\frac{1}{\alpha^2}\tag{3.90}$$

于是它和 H_{eb} 均是常数

$$H_{eb}=-\frac{e^2}{4\pi}\sum_{i=1}^{N}\frac{N}{V}\int\mathrm{d}^3y\,\frac{\mathrm{e}^{-\alpha|\boldsymbol{y}|}}{|\boldsymbol{y}|}=-e^2\frac{N^2}{V}\frac{1}{\alpha^2}\tag{3.91}$$

由此简化，得到作为下面二次量子化出发点的总 Hamilton 量

$$\boxed{H = -\frac{1}{2V}e^2 N^2 \frac{1}{\alpha^2} + H_e} \tag{3.92}$$

(2)将上述多粒子 Hamilton 量量子化，并转入粒子数表象。首先，取块状物质的周期边界条件 $k_i = 2\pi n_i / L (i = x, y, z)$，取态矢为 $|\boldsymbol{k}\lambda\rangle$，其波函数为：$e^{i\boldsymbol{k}_i\cdot\boldsymbol{x}}\eta_\lambda/\sqrt{V}$，其中 $\eta_1 = \begin{pmatrix}1\\0\end{pmatrix}, \eta_2 = \begin{pmatrix}0\\1\end{pmatrix}$。这时，单体动能算符的矩阵元为

$$\langle \boldsymbol{k}_1\lambda_1 | -\frac{\hbar^2}{2\mu}\Delta | \boldsymbol{k}_2\lambda_2\rangle = -\frac{\hbar^2}{2\mu V}\int d^3x e^{-i\boldsymbol{k}_1\cdot\boldsymbol{x}}\Delta e^{i\boldsymbol{k}_2\cdot\boldsymbol{x}}\eta_{\lambda_1}^+\eta_{\lambda_2}$$

$$= \frac{\hbar^2 k_2^2}{2\mu V}\delta_{\lambda_1\lambda_2}\int d^3x e^{i(\boldsymbol{k}_2-\boldsymbol{k}_1)\cdot\boldsymbol{x}} = \frac{\hbar^2 k_2^2}{2\mu}\delta_{\lambda_1\lambda_2}\delta_{\boldsymbol{k}_1\boldsymbol{k}_2}$$

于是转入粒子数表象后的动能算符为

$$\hat{T} = \sum_{\boldsymbol{k}\lambda}\frac{\hbar^2 k^2}{2\mu}a_{\boldsymbol{k}\lambda}^+ a_{\boldsymbol{k}\lambda}$$

将势能算符转入粒子数表象需要计算如下矩阵元

$$\langle \boldsymbol{k}_1\lambda_1\boldsymbol{k}_2\lambda_2 | V | \boldsymbol{k}_3\lambda_3\boldsymbol{k}_4\lambda_4\rangle = \langle \boldsymbol{k}_1\lambda_1\boldsymbol{k}_2\lambda_2 | \frac{e^2 e^{-\alpha|\boldsymbol{r}_1-\boldsymbol{r}_2|}}{4\pi|\boldsymbol{r}_1-\boldsymbol{r}_2|} | \boldsymbol{k}_3\lambda_3\boldsymbol{k}_4\lambda_4\rangle$$

$$= \frac{e^2}{4\pi V^2}\int d^3(\boldsymbol{r}_1\boldsymbol{r}_2)e^{-i\boldsymbol{k}_1\cdot\boldsymbol{r}_1 - i\boldsymbol{k}_2\cdot\boldsymbol{r}_2}\frac{e^{-\alpha|\boldsymbol{r}_1-\boldsymbol{r}_2|}}{|\boldsymbol{r}_1-\boldsymbol{r}_2|}$$

$$\cdot\, e^{i\boldsymbol{k}_3\cdot\boldsymbol{r}_2 + i\boldsymbol{k}_4\cdot\boldsymbol{r}_1}\eta_{\lambda_1}^+(1)\eta_{\lambda_2}^+(2)\eta_{\lambda_3}(2)\eta_{\lambda_4}(1)$$

作替代 $\boldsymbol{x} = \boldsymbol{r}_2, \boldsymbol{y} = \boldsymbol{r}_1 - \boldsymbol{r}_2$，得

$$= \frac{e^2}{4\pi V^2}\int d^3x e^{-i(\boldsymbol{k}_1+\boldsymbol{k}_2-\boldsymbol{k}_3-\boldsymbol{k}_4)\cdot\boldsymbol{x}}\int d^3y e^{i(\boldsymbol{k}_4-\boldsymbol{k}_1)\cdot\boldsymbol{y}}\frac{e^{-\alpha|\boldsymbol{y}|}}{|\boldsymbol{y}|}\delta_{\lambda_1\lambda_4}\delta_{\lambda_2\lambda_3} \quad ㉔$$

$$= \frac{e^2}{V}\delta_{\lambda_1\lambda_4}\delta_{\lambda_2\lambda_3}\delta_{\boldsymbol{k}_1+\boldsymbol{k}_2,\boldsymbol{k}_3+\boldsymbol{k}_4}\frac{1}{(\boldsymbol{k}_1-\boldsymbol{k}_4)^2+\alpha^2}$$

这里关于动量的 Kronecker 符号代表了均匀系统的动量守恒。

于是，转入粒子数表象后的 Hamilton 量为

$$\boxed{\begin{aligned}\hat{H} = &-\frac{e^2}{2V}N^2\frac{1}{\alpha^2} + \sum_{\boldsymbol{k}\lambda}\frac{\hbar^2 k^2}{2\mu}a_{\boldsymbol{k}\lambda}^+ a_{\boldsymbol{k}\lambda}\\ &+\frac{e^2}{2V}\sum_{\substack{\boldsymbol{k}_1\lambda_1\boldsymbol{k}_2\lambda_2\\ \boldsymbol{k}_3\lambda_3\boldsymbol{k}_4\lambda_4}}\delta_{\lambda_1\lambda_4}\delta_{\lambda_2\lambda_3}\delta_{\boldsymbol{k}_1+\boldsymbol{k}_2,\boldsymbol{k}_3+\boldsymbol{k}_4}\frac{1}{(\boldsymbol{k}_1-\boldsymbol{k}_4)^2+\alpha^2}a_{\boldsymbol{k}_1\lambda_1}^+ a_{\boldsymbol{k}_2\lambda_2}^+ a_{\boldsymbol{k}_3\lambda_3}a_{\boldsymbol{k}_4\lambda_4}\end{aligned}} \tag{3.93}$$

由动量守恒限制，4 个 $\boldsymbol{k}$ 中只有 3 个是独立的，于是令

$$\boldsymbol{k}_1 = \boldsymbol{k} + \boldsymbol{q}, \quad \boldsymbol{k}_4 = \boldsymbol{k}$$

$$\boldsymbol{k}_2 = \boldsymbol{p} - \boldsymbol{q}, \quad \boldsymbol{k}_3 = \boldsymbol{p}$$

㉔ $\int d\boldsymbol{y}\,\frac{1}{\boldsymbol{y}}e^{i\boldsymbol{q}\cdot\boldsymbol{y}-\alpha|\boldsymbol{y}|} = \int_0^\infty r dr e^{-\alpha r}\cdot 2\pi\int_0^\pi \sin\theta e^{iqr\cos\theta}d\theta = \frac{4\pi}{\alpha^2+q^2}$.

这里，$\hbar\boldsymbol{q}$ 是在两电子相互作用中传递的动量。于是

$$\hat{H}=-\frac{e^2}{2V}N^2\frac{1}{\alpha^2}+\sum_{k\lambda}\frac{\hbar^2k^2}{2\mu}a_{k\lambda}^+a_{k\lambda}+\frac{e^2}{2V}\sum_{kpq\lambda_1\lambda_2}\frac{1}{\boldsymbol{q}^2+\alpha^2}a_{k+q,\lambda_1}^+a_{p-q,\lambda_2}^+a_{p\lambda_2}a_{k\lambda_1} \tag{3.94}$$

为进一步变化，将最后项求和分解为两项：$\boldsymbol{q}\neq 0$、$\boldsymbol{q}=0$，

$$\frac{e^2}{2V}\sum_{kpq\lambda_1\lambda_2}{}'\frac{1}{\boldsymbol{q}^2+\alpha^2}a_{k+q,\lambda_1}^+a_{p-q,\lambda_2}a_{p\lambda_2}a_{k\lambda_1}+\frac{e^2}{2V}\sum_{kp\lambda_1\lambda_2}\frac{1}{\alpha^2}a_{k\lambda_1}^+a_{p\lambda_2}^+a_{p\lambda_2}a_{k\lambda_1}$$

这里 $\sum'$ 表示求和变数缺少 $\boldsymbol{q}=0$ 项，将第二项用反对易规则改写为

$$a_{k\lambda_1}^+a_{p\lambda_2}^+a_{p\lambda_2}a_{k\lambda_1}=a_{k\lambda_1}^+a_{k\lambda_1}(a_{p\lambda_2}^+a_{p\lambda_2}-\delta_{pk}\delta_{\lambda_1\lambda_2})=N_{k\lambda_1}N_{p\lambda_2}-N_{k\lambda_1}\delta_{pk}\delta_{\lambda_1\lambda_2}$$ 。于是

$$\text{第二项}=\frac{1}{\alpha^2}\frac{e^2}{2V}(N^2-N)$$

由于总是讨论 N 为固定的态，故上面的算符 N 可代以数 N。于是第二项 $=c$ 数。其中第一项和 $\hat{H}$ 中第一项相消；第二项代表单个粒子有 $-\dfrac{e^2}{2V}\dfrac{1}{\alpha^2}$ 的能量。在合理的极限手续下(先 $L\to\infty$，接着 $\alpha\to 0$，以保持总有 $L\alpha\gg 1$)，此 c 数项也消失。**于是很明显，在反映整个系统为电中性的热力学极限下，$\boldsymbol{\alpha^2}$ 发散全部消失。**

至此，最后可以令 $\hat{H}$ 中 $\alpha\to 0$ 了。于是得到

$$\boxed{\hat{H}=\sum_{k\lambda}\frac{\hbar^2k^2}{2\mu}a_{k\lambda}^+a_{k\lambda}+\frac{e^2}{2V}\sum_{kpq}{}'\sum_{\lambda_1\lambda_2}\frac{1}{\boldsymbol{q}^2}a_{k+q,\lambda_1}^+a_{p-q,\lambda_2}^+a_{p\lambda_2}a_{k\lambda_1}} \tag{3.95}$$

这个表达式已暗含热力学极限($\boldsymbol{N}$、$\boldsymbol{V}\to\infty$，$\dfrac{\boldsymbol{N}}{\boldsymbol{V}}=\boldsymbol{\rho}=$常数)假设。

(3)一些讨论。**第一，**将此 Hamilton 量无量纲化。此系统有两个长度：r_0 为每个电子占有的等效球半径($V=\dfrac{4}{3}\pi r_0^3N$)；Bohr 半径 $a_0=\dfrac{\hbar^2}{\mu e^2}$。比值 $r_s=\dfrac{r_0}{a_0}$ 表征存在 Coulomb 相互作用下系统的相对密度。定义量纲为一的量：$V'=r_0^{-3}V$，$\boldsymbol{k}'=r_0\boldsymbol{k}$，$\boldsymbol{p}'=r_0\boldsymbol{p}$，$\boldsymbol{q}'=r_0\boldsymbol{q}$。于是有

$$\boxed{\hat{H}=\frac{e^2}{a_0r_s^2}\left\{\sum_{k'\lambda}\frac{\boldsymbol{k}'^2}{2}a_{k'\lambda}^+a_{k'\lambda}+\frac{r_s}{2V'}\sum_{k'p'q'}{}'\sum_{\lambda_1\lambda_2}\frac{1}{\boldsymbol{q}'^2}a_{k'+q',\lambda_1}^+a_{p'-q',\lambda_2}^+a_{p'\lambda_2}a_{k'\lambda_1}\right\}} \tag{3.96}$$

由此得到一个重要结果：**在高密度极限下(当 $\boldsymbol{r_0\to 0}$ 时，$\boldsymbol{r_s\to 0}$)，相互作用势能变成一个小的微扰！于是，尽管它并不弱也不短程，在高密度的电子气中，相互作用能的主要成分可用一级微扰得到。**

第二，Fermi 波数 $\boldsymbol{k_F}$。现在考虑电子处于基态 $|F\rangle$ 时的最大波数 k_F。问题产生是由于 Pauli 原理，在每个动量本征态上只允许两个电子(一个自旋朝上，一个自旋朝下)，从而归一化 $|F\rangle$ 态里，电子填充动量本征态一直到最大值即 Fermi 动量 $p_F=\hbar k_F$。

$$N = \langle F|\hat{N}\ |F\rangle = \sum_{k\lambda}\langle F|n_{k\lambda}\ |F\rangle = \sum_{k\lambda}\theta(k_F - k)$$
$$= \sum_{\lambda}\frac{V}{(2\pi)^3}\int d^3k\theta(k_F - k) = \frac{V}{(2\pi)^3}\cdot 2\cdot\frac{4}{3}\pi k_F^3 = \frac{Vk_F^3}{3\pi^2}$$

于是得到 k_F 和电子密度 $\rho = \dfrac{N}{V}$ 之间的重要关系

$$k_F = (3\pi^2\rho)^{\frac{1}{3}} = \left(\frac{9\pi}{4}\right)^{\frac{1}{3}}\frac{1}{r_0} \approx 1.92 r_0^{-1} \tag{3.97}$$

第三，电子气基态能量的微扰计算。在高密度极限下，由系统的量纲为一的 Hamilton 量知，可将原先有量纲的 Hamilton 量分为两部分

$$\hat{H} = \hat{H}_0 + \hat{H}_1$$

$\hat{H}_0$ 为无相互作用的自由 Fermi 系统，$\hat{H}_1$ 是个小微扰。相应地，基态能量便可写为

$$E = E^{(0)} + E^{(1)} + \cdots \tag{3.98a}$$

这里 $E^{(0)}$ 是自由 Fermi 气体的基态能量，$E^{(1)}$ 是其一阶能移。

$$E^{(0)} = \langle F|\hat{H}_0\ |F\rangle = \frac{\hbar^2}{2\mu}\sum_{k\lambda}\boldsymbol{k}^2\langle F|n_{k\lambda}\ |F\rangle = \frac{\hbar^2}{2\mu}\sum_{k\lambda}\boldsymbol{k}^2\theta(k_F - k)$$
$$= \frac{\hbar^2}{2\mu}\sum_{\lambda}\frac{V}{(2\pi)^3}\int d^3k\cdot\boldsymbol{k}^2\theta(k_F - k) = \frac{3}{5}\frac{\hbar^2 k_F^2}{2\mu}N \equiv \frac{3}{5}\varepsilon_F^{(0)}N \tag{3.98b}$$

自由 Fermi 气体中，每个粒子基态能量 $\dfrac{E^{(0)}}{N}$ 是 $\dfrac{3}{5}$ 倍的 Fermi 能量 $\varepsilon_F^{(0)}$。

第四，计算一阶能移。

$$E^{(1)} = \langle F\ |\hat{H}_1|F\rangle = \frac{e^2}{2V}\sum_{kpq}{}'\sum_{\lambda_1\lambda_2}\frac{1}{\boldsymbol{q}^2}\langle F\ |a^{+}_{k+q,\lambda_1}a^{+}_{p-q,\lambda_2}a_{p\lambda_2}a_{k\lambda_1}|F\rangle \tag{3.98c}$$

此对角矩阵元中 4 个算符必须两两配对，矩阵元才不会等于零。只有两种可能的配对

$$\begin{cases}\boldsymbol{k}+\boldsymbol{q},\lambda_1 = \boldsymbol{p},\lambda_2\\ \boldsymbol{p}-\boldsymbol{q},\lambda_2 = \boldsymbol{k}\lambda_1\end{cases},\qquad \begin{cases}\boldsymbol{k}+\boldsymbol{q},\lambda_1 = \boldsymbol{k}\lambda_1\\ \boldsymbol{p}-\boldsymbol{q},\lambda_2 = \boldsymbol{p},\lambda_2\end{cases}$$

第二对要求 $\boldsymbol{q} = 0$，这不在 $\boldsymbol{q} \neq 0$ 求和范围内，所以剩下第一对：

$$\text{对角矩阵元} = \delta_{k+q,p}\delta_{\lambda_1\lambda_2}\langle F|a^{+}_{k+q,\lambda_1}a^{+}_{k\lambda_1}a_{k+q,\lambda_1}a_{k\lambda_1}\ |F\rangle$$
$$= -\delta_{k+q,p}\delta_{\lambda_1\lambda_2}\langle F|\hat{n}_{k+q,\lambda_1}\hat{n}_{k\lambda_1}\ |F\rangle = -\delta_{k+q,p}\delta_{\lambda_1\lambda_2}\theta(k_F - |\boldsymbol{k}+\boldsymbol{q}|)\theta(k_F - k)$$

所以

$$E^{(1)} = -\frac{1}{2}e^2\frac{V}{(2\pi)^6}2\iint d^3k d^3q\cdot\boldsymbol{q}^2\theta(k_F - |\boldsymbol{k}+\boldsymbol{q}|)\theta(k_F - k)$$

这里因子 2 是自旋求和所引起，而 $\boldsymbol{q} \neq 0$ 的限制可予取消，因为它只影响积分的一个点。为使积分更对称，作变数替换 $\boldsymbol{k} \to \boldsymbol{p} = \boldsymbol{k} + \dfrac{1}{2}\boldsymbol{q}$：

$$E^{(1)} = -e^2V(2\pi)^{-6}\int d^3q\cdot\boldsymbol{q}^2\int d^3p\theta\left(k_F - \left|\boldsymbol{p}+\frac{1}{2}\boldsymbol{q}\right|\right)\theta\left(k_F - \left|\boldsymbol{p}-\frac{1}{2}\boldsymbol{q}\right|\right)$$

由于两粒子均处于 Fermi 海中：$\left|\boldsymbol{p}+\frac{1}{2}\boldsymbol{q}\right|$ 、$\left|\boldsymbol{p}-\frac{1}{2}\boldsymbol{q}\right|\leqslant k_F$。为计算 $\boldsymbol{p}$ 积分，设 $\boldsymbol{q}$ 在垂直方向，取 $\boldsymbol{q}$ 中点为 O，则 $\boldsymbol{p}$ 的变化范围是

使 $\left|\boldsymbol{p}+\frac{1}{2}\boldsymbol{q}\right|\leqslant k_F$——在上面一个球内，使 $\left|\boldsymbol{p}-\frac{1}{2}\boldsymbol{q}\right|\leqslant k_F$——在下面球内，相乘的结果，在两个球的交界区域内。于是

$$\int \mathrm{d}\boldsymbol{p}\theta\left(k_F-\left|\boldsymbol{p}+\frac{1}{2}\boldsymbol{q}\right|\right)\theta\left(k_F-\left|\boldsymbol{p}-\frac{1}{2}\boldsymbol{q}\right|\right)=\frac{4\pi}{3}k_F^3\left(1-\frac{3}{2}x+\frac{1}{2}x^3\right)\theta(1-x)$$

这里 $x=\cos\theta_0$。代入 $E^{(1)}$ 表达式，得

$$E^{(1)}=-\frac{e^2}{2a_0}\frac{N}{r_s}\left(\frac{9\pi}{4}\right)^{\frac{1}{3}}\frac{3}{2\pi}=-\frac{e^2}{2a_0}N\frac{0.916}{r_s} \tag{3.98d}$$

习题 3.13 导出式(3.98d)。

最后得到[25]

$$\boxed{\frac{E}{N}\underset{r_s\to 0}{=}\frac{e^2}{2a_0}\left(\frac{2.21}{r_s^2}-\frac{0.916}{r_s}+\cdots\right)} \tag{3.99}$$

第一项是电子 Fermi 气体的动能，在 r_s 小时，它是基态的主要能量；第二项是交换能，负值。由于波函数是反称的，故交叉对应是负的。

习题 3.14 证明 Kramers 对的产生算符是时间反演不变的。

习题 3.15 证明推广的 Koopmans 定理[26]。

㉕ 参见 Callaway J. Quantum Theory of the Solid State. Academy Press Inc.，1976:740.

㉖ 参见上面脚注，Student Edition，333 页；Koopmans T. Physica，1934，104:1.

第4章 量子变换理论概要

4.1 引言与数学准备

4.1.1 引言——线性量子变换(LQT)概念

众所周知,量子力学中一维谐振子问题既可以用算符 (x,p) 表示,也可以用 Fock 空间中的产生、湮没算符表示

$$H = \frac{1}{2m}p^2 + \frac{1}{2}m\omega^2 x^2 = \left(a^+ a + \frac{1}{2}\right)\hbar\omega$$

这两类算符表示之间的变换关系 $(x,p) \to (a^+,a)$,可表示为以下形式

$$\boxed{(a^+,a) = \left(\frac{\hat{p}_x}{\mathrm{i}\hbar},\hat{x}\right)\frac{1}{\sqrt{2m\hbar\omega}}\begin{pmatrix}\hbar & -\hbar \\ m\omega & m\omega\end{pmatrix}} \tag{4.1}$$

注意,变换之前与之后的两个算符间不一定要互为厄米共轭。这里实施的变换,其唯一的要求是:变换使对易关系保持不变:$\left[x,\frac{p}{\mathrm{i}\hbar}\right]=[a^+,a]=1$。这正是本章论述的量子变换的最基本性质——也是 LQT 理论的唯一规定。

事实上,量子理论或 Fock 空间中,很早就有各色各样的算符变换。包括空间转动变换,C,P,T 分立对称变换以及各种准粒子变换。下面将表明,**它们都是此处线性量子变换理论的一些特殊情况。**

以**准粒子变换**来说,最初起源于 1958 年 Bogoliubov-Valatin 在超导和超流方面的工作①。后来,Bogoliubov-Valatin 变换在凝聚态物理中得到了广泛的发展和应用,出现了各色各样的准粒子变换。以 Boson 算符为例,列举熟悉的最初一批准粒子变换。例如,最简单的单模压缩变换②,若以现在 LQT 理论的惯常写法来表达就是

$$\boxed{\begin{cases}(B^+,B) = S(z)(b^+,b)S^{-1}(z) = (b^+,b)M \\ S(z) = \exp\left[-\frac{1}{2}(zb^{+2} - z^* b^2)\right], \quad M = \begin{pmatrix}\mathrm{ch}r & \mathrm{e}^{\mathrm{i}\theta}\mathrm{sh}r \\ \mathrm{e}^{-\mathrm{i}\theta}\mathrm{sh}r & \mathrm{ch}r\end{pmatrix}, \quad z = r\mathrm{e}^{\mathrm{i}\theta}\end{cases}} \tag{4.2}$$

---

① Bogoliubov N N. Nuovo Cimento, 1958,7:794; Valatin J G, 1958,7:843.

② Walls D F, Milburn G J. Quantum Optics. Springer-Verlag, Berlin/Heidelberg, 1994;Mandel L,Wolf E. Optical Coherence and Quantum Optics. Cambridge Univ. Press, Cambridge, 1995:1038; Scully M O, Zubairy M S. Quantum Optics. Cambridge Univ. Press, 1997.

$S(z)$ 是幺正压缩算符。**变换 $(\boldsymbol{b},\boldsymbol{b}^+)\to(\boldsymbol{B},\boldsymbol{B}^+)$ 前后新旧算符的 Bosonic 对易关系保持不变 $[\boldsymbol{b},\boldsymbol{b}^+]=[\boldsymbol{B},\boldsymbol{B}^+]=1$。变换后新算符 $(\boldsymbol{B},\boldsymbol{B}^+)$ 是 quasi-Boson 的湮没、产生算符。**再例如，双模 Boson-Bogoliubov 变换③，按现在写法为

$$\begin{cases}(B_2{}^+,B_1)\equiv U(\theta)(b_2^+,b_1)U^{-1}(\theta)=(b_2^+,b_1)M\\ U(\theta)=\mathrm{e}^{-\theta(a_1^+a_2^+-a_1a_2)};\quad M=\begin{pmatrix}\mathrm{ch}\theta & \mathrm{sh}\theta\\ \mathrm{sh}\theta & \mathrm{ch}\theta\end{pmatrix}\end{cases}\tag{4.3}$$

注意，此处未曾写出另一部分新旧算符的变换 $(b_2,b_1^+)\to(B_2,B_1^+)$，其规则可由此式取厄米共轭得到，不能另行规定，以保证变换的逻辑自洽性。总之，式(4.3)制定的对 4 个算符的全部变换即为这两方面变换的合并。还有，量子力学中空间转动变换，用 Fock 空间语言，现在写法为④

$$\begin{cases}(A^+,B^+)\equiv R(\beta\boldsymbol{e}_y)(a^+,b^+)R^{-1}(\beta\boldsymbol{e}_y)=(a^+,b^+)D^{(1/2)}(\beta\boldsymbol{e}_y)\\ R(\beta\boldsymbol{e}_y)=\exp\left[-\dfrac{\beta}{2}(a^+b-b^+a)\right];\quad D^{(1/2)}(\beta\boldsymbol{e}_y)=\begin{pmatrix}\cos\dfrac{\beta}{2} & -\sin\dfrac{\beta}{2}\\ \sin\dfrac{\beta}{2} & \cos\dfrac{\beta}{2}\end{pmatrix}\end{cases}\tag{4.4}$$

和上面相比，这里有代替：$U\to R(\beta\boldsymbol{e}_y)$，$M\to D^{(1/2)}(\beta\boldsymbol{e}_y)$。

可以看出，**上面这些变换有一个共同的基本特征，就是变换前后各对准粒子之间对易关系不变，即在变换中保持各对算符的 Bosonic 不变。基于变换中保持算符对易规则(反对易规则)不变这个基本而且唯一的前提，建立起多模 Boson(Fermion)算符的线性量子变换理论——简称“LQT 理论”。**20 世纪 80 年代末提出 LQT 的研究工作⑤，1990 年构建起了比较系统的 LQT 一般理论⑥，其后十多年得到了多方位的发展。**理论运用统一观点系统研究了所有保持对易关系不变的 LQT。理论的基本出发点是：**一群旧算符，通过设计的 LQT，变换成一群新算符。但新算符群的对易(反对易)规则仍然保持着与旧算符群相同的对易(反对易)规则，即变换中算符群的 Bose(Fermi)性不变。如果称 M 为规定新旧算符变换关系(如何组合)的矩阵，算符 U 为产生这个变换关系的算符，则理论主要成果是找到了 M 和 U 之间的一般关系式，并进一步将 U 表示成各种普通乘积、正规乘积、反正规乘积等便于拆解或进一步计算的形式；然后将这一理论应用到各个领域的多模情况，得到很多以前难于算出的

---

③ Bogoliubov N N, Shirkov D V. Quantum Fields. Benjamin/ Cummings Publishing Company, Inc., 1983:328.

④ Ren H, Zhang Y D, Il Nuovo Cimento. 1989, 103B: 473.

⑤ 张永德. 关于玻色子的量子变换理论. 全国非线性科学报告会. 合肥：中国科学技术大学，1990. 张永德. 量子变换的一般理论. 全国理论物理前沿选题研讨会. 广州：中山大学，1990. 也见注②以及注④.

⑥ 张永德，唐忠，马雷. 量子电子学. 1993，10(1)：41.

新结果。应当强调指出，LQT 理论是个解析理论，理论中未作过任何近似假设。所以，它是一个严格的关于多个算符变换运算的数学工具。

这个 LQT 理论放弃了变换前算符间（或变换后算符间）必须互为厄米共轭的要求，也放弃了不允许在产生算符和湮没算符之间变换，仅保留了最低限度的“对易规则不变”这一个条件。这就最大程度地放宽了对算符群进行变换的种类限制，从而能够把许多原本互不相干的变换统一到系统的“最大 Bose 对称群”或“最大 Fermi 对称群”⑦这一简洁而基本的框架之中。**由此所建立的理论不但统一了包括多模 Bogoliubov-Valatin 变换在内的各色各样多模准粒子变换⑧、多模空间转动变换⑨、量子场论中连续无穷多模情况 CPT 分立对称变换⑩、定域规范变换⑪；同时还将它们表达成各种便于应用的变通形式；而且更进一步将此理论应用于各色各样的领域：用于量子统计，从而无需知道系统能谱就能直接得到系统配分函数显示表达式⑫；给出多模系统各种算符集团的重新排序形式⑬；多模二次型 Hamilton 量对角化求解⑭；多模含时系统的解析求解⑮；多模超对称 Jaynes-Cummings 模型解析求解⑯；最近又用于量子信息论中，对密度矩阵进行超算符变换，对连续变量量子态作部分求迹计算和纠缠度计算⑰，利用超算符变换方法对混态主方程进行解析求解⑱，对连续变量量子态作保真**

---

⑦ Zhang Y D, Tang Z. J. Math. Phys., 1993, 34: 5639. 以及 116 页注④.

⑧ Zhang Y D, Tang Z. Nuovo Cimento, 1994, B 109: 387; Zhang Y D, Ma L, Wang X B, et al., Commun. Theor. Phys., 1996, 26: 203(1996); Zhang Y D, Tang Z. Commun. Theor. Phys., 1995, 23: 57.

⑨ 116 页注②及本页注②的文献；Zhang Y D, Ma L, Wang X B, Pan J W. Commun. Theor. Phys., 1996, 26: 20.

⑩ Zhang Y D, Ma L. Commun. Theor. Phys., 1997, 27: 87.

⑪ 马雷. 多模 Fock 空间量子变换理论若干问题的研究. 中国科学技术大学博士论文，1995.

⑫ Yu S X, Zhang Y D. Commun. Theor. Phys., 1995, 24: 185; Pan J W, Zhang Y D, Siu G G. Chin. Phys. Lett., 1997, 14: 241; Pan J W, Yu S X, Zhang Y D, et al. Commun. Theor. Phys., 1999, 31: 121.

⑬ Wang X B, Yu S X, Zhang Y D. J. Phys. A: Math. Gen., 1994, 27: 6563; Wang X B, Zhang Y D, Pan J W. Chin. Phys. Lett., 1996, 13: 401; Xu X W, Zhang Y D. Chin. Phys. Lett., 1997, 14, 812.

⑭ 见注⑤，以及 Lu H X, Zhang Y D. Int. J. Theor. Phys., 2000, 39: 447; Liu K J, Lu H X, Zhang Y D. Chin. Phys. Lett., 2000, 17: 241; Lu H X, Liu K J, Zhang Y D. Nuovo Cimento., 2000, 115 B: 49; Lu H X, Liu K J, Pan J W, et al. Chinese Physics, 2000, 9: 5.

⑮ 徐秀玮，柳盛典，任廷琦，等. 物理学报，1999, 48(9): 1601; Xu X W, Zhang Y D, Hou G, Il Nuovo Cimento, 2001, 116B: 713.

⑯ Yu S X, Rauch H, Zhang Y D, 1995, PRA, 52(4): 2585-2590; Lu H X, Wang X Q, Zhang Y D. Chinese Physics, 2000, 9: 325; Lu H X, Chen Z B, Ma L, et al. Mod. Phys. Lett., 2002, B16: 241; Lu H X, Wang X Q, Liu H J, et al. Mod. Phys. Lett., 2001, 15: 479.

⑰ 逯怀新，郁司夏，杨洁，等. 连续变量系统量子信息处理与非定域性. 曾谨言，裴寿镛，龙桂鲁. 量子力学新进展(第三辑). 北京：清华大学出版社，2003.

⑱ 逯怀新. 连续变量量子信息论的若干研究——量子变换理论的应用. 中国科学技术大学博士论文，2003.

度计算[19]等。这样,通过普适可行的对算符进行线性变换的办法,此理论为量子力学、量子光学、量子统计、量子场论以及量子信息论的诸多领域,提供了一种新的理论解析计算工具。本章主要介绍这一理论的基本思想及其基本应用。

4.1.2　数学预备

定义 1　全体满足下式的 $2n$ 维复矩阵 $M\in C^{2n\times 2n}$,

$$\boxed{\tilde{M}\Sigma_B M=\Sigma_B;\Sigma_B=\begin{pmatrix}0 & I_n\\ -I_n & 0\end{pmatrix}} \tag{4.5a}$$

构成一个 $2n$ 维复辛群 $S_p(2n,C)$。这是固定群中的一种,它由 Σ_B(注意 $\Sigma_B^{-1}=-\Sigma_B$)所决定。注意若 $M\in S_p(2n,C)$,显然也有 $\tilde{M}\in S_p(2n,C)$。由群论可知,复辛群是个 $2n(2n+1)$ 维的单连通解析李群。记 $M=\begin{pmatrix}A & D\\ \tilde{B} & \tilde{C}\end{pmatrix}$,有

$$\boxed{\begin{cases}\widetilde{BA}=BA\\ \widetilde{CD}=CD\\ CA-\widetilde{BD}=I_n\end{cases};\quad M^{-1}=\begin{pmatrix}C & -\tilde{D}\\ -B & \tilde{A}\end{pmatrix}} \tag{4.5b}$$

习题 4.1　由式(4.5a)推出式(4.5b)。

例如,下面叙述的谐振子从算符 (x,p) 表示向算符 (a^+,a) 表示转换中所得的 M 矩阵就遵守上面等式:

$$\frac{1}{2m\hbar\omega}\begin{pmatrix}\hbar & m\omega\\ -\hbar & m\omega\end{pmatrix}\begin{pmatrix}0 & 1\\ -1 & 0\end{pmatrix}\begin{pmatrix}\hbar & -\hbar\\ m\omega & m\omega\end{pmatrix}=\begin{pmatrix}0 & 1\\ -1 & 0\end{pmatrix}$$

定义 2　设偶数 $2n$ 维矩阵 $P=\begin{pmatrix}A & D\\ B & C\end{pmatrix}$,其中 A,B,C,D 均为 $n\times n$ 矩阵。则对 P 的负厄米操作(the negative hermite operation)为

$$\boxed{P^-=\begin{pmatrix}A & D\\ B & C\end{pmatrix}^-\equiv\begin{pmatrix}A^+ & -B^+\\ -D^+ & C^+\end{pmatrix}} \tag{4.6}$$

容易检验,负厄米操作有以下几点性质:

(1) $P^-=\Sigma P^+\Sigma^{-1},\Sigma=\begin{pmatrix}I_n & 0\\ 0 & -I_n\end{pmatrix}$;

(2)反线性加法性质 $(c_1P_1+c_2P_2)^-=c_1^*P_1^-+c_2^*P_2^-$;

---

[19] Wang X B, Kwek L C, Oh C H. J. Phys. A: Math. Gen., 2000, 33: 4925; Wang X B, et al. PRL, 2001, 87: 137903; 117 页注⑪.

(3)乘法性质 $(P_1P_2)^- = P_2^- P_1^-$；

(4)求负厄米操作可以与求逆和求转置操作对调；

(5) $\det(P^-) = (\det P)^*$。

定义 3 负幺正矩阵 NUM(the negative unitary matrix)为

$$\boxed{P^- = P^{-1}} \tag{4.7}$$

容易检验,NUM 有以下几点性质:

(1)两个同阶 NUM 的积也是负幺正矩阵；

(2)NUM 的厄米、复数共轭、转置仍是 NUM；

(3)复辛群 $S_p(2n,C)$ 中 NUM 的行列式数值是$+1$(见下面推论 2)；

(4)NUM 所有本征值成对应关系 $\lambda_i^* = \lambda_j^{-1}$。

习题 4.2 推证 NUM 的这些性质。

定理 复辛群 $S_p(2n,C)$ 中的全体 NUM 构成一个"负幺正子群"。

证: 设 $M \in S_p(2n,C)$，对式(4.5a)进行负厄米操作,并利用 $\Sigma_B^- = \Sigma_B$，得

$$M^- \Sigma_B^- \widetilde{M}^- = \Sigma_B^- \rightarrow M^- \Sigma_B \widetilde{M}^- = \Sigma_B$$

能够自洽地再设定 $M \in$ NUM，因为由此继续有

$$M^{-1} \Sigma_B \widetilde{M}^{-1} = \Sigma_B \rightarrow \Sigma_B = M \Sigma_B \widetilde{M} \rightarrow M \in S_p(2n,C)$$

说明 $S_p(2n,C)$ 确实包容一个 $2n$ 维 NUM 子群。另外,若令 $M = \begin{pmatrix} A & D \\ \widetilde{B} & \widetilde{C} \end{pmatrix}$，按 $M^- = M^{-1}$ 等式和式(4.5b)可知,属于此子群的要求是 $A = C^+, B = D^+$。

定义 4 负厄米矩阵 NHM(the negative hermite matrix)为

$$\boxed{P^- = P} \tag{4.8}$$

容易检验,NHM 有以下几点性质:

(1)NHM 的厄米、复共轭、转置和逆也是 NHM；

(2)NHM 与厄米矩阵之间关系是:由一者可推出另一者

$$P = \Sigma_3 Q, \quad \Sigma_3 = \begin{pmatrix} I & 0 \\ 0 & -I \end{pmatrix}; \quad P^- = P, \quad Q^+ = Q$$

(3)NHM 的行列式为实数；

(4)NHM 复本征值必共轭成对出现。推论是,NHM 的迹为实数。

(5)NHM P 的指数 e^{iP} 必为 NHM。

(6)若 NHM P 可表示为 $\Sigma_3 \Omega$，Ω 为半正定的厄米矩阵,则 P 的本征值必全为实数。

证: 设 p_l，$|p_l\rangle$为 P 的第 l 个本征值和本征矢量,即 $P|p_l\rangle = p_l|p_l\rangle$。左乘以 $\langle p_l|\Sigma_3$，得

$$\langle p_l \mid \Omega \mid p_l \rangle = p_l \langle p_l \mid \Sigma_3 \mid p_l \rangle$$

这里，左边由于 Ω 是半正定的厄米矩阵，可知 $\langle p_l \mid \Omega \mid p_l \rangle \geqslant 0$。于是有

$$p_l \langle p_l \mid \Sigma_3 \mid p_l \rangle \geqslant 0$$

分两种情况讨论：①大于零，这时由于厄米矩阵 Σ_3 的态平均 $\langle p_l \mid \Sigma_3 \mid p_l \rangle$ 应为实数，所以 p_l 也应为实数。②等于零，由于 Ω 为半正定的厄米矩阵，$\mid p_l \rangle$ 必为 Ω 的零本征值的那些本征矢量的线性组合，即有 $\Omega \mid p_l \rangle = 0$，也即有 $\Sigma_3 \Omega \mid p_l \rangle = P \mid p_l \rangle = 0$，得 $p_l = 0$，也为实数。

(7)结论(6)的进一步说法是：若 $P = \Sigma_3 \Omega$，Ω 为半正定的厄米矩阵，而且 $\Omega^* = \Sigma_1 \Omega \Sigma_1$，则 P 的本征值不但全为实根，而且正负成对出现。

证： 因为这时可取 $\Sigma_1 \mid p_l \rangle^* \equiv \mid q_l \rangle$ 为 P 的与 $\mid p_l \rangle$ 对应的本征矢量，且对应的本征值为负值 $-p_l$，即有

$$P \mid p_l \rangle = p_l \mid p_l \rangle \rightarrow$$

$$\begin{aligned} P \mid q_l \rangle &= P\Sigma_1 \mid p_l \rangle^* = \Sigma_3 \Omega \Sigma_1 \mid p_l \rangle^* = \Sigma_3 \Sigma_1 (\Sigma_1 \Omega \Sigma_1) \mid p_l \rangle^* \\ &= \Sigma_3 \Sigma_1 \Omega^* \mid p_l \rangle^* = -\Sigma_1 \Sigma_3 \Omega^* \mid p_l \rangle^* = -\Sigma_1 P^* \mid p_l \rangle^* = -p_l \mid q_l \rangle \end{aligned}$$

(8)再进一步的说法是：若 $P = \Sigma_3 \Omega$，Ω 为正定的厄米矩阵，而且 $\Omega^* = \Sigma_1 \Omega \Sigma_1$，则 P 的本征值不但全为非零实根，而且正负成对出现。

定义 5　定义 $2n$ 维复矩阵是复 Fermi 群 $F(2n,C)$ 的元素，假如它满足如下关系

$$\boxed{\widetilde{M}\Sigma_F M = \Sigma_F, \quad \Sigma_F = \begin{pmatrix} 0 & I_n \\ I_n & 0 \end{pmatrix}} \tag{4.9a}$$

若记 $M = \begin{pmatrix} A & D \\ \widetilde{B} & \widetilde{C} \end{pmatrix}$，则有

$$\boxed{\begin{cases} \widetilde{A}\widetilde{B} = -BA \\ \widetilde{D}\widetilde{C} = -CD \\ CA + \widetilde{D}\widetilde{B} = I \end{cases} ; \quad M^{-1} = \begin{pmatrix} C & \widetilde{D} \\ B & \widetilde{A} \end{pmatrix}} \tag{4.9b}$$

若 $M \in F(2n,C)$，显然也有 $\widetilde{M} \in F(2n,C)$。**复 Fermi 群 $F(2n,C)$** 是又一种固定群，它决定于 Σ_F。$F(2n,C)$ 是两个单连通分枝的 $2n(2n-1)$ 维解析李群，与 $O(2n,C)$ 同构。在 LQT 理论以前，不了解物理学界有人提及这个群。

定理　复费米群 $F(2n,C)$ 中有一个幺正子群。

证： 它们除满足式(4.9a)外，还满足 $M^+ = M^{-1}$。因为

$$(\widetilde{M}\Sigma_F M)^+ = (\Sigma_F)^+ \rightarrow M^{-1}\Sigma_F \widetilde{M}^{-1} = \Sigma_F \rightarrow M\Sigma_F \widetilde{M} = \Sigma_F$$

另外，利用式(4.9b)可知，这个幺正子群进一步要求其 $A = C^+$，$B = D^+$。

习题 4.3　由式(4.9a)推出式(4.9b)。

推论 1 设 A 为 $2n$ 维对称矩阵 $\tilde{A}=A$，则有

$$\boxed{\exp(A\Sigma_B)\in S_p(2n,C)} \tag{4.10}$$

证： 按 $S_p(2n,C)$ 定义式(4.5a)，直接计算为

$$\widetilde{e^{A\Sigma_B}}\Sigma_B e^{A\Sigma_B}=e^{-\Sigma_B A}\Sigma_B e^{A\Sigma_B}=\Sigma_B\{\Sigma_B^{-1}e^{-\Sigma_B A}\Sigma_B\}e^{A\Sigma_B}$$
$$=\Sigma_B\{e^{-\Sigma_B^{-1}\Sigma_B A\Sigma_B}\}e^{A\Sigma_B}=\Sigma_B\{e^{-A\Sigma_B}\}e^{A\Sigma_B}=\Sigma_B$$

推论 2 复辛群 $S_p(2n,C)$ 每个矩阵的行列式 $\det M=+1$。

证： 根据复辛群 $S_p(2n,C)$ 的定义 $\tilde{M}\Sigma_B M=\Sigma_B$，于是

$$\begin{cases}\det(\tilde{M}\Sigma_B M)=\det\Sigma_B=1\\ \det(\tilde{M}\Sigma_B M)=\det\tilde{M}\cdot\det\Sigma_B\cdot\det M=(\det M)^2\end{cases}$$

即得 $\det M=\pm 1$。进一步，利用矩阵行列式用其子矩阵行列式表示的公式[20]

$$\det\begin{pmatrix}A_1 & A_4\\ A_2 & A_3\end{pmatrix}=\det A_1\cdot\det(A_3-A_2A_1^{-1}A_4)$$

习题 4.4 证明此式。

将其直接应用到 $S_p(2n,C)$ 的 $M=\begin{pmatrix}A & D\\ \tilde{B} & \tilde{C}\end{pmatrix}$ 上，得

$$\begin{aligned}\det M&=\det A\cdot\det(\tilde{C}-\tilde{B}A^{-1}D)=\det A\cdot\det(\tilde{C}-\widetilde{\tilde{B}A^{-1}D})\\&=\det A\cdot\det(\tilde{C}-\tilde{A}^{-1}BD)=\det A\cdot\det\tilde{A}^{-1}\cdot\det(\tilde{A}\tilde{C}-BD)\\&=\det(CA-\widetilde{BD})=1\end{aligned}$$

这里用了式(4.5b)中关系。这一结论可用式(4.1)～式(4.4)中 M 矩阵检验。

4.2 多模 Fock 空间广义线性量子变换的基本理论

LQT 基本理论构架是在脚注④～⑧中各文献完成的，最初主要在 Fock 空间中阐述。**理论是以保持 Fock 空间产生算符和湮没算符对易规则不变(或换算到位形空间中作等价表达)为唯一前提的关于算符集团的变换理论。它的建立不仅统一了以往众多互不相干的变换，如 Bogoliubov-Valatin 变换、空间转动变换、分立对称变换、定域规范变换和一些超对称变换，将它们概括作为特例；而且广泛应用到了各种不同的领域(脚注⑨～⑫)。**本节简要介绍 Boson 和 Fermion 系统的 LQT 基本理论框架。理论当然也可以转换到其他的空间(如位形空间)作等价叙述。

⑳ Blaizot J P. Quantum Theory of Finite Systems. MIT Press，Massachusetts，1986:31.

4.2.1 多模 Bose 系统[21]

1. 算符 U 的显示表达式及其与 M 的关系

在 LQT 中，将多模 Boson 算符经常记为

$$\Lambda \equiv (a^+, \tilde{a}) = (a_1^+, \cdots, a_n^+, a_1, \cdots, a_n) \tag{4.11}$$

这里 $a^+ = (a_1^+, a_2^+, \cdots, a_n^+)$，$\tilde{a} = (a_1, a_2, \cdots, a_n)$，而 a 则为一个 n 分量的列矢量。各个模的产生、湮没算符之间满足 Bosonic 的对易关系

$$\boxed{[a_i, a_j^+] = \delta_{ij}, [a_i, a_j] = [a_i^+, a_j^+] = 0, (i = 1, 2, \cdots, n)} \tag{4.12a}$$

即（I_n 为 n 维单位矩阵）

$$\boxed{[\tilde{\Lambda}, \Lambda] = \Sigma_B^{-1}, \quad \Sigma_B = \begin{pmatrix} 0 & I_n \\ -I_n & 0 \end{pmatrix}} \tag{4.12b}$$

习题 4.5 检查式(4.12b)。

此式是简化记法，实际含义是 $[\tilde{\Lambda}_i, \Lambda_j] = (\Sigma_B^{-1})_{ij}$。由满足式(4.12)的算符和相应的真空态 $|0\rangle$（$a_i|0\rangle = 0, \langle 0|0\rangle = 1$）决定的表象称为 Boson 表象。

现在规定，对 n 模 Boson 所作的线性量子变换如下

$$\boxed{\Lambda' \equiv (\bar{a}', \tilde{a}') = U\Lambda U^{-1} = \Lambda M + L} \tag{4.13}$$

其中，$M = \begin{pmatrix} A & D \\ \tilde{B} & \tilde{C} \end{pmatrix}$ 为 $2n \times 2n$ 复矩阵（A, B, C, D 分别为四个 $n \times n$ 矩阵），$L = (k^+, \tilde{l})$ 为 $2n$ 维复矢量。而且

$$U\Lambda U^{-1} = U(a^+, \tilde{a})U^{-1} = (Ua_1^+U^{-1}, \cdots, Ua_n^+U^{-1}; Ua_1U^{-1}, \cdots, Ua_nU^{-1}) \equiv (\bar{a}_1', \cdots, \bar{a}_n'; a_1', \cdots, a_n')$$

式(4.13)称为 **n 模 Boson 量子变换的变换式。变换 U 称为 n 模 Boson 的一个线性量子变换。**下面说明变换 U 将满足唯一性和乘法性。

定理 1　对 n 模 Boson 实施线性量子变换式(4.13)，并在变换中保持对易规则式(4.12)不变的全体算符 U 的集合在 Bargmann-Fock 空间中构成 $2n$ 维复辛群 $S_p(2n, C)$ 的一个射线表示。

证明： 对式(4.12)两边实施变换 U，并将式(4.13)代入，立即得到

$$\boxed{CA - \widetilde{BD} = 1, \quad BA - \widetilde{BA} = 0, \quad CD - \widetilde{CD} = 0}$$

即

$$\boxed{\tilde{M}\Sigma_B M = \Sigma_B; \quad \Sigma_B = \begin{pmatrix} 0 & I_n \\ -I_n & 0 \end{pmatrix}}$$

---

[21] 脚注⑤、⑥、⑧、⑫中有关文献。

这说明全体保持对易关系不变的变换 U 所相应的矩阵 M 构成了 $2n$ 维复辛群 $S_p(2n,C)$。由于 U 是作用在 Bargmann-Fock 空间中的算符，所以 U 构成了 $S_p(2n,C)$ 在 Bargmann-Fock 空间中一个射线表示。直接计算可知，平移矢量 L 可以任意选取。 证毕。

下面定理说明了 $M \sim U$ 之间相互映射的唯一性问题。这对后面许多算符等式的证明是重要的。

定理 2　变换式(4.13)中的 $M \in S_p(2n,C)$ 可以将 U 确定到只差任意常数因子的程度。

证： 设对同一个 M，存在两个量子变换 U_1, U_2，也就是说有

$$U_1(a^+,\widetilde{a})U_1^{-1} = (a^+,\widetilde{a})M;\quad U_2(a^+,\widetilde{a})U_2^{-1} = (a^+,\widetilde{a})M$$

则令 $V = U_2U_1^{-1}$，可得

$$[V,a_i^+] = [V,a_j] = 0,\quad \forall\, i,j = 1,2,\cdots,n$$

这表明，V 和所有产生、湮没算符都对易，可认为它是一个常数。 证毕。

这里强调指出以下三点：

首先，式(4.13)中的每一个变换 U 都对应着一个由相应的 $\bar{a}'$，a' 和不变真空态 $|0'\rangle = |0\rangle$ 所决定的 Boson 表象。

其次，定理 1 表明：$2n$ 维复辛群 $S_p(2n,C)$ 是 n 模 Bose 系统的最大对称群。以前所有保持对易规则的各色各样不变性操作都属于这个群的某个子群。即 $S_p(2n,C)$ 群包容了此系统所有由 Bosonic 对易规则决定的量子对称性，全面体现了系统的 Bose 对称性。

再次，变换 U 并没有要求 $\bar{a}'$ 和 a' 互为厄米共厄关系，所以变换可以是非幺正的。这也是这一理论的潜在能力所在。

对于 U 是幺正变换的情况，有如下定理：

定理 3　多模 Boson-Fock 空间幺正变换算符 U 要求 $A=C^+$，$B=D^+$，$k=l$，相应的矩阵 M 为复辛群 $S_p(2n,C)$ 中负幺正子群(即 $M^- = M^{-1}$)。所以在无平移情况下，全体幺正变换算符 U 构成了 $S_p(2n,C)$ 中这个子群的一个射线表示[22]。

下面定理说明了 U 与 M 之间的明确关系。

定理 4　下面线性非齐次变换式($M \in S_p(2n,C)$，$L \in C^{2n}$)和产生此线性变换式的算符 U 将是不超过二阶的指数形式。它们之间的关系为

$$\boxed{\begin{cases} U\Lambda U^{-1} = \Lambda M + L \\ U = \exp\left[\dfrac{1}{2}\Lambda(\ln M)\Sigma_B\widetilde{\Lambda} + L\dfrac{\ln M}{M-I}\Sigma_B\widetilde{\Lambda}\right] \end{cases}} \tag{4.14a}$$

或写成

㉒ 116 页脚注⑥；Zhang Y D, Tang Z. J. Math Phys.，1993，34：5639.

$$\begin{cases} U\Lambda U^{-1} = \Lambda \mathrm{e}^{N} + R\,\dfrac{\mathrm{e}^{N}-I}{N} \\ U = \exp\left[\dfrac{1}{2}\Lambda N\Sigma_B\widetilde{\Lambda} + R\Sigma_B\widetilde{\Lambda}\right] \end{cases} \tag{4.14b}$$

证： 证明最初利用相干态表象和正规乘积内积分，虽直接但较复杂(见 116 页脚注③和 117 页脚注①)。此处改进证明取自 117 页脚注⑤。设 U 为如下已知形式

$$U = \mathrm{e}^{\Gamma(N)} = \exp\left[\frac{1}{2}\Lambda N\Sigma_B\widetilde{\Lambda} + R\Sigma_B\widetilde{\Lambda}\right] \tag{4.15a}$$

这里 $\widetilde{N\Sigma_B} = N\Sigma_B$ (相当于推论 1 的 $-A$) 是对称矩阵。根据下列对易关系

$$[\Gamma(N), \Lambda] = \Lambda N + R \tag{4.15b}$$

由此对易关系，易知单参数 β 算符簇 $\Lambda(\beta) = \mathrm{e}^{\beta\Gamma(N)}\Lambda\mathrm{e}^{-\beta\Gamma(N)}$ 满足常微分方程

$$\frac{\mathrm{d}\Lambda(\beta)}{\mathrm{d}\beta} = \Lambda(\beta)N + R \tag{4.15c}$$

结合初始条件 $\Lambda(0) = \Lambda$，此方程解显然是

$$\mathrm{e}^{\beta\Gamma(N)}\Lambda\mathrm{e}^{-\beta\Gamma(N)} = \Lambda\mathrm{e}^{\beta N} + R\,\frac{\mathrm{e}^{\beta N}-I}{N} \tag{4.15d}$$

这可以代入式(4.15c)检查。令 $\beta = 1$ 即得式(4.14b)。如记 $\mathrm{e}^{N} \equiv M, R\,\dfrac{\mathrm{e}^{N}-I}{N} \equiv L$，并反解得出 $N = \ln M, R = \dfrac{\ln M}{M-I}L$，即为式(4.14a)。　　证毕。

式(4.14a)和式(4.14b)就是变换算符 U 的普通指数形式的表达式。两式的关联表明：**已知辛矩阵 M 即得算符 U 表达式，或者已知 U 即得辛矩阵 M。这是 LQT 的主要内容之一，也为理论的应用提供了很大方便。**

2. 变换算符 U 的几种不同显示表达式

变换算符 U 有三种等价表达式：除上面这种普通指数形式外，还有正规乘积形式、反正规乘积形式。下面为书写简明，设平移矢量 $L = 0$。

定理 5　多模 Boson 的变换算符 U 有三种等价的不同形式

$$\boxed{U = U^{(n)} = U^{(a)}} \tag{4.16a}$$

$$\begin{cases} U = \exp\left[\dfrac{1}{2}\Lambda N\Sigma_B\widetilde{\Lambda}\right] = \exp\left[\dfrac{1}{2}\Lambda(\ln M)\Sigma_B\widetilde{\Lambda}\right] \\ U^{(n)} = \dfrac{1}{\sqrt{\det C}}:\exp\left[\dfrac{1}{2}\Lambda D(M)\Sigma_B\widetilde{\Lambda}\right]: \\ U^{(a)} = \dfrac{1}{\sqrt{\det A}}\,{}^{+}_{+}\exp\left[-\dfrac{1}{2}\Lambda D(M^{-1})\Sigma_B\widetilde{\Lambda}\right]^{+}_{+} \end{cases} \tag{4.16b}$$

这里要作些说明：符号“: :”，“‡ ‡”分别代表正规乘积和反正规乘积，$M=e^N$，N 为负厄米矩阵（$N^- = N$），满足 $\widetilde{\Sigma}_B\widetilde{N} = N\Sigma_B$，其中矩阵 $M=\begin{pmatrix} A & D \\ \widetilde{B} & \widetilde{C}\end{pmatrix}$ 和其逆 $M^{-1}=\begin{pmatrix} C & -\widetilde{D} \\ -B & \widetilde{A}\end{pmatrix}$ 的“$D(M)$映射”（以及相应的“$D(M^{-1})$映射”）定义为

$$\boxed{D(M)=\begin{pmatrix} C^{-1}-1 & C^{-1}\widetilde{D} \\ BC^{-1} & 1-\widetilde{C}^{-1}\end{pmatrix},\quad D(M^{-1})=\begin{pmatrix} A^{-1}-1 & -A^{-1}D \\ -\widetilde{A}^{-1}B & 1-\widetilde{A}^{-1}\end{pmatrix}} \tag{4.17}$$

由于其中矩阵 $C\widetilde{D}$、$B\widetilde{A}$、$\widetilde{B}C$ 和 $A\widetilde{D}$ 均为对称矩阵，于是

$$C^{-1}\widetilde{D}=D\widetilde{C}^{-1},\quad \widetilde{C}^{-1}\widetilde{B}=BC^{-1},\quad \widetilde{D}\widetilde{A}^{-1}=A^{-1}D$$

证： 下面只给出式(4.16b)中正规乘积表达式 $U^{(n)}$ 的推导，其余见有关文献[㉓]。在 C 有逆的情况下，可将式(4.13)改写为

$$U\Lambda U^{-1}=\Lambda\begin{pmatrix} I & D\widetilde{C}^{-1} \\ 0 & I\end{pmatrix}\begin{pmatrix} C^{-1} & 0 \\ 0 & \widetilde{C}\end{pmatrix}\begin{pmatrix} I & 0 \\ \widetilde{C}^{-1}\widetilde{B} & I\end{pmatrix}\equiv \Lambda M_+ M_0 M_- \tag{4.18}$$

注意这里用了由式(4.5b)得到的 $A=C^{-1}+D\widetilde{C}^{-1}\widetilde{B}$。由群的乘法性质，按式(4.18)可将算符 U 相应分解为以下三个变换算符的乘积

$$\boxed{U=U_+U_0U_-} \tag{4.19}$$

$$\boxed{\begin{cases} U_+\Lambda U_+^{-1}=\Lambda M_+=\Lambda\begin{pmatrix} I & D\widetilde{C}^{-1} \\ 0 & I\end{pmatrix} \\ U_0\Lambda U_0^{-1}=\Lambda M_0=\Lambda\begin{pmatrix} C^{-1} & 0 \\ 0 & \widetilde{C}\end{pmatrix} \\ U_-\Lambda U_-^{-1}=\Lambda M_-=\Lambda\begin{pmatrix} I & 0 \\ \widetilde{C}^{-1}\widetilde{B} & I\end{pmatrix}\end{cases}} \tag{4.20}$$

借助于式(4.14b)，可得 U_+，U_0，U_- 的表达式

㉓ Wang X B, Yu S X, Zhang Y D. J. Phys. A: Math. Gen., 1994, 27: 6563; Wang X B, Zhang Y D, Pan J W. Chin. Phys. Lett., 1996, 13: 401; Xu X W, Zhang Y D. Chin. Phys. Lett., 1997, 14: 812.

$$\boxed{\begin{cases} U_+ = \exp\left[-\frac{1}{2}a^+ D\widetilde{C^{-1}}\widetilde{a}^+\right] \\ U_0 = \frac{1}{\sqrt{\det C}} :\exp[a^+ (C^{-1}-1)a]: \\ U_- = \exp\left[\frac{1}{2}\widetilde{a}BC^{-1}a\right] \end{cases}} \tag{4.21}$$

将式(4.21)代入式(4.19)中便得到式(4.16b)，即算符 U 的正规乘积表达式。证毕。

从公式(4.16)、(4.17)及 LQTT 的基本公式(4.13)可以直接写出变换算符 U 的逆算符 U^{-1} 的正规乘积和反正规乘积表达式。例如，只要将 U 的正规乘积表达式中的矩阵按照 $M\to M^{-1}$ 进行变换：

$$A\to C,\widetilde{D}\to -D,\widetilde{B}\to -B,\widetilde{C}\to\widetilde{A},$$

便可以得到 U^{-1} 的正规乘积形式，即

$$(U^{-1})^{(n)} = \frac{1}{\sqrt{\det A}}:\exp\left[\frac{1}{2}\Lambda D(M^{-1})\Sigma_B\widetilde{\Lambda}\right]: \tag{4.22}$$

本节最后，列举一些指数二次型多模线性变换的例子。它们全都是定理 3 及定理 4 的应用。它们是

$$\begin{cases}\exp(a^+ Fa)a^+\exp(-a^+ Fa) = a^+ e^F \\ \exp(a^+ Fa)a\exp(-a^+ Fa) = e^{-F}a\end{cases};\text{特例}\begin{cases}e^{\alpha N}a^+ e^{-\alpha N} = a^+ e^{\alpha} \\ e^{\alpha N}a\, e^{-\alpha N} = e^{-\alpha}a\end{cases} \tag{4.23a}$$

$$\begin{cases}\exp(a^+ Fa+\widetilde{a}Ga)a^+\exp(-a^+ Fa-\widetilde{a}Ga) = a^+ e^F + 2\widetilde{a}\,\frac{\mathrm{sh}F}{F}G \\ \exp(a^+ Fa+\widetilde{a}Ga)a\exp(-a^+ Fa-\widetilde{a}Ga) = e^{-F}a - 2G\widetilde{a}\,\frac{\mathrm{sh}F}{F}\,\widetilde{a^+} \\ (\widetilde{F}=F,\widetilde{G}=G,[F,G]=0)\end{cases} \tag{4.23b}$$

$$\begin{cases}\exp(\widetilde{a}Ga-a^+G^+\widetilde{a^+})a^+\exp(-\widetilde{a}Ga+a^+G^+\widetilde{a^+}) = a^+\mathrm{ch}(2\sqrt{G^+G})+\widetilde{a}G\,\frac{\mathrm{sh}(2\sqrt{G^+G})}{\sqrt{G^+G}} \\ \exp(\widetilde{a}Ga-a^+G^+\widetilde{a^+})a\exp(-\widetilde{a}Ga+a^+G^+\widetilde{a^+}) = \mathrm{ch}(2\sqrt{G^+G})a+\frac{\mathrm{sh}(2\sqrt{G^+G})}{\sqrt{G^+G}}G^+\widetilde{a^+}\end{cases} \tag{4.23c}$$

$$\begin{cases}\exp(\widetilde{a}Ga)a^+\exp(-\widetilde{a}Ga) = a^+ + \widetilde{a}(G+\widetilde{G}) \\ \exp(a^+G\widetilde{a^+})a\exp(-a^+G\widetilde{a^+}) = a-(G+G)\widetilde{a^+}\end{cases} \tag{4.23d}$$

$$\{:\exp[a^+ (F-1)a]:\}\cdot\{:\exp[a^+ (G-1)a]:\} = :\exp[a^+ (FG-1)a]: \tag{4.23e}$$

$$\{:\exp[a^+ (F-1)a]:\}^{-1} = :\exp[a^+ (F^{-1}-1)a]: \tag{4.23f}$$

$$:\exp[a^+ (F-1)a]: = \exp[a^+ (\ln F)a] \tag{4.23g}$$

此外,再加上几个一阶指数所产生的算符平移变换式

$$\begin{cases}\exp(k^+ a - a^+ k)a^+ \exp(-k^+ a + a^+ k) = a^+ + k^+ \\ \exp(k^+ a - a^+ k)a\exp(-k^+ a + a^+ k) = a + k\end{cases} \tag{4.23h}$$

此式的一个简单特例是(利用 $e^{A+B} = e^A e^B e^{-[A,B]/2}$ 对上式化简)

$$\begin{cases}e^{\gamma a^+} a e^{-\gamma a^+} = a - \gamma \\ e^{\gamma a} a^+ e^{-\gamma a} = a^+ + \gamma\end{cases}$$

上述这些算符变换公式在实际计算中都很有用。

习题 4.6 利用量子变换理论证明式(4.23a)~式(4.23h),并针对两模情况用 Baker-Hausdorff 公式检验。

4.2.2 多模 Fermion 系统[24]

简单论证即知,Fermion 算符没有平移变换。所以此时 LQTT 定义为

$$\boxed{\Lambda' = U\Lambda U^{-1} = \Lambda M} \tag{4.24}$$

这里基本算符 $\Lambda' \equiv (\bar{b}_1', \cdots, \bar{b}_n', b_1', \cdots, b_n')$;$\Lambda \equiv (b_1^+, \cdots, b_n^+, b_1, \cdots, b_n)$ 满足反对易关系

$$\boxed{\{\widetilde{\Lambda}', \Lambda'\} = \{\widetilde{\Lambda}, \Lambda\} = \Sigma_F^{-1}, \quad \Sigma_F = \begin{pmatrix}0 & I \\ I & 0\end{pmatrix}} \tag{4.25}$$

此式简化记法同前 Boson,实际含义是 $\{\widetilde{\Lambda}_i, \Lambda_j\} = (\Sigma_F^{-1})_{ij}$。**由变换后对易关系不变可知,矩阵 M 为复 Fermi 群 $F(2n, C)$ 元素[7、8],满足如下关系**

$$\boxed{\widetilde{A}\widetilde{B} = -BA, \quad \widetilde{D}\widetilde{C} = -CD, \quad CA + \widetilde{D}\widetilde{B} = I} \tag{4.26}$$

即

$$\boxed{\widetilde{M}\Sigma_F M = \Sigma_F} \tag{4.27}$$

与 Boson 情况相同,上述变换算符 U 也具有唯一性和乘法性。

定理 6 **对 n 模 Fermion 实施线性量子变换式(4.24),并在变换中保持反对易规则式(4.25)不变的全体算符 U 的集合在 Bargmann-Fock 空间中构成 $2n$ 维复 Fermi群 $F(2n, C)$ 的一个射线表示,并且变换式(4.24)中的 $M \in F(2n, C)$ 可以将 U 确定到只差任意常数因子程度,U 与 M 的关系为**

$$\boxed{\begin{cases}U\Lambda U^{-1} = \Lambda M \\ U = \exp\left[\frac{1}{2}\Lambda(\ln M)\Sigma_F \widetilde{\Lambda}\right]\end{cases} \quad \text{或} \quad \begin{cases}U\Lambda U^{-1} = \Lambda e^N \\ U = \exp\left[\frac{1}{2}\Lambda N \Sigma_F \widetilde{\Lambda}\right]\end{cases}} \tag{4.28}$$

定理 7 **多模费米子 Fock 空间的所有幺正变换 U 构成在 $F(2n, C)$ 群中幺正子**

---

[24] 见脚注①文献等。

群的一个射线表示。

证： 当 U 是幺正算符时，生成它的矩阵 M 除满足 Fermi 群性质外，同时还应当是幺正矩阵。它们构成了 $2n$ 维复 Fermi 群 $F(2n,C)$ 中的一个幺正子群。所以相应的全体幺正变换 U 也构成了 $2n$ 维复 Fermi 群 $F(2n,C)$ 中幺正子群的一个射线表示。

定理 8 多模 Fermion 的变换算符 U 有三种等价显示表达式。它们分别为[25]

$$\boxed{U = U^{(n)} = U^{(a)}} \tag{4.29a}$$

$$\boxed{\begin{cases} U = \exp\left[\dfrac{1}{2}\Lambda N \Sigma_F \widetilde{\Lambda}\right] = \exp\left[\dfrac{1}{2}\Lambda \ln(M) \Sigma_F \widetilde{\Lambda}\right] \\ U^{(n)} = \sqrt{\det C} : \exp\left[\dfrac{1}{2}\Lambda D(M) \Sigma_F \widetilde{\Lambda}\right] : \\ U^{(a)} = \sqrt{\det A} \,{}^{+}_{+} \exp\left[\dfrac{1}{2}\Lambda D(M^{-1}) \Sigma_F \widetilde{\Lambda}\right]^{+}_{+} \end{cases}} \tag{4.29b}$$

这里的映射 $D(M)$，$D(M^{-1})$ 与式(4.16)和式(4.17)有相同的定义，这里的表达式与式(3.16)相比，只有少许差别：将 $\Sigma_B \to \Sigma_F$，以及 $U^{(a)}$ 的指数上没有负号。另外，还要注意这时矩阵 M 中的各复矩阵有下列反对称关系

$$\widetilde{BA} = -BA,\ \widetilde{CD} = -CD,\ \widetilde{D}\widetilde{A}^{-1} = -A^{-1}D,\ \widetilde{C}^{-1}\widetilde{B} = -BC^{-1} \tag{4.30}$$

以上定理表明：$2n$ 维复 Fermi 群 $F(2n,C)$ 是 n 模 Fermi 系统的最大对称群。以前所有保持反对易规则的各式各样的不变性操作都属于这个群的某个子群。即 $F(2n,C)$ 群包容了此系统全部由 Fermion 反对易规则决定的对称性。注意，变换 U 并没有要求变换后的 $\bar{b}'$ 和 b' 互为厄米共厄，所以变换可以是非幺正的。这也是这一理论的潜在能力所在。

以上 8 个定理就是 LQT 理论体系的一个简单概括。

4.3 一些应用

迄今为止，LQT 理论已经出现宽泛的、多方面的应用。由于内容较多较杂，本节难以全面列举。其中，对连续无穷模量子场的应用，在 1.4 节单独介绍；对各类 Jaynes-Cummings 模型求解的应用，在第 5 章中叙述，详见 5.4 节；对纠缠度计算和对 Bures 保真度计算的应用，在第 11 章中叙述，详见 11.1 节。此外，还有些应用也未包括在下面介绍中。例如，多模 Boson 指数二次型算符的任意矩阵元的解析计算；多模含时振子求解；各种指数二次型算符重排表示；定域规范变换显式表示等。实际上，以下叙述和所列文献只是为读者了解或自行发展提供一个基础。

---

[25] Xu X W, Zhang Y D. Commun. Theor. Phys., 1999, 31: 227; Xu X W, Zhang Y D. Chin. Phys. Lett., 1997, 14: 812; Wang X B, Zhang Y D, Pan J W. Chin. Phys. Lett., 1996, 13: 401.

4.3.1 特例 I：多模空间转动变换[26]，角动量的 Schwinger 表示

无论非相对论量子力学和相对论量子场论都常见空间转动变换。转动变换总是和（轨道和自旋）角动量有关联，因为角动量算符是这种变换的生成元。Schwinger 采用 2 模振子的双线性组合模拟角动量算符的代数结构，于是荷载空间转动群的表示[27]。下面将此结果和 LQT 理论联系起来，进一步得到：**采用 n 模振子的特定组合可以模拟量子数 $j=(n-1)/2$ 的角动量算符的代数结构，从而可以在 Fock 空间中方便地设计多模算符集团，用以模拟各阶不可约张量在空间转动下的行为，荷载空间转动群所有矢量表示及旋量表示。相应计算对所有量子系统都很方便。**

首先，从两模 Boson 情况说起。根据角动量算符的 Schwinger 表示

$$\boldsymbol{J}=\frac{1}{2}(a_1^+,a_2^+)\boldsymbol{\sigma}\begin{pmatrix}a_1\\a_2\end{pmatrix} \tag{4.31a}$$

定义如下形式的量子变换

$$\boxed{U(R)(a_1^+,a_2^+,a_1,a_2)U(R)^{-1}=(a_1^+,a_2^+,a_1,a_2)\begin{pmatrix}D^{(1/2)}(R) & 0\\ 0 & D^{(1/2)}(R)^{-1}\end{pmatrix}} \tag{4.32a}$$

这里，替代 M 的是 D 函数直和。鉴于此变换式(4.32a)只在产生与产生算符之间、湮没与湮没算符之间进行，所以它可以写为更简单的形式（对下式取厄米即得湮没算符的变换式）

$$\boxed{U(R)(a_1^+,a_2^+)U(R)^{-1}=(a_1^+,a_2^+)D^{(1/2)}(R)} \tag{4.32b}$$

众所周知，若用 Euler 角表示转动，则 $D^{(1/2)}(R)=D^{(1/2)}(\alpha\beta\gamma)$ 为

$$\begin{aligned}D^{(1/2)}(\alpha\beta\gamma)&=\exp(-\mathrm{i}\alpha\sigma_3/2)\exp(-\mathrm{i}\beta\sigma_2/2)\exp(-\mathrm{i}\gamma\sigma_3/2)\\&=\begin{pmatrix}\mathrm{e}^{-\mathrm{i}(\alpha+\gamma)/2}\cos\dfrac{\beta}{2}, & -\mathrm{e}^{-\mathrm{i}(\alpha-\gamma)/2}\sin\dfrac{\beta}{2}\\ \mathrm{e}^{\mathrm{i}(\alpha-\gamma)/2}\sin\dfrac{\beta}{2}, & \mathrm{e}^{\mathrm{i}(\alpha+\gamma)/2}\cos\dfrac{\beta}{2}\end{pmatrix}\end{aligned} \tag{4.33a}$$

如用矢量表示（绕 $\boldsymbol{n}=\{\sin\theta\cos\varphi,\sin\theta\sin\varphi,\cos\theta\}$ 方向转 ψ 角），$D^{(1/2)}(\theta\varphi\psi)$ 为

$$\begin{aligned}D^{(1/2)}(R)=D^{(1/2)}(\theta\varphi\psi)&=\exp(-\mathrm{i}\psi\boldsymbol{n}\cdot\boldsymbol{\sigma}/2),\\&=\begin{pmatrix}\cos\dfrac{\psi}{2}-\mathrm{i}\cos\theta\sin\dfrac{\psi}{2}, & -\mathrm{i}\mathrm{e}^{-\mathrm{i}\varphi}\sin\theta\sin\dfrac{\psi}{2}\\ -\mathrm{i}\mathrm{e}^{\mathrm{i}\varphi}\sin\theta\sin\dfrac{\psi}{2}, & \cos\dfrac{\psi}{2}+\mathrm{i}\cos\theta\sin\dfrac{\psi}{2}\end{pmatrix}\end{aligned} \tag{4.33b}$$

㉖ Ren H, Zhang Y D. Il Nuovo Cimento, 1989, 103B: 473; Zhang Y D, Tang Z. JMP, 1993, 34: 5639; 117 页注③文献.

㉗ Schwinger J. Quantum Theory of Angular Momentum. New York: Academic Press, 1965.

注意:这时负幺正矩阵 M 中 $B=D=0, A=C^{+}=C^{-1}$,这使 M 变成 $2n$ 维幺正矩阵。所以 $D^{(1/2)}(\alpha\beta\gamma)=D^{(1/2)}(\theta\varphi\psi)$ 为 n 维幺正矩阵。由 $D(M)$ 映射及定理 4,有

$$\boxed{\begin{aligned}U^{(n)}(R) &= :\exp\left\{\frac{1}{2}(a^{+},\tilde{a})\begin{pmatrix}0 & D^{(1/2)}(R)-I\\ D^{(1/2)}(R)-I & 0\end{pmatrix}\begin{pmatrix}\tilde{a}^{+}\\ a\end{pmatrix}\right\}:\\ &= :\exp\left\{(a_1^{+},a_2^{+})[D^{(1/2)}(R)-I]\begin{pmatrix}a_1\\ a_2\end{pmatrix}\right\}:\end{aligned}} \tag{4.34a}$$

于是,转动算符虽然熟悉常见,但还是可以有几种新的正规乘积表示式。这时将 $D^{(1/2)}(R)$ 两种具体表达式(4.33a)和(4.33b)分别代入式(4.34a),便可以得到两种参数表示下正规乘积表示的转动算符 $U^{(n)}(R)$:

$$\boxed{\begin{cases}U^{(n)}(\alpha\beta\gamma)= :\exp\left\{\left(e^{-i\frac{\alpha+\gamma}{2}}\cos\frac{\beta}{2}-1\right)a_1^{+}a_1-e^{-i\frac{\alpha-\gamma}{2}}\sin\frac{\beta}{2}a_1^{+}a_2\right.\\ \qquad\left.+e^{i\frac{\alpha-\gamma}{2}}\sin\frac{\beta}{2}a_2^{+}a_1+\left(e^{i\frac{\alpha+\gamma}{2}}\cos\frac{\beta}{2}-1\right)a_2^{+}a_2\right\}:\\ U^{(n)}(\theta\varphi\psi)= :\exp\left\{\left(\cos\frac{\psi}{2}-i\cos\theta\sin\frac{\psi}{2}-1\right)a_1^{+}a_1-ie^{-i\varphi}\sin\theta\sin\frac{\psi}{2}a_1^{+}a_2\right.\\ \qquad\left.-ie^{i\varphi}\sin\theta\sin\frac{\psi}{2}a_1a_2^{+}+\left(\cos\frac{\psi}{2}+i\cos\theta\sin\frac{\psi}{2}-1\right)a_2^{+}a_2\right\}:\end{cases}} \tag{4.34b}$$

可以直接检验,上面 $D^{(1/2)}(R)$ 函数的两组参数 $(\alpha\beta\gamma)$,$(\theta\varphi\psi)$ 之间转换关系是

$$\begin{cases}-\sin\frac{\beta}{2}\sin\frac{\alpha-\gamma}{2}=\sin\theta\cos\varphi\sin\frac{\psi}{2}\\ \sin\frac{\beta}{2}\cos\frac{\alpha-\gamma}{2}=\sin\theta\sin\varphi\sin\frac{\psi}{2}\\ \cos\frac{\beta}{2}\sin\frac{\alpha+\gamma}{2}=\cos\theta\sin\frac{\psi}{2}\end{cases} \tag{4.33c}$$

这里 $\sin\frac{\psi}{2}=\sqrt{1-\cos^2\left(\frac{\psi}{2}\right)}$,$\cos\frac{\psi}{2}=\cos\frac{\beta}{2}\cos\left(\frac{\alpha+\gamma}{2}\right)$,$D^{(1/2)}(\alpha\beta\gamma)=D^{(1/2)}(\theta\varphi\psi)$。由于 $D^{(1/2)}(\theta\varphi\psi)$ 已表示成单一指数形式。现用 $(\alpha\beta\gamma)$ 来表示 $D^{(1/2)}(\theta\varphi\psi)$,有

$$\boxed{\begin{aligned}D^{(1/2)}(R) &= D^{(1/2)}(\theta\varphi\psi)=\exp(-i\psi\boldsymbol{n}\cdot\boldsymbol{\sigma}/2),\\ &=\exp\left\{i\frac{\arccos\left[\cos\frac{\beta}{2}\cos\frac{\alpha+\gamma}{2}\right]}{\sqrt{1-\cos^2\frac{\beta}{2}\cos^2\frac{\alpha+\gamma}{2}}}\left[\sin\frac{\beta}{2}\sin\frac{\alpha-\gamma}{2}\sigma_1\right.\right.\\ &\qquad\left.\left.-\sin\frac{\beta}{2}\cos\frac{\alpha-\gamma}{2}\sigma_2-\cos\frac{\beta}{2}\sin\frac{\alpha+\gamma}{2}\sigma_3\right]\right\}\end{aligned}} \tag{4.33d}$$

此式为便于取对数的单指数形式，取对数并代入式(4.16b)第一式之后，可以得到转动算符 $U(R)$ 的一个新的但却冗长的表达式。它是在 Euler 角参数描述下的单一指数形式，

$$U(\alpha\beta\gamma)=\exp\left\{2\mathrm{i}\frac{\arccos\left(\cos\frac{\beta}{2}\cos\frac{\alpha+\gamma}{2}\right)}{\sqrt{1-\cos^2\frac{\beta}{2}\cos^2\frac{\alpha+\gamma}{2}}}\left[\sin\frac{\beta}{2}\sin\frac{\alpha-\gamma}{2}J_1-\sin\frac{\beta}{2}\cos\frac{\alpha-\gamma}{2}J_2-\cos\frac{\beta}{2}\sin\frac{\alpha+\gamma}{2}J_3\right]\right\} \tag{4.34c}$$

最后，由于

$$\ln M=\begin{pmatrix}\ln D^{(1/2)}(R) & 0\\ 0 & -\ln D^{(1/2)}(R)\end{pmatrix}$$

将式(4.33*b*)代入，取对数后代入式(4.16b)的第 1 式，得

$$\begin{aligned}U(R)&=\exp\left\{\frac{1}{2}(a^+,\tilde{a})\begin{pmatrix}-\mathrm{i}\frac{\psi}{2}\boldsymbol{n}\cdot\boldsymbol{\sigma} & 0\\ 0 & \mathrm{i}\frac{\psi}{2}\boldsymbol{n}\cdot\boldsymbol{\sigma}\end{pmatrix}\begin{pmatrix}a\\ -\tilde{a}^+\end{pmatrix}\right\}\\&=\exp\left\{-\mathrm{i}\frac{\psi}{2}a^+\boldsymbol{n}\cdot\boldsymbol{\sigma}a\right\}=\exp\{-\mathrm{i}\psi\boldsymbol{n}\cdot\boldsymbol{J}\}\end{aligned} \tag{4.34d}$$

这正是转动算符的通常形式。这可以算是对上述理论的一种检验。

其次，对于 n 模的一般情况，可定义量子转动变换如下

$$U(R)a^+U(R)^{-1}=a^+D^{((n-1)/2)}(R) \tag{4.35a}$$

这里，n 维矩阵 $D^{((n-1)/2)}(R)$（$n=2j+1$）是空间转动群的 n 维不可约幺正表示。按上面定理可得

$$\begin{aligned}U(R)&=:\exp\{a^+[D^{((n-1)/2)}(R)-1]a\}:\\&=\exp\{a^+[\ln D^{((n-1)/2)}(R)]a\}\end{aligned} \tag{4.35b}$$

再次，对于多模 Fermion 结果类似。定义双模 Fermion 转动变换式

$$U(R)(f_1^+,f_2^+)U(R)^{-1}=(f_1^+,f_2^+)D^{(1/2)}(R) \tag{4.36a}$$

则产生此变换的变换算符 $U(R)$ 的显式表达式为

$$\begin{aligned}U(R)&=I+(f_1^+,f_2^+)(D^{(1/2)}-I)\begin{pmatrix}f_1\\ f_2\end{pmatrix}+tr(D^{(1/2)}-I)\cdot f_1^+f_2^+f_1f_2\\&=:\exp\left\{(f_1^+,f_2^+)(D^{(1/2)}-I)\begin{pmatrix}f_1\\ f_2\end{pmatrix}\right\}:\end{aligned} \tag{4.36b}$$

最后,再回来谈角动量本征态的 Fock 空间表示问题[28]。众所周知,不论双 Boson 情况或双模 Fermion 情况,式(4.31a)表达式都一样。与此相配合,角动量本征态的 Fock 空间表示对两者也相同,为

$$\boxed{|\,jm\rangle = \frac{(a^+)^{j+m}\ (b^+)^{j-m}}{\sqrt{(j+m)!\,(j-m)!}}\,|\,00\rangle} \tag{4.31b}$$

也正因为如此,式(4.32b)与式(4.36a)也才相同。然而,采用 Boson,既可以采用增加模数目办法,也可以借助增加占据数办法,来模拟高阶角动量态;但采用 Fermion,却无法靠增加占据数来模拟高 j 值态。此处用 2 个 Fermion 模的 4 个占据数态模拟了 $j=1/2$: $|\,1/2,\pm 1/2\rangle$ 两个态,并不算经济。

值得强调指出的是,将转动变换和角动量态矢引入 Fock 空间的部分原因是,由此出发便可以利用 LQT 理论以及相干态表象,为多模计算增加一种简便有效的计算方法。

4.3.2 特例Ⅱ:多模 Bogoliubov-Valatin 变换[29]

定义 多模 Boson 的 Bogoliubov-Valatin 变换为下述变换

$$\boxed{(a'^+,\widetilde{a}') = U(a^+,\widetilde{a})U^{-1} = (a^+,\widetilde{a})\begin{pmatrix} I\cdot \mathrm{ch}\theta & B\cdot \mathrm{sh}\theta \\ B\cdot \mathrm{sh}\theta & I\cdot \mathrm{ch}\theta \end{pmatrix}} \tag{4.37a}$$

这里要求 $B=\widetilde{B}=B^{-1}$。按定理 4 的 $U^{(n)}$ 表达式,并结合式(4.17),立即可得

$$\boxed{U = :\exp\left\{\frac{1}{2}(-a^+B\widetilde{a}^+ + \widetilde{a}Ba)\mathrm{th}\theta + a^+a(\mathrm{ch}^{-1}\theta - 1)\right\}:} \tag{4.37b}$$

注意 $\begin{pmatrix} I\mathrm{ch}\theta & B\mathrm{sh}\theta \\ B\mathrm{sh}\theta & I\mathrm{ch}\theta \end{pmatrix} = \exp\left[\begin{pmatrix} 0 & B \\ B & 0 \end{pmatrix}\theta\right]$,取它的对数并脱去 U 的正规乘积,得

$$\boxed{U = \exp\left\{\frac{\theta}{2}(-a^+B\widetilde{a}^+ + \widetilde{a}Ba)\right\}} \tag{4.37c}$$

对多模 Fermion 的 Bogoliubov-Valatin 变换,情况类似。

定义 多模 Fermion 的 Bogoliubov-Valatin 变换为下述变换

$$\boxed{(a'^+,\widetilde{a}') = U(a^+,\widetilde{a})U^{-1} = (a^+,\widetilde{a})\begin{pmatrix} I\cdot \cos\theta & B\cdot \sin\theta \\ B\cdot \sin\theta & I\cdot \cos\theta \end{pmatrix}} \tag{4.38a}$$

这里 n 维矩阵 $B=-\widetilde{B}=-B^{-1}$。从定理 7 的式(4.29b)可得

㉘ Ren H, Zhang Y D. Il Nuovo Cimento, 1989, 103B: 473.

㉙ 前面脚注⑧,⑥等文献。

$$\boxed{U = :\exp\left\{\frac{1}{2}(f^+ B\tilde{f}^+ + \tilde{f}Bf)\tan\theta + f^+ f(\sec\theta - 1)\right\}:} \tag{4.38b}$$

再利用 $\begin{pmatrix} I\cos\theta, & B\sin\theta \\ B\sin\theta, & I\cos\theta \end{pmatrix} = \exp\left[\begin{pmatrix} 0 & B \\ B & 0 \end{pmatrix}\theta\right]$ 取对数，并脱去 U 的正规乘积，得

$$\boxed{U = \exp\left\{\frac{\theta}{2}(f^+ B\tilde{f}^+ + \tilde{f}Bf)\right\}} \tag{4.38c}$$

应当指出，不论多模 Boson 或 Fermion 的 Bogoliubov-Valatin 准粒子变换，对它们的推广都可以多种多样，此处推广只是一种演示。究竟取何种形式决取于问题要求进行怎样合适的变换，即选择怎样合适的矩阵 M。

4.3.3 多模二次型 Boson 系统和 Fermion 系统的配分函数计算

对 n 模 Boson 二次型 Hamilton 量，可以计算出它的配分函数而无需事先知道能谱(117 页脚注⑫各文献)。这类系统的 Hamilton 量为

$$\boxed{\hat{H} = a^+ \alpha a + a^+ \gamma \tilde{a}^+ + \tilde{a}\gamma^+ a = \frac{1}{2}\Lambda N \Sigma_3 \Lambda^+ - \frac{1}{2}\mathrm{tr}\alpha} \tag{4.39}$$

这里符号 tr 为对有限的 n 维矩阵空间求迹。α 是 $n\times n$ 厄米矩阵，γ 是 $n\times n$ 复对称矩阵，$a^+ = (a_1^+, \cdots, a_n^+)$，$\tilde{a} = (a_1, \cdots, a_n)$，而

$$\Sigma_3 = \sigma_3 \otimes I = \begin{pmatrix} I & 0 \\ 0 & -I \end{pmatrix}, \quad N = \begin{pmatrix} \alpha & -2\gamma \\ 2\gamma^+ & -\tilde{\alpha} \end{pmatrix}$$

式中，N 为负厄米矩阵，而 $N\Sigma_3$ 是厄米矩阵。

按配分函数 $Z(\beta)$ $(\beta = 1/kT)$ 的定义

$$\boxed{Z(\beta) = \mathrm{tr}(\mathrm{e}^{-\beta\hat{H}})} \tag{4.40}$$

这里符号 tr 是对无限维 Fock 空间求迹。对 $Z(\beta)$ 求导可

$$\frac{\mathrm{d}Z(\beta)}{\mathrm{d}\beta} = -\frac{1}{2}\mathrm{tr}[\mathrm{e}^{-\beta\hat{H}}(\Lambda N\Sigma_3\Lambda^+ - \mathrm{tr}\alpha)] = -\frac{1}{2}\mathrm{tr}[\mathrm{e}^{-\beta\hat{H}}(\Lambda N\Sigma_B\tilde{\Lambda} - \mathrm{tr}\alpha)] \tag{4.41}$$

这里利用了 $\Lambda^+ = \Sigma_1\tilde{\Lambda}$，$\Sigma_3\Sigma_1 = \Sigma_B$。将算符 $\mathrm{e}^{-\beta\hat{H}}$ 看成线性量子变换中的变换算符 U，注意对易关系 $[\Lambda_i, \Lambda_j] = (\Sigma_B^{-1})_{ij}$，可得

$$\begin{aligned}
\mathrm{tr}(\mathrm{e}^{-\beta\hat{H}})(\Sigma_B^{-1})_{ij} &= \mathrm{tr}(\mathrm{e}^{-\beta\hat{H}}[\Lambda_i, \Lambda_j]) \\
&= \mathrm{tr}\{\mathrm{e}^{-\beta\hat{H}}\Lambda_i\Lambda_j\} - \mathrm{tr}\{(\mathrm{e}^{-\beta\hat{H}}\Lambda_j\mathrm{e}^{\beta\hat{H}})\mathrm{e}^{-\beta\hat{H}}\Lambda_i\} \\
&= \mathrm{tr}\{\mathrm{e}^{-\beta\hat{H}}\Lambda_i\Lambda_j\} - \mathrm{tr}\{\Lambda_k(\mathrm{e}^{-\beta N})_{kj}\mathrm{e}^{-\beta\hat{H}}\Lambda_i\} \\
&= \mathrm{tr}\{\mathrm{e}^{-\beta\hat{H}}\Lambda_i\Lambda_j\} - \mathrm{tr}\{\mathrm{e}^{-\beta\hat{H}}\Lambda_i\Lambda_k\}(\mathrm{e}^{-\beta N})_{kj}
\end{aligned}$$

$$= \mathrm{tr}\{\mathrm{e}^{-\beta\hat{H}}\Lambda_i\Lambda_k\}(1-\mathrm{e}^{-\beta N})_{kj}$$

等式两边同乘以 $(1-\mathrm{e}^{-\beta N})^{-1}{}_{jl}$ 并对 j 求和，即得

$$\mathrm{tr}(\mathrm{e}^{-\beta\hat{H}}\widetilde{\Lambda}\Lambda) = \mathrm{tr}(\mathrm{e}^{-\beta\hat{H}})\Sigma_B^{-1}(1-\mathrm{e}^{-\beta N})^{-1} \tag{4.42}$$

将此等式代入式(4.41)，得到

$$\frac{\mathrm{d}Z(\beta)}{\mathrm{d}\beta} = -\frac{1}{2}Z(\beta)\cdot\{\mathrm{tr}[N(1-\mathrm{e}^{-\beta N})^{-1}] - \mathrm{tr}\alpha\} \tag{4.43}$$

或为

$$\frac{\mathrm{d}Z(\beta)}{Z(\beta)} = -\frac{1}{2}\mathrm{tr}\frac{N\mathrm{d}\beta}{1-\mathrm{e}^{-\beta N}} + \frac{1}{2}(\mathrm{tr}\alpha)\mathrm{d}\beta$$

对此式积分，利用公式 $\det A = \exp\{\mathrm{tr}(\ln A)\}$，即得

$$\ln Z(\beta) = \frac{1}{2}\mathrm{tr}\int\frac{\mathrm{e}^{\beta N}\mathrm{d}(\beta N)}{\mathrm{e}^{\beta N}-1} + \frac{\beta}{2}(\mathrm{tr}\alpha) + C$$

$$\boxed{Z(\beta) = C'\frac{\mathrm{e}^{\beta\mathrm{tr}\alpha/2}}{\sqrt{|\det(\mathrm{e}^{\beta N}-1)|}}}$$

于是，**在无需求解多模二次型 Boson 系统能谱情况下，得到了此系统的配分函数。**

进一步可以证明，常系数 $C'=1$，并且能得到能谱的显式表达式。为此假定，此二次型 Hamilton 量 $\hat{H}$ 的能谱是非负的，于是若将负厄米矩阵 N 表示为 $N=\Sigma_3 A$，A 是半正定的厄米矩阵。由此，N 的 $2n$ 个特征根 λ_i 将是实数并且正负成对，即有 $\pm\lambda_i(i=1,2,\cdots,n)$。设其中 n 个 $\lambda_i>0$，有

$$Z(\beta) = C'\mathrm{e}^{\beta\mathrm{tr}\alpha/2}\prod_{i=1}^{n}\frac{1}{\sqrt{|(\mathrm{e}^{\beta\lambda_i}-1)(\mathrm{e}^{-\beta\lambda_i}-1)|}} = C'\mathrm{e}^{\beta\mathrm{tr}\alpha/2}\prod_{i=1}^{n}\frac{1}{\mathrm{e}^{\beta\lambda_i/2}-\mathrm{e}^{-\beta\lambda_i/2}}$$

$$= C'\exp\left(\frac{\beta}{2}\mathrm{tr}\alpha - \frac{\beta}{2}\sum_{i=1}^{n}\lambda_i\right)\prod_{i=1}^{n}\sum_{m_i=0}^{\infty}\mathrm{e}^{-\beta m_i\lambda_i}$$

$$= C'\exp\left[\frac{\beta}{2}\left(\mathrm{tr}\alpha - \sum_{i=1}^{n}\lambda_i\right)\right]\sum_{m_i=0}^{\infty}\exp\left(-\beta\sum_{i=1}^{n}m_i\lambda_i\right)$$

假如基态和第一激发态之间存在一个有限的能隙，则当此式中 $\beta\to\infty$ 时有

$$Z(\beta)\to C'\exp\left[\frac{\beta}{2}\left(\mathrm{tr}\alpha - \sum_{i=1}^{n}\lambda_i\right)\right]$$

另外，通常有 $Z(\beta) = \sum_{m_1,\cdots,m_n=0}^{\infty}\mathrm{e}^{-\beta E_{m_1\cdots m_n}}$，当 $\beta\to\infty$ 时将得到 $Z(\beta)\to\mathrm{e}^{-\beta E_0}$。比较两个渐近表达式，注意 C' 与 β 无关，即得 $C'=1$，并得到基态能量为

$$E_{0\cdots 0} = \frac{1}{2}\left(\sum_{i=1}^{n}\lambda_i - \mathrm{tr}\alpha\right) \tag{4.44}$$

代入 $C'=1$ 并比较配分函数上述两个表达式，**即得此系统能谱和配分函数**

$$Z(\beta)=\frac{\mathrm{e}^{\frac{\beta}{2}\mathrm{tr}\alpha}}{\sqrt{|\det(\mathrm{e}^{\beta N}-1)|}} \tag{4.45a}$$

$$E_{m_1\cdots m_n}=\frac{1}{2}\left\{\sum_{i=1}^{n}(2m_i+1)\lambda_i-\mathrm{tr}\alpha\right\},\quad Z(\beta)=\sum_{m_1\cdots m_n=0}^{\infty}\mathrm{e}^{-\frac{\beta}{2}\left\{\sum\limits_{i=1}^{n}(2m_i+1)\lambda_i-\mathrm{tr}\alpha\right\}} \tag{4.45b}$$

对 n 模 Fermion 二次型 Hamilton 量，$\hat{H}$ 为

$$\hat{H}=b^{+}\alpha b+b^{+}\gamma\tilde{b}^{+}+\tilde{b}\gamma^{+}b=\frac{1}{2}\Lambda N\Lambda^{+}+\frac{1}{2}\mathrm{tr}\alpha \tag{4.46}$$

这里的 α 仍为厄米矩阵，但 γ 为反对称的复矩阵，而 $b^{+}=(b_1^{+},\cdots,b_n^{+})$，$\tilde{b}=(b_1,\cdots,b_n)$，其中的 b_i^{+} 和 b_i 分别代表第 i 模的 Fermion 产生算符和湮没算符，$\Lambda=(b^{+},b)$，厄米矩阵 $N=\begin{pmatrix}\alpha & 2\gamma\\ 2\gamma^{+} & -\tilde{\alpha}\end{pmatrix}$。**这时系统的配分函数为**

$$Z(\beta)=\mathrm{tr}(\mathrm{e}^{-\beta\hat{H}})=\mathrm{tr}(\mathrm{e}^{-\beta\left(\frac{1}{2}\Lambda N\Lambda^{+}+\frac{1}{2}\mathrm{tr}\alpha\right)}) \tag{4.47}$$

接着，对配分函数求导，并利用下面等式

$$\mathrm{tr}(\mathrm{e}^{-\beta\hat{H}}\Lambda^{+}\Lambda)=\mathrm{tr}(\mathrm{e}^{-\beta\hat{H}})(1+\mathrm{e}^{-\beta N})^{-1} \tag{4.48}$$

可得

$$\frac{\mathrm{d}Z(\beta)}{\mathrm{d}\beta}=-\frac{1}{2}Z(\beta)\{\mathrm{tr}[N(1+\mathrm{e}^{-\beta N})^{-1}]+\mathrm{tr}\alpha\} \tag{4.49}$$

对此式积分，其余分析推导均与前面玻色情况类似，**最后得系统能谱和配分函数**

$$Z(\beta)=\mathrm{e}^{-\frac{\beta}{2}\mathrm{tr}\alpha}|\det(\mathrm{e}^{\beta N}+1)|^{\frac{1}{2}} \tag{4.50a}$$

$$E_{m_1\cdots m_n}=\frac{1}{2}\left\{\sum_{i=1}^{n}(2m_i-1)\lambda_i+\mathrm{tr}\alpha\right\},\quad Z(\beta)==\sum_{m_1\cdots m_n=0}^{1}\mathrm{e}^{-\frac{\beta}{2}\left\{\sum\limits_{i=1}^{n}(2m_i-1)\lambda_i+\mathrm{tr}\alpha\right\}} \tag{4.50b}$$

这里，由于 $Z(\beta)$ 中行列式的幂次是 $+\frac{1}{2}$，$m_i=0,1$ 只取两个值。其余内容以及巨正则系综情况，详细参考 117 页脚注⑫各文献。

4.3.4 多模 Boson 二次型系统能谱和波函数计算

现推导 Hamilton 量式(4.39)的本征态波函数。为此作量子变换

$$\Lambda'=U^{-1}\Lambda U=\Lambda M=\Lambda\begin{pmatrix}u & v^{*}\\ v & u^{*}\end{pmatrix} \tag{4.51}$$

可将其对角化，从而得能级为

$$\boxed{\hat{H} = \sum_{i=1}^{n}\lambda_i\left(a_i'^{+}\, a_i' + \frac{1}{2}\right) - \frac{1}{2}\mathrm{tr}\alpha} \tag{4.52}$$

$$\boxed{|\, n\rangle' = |\, n_1, n_2, \cdots, n_n\rangle' = \prod_{i=1}^{n} \frac{(a_i'^{+})^{n_i}}{\sqrt{n_i!}}\, |\, 0\rangle'} \tag{4.53}$$

其中，$\lambda_i > 0(i=1,2,\cdots,n)$ 由行列式 $\det\begin{pmatrix}\alpha-\lambda & -\gamma\\ \gamma^* & -\tilde{\alpha}-\lambda\end{pmatrix}=0$ 求出。于是系统被对角化，现在计算系统的波函数。由于公式

$$\Psi_{n_1, n_2, \cdots, n_n}(q) = \langle q \mid n\rangle = \langle q \mid U^{-1} \mid n\rangle' \tag{4.54}$$

现将式(4.53)及算符 U^{-1} 的反正规乘积

$$U^{-1} = [\det U^*]^{-1/2}\,{}^{+}_{+}\exp\left\{\frac{1}{2}\Lambda\begin{pmatrix} v^* u^{*\,-1} & 1-u^{+\,-1}\\ 1-u^{*\,-1} & -\tilde{v}u^{+\,-1}\end{pmatrix}\tilde{\Lambda}\right\}^{+}_{+}$$

一并代入式(4.54)，并注意坐标本征态为

$$\langle q \mid = \langle 0 \mid \pi^{-n/4}\exp\left[-\frac{\tilde{q}q}{2} - \frac{\tilde{a}a}{2} + \sqrt{2}\,\tilde{a}q\right] \tag{4.55}$$

运算后即得系统的波函数为

$$\begin{aligned}\Psi(q) &= \left\{\frac{\det u^*}{\det[1+(v^+ u^* + v^+ v)]}\right\}^{1/2} \prod_{i}^{n} [2^{n_i} n_i!\,\pi^{-n/2}\,(\det A_1)^{-n_i}]^{-1/2}\\ &\quad\times \exp\left[-\tilde{q}\left(-A_3 + \frac{1}{2}\right)q\right] H_{n_i}\left(\sum_k q_k\,(A_2 A_1^{-1/2})_{ki}\right)\\ &= \left\{\frac{\det u^*}{\det[1+(v^+ u^* + v^+ v)]}\right\}^{1/2} \prod_{i}^{n} [2^{n_i} n_i!\,\pi^{-n/2}\,(\det A_1)^{-n_i}]^{-1/2}\\ &\quad\times \exp\left\{\left[\sum_k q_k\,(A_3^{1/2})_{ki}\right]^2 - \frac{1}{2}q^2\right\}\times H_{n_i}\left(\sum_k q_k\,(A_2 A_1^{-1/2})_{ki}\right)\end{aligned} \tag{4.56}$$

其中

$$\begin{aligned}A_1 &= u^*\,[v^* + (u^+ + \tilde{v})^{-1}]^{-1} = \tilde{A}_1\\ A_2 &= (v^+ + \tilde{u})^{-1}\\ A_3 &= u^+\,[(u^+ + \tilde{v} + v^{*\,-1})]^{-1} = \tilde{A}_3\end{aligned} \tag{4.57}$$

4.3.5 Bures 保真度和纠缠度计算

详见 11.1.3 节和 11.1.4 节。

4.4 向连续无穷模情况推广

4.4.1 基本公式

量子变换理论也可以应用到连续变量量子场情况,初步结果显示[30],比文献[31]更为系统而简要地得出各类量子场分立对称变换 C,P,T 表达式。

无论对 n 个分量的 Boson 场,还是对 n 个分量的 Fermion 场,记场量子的连续变化动量为 $\boldsymbol{k}$,场的产生、湮没模为

$$\begin{cases} a^{+}(\boldsymbol{k},t)=(a_1^{+}(\boldsymbol{k},t),a_2^{+}(\boldsymbol{k},t),\cdots,a_n^{+}(\boldsymbol{k},t)) \\ \widetilde{a}(\boldsymbol{k},t)=(a_1(\boldsymbol{k},t),a_2(\boldsymbol{k},t),\cdots,a_n(\boldsymbol{k},t)) \end{cases}$$

它们满足对易规则或反对易规则 $[a_i(\boldsymbol{k},t),a_j^{+}(\boldsymbol{k}',t)]_{\pm}=\delta_{ij}\delta(\boldsymbol{k}-\boldsymbol{k}')$。设幺正变换 $U(t)=\prod\limits_{\boldsymbol{k}}U(\boldsymbol{k},t)$,定义如下量子变换

$$\boxed{U(t)(a^{+}(\boldsymbol{k},t),\widetilde{a}(\boldsymbol{k},t))U(t)^{-1}=(a^{+}(\boldsymbol{k},t),\widetilde{a}(\boldsymbol{k},t))\begin{pmatrix} A(\boldsymbol{k},t) & 0 \\ 0 & \widetilde{A}(\boldsymbol{k},t)^{-1} \end{pmatrix}} \tag{4.58}$$

这里 $A(\boldsymbol{k},t)$ 是 $n\times n$ 厄米矩阵。于是得

$$\boxed{U(t)=\prod_{\boldsymbol{k}}U(\boldsymbol{k},t)=:\exp\left\{\int \mathrm{d}\boldsymbol{k}a^{+}(\boldsymbol{k},t)[A(\boldsymbol{k},t)-I]a(\boldsymbol{k},t)\right\}:} \tag{4.59a}$$

或者脱去正规乘积,得

$$\boxed{U(t)=\exp\left\{\int \mathrm{d}\boldsymbol{k}a^{+}(\boldsymbol{k},t)[\ln A(\boldsymbol{k},t)]a(\boldsymbol{k},t)\right\}} \tag{4.59b}$$

当然,按上面所说基本理论,式(4.59)对 $U(t)$ 只能确定到相差任意常数算符[32]为止。

4.4.2 量子场 CPT 变换表达式推导

下面给出复 Klein-Gordon 场、Dirac 旋量场、Maxwell 场的 C,P,T 算符。

首先,导出复 Klein-Gordon 场 C,P,T 算符。复标场由两个实场组成

$$\varphi(\boldsymbol{r}t)=\frac{1}{\sqrt{2}}\Big(\varphi_1(\boldsymbol{r}t)+\mathrm{i}\varphi_2(\boldsymbol{r}t)\Big)$$

每个实场 $\varphi_i(\boldsymbol{r},t)$ 有连续模 $a_i(\boldsymbol{k},t)$,$i=1,2$。已知宇称算符对场模的作用为

---

[30] Zhang Y D, Ma L. Commun. Theor. Phys.,1997,27: 87.

[31] Bjorken J D,Drell S D. Relativistic Quantum Fields. McGraw-Hill Inc., 1965.

[32] Ma L, Yu S X,Tang Z,et al. Commun. Theor. Phys.,1994, 21(1): 119,120.

$$P(t)(a_1^+(\boldsymbol{k},t),a_2^+(\boldsymbol{k},t))P^{-1}(t)=(a_1^+(-\boldsymbol{k},t),a_2^+(-\boldsymbol{k},t))$$

引入过渡算符 $\hat{D}$：$a^{()}(\boldsymbol{k},t)\hat{D}_P=a^{()}(-\boldsymbol{k},t)$，就可以将上式改写为

$$P(t)(a_1^+(\boldsymbol{k},t),a_2^+(\boldsymbol{k},t))P^{-1}(t)=(a_1^+(\boldsymbol{k},t),a_2^+(\boldsymbol{k},t))\sigma_0\otimes\hat{D}_P \tag{4.60a}$$

于是，立即得到

$$\boxed{P(t)=:\exp\left\{\sum_{\lambda=1,2}\int d\boldsymbol{k}[a_\lambda^+(\boldsymbol{k},t)a_\lambda(-\boldsymbol{k},t)-a_\lambda^+(\boldsymbol{k},t)a_\lambda(\boldsymbol{k},t)]\right\}:} \tag{4.60b}$$

也可以脱去此式的正规乘积。这只要注意过渡算符 $\hat{D}_P$ 是自逆的，有等式

$$\sigma_\mu\otimes\hat{D}_P=\exp\left\{\pm\mathrm{i}\frac{\pi}{2}[\sigma_\mu\otimes\hat{D}_P-I]\right\},\quad \mu=0,1,2,3$$

就可以得到 $P(t)$ 的脱去正规乘积的形式为

$$\boxed{P(t)=\exp\left\{\pm\frac{\pi}{2}\sum_{\lambda=1,2}\int d\boldsymbol{k}[a_\lambda^+(\boldsymbol{k},t)a_\lambda(-\boldsymbol{k},t)-a_\lambda^+(\boldsymbol{k},t)a_\lambda(\boldsymbol{k},t)]\right\}} \tag{4.60c}$$

而 137 页文献㉛中利用 Baker-Hausdorff 公式经过冗长的直接计算只给出对应＋号的表达式。

设复 Klein-Gordon 场的电荷共轭算符为 C。它对场模的作用已知为

$$C(t)(a_1^+(\boldsymbol{k},t),a_2^+(\boldsymbol{k},t))C^{-1}(t)=(a_1^+(\boldsymbol{k},t),a_2^+(\boldsymbol{k},t))\sigma_3$$

这里 $\sigma_3=\begin{pmatrix}1&0\\0&-1\end{pmatrix}$。或者，对场模作如下变换，并将上式改写，即

$$a_+(\boldsymbol{k},t)=\frac{1}{\sqrt{2}}(a_1(\boldsymbol{k},t)+\mathrm{i}a_2(\boldsymbol{k},t)),\quad a_-(\boldsymbol{k},t)=\frac{1}{\sqrt{2}}(a_1(\boldsymbol{k},t)-\mathrm{i}a_2(\boldsymbol{k},t))$$

$$C(t)(a_+^+(\boldsymbol{k},t),a_-^+(\boldsymbol{k},t))C^{-1}(t)=(a_+^+(\boldsymbol{k},t),a_-^+(\boldsymbol{k},t))\sigma_1 \tag{4.61a}$$

由此直接利用量子变换公式得到

$$\boxed{\begin{aligned}C(t)=:\exp\Big\{\int d\boldsymbol{k}[&a_+^+(\boldsymbol{k},t)a_-(\boldsymbol{k},t)+a_-^+(\boldsymbol{k},t)a_+(\boldsymbol{k},t)\\&-a_+^+(\boldsymbol{k},t)a_+(\boldsymbol{k},t)-a_-^+(\boldsymbol{k},t)a_-(\boldsymbol{k},t)]\Big\}:\end{aligned}} \tag{4.61b}$$

设复 Klein-Gordon 场的时间反演算符为 $T(t)=U_1(t)K$。按 137 页文献㉚办法，先推导 $T(0)$ 表达式，然后利用 $T(t)=\mathrm{e}^{-\mathrm{i}Ht/\hbar}U_1(0)\mathrm{e}^{\mathrm{i}Ht/\hbar}K$ 给出 $T(t)$。已知 $U_1(0)$ 对场模的作用为

$$U_1(0)(a_1^+(\boldsymbol{k},0),a_2^+(\boldsymbol{k},0))U_1^{-1}(0)=(a_1^+(\boldsymbol{k},0),a_2^+(\boldsymbol{k},0))\sigma_3\otimes\hat{D}_T \tag{4.62a}$$

于是 $T(t)$ 的在正规乘积下的表达式为

$$T(t) =:\exp\left\{-\int \mathrm{d}\boldsymbol{k}\sum_{\lambda=1}^{2}[(-1)^{\lambda}a_{\lambda}^{+}(\boldsymbol{k},-t)a_{\lambda}(-\boldsymbol{k},-t)+a_{\lambda}^{+}(\boldsymbol{k},-t)a_{\lambda}(\boldsymbol{k},-t)]\right\}:K \tag{4.62b}$$

脱去正规乘积,得

$$T(t) = \exp\left\{\pm \mathrm{i}\,\frac{\pi}{2}\int \mathrm{d}\boldsymbol{k}\sum_{\lambda=1}^{2}[(-1)^{\lambda}a_{\lambda}^{+}(\boldsymbol{k},-t)a_{\lambda}(-\boldsymbol{k},-t)+a_{\lambda}^{+}(\boldsymbol{k},-t)a_{\lambda}(\boldsymbol{k},-t)]\right\}K \tag{4.62c}$$

其次,导出 Dirac 旋量场 C,P,T 算符。设 $b_{\sigma}^{+}(\boldsymbol{k},t),d_{\sigma}^{+}(\boldsymbol{k},t)$ 分别是 Dirac 场 $\psi(\boldsymbol{x},t)$ 的电子和正电子的产生算符,脚标 $\sigma=\pm 1$ 表示自旋量子数。已知宇称算符 P 对 Dirac 场动量模的变换关系为

$$P(t)(b_{\sigma}^{+}(\boldsymbol{k},t),d_{\sigma}^{+}(\boldsymbol{k},t))P(t)^{-1} = (b_{\sigma}^{+}(\boldsymbol{k},t),d_{\sigma}^{+}(\boldsymbol{k},t))\sigma_3\otimes\hat{D}'_P \tag{4.63a}$$

这里为方便,已引入过渡算符 $\hat{D}'_P:\Omega(\boldsymbol{k},t)\hat{D}'_P=\Omega(-\boldsymbol{k},t)$。按 LQT 理论得

$$\begin{aligned}P(t) =:\exp\Big\{\sum_{\sigma=\pm1}\int \mathrm{d}\boldsymbol{k}\,[&b_{\sigma}^{+}(\boldsymbol{k},t)b_{\sigma}(-\boldsymbol{k},t)-b_{\sigma}^{+}(\boldsymbol{k},t)b_{\sigma}(\boldsymbol{k},t)\\&-d_{\sigma}^{+}(\boldsymbol{k},t)d_{\sigma}(-\boldsymbol{k},t)-d_{\sigma}^{+}(\boldsymbol{k},t)d_{\sigma}(\boldsymbol{k},t)]\Big\}:\end{aligned} \tag{4.63b}$$

注意 $\hat{D}'^{2}_{P}=I$ 是自逆算符,有 $\sigma_{\mu}\otimes\hat{D}'_P=\exp[\pm \mathrm{i}\pi(\sigma_{\mu}\otimes\hat{D}'_P-1)/2]$,$\mu=0,1,2,3$。脱去正规乘积即得

$$\begin{aligned}P(t) = \exp\Big\{\pm \mathrm{i}\,\frac{\pi}{2}\sum_{\sigma=\pm1}\int \mathrm{d}\boldsymbol{k}\,[&b_{\sigma}^{+}(\boldsymbol{k},t)b_{\sigma}(-\boldsymbol{k},t)-b_{\sigma}^{+}(\boldsymbol{k},t)b_{\sigma}(\boldsymbol{k},t)\\&\mp d_{\sigma}^{+}(\boldsymbol{k},t)d_{\sigma}(-\boldsymbol{k},t)\mp d_{\sigma}^{+}(\boldsymbol{k},t)d_{\sigma}(\boldsymbol{k},t)]\Big\}\end{aligned} \tag{4.63c}$$

已知电荷共轭算符 C 对 Dirac 场模的作用为

$$C(t)(b_{\sigma}^{+}(\boldsymbol{k},t),d_{\sigma}^{+}(\boldsymbol{k},t))C(t)^{-1} = (b_{\sigma}^{+}(\boldsymbol{k},t),d_{\sigma}^{+}(\boldsymbol{k},t))\begin{pmatrix}0 & \mathrm{e}^{\mathrm{i}\varphi(\boldsymbol{k},\sigma)}\\ \mathrm{e}^{-\mathrm{i}\varphi(\boldsymbol{k},\sigma)} & 0\end{pmatrix} \tag{4.64a}$$

于是

$$\begin{aligned}C(t) =:\exp\Big\{\sum_{\sigma=\pm1}\int \mathrm{d}\boldsymbol{k}\,[&\mathrm{e}^{\mathrm{i}\varphi(\boldsymbol{k},\sigma)}b_{\sigma}^{+}(\boldsymbol{k},t)d_{\sigma}(\boldsymbol{k},t)+\mathrm{e}^{-\mathrm{i}\varphi(\boldsymbol{k},\sigma)}d_{\sigma}^{+}(\boldsymbol{k},t)b_{\sigma}(\boldsymbol{k},t)\\&-b_{\sigma}^{+}(\boldsymbol{k},t)b_{\sigma}(\boldsymbol{k},t)-d_{\sigma}^{+}(\boldsymbol{k},t)d_{\sigma}(\boldsymbol{k},t)]\Big\}:\end{aligned} \tag{4.64b}$$

注意

$$\begin{pmatrix}0 & \mathrm{e}^{\mathrm{i}\varphi}\\ \mathrm{e}^{-\mathrm{i}\varphi} & 0\end{pmatrix} = \exp\left\{\pm \mathrm{i}\,\frac{\pi}{2}\left[\begin{pmatrix}0 & \mathrm{e}^{\mathrm{i}\varphi}\\ \mathrm{e}^{-\mathrm{i}\varphi} & 0\end{pmatrix}-I\right]\right\}$$

于是可得

$$C(t) = \exp\Big\{\pm \mathrm{i}\,\frac{\pi}{2}\sum_{\sigma=\pm1}\int \mathrm{d}\boldsymbol{k}\,[\,\mathrm{e}^{\mathrm{i}\varphi(\boldsymbol{k},\sigma)}b_\sigma^+(\boldsymbol{k},t)d_\sigma(\boldsymbol{k},t)+\mathrm{e}^{-\mathrm{i}\varphi(\boldsymbol{k},\sigma)}d_\sigma^+(\boldsymbol{k},t)b_\sigma(\boldsymbol{k},t) - b_\sigma^+(\boldsymbol{k},t)b_\sigma(\boldsymbol{k},t)-d_\sigma^+(\boldsymbol{k},t)d_\sigma(\boldsymbol{k},t)\,]\Big\} \tag{4.64c}$$

设时间反演算符为 $T(t) = U(t)K$，它对场动量模的作用已知为[33]

$$T(b_\sigma^+(\boldsymbol{k},t),d_\sigma^+(\boldsymbol{k},t))T^{-1} = (b_\sigma^+(\boldsymbol{k},t),d_\sigma^+(\boldsymbol{k},t))\begin{pmatrix}\sigma D_1\mathrm{e}^{-\mathrm{i}\alpha_+(\boldsymbol{k},\sigma)} & 0\\ 0 & \sigma D_2\mathrm{e}^{\mathrm{i}\alpha_-(\boldsymbol{k},\sigma)}\end{pmatrix} \tag{4.65a}$$

这里算符 $b_\sigma^+(\boldsymbol{k},t)D_1 = b_{-\sigma}^+(-\boldsymbol{k},t)$，$d_\sigma^+(\boldsymbol{k},t)D_2 = d_{-\sigma}^+(-\boldsymbol{k},t)$ 也是两个过渡算符。于是对 Dirac 场的时间反演算符为

$$T(t) = :\exp\Big\{\sum_{\sigma=\pm1}\int \mathrm{d}\boldsymbol{k}\,[\,\sigma\mathrm{e}^{-\mathrm{i}\alpha_+}b_{-\sigma}^+(-\boldsymbol{k},-t)b_\sigma(\boldsymbol{k},-t) + \sigma\mathrm{e}^{\mathrm{i}\alpha_-}\mathrm{d}_{-\sigma}^+(-\boldsymbol{k},-t)d_\sigma(\boldsymbol{k},-t)-b_\sigma^+(\boldsymbol{k},-t)b_\sigma(\boldsymbol{k},-t)-d_\sigma^+(\boldsymbol{k},-t)d_\sigma(\boldsymbol{k},-t)\,]\Big\}:K \tag{4.65b}$$

因为两个 D_i 算符都是自逆的，可以采用上面类似办法脱去正规乘积，得

$$T(t) = \exp\Big\{\pm\mathrm{i}\,\frac{\pi}{2}\sum_{\sigma=\pm1}\int\mathrm{d}\boldsymbol{k}\,[\,\sigma b_{-\sigma}^+(-\boldsymbol{k},-t)b_\sigma(\boldsymbol{k},-t)+\sigma d_{-\sigma}^+(-\boldsymbol{k},-t)d_\sigma(\boldsymbol{k},-t) - b_\sigma^+(\boldsymbol{k},-t)b_\sigma(\boldsymbol{k},-t)-d_\sigma^+(\boldsymbol{k},-t)d_\sigma(\boldsymbol{k},-t)\,] - \mathrm{i}\sum_{\sigma=\pm1}\int\mathrm{d}\boldsymbol{k}\,[\,\alpha_+b_\sigma^+(\boldsymbol{k},-t)b_\sigma(\boldsymbol{k},-t)-\alpha_-d_\sigma^+(\boldsymbol{k},-t)d_\sigma(\boldsymbol{k},-t)\,]\Big\}K \tag{4.65c}$$

这些结果比 137 页脚注㉛文献更全面、也更简捷。

最后，导出量子 Maxwell 场 $\boldsymbol{C}$，$\boldsymbol{P}$，$\boldsymbol{T}$ 分立对称变换。已知 Maxwell 场有如下变换性质（有相互作用下，标势变换性质不独立）

$$\begin{aligned}P(t)\boldsymbol{A}(\boldsymbol{r},t)P^{-1}(t) &= -\boldsymbol{A}(-\boldsymbol{r},t)\\ C(t)\boldsymbol{A}(\boldsymbol{r},t)C^{-1}(t) &= -\boldsymbol{A}(\boldsymbol{r},t)\\ T(t)\boldsymbol{A}(\boldsymbol{r},t)T^{-1}(t) &= -\boldsymbol{A}(\boldsymbol{r},-t)\end{aligned} \tag{4.66a}$$

取 Coulomb 规范，在动量空间中展开矢势，并注意极化矢量如下约定

$$\boldsymbol{\varepsilon}_1(-\boldsymbol{k}) = -\boldsymbol{\varepsilon}_1(\boldsymbol{k}),\quad \boldsymbol{\varepsilon}_2(-\boldsymbol{k}) = \boldsymbol{\varepsilon}_2(\boldsymbol{k})$$

可以找到变换式（$T = U_1K$，K 为复数共轭算符，U_1 为幺正算符）

㉝ 下面部份结果可见脚注㉛文献。

$$P(t)(a_1^+(\boldsymbol{k},t),a_2^+(\boldsymbol{k},t))P^{-1}(t) = (a_1^+(\boldsymbol{k},t),a_2^+(\boldsymbol{k},t))\sigma_3 \otimes D_{EM}$$

$$C(t)(a_1^+(\boldsymbol{k},t),a_2^+(\boldsymbol{k},t))C^{-1}(t) = (a_1^+(\boldsymbol{k},t),a_2^+(\boldsymbol{k},t))(-\sigma_0)$$

$$U_1(0)(a_1^+(\boldsymbol{k},0),a_2^+(\boldsymbol{k},0))U_1{}^{-1}(0) = (a_1^+(\boldsymbol{k},0),a_2^+(\boldsymbol{k},0))\sigma_3 \otimes D_{EM} \quad (4.66b)$$

于是得到量子电磁场的宇称算符

$$\boxed{P(t) = :\exp\left\{\int dk\left[a_1^+(k,t)a_1(-k,t) - a_2^+(k,t)a_2(-k,t) - \sum_{\lambda=1}^{2} a_\lambda^+(k,t)a_\lambda(k,t)\right]\right\}:} \quad (4.67a)$$

按前面办法,脱去正规乘积,得

$$\boxed{P(t) = \exp\left\{\pm i\frac{\pi}{2}\int dk\left[a_1^+(k,t)a_1(-k,t) - a_2^+(k,t)a_2(-k,t) - \sum_{\lambda=1}^{2} a_\lambda^+(k,t)a_\lambda(k,t)\right]\right\}} \quad (4.67b)$$

类似地,电磁场的电荷共轭算符为

$$\begin{aligned} C(t) &= :\exp\left\{-2\int dk\,[a_1^+(k,t)a_1(k,t) + a_2^+(k,t)a_2(k,t)]\right\}: \\ C(t) &= \exp\left\{\pm i\pi\int dk\,[a_1^+(k,t)a_1(k,t) + a_2^+(k,t)a_2(k,t)]\right\} \end{aligned} \quad (4.68)$$

从上面对时间反演的变换式,并利用 $T(t) = e^{-iHt}T(0)e^{-iHt}$,时间反演算符为

$$\begin{aligned} T(t) = :\exp\Big\{\int dk\,[&a_1^+(k,-t)a_1(-k,-t) - a_2^+(k,-t)a_2(-k,-t) \\ &- \sum_{\lambda=1}^{2} a_\lambda^+(k,-t)a_\lambda(k,-t)]\Big\}:K \end{aligned} \quad (4.69a)$$

$$\begin{aligned} T(t) = \exp\Big\{\pm i\frac{\pi}{2}\int dk\,[&a_1^+(k,-t)a_1(-k,-t) - a_2^+(k,-t)a_2(-k,-t) \\ &- \sum_{\lambda=1}^{2} a_\lambda^+(k,-t)a_\lambda(k,-t)]\Big\}K \end{aligned} \quad (4.69b)$$

习题 4.7 导出式(4.65c)。参见 137 页脚注文献㉚,与文献㉛相比较。

第 5 章　非相对论量子电动力学

经典电磁理论只限于描述电磁波的传播。一旦涉及电磁波和物质相互作用及其结果——电磁波的产生和吸收(更不用说带电粒子产生和淹灭),经典电磁理论便捉襟见肘,漏洞百出。

物质粒子和电磁场相互作用的全面正确描述只能在量子理论框架下完成。理论分为三个阶段:①**"半量子理论"**;②**"非相对论量子电动力学"**;③**"相对论量子电动力学"。**

非相对论量子力学为带电物质粒子和电磁场的相互作用拟定了**"半量子理论":物质粒子遵守 Schrödinger 方程,电磁场则遵守经典电磁理论。**这个理论比纯经典理论前进了一大步,能够很好地解释诸如磁场中原子谱线分裂、电偶极辐射禁戒规则、强度分布、辐射极化状态等电磁现象。

但是,半量子理论不能计算许多情况的辐射强度分布、不能给出电子反常磁矩、不能解释 Casimir 效应和 Lamb 移动、不能解释激发原子的自发衰变等。即使对于双态原子和单模电磁场相互作用这样最简单的情况,半量子理论结果也经常和全量子理论严格结果相当不同。虽然半量子理论可以预言原子反转 Rabi 振荡,但全量子理论进一步表明还存在坍缩和复活现象。更不用说半量子理论不能解释物质粒子之间、物质粒子与光子之间相互转化的丰富实验现象。

以上这些不能为半量子理论解释的现象都是和电磁场的量子性质,甚至与带电粒子量子场性质相关联的现象。如果想对它们进行全面清晰地解释则需要应用**量子电动力学(QED):在低能范畴,需用"非相对论 QED"——量子电磁场和遵守 Schrödinger 方程的物质粒子相互作用的全量子理论。此理论一般不涉及物质粒子的产生和湮没过程**[①]**,也称为低能电磁作用的全量子理论;对高能区,则需应用"相对论 QED"——量子电磁场和遵守 Dirac 方程或 Klein-Gordon 方程的带电粒子量子场相互作用的全量子理论,这时将涉及物质粒子的产生和湮没过程。**

由于最轻的物质粒子——电子的静止质量是 0.511MeV,所以在广阔的凝聚态物理、材料物理、量子信息、量子化学和量子生物学等领域,通常涉及的光与物质相互作用都属于非相对论 QED 领域;只有核物理中的轻子、粒子物理涉及相对论 QED。将涉及相对论 QED 的内容移入第 7 章后,本章便可以集中讨论低能范畴电磁作用的全量子理论,主要内容为非相对论 QED 的一些专题和腔 QED 的基础。

---

① 参见如 Craig D P,Molecular Quantum Electrodynamics. Dover Publications,1998。

5.1 Maxwell 经典场论概要

5.1.1 自由电磁场能动张量[②]

将 Lagrange 密度 $\mathcal{L}=-\frac{1}{16\pi}F_{\lambda\nu}F_{\lambda\nu}$ 代入 $T_{\lambda\nu}$ 式(3.16b),得

$$T_{\lambda\nu}=-\frac{1}{16\pi}\delta_{\lambda\nu}(F_{\sigma\rho})^2+\frac{1}{4\pi}F_{\lambda\gamma}\partial_\nu A_\gamma$$

为了得到形式对称的 $T_{\lambda\nu}$ 表达式,添加 $-F_{\lambda\gamma}\partial_\gamma A_\nu/4\pi$ 项,成为

$$T_{\lambda\nu}=-\frac{1}{16\pi}\delta_{\lambda\nu}(F_{\sigma\rho})^2+\frac{1}{4\pi}(F_{\lambda\gamma}\partial_\nu A_\gamma-F_{\lambda\gamma}\partial_\gamma A_\nu)$$

由于 $\partial_\lambda F_{\lambda\gamma}=0, F_{\lambda\gamma}\partial_\lambda\partial_\gamma A_\nu=0$,添加项不影响 $\partial_\lambda T_{\lambda\nu}=0$ 表达式;又因自由场方程及无限远处零边界条件,该项也不影响能动量 P_ν 表达式。于是

$$\boxed{T_{\lambda\nu}=-\frac{1}{16\pi}\delta_{\lambda\nu}(F_{\sigma\rho})^2+\frac{1}{4\pi}F_{\lambda\gamma}F_{\nu\gamma}} \tag{5.1}$$

因此,经典自由 Maxwell 场的能量和动量为

$$\boxed{\begin{cases} P_i=\dfrac{-\mathrm{i}}{c}\displaystyle\int \mathrm{d}\boldsymbol{r}T_{4i}=\int\frac{-\mathrm{i}\mathrm{d}\boldsymbol{r}}{4\pi c}\sum_{j=1}^{3}F_{4j}F_{ij}=\int\frac{\mathrm{d}\boldsymbol{r}}{4\pi c}\sum_{j,k=1}^{3}E_j\varepsilon_{ijk}B_k=\int\frac{\mathrm{d}\boldsymbol{r}}{4\pi c}(\boldsymbol{E}\times\boldsymbol{B})_i \\ P_4=-i\displaystyle\int \mathrm{d}\boldsymbol{r}T_{44}=-\frac{\mathrm{i}}{4\pi}\int \mathrm{d}\boldsymbol{r}\left(\sum_\lambda F_{4\lambda}F_{4\lambda}-\frac{1}{4}F_{\sigma\rho}^2\right)=\mathrm{i}\int\frac{\mathrm{d}\boldsymbol{r}}{8\pi}(\boldsymbol{E}^2+\boldsymbol{B}^2)=\mathrm{i}H\end{cases}} \tag{5.2}$$

5.1.2 与电荷相互作用的经典 Maxwell 场论,Lorenz 规范[③]

考虑与场中运动着的外电荷相互作用的经典电磁场。现在单位制下量纲情况为:**E**,**B**,**D**,**H** 量纲相同,为能量密度的平方根;矢势 **A** 和标势 φ 量纲相同,为能量除以长度后开根;波函数 ψ 为空间密度的平方根。此系统电磁势 4 矢 $A_\lambda(x)$、电流密度 4 矢 $J_\lambda(x)=qj_\lambda(x)$ 和场强张量 $F_{\lambda\nu}(x)$ 分别为

$$(A_\lambda(x))=(\boldsymbol{A}(x),\mathrm{i}\varphi(x)),\quad (j_\mu(x))=(\boldsymbol{j}(x),\mathrm{i}c\rho(x))$$

② 本书电磁单位使用 Gauss 制。电磁学量单位制问题,建议参阅《中国大百科全书,物理学 I》第 228 页。

③ Lorenz 规范又称协变规范.在此规范下的 Maxwell 场经典场论及其量子化的详细叙述见阿希叶泽尔 A И,别列斯捷茨基 В Б,量子电动力学,科学出版社,1964 年.通常将 Lorenz 规范条件误解为是荷兰物理学家 Lorentz H A 所提出,但事实是 1867 年由丹麦人 Lorenz L V 首先提出.此事见 Rev. Mod. Phys.,2001,73.

$$(F_{\lambda\nu}(x))=(\partial_\lambda A_\nu-\partial_\nu A_\lambda)=\begin{pmatrix}0 & B_z & -B_y & -\mathrm{i}E_x\\ -B_z & 0 & B_x & -\mathrm{i}E_y\\ B_y & -B_x & 0 & -\mathrm{i}E_z\\ \mathrm{i}E_x & \mathrm{i}E_y & \mathrm{i}E_z & 0\end{pmatrix}\tag{5.3}$$

现在假设带电粒子流密度 j_λ 给定(比如,对电子 $j_\lambda=\mathrm{i}c\bar{\psi}\gamma_\lambda\psi$) ,则电磁场方面有关的 Lagrange 密度为④

$$\boxed{\mathcal{L}_{em}=\mathcal{L}_{em}^{(0)}+\mathcal{L}_I=-\frac{1}{16\pi}(F_{\lambda\nu})^2+\frac{q}{c}A_\lambda j_\lambda=\frac{1}{8\pi}(\boldsymbol{E}^2-\boldsymbol{B}^2)+\frac{q}{c}A_\lambda j_\lambda}\tag{5.4}$$

代入 Euler-Lagrange 方程 $\partial_\lambda\dfrac{\partial\mathcal{L}_{em}}{\partial(\partial_\lambda A_\nu)}=\dfrac{\partial\mathcal{L}_{em}}{\partial A_\nu}$,即得下面第二组方程(第一组 4 个方程均为恒等式)。**总之,Maxwell 方程归纳为**

$$\boxed{\begin{cases}\partial_\gamma F_{\nu\lambda}+\partial_\lambda F_{\gamma\nu}+\partial_\nu F_{\lambda\gamma}=0\\ \partial_\lambda F_{\lambda\nu}=-\dfrac{4\pi q}{c}j_\nu\end{cases}\quad(\gamma,\nu,\lambda=1,2,3,4)}\tag{5.5a}$$

将式(5.5a)写为常见的形式

$$\boxed{\begin{cases}\boldsymbol{B}=\nabla\times\boldsymbol{A}\\ \boldsymbol{E}=-\dfrac{1}{c}\dfrac{\partial\boldsymbol{A}}{\partial t}-\nabla\varphi\end{cases};\quad\begin{cases}\nabla\times\boldsymbol{B}=\dfrac{1}{c}\dfrac{\partial\boldsymbol{E}}{\partial t}+\dfrac{4\pi q}{c}\boldsymbol{j}\\ \nabla\cdot\boldsymbol{E}=4\pi\rho\end{cases}}\tag{5.5b}$$

(在介质中磁感应旋度方程推广为 $\nabla\times\boldsymbol{H}=\dfrac{1}{c}\dfrac{\partial\boldsymbol{D}}{\partial t}+\dfrac{4\pi q}{c}\boldsymbol{j}$) 。式(5.5a)的第一组方程不含电荷(电流),是场强 $F_{\lambda\nu}$ 通过矢势 A_λ 反称表示的一组恒等式。这组方程可以化为完全由场强表示($\nabla\cdot\boldsymbol{B}=0,\nabla\times\boldsymbol{E}=-\dfrac{1}{c}\dfrac{\partial\boldsymbol{B}}{\partial t}$。由于 $\nabla\cdot\boldsymbol{B}=0$,无磁荷,$\boldsymbol{B}$ 总是横向的),从而第一组方程形式和规范选取无关。这组方程独立个数为 4(注意 $F_{\lambda\nu}$ 对 λ,ν 为反称以及方程对三个脚标轮换对称,于是各独立方程的 γ,ν,λ 必须全都不同才行,此个数等于组合数 $c(4,3)=4$) 。第二组方程与场中电荷(电流)分布有关(自由电磁场 $j_\lambda=0,\partial_\nu F_{\lambda\nu}=0$) ,也是 4 个。由这组方程即得流守恒 $\partial_\lambda j_\lambda=0$。**若取 Lorenz 规范 $\boldsymbol{\partial_\nu A_\nu=0}$,此组方程 $\boldsymbol{\partial_\lambda F_{\lambda\nu}=-\dfrac{4\pi q}{c}j_\nu}$ 便成为**

---

④　相互作用项 $\mathcal{L}_I=\frac{q}{c}A_\lambda j_\lambda$ 来源:将 $\partial_\lambda\to D\lambda=\left(\partial_\lambda-\frac{\mathrm{i}q}{\hbar c}A_\lambda\right)$ 代入如 Maxwell-Dirac 耦合体系的 Lagrange 密度,即得

$$\mathcal{L}=-\frac{(F_{\mu\nu})^2}{4}-\hbar c\bar{\psi}\left[\gamma_\lambda\left(\partial_\lambda-\frac{\mathrm{i}q}{\hbar c}A_\lambda\right)+\kappa\right]\psi=\mathcal{L}_{em}+\mathcal{L}_{\mathrm{Dirac}}+\mathcal{L}_I$$

$$\Rightarrow\mathcal{L}_I=\frac{q}{c}A_\lambda j_\lambda,\quad j_\lambda=\mathrm{i}c\bar{\psi}\gamma_\lambda\psi$$

$$\boxed{\Box A_\nu = -\frac{4\pi q}{c} j_\nu, \quad \partial_\lambda A_\lambda = 0} \tag{5.5c}$$

习题 5.1 利用 Lagrange 密度式(5.4)验算可以得到式(5.5b)第二组方程。

现在转入正则框架。与场量 $A_\mu(x)$ 共轭正则动量场为

$$\Pi_\lambda = \frac{\partial \mathcal{L}_{em}}{\partial \dot{A}_\lambda} = \frac{-\mathrm{i}}{c} \frac{\partial \mathcal{L}_{em}}{\partial(\partial_4 A_\lambda)} \tag{5.6}$$

将式(5.4)代入,得

$$\Pi_\lambda = \frac{-\mathrm{i}}{c} \frac{-1}{16\pi} \{2 \cdot F_{4\lambda} + 2 \cdot F_{\lambda 4} \cdot (-1)\} = \frac{\mathrm{i}}{4\pi c} F_{4\lambda}$$

所以

$$\Pi_4 = 0, \quad \Pi_k = -\frac{E_k}{4\pi c} \quad (k = 1,2,3)$$

说明 $A_4 = \mathrm{i}\varphi$ 为循环坐标,只剩下三对正则共轭场量⑤

$$\left(\boldsymbol{A}, -\frac{\boldsymbol{E}}{4\pi c}\right) \tag{5.7}$$

于是,电磁场的 Hamilton 量密度、Hamilton 量和动量分别为

$$\boxed{\begin{aligned} &\mathcal{H} = -\frac{\boldsymbol{E}}{4\pi c} \cdot \dot{\boldsymbol{A}} - L_{em} = \frac{1}{8\pi}(\boldsymbol{E}^2 + \boldsymbol{B}^2) + \frac{1}{4\pi} \boldsymbol{E} \cdot \nabla\varphi - \frac{q}{c} A_\lambda j_\lambda \\ &H = \int \mathrm{d}\boldsymbol{r} \mathcal{H}, \quad \boldsymbol{P} = \frac{1}{4\pi c} \int \mathrm{d}\boldsymbol{r} \boldsymbol{E} \times \boldsymbol{B} \end{aligned}} \tag{5.8}$$

习题 5.2 证明式(5.8)中电磁场的场动量表达式。

5.1.3 与电荷相互作用的经典 Maxwell 场论,Coulomb 规范

Coulomb 规范条件为 $\nabla \cdot \boldsymbol{A} = 0$ ⑥,第二组方程为

$$\boxed{\begin{cases} \Box \boldsymbol{A} - \dfrac{1}{c} \nabla \dot{\varphi} = -\dfrac{4\pi q}{c} \boldsymbol{j} & (\mu = 1,2,3) \\ \Delta\varphi = -4\pi q \rho & (\mu = 1) \end{cases} ; \quad \nabla \cdot \boldsymbol{A} = 0} \tag{5.9}$$

由 k 空间看,$\nabla\varphi$ 是纵向的,而在此规范下 $\boldsymbol{A}$ 是横向的。于是按式(5.5b),$\boldsymbol{E}$ 被彻底地分开为横向部分 $\boldsymbol{E}_t$ 和纵向部分 $\boldsymbol{E}_l$

$$\boxed{\begin{cases} \boldsymbol{E} = \boldsymbol{E}_t + \boldsymbol{E}_l \\ \boldsymbol{E}_t = -\dfrac{1}{c} \dot{\boldsymbol{A}}, \quad \boldsymbol{E}_l = -\nabla\varphi \end{cases}} \tag{5.10}$$

---

⑤ 由脚注⑮和脚注㉜知,量子化后 A_4 与所有算子对易,可以取成 c 数。并且,由于存在规范条件的约束,这三对共轭量彼此仍然不独立。

⑥ 也常称为辐射规范、横向规范、物理规范。

对自由电磁场,可取 $\varphi=0$。于是自由场附加条件有两组,即 $\nabla\cdot A=0,\varphi=0$。由此,场强 E 也是横向的。总之,横向规范约束下的自由电磁场,所有场量都是横向的,纵向自由度完全消失。由式(5.7)和式(5.4)即得

$$\boxed{\left(\boldsymbol{A}_t(x),-\frac{1}{4\pi c}\boldsymbol{E}_t(x)\right)} \tag{5.11}$$

$$\mathcal{L}_{em}=-\frac{1}{16\pi}F_{\lambda\nu}F_{\lambda\nu}\bigg|_t=\frac{1}{8\pi}[\boldsymbol{E}^2-\boldsymbol{B}^2]\bigg|_t=\frac{1}{8\pi}\left[\left(\frac{1}{c}\dot{\boldsymbol{A}}_t\right)^2-(\nabla\times\boldsymbol{A}_t)^2\right]$$

由于

$$\begin{aligned}(\nabla\times\boldsymbol{A}_t)^2&=\varepsilon_{kij}\varepsilon_{klm}\partial_iA_{tj}\partial_lA_{tm}=(\delta_{il}\delta_{jm}-\delta_{im}\delta_{jl})\partial_iA_{tj}\partial_lA_{tm}\ ^{⑦}\\&=(\partial_iA_{tj})^2-(\partial_iA_{tj})(\partial_jA_{ti})=(\nabla A_{tj})\cdot(\nabla A_{tj})\ ^{⑧}\end{aligned}$$

得到横向规范下自由电磁场 Lagrange 密度的常用表达式

$$\boxed{\mathcal{L}_{em}=\frac{1}{8\pi}\sum_{i=1}^{3}\left(\frac{1}{c^2}\dot{A}_{ti}\dot{A}_{ti}-\nabla A_{ti}\cdot\nabla A_{ti}\right)} \tag{5.12a}$$

这里 $\mathcal{L}_{em}$ 中横向矢势 $\boldsymbol{A}_t$ 的两个独立自由度表现很明显(注意它的三个分量间还有一约束 $\nabla\cdot\boldsymbol{A}_t=0$)。Euler-Lagrange 方程为

$$\Box\boldsymbol{A}_t=0 \tag{5.12b}$$

$\boldsymbol{A}_t(x)$ 遵守 d'Alembert 方程,表明它可以分解为平面波 Fourier 分量,即有展式

$$\boxed{\boldsymbol{A}_t(x)=\int\mathrm{d}^3k\{A^*(\boldsymbol{k})\mathrm{e}^{-\mathrm{i}kx}+A(\boldsymbol{k})\mathrm{e}^{\mathrm{i}kx}\}\boldsymbol{\varepsilon}(\boldsymbol{k})} \tag{5.13}$$

代入约束条件 $\nabla\cdot A=0$ 即得 $\boldsymbol{k}\cdot\boldsymbol{\varepsilon}(\boldsymbol{k})=0$,表明与每个 $\boldsymbol{k}$ 对应的振幅 $A=A\boldsymbol{\varepsilon}$ 都是横波。这正是将其称为横场的理由。满足这个横向条件的两个 4 矢——描述极化状态的完备基矢是

$$\varepsilon_1(\boldsymbol{k})=\begin{pmatrix}\boldsymbol{\varepsilon}_1(\boldsymbol{k})\\0\end{pmatrix},\quad\varepsilon_2(\boldsymbol{k})=\begin{pmatrix}\boldsymbol{\varepsilon}_2(\boldsymbol{k})\\0\end{pmatrix},\quad\boldsymbol{\varepsilon}_1\perp\boldsymbol{\varepsilon}_2\perp\boldsymbol{k} \tag{5.14}$$

解的完备集是与 $\boldsymbol{k}$ 相垂直的平面内两个独立线偏态 $\boldsymbol{\varepsilon}_1\perp\boldsymbol{\varepsilon}_2(\perp\boldsymbol{k})$,

$$\boxed{\left\{\frac{1}{(2\pi)^{3/2}\sqrt{2\omega_k}}\varepsilon_\lambda(\boldsymbol{k})\mathrm{e}^{\pm\mathrm{i}kx},\quad\lambda=1,2\right\}} \tag{5.15}$$

在横向规范下,经典 Maxwell 场的 Hamilton 量和动量分别为

---

⑦　两个 Levi-Civita 张量带有一个公共指标的乘积求和((lm)固定→k 固定→(np)两种取法):$\varepsilon_{klm}\varepsilon_{knp}=(\delta_{ln}\delta_{mp}-\delta_{lp}\delta_{mn})$. 这里 $\boldsymbol{k}$ 实际上只能取一个值(和 lm、np 不同的),当 k 固定时,lm、np 只有两种分配,相差一负号。

⑧　由于 $\partial_iA_{ti}=0$,所以有

$$\partial_i(A_{tj}\partial_jA_{ti})=(\partial_iA_{tj})(\partial_jA_{ti})+A_{tj}\partial_j(\partial_iA_{ti})=(\partial_iA_{tj})(\partial_jA_{tj})$$

于是前一步式子的第二项转为散度形式 ∂_if_i. 在对空间积分时,利用散度定理化为边界闭曲线面积分并利用无穷远处边界条件,积分为零。即 $\mathcal{L}$ 上添加对空间变数导数项、L 上添加对的 t 导数项,均不影响变分。

$$\begin{cases}\mathcal{H}=\left(-\dfrac{1}{4\pi c}\boldsymbol{E}_t\right)\cdot\dot{\boldsymbol{A}}_t-\mathcal{L}_{em}=\dfrac{1}{4\pi}(\boldsymbol{E}_t)^2-\dfrac{1}{8\pi}(\boldsymbol{E}_t^2-\boldsymbol{B}_t^2)=\dfrac{1}{8\pi}(\boldsymbol{E}_t^2+\boldsymbol{B}_t^2)\\ H_{em}=\displaystyle\int \mathrm{d}\boldsymbol{r}\mathcal{H}=\dfrac{1}{8\pi}\sum_{i=1}^{3}\int \mathrm{d}\boldsymbol{r}(E_{ti}E_{ti}+\nabla A_{ti}\cdot\nabla A_{ti})\\ \boldsymbol{P}=\dfrac{1}{4\pi c}\displaystyle\sum_{i=1}^{3}\int \mathrm{d}\boldsymbol{r}E_{ti}\nabla A_{ti}\end{cases}\tag{5.16}$$

5.1.4 规范变换与偶极近似

1)电磁规范变换

众所周知,给定任意可微函数 $f(x)$(具有磁通量纲,$x=(\boldsymbol{r},\mathrm{i}ct)$),可以引导出电磁势的一个定域规范变换(由于变换依赖于空间变数 $\boldsymbol{r}$,所以称为定域规范变换),

$$A_\mu(x)\to A'_\mu(x)=A_\mu(x)+\partial_\mu f(x),\quad (A_\mu(x))=(\boldsymbol{A}(x),\mathrm{i}\varphi(x))\tag{5.17}$$

全部电磁规律,即电磁场全部可观测内容,在式(5.17)任意定域规范变换下保持不变。与此同时,若电磁场中 Schrödinger 方程的波函数也相应经受如下定域位相变换

$$\psi(x)\to\psi'(x)=\exp\left(\mathrm{i}\frac{qf(x)}{\hbar c}\right)\psi(x)\tag{5.18}$$

则电磁场下 Schrödinger 方程的形式保持不变。式(5.17)和式(5.18)联合变换体现出的不变性称为电磁场下 Schrödinger 方程的定域规范变换不变性。

然而,电磁势本身具有定域规范的不确定性,这意味着粒子波函数也有一个相应的定域位相因子的不确定性。注意到 Schrödinger 方程的波函数即使有定域位相因子不确定性但并不影响其空间概率密度解释,说明电磁场下非相对论量子力学全部可观测物理内容是式(5.17)定域规范变换不变的。由于电磁场定域规范变换和波函数定域位相变换的等价转换,所以广义上说,作为规范场(联络场)的电磁场其实就是位相场,定域规范变换不变原理可称为定域位相变换不变原理。

2)偶极近似下矢势表示和标势表示的等价性

作为定域规范变换不变性的一个直接应用,考虑外加磁场和外加电场两种相互作用在什么样的条件下彼此等价的问题。对电磁场取 $(\boldsymbol{A},0)$ 规范,这时 Schrödinger 方程为

$$\begin{cases}\mathrm{i}\hbar\dfrac{\partial\psi}{\partial t}=(H_0+H_i)\psi\\ H_0=\dfrac{\boldsymbol{p}^2}{2\mu}+V,\quad H_i=-\dfrac{q}{\mu c}\boldsymbol{A}\cdot\boldsymbol{p}+\dfrac{q^2}{2\mu c^2}\boldsymbol{A}^2\end{cases}\tag{5.19}$$

现在假设对波函数作如式(5.18)所示定域位相变换，于是有

$$\begin{cases} i\hbar\dfrac{\partial}{\partial t}\left(e^{-i\frac{qf}{\hbar c}}\psi'\right)=e^{-i\frac{qf}{\hbar c}}\left(i\hbar\dfrac{\partial}{\partial t}+\dfrac{q}{c}\dfrac{\partial f}{\partial t}\right)\psi' \\ \left(\boldsymbol{p}-\dfrac{q}{c}\boldsymbol{A}\right)e^{-i\frac{qf}{\hbar c}}\psi'=e^{-i\frac{qf}{\hbar c}}\left\{\boldsymbol{p}-\dfrac{q}{c}(\nabla f)-\dfrac{q}{c}\boldsymbol{A}\right\}\psi' \end{cases}$$

代入式(5.19)得到

$$i\hbar\frac{\partial\psi'}{\partial t}=\frac{1}{2\mu}\left[\boldsymbol{p}-\frac{q}{c}\boldsymbol{A}-\frac{q}{c}(\nabla f)\right]^2\psi'+V\psi'-\frac{q}{c}\frac{\partial f}{\partial t}\psi'$$

作偶极近似，即认为 $\boldsymbol{A}(\boldsymbol{r},t)=\boldsymbol{A}(\boldsymbol{r}_0,t)$，$\boldsymbol{r}_0$ 是原子位置。现在选取可微函数为 $f(\boldsymbol{r},t)=-\boldsymbol{A}(\boldsymbol{r}_0,t)\cdot\boldsymbol{r}$，即得

$$-\boldsymbol{A}-(\nabla f)=-\boldsymbol{A}+\boldsymbol{A}=0,\qquad -\frac{q}{c}\frac{\partial f}{\partial t}=-\frac{q}{c}\frac{\partial A(\boldsymbol{r}_0,t)}{\partial t}\cdot\boldsymbol{r}=q\boldsymbol{E}(\boldsymbol{r}_0,t)\cdot\boldsymbol{r}$$

因此，经过定域位相变换

$$\psi'(\boldsymbol{r},t)=\exp\left(-i\frac{q\boldsymbol{A}(\boldsymbol{r}_0,t)\cdot\boldsymbol{r}}{\hbar c}\right)\psi(\boldsymbol{r},t) \tag{5.20}$$

后，Schrödinger 方程变为

$$\boxed{\begin{cases} i\hbar\dfrac{\partial\psi'}{\partial t}=(H_0+H_i)\psi' \\ H_0=\dfrac{\boldsymbol{p}^2}{2\mu}+V,\quad H_i=q\boldsymbol{E}(\boldsymbol{r}_0,t)\cdot\boldsymbol{r} \end{cases}} \tag{5.21}$$

说明偶极近似下，式(5.19)和式(5.21)相互作用 Hamilton 量

$$\boxed{H_i=-\frac{q}{\mu c}\boldsymbol{A}(\boldsymbol{r}_0,t)\cdot\boldsymbol{p}+\frac{q^2}{2\mu c^2}\boldsymbol{A}^2(\boldsymbol{r}_0,t)\Leftrightarrow H_i=q\boldsymbol{E}(\boldsymbol{r}_0,t)\cdot\boldsymbol{r}} \tag{5.22}$$

物理上相互等价[⑨]，彼此之间的差异根源于一个定域位相变换式(5.20)。这是有关计算中应当记取的。选用不同规范作计算求解的具体事例见附录Ⅰ。

习题 5.3　证明由式(5.19)经式(5.20)定域变换，得到式(5.21)，即证明式(5.22)中两个相互作用表达式是等价的。

习题 5.4　如果上题不作偶极近似，而取矢势的路径积分。结果如何？

5.2　Maxwell 场正则量子化——非相对论 QED(Ⅰ)

Maxwell 场是经典的可观测量的场，按理应该先于其他场按正则量子化方法量子化。但实际上，这个场竟是很难量子化。确切些说，**如果牺牲协变形式，用正则形式将其量子化是容易的，这早在 1929 年就已经做到了[⑩]。但它很难用明显协变形式**

---

⑨　Scully M O，Zubairy M S. Quantum Optics. Cambridge Univ. Press，1997：178.

⑩　Fermi E. Rev. Mod. Phys.，4：87.

通过正则量子化途径予以量子化。迟至 20 多年之后,Gupta 采用不定度规,才找到了电磁场协变方式量子化[⑪]**。困难根源在于,物理上电磁场只有两个独立的极化自由度,然而协变形式却要求平等启用 4 个自由度,这给物理解释带来困难。困难表明,不同规范下的 Maxwell 场应当使用不同的量子化程序。**此处只简略叙述 Coulomb 规范量子化。关于 Coulomb 规范和 Lorenz 规范量子化的详细论述见 7.3.6 节例 1、例 2(以及量子场论书籍[⑫])。此处和该处内容综合便是 Maxwell 场量子化的全面论述。

应当指出,**经典 Maxwell 场的量子化有时也称为二次量子化。如同 3.2.1 节评述所说,这个不恰当称呼来源于看重所用的量子化的方法,并非是物理上的对经典 Maxwell 场的第二次量子化,不应引起误会。**

5.2.1 Coulomb 规范下的正则量子化

按以往正则量子化办法会发现,作为量子化条件的正则等时对易关系与 Maxwell 方程以及横向规范约束条件相抵触。也就是说,如设等时对易关系为

$$\left[A_{ti}(\boldsymbol{r},t),-\frac{1}{4\pi c}E_{tj}(\boldsymbol{r}',t)\right]=\mathrm{i}\hbar\delta_{ij}\delta(\boldsymbol{r}-\boldsymbol{r}')$$

对它们两边 $\boldsymbol{r}$ 变量取散度,得

$$0=\left[\nabla\cdot\boldsymbol{A}_t(\boldsymbol{r},t),-\frac{1}{4\pi c}E_{tj}(\boldsymbol{r}',t)\right]=\mathrm{i}\hbar\partial_j\delta(\boldsymbol{r}-\boldsymbol{r}')\neq 0$$ [⑬]

此式表明和横向条件矛盾($\nabla\cdot\boldsymbol{A}_t=0$)。而对所含 $\boldsymbol{r}'$ 变数取散度

$$0=\left[A_{ti}(\boldsymbol{r},t),-\frac{1}{4\pi c}\nabla'\cdot\boldsymbol{E}_t(\boldsymbol{r}',t)\right]=\mathrm{i}\hbar\partial'_i\delta(\boldsymbol{r}-\boldsymbol{r}')\neq 0$$

又显示出和 Maxwell 方程也矛盾($\nabla\cdot\boldsymbol{E}_t=0$)。

所以,必须修改通常的等时对易关系,寻找与 Maxwell 方程及横向条件协调的等时对易关系。上面两个等式右边都多出对 $\delta_{ij}\delta(\boldsymbol{r}-\boldsymbol{r}')$ 项的散度部分。要想解决这两个矛盾,必需清除这个散度部分。由等式 $\partial_i\delta_{ij}\delta(\boldsymbol{r})=\partial_i\delta^{\parallel}_{ij}(\boldsymbol{r})$[⑭]可知,只要删除 δ-函数中的纵向成分 $\delta^{\parallel}$ 即可。**于是修改后的正则等时对易关系为**

$$\boxed{\begin{cases}\left[A_{ti}(\boldsymbol{r},t),-\dfrac{1}{4\pi c}E_{tj}(\boldsymbol{r}',t)\right]=\mathrm{i}\hbar\delta^{\perp}_{ij}(\boldsymbol{r}'-\boldsymbol{r}')\\[A_{ti}(\boldsymbol{r},t),A_{tj}(\boldsymbol{r}',t)]=[E_{ti}(\boldsymbol{r},t),E_{tj}(\boldsymbol{r}',t)]=0\end{cases}}\tag{5.23}$$

---

⑪ Gupta S N. Proc. Phys. Soc. ,1950,A63:681;Bleuler K. Helv. Phys. Aata,1950,23:567;Gupta S N. Canad J Phys. ,1957,35:901;Gupta S N. 量子电动力学. 北京:北京师范大学出版社,1981:67.

⑫ 例如,阿希叶泽尔 A И,别列斯捷茨基 B Б. 量子电动力学. 北京:科学出版社,1964;依捷克森 C,等. 量子场论. 北京:科学出版社,1986.

⑬ 此式右边 δ 函数的 3 维散度不为零. 这也可以转到 $\boldsymbol{k}$ 空间来看。

⑭ 张永德. 量子力学(第四版). 北京:科学出版社,2016. δ-函数附录.

这样，两个不一致性便都消失了[15]。物理上看，这样修改实际正是重申：正则等时对易关系只能用到独立的正则共轭对场变量上，即只对横向分量进行量子化。然而，纵横两部分如何分解是与观察系有关的，这就破坏了协变性。这里所用横向规范就不是协变的。

5.2.2 Hamilton 量与运动方程

$$H_{em} = \frac{1}{8\pi}\sum_{i=1}^{3}\int \mathrm{d}\boldsymbol{r}\,(E_{ti}E_{ti} + \nabla A_{ti}\cdot\nabla A_{ti}) \tag{5.24}$$

习题 5.5 由经典电磁场总能量表达式导出式(5.24)所示表达式。

于是，运动方程为

$$\dot{\boldsymbol{A}}_t = \frac{1}{\mathrm{i}\hbar}[\boldsymbol{A}_t, H_{em}];\quad \dot{\boldsymbol{E}}_t = \frac{1}{\mathrm{i}\hbar}[\boldsymbol{E}_t, H_{em}]$$

将它们对易出来，得

$$\dot{A}_{ti} = \frac{1}{8\pi\mathrm{i}\hbar}\sum_{j=1}^{3}\int \mathrm{d}\boldsymbol{r}'[A_{ti}, E'_{tj}E'_{tj}] = -c\sum_{j=1}^{3}\int \mathrm{d}\boldsymbol{r}'\delta_{ij}^{\perp}(\boldsymbol{r}-\boldsymbol{r}')E_{tj}(\boldsymbol{r}',t) = -cE_{ti}(\boldsymbol{r},t)$$

$$\begin{aligned}\dot{E}_{ti} &= \frac{1}{8\pi\mathrm{i}\hbar}\sum_{j=1}^{3}\int \mathrm{d}\boldsymbol{r}'[E_{ti}, \nabla'A'_{tj}\cdot\nabla'A'_{tj}] = \frac{1}{4\pi\mathrm{i}\hbar}\int \mathrm{d}\boldsymbol{r}'\,\nabla'A'_{tj}\cdot\nabla'[E_{ti}, A'_{tj}]\\ &= c\int \mathrm{d}\boldsymbol{r}'\,\nabla'A'_{tj}\cdot\nabla'\delta_{ij}^{\perp}(\boldsymbol{r}-\boldsymbol{r}') = -c\int \mathrm{d}\boldsymbol{r}'\delta_{ij}^{\perp}(\boldsymbol{r}-\boldsymbol{r}')\Delta'A'_{tj} = -c\Delta A_{ti}(\boldsymbol{r},t)\end{aligned}$$

将两式联立消去 $\dot{E}_{ti}$，即得 Coulomb 规范下自由量子电磁场方程

$$\boxed{\Box\boldsymbol{A}_t = 0} \tag{5.25}$$

和经典场方程(5.12b)形式相同，但现在已是场算符方程了。

5.2.3 动量展开

矢量场算符 $\boldsymbol{A}_t(\boldsymbol{r},t)$ 的三个分量所满足的时空运动方程和经典情况相同，可用平面波集合展开它们的时空函数部分，所以可设[16]

$$\boxed{\boldsymbol{A}_t(x) = \int \frac{\mathrm{d}^3k}{(2\pi)^{3/2}}\sqrt{\frac{2\pi\hbar c^2}{\omega_{\boldsymbol{k}}}}\sum_{\lambda=1}^{2}(a_\lambda(\boldsymbol{k})\mathrm{e}^{\mathrm{i}kx} + a_\lambda^+(\boldsymbol{k})\mathrm{e}^{-\mathrm{i}kx})\boldsymbol{\varepsilon}_\lambda(\boldsymbol{k})} \tag{5.26a}$$

箱归一形式则为

---

[15] 这样，算符 $\nabla\cdot\boldsymbol{A}$ 将和所有算符对易，是 c 数。这种情况类似于 163 页脚注中的 $A_4 = \mathrm{i}\varphi$。

[16] 将此结果转为箱归一：注意 $\boldsymbol{k}$ 空间最小体积为 $(\Delta k)^3 = (2\pi/L)^3 = (2\pi)^3/V$，所以 $\left\{\int \frac{\mathrm{d}^3k}{(2\pi)^{3/2}} \to \sum_{\boldsymbol{k}} \frac{(2\pi)^{3/2}}{V}\right\}$，其中的过渡为 $a_\lambda^{(+)}(\boldsymbol{k})\sqrt{(2\pi)^3/V} \to a_{\boldsymbol{k}\lambda}^{(+)}$。连续情况的 $a_\lambda^{(+)}(\boldsymbol{k})$ 有量纲，分立的 $a_{\boldsymbol{k}\lambda}^{(+)}$ 量纲为一。

$$\boxed{\boldsymbol{A}_t(x)=\frac{1}{\sqrt{V}}\sum_{\boldsymbol{k},\lambda}\sqrt{\frac{2\pi\hbar c^2}{\omega_{\boldsymbol{k}}}}\{a_{\boldsymbol{k}\lambda}\mathrm{e}^{\mathrm{i}kx}+a_{\boldsymbol{k}\lambda}^{+}\mathrm{e}^{-\mathrm{i}kx}\}\boldsymbol{\varepsilon}_{\boldsymbol{k}\lambda}}\tag{5.26b}$$

这里 $k^2=(\boldsymbol{k}^2-\omega_{\boldsymbol{k}}^2/c^2)=0$ 表明在光锥上。由横向条件 $\nabla\cdot\boldsymbol{A}_t=0$ 可知，此量子场每个成分 $\boldsymbol{k}$ 都是横向极化的。$\boldsymbol{\varepsilon}_\lambda(\boldsymbol{k})$ 是 $\boldsymbol{A}_t(x)$ 中所含 $\boldsymbol{k}$ 光子的线偏振极化矢量。$a_\lambda(\boldsymbol{k})$，$a_\lambda^{+}(\boldsymbol{k})$ 是展开式的量子系数，体现 $\boldsymbol{A}_t(x)$ 场的非对易代数性质。$\sqrt{\dfrac{\hbar c^2}{2\omega_{\boldsymbol{k}}}}$ 是为了保证 $a_\lambda(\boldsymbol{k}),a_\lambda^{+}(\boldsymbol{k})$ 对易子能归一化成为 δ 函数的函数因子(见下面习题 5.7)。同时，由 $\boldsymbol{E}_t=-\dfrac{1}{c}\dfrac{\partial\boldsymbol{A}_t}{\partial t}$，得

$$\boxed{\boldsymbol{E}_t(x)=\mathrm{i}\int\frac{\mathrm{d}^3k}{(2\pi)^{3/2}}\sqrt{2\pi\hbar\omega_{\boldsymbol{k}}}\sum_{\lambda=1}^{2}(a_\lambda(\boldsymbol{k})\mathrm{e}^{\mathrm{i}kx}-a_\lambda^{+}(\boldsymbol{k})\mathrm{e}^{-\mathrm{i}kx})\boldsymbol{\varepsilon}_\lambda(\boldsymbol{k})}\tag{5.26c}$$

Coulomb 规范消除了与 $\boldsymbol{\varepsilon}_3(\boldsymbol{k})$ 相关联的纵向模式(零模-零螺度态)，所以下面极化指标 λ 只取 1,2。反解出量子系数，注意对于两个极化标架，约定有 $\boldsymbol{\varepsilon}_\lambda(\boldsymbol{k})\cdot\boldsymbol{\varepsilon}_{\lambda'}(-\boldsymbol{k})=(-1)^\lambda\delta_{\lambda\lambda'}$。于是得[17]

$$\boxed{\begin{cases}a_\lambda(\boldsymbol{k})=\displaystyle\int\frac{\mathrm{d}\boldsymbol{r}}{(2\pi)^{3/2}}\mathrm{e}^{-\mathrm{i}kx}\left\{\frac{1}{c}\sqrt{\frac{\omega_{\boldsymbol{k}}}{8\pi\hbar}}\boldsymbol{A}_t(x)-\frac{\mathrm{i}}{\sqrt{8\pi\hbar\omega_{\boldsymbol{k}}}}\boldsymbol{E}_t(x)\right\}\cdot\boldsymbol{\varepsilon}_\lambda(\boldsymbol{k})\\ a_\lambda^{+}(\boldsymbol{k})=\displaystyle\int\frac{\mathrm{d}\boldsymbol{r}}{(2\pi)^{3/2}}\mathrm{e}^{\mathrm{i}kx}\left\{\frac{1}{c}\sqrt{\frac{\omega_{\boldsymbol{k}}}{8\pi\hbar}}\boldsymbol{A}_t(x)+\frac{\mathrm{i}}{\sqrt{8\pi\hbar\omega_{\boldsymbol{k}}}}\boldsymbol{E}_t(x)\right\}\cdot\boldsymbol{\varepsilon}_\lambda(\boldsymbol{k})\end{cases}}\tag{5.27}$$

习题 5.6 由式(5.26)反解求出式(5.27)。

可以检验，它俩的对易子为

$$\boxed{[a_\lambda(\boldsymbol{k}),a_{\lambda'}^{+}(\boldsymbol{k}')]=\delta_{\lambda\lambda'}\delta(\boldsymbol{k}-\boldsymbol{k}')}\tag{5.28a}$$

类似计算可得其余对易子

$$\boxed{[a_\lambda(\boldsymbol{k}),a_{\lambda'}(\boldsymbol{k}')]=[a_\lambda^{+}(\boldsymbol{k}),a_{\lambda'}^{+}(\boldsymbol{k}')]=0}\tag{5.28b}$$

下面推导 $\boldsymbol{k}$ 空间中 H 、$\boldsymbol{P}$ 的表达式。根据前面结果可知

$$H=\frac{1}{8\pi}\sum_{i=1}^{3}\int\mathrm{d}\boldsymbol{r}\int\frac{\mathrm{d}(\boldsymbol{k}\boldsymbol{k}')}{(2\pi)^3}$$
$$\times\Big\{-2\pi\hbar\sqrt{\omega_{\boldsymbol{k}}\omega_{\boldsymbol{k}}'}\sum_{\lambda\lambda'=1}^{2}(a_\lambda(\boldsymbol{k})\mathrm{e}^{\mathrm{i}kx}-a_\lambda^{+}(\boldsymbol{k})\mathrm{e}^{-\mathrm{i}kx})(a_{\lambda'}(\boldsymbol{k}')\mathrm{e}^{\mathrm{i}k'x}-a_{\lambda'}^{+}(\boldsymbol{k}')\mathrm{e}^{-\mathrm{i}k'x})$$

---

[17] 在求出的 $a_\lambda^{+}(-\boldsymbol{k})$ 表达式中，含有 $(-1)^\lambda$，当将该式两边 $-\boldsymbol{k}\to\boldsymbol{k}$ 时，积分号下

$$\boldsymbol{\varepsilon}_\lambda(\boldsymbol{k})\to\boldsymbol{\varepsilon}_\lambda(-\boldsymbol{k})=(-1)^\lambda\boldsymbol{\varepsilon}_\lambda(\boldsymbol{k}),\quad\lambda=1,2$$

亦出 $(-1)^\lambda$，相消. 另外，等式两边 $\boldsymbol{k}$ 固定可知 k_0 固定。将 $\mathrm{e}^{-2\mathrm{i}k_0t}$ 乘入积分号下即已改变时间分量(指数上)的符号，再将参变量 $\boldsymbol{k}\to-\boldsymbol{k}$，即完成 $a_\lambda^{+}(-\boldsymbol{k})\to a_\lambda^{+}(\boldsymbol{k})$ 的表达式。

$$-\frac{2\pi\hbar c^2\boldsymbol{k}\cdot\boldsymbol{k}'}{\sqrt{\omega_k\omega'_k}}\sum_{\lambda'=1}^{2}(a_\lambda(\boldsymbol{k})\mathrm{e}^{\mathrm{i}kx}-a_\lambda^+(\boldsymbol{k})\mathrm{e}^{-\mathrm{i}kx})(a_{\lambda'}(\boldsymbol{k}')\mathrm{e}^{\mathrm{i}k'x}-a_{\lambda'}^+(\boldsymbol{k}')\mathrm{e}^{-\mathrm{i}k'x})\Big\}\boldsymbol{\varepsilon}_\lambda(\boldsymbol{k})_i\boldsymbol{\varepsilon}_{\lambda'}(\boldsymbol{k}')_i$$

$$=-\frac{\hbar}{4}\sum_{i=1}^{3}\int\frac{\mathrm{d}(\boldsymbol{rkk}')}{(2\pi)^3}\left[\sqrt{\omega_k\omega'_k}+\frac{c^2\boldsymbol{k}\cdot\boldsymbol{k}'}{\sqrt{\omega_k\omega'_k}}\right]$$

$$\times\sum_{\lambda'=1}^{2}(a_\lambda(\boldsymbol{k})\mathrm{e}^{\mathrm{i}kx}-a_\lambda^+(\boldsymbol{k})\mathrm{e}^{-\mathrm{i}kx})(a_{\lambda'}(\boldsymbol{k}')\mathrm{e}^{\mathrm{i}k'x}-a_{\lambda'}^+(\boldsymbol{k}')\mathrm{e}^{-\mathrm{i}k'x})\boldsymbol{\varepsilon}_\lambda(\boldsymbol{k})_i\boldsymbol{\varepsilon}_{\lambda'}(\boldsymbol{k}')_i$$

$$=-\frac{\hbar}{4}\sum_{i=1}^{3}\sum_{\lambda'=1}^{2}\int\frac{\mathrm{d}(\boldsymbol{rkk}')}{(2\pi)^3}\left[\sqrt{\omega_k\omega'_k}+\frac{c^2\boldsymbol{k}\cdot\boldsymbol{k}'}{\sqrt{\omega_k\omega'_k}}\right]\{a_\lambda(\boldsymbol{k})a_{\lambda'}(\boldsymbol{k}')\mathrm{e}^{\mathrm{i}(k+k')x}$$

$$+a_\lambda^+(\boldsymbol{k})a_{\lambda'}^+(\boldsymbol{k}')\mathrm{e}^{-\mathrm{i}(k+k')x}-a_\lambda(\boldsymbol{k})a_{\lambda'}^+(\boldsymbol{k}')\mathrm{e}^{\mathrm{i}(k-k')x}-a_\lambda^+(\boldsymbol{k})a_{\lambda'}(\boldsymbol{k}')\mathrm{e}^{-\mathrm{i}(k-k')x}\}\boldsymbol{\varepsilon}_\lambda(\boldsymbol{k})_i\boldsymbol{\varepsilon}_{\lambda'}(\boldsymbol{k}')_i$$

其中，含 aa，a^+a^+ 的项，在对 x 积分出 $\delta(\boldsymbol{k}+\boldsymbol{k}')$ 之后，由于中括号内量的存在而都消失。于是

$$H=\frac{\hbar}{2}\sum_{\lambda'=1}^{2}\int\mathrm{d}(\boldsymbol{kk}')\cdot\omega_k\cdot[a_\lambda(\boldsymbol{k})a_{\lambda'}^+(\boldsymbol{k}')\delta(\boldsymbol{k}-\boldsymbol{k}')+a_\lambda^+(\boldsymbol{k})a_{\lambda'}(\boldsymbol{k}')\delta(\boldsymbol{k}-\boldsymbol{k}')]\boldsymbol{\varepsilon}_\lambda(\boldsymbol{k})\boldsymbol{\varepsilon}_{\lambda'}(\boldsymbol{k}')$$

$$=\frac{\hbar}{2}\sum_{\lambda=1}^{2}\int\mathrm{d}\boldsymbol{k}\cdot\omega_k\cdot(a_\lambda^+(\boldsymbol{k})a_\lambda(\boldsymbol{k})+a_\lambda(\boldsymbol{k})a_\lambda^+(\boldsymbol{k}))$$

对场的动量，类似有

$$\boldsymbol{P}=-\sum_{\lambda'=1}^{2}\int\frac{\mathrm{d}(\boldsymbol{rkk}')}{(2\pi)^3}\frac{1}{2}\sqrt{\frac{\omega_k}{\omega'_k}}\hbar\boldsymbol{k}'$$

$$\times(a_\lambda(\boldsymbol{k})\mathrm{e}^{\mathrm{i}kx}-a_\lambda^+(\boldsymbol{k})\mathrm{e}^{-\mathrm{i}kx})(a_{\lambda'}(\boldsymbol{k}')\mathrm{e}^{\mathrm{i}k'x}-a_{\lambda'}^+(\boldsymbol{k}')\mathrm{e}^{-\mathrm{i}k'x})\boldsymbol{\varepsilon}_\lambda(\boldsymbol{k})\cdot\boldsymbol{\varepsilon}_{\lambda'}(\boldsymbol{k}')$$

此处 4 项中，含 $\delta(\boldsymbol{k}+\boldsymbol{k}')$ 的同位乘积两项积分等于零。因为

$$\sum_{i=1}^{3}\boldsymbol{\varepsilon}_\lambda(\boldsymbol{k})_i\boldsymbol{\varepsilon}_{\lambda'}(-\boldsymbol{k})_i=\boldsymbol{\varepsilon}_\lambda(\boldsymbol{k})\boldsymbol{\varepsilon}_{\lambda'}(-\boldsymbol{k})=(-1)^\lambda\delta_{\lambda\lambda'}$$

这两项的形式成为 $\boldsymbol{k}(a_\lambda(\boldsymbol{k})a_\lambda(-\boldsymbol{k})+a_\lambda^+(\boldsymbol{k})a_\lambda^+(-\boldsymbol{k}))(-1)^\lambda$。显然，此被积项对 $\boldsymbol{k}\to-\boldsymbol{k}$变换是奇函数，对 $\boldsymbol{k}$ 积分为零。于是只剩下交互乘积的项，这时 $\boldsymbol{k}=\boldsymbol{k}'$，得

$$\boldsymbol{P}=\frac{\hbar}{2}\sum_{\lambda=1}^{2}\int\mathrm{d}^3k\cdot\boldsymbol{k}\cdot(a_\lambda^+(\boldsymbol{k})a_\lambda(\boldsymbol{k})+a_\lambda(\boldsymbol{k})a_\lambda^+(\boldsymbol{k}))$$

或为

$$\begin{cases}H=\displaystyle\sum_{\lambda=1}^{2}\int\mathrm{d}^3k\cdot\hbar\omega_k\cdot\left(N_\lambda(\boldsymbol{k})+\frac{1}{2}\right)\\ \boldsymbol{P}=\displaystyle\sum_{\lambda=1}^{2}\int\mathrm{d}^3k\cdot\hbar\boldsymbol{k}\cdot\left(N_\lambda(\boldsymbol{k})+\frac{1}{2}\right)\end{cases}\tag{5.29}$$

显然，$a_\lambda^+(\boldsymbol{k})$ 和 $a_\lambda(\boldsymbol{k})$ 可以分别解释作为产生、湮没一个动量为 $\boldsymbol{k}$ 、极化为 λ 的光子，而 $N_\lambda(\boldsymbol{k})=a_\lambda^+(\boldsymbol{k})a_\lambda(\boldsymbol{k})$ 是该状态的光子数算符。

习题 5.7　由式(5.27)出发，根据 $\left(\boldsymbol{A}_t,\frac{-1}{4\pi c}\boldsymbol{E}_t\right)$ 的等时正则对易关系，证明式(5.28a)。

习题 5.8 证明等式 $\int \frac{\mathrm{d}(\boldsymbol{r}\boldsymbol{r}')}{(2\pi)^3} \mathrm{e}^{-\mathrm{i}\boldsymbol{k}\cdot\boldsymbol{r}+\mathrm{i}\boldsymbol{k}'\cdot\boldsymbol{r}'} \delta_{ij}^{\perp}(\boldsymbol{r}-\boldsymbol{r}') = \left(\delta_{ij} - \frac{\boldsymbol{k}_i \boldsymbol{k}_j}{\boldsymbol{k}^2}\right) \delta(\boldsymbol{k}'-\boldsymbol{k})$。

习题 5.9 证明公式($k = (\boldsymbol{k}, \mathrm{i}|\boldsymbol{k}|) = (\boldsymbol{k}, \mathrm{i}\frac{\omega_k}{c})$),

$$D(x) = \frac{-\mathrm{i}}{(2\pi)^3} \int \frac{\mathrm{d}^3 k}{2|\boldsymbol{k}|} \{\mathrm{e}^{\mathrm{i}kx} - \mathrm{e}^{-\mathrm{i}kx}\} = \frac{1}{4\pi|\boldsymbol{r}|} [\delta(ct+|\boldsymbol{r}|) - \delta(ct-|\boldsymbol{r}|)]$$

5.3 电磁场真空态能量和 Casimir 效应——非相对论 QED(Ⅱ)

本节从量子谐振子图像出发,指出量子电磁场有一个重要性质,即它的最低能量状态——真空态具有无穷大的能量。一般情况下,这个无穷大能量无法直接观测,但在某些特殊情况下,它能表现出可观测的效应。

5.3.1 量子电磁场真空态及其能量

一方面,波导管、微波腔和许多关于电磁场分析的例子都表明,电磁场可看成一系列各种频率简谐振动的集合。电磁场局域形状不同会导致这些振动模的频率分布不同。一般情况,这些振动模的数目无穷多,即电磁场(即便是局域的电磁场)自由度为无穷多。

另一方面,自从 Planck 处理黑体腔内电磁场中引入能量子概念,人们逐步建立起量子力学,并体会到**腔内电磁场是一系列各种频率的量子谐振子的集合。这个集合的整体便是量子电磁场。这个振子集合原是动量空间中非定域的振动自由度的集合,可以形象但并不准确地将它们看成位形空间场内各点有一个个电磁场场量的量子谐振子集合。集合中振荡着的振子有各种容许的频率 ω 和各种量子数 n。对某一频率 ω 的、不为零量子数的量子态,都是量子电磁场在该频率下的各种激发态。而 Planck 的能量子 $\hbar\omega$——这个概念后来不久就被 Einstien 发展为光子的概念,便是相应的场量子。**

这个量子电磁场有一个被称为真空态的基态,即整个场空间内没有场量子的态(也即全体量子谐振子基态的直积)。这就是从量子化的观点所理解的经典电磁场的真空。这个真空态显然不是一无所有的"虚无",只是指明场内空间中不存在各种场量子 $\hbar\omega$ 而已,仿佛大量紧绷而未受激励的量子琴弦。虽然这些弦上都无任何振动模存在,但并非是一无所有的"虚无",只是无穷自由度一个物理系统的最低能量状态。

然而,众所周知,量子谐振子基态存在零点振动和相应的零点能,于是量子电磁场的真空态也就应当存在零点振动和零点能。量子电磁场所有模的零点振动总和称为量子电磁场的"真空涨落"。虽然真空涨落的平均值为零,表观上看不出空间中各点有电磁场存在,但涨落的均方值并不为零。**于是,经典电动力学的真空,按量子论观点看,其实具有能量,它便是全体量子谐振子零点能之和。**所以量子电磁场真空态

的能量为

$$E = \sum_{\text{all of}i} \left(\frac{1}{2}\hbar\omega_i\right) \tag{5.30}$$

这个数是无穷大，因为振动模（自由度）的数目为无穷多（何况还有高频 $\omega \to \infty$ 模存在）。虽然如此，由于零点能通常并不参与量子电磁场状态变化的物理过程，所以一般说可以将它当成一个恒定的“本底”事先予以减除，即“定义”它为零，从而不必去理会它。但这并不排除在某些特定情况下，它本身会改变或者影响带电粒子空间运动，这些改变或者影响将会导致可观测的效应。前者是本节考虑的 Casimir 效应，后者是 5.4 节考虑的氢原子谱线 Lamb 移动。毕竟，量子电磁场的“真空涨落”是客观存在着的物理事实。

5.3.2　Casimir 效应的物理原因

1948 年 Casimir 提出现在称为 Casimir 效应的论文⑱。Casimir 效应是一个关于量子电磁场真空态能量的可观测效应。真空态能量本身不可观测，但它的变化可以观测。考虑两块平行并足够大的方形理想导体板，板间距 $a \ll$ 板边长 L。现在来比较：有与没有两块板，以及板间各种距离 a 的情况下，两板之间体积 L^2a 内振动模数目的变化。

设两块平行板平面为 x-y 面，z 轴垂直两板。由于 L 很大，在 x-y 方向几乎没有空间区域的限制。相应地，可以近似认为 x-y 方向波数 $\boldsymbol{k}_\parallel = \{k_x, k_y\}$ 仍然是连续变化；但对于沿 z 方向传播的振动模 k_z 波（此波的电矢量在 x-y 面内振动）来说，由于两块板都是良导体，板表面应当是 k_z 波的波节。于是原先连续取值的 k_z，现在只能分立取值 $k_z = \dfrac{n\pi}{a}$，最小间隔为 $\Delta k_z = \dfrac{\pi}{a}$。这表明，如两板间距 a 值越小，沿 z 方向传播的振动模 k_z 的波数，其允许取值的间隔 Δk_z 就越大。

这样一来，和没有加两块板时想象情况相比，加了两块板之后，在这块体积 L^2a 中，电磁场真空态在 x-y 方向传播的振动模数目没有什么变化；但沿 z 方向传播的振动模数目（因为由连续变化变成分立取值）却减少了。而且，随着 a 值减小，能够存在的沿 z 方向传播的振动模数目随之减小。导致板间体积内真空态蕴含的能量减少。在实验上表现出来就是：两块板之间存在一个吸引力。这个吸引力当然十分微弱，但按照上面对真空态振动模的分析和量子振动存在零点能的结论，它应当存在。

5.3.3　Casimir 效应计算

由于每种波都有两个独立的横向极化状态，计算模数目时应当乘以 2⑲。注意

---

⑱　Casimir H B G. On the attraction between two perfectly conducting plates. Proceedings of the Koninklijke Nederlandse Akademie van Wetenschappen，1948，51(7)：793-795.

⑲　实际上当 $k_z=0$ 时不应当乘 2，但这不影响下面 $\dfrac{\partial E(a)}{\partial a}$ 计算，因为对 a 微商消去了 $k_z=0$ 所有波。

$\boldsymbol{k}=k_x\boldsymbol{e}_x+k_y\boldsymbol{e}_y+k_z\boldsymbol{e}_z=\boldsymbol{k}_\parallel+\dfrac{n\pi}{a}\boldsymbol{e}_z$，一个振动模零点能为 $\dfrac{1}{2}\hbar\omega=\dfrac{\hbar}{2}c|\boldsymbol{k}|=\dfrac{\hbar c}{2}\sqrt{\boldsymbol{k}_\parallel^2+\dfrac{n^2\pi^2}{a^2}}$，在 $\boldsymbol{k}_\parallel$ 附近 $\mathrm{d}\boldsymbol{k}_\parallel$ 内模数目为 $\dfrac{\mathrm{d}\boldsymbol{k}_\parallel}{(2\pi/L)^2}$。于是，放入两块平行板的前后，在 L^2a 体积内真空态能量相对变化为

$$\begin{aligned}\Delta E(a)&=E(a)-E^{(0)}(a)\\&=\frac{\hbar c}{2}2\sum_{n=0}^{\infty}\int\frac{\mathrm{d}\boldsymbol{k}_\parallel}{(2\pi/L)^2}\sqrt{\boldsymbol{k}_\parallel^2+\frac{n^2\pi^2}{a^2}}-\frac{\hbar c}{2}2\int_0^\infty\mathrm{d}n\int\frac{\mathrm{d}\boldsymbol{k}_\parallel}{(2\pi/L)^2}\sqrt{\boldsymbol{k}_\parallel^2+\frac{n^2\pi^2}{a^2}}\end{aligned}\tag{5.31}$$

由此可得两板之间每单位面积上的作用力为

$$\begin{aligned}F(a)&=-\frac{1}{L^2}\frac{\partial\Delta E(a)}{\partial a}\\&=\frac{\hbar c\pi^2}{a^3}\left\{\sum_{n=0}^{\infty}\int\frac{\mathrm{d}\boldsymbol{k}_\parallel}{(2\pi)^2}\frac{n^2}{\sqrt{\boldsymbol{k}_\parallel^2+\frac{n^2\pi^2}{a^2}}}-\int_0^\infty\mathrm{d}n\int\frac{\mathrm{d}\boldsymbol{k}_\parallel}{(2\pi)^2}\frac{n^2}{\sqrt{\boldsymbol{k}_\parallel^2+\frac{n^2\pi^2}{a^2}}}\right\}\end{aligned}\tag{5.32a}$$

引入量纲为一的新变数 x：$a^2\boldsymbol{k}_\parallel^2+n^2\pi^2=x^2$，由于 $\mathrm{d}\boldsymbol{k}_\parallel=|\boldsymbol{k}_\parallel|\mathrm{d}|\boldsymbol{k}_\parallel|\mathrm{d}\theta$，有 $|\boldsymbol{k}_\parallel|\mathrm{d}|\boldsymbol{k}_\parallel|=\dfrac{1}{a^2}x\mathrm{d}x$，代入上式得

$$F(a)=\frac{\hbar c\pi^2}{2a^4}\left\{\sum_{n=0}^{\infty}\frac{n^2}{\pi}\int_{n\pi}^{\infty}\mathrm{d}x-\int_0^\infty\frac{n^2}{\pi}\mathrm{d}n\int_{n\pi}^{\infty}\mathrm{d}x\right\}\tag{5.32b}$$

大括号中两项都是发散的，但它们的差值可以是不发散的。处理这个发散的办法很多(见 5.3.4 节讨论(2))，现采用 Coulomb 场积分中常见的计算技巧[20]：**在被积函数中引入衰减因子 $\mathrm{e}^{-\varepsilon x}$ $(\varepsilon>0)$，再作积分、求和与相减。待完成全部计算之后，再令 $\varepsilon\to0$，以求得这个有限的差数。**

为此，根据上面函数 $F(a)$，定义一个新函数 $F_\varepsilon(a)$

$$F_\varepsilon(a)=\frac{\hbar c\pi^2}{2a^4}\left\{\sum_{n=0}^{\infty}\frac{n^2}{\pi}\int_{n\pi}^{\infty}\mathrm{e}^{-\varepsilon x}\mathrm{d}x-\int_0^\infty\frac{n^2}{\pi}\mathrm{d}n\int_{n\pi}^{\infty}\mathrm{e}^{-\varepsilon x}\mathrm{d}x\right\}\tag{5.32c}$$

于是有

$$\begin{aligned}F_\varepsilon(a)&=\frac{\hbar c\pi^2}{2a^4}\left\{\sum_{n=0}^{\infty}\frac{n^2}{\pi}\int_{n\pi}^{\infty}\mathrm{e}^{-\varepsilon x}\mathrm{d}x-\int_0^\infty\frac{n^2}{\pi}\mathrm{d}n\int_{n\pi}^{\infty}\mathrm{e}^{-\varepsilon x}\mathrm{d}x\right\}\\&=\frac{\hbar c\pi^2}{2a^4}\left\{\sum_{n=0}^{\infty}\frac{n^2}{\pi\varepsilon}\mathrm{e}^{-\varepsilon n\pi}-\int_0^\infty\frac{n^2}{\pi\varepsilon}\mathrm{e}^{-\varepsilon n\pi}\mathrm{d}n\right\}\\&=\frac{\hbar c\pi^2}{2a^4}\frac{1}{\pi\varepsilon}\frac{\mathrm{d}^2}{\mathrm{d}(\pi\varepsilon)^2}\left\{\sum_{n=0}^{\infty}\mathrm{e}^{-\varepsilon n\pi}-\int_0^\infty\mathrm{e}^{-\varepsilon n\pi}\mathrm{d}n\right\}\end{aligned}$$

---

[20] 张永德.大学物理.2011,20:11;张永德.量子力学(第四版).北京:科学出版社,2016:§10.3.

$$= \frac{\hbar c \pi^2}{2a^4} \frac{1}{\pi\varepsilon} \frac{d^2}{d(\pi\varepsilon)^2} \left\{ \frac{1}{1-e^{-\varepsilon\pi}} - \frac{1}{\pi\varepsilon} \right\} = \frac{\hbar c \pi^2}{2a^4} \frac{1}{\pi\varepsilon} \frac{d^2}{d(\pi\varepsilon)^2} \left\{ \frac{1}{e^{\pi\varepsilon}-1} + 1 - \frac{1}{\pi\varepsilon} \right\}$$

最后得

$$\boxed{F_\varepsilon(a) = \frac{\hbar c \pi^2}{2a^4} \frac{1}{\pi\varepsilon} \frac{d^2}{d(\pi\varepsilon)^2} \left\{ \frac{1}{e^{\varepsilon\pi}-1} - \frac{1}{\varepsilon\pi} \right\}} \tag{5.32d}$$

利用展开式[21]

$$\frac{t}{e^t - 1} = \sum_{n=0}^{\infty} B_n \frac{t^n}{n!}$$

其中，B_n 为 Bernoulli 数：$B_0 = 1, B_1 = -\frac{1}{2}, B_2 = \frac{1}{6}, B_3 = 0, B_4 = -\frac{1}{30}, \cdots$。代入 $F_\varepsilon(a)$ 表达式，微分之后，令 $\varepsilon \to 0$ 取极限，最后得

$$F(a) = \lim_{\varepsilon\to 0} F_\varepsilon(a) = \frac{\hbar c \pi^2}{2a^4} \frac{B_4}{4} = -\frac{\hbar c \pi^2}{240 a^4} \tag{5.33}$$

若取 a 单位为微米，计算结果是 $-\frac{0.013}{a^4}$ 达因/平方厘米。**表明两板之间 k_z 的允许模数目随 a 增大而增大，这使 $E(a)$ 随 a 增大而增大，显现出一个十分微弱的吸引力。**

5.3.4　讨论

(1)换个稍微不同的角度来说，Casimir 效应发源于：**两板之间虚光子敲击板产生的光压小于两板外部虚光子敲击板产生的光压。正是这种压差，造成两板之间的一个吸引力。**事实上，Casimir 效应有一个完全经典的模拟。它和造成海轮相撞中的吸力有某种相似点。两艘海轮平行航行着，即使没有风，但有汹涌海浪时，如果相距较近，发现有一种相互吸力，使两艘船舷相互靠拢而可能发生碰撞。1996 年，Boersma 就建议将这种力称为 Casimir 力的“**海事模拟**”[22]。此时的敲击是基于经典的随机的海浪波动场。

(2)Casimir 效应文献中有不同的计算方法。差别主要在于怎样处理有关的发散计算。计有：①多数采用截断函数方法；②围道积分方法；③双套平行板方法；④本书采用在被积函数中引入衰减因子 $e^{-\varepsilon x}$ $(\varepsilon > 0)$，然后积分、求和与相减，待完成全部计算后，再令 $\varepsilon \to 0$，求得这个差数。这个简捷的技巧在散射理论和 Coulomb 场有关积分中是常见的。

(3)在 Casimir 发表文章 9 年之后，1958 年 Sparnaay[23] 观测了这个力的大小以及

---

[21] 参见 Abramowitz M, Stegun I A. Handbook for Mathematical Functions. New York: Dover Publications Inc., 1965: 804；王竹溪，郭敦仁. 特殊函数概论. 北京：北京大学出版社，2000：1.

[22] Boersma S L. American Journal of Physics. 1996, 64(5): 539-541.

[23] Sparnaay M J. Physica. 1958, 24: 751；依捷克森 C，祖柏尔 J B. 量子场论(上). 北京：科学出版社，1986.

它和板间距离 a 的关系。但可惜误差太大而难以判断效应的存在。关于 Casimir 效应的最近测量见文献[24]。关于 Casimir 效应的详细文献目录见文献[25]。Casimir 效应的最新进展总结见文献[26]。

(4)另外,伴随电磁腔的大量应用,出现很多关于腔 QED 的专著。腔的形状、尺寸、结构以及腔内放置的部件,都会影响腔内振动模分布、甚至修改腔的作用,禁戒、增强和改变腔中辐射过程。腔问题只在本章 2、7 两节略有涉及,详细见脚注文献[27]。

5.4 Lamb 移动——非相对论 QED(Ⅲ)

5.4.1 Lamb 移动的物理根源

由氢原子 Schrödinger 方程解可知,主量子数 $n=2$ 的三个能级 $2^2S_{1/2}$、$2^2P_{1/2}$ 和 $2^2P_{3/2}$ 都是简并的。即使考虑相对论效应,采用氢原子的相对论 Dirac 方程,其中的 $2^2S_{1/2}$ 和 $2^2P_{1/2}$ 两个能级依然简并着。但是,1947 年 Lamb 和 Retherford 用射频波谱方法测得:**氢原子的 $2^2S_{1/2}$ 能级比 $2^2P_{1/2}$ 高出 1058MHz(4.375×10^{-6}eV)[28],这便是著名的氢原子谱线的 Lamb 移动。**有关它的详细而准确计算通常在量子场论框架内进行,过程较琐碎冗长。现按量子力学一阶微扰论和经典理论中常用的计算办法,给出一个计算结果不算精确但却简单明了的解释。

由前节叙述可知,**氢原子中电子,不仅感受着质子库仑场作用,而且还感受着周围空间中量子电磁场真空态所固有的"真空涨落"。这种时时处处存在的、随机的"真空涨落"造成电子位置的随机"晃动"。这种位置"晃动"又等效地转化为作用在电子上的库仑势围绕平均值 $V(\boldsymbol{r})$ 的"弥散":$V(\boldsymbol{r})\to V(\boldsymbol{r}+\boldsymbol{\delta})$[29]。电子坐标晃动的平均值为零,所以一阶导数项为零,但晃动的均方值 $\langle\boldsymbol{\delta}^2\rangle$ 不为零。**对 $V(\boldsymbol{r}+\boldsymbol{\delta})$ 作 Taylor 展开到二阶并取平均,得

$$V(\boldsymbol{r}+\boldsymbol{\delta})\approx V(\boldsymbol{r})+\frac{1}{6}\langle\boldsymbol{\delta}^2\rangle\,\nabla^2V(\boldsymbol{r})\equiv H_0+H' \tag{5.34}$$

这里微扰项为 $H'=\frac{1}{6}\langle\boldsymbol{\delta}^2\rangle\Delta V(\boldsymbol{r})$。按量子力学的一阶微扰论,这个晃动对任一态矢

㉔ Chan H B, et al. Science, 2001, 291: 1941-1944.

㉕ Lamoreaux S K. Resource letter cf-1: Casimir force. American Journal of Physics, 1999, 67(10): 850-861.

㉖ Bordag M, et al. New developments in the Casimir effect. Physics Reports, 2001, 353: 1-205.

㉗ 如 Dutra S M. Cavity Quantum Electrodynamics. John Wiley & Sons, Inc., 2005: 47; Berman P R. Cavity Quantum Electrodynamics. Academic Press, Inc., 1994.

㉘ Lamb W E, Retherford R C. Phys. Rev., 1947, 72: 241; Phys. Rev., 1950, 79: 49.

㉙ Welton T A. Phys. Rev., 1948, 74: 1157.

$|nl\rangle$ 造成的能移为

$$\boxed{\Delta E_{nl} = \langle nl | \frac{1}{6}\langle \boldsymbol{\delta}^2 \rangle \Delta V(r) | nl \rangle} \tag{5.35}$$

注意 $\Delta V(r) = -e^2(-4\pi\delta(\boldsymbol{r}))$，于是，对 2s 态和 2p 态分别有

$$\boxed{\begin{cases} \Delta E_{2s} = \dfrac{2\pi e^2}{3}\langle \boldsymbol{\delta}^2 \rangle |\psi_{2s}(0)|^2 > 0 \\ \Delta E_{2p} = \dfrac{2\pi e^2}{3}\langle \boldsymbol{\delta}^2 \rangle |\psi_{2p}(0)|^2 = 0 \end{cases}} \tag{5.36}$$

这里 $\psi_{2s}(0) = \dfrac{1}{\sqrt{4\pi}}\dfrac{1}{\sqrt{2}}(\rho_B)^{-3/2}$。结果表明 $2P_{1/2}$ 能级低于 $2S_{1/2}$ 能级，两者之差即为 Lamb 移动。**这表明，量子电磁场真空态的“真空涨落”有可观测的物理效应，并非玄谈。**

5.4.2 电子位置晃动计算

现在计算电子位置晃动

$$\langle \boldsymbol{\delta}(t)^2 \rangle = \langle \delta x(t)^2 + \delta y(t)^2 + \delta z(t)^2 \rangle = 3\langle \delta x(t)^2 \rangle$$

这是时间平稳随机函数，是有限功率信号(而不是有限能量信号)。为实现对此类信号的 Fourier 积分变换，采用有限时区内平均再取极限的办法。为此令

$$\delta x(t)_T \equiv \begin{cases} \delta x(t), & |t| \leqslant \dfrac{T}{2} \\ 0, & |t| \geqslant \dfrac{T}{2} \end{cases} \tag{5.37a}$$

于是有

$$\langle \delta x(t)^2 \rangle = \lim_{T\to\infty} \frac{1}{T}\int_{-T/2}^{T/2} \delta x(t)^2 \mathrm{d}t \equiv \lim_{T\to\infty} \frac{1}{T}\int_{-\infty}^{\infty} \delta x(t)_T^2 \mathrm{d}t \tag{5.37b}$$

写出涨落电场对电子作用的经典方程(y、z 方向方程相同)

$$\mu \frac{\mathrm{d}^2 \delta x(t)_T}{\mathrm{d}t^2} = -e\delta E_x(t)_T \tag{5.38a}$$

对方程两边作 Fourier 积分变换。两个逆变换的表达式为

$$\begin{cases} \delta x(t)_T = \displaystyle\int_{-\infty}^{\infty} \frac{\mathrm{d}\omega}{2\pi} \mathrm{e}^{-\mathrm{i}\omega t} \delta x(\omega)_T \\ \delta E_x(t)_T = \displaystyle\int_{-\infty}^{\infty} \frac{\mathrm{d}\omega}{2\pi} \mathrm{e}^{-\mathrm{i}\omega t} \delta E_x(\omega)_T \end{cases} \tag{5.38b}$$

由于式(5.37a)，变换中分部积分积出项为零。式(5.38a)成为

$$\delta x(\omega)_T = \frac{-e}{\mu\omega^2}\delta E_x(\omega)_T \tag{5.38c}$$

注意，在 Fourier 积分变换对 $\delta x(t)_T \leftrightarrow \delta x(\omega)_T$，$\delta E_x(t)_T \leftrightarrow \delta E_x(\omega)_T$ 之间，存在 **Parse-**

val 等式

$$\begin{cases}\dfrac{1}{T}\displaystyle\int_{-\infty}^{\infty}|\delta x(t)_T|^2\mathrm{d}t=\dfrac{1}{2\pi T}\int_{-\infty}^{\infty}|\delta x(\omega)_T|^2\mathrm{d}\omega\\ \dfrac{1}{T}\displaystyle\int_{-\infty}^{\infty}|\delta E_x(t)_T|^2\mathrm{d}t=\dfrac{1}{2\pi T}\int_{-\infty}^{\infty}|\delta E_x(\omega)_T|^2\mathrm{d}\omega\end{cases}\tag{5.39}$$

按式(5.37b)和式(5.39)左边取极限即分别为 $\langle\delta x(t)^2\rangle$ 和 $\langle\delta E_x(t)^2\rangle$。显然,由式(5.38b)知,与实函数 $\delta x(t)_T$ 对应的 $|\delta x(\omega)_T|^2$ 是 ω 的偶函数($|\delta E_x(\omega)_T|^2$ 相同)。到此表明 $\langle\delta x(t)^2\rangle$ 可用 $\langle\delta E_x(t)^2\rangle$ 求得。下面求 $\langle\delta E_x(t)^2\rangle$。注意

$$\begin{aligned}\langle(\delta E_x(t))^2\rangle&=\langle 0|E_x(t)^2|0\rangle=\frac{1}{3}\langle 0|\boldsymbol{E}(t)^2|0\rangle\\&=\frac{1}{3}\cdot\frac{1}{2}\langle 0|(\boldsymbol{E}(t)^2+\boldsymbol{B}(t)^2)|0\rangle\\&=\frac{4\pi}{3}\langle 0|\frac{1}{8\pi}(\boldsymbol{E}(t)^2+\boldsymbol{B}(t)^2)|0\rangle\end{aligned}$$

于是

$$\boxed{\langle(\delta E_x(t))^2\rangle=\frac{4\pi}{3}\langle 0|\rho_{\text{能量密度}}(t)|0\rangle=\frac{2\pi\hbar}{3}\sum_{\text{all of}i}\omega_i}\tag{5.40}$$

此处求和涉及电磁场在单位体积内的模数分布。事实上,电磁场单位体积中频率在 $\omega\to\omega+\mathrm{d}\omega$ 内的模数目应当为

$$\boxed{n(\omega)\mathrm{d}\omega=2\cdot\left.\frac{\mathrm{d}^3k}{\left(\dfrac{2\pi}{L}\right)^3}\right|_{L=1}=\frac{8\pi|\boldsymbol{k}|^2\mathrm{d}|\boldsymbol{k}|}{(2\pi)^3}=\frac{\omega^2\mathrm{d}\omega}{\pi^2c^3}}\tag{5.41}$$

这里 $|\boldsymbol{k}|=\dfrac{\omega}{c}$。因子 2 是考虑到光子有两种独立的极化方式(这就简明求得 Planck 黑体辐射谱分布 $\dfrac{8\pi\nu^2\mathrm{d}\nu}{c^3}$)。由式(5.40)、式(5.41)并再用式(5.39),可得

$$\begin{aligned}\langle(\delta E_x(t))^2\rangle&=\frac{2\pi\hbar}{3}\int_0^{\infty}\omega\cdot n(\omega)\mathrm{d}\omega=\frac{2\hbar}{3\pi c^3}\int_0^{\infty}\omega^3\mathrm{d}\omega\\&=\frac{\hbar}{3\pi c^3}\int_{-\infty}^{\infty}|\omega^3|\mathrm{d}\omega\equiv\lim_{T\to\infty}\frac{1}{2\pi T}\int_{-\infty}^{\infty}|\delta E_x(\omega)_T|^2\mathrm{d}\omega\end{aligned}$$

比较最后等式两边可得:量子电磁场处于它的真空态时,其场强涨落的谱密度为

$$\boxed{|\delta E_x(\omega)_T|^2=\frac{2\hbar T}{3c^3}|\omega^3|}\tag{5.42}$$

对 $\langle\delta\boldsymbol{r}^2(t)\rangle$ 依次使用式(5.37b)、式(5.39)、式(5.38c)和式(5.42),量子电磁场真空涨落所导致的电子位置晃动就成为

$$\langle\delta\boldsymbol{r}(t)^2\rangle=3\langle\delta x(t)^2\rangle=3\lim_{T\to\infty}\frac{1}{T}\int_{-\infty}^{\infty}|\delta x(t)_T^2|\mathrm{d}t=3\lim_{T\to\infty}\frac{1}{2\pi T}\int_{-\infty}^{\infty}|\delta x(\omega)_T|^2\mathrm{d}\omega$$

$$= 3\lim_{T\to\infty}\frac{1}{2\pi T}\int_{-\infty}^{\infty}\left(\frac{-e}{\mu\omega^2}\right)^2 |\delta E_x(\omega)_T|^2 \mathrm{d}\omega$$

$$= 3\lim_{T\to\infty}\frac{1}{2\pi T}\cdot\frac{e^2}{\mu^2}\cdot\frac{2\hbar T}{3c^3}\int_{-\infty}^{\infty}|\omega|^3\frac{\mathrm{d}\omega}{\omega^4}$$

即

$$\boxed{\langle\delta \boldsymbol{r}^2(t)\rangle = \frac{2}{\pi}\alpha\left(\frac{\hbar}{\mu c}\right)^2\int_0^{\infty}\frac{\mathrm{d}\omega}{\omega}} \tag{5.43}$$

这里量纲为一的常数 $\alpha = \frac{e^2}{\hbar c} \cong \frac{1}{137}$ 为精细结构常数。式(5.43)频率积分在上下限处均发散,红外和紫外都应当截断。物理上可以粗略地认为,在涨落场频谱中,频率低到其波长长于 2s 态经典半径($r_n = n^2\rho_B$) 的部分,不再会撼动电子,可略去;而频率高到其波长短于电子 Compton 波长($\lambda = \frac{\hbar}{\mu c}$) 的部分,其影响将溶入更大的 Darwin 振颤的位置随机晃动中,也不应重复考虑。于是可将频率积分在相应上下限处截断

$$\omega_{\min} = \frac{1}{\hbar}\frac{e^2}{2\rho_B}\frac{1}{n^2} = \frac{\alpha^2\mu c^2}{8\hbar},\quad \omega_{\max} = \frac{1}{\hbar}\mu c^2 \tag{5.44}$$

由此求得 Lamb 移动为

$$\boxed{\Delta E_{\text{Lamb}} \approx \frac{\alpha^5}{6\pi}\mu c^2 \ln\frac{8}{\alpha^2}} \tag{5.45}$$

计算得到 $\Delta E_{\text{Lamb}} \approx 6.7\times10^{-6}$ eV。这相当于频率为 1620MHz。这个计算结果准确度不算很好。产生误差的主要原因,一是动力学影响处理和频率截断估算都比较粗糙;二是 Lamb 移动效应本身比较复杂,除真空涨落外还有未曾考虑的电荷周围的真空极化等。Lamb 移动的近代实验和计算符合得非常好,测量值为(1057.845±0.009)MHz[30],而理论计算值为(1057.855±0.014)MHz[31]。

5.5 相互作用场的量子化——非相对论 QED(Ⅳ)

5.5.1 Maxwell 场与 Schrödinger 场的相互作用,基本方程组

迄今主要叙述了自由场量子化。虽然其中也涉及场粒子受外场作用或全同粒子彼此相互影响,因而并非真正的自由粒子,但全是单一量子场情况,并未涉及两个量子化场的相互作用。**然而,最重要的正是后者,即两个或数个量子场彼此相互作用,**

㉚ Lundeen S R,Pipkin F M. PRL, 1981, 46: 232.

㉛ 实际上,Lamb 移动主要由真空涨落和真空极化两个因素综合结果。后者效应较小,但使 2s 能级低于 $2p_{1/2}$。详细可见:依捷克森 C,祖柏尔 J B. 量子场论(上). 北京:科学出版社,1986:484;Weinberg S. The Quantum Theory of Fields. Cambridge Univ. Press, 1995,1:578.

并由此产生出极为丰富的物理现象的情况。比如,"Schrödinger 场"与量子 Maxwell 场的相互作用理论,就是有着广泛应用的量子光场和凝聚态物质相互作用理论。**按照以协变导数替换普通 4 矢导数来引进连络的原则**

$$\boxed{\partial_\lambda \rightarrow D_\lambda = \partial_\lambda - \frac{\mathrm{i}q}{\hbar c}A_\lambda} \tag{5.46}$$

由 Schrödinger 场 Lagrange 密度式(3.26)出发,可以设定**此相互作用系统 Lagrange 密度 $\mathcal{L}$ 为**

$$\mathcal{L} = \{\mathcal{L}_{Em} + \mathcal{L}_{Schr}(\partial_\mu \rightarrow D_\mu)\} \equiv \mathcal{L}_{Em} + \mathcal{L}_{Part} + \mathcal{L}_{Int}$$

$$\boxed{\begin{aligned}\mathcal{L} = \Big\{&-\frac{1}{16\pi}F_{\lambda\nu}F_{\lambda\nu} + \mathrm{i}\hbar\psi^*(\boldsymbol{r},t)\left(\frac{\partial}{\partial t} + \frac{\mathrm{i}q\varphi}{\hbar}\right)\psi(\boldsymbol{r},t)\\ &-\frac{\hbar^2}{2\mu}\left[\left(\nabla - \frac{\mathrm{i}q}{\hbar c}\boldsymbol{A}\right)\psi\right]^* \cdot \left[\left(\nabla - \frac{\mathrm{i}q}{\hbar c}\boldsymbol{A}\right)\psi\right] - V_1\psi^*\psi\Big\}\end{aligned}} \tag{5.47a}$$

将 $\mathcal{L}$ 代入 (ψ^*, A_λ) 的 Euler-Lagrange 方程,**利用横向规范 $\nabla \cdot \boldsymbol{A} = 0$,即得此相互作用量子场系统的基本方程组**

$$\boxed{\begin{cases}\mathrm{i}\hbar\dfrac{\partial\psi}{\partial t} = -\dfrac{\hbar^2}{2\mu}\left(\nabla - \dfrac{\mathrm{i}q}{\hbar c}\boldsymbol{A}\right)^2\psi + V_1\psi + q\varphi\psi\\ \partial_\lambda F_{\lambda i} = -\dfrac{4\pi}{c}J_i, \Delta\varphi = -4\pi q\psi^*\psi, \boldsymbol{J} = \dfrac{q\hbar}{2\mu\mathrm{i}}(\psi^*\nabla\psi - (\nabla\psi)^*\psi) - \dfrac{q^2}{\mu c}\psi^*\boldsymbol{A}\psi\end{cases}} \tag{5.47b}$$

习题 5.10 由式(5.47a)导出 Schrödinger 场和 Maxwell 场相互作用联立方程组(5.47b)。

分析:首先,方程组(5.47b)的第一个方程——Schrödinger 方程中的 $q\varphi$ 项是多原子系统电荷分布的静电自能,φ 由 Poisson 方程积分决定。非相对论的 Schrödinger 场原子数目守恒并有限,所以此项数值有限,作为能量本底可以不必理会(参见脚注㉜)。其实,下节将证明它并不出现在两个场的相互作用 Hamilton 量中。注意,外场作用项 $V_1\psi$ 已归入 H_0 中,即归结为 Schrödinger 场的场量子如何解释。其次,式(5.47b)第二组方程是关于量子光场的,描述它在演化中如何受作为源头的 Schrödinger 场影响。它们十分复杂,难以解析求解。所幸只需要关心渐近状态的自由光子,无需求解此方程。记 $\boldsymbol{J} - \frac{1}{4\pi}\partial_t(\nabla\varphi) \equiv \boldsymbol{J}_\perp$,则有

$$\boxed{\partial_\lambda F_{\lambda i} = -\frac{4\pi}{c}J_i \rightarrow \Box\boldsymbol{A} = -\frac{4\pi}{c}\boldsymbol{J}_\perp} \tag{5.48}$$

5.5.2 相互作用场的二次量子化,相互作用 Hamilton 量

即便存在几个场的相互作用,但由于 Lagrange 密度只通过各个场量以及它们的一阶导数组合而成,并不显含时空变数,因而仍具有时空平移不变性。于是按 Heisenberg 图像有

$$\begin{cases}\psi(\boldsymbol{r},t)=\mathrm{e}^{\mathrm{i}Ht/\hbar}\psi(\boldsymbol{r},0)\mathrm{e}^{-\mathrm{i}Ht/\hbar}\\A_\lambda(\boldsymbol{r},t)=\mathrm{e}^{\mathrm{i}Ht/\hbar}A_\lambda(\boldsymbol{r},0)\mathrm{e}^{-\mathrm{i}Ht/\hbar}\end{cases},\quad\begin{cases}\psi(\boldsymbol{r},t)=\mathrm{e}^{-\mathrm{i}\boldsymbol{P}\cdot\boldsymbol{r}/\hbar}\psi(\boldsymbol{0},t)\mathrm{e}^{\mathrm{i}\boldsymbol{P}\cdot\boldsymbol{r}/\hbar}\\A_\lambda(\boldsymbol{r},t)=\mathrm{e}^{-\mathrm{i}\boldsymbol{P}\cdot\boldsymbol{r}/\hbar}A_\lambda(\boldsymbol{0},t)\mathrm{e}^{\mathrm{i}\boldsymbol{P}\cdot\boldsymbol{r}/\hbar}\end{cases}\tag{5.49}$$

对此处相互作用场作量子化时，由于 H 中有相互作用，$\psi(\boldsymbol{r},t)$，$A_\lambda(\boldsymbol{r},t)$ 随时间发展都已彼此影响，各自不再是自由场。但如果相互作用不很复杂(如不含场量的时间导数)，就不影响共轭场量之间的等时(类空间隔)对易关系，于是仍然可以采用原来自由场二次量子化手续。这时可以假定：**在 $t=0$ 时刻 $\boldsymbol{\psi},\boldsymbol{\psi}^+,\boldsymbol{A}_\lambda,\dot{\boldsymbol{A}}_\lambda$ 间的对易规则和自由场时一样。基于时间平移不变性，它们在任意时刻的等时对易规则也将和自由场时一样。利用自由场基矢的完备性，对相互作用量子场进行含时的变系数展开(实际也只是对它们的空间变数作展开)。由于展开式的形式与自由场的相同，对易规则又和自由场时一样，于是照搬上面自由场产生、湮没算符对易子的证明，可知此时含时量子系数 $a_\lambda(\boldsymbol{k},t)$，$a_\lambda^+(\boldsymbol{k},t)$ 等的对易关系也和自由场时一样。**尽管这些量子系数不再像自由场那样是无相互作用量子振子简谐振动的集合，不再像自由场时那样称为“场量子”，而是时间的复杂函数，按微扰论展开观点说是“你中有我，我中有你”的算符集团。换个说法，这相当于初始时刻对相互作用场的空间变数作展开，再利用式(5.43)的第 1 式作时间平移的幺正变换。于是，Schrödinger 场和 Maxwell 场从自由场到相互作用场，按 Heisenberg 图像，它们的展开式量子系数改变为($\omega=c|\boldsymbol{k}|$，$\omega'=\dfrac{\boldsymbol{p}^2}{2\mu\hbar}$)

$$\boxed{\begin{array}{l}\begin{cases}a_\lambda(\boldsymbol{k},t)=\mathrm{e}^{\mathrm{i}H_0t/\hbar}a_\lambda\mathrm{e}^{-\mathrm{i}H_0t/\hbar}=\mathrm{e}^{-\mathrm{i}\omega t}a_\lambda\\a_\lambda^+(\boldsymbol{k},t)=\mathrm{e}^{\mathrm{i}H_0t/\hbar}a_\lambda^+\mathrm{e}^{-\mathrm{i}H_0t/\hbar}=\mathrm{e}^{\mathrm{i}\omega t}a_\lambda^+\end{cases}\Rightarrow\begin{cases}a_\lambda(\boldsymbol{k},t)=\mathrm{e}^{\mathrm{i}Ht/\hbar}a_\lambda(\boldsymbol{k},0)\mathrm{e}^{-\mathrm{i}Ht/\hbar}\\a_\lambda^+(\boldsymbol{k},t)=\mathrm{e}^{\mathrm{i}Ht/\hbar}a_\lambda^+(\boldsymbol{k},0)\mathrm{e}^{-\mathrm{i}Ht/\hbar}\end{cases}\\\begin{cases}b_\sigma(\boldsymbol{k},t)=\mathrm{e}^{\mathrm{i}H_0t/\hbar}b_\sigma\mathrm{e}^{-\mathrm{i}H_0t/\hbar}=\mathrm{e}^{-\mathrm{i}\omega't}b_\sigma\\b_\sigma^+(\boldsymbol{k},t)=\mathrm{e}^{\mathrm{i}H_0t/\hbar}b_\sigma^+\mathrm{e}^{-\mathrm{i}H_0t/\hbar}=\mathrm{e}^{\mathrm{i}\omega't}b_\sigma^+\end{cases}\Rightarrow\begin{cases}b_\sigma(\boldsymbol{k},t)=\mathrm{e}^{\mathrm{i}Ht/\hbar}b_\sigma(\boldsymbol{k},0)\mathrm{e}^{-\mathrm{i}Ht/\hbar}\\b_\sigma^+(\boldsymbol{k},t)=\mathrm{e}^{\mathrm{i}Ht/\hbar}b_\sigma^+(\boldsymbol{k},0)\mathrm{e}^{-\mathrm{i}Ht/\hbar}\end{cases}\end{array}}\tag{5.50}$$

可知，**任意 t 时刻量子系数的等时对易关系仍保持为自由场时那样。**

习题 5.11 如果相互作用含有场量时间导数，分析如何影响与共轭场量间的等时对易关系。

基本对易关系，作为“量子游戏”的基本规则，应当尽可能地不随相互作用出现、改变而变更。从量子力学开始即如此：作为基本对易规则的 $[x,p_x]=\mathrm{i}\hbar$ 很容易从自由 de Broglie 波得到，但到氢原子中的电子，即使已经不是自由的了，此量子游戏规则依然保持不变。

可以证明，**量子光场与多原子系统的相互作用 $\boldsymbol{H}_i$ 及其密度 $\mathcal{H}_i=\mathcal{H}-\mathcal{H}_0$ 为**

$$\boxed{H_i=\int\mathrm{d}\boldsymbol{r}\mathcal{H}_i,\quad\mathcal{H}_i=\psi^+(\boldsymbol{r},t)\left(-\frac{q}{\mu c}\boldsymbol{A}\cdot\boldsymbol{p}+\frac{q^2}{2\mu c^2}\boldsymbol{A}^2\right)\psi(\boldsymbol{r},t)}\tag{5.51}$$

显然，这个相互作用将改变量子光场和多原子系统双方的状态。

证： 参考式(5.6)，采用 Lagrange 密度式(5.47a)，按照 $\mathscr{H}=\frac{\partial\mathcal{L}}{\partial\dot{\psi}}\dot{\psi}+\frac{\partial\mathcal{L}}{\partial\dot{A}_i}\dot{A}_i-\mathcal{L}$，$\mathscr{H}_i=\mathscr{H}-\mathscr{H}_0$，先计算两组正则共轭场[32]

$$\begin{cases}(\psi,\pi^{\psi}):\pi^{\psi}=\dfrac{\partial\mathcal{L}}{\partial\dot{\psi}}=\mathrm{i}\hbar\psi^*(\boldsymbol{r},t)\\[2ex](A_i,\pi_i^A;A_4,\pi_4^A=0):\pi_i^A=\dfrac{\partial\mathcal{L}}{\partial\dot{A}_i}=-\dfrac{1}{16\pi}\left(-\dfrac{\mathrm{i}}{c}\right)4F_{4i}=-\dfrac{1}{4\pi c}E_i\end{cases}\tag{5.52}$$

由于 $\boldsymbol{E}=-\frac{1}{c}\frac{\partial\boldsymbol{A}}{\partial t}-\nabla\varphi$，所以 $\dot{\boldsymbol{A}}=-c(\boldsymbol{E}+\nabla\varphi)$，于是

$$\begin{cases}\dfrac{\partial\mathcal{L}}{\partial\dot{\psi}}\dot{\psi}=\mathrm{i}\hbar\psi^*(\boldsymbol{r},t)\dot{\psi}\\[2ex]\dfrac{\partial\mathcal{L}}{\partial\dot{A}_i}\dot{A}_i=-\dfrac{1}{4\pi c}E_i\dot{A}_i=\dfrac{1}{4\pi}(\boldsymbol{E}^2+\boldsymbol{E}\cdot\nabla\varphi)=\dfrac{1}{4\pi}\left(\boldsymbol{E}^2-\dfrac{1}{c}\dfrac{\partial\boldsymbol{A}}{\partial t}\cdot\nabla\varphi-\nabla\varphi\cdot\nabla\varphi\right)\end{cases}$$

得到此相互作用系统的 Hamilton 量密度为

$$\begin{aligned}\mathscr{H}=&\ \mathrm{i}\hbar\psi^*(\boldsymbol{r},t)\dot{\psi}+\frac{1}{4\pi}\left(\boldsymbol{E}^2-\nabla\varphi\cdot\nabla\varphi-\frac{1}{c}\frac{\partial\boldsymbol{A}}{\partial t}\cdot\nabla\varphi\right)-\left\{\frac{1}{8\pi}(\boldsymbol{E}^2-\boldsymbol{B}^2)\right.\\&\left.+\mathrm{i}\hbar\psi^*(\boldsymbol{r},t)\left(\frac{\partial}{\partial t}+\frac{\mathrm{i}q\varphi}{\hbar}\right)\psi(\boldsymbol{r},t)-\frac{\hbar^2}{2\mu}\left[\left(\nabla-\frac{\mathrm{i}q}{\hbar c}\boldsymbol{A}\right)\psi\right]^*\cdot\left[\left(\nabla-\frac{\mathrm{i}q}{\hbar c}\boldsymbol{A}\right)\psi\right]-V_1\psi^*\psi\right\}\\=&\ \frac{1}{8\pi}(\boldsymbol{E}^2+\boldsymbol{B}^2)-\frac{1}{4\pi}\nabla\varphi\cdot\nabla\varphi-\frac{1}{4\pi c}\frac{\partial\boldsymbol{A}}{\partial t}\cdot\nabla\varphi+q\varphi\psi^*(\boldsymbol{r},t)\psi(\boldsymbol{r},t)\\&+\frac{\hbar^2}{2\mu}\left[\left(\nabla-\frac{\mathrm{i}q}{\hbar c}\boldsymbol{A}\right)\psi\right]^*\cdot\left[\left(\nabla-\frac{\mathrm{i}q}{\hbar c}\boldsymbol{A}\right)\psi\right]+V_1\psi^*\psi\end{aligned}$$

对第 2 项作分部积分，利用 $\Delta\varphi=-4\pi q\psi^*\psi$，可知它与第 4 项相消，得

$$=\frac{1}{8\pi}(\boldsymbol{E}^2+\boldsymbol{B}^2)-\frac{1}{4\pi c}\frac{\partial\boldsymbol{A}}{\partial t}\cdot\nabla\varphi+\frac{\hbar^2}{2\mu}\left[\left(\nabla-\frac{\mathrm{i}q}{\hbar c}\boldsymbol{A}\right)\psi\right]^*\cdot\left[\left(\nabla-\frac{\mathrm{i}q}{\hbar c}\boldsymbol{A}\right)\psi\right]+V_1\psi^*\psi$$

此处第 2 项在分部积分后利用 $\nabla\cdot\boldsymbol{A}=0$，可知它为零。对第 3 项分部积分，得

$$\begin{aligned}&=\frac{1}{8\pi}(\boldsymbol{E}^2+\boldsymbol{B}^2)+\psi^*\left\{-\frac{\hbar^2}{2\mu}\left(\nabla-\frac{\mathrm{i}q}{\hbar c}\boldsymbol{A}\right)^2+V_1\right\}\psi\\&=\frac{1}{8\pi}(\boldsymbol{E}^2+\boldsymbol{B}^2)+\psi^*\left(-\frac{\hbar^2}{2\mu}\Delta+V_1\right)\psi+\psi^*\left(\frac{\hbar^2}{\mu}\frac{\mathrm{i}q}{\hbar c}\boldsymbol{A}\cdot\nabla-\frac{\hbar^2}{2\mu}\left(-\frac{\mathrm{i}q}{\hbar c}\right)^2\boldsymbol{A}^2\right)\psi\\&=\frac{1}{8\pi}(\boldsymbol{E}^2+\boldsymbol{B}^2)+\psi^*\left(-\frac{\hbar^2}{2\mu}\Delta+V_1\right)\psi+\psi^*\left(\frac{\mathrm{i}q\hbar}{\mu c}\boldsymbol{A}\cdot\nabla+\frac{q^2}{2\mu c^2}\boldsymbol{A}^2\right)\psi\end{aligned}$$

由 Hamilton 量密度的改变即得 $\mathscr{H}_i$，再经二次量子化即得结论。 证毕。

5.6 单原子与多模光场相互作用——非相对论 QED(V)

注意，本节单原子与量子 Maxwell 场相互作用和 5.5 节 Schrödinger 场与 Max-

---

[32] 与脚注⑮相似，式(5.52)$\pi_4^A=0$ 表明：φ 与所有场算符对易，是 c 数。于是以下推导可简化。

well 场相互作用的情况不同。5.5 节是针对大量全同原子(实际涉及的是电子)与量子 Maxwell 场的相互作用,而现在则是针对单个原子与量子 Maxwell 场的相互作用,所以现在只需要单原子 Schrödinger 方程,而不是全同原子系统的"Schrödinger 场"方程。由此带来的差别不在于"产生或湮没"原子(因为总原子数是守恒的),而在于原子波函数的对称化或反称化所产生的交换效应。因此,现在这种处理要求原子之间相互比较独立,交换效应可以忽略不计。

由单原子和量子电磁场构成的系统是个很有意义的研究对象。因为,**第一**,此模型 Hamilton 量足够简单,但又足够复杂。足够简单到可以严格求解,足够复杂到能够显示一些重要的量子动力学效应,如原子反转的周期性坍缩和复活现象;**第二**,模型不但将原子状态跃迁过程与量子电磁场光子产生湮灭过程相联系. 比如认为发射光量子过程就是产生量子电磁场单光子态的过程,而且将原子自发衰变处理成原子和量子电磁场真空态全体振动模的相互作用,为自发衰变提供了最直接的说明;解释了复杂系统中各类场量子统计效应;**第三**,更重要的是,利用高品质微波腔可以实验检验计算结果。

5.6.1 相互作用 H_i 表达式

原子与量子电磁场系统的总 Hamilton 量 $H_T = H_a + H_{em} + H_i$,其中 H_{em} 是光子场自己的 Hamilton 量;H_a 是单个原子的 Hamilton 量,包括原子核 Coulomb 势、电子与电子瞬时排斥势以及电子电荷与(经典的)外电场取向能、电子磁矩与(经典的)外磁场取向能;H_i 为原子与量子电磁场的相互作用,扰动的结果是引起原子从一个定态跃迁到另一定态,伴随着光子的发射、吸收或散射。

配合辐射规范量子化,选择标势为零。忽略电磁场与原子核相互作用,即可由式(5.51)出发。现在已无需对 ψ 进行二次量子化。所以,返回坐标表象,ψ 只是单原子 Schrödinger 方程的解

$$\psi(\boldsymbol{r},t) = \sum_n c_n(t)\psi_n(\boldsymbol{r})\mathrm{e}^{-\mathrm{i}E_n t/\hbar}, \quad H_{at}\psi_n(\boldsymbol{r}) = E_n\psi_n(\boldsymbol{r})$$

于是,将这些 ψ_n 作为原子状态波函数,连同光子数态一并作为初末态,进行跃迁过程选择即可。因此(电子电荷 $-e$)

$$H_i = \frac{e}{\mu c}(\boldsymbol{A}_t(x)\cdot\boldsymbol{P}) + \frac{e^2}{2\mu c^2}\boldsymbol{A}_t(x)^2 \tag{5.53}$$

这里,H_i 既是原子的量子力学算符,又是量子光场的场算符;$\boldsymbol{P}$ 是电子动量算符;量子化横向矢势 $\boldsymbol{A}_t(x)$ 属于电子所在位置,应受 $\boldsymbol{P}$ 作用。但由于取了横向规范 $\nabla\cdot\boldsymbol{A}_t=0$,$\boldsymbol{P}$ 与 $\boldsymbol{A}_t$ 可交换。按上面所说,对有相互作用的情况,可有变系数的式(5.20a)

$$\boxed{\boldsymbol{A}_t(\boldsymbol{r},t) = \int\frac{\mathrm{d}^3k}{(2\pi)^{3/2}}\sqrt{\frac{2\pi\hbar c^2}{\omega_{\boldsymbol{k}}}}\sum_{\lambda=1}^{2}(a_\lambda(\boldsymbol{k},t)\mathrm{e}^{\mathrm{i}\boldsymbol{k}\cdot\boldsymbol{r}} + a_\lambda^+(\boldsymbol{k},t)\mathrm{e}^{-\mathrm{i}\boldsymbol{k}\cdot\boldsymbol{r}})\boldsymbol{\varepsilon}_\lambda(\boldsymbol{k})} \tag{5.54}$$

(此式转为箱归一见脚注⑯)。这样就进入 Heisenberg 绘景。至此已将电磁场看成光子系综。相互作用也使 $H_{em} = H_{em}(t)$ 不再守恒。将式(5.54)代入式(5.53),并将算符 $\boldsymbol{P} \to \boldsymbol{P}_t$,有

$$\boxed{\begin{aligned} H_i(t) = {} & \frac{e\sqrt{\hbar}}{2\pi\mu}\int \frac{\mathrm{d}^3 k}{\sqrt{\omega_k}} \sum_{\lambda=1}^{2} (a_\lambda(\boldsymbol{k},t)\mathrm{e}^{\mathrm{i}\boldsymbol{k}\cdot\boldsymbol{r}} + a_\lambda^+(\boldsymbol{k},t)\mathrm{e}^{-\mathrm{i}\boldsymbol{k}\cdot\boldsymbol{r}})\boldsymbol{\varepsilon}_\lambda(\boldsymbol{k}) \cdot \boldsymbol{P}_t + \frac{e^2\hbar}{8\pi^2\mu}\int \frac{\mathrm{d}^3 kk'}{\sqrt{\omega_k\omega_{k'}}} \\ & \cdot \sum_{\lambda,\lambda'=1}^{2} (a_\lambda(\boldsymbol{k},t)\mathrm{e}^{\mathrm{i}\boldsymbol{k}\cdot\boldsymbol{r}} + a_\lambda^+(\boldsymbol{k},t)\mathrm{e}^{-\mathrm{i}\boldsymbol{k}\cdot\boldsymbol{r}})(a_{\lambda'}(\boldsymbol{k}',t)\mathrm{e}^{\mathrm{i}\boldsymbol{k}'\cdot\boldsymbol{r}} + a_{\lambda'}^+(\boldsymbol{k}',t)\mathrm{e}^{-\mathrm{i}\boldsymbol{k}'\cdot\boldsymbol{r}})\boldsymbol{\varepsilon}_\lambda(\boldsymbol{k}) \cdot \boldsymbol{\varepsilon}_{\lambda'}(\boldsymbol{k}') \end{aligned}}$$

(5.55)

取偶极近似并让原子核位于原点,于是可令 $\boldsymbol{A}$ 展式中 $\boldsymbol{r} = 0$,得

$$\boxed{\begin{aligned} H_i(t) = {} & \frac{e\sqrt{\hbar}}{2\pi\mu}\int \frac{\mathrm{d}^3 k}{\sqrt{\omega_k}} \sum_{\lambda=1}^{2} (a_\lambda(\boldsymbol{k},t) + a_\lambda^+(\boldsymbol{k},t))\boldsymbol{\varepsilon}_\lambda(\boldsymbol{k}) \cdot \boldsymbol{P}_{\lambda,t} + \frac{e^2\hbar}{8\pi^2\mu}\int \frac{\mathrm{d}^3 kk'}{\sqrt{\omega_k\omega_{k'}}} \\ & \cdot \sum_{\lambda,\lambda'=1}^{2} (a_\lambda(\boldsymbol{k},t) + a_\lambda^+(\boldsymbol{k},t))(a_{\lambda'}(\boldsymbol{k}',t) + a_{\lambda'}^+(\boldsymbol{k}',t))\boldsymbol{\varepsilon}_\lambda(\boldsymbol{k}) \cdot \boldsymbol{\varepsilon}_{\lambda'}(\boldsymbol{k}') \end{aligned}}$$

(5.56a)

注意 $(\Delta k)^3 = (2\pi)^3/V = \rho_k^{-1}, a_\lambda^{()}(\boldsymbol{k},t) = a_{\boldsymbol{k},\lambda,t}^{()}\rho_k^{1/2}, |\,\boldsymbol{k}\rangle = |\,\boldsymbol{k},D\rangle\rho_k^{1/2}$,箱归一为㉝

$$\boxed{\begin{aligned} H_i(t) = {} & \frac{e\sqrt{\hbar}}{2\pi\mu}\sum_{\boldsymbol{k},\lambda} \sqrt{\frac{1}{\omega_k}}(a_{\boldsymbol{k},\lambda,t}^+ + a_{\boldsymbol{k},\lambda,t})P_{\lambda,t}\rho_k^{-1/2} + \frac{e^2\hbar}{8\pi^2\mu} \\ & \cdot \sum_{\boldsymbol{k},\boldsymbol{k}',\lambda,\lambda'} \sqrt{\frac{1}{\omega_k\omega_{k'}}}(a_{\boldsymbol{k},\lambda,t}^+ + a_{\boldsymbol{k},\lambda,t})(a_{\boldsymbol{k}',\lambda',t}^+ + a_{\boldsymbol{k}',\lambda',t})(\boldsymbol{\varepsilon}_{\boldsymbol{k},\lambda} \cdot \boldsymbol{\varepsilon}_{\boldsymbol{k}',\lambda'})\rho_k^{-1/2}\rho_{k'}^{-1/2} \end{aligned}}$$

(5.56b)

这里 $\boldsymbol{\varepsilon}_\lambda = \boldsymbol{e}_x, \boldsymbol{e}_y, \boldsymbol{\varepsilon}'_\lambda = \boldsymbol{e}'_x, \boldsymbol{e}'_y$;$\boldsymbol{P}_{\lambda,t}$ 是 $\boldsymbol{P}_t$ 在 $\boldsymbol{\varepsilon}_\lambda$ 方向分量。

式(5.55)和式(5.56)成立的条件是电偶极近似:$\lambda \gg$ 原子半径。

习题 5.12 利用式(5.54)和式(5.55),讨论箱归一。

习题 5.13 讨论式(5.55)内容。向相对论过渡时,分析相互作用形式的改变及其根据。

按照现在原子模型,原子与光子相互作用能表现为 a、a^+ 的一阶项和二阶项。线性项引起单光子过程,二阶项则引起双光子过程(散射或同时发射(吸收)两个光子过程),全部共计 6 种过程。注意两点:其一,一阶项含有单光子产生算符,这表示含有自发衰变过程,只要守恒定律允许,便可实现;其二,用光子场真空态 $|\,\boldsymbol{0}\rangle$ 夹积这个相互作用时,由第二项中 aa^+ 项出来对全体模的积分。表明场的真空态能量是个无穷大。这种发散容易用直接定义场的真空态能量为零的办法予以剔除。

㉝ 下式也见 Dirac P A M. 量子力学原理. 北京:科学出版社,1965:248. 由于 ρ_k 是单位 $\boldsymbol{k}$ 体积内的分立态数目,所以 $\langle\boldsymbol{k}|\boldsymbol{k}\rangle\mathrm{d}\boldsymbol{k} = \langle\boldsymbol{k},D|\boldsymbol{k},D\rangle\rho_k\mathrm{d}\boldsymbol{k}$,即 $|\boldsymbol{k}\rangle = |\boldsymbol{k},D\rangle\rho_k^{1/2}$。此态矢转换式亦见该书 242 页,式(56)。注意 $\rho_p = \rho_k\hbar^{-3}$.

5.6.2　H_i 的初步应用

现在利用相互作用能 H_i 计算几个简单过程的矩阵元。

第一，单光子产生 $\boldsymbol{P}'\boldsymbol{\varepsilon}_\lambda$，伴随原子从 $\alpha_0 \to \alpha$ 态。先考虑分立态 $\boldsymbol{P}_D\boldsymbol{\varepsilon}_\lambda$（或 $\boldsymbol{k}_D\boldsymbol{\varepsilon}_\lambda$）。对此过程，由于 ⟨1｜二阶项｜0⟩＝0，$H_i$ 第二项作用消失。于是

$$\langle \boldsymbol{P}_D\boldsymbol{\varepsilon}_\lambda\alpha \,|\, H_i \,|\, \alpha_0\rangle = \frac{e\sqrt{\hbar}}{2\pi\mu\sqrt{\omega}}\langle\alpha\,|\,P_\lambda\,|\,\alpha_0\rangle\rho_{\boldsymbol{k}}^{-1/2} = \frac{e}{2\pi\hbar\mu\sqrt{\omega}}\langle\alpha\,|\,P_\lambda\,|\,\alpha_0\rangle\rho_{\boldsymbol{P}}^{-1/2}$$

将电子动量 $\boldsymbol{P}$ 代以 $\mu\dot{\boldsymbol{x}}$（P_λ 代以 $\mu\dot{x}_\lambda$）。利用动量空间内分立态与连续态态密度的关系，转入到连续光子态。最后即得此过程矩阵元为

$$\boxed{\langle \boldsymbol{P}\boldsymbol{\varepsilon}_\lambda\alpha \,|\, H_i \,|\, \alpha_0\rangle = \frac{e}{2\pi\hbar\sqrt{\omega}}\langle\alpha\,|\,\dot{x}_\lambda\,|\,\alpha_0\rangle} \tag{5.57a}$$

这个非零矩阵元显然对应于无外部照射时自发跃迁过程。它根源于 H_i 中有一阶厄米项，允许存在单光子产生过程。这是 3.6.1 节 Schrödinger 场情况的特例。那里守恒原子数对初态为一个时，出现状态向下跃迁并伴随单光子发射。计算见 5.6.3 节例 1。

第二，从连续态 $\boldsymbol{P}_0\boldsymbol{\varepsilon}_0$ 吸收一个光子并使原子从态 $\alpha_0 \to \alpha$ 的矩阵元

$$\boxed{\langle\alpha \,|\, H_i \,|\, \boldsymbol{P}_0\boldsymbol{\varepsilon}_0\alpha_0\rangle = \frac{e}{2\pi\hbar\sqrt{\omega_0}}\langle\alpha\,|\,\dot{x}_{\boldsymbol{\varepsilon}_0}\,|\,\alpha_0\rangle} \tag{5.57b}$$

第三，一个光子从连续态 $\boldsymbol{P}_0\boldsymbol{\varepsilon}_0$ 散射到连续态 $\boldsymbol{P}\boldsymbol{\varepsilon}_\lambda$ 并使原子从态 $\boldsymbol{\alpha}_0 \to \boldsymbol{\alpha}$ 的矩阵元

$$\boxed{\langle \boldsymbol{P}\boldsymbol{\varepsilon}_\lambda\alpha \,|\, H_i \,|\, \boldsymbol{P}_0\boldsymbol{\varepsilon}_0\alpha_0\rangle = \frac{e^2}{4\pi^2\hbar^2\mu\sqrt{\omega\omega_0}}(\boldsymbol{\varepsilon}_\lambda\cdot\boldsymbol{\varepsilon}_0)\delta_{\alpha\alpha_0}} \tag{5.57c}$$

这里乘 2 是由于 H_i 中有两项对此矩阵元有贡献：连系于 $a^+_{\boldsymbol{P}\boldsymbol{\varepsilon}_\lambda}a_{\boldsymbol{P}_0\boldsymbol{\varepsilon}_0}$ 和 $a_{\boldsymbol{P}_0\boldsymbol{\varepsilon}_0}a^+_{\boldsymbol{P}\boldsymbol{\varepsilon}_\lambda}$，两项结果相同。

5.6.3　原子受激辐射与自发辐射的发射、吸收系数

例 1　自发辐射系数和平均寿命。第一个矩阵元式(5.57a)(对光子连续态)意义是：处于初态 α_0 的原子，自发地在单位时间内向 $\boldsymbol{P}$ 附近单位立体角内发射一个光子 $\boldsymbol{P}\boldsymbol{\varepsilon}_\lambda$，并落到一个较低能量态 α。于是，按一阶微扰论，自发跃迁速率或发射系数为（$\rho(E)=\frac{EP}{c^2}$ ㉞）

㉞　这里，按相对论粒子或光子的动量-能量关系，单位能量间隔和单位立体角内终态密度为

$$\rho(E)\,\mathrm{d}\Omega = \frac{\mathrm{d}^3P}{\mathrm{d}E} = \frac{P^2\,\mathrm{d}P\,\mathrm{d}\Omega}{\mathrm{d}E} = \frac{EP}{c^2}\mathrm{d}\Omega \to \rho(E) = \frac{EP}{c^2}$$

$$P_{\text{Spon}} = \frac{2\pi}{\hbar}\left|\langle \boldsymbol{P}\boldsymbol{\varepsilon}_\lambda \alpha \left| H_i \right| \alpha_0 \rangle\right|^2 \rho(E) = \frac{2\pi}{\hbar}\frac{EP}{c^2}\left|\langle \alpha \left| \dot{x}_\lambda \right| \alpha_0 \rangle \frac{e}{2\pi\hbar\sqrt{\omega}}\right|^2 \tag{5.58a}$$

现在光子 $E = \hbar\omega = (E_0 - E_\alpha)$, $P = \hbar\omega/c$, 以及

$$\langle \alpha \left| \dot{x}_\lambda \right| \alpha_0 \rangle = \langle \alpha \left| \frac{1}{\mathrm{i}\hbar}[x_\lambda, H] \right| \alpha_0 \rangle = -\mathrm{i}\omega\langle \alpha \left| x_\lambda \right| \alpha_0 \rangle$$

所以

$$\boxed{P_{\text{Spon}} = \frac{\omega^3 \alpha}{2\pi c^2}\left|\langle \alpha \left| x_\lambda \right| \alpha_0 \rangle\right|^2} \tag{5.58b}$$

由此,单位时间内向全空间所有方向辐射各种极化光子的总发射率,即激发原子自发衰变寿命 τ 倒数为[35]

$$\boxed{\frac{1}{\tau} = 2 \cdot 4\pi \cdot \frac{1}{3}\left[\frac{\omega^3 e^2}{2\pi\hbar c^3}\left|\langle \alpha \left| \boldsymbol{r} \right| \alpha_0 \rangle\right|^2\right] = \frac{4}{3}\frac{\alpha\omega^3}{c^2}\left|\langle \alpha \left| \boldsymbol{r} \right| \alpha_0 \rangle\right|^2} \tag{5.59}$$

因子 1/3 是体现原子空间指向各向同性,将矩阵元中 $x \to \boldsymbol{r}$, 因子 2 是有两个极化模式。将式(5.59)乘以 $\hbar\omega$ 即得辐射光子的总功率为[36]

$$\boxed{P_{\text{total}} = \frac{4e^2\omega^4}{3c^3}\left|\langle \alpha \left| \boldsymbol{r} \right| \alpha_0 \rangle\right|^2} \tag{5.60}$$

习题 5.14 计算氢原子 2p→1s 自发衰变寿命。

例 2 光子流强度。众所周知,**相空间的** $(2\pi\hbar)^3$ **体积的一个相格对应一个分立态。**这个普遍结果就是下面表示

$$\boxed{\mathrm{d}N = \rho \mathrm{d}V = \frac{\mathrm{d}^3 P \mathrm{d}V}{(2\pi\hbar)^3}} \tag{5.61}$$

注意 $P = \hbar\omega/c$, 于是单位体积内、在 $\mathrm{d}\Omega$ 方向、$\omega \to \omega + \mathrm{d}\omega$ 中 $\boldsymbol{P}\lambda$ 的光子数

$$n_{\boldsymbol{P}\lambda}\frac{\mathrm{d}^3 P}{(2\pi\hbar)^3} = n_{\boldsymbol{P}\lambda}\frac{P^2 \mathrm{d}P\mathrm{d}\Omega}{(2\pi\hbar)^3} = n_{\boldsymbol{P}\lambda}\frac{\omega^2 \mathrm{d}\omega\mathrm{d}\Omega}{(2\pi c)^3}$$

乘以 $\hbar\omega$ 就得到能量密度。再乘以光速 c, 即得 $\boldsymbol{P}\boldsymbol{\varepsilon}$ 态占据数为 $n_{\boldsymbol{P}\lambda}$ 、$\mathrm{d}\omega$ 频率间隔、沿 $\mathrm{d}\Omega$ 方向单位立体角内的光场能流密度[37] $\mathrm{d}I_0 \propto n_{\boldsymbol{P}\lambda}$, 为

$$\boxed{\mathrm{d}I_0 = I_0(\omega, \lambda)\mathrm{d}\omega\mathrm{d}\Omega = n_{\boldsymbol{P}\lambda}\frac{\hbar\omega^3}{c^2(2\pi)^3}\mathrm{d}\omega\mathrm{d}\Omega} \tag{5.62a}$$

这里, I_0 为单位时间、单位频段、沿 $\mathrm{d}\Omega$ 方向的单位立体角内穿过单位面积的能量,量纲是能量/厘米^2。另外,式(3.85a)表明原子跃迁概率$\propto n_{\boldsymbol{P}\lambda}(n_{\boldsymbol{P}'\lambda'} + 1)$。相应地,光子

---

[35] 也见脚注⑭文献,第 11 章式(11.64)。

[36] 也见脚注㉝,第 64,249,250 页. 公式(80)。

[37] 注意, $I_0(v)\mathrm{d}v = I_0(\omega)\mathrm{d}\omega \to I_0(v) = 2\pi I_0(\omega)$。

从 $|\boldsymbol{P}\lambda\rangle$ 态到 $|\boldsymbol{P}'\lambda'\rangle$ 态的散射概率将正比于[38]

$$\boxed{I_0(\Omega,\omega,\lambda)\left(I_0(\Omega',\omega',\lambda')+\frac{\hbar\omega'^3}{c^2(2\pi)^3}\right)} \tag{5.62b}$$

这里，括弧中第一项为受激辐射，第二项为自发辐射。同样，对几个光子的发射与吸收，有类似的推广，概率为连乘：对每一个吸收有 $I_0(\Omega,\omega,\lambda)$，对每一个发射有 $\left(I_0(\Omega',\omega',\lambda')+\frac{\hbar\omega^3}{c^2(2\pi)^3}\right)$。

例 3　单光子吸收。由 Bose 统计知，光子吸收概率与原先（在它被吸收以前的）态中的（光子）数目成正比，由此可以断定，入射到原子的一束辐射中单光子吸收概率与光束的强度成正比。按式（5.57b），入射光辐照下，原子在单位时间内吸收光子数为

$$\frac{2\pi}{\hbar}|\langle\alpha|H_i|\boldsymbol{P}_0\boldsymbol{\varepsilon}_0\alpha_0\rangle|^2\rho(E_0)=\frac{2\pi}{\hbar}\left\{|\langle\alpha|\dot{x}_{\boldsymbol{\varepsilon}_0}|\alpha_0\rangle|^2\frac{e^2}{(2\pi\hbar)^2\omega_0}\right\}\left(\frac{E_0P_0}{c^2}\bar{n}_\omega\right) \tag{5.63a}$$

乘以 $\hbar\omega_0$ 并将 $\bar{n}_\omega$ 代入，得到初始入射强度 $I_0(\omega_0)$ 下的能量吸收系数

$$\boxed{P_{\text{Absor}}=\frac{4\pi^2\alpha}{\omega_0}|\langle\alpha|\dot{x}_\lambda|\alpha_0\rangle|^2I_0(\Omega,\omega_0,\lambda)} \tag{5.63b}$$

类似式（5.58b）整理此矩阵元，上式能量吸收系数即为

$$\boxed{P_{\text{Absor}}=4\pi^2\alpha\omega_0|\langle\alpha|x_\lambda|\alpha_0\rangle|^2I_0(\Omega,\omega_0,\lambda)} \tag{5.63c}$$

对所有原子指向平均（注意与前面发射的不同，无 4π 无两个极化）[39]

$$\boxed{P_{\text{Absor}}=\frac{4\pi^2}{3}\alpha\omega_0|\langle\alpha|\boldsymbol{r}|\alpha_0\rangle|^2I_0(\Omega,\omega_0,\lambda)} \tag{5.63d}$$

例 4　受激辐射。即沉浸在光场中原子并处于辐射平衡的情况。这不同于仅考虑自发辐射的例 1 情况。按照式（5.58b）并结合 Bose 的式（3.85a），即得

$$\boxed{P_{\text{emi}}=\frac{\omega^3\alpha}{2\pi c^2}\bar{n}_\omega(\bar{n}_{\omega'}+1)|\langle\alpha|x_\lambda|\alpha_0\rangle|^2} \tag{5.64}$$

这里，$\bar{n}_{\omega'}$ 是与出射光子态相同的入射光场分立态光子数。此式亦见文献[40]。按式（5.62b），除与原子初态相应的光场强度之外，还正比于 $I_0(\Omega',\omega',\boldsymbol{\varepsilon}_{\lambda'})+\hbar\omega'^3/c^2(2\pi)^3$，其中 $I_0(\Omega',\omega',\boldsymbol{\varepsilon}_{\lambda'})$ 与 $\bar{n}_{\omega'}$ 相对应，为频率与极化都和辐射光子相同的单位频段内入射光束的强度。

于是，除了例 1 自发辐射之外，和发出的辐射有相同 ω'、$\boldsymbol{\varepsilon}_{\lambda'}$ 并在同一方向的入

---

[38] 此式也见脚注[33]文献，243 页（60）。

[39] 亦见 Heitler W. The Quantum Theory of Radiation. 3Th Ed.，Oxford Univ. Press，180 页。

[40] 见上注文献 178 页，第（10）式。

射辐射会增加或激起发射，这就是受激发射。考虑到 I_0 是单位立体角和指定极化的，当光场为各向同性时，I_0 和光场单位频段的能量密度有关系 $I_0(\Omega',\omega',\boldsymbol{\varepsilon}_{\lambda'})=\frac{1}{8\pi}c\rho(\omega')$。由此可得入射光场在 $\boldsymbol{P}'\lambda'$ 态上的光子占据数，即两种辐射强度比值为

$$\boxed{n_{\boldsymbol{P}'\lambda'}=I_0(\Omega',\omega',\boldsymbol{\varepsilon}_{\lambda'})\frac{(2\pi)^3c^2}{\hbar\omega'^3}=\frac{\pi^2c^3}{\hbar\omega'^3}\rho(\omega')} \tag{5.65a}$$

这和 Einstein 在量子力学诞生之前，由统计平衡得出的结果一致[41]：

$$\text{受激辐射强度/自发辐射强度}=\frac{B_{21}}{A_{21}}\rho(\omega')=\frac{\pi^2c^3}{\hbar\omega'^3}\rho(\omega') \tag{5.65b}$$

例 5　光子散射矩阵元局限性分析。如果将第三个矩阵元式(5.57c)代入两体散射考虑[42]中。注意其中包含 $\delta_{\alpha_0\alpha}$，所以原子状态不改变，这导致光子散射前后 $\boldsymbol{E}$ 不变，成为低能光子的无能量损失的散射。出现这种局限性是由于，计算中假设了辐射波长远大于原子尺寸，于是取 $\boldsymbol{A}^2$ 项中 $\boldsymbol{r}=0$，使此项与 $\boldsymbol{r}$ 无关，从而 $\langle\alpha|$ 、$|\alpha_0\rangle$ 夹积出 $\delta_{\alpha\alpha_0}$。

5.6.4 模型计算

再进一步，根据三个近似——“弱场近似”“偶极近似”和“旋转波近似”，建立单原子与多模量子电磁场相互作用的全量子理论。

由弱场近似，略去 H_i 中的 $\boldsymbol{A}^2$ 项。这大体等于只考虑单光子过程。另外，如果所研究辐射的波长比原子尺寸大很多，就可以取 $\boldsymbol{A}$ 为原子中某一固定点(如核)上的矢量势是足够好的近似。这就是偶极近似。这时，单电子原子和多模量子电磁场 $\boldsymbol{E}(\boldsymbol{r},t)$ 的相互作用就可以用下面 Hamilton 量来描述[43]

$$\boxed{H=H_A+H_{EM}-e\boldsymbol{r}\cdot\boldsymbol{E}_{EM}} \tag{5.66}$$

$$\boxed{H_{EM}=\sum_{\boldsymbol{k}}\hbar\omega_{\boldsymbol{k}}\left(a_{\boldsymbol{k}}^{+}a_{\boldsymbol{k}}+\frac{1}{2}\right);\quad H_A=\sum_i E_i\,|\,i\rangle\langle i\;\equiv\sum_i E_i\sigma_{ii}}$$

$$\boxed{e\boldsymbol{r}=\sum_{i,j}e\,|\,i\rangle\langle i|\boldsymbol{r}\,|\,j\rangle\langle j|=\sum_{i,j}p_{ij}\sigma_{ij},\quad p_{ij}=e\langle i|\boldsymbol{r}\,|\,j\rangle}$$

$\left\{H_A\,|\,i\rangle=E_i\,|\,i\rangle,\sum_i|\,i\rangle\langle i|=I,\forall i\right\}$ 是原子的能级，$\sigma_{ij}=|\,i\rangle\langle j|$ 是原子从 j 态到 i 态的跃迁算符；$\boldsymbol{r}$ 是电子位置矢量，p_{ij} 是电子电偶极跃迁矩阵元。这里，为简化计算已经作了“偶极近似”：**量子化电场在整个原子区域内是空间均匀的，有**

---

[41] 见脚注[14]文献，第 11 章式(11.61)。

[42] 见脚注[33]文献，202 页公式(38)。

[43] Scully M O，Zubairy M S. Quantum Optics. Cambridge Univ. Press，1997：194.

$\boldsymbol{E}_{EM}(\boldsymbol{r},t)\cong\boldsymbol{E}(\boldsymbol{r}_0,t)=\sum_k\boldsymbol{E}_k(\boldsymbol{r}_0,t)$。为了简单，取线性极化矢量作展开基矢，并假定 p_{ij} 为实数[44]，于是有

$$\boldsymbol{E}_{EM}=\sum_k\mathcal{E}_k\{a_k\exp(\mathrm{i}\boldsymbol{k}\cdot\boldsymbol{r}_0)+a_k^+\exp(-\mathrm{i}\boldsymbol{k}\cdot\boldsymbol{r}_0)\}\boldsymbol{\varepsilon}_k,\quad \mathcal{E}_k=\sqrt{\hbar\omega_k/2V}$$

代入上面 Hamilton 量，略去零点能，得

$$\boxed{H=\sum_k\hbar\omega_k a_k^+a_k+\sum_i E_i\sigma_{ii}+\hbar\sum_{i,j}\sum_k\sigma_{ij}(g_k^{ij}a_k^++g_k^{ij\,*}a_k),\quad g_k^{ij}=-p_{ij}\boldsymbol{\varepsilon}_k\mathcal{E}_k\mathrm{e}^{-\mathrm{i}\boldsymbol{k}\cdot\boldsymbol{r}_0}/\hbar}\tag{5.67}$$

下面为了简化计算，假定原子是个双态系统，只有两条能级（上能级 a 和下能级 b）。记 $g_k^{ab\,*}=g_k^{ba}=g_k^*$，于是可得 Hamilton 量

$$H=\sum_k\hbar\omega_k a_k^+a_k+(E_a\sigma_{aa}+E_b\sigma_{bb})+\hbar\sum_{i,j}\sum_k(\sigma_{ab}+\sigma_{ba})(g_ka_k^++g_k^*a_k)\tag{5.68}$$

其中第二项又可写成

$$E_a\sigma_{aa}+E_b\sigma_{bb}=\frac{1}{2}\hbar\omega(\sigma_{aa}-\sigma_{bb})+\frac{1}{2}(E_a+E_b)$$

这里 $\hbar\omega=E_a-E_b$，$\sigma_{aa}+\sigma_{bb}=1$。略去常数能量项 $(E_a+E_b)/2$，并用记号

$$\sigma_z=\sigma_{aa}-\sigma_{bb}=|a\rangle\langle a|-|b\rangle\langle b|$$
$$\sigma_+=\sigma_{ab}=|a\rangle\langle b|$$
$$\sigma_-=\sigma_{ba}=|b\rangle\langle a|$$

于是上面的 Hamilton 量变成

$$\boxed{H=\sum_k\hbar\omega_k a_k^+a_k+\frac{1}{2}\hbar\omega\sigma_z+\hbar\sum_k(\sigma_++\sigma_-)(g_ka_k^++g_k^*a_k)}\tag{5.69}$$

由态矢的并矢表达式得 $[\sigma_{ij},\sigma_{kl}]=\delta_{jk}\sigma_{il}-\delta_{il}\sigma_{kj}$，可知$(\sigma_+,\sigma_-,\sigma_z)$满足 Pauli 矩阵的 $SU(2)$ 代数，

$$[\sigma_-,\sigma_+]=-\sigma_z,\quad [\sigma_-,\sigma_z]=2\sigma_-$$

取两能级的矩阵表示 $\begin{pmatrix}1\\0\end{pmatrix},\begin{pmatrix}0\\1\end{pmatrix}$，即得$(\sigma_+,\sigma_-,\sigma_z)$的矩阵表示为

$$\sigma_-=\begin{pmatrix}0&0\\1&0\end{pmatrix},\quad \sigma_+=\begin{pmatrix}0&1\\0&0\end{pmatrix},\quad \sigma_z=\begin{pmatrix}1&0\\0&-1\end{pmatrix}$$

式(5.69)相互作用 Hamilton 量共有 4 项：$\sigma_-a_k^+,\sigma_+a_k,\sigma_-a_k,\sigma_+a_k^+$。其中前两项$(\sigma_-a_k^+,\sigma_+a_k)$分别代表，原子从高态衰变到低态同时放出一个光子，以及原子从低态跃迁到高态同时吸收一个光子。从一阶微扰论的观点来看，这两个过程都是符合

---

[44] 当电场方向不变时，上述相互作用算符不改变磁量子数。

能量守恒定律的(选择某个 $\boldsymbol{k}$ 模实施初末物理态夹积,使之成为实过程)。**但后两项 $\sigma_- a_k$,$\sigma_+ a_k^+$ 分别表示原子从高态衰变到低态同时吸收一个光子,以及原子从低态跃迁到高态同时放出一个光子。按照一阶微扰论观点,它们不符合能量守恒定律、矩阵元都为零[45],因此略去这两项。这便是"旋转波近似"**(rotating-wave approximation)。

最后,Hamilton 量成为

$$H = \sum_k \hbar\omega_k a_k^+ a_k + \frac{1}{2}\hbar\omega\sigma_z + \hbar\sum_k (g_k^* a_k\sigma_+ + g_k a_k^+\sigma_-) \tag{5.70}$$

其中 $g_k = -p\boldsymbol{\varepsilon}_k\mathcal{E}_k e^{-i\boldsymbol{k}\cdot\boldsymbol{r}_0}/\hbar$,$\mathcal{E}_k = \sqrt{\hbar\omega_k/2V}$,$p$ 是电子的电偶极跃迁矩阵元。**这就是描述单个双态系统和多模光场相互作用的 Hamilton 量。**

下面转入相互作用绘景作具体计算。为此记

$$\begin{aligned} &H = H_0 + H_I \\ &H_0 = \sum_k \hbar\omega_k a_k^+ a_k + \frac{1}{2}\hbar\omega\sigma_z, \quad H_I = \hbar\sum_k \{g_k^*(\boldsymbol{r}_0)a_k\sigma_+ + g_k(\boldsymbol{r}_0)a_k^+\sigma_-\} \end{aligned} \tag{5.71}$$

这里记耦合常数 $g_k(\boldsymbol{r}_0) = g_k\exp(-i\boldsymbol{k}\cdot\boldsymbol{r}_0)$,其量纲为频率。$\boldsymbol{r}_0$ 是原子位置,表明了相互作用 Hamilton 量对原子位置的依赖。作如下变换,并利用相应对易关系

$$|\psi(t)\rangle_I = \exp(iH_0t/\hbar)|\psi(t)\rangle_S = \exp(iH_0t/\hbar)\exp(-iHt/\hbar)|\psi(0)\rangle$$

$$\exp\left\{i\sum_k\omega_k a_k^+ a_k t\right\}a_k\exp\left\{-i\sum_k\omega_k a_k^+ a_k t\right\} = \exp\{-i\omega_k t\}a_k$$

$$\exp\left\{i\sum_k\omega_k a_k^+ a_k t\right\}a_k^+\exp\left\{-i\sum_k\omega_k a_k^+ a_k t\right\} = \exp\{i\omega_k t\}a_k^+$$

$$\exp\left\{i\frac{1}{2}\omega\sigma_z t\right\}\sigma_\pm\exp\left\{-i\frac{1}{2}\omega\sigma_z t\right\} = e^{\pm i\omega t}\sigma_\pm$$

即得相互作用绘景中 $H_I(t)$ 为

$$\begin{aligned} H_I(t) &= \exp(iH_0t/\hbar)H_I\exp(-iH_0t/\hbar) \\ &= \hbar\sum_k\{g_k^*(\boldsymbol{r}_0)\sigma_+ a_k e^{i(\omega-\omega_k)t} + \text{h.c.}\} \end{aligned} \tag{5.72}$$

一般地,记原子和辐射场系统状态处在如下叠加态上

$$|\psi(t)\rangle_I = \sum_n\{c_{a,n}(t)|a,n\rangle + c_{b,n}(t)|b,n\rangle\} \tag{5.73}$$

这里 $|a,n\rangle$ 表明原子处于 a 态而场则处在 n 个光子态。注意 $H_I(t)$ 只涉及原子在能级 a、b 间的跃迁,只会发生单光子产生或湮没过程,即 $|a,n\rangle\leftrightarrow|b,n+1\rangle$ 过程,所以只需考虑系数 $c_{a,n}(t)$,$c_{b,n+1}(t)$。于是将 $|\psi(t)\rangle_I$ 代入相互作用绘景的态矢方程

---

[45] 注意,这个按照一阶微扰论对相互作用 Hamilton 量的看法是近似的。按照更高阶微扰论观点,插入完备性条件即知,这两个虚过程作用并不可以忽略。它们表达了经历中间虚过程的二阶及以上微扰修正。

$i\hbar\frac{\partial|\psi(t)\rangle_I}{\partial t}=H_I(t)|\psi(t)\rangle_I$，并将其向 $\langle a,n|$，$\langle b,n+1|$ 投影，得到这两个概率幅的动力学方程

$$\dot{c}_{a,n}=-\mathrm{i}g^*\sqrt{n+1}\,\mathrm{e}^{\mathrm{i}\Delta t}c_{b,n+1},\quad \dot{c}_{b,n+1}=-\mathrm{i}g\sqrt{n+1}\,\mathrm{e}^{-\mathrm{i}\Delta t}c_{a,n}$$

这里 $\Delta=\omega-\omega_k$，并略去了耦合常数脚标。这些方程的一般解为

$$\begin{cases}c_{a,n}(t)=\left\{c_{a,n}(0)\left[\cos\frac{\Omega_n t}{2}-\frac{\mathrm{i}\Delta}{\Omega_n}\sin\frac{\Omega_n t}{2}\right]-\frac{2\mathrm{i}g\sqrt{n+1}}{\Omega_n}c_{b,n+1}(0)\sin\frac{\Omega_n t}{2}\right\}\mathrm{e}^{\mathrm{i}\Delta t/2}\\ c_{b,n+1}(t)=\left\{c_{b,n+1}(0)\left[\cos\frac{\Omega_n t}{2}+\frac{\mathrm{i}\Delta}{\Omega_n}\sin\frac{\Omega_n t}{2}\right]-\frac{2\mathrm{i}g\sqrt{n+1}}{\Omega_n}c_{a,n}(0)\sin\frac{\Omega_n t}{2}\right\}\mathrm{e}^{-\mathrm{i}\Delta t/2}\end{cases}\tag{5.74}$$

这里 $\Omega_n^2=\Delta^2+4|g|^2(n+1)$ [46]。

习题 5.15 按照 5.7 节广义 J-C 模型求解所提供的方法，推导式(5.74)。

5.7 广义 Jaynes-Cummings 模型——非相对论 QED(Ⅵ)

自从 1963 年 Jaynes-Cummings(J-C)模型[47]提出以来，出现大量有关的工作。本节叙述与量子光场耦合的双态系统的一般动力学——Raman 散射腔 QED 和广义 J-C 模型的普遍理论。

5.7.1 广义 J-C 模型

J-C 模型经各种推广之后应用广泛，常见用于描述原子和光场相互作用，也是构造很多类型量子逻辑门的理论计算基础，甚至还和 Zeeman 效应、Paschen-Back 效应的处理有关[48]。已有大量关于推广和求解此类模型的工作(如 Eberly[49] 等)。本节内容主要是在 1995 年工作[50]基础上所作的未发表的工作[51]。

各种版本的 J-C 模型之所以都是可解的，是由于它们具有一个共同的 $SU(2)$ 内禀对称结构。于是总可以等价地转换到有效静磁场下的 1/2 自旋粒子系统，这是个可解问题。现在，进一步指出，不仅各种版本的 J-C 模型，而且带 Raman 散射的大多数腔 QED 模型也可以用一种统一方式改造之后解析求解。

---

[46] 结果也参见脚注[43]文献，198 页。但那里函数 g 为实数。

[47] Jaynes E T，Cummings F W. Proc. IEEE，1963，51：89.

[48] 见本书第 10 章第 1 节。

[49] Eberly J H，et al. PRL，1980，44：1323；Rempe G，et al. PRL，1990，47：2783 等。

[50] Yu S X，Rauch H，Zhang Y D. PRA，1995，52：2585.

[51] Zhang Y D，Yu S X，et al. General Theory of Jaynes- Cummings Models and Cavity-QED for Raman Scattering，1996，未发表。

设 $H = H_0 + H_i$，转入相互作用绘景消去 H_0 项，并略去脚标，得

$$\begin{cases} \mathrm{i}\dfrac{\mathrm{d}|\psi(t)\rangle}{\mathrm{d}t} = H|\psi(t)\rangle \\ H = A_- \mathrm{e}^{\mathrm{i}tf}\sigma_+ + \mathrm{e}^{-\mathrm{i}tf}A_+\sigma_- + \alpha\sigma_3 \end{cases} \tag{5.75a}$$

这里 α 是常系数，$(A_\pm, f)$ 是由 n 模产生、湮没算符组成的不显含时间的三个集团算符。假定 $(A_\pm, f)$ 三者之间满足以下条件

$$\begin{cases} (A_-)^+ = A_+, \quad [A_0, A_\pm] = \pm mA_\pm, (A_0)^+ = A_0 \\ A_+A_- = \chi(A_0), \quad A_-A_+ = \chi(A_0 + m) \\ f^+ = f, \quad [f, A_0] = 0 \end{cases} \tag{5.75b}$$

这里 χ 是足够正规的实函数，m 也是实数。算符 f 中可以包含 σ_3，并且由于 $\sigma_3\sigma_+ = \sigma_+$，可以等效地认为 f 中的 $\sigma_3 = 1$。第二行两个公式是逻辑自洽的。比如，由 $A_+A_- = \chi(A_0)$，有

$$\begin{cases} A_-A_+A_- = A_-\chi(A_0) = \chi(A_0 + m)A_- \to [A_-A_+ - \chi(A_0 + m)]A_- = 0 \\ A_+A_-A_+ = \chi(A_0)A_+ = A_+\chi(A_0 + m) \to A_+[A_-A_+ - \chi(A_0 + m)] = 0 \end{cases}$$

可以自洽地取 $A_-A_+ = \chi(A_0 + m)$。再引入一个算符 g：$A_-f = gA_-$，根据 $f = f(A_0)$ 和 $A_-A_0 = (A_0 + m)A_-$，即得 $g(A_0) = f(A_0 + m)$。于是 $g = g^+$，$[g, A_0] = 0$。由此有

$$\begin{cases} A_-\mathrm{e}^{\mathrm{i}tf} = \mathrm{e}^{\mathrm{i}tg}A_- \\ A_+\mathrm{e}^{\mathrm{i}tg} = \mathrm{e}^{\mathrm{i}tf}A_+ \end{cases} \tag{5.75c}$$

以下叙述表明，如此假定的理论框架，不仅普适到能够涵括双态系统大部分有兴趣场合的动力学问题，而且足够简单到能够精确求解。

5.7.2 求解与讨论

现在，为求解上面方程，引入下面含时幺正变换 $U(t)$

$$U = \begin{pmatrix} \dfrac{\exp\left(\dfrac{-\mathrm{i}tf}{2}\right)}{\sqrt{2\chi(A_0)}}A_+ & \dfrac{\exp\left(\dfrac{\mathrm{i}tf}{2}\right)}{\sqrt{2}} \\ -\dfrac{\exp\left(\dfrac{-\mathrm{i}tg}{2}\right)}{\sqrt{2}} & A_-\dfrac{\exp\left(\dfrac{\mathrm{i}tf}{2}\right)}{\sqrt{2\chi(A_0)}} \end{pmatrix}, \quad U^{-1} = \begin{pmatrix} A_-\dfrac{\exp\left(\dfrac{\mathrm{i}tf}{2}\right)}{\sqrt{2\chi(A_0)}} & -\dfrac{\exp\left(\dfrac{\mathrm{i}tg}{2}\right)}{\sqrt{2}} \\ \dfrac{\exp\left(\dfrac{-\mathrm{i}tf}{2}\right)}{\sqrt{2}} & \dfrac{\exp\left(\dfrac{-\mathrm{i}tf}{2}\right)}{\sqrt{2\chi(A_0)}}A_+ \end{pmatrix} \tag{5.76}$$

由这个变换可得

$$\begin{cases} U(t)HU(t)^{-1} = \begin{pmatrix} \sqrt{\chi(A_0)} & -\dfrac{\alpha}{\sqrt{\chi(A_0)}}A_+ \\ -A_-\dfrac{\alpha}{\sqrt{\chi(A_0)}} & -\sqrt{\chi(A_0+m)} \end{pmatrix} \\ \mathrm{i}\dfrac{\mathrm{d}U(t)}{\mathrm{d}t}U(t)^{-1} = \begin{pmatrix} 0 & -\dfrac{f/2}{\sqrt{\chi(A_0)}}A_+ \\ -A_-\dfrac{f/2}{\sqrt{\chi(A_0)}} & 0 \end{pmatrix} \end{cases} \tag{5.77}$$

于是将 Schrödinger 方程等价转换为

$$\begin{cases} \mathrm{i}\dfrac{\mathrm{d}(U(t)\mid\psi(t)\rangle)}{\mathrm{d}t} = H_{\mathrm{eff}}(U(t)\mid\psi(t)\rangle) \\ H_{\mathrm{eff}} = \begin{pmatrix} \sqrt{\chi(A_0)} & -\dfrac{(f/2)+\alpha}{\sqrt{\chi(A_0)}}A_+ \\ -A_-\dfrac{(f/2)+\alpha}{\sqrt{\chi(A_0)}} & -\sqrt{\chi(A_0+m)} \end{pmatrix} \end{cases} \tag{5.78}$$

注意算符 H_{eff} 已和时间无关,这就得到下面时间相关解

$$\begin{cases} \mid\psi(t)\rangle = [U(t)^{-1}\exp(-\mathrm{i}tH_{\mathrm{eff}})]\cdot U(0)\mid\psi(0)\rangle \\ U(t)^{-1}H_{\mathrm{eff}}U(t) = \begin{pmatrix} \left(\alpha+\dfrac{g}{2}\right) & A_-\mathrm{e}^{\mathrm{i}tf} \\ \mathrm{e}^{-\mathrm{i}tf}A_+ & -\left(\alpha+\dfrac{f}{2}\right) \end{pmatrix} \end{cases} \tag{5.79a}$$

注意 $U(t)^{-1}U(0) = \begin{pmatrix} \mathrm{e}^{\mathrm{i}tg/2} & 0 \\ 0 & \mathrm{e}^{-\mathrm{i}tf/2} \end{pmatrix}$,得

$$\mid\psi(t)\rangle = \exp\left\{-\mathrm{i}t\begin{pmatrix} \left(\alpha+\dfrac{g}{2}\right) & A_-\,\mathrm{e}^{\mathrm{i}tf} \\ \mathrm{e}^{-\mathrm{i}tf}A_+ & -\left(\alpha+\dfrac{f}{2}\right) \end{pmatrix}\right\}\begin{pmatrix} \mathrm{e}^{\mathrm{i}tg/2} & 0 \\ 0 & \mathrm{e}^{-\mathrm{i}tf/2} \end{pmatrix}\mid\psi(0)\rangle \tag{5.79b}$$

最后,再注意到

$$\begin{pmatrix} \left(\alpha+\dfrac{g}{2}\right) & A_-\mathrm{e}^{\mathrm{i}tf} \\ \mathrm{e}^{-\mathrm{i}tf}A_+ & -\left(\alpha+\dfrac{f}{2}\right) \end{pmatrix}^2 = \begin{pmatrix} G^2 & 0 \\ 0 & F^2 \end{pmatrix},\begin{cases} F(A_0)^2 = \chi(A_0)+\left(\alpha+\dfrac{f(A_0)}{2}\right)^2 \\ G(A_0)^2 = \chi(A_0+m)+\left(\alpha+\dfrac{g(A_0)}{2}\right)^2 \end{cases}$$

以及 $[f,F]=[g,G]=0, A_-F=GA_-$,于是得

$$
|\psi(t)\rangle = \begin{pmatrix} e^{itg/2}\left[\cos(Gt)-i\left(\alpha+\dfrac{g}{2}\right)\dfrac{\sin(Gt)}{G}\right] & -ie^{itg/2}\dfrac{\sin(Gt)}{G}A_- \\ -ie^{-\frac{itf}{2}}\dfrac{\sin(Ft)}{F}A_+ & e^{\frac{-itf}{2}}\left[\cos(Ft)+i\left(\alpha+\dfrac{f}{2}\right)\dfrac{\sin(Ft)}{F}\right] \end{pmatrix}|\psi(0)\rangle \tag{5.80}
$$

容易检验此演化矩阵是幺正的，于是有

$$
\langle\psi(t)|\psi(t)\rangle = \langle\psi(0)|\psi(0)\rangle
$$

如果设三个彼此对易算符 (A_0, f, g) 的共同本征态为 $\{|n\rangle\}$，即

$$
A_0|n\rangle = n|n\rangle, f|n\rangle = f(N)|n\rangle, \quad g|n\rangle = g(N)|n\rangle \tag{5.81a}
$$

于是有

$$
\begin{cases} A_-|n\rangle = \sqrt{\chi(n)}\,|n-m\rangle \\ A_+|n\rangle = \sqrt{\chi(n+m)}\,|n+m\rangle \\ g(n-m) = f(N), \quad G(n-m) = F(n) \end{cases} \tag{5.81b}
$$

最后即得下述形式的本征态

$$
\boxed{\begin{cases} |\psi^{(+)}(t)\rangle = e^{-it(F_n - f_n\sigma_3/2)}\begin{pmatrix} \cos\dfrac{\theta_n}{2}|n-m\rangle \\ \sin\dfrac{\theta_n}{2}|n\rangle \end{pmatrix} \\ |\psi^{(-)}(t)\rangle = e^{-it(-F_n - f_n\sigma_3/2)}\begin{pmatrix} -\sin\dfrac{\theta_n}{2}|n-m\rangle \\ \cos\dfrac{\theta_n}{2}|n\rangle \end{pmatrix} \end{cases}} \tag{5.82a}
$$

这里 $F_n = F(n), f_n = f(n)$，并且

$$
\boxed{\cos\frac{\theta_n}{2} = \frac{1}{\sqrt{2}}\sqrt{1+\frac{\alpha+(f_n/2)}{F_n}}, \qquad \sin\frac{\theta_n}{2} = \frac{1}{\sqrt{2}}\sqrt{1-\frac{\alpha+(f_n/2)}{F_n}}} \tag{5.82b}
$$

于是由式(5.81a)、式(5.81b)求得 χ_n, f_n, g_n 后，即可得到 F_n, G_n, θ_n，从而得到这类问题的两个本征值和本征态。

5.7.3 应用(Ⅰ)：共振条件下 Raman 散射腔 QED

为了再一次说明上面理论框架的普适性，除对各类 J-C 模型求解的应用之外，再求解一些文献中的 Hamilton 量，表明它们已为这个理论框架所概括，从而直接给出它们的精确解。

(1)考虑三能级原子，它们和量子化 Stocks、anti-Stocks 腔场及一个经典泵浦场

相互作用。这时 Hamilton 量为[52]

$$H=\frac{E_{31}}{2}\sigma_3+\omega_s N_s+\omega_a N_a+(\xi e^{-i\omega_p t}a_s^+ +\eta e^{i\omega_p t}a_a)\sigma_+ +(\xi e^{i\omega_p t}a_s+\eta e^{-i\omega_p t}a_a^+)\sigma_- \tag{5.83}$$

这里 $N_s=a_s^+a_s, N_a=a_a^+a_a$。

为求解，第一步是作变换 $U_1(t)=e^{iH_0 t}, H_0=\frac{E_{31}}{2}\sigma_3+\omega_s N_s+\omega_a N_a$，并利用 Raman双光子共振条件 $2\omega_p=\omega_a+\omega_s$，于是得 $(\delta=\omega_a-\omega_s-E_{31})$

$$i\frac{d(U_1(t)\mid\psi(t)\rangle)}{dt}=\{(\xi a_s^+ +\eta a_a)e^{-i\delta t}\sigma_+ +(\xi a_s+\eta a_a^+)e^{i\delta t}\sigma_-\}(U_1(t)\mid\psi(t)\rangle) \tag{5.84a}$$

可以看出，方程(5.84a)是式(5.75)的一个特例。只要令

$$\begin{cases}A_-=\xi a_s^+ +\eta a_a, \quad A_+=\xi a_s+\eta a_a^+ \\ \chi(A_0)=mA_0=\xi^2(N_s+1)+\eta^2 N_a+\xi\eta(a_s^+a_a^+ +a_s a_a) \\ m=\eta^2-\xi^2 \\ f=g=-\delta\end{cases} \tag{5.84b}$$

这里假定 $\eta>\xi$（但对于 $\eta\leqslant\xi$ 也类似可解；而对于退化的情况 $\eta=\xi$，求解更为简单，因为式(5.84a)中对易子 $[a_s^+ +a_a, a_s+a_a^+]=0$ 为零）。由方程(5.79)～(5.82)立即可得本征值本征函数及一般含时解分别为

$$\begin{cases}E_n^{(\pm)}=\pm\sqrt{n(\eta^2-\xi^2)+\frac{\delta^2}{4}}+\frac{\delta}{2}\sigma_3 \\ \mid\psi_n^{(+)}\rangle=\begin{pmatrix}\cos\frac{\theta_n}{2}\mid n-m\rangle \\ \sin\frac{\theta_n}{2}\mid n\rangle\end{pmatrix}, \quad \mid\psi_n^{(-)}\rangle=\begin{pmatrix}-\sin\frac{\theta_n}{2}\mid n-m\rangle \\ \cos\frac{\theta_n}{2}\mid n\rangle\end{pmatrix}\end{cases} \tag{5.85a}$$

$$\begin{aligned}\mid\psi(t)\rangle=\;&e^{-it\left(\frac{1}{2}(\omega_a-\omega_p)\sigma_3+\omega_s N_s+\omega_a N_a\right)} \\ &\cdot\begin{pmatrix}\cos(G't)+i\frac{\delta}{2}\frac{\sin(G't)}{G'} & -i\frac{\sin(G't)}{G'}A_- \\ -i\frac{\sin(F't)}{F'}A_+ & \cos(F't)-i\frac{\delta}{2}\frac{\sin(F't)}{F'}\end{pmatrix}\mid\psi(0)\rangle\end{aligned} \tag{5.85b}$$

这里

---

[52] Law C K, Eberly J H. PRA, 1993, 47: 3195.

$$\begin{cases} F' = \sqrt{mA_0 + \dfrac{\delta^2}{4}}, \quad G' = \sqrt{m(A_0+m) + \dfrac{\delta^2}{4}} \\ A_0 \mid n\rangle = n \mid n\rangle \\ \cos\dfrac{\theta_n}{2} = \dfrac{1}{\sqrt{2}}\sqrt{1-\dfrac{\delta}{2F'_n}}, \sin\dfrac{\theta_n}{2} = \dfrac{1}{\sqrt{2}}\sqrt{1+\dfrac{\delta}{2F'_n}}, F'_n = \sqrt{mn+\dfrac{\delta^2}{4}} \end{cases} \tag{5.85c}$$

习题 5.16 推导式(5.85a)、式(5.85b)和式(5.85c)。

(2)此问题也有另一描述方法。为此进行如下量子变换

$$\begin{aligned}(b^+ \quad c^+ \quad b \quad c) &\equiv U_2(a_s^+ \quad a_a^+ \quad a_s \quad a_a)U_2^{-1} \\ &= (a_s^+ \quad a_a^+ \quad a_s \quad a_a)\begin{pmatrix}\sigma_0 \mathrm{ch}\lambda & \sigma_1 \mathrm{sh}\lambda \\ \sigma_1 \mathrm{sh}\lambda & \sigma_0 \mathrm{ch}\lambda\end{pmatrix}\end{aligned} \tag{5.86a}$$

这里 $\mathrm{ch}r = \dfrac{\eta}{\sqrt{\eta^2-\xi^2}}$, $\mathrm{sh}r = \dfrac{\xi}{\sqrt{\eta^2-\xi^2}}$。得到两对新算符 (b^+,b), (c^+,c) 的表达式为

$$\begin{cases} b^+ = a_s^+ \mathrm{ch}\lambda + a_a \mathrm{sh}\lambda, \quad b = a_a^+ \mathrm{sh}\lambda + a_s \mathrm{ch}\lambda \\ c^+ = a_a^+ \mathrm{ch}\lambda + a_s \mathrm{sh}\lambda, \quad c = a_s^+ \mathrm{sh}\lambda + a_a \mathrm{ch}\lambda \end{cases} \tag{5.86b}$$

按量子变换理论[53],利用 $\begin{pmatrix}\sigma_0 \mathrm{ch}\lambda, & \sigma_1 \mathrm{sh}\lambda \\ \sigma_1 \mathrm{sh}\lambda, & \sigma_0 \mathrm{ch}\lambda\end{pmatrix} = \exp\left\{\lambda\begin{pmatrix}0 & \sigma_1 \\ \sigma_1 & 0\end{pmatrix}\right\}$,可得此幺正变换的表达式为

$$U_2 = \exp\left\{\frac{\lambda}{2}(a_s^+, a_a^+, a_s, a_a)\begin{pmatrix}0 & \sigma_1 \\ \sigma_1 & 0\end{pmatrix}\begin{pmatrix}0 & 1 \\ -1 & 0\end{pmatrix}\begin{pmatrix}a_s^+ \\ a_a^+ \\ a_s \\ a_a\end{pmatrix}\right\} = \exp\{-\lambda(a_s^+ a_a^+ - a_s a_a)\} \tag{5.86c}$$

按照多模脱去正规乘积公式

$$:\exp\{a^+ A\tilde{a}^+ + a^+ (B-1)a + \tilde{a}Ca\}: = \exp(a^+ A\tilde{a}^+)\exp\{a^+ (\ln B)a\}\exp(\tilde{a}Ca) \tag{5.87}$$

还可以得到这个变换的因子形式为

$$U_2 = \exp[-\lambda(a_s^+ a_a^+ - a_s a_a)] = \frac{1}{\mathrm{ch}\lambda}\mathrm{e}^{-(\mathrm{th}\lambda)a_s^+ a_a^+} \cdot \mathrm{e}^{-\ln(\mathrm{ch}\lambda)(N_s+N_a)} \cdot \mathrm{e}^{(\mathrm{th}\lambda)a_s a_a} \tag{5.86d}$$

这时有

$$\begin{cases} A_- = \xi a_s^+ + \eta a_a = \sqrt{\eta^2-\xi^2}\,c, A_+ = \xi a_s + \eta a_a^+ = \sqrt{\eta^2-\xi^2}\,c^+ \\ A_0 = (\eta^2-\xi^2)c^+ c, \quad N_c = c^+ c \end{cases} \tag{5.88}$$

---

[53] 见第 4 章脚注⑤～⑱中有关文献。

由此可知，如同脚注⑤文献所说，态 $|n\rangle$ 是新粒子数算符 N_c 的本征态。于是得到在此新表示下一般解的表示

$$|\psi(t)\rangle = \exp\left\{-\mathrm{i}t\left[\begin{array}{l}\frac{1}{2}(\omega_a-\omega_p)\sigma_3+(\omega_s\mathrm{ch}^2\lambda+\omega_a\mathrm{sh}^2\lambda)N_b \\ +(\omega_s\mathrm{sh}^2\lambda+\omega_a\mathrm{ch}^2\lambda)N_c-\omega_p\mathrm{sh}(2\lambda)(b^+c^++bc)+2\omega_p\mathrm{sh}^2\lambda\end{array}\right]\right\}$$
$$\cdot\begin{pmatrix}\cos(\omega' t)+\mathrm{i}\frac{\delta}{2}\frac{\sin(\omega' t)}{\omega'} & -\mathrm{i}\frac{\sqrt{m}\sin(\omega' t)}{\omega'}c \\ -\mathrm{i}\frac{\sqrt{m}\sin(\omega t)}{\omega}c^+ & \cos(\omega t)-\mathrm{i}\frac{\delta}{2}\frac{\sin(\omega t)}{\omega}\end{pmatrix}|\psi(0)\rangle \quad (5.89)$$

这里 $\omega=\sqrt{mN_c+\frac{\delta^2}{4}}$，$\omega'=\sqrt{m(N_c+1)+\frac{\delta^2}{4}}$。

习题 5.17　由式(5.86c)推导式(5.89)。

(3) 于是这类问题可以有 (s,a)，(b,c) 两种等价的表达形式。下面不作推导而只列出有关结果。由于

$$\boxed{\begin{aligned}|k,n,t\rangle_{bc} &= \frac{1}{\sqrt{k!n!}}[b^+(t)]^k[c^+(t)]^n\,|00\rangle_{bc} \\ &= \frac{1}{\sqrt{k!n!}}[a_s^+\mathrm{e}^{-\mathrm{i}\omega_s t}\mathrm{ch}\lambda+a_a\mathrm{e}^{\mathrm{i}\omega_a t}\mathrm{sh}\lambda]^k[a_a^+\mathrm{e}^{-\mathrm{i}\omega_a t}\mathrm{ch}\lambda+a_s\mathrm{e}^{\mathrm{i}\omega_s t}\mathrm{sh}\lambda]^n\,|00\rangle_{bc} \\ &= \exp[-\mathrm{i}t(\omega_s N_s+\omega_a N_a)]U_2\,|k,n\rangle_{sa}\end{aligned}}$$

(5.90)

习题 5.18　推导式(5.90)。

在 (b,c) 框架中，当初态是 $|10\rangle_{sa}$ 时，有

$$\boxed{|\psi(t)\rangle=\frac{1}{\mathrm{ch}\lambda}\mathrm{e}^{\frac{1}{2}\mathrm{i}t(\omega_s-\omega_p)\sigma_3}\begin{pmatrix}\sum\limits_{n=1}^{\infty}(\mathrm{th}\lambda)^n\frac{-\mathrm{i}\sqrt{nm}\sin(F'_n t)}{F'_n}|n,n-1,t\rangle_{bc} \\ \sum\limits_{n=1}^{\infty}(\mathrm{th}\lambda)^n\left[\cos(F'_n t)-\frac{\mathrm{i}}{2}\delta\frac{\sin(F'_n t)}{F'_n}\right]|n,n,t\rangle_{bc}\end{pmatrix}}$$

(5.91)

在 (s,a) 框架中，当初态是 $|10\rangle_{bc}$ 时，有

$$\boxed{|\psi(t)\rangle=\frac{1}{\mathrm{ch}\lambda}\mathrm{e}^{\frac{1}{2}\mathrm{i}E_{31}t}\sum_{n=0}^{\infty}[-\mathrm{th}\lambda\cdot\mathrm{e}^{-\mathrm{i}(\omega_s+\omega_a)t}]^n\begin{pmatrix}0\\|n,n\rangle_{sa}\end{pmatrix}} \quad (5.92)$$

在式(5.92)状态上光子数平均值为

$$\langle n_s(t)\rangle=\langle\psi(t)|N_s|\psi(t)\rangle=m\sum_{n=0}^{\infty}(\mathrm{th}\lambda)^{2n+2}\left[\frac{(n+1)\sin(F'_{n+1}t)}{F'_{n+1}t}-\frac{n\sin(F'_n t)}{F'_n t}\right]^2$$
$$+\sum_{n=1}^{\infty}n(\mathrm{th}\lambda)^{2n}\left\{[\cos(F'_n t)-\cos(F'_{n-1}t)]^2+\frac{\delta^2}{4}\left[\frac{\sin(F'_n t)}{F'_n}-\frac{\sin(F'_{n-1}t)}{F'_{n-1}}\right]^2\right\}$$

(5.93a)

$$\langle n_a(t)\rangle = \langle n_s(t)\rangle - \sum_{n=1}^{\infty}\frac{(\mathrm{th}\lambda)^{2n}}{\mathrm{ch}^2\lambda}\cdot\frac{nm}{F'^2_n}\sin^2(F'_n t) \tag{5.93b}$$

在 $\delta = 0$ 情况下，对时间的平均值为

$$\overline{n_s} = \overline{\langle n_s(t)\rangle} = \mathrm{sh}^2\lambda\left(2\mathrm{ch}^2\lambda - \frac{1}{2}\right);\quad \overline{n_a} = \overline{\langle n_a(t)\rangle} = \overline{n_s} - \frac{1}{2}\mathrm{th}^2\lambda \tag{5.93c}$$

5.7.4 应用(Ⅱ)：四模－两道腔 QED 模型

对此模型文献[54]是采用将相互作用 Hamilton 量改写为三个角动量算符耦合的方法解决的。这里采用现在方法，直接简单地予以解决。系统 Hamilton 量为

$$\begin{cases} H = H_0 + H_I \\ H_0 = \omega_R N_R + \omega_L N_L + \omega_S N_S + \omega_A N_A + E_+\sigma_{++} + E_-\sigma_{--} \\ H_I = \beta(a_R a_S^+ + a_A a_L^+)\sigma_{+-} + \beta(a_R^+ a_S + a_A^+ a_L)\sigma_{-+} \end{cases} \tag{5.94}$$

带有 Raman 散射双光子共振条件：$\omega_R - \omega_S = \omega_A - \omega_L = E_+ - E_-$（表明，为精确求解此模型并不需要最后一步等式）。

首先，重写 H_0 为

$$H_0 = \omega_R N_R + \omega_L N_L + \omega_S N_S + \omega_A N_A + E_0 + \frac{1}{2}\Delta E\sigma_3$$

这里 $E_0 = \frac{1}{2}(E_+ + E_-)$，$\Delta E = (E_+ - E_-)$。再作变换 $U_1(t) = \mathrm{e}^{\mathrm{i}H_0 t}$，得

$$\boxed{\mathrm{i}\frac{\mathrm{d}(U_1(t)\mid\psi(t)\rangle)}{\mathrm{d}t} = \{\beta(a_R a_S^+ + a_A a_L^+)\sigma_+ + \beta(a_S a_R^+ + a_L a_A^+)\sigma_-\}(U_1(t)\mid\psi(t)\rangle)} \tag{5.95}$$

这里已经记 $\sigma_{+-} = \sigma_+$，$\sigma_{-+} = \sigma_-$，并利用了双光子共振条件（如最后一步等式不成立，则方程(5.95)内两项将分别出现相因子 $\mathrm{e}^{\pm\mathrm{i}(\omega_R - \omega_S - \Delta E)t}$，这仍然是式(5.75)的特例）。

按角动量的 Schwinger 表示，由此 4 个模引出两个角动量如下

$$\begin{cases} L_i^{(1)} = \frac{1}{2}(a_R^+, a_S^+)\sigma_i\begin{pmatrix} a_R \\ a_S \end{pmatrix}, L_i^{(2)} = \frac{1}{2}(a_A^+, a_L^+)\sigma_i\begin{pmatrix} a_A \\ a_L \end{pmatrix}, L_i = L_i^{(1)} + L_i^{(2)}, i = x, y, z \\ L_\pm^{(1)} = L_1^{(1)} + \mathrm{i}L_2^{(1)},\quad L_\pm^{(2)} = L_1^{(2)} + \mathrm{i}L_2^{(2)},\quad L_\pm = L_\pm^{(1)} + L_\pm^{(2)} \end{cases} \tag{5.96}$$

有

$$\mathrm{i}\frac{\mathrm{d}(U_1(t)\mid\psi(t)\rangle)}{\mathrm{d}t} = (\beta L_-\sigma_+ + \beta L_+\sigma_-)(U_1(t)\mid\psi(t)\rangle) \tag{5.97}$$

在和方程(5.75)相比较之后，即得以下对应关系

---

[54] Wang L, Eberly J H. PRA, 1993, 47: 4248.

$$A_0 \to L_z, \quad f = \alpha = 0, \quad A_+ \to \beta L_+, \quad A_- \to \beta L_- \tag{5.98}$$

这里 $L^2 = L_x^2 + L_y^2 + L_z^2 = l(l+1)$，并且

$$\chi(L_z) = \beta^2 (L^2 - L_z^2 + L_z), \quad m = 1 \tag{5.99}$$

从上面一般理论的观点来看，这是个相当简单的与时间无关的问题（$f = g = 0$）。于是按式(5.80)即得

$$\boxed{\begin{aligned} &|\psi(t)\rangle = \mathrm{e}^{-\mathrm{i}H_0 t} \\ &\cdot \begin{pmatrix} \cos\left(\beta t\sqrt{L^2 - L_z(L_z+1)}\right) & -\mathrm{i}\beta\dfrac{\sin\left(\beta t\sqrt{L^2 - L_z(L_z+1)}\right)}{\sqrt{L^2 - L_z(L_z+1)}}L_- \\ -\mathrm{i}\beta\dfrac{\sin\left(\beta t\sqrt{L^2 - L_z(L_z-1)}\right)}{\sqrt{L^2 - L_z(L_z-1)}}L_+ & \cos\left(\beta t\sqrt{L^2 - L_z(L_z-1)}\right) \end{pmatrix} |\psi(0)\rangle \end{aligned}}$$

(5.100)

第 6 章　相对论量子力学及缺陷

非相对论量子力学(NRQM)的基本动力学规律是 Schrödinger 方程。坐标表象中的 Schrödinger 方程,形式上可以根据非相对论经典粒子的能量——动量关系式,采用"一次量子化"假设①,将所得算子表达式作用到表征微观粒子状态的波函数 $\psi(\boldsymbol{r},t)$ 上得到。显然,Schrödinger 方程只是 Galileo 变换不变的。应当强调指出,除特殊情况导致波函数坍缩或者需用边条件表达之外,**任何势场 $V(\boldsymbol{r},t)$ 的 Schrödinger 方程自动蕴含粒子数守恒。这表明:NRQM 只研究粒子在各种势场作用下的时空运动,不考虑不同种类粒子之间的转化。所以,它虽然不是经典理论,却符合"力学理论"的传统概念。**第 12 章将详细分析并表明,**NRQM 内在逻辑是相当自洽的**②③。

为了使已建立的量子理论可以应用到高能粒子,必须推广它,使其合乎狭义相对性原理(在凝聚态物理、原子物理、核和粒子物理范畴内,引力效应一般不必考虑。暂无必要让新理论符合广义相对性原理)。寻找微观粒子相对论性动力学方程的具体途径就是"一次量子化"程式。在量子理论早期发展进程中,这个思路曾经主导建立相对论性量子力学(RQM)。以为只要改进 Schrödinger 方程,使之具有 Lorentz 变换协变性,就能提供关于微观粒子相对论性力学运动的正确描述。Klein-Gordon 方程和 Dirac 方程就是那时沿此思路所得的两个产物。

首先提出的 Klein-Gordon 方程④,原本就是作为 Schrödinger 方程向相对论性单粒子方程的推广。**说"单粒子"方程,有两层含意:①它是通过一次量子化办法,模拟经典单粒子的能量-动量关系所建立的;②其中波函数的模平方应当具有空间概率密度分布的解释。**但是,人们立即发现,K-G 方程存在许多难以合理解释的困难(详细见下)。这些困难使它不适合作为单粒子的波函数方程。这导致 20 年代末到 30 年代初一段短时间内人们放弃了 Klein-Gordon 方程。

当时,为了克服 Klein-Gordon 方程的缺陷,也为了得到对氢原子精细结构的正

---

① "一次量子化程式"是一种便于记忆的形式主义的东西。因为该程式本身和由该程式所得结果——Schrödinger 方程实质上都是公设。

② Feshbach H, Villars F. Rev . Mod. Phys. , 1958, 30: 24。

③ 张永德、量子天龙八部. 收入于量子力学朝花夕拾Ⅰ. 主编:王文正、柯善哲、刘全慧. 北京:科学出版社,2004。

④ Klein O. Zeits. f. Physik, 1926, 37: 895; Fock V A,同上,1926,38:242;1926,39:226; Gordon W,同上,1926,40:117(1926)。

确的 RQM 解释,1928 年 Dirac 提出一个自由单粒子方程——Dirac 方程⑤。方程以很自然的方式导出电子 1/2 自旋,中心场的解也给出了氢原子光谱精细结构的正确答案。特别是,方程还预言了带正电荷的反粒子——正电子存在,并得到了实验证实。此外,方程还避免了概率密度不正定的困难以及对时间二阶导数问题。但是,Dirac 方程和 Klein-Gordon 方程一样,仍然存在负能解。为了解释有负无穷能级存在时为什么电子还是稳定的问题,1930 年 Dirac 引入了"Dirac 电子海"概念。后来理论发展表明,这是一种尚未脱离单粒子观念束缚的概念。

即便如此,**以这两个方程为核心,建立在力学运动概念上的 RQM,还是因为不断出现佯谬以及更多的多粒子效应,使这两个力学方程适用范围时不时地受到局限,远不及以 Schrödinger 方程为核心的 NRQM 那么自洽和自在。**不过,**这两个方程的单粒子图像仍能适用于一些有限的情况:当外部势场较弱而且变化平缓时,利用它们还是可以建立起近似的单粒子 RQM。**详细叙述见下(以及第 12 章)。

6.1 Klein-Gordon 方程

6.1.1 Klein-Gordon 方程的引出及平面波解

按序言思路很容易构造一个相对论性自由微观粒子的动力学方程。记($(x_\lambda)=(\boldsymbol{x}, x_4=\mathrm{i}ct)$;$(p_\lambda)=(\boldsymbol{p}, \mathrm{i}E/c)$),**由相对论性自由质点的质-能关系式 $p_\lambda^2=-m_0^2c^2$ 出发,按"一次量子化"程式:$p_\lambda \to -\mathrm{i}\hbar\partial_\lambda$,并将所得算符等式作用到表示状态的波函数 $\varphi(x)=\varphi(\boldsymbol{r},t)$ 上即得。引用 d'Alembert 算符** $\Box\equiv\partial_\lambda\partial_\lambda\equiv\Delta-\frac{1}{c^2}\partial_t^2$,**便可将方程写为**

$$\boxed{(\Box-k_c^2)\varphi(\boldsymbol{r},t)=0,\quad k_c=m_0c/\hbar} \tag{6.1}$$

这就是自由粒子的 Klein-Gordon 方程,描述零自旋粒子(标量粒子)的相对论性自由运动。注意 k_c 是此粒子 Compton 波长 $\lambda_c=\hbar/m_0c$ 的倒数。由于 d'Alembert 算符是个标量算符,式(6.1)的形式是 Lorentz 变换不变的。有时也设定如下 Lagrange 密度,将其代入 Euler-Lagrange 方程

$$\boxed{\mathcal{L}_{KG}=-m_0c^2\phi^*\phi-\left(\frac{\hbar^2}{m_0}\right)\left(\partial_\lambda\phi^*\right)\left(\partial_\lambda\phi^*\right)\to\frac{\partial\mathcal{L}_{KG}}{\partial\phi^*}=\partial_\lambda\frac{\partial\mathcal{L}_{KG}}{\partial(\partial_\lambda\phi^*)}} \tag{6.2}$$

来给出式(6.1)。当然,本质上两种做法是等价的假设,谈不上推导论证。

研究它的最简单的解——平面波解。用下面试探解代入

$$\phi(\boldsymbol{r},t)=\exp\{\mathrm{i}(\boldsymbol{p}\cdot\boldsymbol{r}-Et)/\hbar\} \tag{6.3}$$

---

⑤ Dirac P A M. Proc. Roy. Soc., 1928, A117: 610; 1928, A118: 341.

并设定 $\boldsymbol{p},E$ 之间关系由 K-G 方程来决定。代入得

$$\left(-\frac{1}{\hbar^2}\boldsymbol{p}^2+\frac{E^2}{c^2\hbar^2}-k_c^2\right)\phi(\boldsymbol{r},t)=0$$

可知,若要存在非零解,必须要求括号中系数为零。由此得

$$E=\pm\sqrt{\boldsymbol{p}^2c^2+m_0^2c^4}\longrightarrow\omega^2=c^2(\boldsymbol{k}^2+k_c^2) \tag{6.4}$$

这里 $|E|=\hbar\omega,\boldsymbol{p}=\hbar\boldsymbol{k}$。于是,**对任何给定矢量 $\boldsymbol{p}$,有正负两个能量 E 解。如果暂不理会负能量解,K-G 方程的正能量平面波解就正确表达了相对论性自由粒子的能量-动量关系,正确表达了波矢 $\boldsymbol{k}$ 与频率 $\boldsymbol{\omega}$ 之间的相对论性关系,也就是相对论性粒子 de Broglie 波的色散关系。**

现在导出 K-G 方程的连续性方程。将方程乘以 ϕ^*,减去其共轭方程乘以 ϕ,可得自由 K-G 方程的连续性方程($j_\lambda=(\boldsymbol{j},\mathrm{i}c\rho)$)

$$\partial_\lambda j_\lambda(x)=0,\quad j_\lambda=-\frac{\mathrm{i}\hbar}{2m_0}\{\phi^*(\partial_\lambda\phi)-(\partial_\lambda\phi^*)\phi\}$$

j_λ 已乘以因子 $\hbar/2m_0\mathrm{i}$,使流密度 $\boldsymbol{j}$ 及密度 ρ 为实数,得

$$\boxed{\frac{\partial\rho}{\partial t}+\mathrm{div}\boldsymbol{j}=0} \tag{6.5a}$$

其中

$$\boldsymbol{j}=\frac{-\mathrm{i}\hbar}{2m_0}(\phi^*\nabla\phi-\phi\nabla\phi^*);\quad \rho=\frac{\mathrm{i}\hbar}{2m_0c^2}\left(\phi^*\frac{\partial\phi}{\partial t}-\phi\frac{\partial\phi^*}{\partial t}\right)\equiv\frac{\mathrm{i}\hbar}{2m_0c^2}\phi^*\overset{\leftrightarrow}{\partial}_t\phi \tag{6.5b}$$

这里和非相对论情况不同,K-G 方程是个二阶微分方程,含有 ϕ 对 t 的二阶导数,求解时,ϕ 和$\partial\phi/\partial t$ 初始值作为初条件可以独立设定,于是会出现负值。若以平面波解代入即得 $\rho=\dfrac{E}{m_0c^2}\phi\phi^*$,依赖 E 的符号,竟然可正可负,对实场它也可以为零!因此 ρ 就丧失了作为概率密度的物理解释。但式(6.5a)表明有守恒荷 $\int_V\rho(x)\mathrm{d}\boldsymbol{r}$。这其实是在提示:$\rho$ 为正反粒子密度的代数和。

研究 K-G 方程的自由波包解。这时有两种做法。其一,粒子在全空间中归一。这时解具有 Fourier 积分展开形式

$$\phi(\boldsymbol{r},t)=\frac{1}{(2\pi)^{3/2}}\int c(\boldsymbol{k},t)\mathrm{e}^{\mathrm{i}\boldsymbol{k}\cdot\boldsymbol{r}}\mathrm{d}^3k,\quad \boldsymbol{k}\cdot\boldsymbol{r}=k_xx+k_yy+k_zz$$

代入 K-G 方程,即得展开系数 $c(\boldsymbol{k},t)$的关于 t 的微分方程,再进一步由初边条件决定。考虑到 K-G 方程是时间二阶导数的实系数方程,凡有一复数解,必有一个共轭解。于是,实初边条件的 K-G 方程一般解为

$$\boxed{\phi(\boldsymbol{r},t)=\int\frac{\mathrm{d}\boldsymbol{k}}{(2\pi)^{3/2}}\{c(\boldsymbol{k})\mathrm{e}^{\mathrm{i}(\boldsymbol{k}\cdot\boldsymbol{r}-\omega t)}+c^*(\boldsymbol{k})\mathrm{e}^{-\mathrm{i}(\boldsymbol{k}\cdot\boldsymbol{r}-\omega t)}\}} \tag{6.6a}$$

其二,粒子在箱体积 $V=L^3$ 中归一。解具有 Fourier 级数展开形式

$$\varphi(\boldsymbol{r},t)=\frac{1}{L^{3/2}}\sum_{\boldsymbol{k}}c_{\boldsymbol{k}}\mathrm{e}^{\mathrm{i}(\boldsymbol{k}\cdot\boldsymbol{r}-\omega t)}$$

这时由于周期性边条件，有 $\boldsymbol{k}\cdot\boldsymbol{r}=\frac{2\pi}{L}(n_x x+n_y y+n_z z)$，$(n_x,n_y,n_z=0,\pm1,\cdots)$。所以 $\boldsymbol{k}$ 空间的单位"体积"为 $\Delta V_k=\frac{(2\pi)^3}{V}$。显然，只要适当规定系数 c_k，这一系列平面波可以在 V 上彼此正交归一。于是级数解为

$$\boxed{\begin{aligned}\phi(\boldsymbol{r},t)&=\frac{1}{\sqrt{V}}\sum_{\boldsymbol{k}}\left(c_{\boldsymbol{k}}\mathrm{e}^{\mathrm{i}(\boldsymbol{k}\cdot\boldsymbol{r}-\omega t)}+c_{\boldsymbol{k}}^{*}\mathrm{e}^{-\mathrm{i}(\boldsymbol{k}\cdot\boldsymbol{r}-\omega t)}\right)\\&=\frac{1}{\sqrt{V}}\sum_{\boldsymbol{k}}\sqrt{\frac{m_0c^2}{2\hbar\omega}}\left(a_{\boldsymbol{k}}\mathrm{e}^{\mathrm{i}(\boldsymbol{k}\cdot\boldsymbol{r}-\omega t)}+a_{\boldsymbol{k}}^{*}\mathrm{e}^{-\mathrm{i}(\boldsymbol{k}\cdot\boldsymbol{r}-\omega t)}\right)\end{aligned}}\tag{6.6b}$$

这里 $c_k\equiv\sqrt{\frac{m_0c^2}{2\hbar\omega}}a_k$，而 a_k，a_k^* 为归一化后的展开系数(将来在二次量子化后它们即成为湮没、产生算符)。其中与能量相关的、量纲为一的比例系数 $\sqrt{\frac{m_0c^2}{2\hbar\omega}}$，根据能量本征解的概率密度(式(6.5b)总荷守恒表达式)在 V 上积分归一条件确定。当 $V\to\infty$ 时式(6.6)两种形式应当相符，即得 $c(\boldsymbol{k})$，c_k 之间的过渡关系⑥。

由于正负能量解合起来才具有完备性，所以展开任意波包时，一般需要正负能量两种解。波包的空间展布越窄，越接近粒子 Compton 波长，其负能解成分越重要。特例是波包 $\boldsymbol{\delta(x-x_0)}$，展开它需要同等成分的全部正负能量解。说明简单地忽视负能解有时是行不通的。详细讨论见下面。

6.1.2　外电磁场中的 K-G 方程

现在将自由 K-G 方程向存在外部电磁场情况推广。设相对论性带电粒子处在电磁势 $A_\lambda(x)=(\boldsymbol{A}(\boldsymbol{r},t),\mathrm{i}V(\boldsymbol{r},t))$⑦中。按经典**"最小电磁耦合原理"，有电磁场时带电粒子的动力学规律是：有场时 $H-eV$ 和 $p-e\boldsymbol{A}/c$ 之间的关系和无场时 H 和 $\boldsymbol{p}$ 之间的关系相同**⑧。于是按式(3.34)就得到"一次量子化"程式(e 为代数电荷)。它们是

---

⑥　注意连续积分、算符、δ 函数均有量纲，于是在场量分立展开与连续展开之间的转换为 $\Delta V_k\leftrightarrow \mathrm{d}\boldsymbol{k}$(也见第 5 章脚注⑯)：

$$\frac{1}{V}\sum_{k_n}G(\boldsymbol{k}_n)\leftrightarrow\int\frac{\mathrm{d}\boldsymbol{k}}{(2\pi)^3}G(\boldsymbol{k})；\frac{\delta_{kk'}}{\Delta V_k}\leftrightarrow\delta(\boldsymbol{k}-\boldsymbol{k}')；\frac{a_k}{\sqrt{\Delta V_k}}\leftrightarrow a(\boldsymbol{k})；\frac{a_k^+}{\sqrt{\Delta V_k}}\leftrightarrow a^+(\boldsymbol{k})。$$

⑦　顺便指出，近代物理理论常用势 V、$\boldsymbol{A}$，而不用场强 $\boldsymbol{E}$、$\boldsymbol{H}$ 描叙电磁场。这是因为电磁势不但更为根本，而且易于量子化。特别在有相互作用下，进入 Lagrange 量框架后，这种形式易于理论处理及观察各种不变性。

⑧　也参见前章，以及下面电磁场中 Dirac 方程有关叙述。

$$\boxed{p_\lambda \to -\mathrm{i}\hbar\partial_\lambda \to -\mathrm{i}\hbar D_\lambda \equiv -\mathrm{i}\hbar\left(\partial_\lambda - \frac{\mathrm{i}e}{\hbar c}A_\lambda\right)} \tag{6.7}$$

将它们代入自由粒子 K-G 方程 $(\partial_i\partial_i+\partial_4\partial_4)\phi=k_c^2\phi$ 中,即得

$$(D_iD_i+D_4D_4)\phi=k_c^2\phi \longrightarrow \frac{1}{c^2}\left(\frac{\partial}{\partial t}+\frac{\mathrm{i}e}{\hbar}V\right)^2\phi=\left(\nabla-\frac{\mathrm{i}e}{\hbar c}\boldsymbol{A}\right)^2\phi-k_c^2\phi$$

这里 V、$\boldsymbol{A}$ 是粒子所在处场的标势与矢势(此话意思是 V、$\boldsymbol{A}$ 中 $\boldsymbol{r}$ 与波函数 ϕ 中 r 相同,表明外场对粒子的作用是定域的)。拆开并注意 $\nabla(\phi\boldsymbol{A})=\boldsymbol{A}\cdot\nabla\phi+\phi\,\nabla\boldsymbol{A}$,选 **Lorenz 规范 div$\boldsymbol{A}+\frac{1}{c}\frac{\partial V}{\partial t}=0$,即得外电磁场中的 K-G 方程**

$$\boxed{\left\{\Box-k_c^2-\mathrm{i}\frac{2e}{\hbar c}\boldsymbol{A}\cdot\nabla-\frac{e^2}{\hbar^2c^2}\boldsymbol{A}^2+\frac{e^2}{\hbar^2c^2}V^2-\mathrm{i}\frac{2e}{\hbar c^2}V\frac{\partial}{\partial t}\right\}\phi(\boldsymbol{r},t)=0} \tag{6.8}$$

作为此式一个例算,将其用于介子原子的 Coulomb 场定态问题⑨。令 $\phi(\boldsymbol{r},t)=\varphi(\boldsymbol{r})\mathrm{e}^{-\mathrm{i}Et/\hbar}$,得

$$\boxed{\Delta\phi+\frac{1}{c^2\hbar^2}\left[\left(E+\frac{e^2}{r}\right)^2-m_0^2c^4\right]\phi=0}$$

这里 $E=E_{nr}+m_0c^2$,E_{nr} 为非相对论电子能量。可类似于 Schrödinger 方程分离变数求解。但若将 K-G 方程用于氢原子精细结构计算,比如,计算氢原子 Balmer 线系中双线分裂时,结果与 Bohr-Sommerfeld 公式相差 8/3 因子。分裂明显偏高于和实验吻合的 B-S 结果。采用考虑相对论效应的方程,计算结果反而不如旧量子理论中 Sommerfeld 的半经典结果(参见习题 6.1 和习题 6.3)。现在知道,这是由于原子核外电子有 $\hbar/2$ 自旋,并不严格遵从描述自旋为零粒子的 K-G 方程。

最后,**研究电磁场中 K-G 方程的带电粒子流,并给出连续性方程。**在自由 K-G 方程的连续性方程中作替换 $\partial_\lambda\to D_\lambda$,得

$$D_\lambda j_\lambda(x)=0,\quad j_\lambda=-\frac{\mathrm{i}\hbar}{2m_0}\{\phi^*(D_\lambda\phi)-(D_\lambda\phi^*)\phi\}$$

或

$$\boxed{\frac{\partial\rho}{\partial t}+\mathrm{div}\boldsymbol{j}=0} \tag{6.9a}$$

$$\boxed{\begin{cases}\boldsymbol{j}=\dfrac{-\mathrm{i}\hbar}{2m_0}[\phi^*(\boldsymbol{D}\phi)-(\boldsymbol{D}\phi)^*\phi]=\dfrac{-\mathrm{i}\hbar}{2m_0}[\phi^*(\nabla\phi)-(\nabla\phi^*)\phi]-\dfrac{e}{m_0c}\phi^*\boldsymbol{A}\phi\\ \rho=\dfrac{-\mathrm{i}\hbar}{2m_0\mathrm{i}c}[\phi^*(D_4\phi)-(D_4\phi)^*\phi]=\dfrac{\mathrm{i}\hbar}{2m_0c^2}\phi^*\overleftrightarrow{\partial_t}\phi-\dfrac{eV}{m_0c^2}\phi^*\phi\end{cases}} \tag{6.9b}$$

⑨ 索科洛夫 A A. 量子电动力学导论. 北京:人民教育出版社,1962:590;Holstein B R. Topics in Advanced Quantum Mechanics, Addison-Wesley Publishing Company, 1992:272.

习题 6.1　Sommerfeld 依据 Bohr 轨道理论，考虑了相对论修正后给出了最初与实验符合得很好的氢原子能级精细结构公式。给出求解过程。

习题 6.2　设 K-G 场 Lagrange 密度为式(6.2)，导出 K-G 方程、能量密度，解释箱归一展开系数。

习题 6.3　将 K-G 方程(6.8)用于 Coulomb 场氢原子能谱精细结构计算，情况会怎样？用于 π^- 介子环绕正电荷"K-G 原子"呢？

习题 6.4　将有电磁场 K-G 方程(6.8)中一阶导数 $\dot{\phi}$ 也视为独立变数，对 ϕ 及 $\dot{\phi}$ 作线性组合变换

$$(\phi,\dot{\phi})\rightarrow(\phi,\chi):\quad \phi=\frac{1}{\sqrt{2}}(\phi+\chi),\quad D_4\phi=-\frac{k_c}{\sqrt{2}}(\phi-\chi)$$

则方程(6.8)将被分解为两个一阶时间导数的联立方程。求在此变换和分解下的K-G方程，及相应概率密度、概率流密度表达式。

6.2　Klein-Gordon 方程作为单粒子波函数方程的缺陷

6.2.1　阶跃势垒散射，Klein 佯谬

Klein 首先指出，RQM 方程，作为单粒子波函数方程求解时，经常会出现粒子流密度不守恒的现象。这一类型现象统称为"Klein 佯谬"。

设一维势垒为 $V(x)=eV_0\theta(x)$，$\theta(x)$为单位阶跃函数。设负半轴为第Ⅰ区，正半轴为第Ⅱ区。两个区的 K-G 方程为

$$\begin{cases}\left(\dfrac{\partial^2}{\partial x^2}-\dfrac{1}{c^2}\dfrac{\partial^2}{\partial t^2}-\dfrac{m_0^2c^2}{\hbar^2}\right)\phi_{\mathrm{I}}(x,t)=0, & x<0\\ \left(\dfrac{\partial^2}{\partial x^2}-\dfrac{1}{c^2}\dfrac{\partial^2}{\partial t^2}-\dfrac{m_0^2c^2}{\hbar^2}+\dfrac{e^2V_0^2}{\hbar^2c^2}-\mathrm{i}\,\dfrac{2eV_0}{\hbar c^2}\dfrac{\partial}{\partial t}\right)\phi_{\mathrm{II}}(x,t)=0, & x>0\end{cases}\tag{6.10a}$$

当入射为平面波 $\mathrm{e}^{\mathrm{i}kx-\mathrm{i}Et/\hbar}$时，此问题的能量 E 的定态解为

$$\varphi(x,t)=\begin{cases}\phi_{\mathrm{I}}(x,t)=\mathrm{e}^{\mathrm{i}kx-\mathrm{i}Et/\hbar}+\beta\mathrm{e}^{-\mathrm{i}kx-\mathrm{i}Et/\hbar}, & k=\sqrt{(E^2-m_0^2c^4)/\hbar^2c^2}>0\\ \phi_{\mathrm{II}}(x,t)=\gamma\mathrm{e}^{\mathrm{i}k'x-\mathrm{i}Et/\hbar}, & k'=\sqrt{[(E-eV_0)^2-m_0^2c^4]/\hbar^2c^2}\end{cases}\tag{6.10b}$$

这里 $k,k'\sim E$ 关系是将式(6.10b)代入式(6.10a)得到的。其中已令入射波前系数 $\alpha=1$。按概率流守恒要求，用边界条件连接两个表达式，得

$$\varphi_{\mathrm{I}}(0^-)=\varphi_{\mathrm{II}}(0^+)\rightarrow1+\beta=\gamma,\quad \varphi'_{\mathrm{I}}(0^-)=\varphi'_{\mathrm{II}}(0^+)\rightarrow\mathrm{i}k(1-\beta)=\mathrm{i}k'\gamma$$

于是 $\gamma=2k/(k+k')$，$\beta=(k-k')/(k+k')$。由此得透射系数和反射系数

$$T=\frac{k'}{k}|\gamma|^2=\frac{4kk'}{|k+k'|^2},\quad R=|\beta|^2=\left|\frac{k-k'}{k+k'}\right|^2\tag{6.11a}$$

k 取正根(亦为正值，体现向右传播)；但 k' 正负根据 E,V_0 数值而定。

现在讨论部分情况。①如果势垒稍强，$m_0c^2>(eV_0-E)>0$。这时 k' 是虚数。Ⅱ区解呈负指数衰减。但此时将式(6.10b)解代入式(6.9b)得

$$\boxed{\begin{cases}\rho_{\mathrm{I}}\Big|_{x=0^-}=\dfrac{\mathrm{i}\hbar}{2m_0c^2}\phi_{\mathrm{I}}{}^*\overleftrightarrow{\partial}_t\phi_{\mathrm{I}}\Big|_{x=0^-}=\dfrac{E}{m_0c^2}\left(1-|\beta|^2\right)\\ \rho_{\mathrm{II}}\Big|_{x=0^+}=\dfrac{\mathrm{i}\hbar}{2m_0c^2}\phi_{\mathrm{II}}{}^*\overleftrightarrow{\partial}_t\phi_{\mathrm{II}}\Big|_{x=0^+}-\dfrac{eV_0}{m_0c^2}\phi_{\mathrm{II}}{}^*\phi_{\mathrm{II}}\Big|_{x=0^+}=\left(\dfrac{E-eV_0}{m_0c^2}\right)|\gamma|^2\end{cases}}\tag{6.11b}$$

表明第Ⅱ区的概率密度是负的。②如果势垒很强$(eV_0-E)^2>m_0^2c^4$。由式(6.10b)，这时 k' 又成为实数，**而且 $k'<0$。**这是因为(也见式(6.112b))

$$\boxed{\hbar k'=\sqrt{(E-eV_0)^2-m_0^2c^4}=(E-eV_0)\sqrt{1-m_0^2c^4/(E-eV_0)^2}<0}\tag{6.11c}$$

这里开根时符号选择的原则是：一个交变函数平方的开根，按说对每个点的函数值都可以有正负取值，所以函数开根有无穷多种选择 $\sqrt{F(\alpha)^2}=\pm F(\alpha),\pm|F(\alpha)|,\cdots$。**现在规定只取其中的主根 $F(\alpha)$。**这样，如果 k' 根号内正值是由 E 值较高所致，k' 应取正值，以表现向右传播。这就和前面 k 取正根相一致。

现在，$k'<0$，按式(6.11a)，反射流强度大于入射流强度，透射流强度为负值。相应地，Ⅱ区波函数沿正 x 轴振荡不衰减，且概率流密度为

$$\boxed{j=\frac{-\mathrm{i}\hbar}{2m_0}\left[\phi^*\frac{\mathrm{d}\phi}{\mathrm{d}x}-\frac{\mathrm{d}\phi^*}{\mathrm{d}x}\phi\right]=\begin{cases}j_{\mathrm{inc}}\Big|_{x=0^-}=\dfrac{\hbar k}{m_0}\left(1-|\beta|^2\right)\\ j_{\mathrm{tra}}\Big|_{x=0^+}=\dfrac{\hbar k'}{m_0}|\gamma|^2\end{cases}}\tag{6.11d}$$

如果限于单粒子理论范畴考察，这些现象显然是不可理解的。以上推导也见脚注⑨中 Holstein，270 页。佯谬详细分析见 6.8.2 节。

6.2.2 K-G 方程作为单粒子状态波函数方程的几个缺陷

自由粒子 K-G 方程提出后，尽管其正能量平面波解正确反映了相对论性自由粒子运动状态。但人们立即发现，**作为一般的单粒子波函数方程，它有下面一系列缺陷：**

(1)**存在难以合理解释的负能解。**经典力学理论框架中不存在量子跃迁特别是自发跃迁概念，于是总能量守恒就足以保证经典粒子运动的稳定性。**而在量子理论范畴内，存在负无穷能级的负能解就难以自圆其说。**这时状态跃迁概念，特别是有自发跃迁，负无穷能级解的存在必定影响正能解的稳定性，从而给诸如粒子为什么是稳定的理论解释带来难以克服的困难。甚至，**负能解的存在还无时无刻不影响着粒子的运动：正负能解的干涉使粒子在运动时围绕平均值呈现出一种快速无规的“相对论

性颤动"[⑩]。

(2)**一般情况下概率密度不正定**。这里,方程含有对 t 的二阶导数,于是 ρ 表达式包含$\frac{\partial\phi}{\partial t}$和$\frac{\partial\phi^*}{\partial t}$,这和非相对论的不同。求解此二阶微分方程时初条件$\phi|_0$、$\left.\frac{\partial\phi}{\partial t}\right|_0$可以彼此独立给定,$\rho$ 不一定是正定的。这样一来,ρ 就失去了作为概率密度解释的资格。这正如同上面所看到的。

(3)**初条件的$\left.\frac{\partial\phi}{\partial t}\right|_0$无直接的物理意义**。K-G 方程含二阶时间导数,这个初条件在求解时是必要的,但却为实验观察所不需要,也不存在普遍而直接的物理解释。

(4)**一般说来,态矢归一化(或比照 NRQM 说法是总概率)会随时间变化**,即有

$$\frac{\partial}{\partial t}\langle\phi\mid\phi\rangle=\frac{\partial}{\partial t}\int\phi^*\,\phi\,\mathrm{d}\boldsymbol{r}=\int\left(\frac{\partial\phi^*}{\partial t}\phi+\phi^*\,\frac{\partial\phi}{\partial t}\right)\mathrm{d}\boldsymbol{r}\neq 0 \tag{6.12}$$

因为可以反证之:现在有

$$\frac{\partial}{\partial t}\int\rho\mathrm{d}\boldsymbol{r}=0,\quad \text{即}\quad \frac{\partial}{\partial t}\int\left(\phi^*\,\frac{\partial\phi}{\partial t}-\phi\,\frac{\partial\phi^*}{\partial t}\right)\mathrm{d}\boldsymbol{r}=0$$

说明时间导数后面积分为虚值常数。如要态矢模长不随时间变化,即要求式(6.12)为零。这进一步要求积分两项中任一项 $\int\phi^*\frac{\partial\phi}{\partial t}\mathrm{d}\boldsymbol{r}=-\int\phi\frac{\partial\phi^*}{\partial t}\mathrm{d}\boldsymbol{r}=$纯虚常数。这只当 ϕ 解为能量本征态时才成立。对于一般的非定态,由于负能解存在,态矢模长会随时间变化。

以上缺陷和佯谬说明,一般而言,K-G 方程不宜作为相对论性粒子单粒子状态波函数方程。这导致 20 年代末和 30 年代初暂时放弃了 K-G 方程。但不久旋即发现(Pauli,Weisskopf, 1934),如果突破单粒子力学理论的认识局限,将 K-G 方程二次量子化成为零自旋标量粒子的量子场方程,它就能正确描述这个场的量子——零自旋粒子在时空中产生、湮没和转化的动力学。从而,**K-G 方程在多体的量子场论框架内复活,并占有了应得的重要地位**。相关分析见 6.8 节。

6.3 Dirac 方程的引出及正负能态解

6.3.1 自由粒子 Dirac 方程的导出

基于 K-G 方程上述缺陷,在 RQM 发展初期,Dirac 认为有必要再找一个相对论性的 Schrödinger 方程。Dirac 给自己提出两个课题:首先,建立一个相对论性自由粒子波函数 ϕ 的一阶动力学方程。形式上它是 Lorentz 变换不变的,它在无外场情

⑩ 如果计算位置算符在自由运动时的平均值,可以发现,由于正负能量解间的干涉,运动中粒子位置呈现快速扭动或摆动。德文名称为 zitter-bewegung。详见 6.4.6 节。也见前注 Holstein 文献。

况下与 K-G 二阶方程等价，而且又能够避免 K-G 方程的缺陷。其次，利用最小电磁耦合原理找到有电磁场下的动力学方程，以解决氢原子光谱精细结构计算，包容 Bohr-Sommerfeld 旧量子理论中的计算公式。

首先是找出自由粒子相对论性波函数方程[⑪]。为此，与 K-G 方程的平方不同，Dirac 将算符的平方根开根出来[⑫]。这样，能量就是一阶的，由此所得运动方程中时间导数也就是一阶的。如果暂不理会开根所导致的负能量，可令

$$\boxed{\sqrt{\sum_{i=1}^{3}\hat{p}_i^2+m_0^2c^2}\equiv\sum_{i=1}^{3}\alpha_i\hat{p}_i+\beta m_0c}\tag{6.13}$$

这里 α_i、β 是一些量纲为一的、非对易的抽象代数元素组，它们代数性质待定。接下来就是实施一次量子化，成为态的动力学方程。基于所有时空点物理上等价，自由粒子的动力学方程应当具有时空平移不变性。从而这些 α_i、β 不能含有时空变数。再考虑到，式(6.13)应当对 $\hat{p}_i$ 为线性的，α_i、β 中也不应再含有 $\hat{p}_i$。总起来说，开根式(6.13)中代数元素组 α_i、β 应当是不依赖于 $\hat{p}_i$、x_i、t 的“常数算符”。从而它们与 $\hat{p}_i$、x_i 都对易，仅仅它们自己彼此不对易。为了使式(6.13)右边等价于左边，对任何 m_0 及 p_i 数值，右边平方必须等于左边根号内的量。即总应当有

$$\sum_{i=1}^{3}\hat{p}_i^2+m_0^2c^2=\left(\sum_{i=1}^{3}\alpha_i\hat{p}_i+\beta m_0c\right)\left(\sum_{k=1}^{3}\alpha_k\hat{p}_k+\beta m_0c\right)$$

乘开右边，即得代数元素 α_i、β 必须满足如下对易关系

$$\boxed{\begin{cases}\alpha_1^2=\alpha_2^2=\alpha_3^2=\beta^2=1\\ \alpha_i\alpha_k+\alpha_k\alpha_i=0, & i,k=1,2,3,\quad i\neq k\\ \alpha_i\beta+\beta\alpha_i=0, & i=1,2,3\end{cases}}\tag{6.14}$$

找出满足这些对易关系的代数元素 α_i、β，开根就被实现了，Hamilton 量也就直接被表达出了。将它一次量子化并作用到态函数 $\psi(\boldsymbol{r},t)$ 上，就得到自由粒子 Dirac 方程

$$\boxed{\mathrm{i}\hbar\frac{\partial\psi}{\partial t}=(c\boldsymbol{\alpha}\cdot\hat{\boldsymbol{p}}+\beta m_0c^2)\psi}\tag{6.15a}$$

这个相对论性微观粒子动力学方程对时空变数均为一阶导数。由下面叙述可知，**实际上，Dirac 方程借助于将 Hilbert 态矢空间行数目加倍的办法，将二阶 t 微商降低为一阶 t 微商。**

根据 Hamilton 量 $\hat{H}$ 厄米性要求，再考虑 α_i，$\hat{p}_j$ 之间都对易，所以要求 4 个常数

---

⑪ 有不同方法导出 Dirac 方程，参见 Scadron M D. Advanced Quantum Theory，64-69. 阿希叶泽尔 A И. 量子电动力学. 北京：科学出版社，1959：150. 本质上说，Dirac 方程应视为一个公设，所以这些“导出”不能看成逻辑论证，只是便于理解而已.

⑫ Dirac P A M. 量子力学原理. 北京：科学出版社，1965. Dirac P A M. Proc. Roy. Soc.，1928，A117，610；118，341. 其实，Dirac 在书中 120 页已经直接用带根号的相对论性 Hamilton 量直接计算.

算符(意即不含时空变数的非对易代数元素)α_i 和 β 都应当厄米(虽然满足上面对易关系的 α_i、β 不定为厄米,但可作任意相似变换 $U(\alpha_i,\beta)U^{-1}$,以保证厄米性,见 6.3.2 节(2)条)。结合式(6.14),表明(α_i、β)应当都是自逆、厄米、零迹、彼此反对易的(零迹来源是:由式(6.14)可得比如 $\alpha_i\alpha_k\alpha_i{}^{-1}=-\alpha_k$,取迹)。

如果令 $\psi=\begin{pmatrix}\varphi\\ \chi\end{pmatrix}$,并假定 $\alpha_i=\begin{pmatrix}0 & \sigma_i\\ \sigma_i & 0\end{pmatrix}$,$\beta=\begin{pmatrix}I & 0\\ 0 & -I\end{pmatrix}$(即下面"Dirac 表象"),Dirac 方程可分拆成两个简单旋量 φ,χ 的一次齐次方程组。得

$$\boxed{\begin{pmatrix}\partial_4+k_c, & -\mathrm{i}\boldsymbol{\sigma}\cdot\nabla\\ \mathrm{i}\boldsymbol{\sigma}\cdot\nabla, & -\partial_4+k_c\end{pmatrix}\begin{pmatrix}\varphi\\ \chi\end{pmatrix}=0} \tag{6.15b}$$

这里 σ_i 为三个 Pauli 矩阵。

Dirac 方程还可以写成更为常见和对称的形式。以 $\beta/\hbar c$ 乘方程两边,并定义下面 4 个新的厄米的常数算符

$$\boxed{\begin{cases}\gamma_j\equiv-i\beta\alpha_j, \quad j=1,2,3, \quad \alpha_j=i\beta\gamma_j\\ \gamma_4\equiv\beta\end{cases}} \tag{6.16a}$$

就得到常见的时空坐标形式对称的 Dirac 方程(重复脚标求和,以下同)

$$\boxed{(\gamma_\lambda\partial_\lambda+k_c)\psi(\boldsymbol{r},t)=0} \tag{6.15c}$$

6.3.2　Dirac 代数及 γ 矩阵的表示问题

(1)依据式(6.14)容易检验,新引入的 γ_λ 满足如下对易关系

$$\boxed{\gamma_\lambda\gamma_\nu+\gamma_\nu\gamma_\lambda=2\delta_{\lambda\nu}, \quad \lambda,\nu=1,2,3,4} \tag{6.16b}$$

这四个常数算符 γ_λ 显然都是厄米、零迹、自逆、反对易的。

(2)当 Dirac 方程 γ_λ 矩阵经受某一常数幺正矩阵 U 的幺正变换 $\gamma_\lambda\to U\gamma_\lambda U^+$ 时,波函数 ψ 和$\partial_\lambda\psi$ 经受此幺正变换,Dirac 方程形式不变,而且变换后 γ'_λ 的对易关系也不变。总之是变换前后两个 Dirac 方程物理上等价,即

$$\psi'=U\psi,(\partial_\lambda\psi)'=\partial_\lambda(U\psi)=\partial_\lambda\psi'$$
$$(\gamma_\lambda{}'\partial_\lambda+k_c)\psi'(\boldsymbol{x},t)=0$$

而且 $\gamma'_\lambda\gamma'_\nu+\gamma'_\nu\gamma'_\lambda=2\delta_{\lambda\nu}$。于是,两组常数算符$\{\gamma_\lambda\}$和$\{\gamma'_\lambda\}$是等价的。这就产生一个如同 Pauli 矩阵表象的"**γ 矩阵表象**"的概念:**如果找到一组 4 个 $d\times d$ 的矩阵,它们之间满足式(6.16)代数关系,就说有了代数元素组$\{\gamma_\lambda\}$的一个 d 维表示。如果两个相同维数表示之间可以用某个常数幺正变换按相似变换方式联系起来,就称这两个表示是等价表示。由等价的 γ_λ 表述的 Dirac 方程物理上是等价的。**

(3)Dirac 方程中,4 个 γ_λ 矩阵存在一个最低阶的 4 维表示(以后还将论证它是唯一的不可约表示,见第八条)。

论证:其一,它们不可能实现为奇维数 n 的矩阵。因为,比如说有

$$\gamma_1\gamma_2=-\gamma_2\gamma_1=(-\gamma_0)\gamma_2\gamma_1$$

这里 γ_0 为 $n\times n$ 单位矩阵。两边取行列式,得

$$\det\gamma_1\cdot\det\gamma_2=(-1)^n\det\gamma_2\cdot\det\gamma_1$$

故 n 必为偶数。

其二,n 不可能为 2。因为,假如都实现为 2×2 矩阵,则考虑这 4 个 2×2 矩阵的每个矩阵元都可能是复数,一共只有 $4\times4\times2=32$ 个待定常数。但要求 4 个矩阵都是厄米的,即对角元为实数,非对角元共轭相等,共计 $4\times4=16$ 方程。由反对易关系得 $\mathrm{tr}\gamma_\lambda=0$, $\lambda=1,2,3,4$,又是 4 个方程。还有,每个矩阵平方都是单位矩阵,又有$4\times4=16$ 方程。总共有 36 个方程。于是方程组是超定的,无解。所以,Dirac 方程 γ_λ 代数元素的矩阵表示的最低维数是 4 维,即这 4 个 γ_λ 都是 4 维厄米、零迹、自逆、反对易矩阵。于是 Dirac 方程也就是 4 分量的联立方程组,解的一般形式为 $\psi=\begin{pmatrix}\varphi\\ \chi\end{pmatrix}=\left(\varphi^{1/2}\ \varphi^{-1/2}\ \chi^{1/2}\ \chi^{-1/2}\right)^{\mathrm{T}}$。

(4)由 4 个 γ_λ 可以组成 15 个代数元素组,加上一个单位元素 γ_0,共计 16 个元素,

$$\boxed{\begin{cases}I=\gamma_0\\ \gamma_1,\gamma_2,\gamma_3,\gamma_4\\ \mathrm{i}\gamma_1\gamma_2,\mathrm{i}\gamma_1\gamma_3,\mathrm{i}\gamma_1\gamma_4,\mathrm{i}\gamma_2\gamma_3,\mathrm{i}\gamma_2\gamma_4,\mathrm{i}\gamma_3\gamma_4\\ \mathrm{i}\gamma_1\gamma_2\gamma_3,\mathrm{i}\gamma_1\gamma_2\gamma_4,\mathrm{i}\gamma_1\gamma_3\gamma_4,\mathrm{i}\gamma_2\gamma_3\gamma_4\\ \gamma_1\gamma_2\gamma_3\gamma_4\equiv\gamma_5\end{cases}}\tag{6.17}$$

它们乘积和复数线性叠加构成的复流形称为“**Dirac 环**”,环的基称为“**Dirac 代数**”。它们具有以下性质:

第一,16 个元素都是平方归一的,即自逆的 $\gamma_A^2=1(A=1,2,\cdots,16)$。

第二,除 γ_0 之外的任何 γ_A,总存在至少一个 γ_B,使得 $\gamma_B\gamma_A\gamma_B=-\gamma_A$。以上两条可以直接用 4 个 γ_λ 对易关系代入验证。注意这里并没有说,15 个 γ_A 彼此全是反对易的。比如,$\mathrm{i}\gamma_1\gamma_2$ 和 γ_5 就是对易的。

第三,任何两个元素相乘必正比于这组元素中的另一元素,

$$\gamma_A\gamma_B=c_{AB}\gamma_C,\quad c_{AB}=(\pm1),(\pm\mathrm{i})$$

由于两个元素相乘后并不直接就是另一元素,而是可能相差相因子,这 16 个 γ_A 集合并不构成一个群,而构成一个“环”。但如果扩大元素组,也包含全部 $c_{AB}\gamma_C$ 作为元素,则扩大后的集合对乘法就是封闭的,加上乘法满足结合律、有逆元素和单位元素,这就构成群,称为“**Γ 群**”。

第四,$\gamma_A=\gamma_0(\mathrm{tr}(\gamma_0)=d)$外,在任何表示中 γ_A 为零迹 $\mathrm{tr}(\gamma_A)=0$。

证： 利用第二条。对给定的 γ_A，总存在一个与之反对易的 γ_B，于是

$$-\mathrm{tr}(\gamma_A)=\mathrm{tr}(-\gamma_A)=\mathrm{tr}(\gamma_B\gamma_A\gamma_B)=\mathrm{tr}(\gamma_B\gamma_B\gamma_A)=\mathrm{tr}(\gamma_A)$$

第五，这 16 个代数元素是线性无关的，也就是说

$$\sum_{A=0}^{15}a_A\gamma_A\neq 0\quad(\text{除非 } a_A=0,\quad\forall A)$$

证： 用反证法。设某个 $a_i\neq0$，则

$$\gamma_i=\frac{1}{a_i}\sum_{A\neq i}^{15}a_A\gamma_A\text{，两边同乘 }\gamma_i\text{：}1=\frac{1}{a_i}\sum_{A\neq i}a_A\gamma_i\gamma_A$$

即 $1=\left(\frac{1}{a_i}\right)\sum_{A\neq i}^{15}a_Ac_{iA}\gamma_{iA}$。这一步是用第三条。注意，当也只当 $A=B$ 时，$\gamma_A\gamma_B=I$，这里 $A,B=0,\cdots,15$。现在 $i\neq A$，$\gamma_{iA}\neq I$。等式两边取迹，利用第四条，即出现 $d=0$ 的矛盾。

第六，这 16 个元素组成正交归一完备基：任何作用在 4 分量 ψ 上的 4×4 算符 X 均可展开为 γ_A 的线性组合

$$X=\sum_{A=0}^{15}\lambda_A\gamma_A,\quad\lambda_A=\frac{1}{d}\mathrm{tr}(X\gamma_A)$$

广泛些说，刨除单位元素之后，由这类“自逆、反对易”元素构成的代数称为“Clifford 代数”，有别于“自零、反对易”的“Grassmann 代数”(附录 F)。

第七，可以证明**“Schur 引理”：与 4 个 γ_λ 都对易便是常数算符 $c\gamma_0$。**

第八，若不计等价的表示，**Dirac 代数只有一个不可约表示，并且是 4 维的。**第七、八两条和有限群中结论很相似。

Frobenius 定理

“具有一个单位元素的有限半单代数，其不等价的不可约表示数目 n 等于代数中和所有元素可交换的元素的数目。并且有 $N=d_1^2+d_2^2+\cdots+d_n^2$。这里 N 是代数中元素总个数，d_r 是第 r 个不可约表示的维数。”

现在这 16 个 γ_A 构成的 Dirac 代数，不存在非零空间的 Abel 理想，是个半单代数[13]。它只有一个与所有元素都对易的元素 γ_0，故 16 个 γ_A 只有一个不可约表示，且其维数 $N=d^2\Rightarrow d=4$，其余表示要么是等价的不可约表示，要么是可约表示。

第九，由以上全部叙述可知，**Dirac 代数完全由初始 4 个 γ_λ 之间的自逆反对易关系所确定。**也就是说，如有两套 γ_λ，γ'_λ，它们都分别遵守这组关系，则必存在非奇异的变换 S，使得 $\gamma'_\lambda=S^{-1}\gamma_\lambda S$。只要 S 是幺正的，则 γ'_λ 和 γ_λ 一样都是厄米的。此结论常称为**“Pauli 基本定理”**。

(5)一些常用的 γ 矩阵计算与表示。

---

[13] 马中骐. 物理学中的群论. 北京：科学出版社，2001.

首先，可以简化 γ 矩阵计算。为此将 γ 矩阵表示为两个 Pauli 矩阵直积形式，于是 γ 矩阵乘积等运算就按照下式简化为 Pauli 矩阵的运算：

$$\begin{cases}(\sigma_i\otimes\sigma_j)\cdot(\sigma_l\otimes\sigma_m)=(\sigma_i\cdot\sigma_l)\otimes(\sigma_j\cdot\sigma_m)\\(\sigma_i\otimes\sigma_j)^{\mathrm{T}}=\sigma_i^{\mathrm{T}}\otimes\sigma_j^{\mathrm{T}}\\(\sigma_i\otimes\sigma_j)^{-1}=\sigma_i^{-1}\otimes\sigma_j^{-1}\end{cases}\tag{6.18}$$

其次，定义

$$\Sigma_i=\begin{pmatrix}\sigma_i&0\\0&\sigma_i\end{pmatrix}=\sigma_0\otimes\sigma_i,\quad \rho_1=\begin{pmatrix}0&\sigma_0\\\sigma_0&0\end{pmatrix}=\sigma_1\otimes\sigma_0$$

$$\rho_2=\begin{pmatrix}0&-\mathrm{i}\sigma_0\\\mathrm{i}\sigma_0&0\end{pmatrix}=\sigma_2\otimes\sigma_0,\quad \rho_3=\begin{pmatrix}\sigma_0&0\\0&-\sigma_0\end{pmatrix}=\sigma_3\otimes\sigma_0$$

容易证明，下面 6 组 γ_μ 表示均满足自逆反对易关系

$$\begin{array}{ll}(\gamma_i=\rho_1\Sigma_i,\gamma_4=\rho_2),&(\gamma_i=\rho_2\Sigma_i,\gamma_4=\rho_3)\\(\gamma_i=\rho_1\Sigma_i,\gamma_4=\rho_3),&(\gamma_i=\rho_3\Sigma_i,\gamma_4=\rho_1)\\(\gamma_i=\rho_2\Sigma_i,\gamma_4=\rho_1),&(\gamma_i=\rho_3\Sigma_i,\gamma_4=\rho_2)\end{array}\tag{6.19}$$

比如，前面式(6.15)所用**"Dirac 表象"**($\alpha_i=\sigma_1\otimes\sigma_i,\beta=\sigma_3\otimes\sigma_0$)，利用式(6.16a)可知它就是此处($\gamma_i=\rho_2\Sigma_i,\gamma_4=\rho_3$)情况，

$$\boxed{\gamma_i=\sigma_2\otimes\sigma_i,\quad \gamma_4=\sigma_3\otimes\sigma_0,\quad \gamma_5=-\sigma_1\otimes\sigma_0}\tag{6.20a}$$

Dirac 表象优点是 γ_4 为对角的。还有"Majorana 表象(γ'_μ,γ'_5)"，它与 Dirac 表象关系为 $\gamma'_2=\gamma_2,\gamma'_i=i\gamma_2\gamma_i\,(i\neq2)$(见下节电荷共轭变换)，即

$$\boxed{\gamma'_1=\sigma_0\otimes\sigma_3,\gamma'_2=\sigma_2\otimes\sigma_2,\gamma'_3=-\sigma_0\otimes\sigma_1,\gamma'_4=-\sigma_1\otimes\sigma_2,\gamma'_5=-\sigma_3\otimes\sigma_2}\tag{6.20b}$$

习题 6.5 证明 Pauli 基本定理。

习题 6.6 从 Dirac 方程(6.15b)解应当满足 K-G 方程，导出 γ_μ 的反对易关系(6.16b)。

习题 6.7 证明式(6.18)。

习题 6.8 计算在 Dirac 表象中的手征 γ_5。

习题 6.9 寻找 γ_μ 从表示($\gamma'_i=\rho_3\Sigma_i,\gamma'_4=\rho_2$)变换到 Dirac 表示($\gamma_i=\rho_2\Sigma_i,\gamma_4=\rho_3$)的幺正变换。

习题 6.10 写出 Majarana 表象。在此表象中 γ_1、γ_2、γ_3 是实对称矩阵，γ_4 为纯虚反对称矩阵。

习题 6.11 设 $H=c\boldsymbol{\alpha}\cdot\boldsymbol{p}+\beta m_0c^2$，证明(1)$[H,\boldsymbol{J}]=0$。$\boldsymbol{J}=\boldsymbol{L}+\frac{\hbar}{2}\boldsymbol{\Sigma},\boldsymbol{\Sigma}=\begin{pmatrix}\boldsymbol{\sigma}&0\\0&\boldsymbol{\sigma}\end{pmatrix}$；(2)$[\boldsymbol{p},\hat{H}]=0,[\boldsymbol{\sigma}\cdot\boldsymbol{p},\hat{H}]=0,[H,\hat{\boldsymbol{L}}+\hbar\sigma_0\otimes\boldsymbol{\sigma}/2]=0$。

习题 6.12 证明：当取 γ 表象为($\gamma_i=\rho_3\Sigma_i,\gamma_4=\rho_2$)时，Dirac 方程由 Dirac 表象($\gamma_i=\rho_2\Sigma_i,\gamma_4=\rho_3$)的形式变换成为如下形式：

$$\mathrm{i}\hbar\frac{\partial\varphi'}{\partial t}=-\mathrm{i}m_0c^2\chi'-c\boldsymbol{\sigma}\cdot\hat{\boldsymbol{p}}\chi',\quad \mathrm{i}\hbar\frac{\partial\chi'}{\partial t}=\mathrm{i}m_0c^2\varphi'-c\boldsymbol{\sigma}\cdot\hat{\boldsymbol{p}}\varphi'$$

并给出 $\varphi',\chi'\Leftrightarrow\varphi,\chi$ 之间的变换关系。

6.3.3 自由粒子 Dirac 方程正负能态解

由于自由 Dirac 方程运动是个定态运动，本征态解将具有单色平面波因子。分离出时空因子 $e^{i(\boldsymbol{k}\cdot\boldsymbol{r}-\omega t)}$，即令

$$\psi(\boldsymbol{r},t)=\begin{pmatrix}\varphi(\boldsymbol{k},E)\\ \chi(\boldsymbol{k},E)\end{pmatrix}\cdot e^{i(\boldsymbol{k}\cdot\boldsymbol{r}-Et/\hbar)}$$

代入式(6.15b)联立方程组，即得能量为 E 的定态方程($E=\hbar\omega,\hat{\boldsymbol{p}}\to\hbar\boldsymbol{k}$)：

$$\boxed{\begin{pmatrix}(m_0c^2-E) & \hbar c\boldsymbol{\sigma}\cdot\boldsymbol{k}\\ -\hbar c\boldsymbol{\sigma}\cdot\boldsymbol{k} & (m_0c^2+E)\end{pmatrix}\begin{pmatrix}\varphi\\ \chi\end{pmatrix}=0} \tag{6.21}$$

方程组有非零解的条件是系数行列式为零，注意 $(\boldsymbol{\sigma}\cdot\boldsymbol{k})^2=\boldsymbol{k}^2$，即得

$$\boxed{E=\hbar\omega=\pm\sqrt{(m_0c^2)^2+c^2\boldsymbol{k}^2\hbar^2}} \tag{6.22}$$

由于 $\boldsymbol{p}^2=\hbar^2\boldsymbol{k}^2$，说明相对论自由粒子 de Broglie 波色散关系 $\omega\sim|\boldsymbol{k}|$ 满足 de Broglie 假设的相对论力学的能量-动量关系式。这是相对论性自由粒子运动方程的两个标志之一：**自由粒子波动解的能量-动量关系式、Lorentz 变换的协变性。但注意，这里出现了无穷多个负能量解。**

往求方程(6.21)的正能旋量平面波解($E>0$)。由于行列式为零，式(6.21)两个联立方程线性相关，任取其中一个，比如，由第二个即可解出 $\chi(\boldsymbol{k},E)$(由于存在色散关系式(6.22)，下面解脚标略写能量 E)

$$\chi_{(+),\boldsymbol{k}\alpha}=\frac{\hbar c\boldsymbol{\sigma}\cdot\boldsymbol{k}}{E+m_0c^2}\varphi_{(+),\boldsymbol{k}\alpha},\quad \alpha=\pm1 \tag{6.23a}$$

鉴于附加色散关系式(6.22)后，方程(6.21)仍然不能完全决定 φ，为了明确决定，这里附加了条件——φ 是 σ_3 的本征值为 $\alpha=\pm1$ 的本征态：$\sigma_3\xi_\alpha=\alpha\xi_\alpha$，$\xi_{+1}=\begin{pmatrix}1\\0\end{pmatrix}$，$\xi_{-1}=\begin{pmatrix}0\\1\end{pmatrix}$。于是得到正能旋量平面波解为

$$\boxed{u_{\boldsymbol{k}\alpha}=\sqrt{\frac{E+m_0c^2}{2m_0c^2}}\begin{pmatrix}\xi_\alpha\\ \dfrac{\hbar c\boldsymbol{\sigma}\cdot\boldsymbol{k}}{E+m_0c^2}\xi_\alpha\end{pmatrix},\quad \alpha=\pm1} \tag{6.23b}$$

旋量前的根号是归一化系数，下面将说明它。**式(6.23b)表明，当 $|\boldsymbol{k}|\to0$ 时，$E\to m_0c^2$，$|\chi_{(+),\boldsymbol{k}\alpha}|\to0$，$|\varphi_{(+),\boldsymbol{k}\alpha}|\to1$**(若 $\boldsymbol{k}=0$，则 $u_{0,+1}{}^+=(1\quad0\quad0\quad0)$，$u_{0,-1}{}^+=(0\quad1\quad0\quad0)$)。**这说明，对动能很小的非相对论情况，可以只用两分量波函数 $\varphi(\boldsymbol{x},t)$(称为简单旋量)。如同 NRQM 中 Pauli 方程所做的。**

再求负能旋量平面波解($E<0$)。这时情况正好相反。比如，由第一个方程得

$$\varphi_{(-),\boldsymbol{k}\alpha}=\frac{-\hbar c\boldsymbol{\sigma}\cdot\boldsymbol{k}}{|E|+m_0c^2}\chi_{(-),\boldsymbol{k}\alpha} \tag{6.24a}$$

于是负能旋量平面波解为

$$\boxed{v_{k\bar{\alpha}}=\sqrt{\frac{|E|+m_0c^2}{2m_0c^2}}\begin{pmatrix}\dfrac{\hbar c\boldsymbol{\sigma}\cdot\boldsymbol{k}}{|E|+m_0c^2}\xi_{\bar{\alpha}}(\boldsymbol{k})\\ \xi_{\bar{\alpha}}(\boldsymbol{k})\end{pmatrix},\quad \bar{\alpha}=-\alpha=\pm1} \tag{6.24b}$$

为了将来理解方便,在解的脚标中作了取代 $-\boldsymbol{k}\to\boldsymbol{k}$,$-\alpha\to\alpha$。**未来会将此负能、$-\boldsymbol{k}$、$\bar{\alpha}$ 解解释作为反粒子的正能、$\boldsymbol{k}$、$\boldsymbol{\alpha}$ 解。**式(6.24b)说明,如果从负能解角度考虑,当 $|\boldsymbol{k}|\to0$ 时 **$\varphi_{(-)}(\boldsymbol{k})$ 的概率幅将小于 $\chi_{(-)}(\boldsymbol{k})$ 的概率幅。这时若 $\boldsymbol{k}=0$,则** $v_{0,+1}{}^{+}=(0\quad 0\quad 0\quad 1)$,$v_{0,-1}{}^{+}=(0\quad 0\quad 1\quad 0)$。

为了将这两个解归一化,引入 **Dirac 共轭操作**(Dirac adjoint operation,**又称"杠操作"——**"bar"operation)**:对 $\boldsymbol{\psi}$ 取厄米后再右乘 $\boldsymbol{\gamma}_4$:$\overline{\boldsymbol{\psi}}\equiv\boldsymbol{\psi}^{+}\boldsymbol{\gamma}_4$。**于是,归一化是对杠操作而言的:($\gamma_4=\sigma_3\otimes\sigma_0$)

$$\begin{aligned}\bar{u}_{k\alpha}u_{k\alpha'}=u_{k\alpha}^{+}\gamma_4u_{k\alpha'}&=\frac{E+m_0c^2}{2m_0c^2}\begin{pmatrix}\xi_\alpha^{+}, & \xi_\alpha^{+}\dfrac{\hbar c\boldsymbol{\sigma}\cdot\boldsymbol{k}}{E+m_0c^2}\end{pmatrix}\gamma_4\begin{pmatrix}\xi_\alpha{}'\\ \dfrac{\hbar c\boldsymbol{\sigma}\cdot\boldsymbol{k}}{E+m_0c^2}\xi_\alpha{}'\end{pmatrix}\\ &=\frac{E+m_0c^2}{2m_0c^2}\left\{\xi_\alpha^{+}\xi_\alpha{}'(\boldsymbol{k})-\xi_\alpha^{+}\left[\frac{\hbar c\boldsymbol{\sigma}\cdot\boldsymbol{k}}{E+m_0c^2}\right]^2\xi_\alpha{}'(\boldsymbol{k})\right\}\\ &=\frac{E+m_0c^2}{2m_0c^2}\left\{\delta_{\alpha\alpha'}-\delta_{\alpha\alpha'}\left[\frac{\hbar ck}{E+m_0c^2}\right]^2\right\}\end{aligned}$$

$$\boxed{\bar{u}_{k\alpha}u_{k\alpha'}=\delta_{\alpha\alpha'}} \tag{6.25a}$$

这就解释了归一化系数的由来。负能解归一化计算与此类似,但结果为

$$\boxed{\bar{v}_{k\alpha}v_{k\alpha'}=-\delta_{\alpha\alpha'}} \tag{6.25b}$$

利用 Dirac 共轭操作,可以得到自由粒子 Dirac 方程的共轭方程。Dirac 方程波函数 ψ 是 4 分量的列旋量,它的共轭意味着每个分量复共轭后,转成 4 分量的行旋量。注意 γ_λ 是厄米的,同时 $\chi_4=\mathrm{i}ct$ 是纯虚的,于是对自由粒子 Dirac 方程进行厄米共轭,得到

$$\partial_i\psi^{+}\gamma_i-\partial_4\psi^{+}\gamma_4+k_c\psi^{+}=0$$

为将此方程整理成方便的对称形式,以 γ_4 右乘并注意 $\gamma_i\gamma_4=-\gamma_4\gamma_i$,同时对 ψ 进行 Dirac 共轭操作 $\bar{\psi}\equiv\psi^{+}\gamma_4$。于是得到自由粒子 Dirac 共轭方程

$$\partial_\lambda\bar{\psi}\gamma_\lambda-k_c\bar{\psi}=0\quad 或\quad \bar{\psi}(\gamma_\lambda\partial_\lambda-k_c)=0 \tag{6.26}$$

依据波函数在体积 V 内箱归一条件 $1=\int_V\psi_{(\pm),\boldsymbol{k},\alpha}^{+}(\boldsymbol{r},t)\psi_{(\pm),\boldsymbol{k},\alpha}(\boldsymbol{r},t)\mathrm{d}\boldsymbol{r}$,以及

$$\boxed{\begin{cases}u_{k\alpha}^{+}u_{k\alpha'}=\dfrac{E}{m_0c^2}\delta_{\alpha\alpha'}\\ v_{k\alpha}^{+}v_{k\alpha'}=\dfrac{|E|}{m_0c^2}\delta_{\alpha\alpha'}\end{cases}}\quad 即\quad \boxed{\begin{cases}u_{k\alpha}^{+}u_{k\alpha'}=\dfrac{E}{m_0c^2}\bar{u}_{k\alpha}u_{k\alpha'}\\ v_{k\alpha}^{+}v_{k\alpha'}=-\dfrac{|E|}{m_0c^2}\bar{v}_{k\alpha}v_{k\alpha'}\end{cases}} \tag{6.25c}$$

最后即得自由 Dirac 方程的平面波解序列

$$\begin{cases}\psi_{(+),k\alpha}(\boldsymbol{r},t)=\dfrac{1}{\sqrt{V}}\sqrt{\dfrac{m_0c^2}{E}}u_{k\alpha}\,\mathrm{e}^{\mathrm{i}(\boldsymbol{k}\cdot\boldsymbol{r}-Et/\hbar)}\equiv u_{(+),k\alpha}\,\mathrm{e}^{\mathrm{i}(\boldsymbol{k}\cdot\boldsymbol{r}-Et/\hbar)}, & \alpha=\pm1\\ \psi_{(-),k\alpha}(\boldsymbol{r},t)=\dfrac{1}{\sqrt{V}}\sqrt{\dfrac{m_0c^2}{|E|}}\nu_{k\alpha}\,\mathrm{e}^{-\mathrm{i}(\boldsymbol{k}\cdot\boldsymbol{r}-|E|t/\hbar)}\equiv u_{(-),k\alpha}\,\mathrm{e}^{-\mathrm{i}(\boldsymbol{k}\cdot\boldsymbol{r}-|E|t/\hbar)}, & \alpha=\pm1\end{cases}\tag{6.27}$$

它们是自由 Dirac 方程波函数的完备集。任意波包是这两个正负频解完备集的 Fourier积分展开。其中 $u_{k\alpha}$,$\nu_{k\alpha}$ 分别由式(6.23b)和式(6.24b)表示。

Dirac 方程依然存在正负能量(也即正负频率 ω)两类解——其实这是所有相对论性方程共有的特性。此性质引发出重大问题。其解释及详细讨论见后面正电子理论,目前暂不讨论。于是,Dirac 方程通解,即任意波包解,可表示为

$$\begin{aligned}\psi(\boldsymbol{r},t)&=\psi_{(+)}(\boldsymbol{r},t)+\psi_{(-)}(\boldsymbol{r},t)\\&=\int c_{(+)}(\boldsymbol{k})u_{(+),k\alpha}\,\mathrm{e}^{\mathrm{i}(\boldsymbol{k}\cdot\boldsymbol{r}-\omega t)}\,\mathrm{d}\boldsymbol{k}+\int \mathrm{d}_{(-)}(\boldsymbol{k})u_{(-),k\alpha}\,\mathrm{e}^{-\mathrm{i}(\boldsymbol{k}\cdot\boldsymbol{r}-\omega t)}\,\mathrm{d}\boldsymbol{k}\end{aligned}$$

这里 $\boldsymbol{p}\cdot\boldsymbol{r}-Et$ 为 Lorentz 标量。正能解为 $u_{k\alpha}\mathrm{e}^{\mathrm{i}(\boldsymbol{p}\cdot\boldsymbol{r}-Et)/\hbar}$ 和 $(\boldsymbol{p},E,\alpha)$,描绘自由粒子;**负能解为 $v_{k\alpha}\mathrm{e}^{-\mathrm{i}(\boldsymbol{p}\cdot\boldsymbol{r}-|E|t)/\hbar}$ 和 $(-\boldsymbol{p},-|E|,-\alpha)$——后来弄清楚了,这其实是自由反粒子 $(\boldsymbol{p},|E|,\alpha)$ 的本征态。**总之,开始情况是粒子无正反,能量有正负;后来知道,应当是粒子有正反,能量只有正。

应当强调指出,**正、负能量解属于厄米算符 H 的不同本征值,故对应的波函数相互正交,即应有**

$$\int\psi_{(+)}^{+}\psi_{(-)}\,\mathrm{d}\boldsymbol{r}=0\tag{6.28}$$

证明: 使用式(6.27)很容易证明此正交性。但现在用直接计算来证实。

$$\begin{aligned}0&=\int\psi_{(+)}^{+}(\boldsymbol{r},t)\psi_{(-)}(\boldsymbol{r},t)\,\mathrm{d}\boldsymbol{r}\\&=\iint\mathrm{d}(\boldsymbol{k}\boldsymbol{k}')\int\mathrm{d}\boldsymbol{r}\cdot c_{(+)}^{*}(\boldsymbol{k})\mathrm{d}_{(-)}(\boldsymbol{k}')u_{(+),k\alpha}^{+}u_{(-),k'\alpha}\,\mathrm{e}^{\mathrm{i}(-\boldsymbol{k}'-\boldsymbol{k})\cdot\boldsymbol{r}}\,\mathrm{e}^{\mathrm{i}2\omega t}\\&=\iint\mathrm{d}(\boldsymbol{k}\boldsymbol{k}')\cdot c_{(+)}^{*}(\boldsymbol{k})\mathrm{d}_{(-)}(\boldsymbol{k}')u_{(+),k\alpha}^{+}u_{(-),k'\alpha}\delta(\boldsymbol{k}'+\boldsymbol{k})\cdot(2\pi)^3\cdot\mathrm{e}^{\mathrm{i}2\omega t}\\&=(2\pi)^3\int\mathrm{d}\boldsymbol{k}\cdot c_{(+)}^{*}(\boldsymbol{k})\mathrm{d}_{(-)}(-\boldsymbol{k})u_{(+),k\alpha}^{+}u_{(-),-k\alpha}\cdot\mathrm{e}^{\mathrm{i}2\omega t}\end{aligned}$$

$u_{(-)}$ 中原是取了 $\boldsymbol{k}$ 的反号,现再反号,使得 $\psi_{(-)}$ 与 $\psi_{(+)}$ 中的 $\boldsymbol{k}$ 同号了。于是这个等式成立的充分条件是下面等式成立,$u_{(+),k\alpha}^{+}u_{(-),-k\alpha}=0$。按习题 6.14,这个等式是对的。所以反推上去,可知 $\psi_{(+)}$ 和 $\psi_{(-)}$ 相互正交。 证毕。

习题 6.13 证明:自由粒子 Dirac 方程正负能量平面波解的正交归一关系

$$u_{k\alpha}^{+}u_{k\alpha'}=\frac{E}{m_0c^2}\delta_{\alpha\alpha'},\quad \overline{u}_{k\alpha}u_{k\alpha'}=\delta_{\alpha\alpha'},\quad v_{k\alpha}^{+}v_{k\alpha'}=\frac{|E|}{m_0c^2}\delta_{\alpha\alpha'},\quad \overline{v}_{k\alpha}v_{k\alpha'}=-\delta_{\alpha\alpha'}$$

习题 6.14 关于正交归一关系，除上述外，证明还有

$$\bar{u}_{k\alpha}v_{k\alpha'}=\bar{v}_{k\alpha}u_{k\alpha'}=0,\quad u_{k\alpha}^{+}v_{-k\alpha'}=v_{k\alpha}^{+}u_{-k\alpha'}=0$$

由此直接计算检验正负能量解的正交性。

6.3.4 电磁场下的方程及共轭方程

为了研究 Dirac 粒子(它的性质下面再讨论)和外电磁场相互作用，只需像 K-G 方程那样，进行替换$\partial_\lambda \to D_\lambda=\partial_\lambda-\frac{\mathrm{i}e}{\hbar c}A_\lambda$。于是，在势 A_λ 电磁场中，Dirac 粒子动力学方程成为

$$\boxed{\left[\gamma_\lambda\left(\partial_\lambda-\frac{\mathrm{i}e}{\hbar c}A_\lambda\right)+k_c\right]\psi=0} \tag{6.29}$$

在量子场论中经常把小括号中第二项$\frac{-\mathrm{i}e}{\hbar c}A_\lambda\gamma_\lambda\psi$ 作为 Dirac 场的源头项(与 Maxwell 场相互作用将导致正负电子对产生)，移到等式右边。

对此方程取 Dirac 共轭，有电磁场下的共轭 Dirac 方程为

$$\bar{\psi}\left[\gamma_\lambda\left(\overleftarrow{\partial}_\lambda+\frac{\mathrm{i}e}{\hbar c}A_\lambda\right)-k_c\right]=0 \tag{6.30}$$

注意，和自由粒子方程取共轭的现象不同，这里共轭方程与未共轭方程相比，电荷符号改变了。即使不进一步将 Dirac 场量子化，也能得出关于粒子-反粒子(电子，正电子)的正确描叙，也可以从现在这种现象里初步领会到：如果 ψ 和电子相联系，则 $\bar{\psi}$ 和正电子相联系。

习题 6.15 将有电磁场中 Dirac 方程用电磁场场强的形式写出。

6.4 Dirac 方程的性质

6.4.1 Dirac 方程解的概率解释

虽然 Dirac 方程如同 K-G 方程一样，也存在负能解缺陷，但对解的概率解释方面却不存在像 K-G 方程那样的缺陷。为看出这点，将有电磁场方程(6.30)左乘$\bar{\psi}$，再将共轭方程(6.30)方程右乘 ψ，两者相加即得

$$\bar{\psi}\gamma_\lambda\left(\partial_\lambda-\frac{\mathrm{i}e}{\hbar c}A_\lambda\right)\psi+\left[\left(\partial_\lambda+\frac{\mathrm{i}e}{\hbar c}A_\lambda\right)\bar{\psi}\gamma_\lambda\right]\psi=0$$

不像偏导数∂_λ，势 A_λ 是普通函数，与$\bar{\psi}\gamma_\lambda$ 可交换。故含 A_λ 项相消，得

$$\partial_\lambda(\bar{\psi}\gamma_\lambda\psi)=0$$

注意 ψ 并不是 4 维矢量。因为下面将证明，Lorentz 变换时它并不按 4 维矢量变化。引入 4 维流密度矢量

$$j_\lambda\equiv\mathrm{i}c\,\bar{\psi}\gamma_\lambda\psi \tag{6.31}$$

这里乘 ic 是为了有$\frac{\partial j_4}{\partial x_4}=\frac{\partial(\mathrm{i}c\psi^+\psi)}{\mathrm{i}c\partial t}=\frac{\partial(\psi^+\psi)}{\partial t}=\frac{\partial\rho}{\partial t}$。若将式(6.31)乘以电荷 e,即得 4 维电流密度矢量,即 ψ 态的电子流密度为 $\mathrm{i}ec\,\bar{\psi}\gamma_\lambda\psi$。于是得到 4 维形式的连续性方程($j_4=\mathrm{i}c\rho=ic\psi^+\psi, j_i=\mathrm{i}c\psi^+\gamma_4\gamma_i\psi$)

$$\boxed{\partial_\lambda j_\lambda=0\rightarrow\frac{\partial\rho}{\partial t}+\mathrm{div}\boldsymbol{j}=0} \tag{6.32}$$

注意,连续性方程中的 $\boldsymbol{\rho}$ 是正定的,j 中也不包含对时间的一阶导数项,而这些本来都是 K-G 方程的缺陷。

接着对系统定义域进行积分,利用边界条件(场在无穷高势垒边界,或无穷远处消失),将散度项转化为场边界面积分而消失。从而

$$\frac{\partial}{\partial t}\int\psi^+\psi\mathrm{d}\boldsymbol{r}=0 \tag{6.33}$$

于是可对全定义域进行归一化 $\int\psi^+\psi\mathrm{d}\boldsymbol{r}=1$,以表明总概率守恒。

综上所述,完全有理由根据量子力学的通常规则,将 Dirac 方程解 $\boldsymbol{\psi}$ 理解为概率幅。由此,任一算符 $\boldsymbol{\Omega}$ 的期望值就为

$$\langle\Omega\rangle=\int\psi^+\Omega\psi\mathrm{d}\boldsymbol{r}=\int\bar{\psi}\gamma_4\Omega\psi\mathrm{d}\boldsymbol{r} \tag{6.34}$$

6.4.2　Dirac 方程的 Lorentz 变换不变性

现在证明,**Dirac 方程的形式和导出的全部物理结论不依赖于 Lorentz 参考系。**首先证明:**方程形式在 Lorentz 变换下不变,其次证明上面概率解释也不依赖于 Lorentz 参考系的变换。**

1. 无穷小 Lorentz 变换

按时空变数的协变形式($x=x_1, y=x_2, z=x_3, \mathrm{i}ct=x_4$),4 维 Minkowski 空间是 3+1 维的赝 Euclidean 空间,是个 4 维复时空流形。在此流形上向自身的一个非齐次线性映射为

$$x_\lambda\rightarrow x'_\lambda=\alpha_{\lambda\nu}x_\nu+\beta_\lambda$$

这些非齐次线性映射集合构成"Poincare 群",表示流形上各点的各种非齐次线性变换。排除平移变换之后的子集合($\beta_\mu=0$)称为"齐次(推广)Lorentz 群 L_h"。接着,再排除时间反演变换,子集合就称为正时 Lorentz 群或"全 Lorentz 群 L_f"。最后,再排除空间反演变换,剩下子集合称为"固有 Lorentz 群 L_p"。以下讨论不涉及平移变换。

Minkowski 空间向其自身的一个齐次线性映射为

$$x_\lambda\rightarrow x'_\lambda=\alpha_{\lambda\nu}x_\nu \tag{6.35}$$

由于 x_4 为虚数而其余 x_i 为实数，一般变换所含系数的实、虚性质如下

$$\begin{pmatrix} x'_1 \\ x'_2 \\ x'_3 \\ \mathrm{i}ct' \end{pmatrix} = \begin{pmatrix} R & R & R & I \\ R & R & R & I \\ R & R & R & I \\ I & I & I & R \end{pmatrix} \begin{pmatrix} x_1 \\ x_2 \\ x_3 \\ \mathrm{i}ct \end{pmatrix} \tag{6.36}$$

α_{ij} 和 α_{44} 为实数，α_{i4}，α_{4i} 为虚数。Lorentz 变换是此流形上的正交变换(包括时间反演、空间反演、时空联合反演变换)，所以满足

$$x_\lambda x_\lambda = x'_\lambda x'_\lambda \tag{6.37}$$

例如，沿 x_1 轴运动的特殊 Lorentz 变换，这时只有 x_1，$x_4 = \mathrm{i}ct$ 的变换：

$$x'_1 = \frac{1}{\sqrt{1-\beta^2}}(x_1 + \mathrm{i}\beta x_4), \quad x_4{}' = \mathrm{i}ct' = \frac{1}{\sqrt{1-\beta^2}}(x_4 - \mathrm{i}\beta x_1)$$

这里 $\gamma = 1/\sqrt{1-\beta^2}$，$\beta = v/c$。于是($\beta \equiv \mathrm{th}\theta$)

$$L = \frac{1}{\sqrt{1-\beta^2}} \begin{pmatrix} 1 & 0 & 0 & \mathrm{i}\beta \\ 0 & 1 & 0 & 0 \\ 0 & 0 & 1 & 0 \\ -\mathrm{i}\beta & 0 & 0 & 1 \end{pmatrix} = \begin{pmatrix} \mathrm{ch}\theta & 0 & 0 & \mathrm{i}\,\mathrm{sh}\theta \\ 0 & 1 & 0 & 0 \\ 0 & 0 & 1 & 0 \\ -\mathrm{i}\,\mathrm{sh}\theta & 0 & 0 & \mathrm{ch}\theta \end{pmatrix}$$

$$\to L = \sigma_0 \mathrm{ch}\theta - \sigma_2 \mathrm{sh}\theta = \mathrm{e}^{-\theta\sigma_2} \ (x_2, x_3 \text{ 不变，未计入})$$

显然，矩阵 L 的逆为其转置，而不是厄米。一般而言，Lorentz 变换矩阵(的自身表示)并非幺正矩阵，而是 $L^{\mathrm{T}}L = LL^{\mathrm{T}} = I$，即复正交矩阵。这来源于现有时空的赝 Euclidean性质。由正交变换式(6.37)，得到系数间的行、列正交归一(注意，并非复正交归一)

$$\begin{cases} \alpha_{\lambda\nu}\alpha_{\lambda\rho} = \delta_{\nu\rho} \\ \alpha_{\nu\lambda}\alpha_{\rho\lambda} = \delta_{\nu\rho} \end{cases} \tag{6.38}$$

其中，实数 α_{44} 的绝对值大于 1。这是因为(α_{i4} 是纯虚数)

$$1 = \alpha_{\lambda 4}\alpha_{\lambda 4} = \alpha_{i4}\alpha_{i4} + \alpha_{44}\alpha_{44} \Rightarrow \alpha_{44}^2 = 1 - \alpha_{i4}\alpha_{i4} = 1 + |\alpha_{i4}|^2 > 1$$

最后说明，齐次 Lorentz 群 L_h 可以按其行列式值和系数 α_{44} 正负号，区分为 4 个区(就像 3 维正交变换分为 $\det A = \pm 1$ 的 2 个区)：

第一区 $\det(\alpha_{\lambda\nu}) = +1$，$\alpha_{44} \geqslant +1$，含单位矩阵 $I = \begin{pmatrix} 1 & 0 & 0 & 0 \\ 0 & 1 & 0 & 0 \\ 0 & 0 & 1 & 0 \\ 0 & 0 & 0 & 1 \end{pmatrix}$，不含时、空反演；

第二区 $\det(\alpha_{\lambda\nu}) = -1$，$\alpha_{44} \geqslant +1$，含空间反演 $\begin{pmatrix} -1 & 0 & 0 & 0 \\ 0 & -1 & 0 & 0 \\ 0 & 0 & -1 & 0 \\ 0 & 0 & 0 & 1 \end{pmatrix}$；

第三区 $\det(\alpha_{\lambda\nu})=-1,\alpha_{44}\leqslant-1$,含时间反演$\begin{pmatrix}1&0&0&0\\0&1&0&0\\0&0&1&0\\0&0&0&-1\end{pmatrix}$;

第四区 $\det(\alpha_{\lambda\nu})=+1,\alpha_{44}\leqslant-1$,含时、空反演$\begin{pmatrix}-1&0&0&0\\0&-1&0&0\\0&0&-1&0\\0&0&0&-1\end{pmatrix}$。

第一区含单位元素,构成子群——固有 Lorentz 群 L_p。它是这里主要涉及对象。虽然 L_p 中无时空反演,群参数空间是单连通的,但由于 α_{44} 绝对值无上限,群参数空间却是开区域,所以 L_p 群是非紧致李群。L_p 包含三维空间转动群 R_3 作为子群。有时在个别问题上也涉及(第一区+第二区)全 Lorentz 群 L_f。群 L_f 包括了空间反演操作。

现在研究无穷小 Lorentz 变换,也就是在恒等变换邻域内、和恒等变换相差无穷小量的任一 Lorentz 变换

$$x_\lambda\to x'_\lambda=\alpha_{\lambda\nu}x_\nu=(\delta_{\lambda\nu}+\varepsilon_{\lambda\nu})x_\nu$$

这时 $|\varepsilon_{\lambda\nu}|\ll1$。可以证明,由于 Lorentz 变换是正交变换,无穷小 Lorentz 变换中的 $\varepsilon_{\lambda\nu}$ 是反对称的,即有 $\varepsilon_{\lambda\nu}=-\varepsilon_{\nu\lambda}$。

2. L_p 的无穷小算符、自身表示和 4 维矢量

由于无穷小 Lorentz 变换中 $\varepsilon_{\lambda\nu}$ 反对称,即知 16 个矩阵元中只有 6 个是独立的:$\varepsilon_{\lambda\nu}$ $(\lambda>\nu)$。另外,由这个 Lorentz 变换所导致的参考系 $K\to K'$ 的变换,独立参量也只有 6 个:描写 K' 相对于 K 转动的三个参数 α_1、α_2、α_3,平动的三个参数 $\frac{v_x}{c}$、$\frac{v_y}{c}$、$\frac{v_z}{c}$。另外,对全 Lorentz 群和推广的 Lorentz 群,6 个独立参量也够描述。(对 Poincare 群需另加 4 个描写时空平移,即 10 个独立参量)于是将前面变换式改写为

$$\begin{aligned}x_\lambda\to x'_\lambda&=(\delta_{\lambda\nu}+\varepsilon_{\lambda\nu})x_\nu=\left[\delta_{\lambda\nu}+\frac{1}{2}\varepsilon_{\rho\sigma}(\delta_{\rho\lambda}\delta_{\sigma\nu}-\delta_{\rho\nu}\delta_{\sigma\lambda})\right]x_\nu\\&\equiv\left[\delta_{\lambda\nu}+\frac{1}{2}\varepsilon_{\rho\sigma}(I_{\rho\sigma})_{\lambda\nu}\right]x_\nu\end{aligned}$$

这里 $(I_{\rho\sigma})_{\lambda\nu}\equiv\delta_{\rho\lambda}\delta_{\sigma\nu}-\delta_{\rho\nu}\delta_{\sigma\lambda}$ 是 4×4 矩阵 $I_{\rho\sigma}$ 的 $\lambda\nu$ 矩阵元,写出来就是

$$I_{12}=\begin{pmatrix}0&1&0&0\\-1&0&0&0\\0&0&0&0\\0&0&0&0\end{pmatrix},I_{23}=\begin{pmatrix}0&0&0&0\\0&0&1&0\\0&-1&0&0\\0&0&0&0\end{pmatrix},I_{31}=\begin{pmatrix}0&0&-1&0\\0&0&0&0\\1&0&0&0\\0&0&0&0\end{pmatrix}$$

$$I_{14}=\begin{pmatrix}0&0&0&1\\0&0&0&0\\0&0&0&0\\-1&0&0&0\end{pmatrix},I_{24}=\begin{pmatrix}0&0&0&0\\0&0&0&1\\0&0&0&0\\0&-1&0&0\end{pmatrix},I_{34}=\begin{pmatrix}0&0&0&0\\0&0&0&0\\0&0&0&1\\0&0&-1&0\end{pmatrix}\tag{6.39}$$

其余的脚标交换的 $I_{\sigma\rho}$ 与此处对应的 $I_{\rho\sigma}$ 反号(注意前三个 Lorentz 群的无穷小算符和 R_3 群的三个无穷小算符分别对应——只差常数相因子)。引入 $I_{\rho\sigma}$ 矩阵符号后,坐标变换可写为

$$x_\lambda\rightarrow x'_\lambda=\left(I+\frac{1}{2}\varepsilon_{\rho\sigma}I_{\rho\sigma}\right)_{\lambda\nu}x_\nu\tag{6.40}$$

与式(2.13)比较即知:上面 6 个独立参量 $\varepsilon_{\rho\sigma}$ 就是 L_p 无穷小群元素的参数,而 6 个算子 $I_{\rho\sigma}$ 就是 L_p 的 6 个无穷小生成元。直接验算可以证实 $I_{\rho\sigma}$ 有下述对易关系。它们有限个数体现为此时的 **Lie-Cartan 可积条件**:

$$[I_{\alpha\beta},I_{\gamma\delta}]=-\delta_{\alpha\gamma}I_{\beta\delta}+\delta_{\alpha\delta}I_{\beta\gamma}+\delta_{\beta\gamma}I_{\alpha\delta}-\delta_{\beta\delta}I_{\alpha\gamma}\tag{6.41}$$

比如,可以验算 $[I_{12},I_{24}]=I_{14}$,$[I_{31},I_{41}]=-I_{34}$ 等。此条件等式右边的系数就是 L_p 群相应于所选群参数下的群结构常数。于是,寻找 L_p 的全部不可约表示的问题就归结为寻找能满足式(6.41)的 6 个生成元矩阵组的全部不可约表示的问题。

这里,上面 $I_{\rho\sigma}$ 的实现是 L_p 在 Minkowski 空间里的"自身表示",又称为"矢量表示",构成表示空间的量称为 Lorentz 矢量或 4 维矢量。于是 Minkowski 空间中任一点坐标 x_λ 构成一个 4 矢。任何与 x_λ 实虚性相同的 4 个量 v_λ,在 Lorentz 变换下如能和 x_λ 行为相同,则也构成一个 4 矢。于是 ∂_λ 就是一个 4 矢;而 ∂_λ^2 在 Lorentz 变换下则表现为是一个标量算符。

3. Dirac 方程的 Lorentz 变换协变性证明

$$\gamma_\lambda\left(\partial_\lambda-\frac{\mathrm{ie}}{\hbar c}A_\lambda\right)\psi+k_c\psi=0$$

对于某一 Lorentz 变换 $x'_\lambda=\alpha_{\lambda\nu}x_\nu$,4 维偏导数 ∂_λ 和电磁势 A_λ 均按 4 矢变换。考虑到 Lorentz 变换是正交的,反解出来 $x_\lambda=\alpha_{\nu\lambda}x'_\nu$。于是

$$\partial_\lambda=\alpha_{\nu\lambda}\partial'_\nu,\quad A_\lambda=\alpha_{\nu\lambda}A'_\nu$$

所以在变换后的新坐标框架内 Dirac 方程为

$$\alpha_{\nu\lambda}\gamma_\lambda\left(\partial'_\nu-\frac{\mathrm{ie}}{\hbar c}A'_\nu\right)\psi(\alpha^{-1}x')+k_c\psi(\alpha^{-1}x')=0\tag{6.42a}$$

令 $\bar{\gamma}_\nu\equiv\alpha_{\nu\lambda}\bar{\gamma}_\lambda$,可证 $\bar{\gamma}_\nu$ 同样满足 γ_λ 的对易关系

$$\begin{aligned}\bar{\gamma}_\lambda\bar{\gamma}_\gamma+\bar{\gamma}_\gamma\bar{\gamma}_\lambda&=\alpha_{\lambda\rho}\gamma_\rho\,\alpha_{\nu\sigma}\gamma_\sigma+\alpha_{\nu\sigma}\gamma_\sigma\,\alpha_{\lambda\rho}\gamma_\rho\\&=\alpha_{\lambda\rho}\alpha_{\nu\sigma}(\gamma_\rho\gamma_\sigma+\gamma_\sigma\gamma_\rho)=\alpha_{\lambda\rho}\alpha_{\nu\sigma}\cdot2\delta_{\rho\sigma}\\&=2\alpha_{\lambda\rho}\alpha_{\nu\rho}=2\delta_{\lambda\nu}\end{aligned}\tag{6.42b}$$

于是,根据前面 γ 矩阵代数第九条中的 Pauli 基本定理,这两套 γ_λ,$\bar{\gamma}_\nu$ 必定相似,就是

说存在一个非奇异 4×4 矩阵 S(注意 S 存在的条件是在全 Lorentz 群中;S 不一定是幺正的。它是幺正的条件见下面),使得

$$\overline{\gamma}_\nu \equiv \alpha_{\nu\lambda}\gamma_\lambda = S^{-1}\gamma_\nu S \tag{6.43a}$$

将此式代入新坐标系框架内的 Dirac 方程(6.42a),再左乘 S,并令

$$S\psi(x) = S(\alpha)\psi(\alpha^{-1}x') \equiv \psi'(x') \tag{6.43b}$$

由式(6.42a)～(6.43b)即得

$$\gamma_\nu\left(\partial'_\nu - \frac{\mathrm{i}e}{\hbar c}A'_\nu\right)\psi'(x') + k_c\psi'(x') = 0 \tag{6.43c}$$

注意区分这里两种变换 α,S 的不同物理含义:前者是作用在时空变数上的 Lorentz 变换;后者是作用在波函数 ψ 上的变换,由后面叙述可知这是一种不同于矢量变换的旋量变换。变换后,新框架内 x'点的波函数 ψ'是由变换前 x 点的 ψ 经式(6.43b)变换而来。

于是,当不带撇的旧 Lorentz 标架转换到带撇的新 Lorentz 标架时,如 Dirac 方程波函数 ψ 按式(6.43b)变换(即式(6.43b)是变换后新标架中 ψ'的定义),则新标架内 Dirac 方程形式不变(包括 γ_ν 表象不变)。这就是 Dirac 方程在 Lorentz 变换下的协变性(当然,L_p 中包括空间转动)。

4. Lorentz 群的"Dirac 表示"

这里特别指出的是:Dirac 方程的态矢 $\psi(x)$撑开固有 Lorentz 群的一个表示空间,这些态矢组成了该空间的旋量,而 $S=S(\alpha_{\lambda\nu})$正是 Lorentz 群的一个 4 维旋量表示。证明如下:

设有两个 Lorentz 变换$(\alpha'_{\nu\lambda})$、$(\alpha''_{\nu\lambda})$,按前面叙述分别有 S',S'',满足

$$\begin{cases}\alpha'_{\nu\lambda}\gamma_\lambda = S'^{-1}\gamma_\nu S' \\ \alpha''_{\nu\lambda}\gamma_\lambda = S''^{-1}\gamma_\nu S''\end{cases}$$

于是

$$\begin{aligned}\alpha''_{\lambda\nu}\{\alpha'_{\nu\lambda}\gamma_\lambda\} &= \alpha''_{\lambda\nu}\{S'^{-1}\gamma_\nu S'\} = S'^{-1}\{\alpha''_{\lambda\nu}\gamma_\nu\}S' \\ &= S'^{-1}\{S''^{-1}\gamma_\nu S''\}S' = (S''S')^{-1}\gamma_\nu S''S'\end{aligned}$$

即 S 与$(\alpha_{\nu\lambda})$有相同乘法表,这表明 S 是群$(\alpha_{\nu\lambda})$的一个表示。

为了求出与这个表示相应的无穷小算符,只需给出 Dirac 方程态矢变换的表达式即可。为此,又只需求出无穷小变换下的 S 表示式。按定义,有

$$(\delta_{\nu\lambda} + \varepsilon_{\nu\lambda})\gamma_\lambda = S^{-1}\gamma_\nu S$$

由于是无穷小 Lorentz 变换$|\varepsilon_{\nu\lambda}| \ll 1$,故可以假定 $S=I+A$。即认为 S 与 I 相差一无穷小算符(矩阵 A),代入

$$\gamma_\nu + \varepsilon_{\nu\lambda}\gamma_\lambda = (I-A)\gamma_\nu(I+A) = \gamma_\nu + [\gamma_\nu, A]$$

所以

$$[\gamma_\nu, A] = \varepsilon_{\nu\lambda}\gamma_\lambda$$

此方程的解为

$$A=\frac{1}{4}\varepsilon_{\rho\sigma}\gamma_{\rho}\gamma_{\sigma} \tag{6.44a}$$

此式也常写为

$$A=\mathrm{i}\ \frac{1}{4}\varepsilon_{\rho\sigma}\Sigma_{\rho\sigma},\quad \Sigma_{\rho\sigma}=\frac{1}{2\mathrm{i}}(\gamma_{\rho}\gamma_{\sigma}-\gamma_{\sigma}\gamma_{\rho}) \tag{6.44b}$$

于是有

$$\begin{cases}S=I+\dfrac{1}{4}\varepsilon_{\rho\sigma}\gamma_{\rho}\gamma_{\sigma}\\ S^{-1}=I-\dfrac{1}{4}\varepsilon_{\rho\sigma}\gamma_{\rho}\gamma_{\sigma}\end{cases} \tag{6.45}$$

$$\psi(x)\rightarrow\psi'(x')=\left(I+\frac{1}{4}\varepsilon_{\rho\sigma}\gamma_{\rho}\gamma_{\sigma}\right)\psi(\alpha^{-1}x') \tag{6.46}$$

对于有限 Lorentz 变换,可以通过对 S 作积分得出。

注意,**如要求 S 幺正,Lorentz 变换 α 只能是纯空间变换、无相对运动。一旦参考系间有相对运动,ψ 的变换 S 便不是幺正的。**这种非幺正性来源于时空的赝Euclidean性。

由 Dirac 方程态矢作为基底所荷载的表示称为 Lorentz 群的"Dirac 表示"。表示空间的元素及其基底被称为 Lorentz 群的"Dirac 旋量"或"4 分量旋量"或"双旋量"。("双旋量"名词物理含义的证明见后)。"旋量"——即简单旋量或两分量旋量,其定义是按 R_3(而不是 L_p)下的行为规定的!注意,虽然前面的"矢量表示"和这里的"Dirac表示"都是 4 维表示,但它们并不相互等价。

5. Dirac 方程概率解释的 Lorentz 变换不变性

接着必须检验,**当波函数按 $\psi'(x')=S\psi(x)$ 变化时,它们相对于各自 Lorentz 参考系的概率解释不变。这要求在新 Lorentz 参考系中概率流密度的表达式及其连续性方程依然成立。**

首先,寻找 Lorentz 变换下 Dirac 共轭态矢的变化规律。$\bar{\psi}$方程为

$$\boxed{\left(\partial_{\lambda}+\frac{\mathrm{i}e}{\hbar c}A_{\lambda}\right)\bar{\psi}(x)\gamma_{\lambda}-k_c\,\bar{\psi}(x)=0}$$

经历变换$(\alpha_{\nu\mu})$后,$x'_{\nu}=\alpha_{\nu\lambda}x_{\lambda}\Rightarrow x=\alpha^{-1}x'$:$x_{\lambda}=\alpha_{\nu\lambda}x'_{\nu}$。而$\partial_{\lambda}$,$A_{\lambda}$ 的变化与 x_{λ} 相同。此方程变为

$$\left(\partial'_{\nu}+\frac{\mathrm{i}e}{\hbar c}A'_{\nu}\right)\bar{\psi}(\alpha^{-1}x')\alpha_{\nu\lambda}\gamma_{\lambda}-k_c\,\bar{\psi}(\alpha^{-1}x')=0$$

利用 $\alpha_{\nu\lambda}\gamma_{\lambda}=S^{-1}\gamma_{\nu}S$,即得

$$\left(\partial'_{\nu}+\frac{\mathrm{i}e}{\hbar c}A'_{\nu}\right)\bar{\psi}S^{-1}\gamma_{\nu}-k_c\,\bar{\psi}S^{-1}=0$$

于是有

$$\overline{\psi}'(x')\equiv\overline{\psi}(x)S^{-1} \tag{6.47}$$

注意:新旧框架中应当都适用杠操作,所以

$$\overline{\psi}'(x')\equiv[\psi'(x')]^{+}\gamma_4=[S\psi(x)]^{+}\gamma_4=\psi^{+}(x)S^{+}\gamma_4=\overline{\psi}(x)\gamma_4S^{+}\gamma_4$$

与上式比较,可得

$$\boxed{S^{-1}=\gamma_4S^{+}\gamma_4} \tag{6.48}$$

其次,证明流密度 $j_\lambda\equiv \mathrm{ic}\,\overline{\psi}\gamma_\lambda\psi$ 在 Lorentz 变换下是个 4 矢。 按 x_λ 的矢量规律变化:$\left(S^{-1}AS=A+\frac{1}{4}\varepsilon_{\rho\sigma}[A,\gamma_\rho\gamma_\sigma]\right)$

$$\begin{aligned}
j'_\lambda&=\mathrm{ic}\,\overline{\psi}'\gamma_\lambda\psi'=\mathrm{ic}\,\overline{\psi}S^{-1}\gamma_\lambda S\psi\\
&=\mathrm{ic}\,\overline{\psi}\left(I-\frac{1}{4}\varepsilon_{\rho\sigma}\gamma_\rho\gamma_\sigma\right)\gamma_\lambda\left(I+\frac{1}{4}\varepsilon_{\rho\sigma}\gamma_\rho\gamma_\sigma\right)\psi\\
&=\mathrm{ic}\,\overline{\psi}\gamma_\lambda\psi+\mathrm{ic}\,\overline{\psi}\frac{1}{4}\{\varepsilon_{\rho\sigma}[\gamma_\lambda,\gamma_\rho\gamma_\sigma]\}\psi\\
&=j_\lambda+\mathrm{ic}\,\overline{\psi}\frac{1}{4}\{4\varepsilon_{\lambda\sigma}\gamma_\sigma\}\psi=j_\lambda+\varepsilon_{\lambda\sigma}j_\sigma=(\delta_{\lambda\sigma}+\varepsilon_{\lambda\sigma})j_\sigma
\end{aligned}$$

于是,新框架中一定有 4 维散度为零的方程,因为它已是一个标量了

$$\partial'_\lambda j'_\lambda=0 \tag{6.49a}$$

此方程即为通常的连续性方程。由于第 4 个分量 $j_4\equiv\mathrm{ic}\rho$,所以

$$\begin{aligned}
&\text{旧标架中}\quad \rho=\overline{\psi}\gamma_4\psi=\psi^{+}\psi\geqslant0\\
&\text{新标架中}\quad \rho'=\overline{\psi}'\gamma_4\psi'=\psi'^{+}\psi'\geqslant0
\end{aligned} \tag{6.49b}$$

它们之间按 4 维矢量的第 4 个分量——时间分量方式从一个标架到另一个标架变换着。注意,一般说来,$\psi^{+}\psi\neq\psi'^{+}\psi'$。这和下面$\overline{\psi}\psi=\overline{\psi}'\psi'$呈现明显对照。

习题 6.16　证明无穷小 Lorentz 变换矩阵为:对角元素均为 1,非对角元素为反对称 $\varepsilon_{\lambda\nu}=-\varepsilon_{\nu\lambda}$,它们都是一阶无穷小量。

习题 6.17　证明:流密度 $j_\lambda\equiv\mathrm{ic}\,\overline{\psi}\gamma_\lambda\psi$ 在 Lorentz 变换下是个 4 矢。

习题 6.18　无穷小 Lorentz 变换有$(\delta_{\nu\lambda}+\varepsilon_{\nu\lambda})\gamma_\lambda=S^{-1}\gamma_\nu S$,验算 $S=I+\frac{1}{4}\varepsilon_{\rho\sigma}\gamma_\rho\gamma_\sigma$。

习题 6.19　沿 x_1 方向 $\beta=v/c$ 运动,求对 $\psi(x)$4 个分量的有限 Lorentz 变换。

6.4.3　波函数二次式变换规律——协变量研究

在 RQM 里,经常用 ψ 和 $\overline{\psi}$ 构成二次式,以表达各种物理量。所以有必要分析各种 Lorentz 变换协变的二次式的形式以及它们的物理性质。

ψ 和 $\overline{\psi}$ 各有 4 个分量,按 $\overline{\psi}\Gamma\psi$ 方式(Γ 为某一矩阵(4×4)),最多能组成 16 个独立的齐次二次式量。很容易想到,用 γ 矩阵的 16 个代数元素组(在 4 维表示中)代替上面的 Γ 矩阵。于是有

$$\begin{cases} S=\overline{\psi}\psi \\ V_\lambda=\mathrm{i}\,\overline{\psi}\gamma_\lambda\psi \\ T_{\lambda\nu}=\dfrac{1}{2\mathrm{i}}\overline{\psi}(\gamma_\lambda\gamma_\nu-\gamma_\nu\gamma_\lambda)\psi \end{cases};\qquad \begin{cases} A_\lambda=\mathrm{i}\,\overline{\psi}\gamma_5\gamma_\lambda\psi \\ P=\mathrm{i}\,\overline{\psi}\gamma_5\psi \end{cases} \tag{6.50}$$

这里，S 在$\overline{\psi}$和 ψ 中夹单位矩阵 I，是固有标量；V_λ 中夹的是 γ_λ，共 4 个，是固有矢量；$T_{\lambda\nu}$ 中夹的是 $\gamma_\lambda\gamma_\nu$ 反称组合，共 6 个独立分量(因为 $\gamma_\lambda\gamma_\nu=-\gamma_\nu\gamma_\lambda$，故实际上和 16 个 γ 表中第三行相同)，是固有二阶反称张量；A_λ 中夹是的 $\gamma_5\gamma_\lambda=\prod_{i=1}^{4}\gamma_i, i\neq\lambda$，共 4 个，是赝矢量；最后，$P$ 中夹的是 $\gamma_5=\gamma_1\gamma_2\gamma_3\gamma_4$，是赝标量。共计 16 个量，解释见下。

如果只限于固有 Lorentz 群 L_P，只需考虑下述无穷小变换

$$\psi\longrightarrow\psi'=\left(I+\frac{1}{4}\varepsilon_{\rho\sigma}\gamma_\rho\gamma_\sigma\right)\psi,\quad \overline{\psi}\longrightarrow\overline{\psi}'=\overline{\psi}\left(I-\frac{1}{4}\varepsilon_{\rho\sigma}\gamma_\rho\gamma_\sigma\right)$$

可以证明，**在 L_P 变换下，这 16 个量的变化规律为**

$$\begin{cases} S\rightarrow S'=S \\ V_\lambda\rightarrow V'_\lambda=\alpha_{\lambda\nu}V_\nu \\ T_{\lambda\nu}\rightarrow T'_{\lambda\nu}=\alpha_{\lambda\rho}\alpha_{\nu\sigma}T_{\rho\sigma} \\ A_\lambda\rightarrow A'_\lambda=\alpha_{\lambda\nu}A_\nu \\ P\rightarrow P'=P \end{cases} \tag{6.51}$$

也就是说，在固有 Lorentz 变换 L_P 下，S，P 的行为如同标量，但在空间反演变换下又有不同；V_λ、A_λ 如同矢量，但在空间反演下也有不同；$T_{\lambda\nu}$ 如同二阶反称张量。下面揭示它们在 L_P 的无穷小转动变换以及空间反演变换下的变化行为，从而给以证实。

证：　在 L_P 的 4 维无穷小转动变换下

S 变化规律为：$\overline{\psi}'\psi'=\overline{\psi}S^{-1}S\psi=\overline{\psi}\psi$；

V_λ 变化规律和 j_λ 一样，因为 $j_\lambda=cV_\lambda$；

$$\begin{aligned} A'_\lambda&=\mathrm{i}\,\overline{\psi}'\gamma_5\gamma_\lambda\psi'=\mathrm{i}\,\overline{\psi}S^{-1}\gamma_5\gamma_\lambda S\psi \\ &=\mathrm{i}\,\overline{\psi}\left\{\gamma_5\gamma_\lambda+\frac{1}{4}\varepsilon_{\rho\sigma}\left[\gamma_5\gamma_\lambda,\gamma_\rho\gamma_\sigma\right]\right\}\psi \\ &=\mathrm{i}\,\overline{\psi}\left\{\gamma_5\gamma_\lambda+\frac{1}{4}\varepsilon_{\rho\sigma}\gamma_5\left[\gamma_\lambda,\gamma_\rho\gamma_\sigma\right]+\frac{1}{4}\varepsilon_{\rho\sigma}\left[\gamma_5,\gamma_\rho\gamma_\sigma\right]\gamma_\lambda\right\}\psi \end{aligned}$$

利用 $\{\gamma_5,\gamma_\mu\}=0$ 得 $[\gamma_5,\gamma_\rho\gamma_\sigma]=\{\gamma_5,\gamma_\rho\}\gamma_\sigma-\gamma_\rho\{\gamma_5,\gamma_\sigma\}=0$，继续有

$$\begin{aligned} A'_\lambda&=\mathrm{i}\,\overline{\psi}\left\{\gamma_5\gamma_\lambda+\frac{1}{4}\varepsilon_{\rho\sigma}\gamma_5\left[\gamma_\lambda,\gamma_\rho\gamma_\sigma\right]\right\}\psi \\ &=\mathrm{i}\,\overline{\psi}\{\gamma_5\gamma_\lambda+\gamma_5\varepsilon_{\lambda\sigma}\gamma_\sigma\}\psi=(\delta_{\lambda\sigma}+\varepsilon_{\lambda\sigma})A_\sigma \end{aligned}$$

$T_{\lambda\nu}$ 为二阶反称张量的证明见习题 6.20。这些计算说明，在 L_P 下，S、P 均不变，呈现出标量的性质；而 V_λ 与 A_λ 的变化规律都如同 x_λ，呈现出 4 维矢量的变换性质；$T_{\lambda\nu}$ 则

呈现出反称的 4 维“双矢量”——二阶 4 维反称张量的变换性质。

考虑空间反演操作。由前面叙述 $S=\pm\gamma_4$，简单计算即知

$$\begin{cases} S\to S'=S \\ V_i\to V_i'=-V_i, \qquad V_4\to V_4'=V_4 \\ T_{ik}\to T_{ik}'=T_{ik}, \qquad T_{i4}\to T_{i4}'=-T_{i4} \\ A_i\to A_i'=A_i, \qquad A_4\to A_4'=-A_4 \\ P\to P'=-P \end{cases} \tag{6.52}$$

也就是说，**在空间反演下 S、P 的“简并”解除了：S 在 L_P 和空间反演下均不变，被称为“固有标量”，而 P 虽然在 L_P 下不变，但在空间反演下变号，称为“赝标量”。在空间反演下，V_λ、A_λ 的“简并”也解除了：V_λ 继续像 x_λ，称为“固有矢量”；而 A_λ 得到一个负号，称为“赝矢量”。最后，$T_{\lambda\nu}$ 无论在 L_P 还是在空间反射下均像 $x_\lambda x_\nu$ 变化，称为固有二阶反称张量。**

显然，由 $\psi,\bar\psi$ 的二次式只能组成以上 16 个独立的 Lorentz 变换协变量，其他协变量均可由这 16 个量的函数组合派生出来。

习题 6.20 证明 $T_{\lambda\nu}$ 在 Lorentz 变换下是二阶反称张量。

6.4.4 空间转动下 ψ 变换规律——1/2 自旋双旋量解释

空间转动群 R_3 是 Lorentz 群的子群，所以 Lorentz 群的一个表示也一定是 R_3 的表示。现在来研究空间转动 R_3 下 ψ 的变化规律。可以证明：**Dirac 表象中的 Dirac 方程解 ψ 具有双旋量性质。**

证： 这时 $(\alpha_{\lambda\nu})=\begin{pmatrix}(R(U)_{ij}) & 0\\ 0 & 1\end{pmatrix}$，$\psi(\boldsymbol{x},t)\to S\psi(\alpha^{-1}\boldsymbol{x}',t)$。寻找令 $\alpha_{\nu\lambda}\gamma_\lambda=S^{-1}\gamma_\nu S$ 成立的 S。可以表明，解为 $S=\sigma_0\otimes U(R)$。其中 $U(R)$ 是对应空间转动 R 的一个 $SU_2(R)$。根据 R_3 与 SU_2 准同构中的一个关系式

$$\boxed{U\boldsymbol{\sigma}\cdot\boldsymbol{r}U^{-1}=\boldsymbol{\sigma}\cdot R(U)\boldsymbol{r}}$$

能够表明这 4 个矩阵等式同时成立。

首先，证 $\mu=4$ 时有 $\gamma_4=S^{-1}\gamma_4 S$。这是成立的，因为

$$\sigma_0\otimes U^{-1}(R)\cdot\sigma_3\otimes\sigma_0\cdot\sigma_0\otimes U(R)=\sigma_0\sigma_3\sigma_0\otimes U^{-1}\sigma_0 U=\sigma_3\otimes\sigma_0=\gamma_4$$

其次，证 $\mu=i$ 时有 $\alpha_{i\nu}\gamma_\nu=S^{-1}\gamma_i S$。这也是成立的，因为一方面这时有 $\alpha_{i\nu}\gamma_\nu=R_{ij}\gamma_j$；另一方面，取上式中 $\boldsymbol{r}\to\boldsymbol{e}_i$，$U\to U^{-1}$，得

$$U^{-1}\sigma_i U=U^{-1}\boldsymbol{\sigma}\cdot\boldsymbol{e}_i U=\boldsymbol{\sigma}\cdot R(U^{-1})\boldsymbol{e}_i=\sigma_j\,(R\,(U)^{-1})_{ji}=R\,(U)_{ij}\sigma_j$$

由此可得

$$\begin{aligned} S^{-1}\gamma_i S &=\sigma_0\otimes U^{-1}(R)\cdot\sigma_2\otimes\sigma_i\cdot\sigma_0\otimes U(R)\\ &=\sigma_0\sigma_2\sigma_0\otimes U^{-1}(R)\sigma_i U(R)=\sigma_2\otimes U^{-1}(R)\sigma_i U(R) \end{aligned}$$

$$=R_{ij}\sigma_2\otimes\sigma_j=R_{ij}\gamma_j$$

总之，Dirac 表象下的 Dirac 方程解 $\psi=\begin{pmatrix}\varphi\\ \chi\end{pmatrix}$，在空间转动 R 下，按 $S=\begin{pmatrix}U(R) & 0\\ 0 & U(R)\end{pmatrix}$ 变换，即 φ 和 χ 都按 $SU_2(R)$ 变化，即都按 R_3 的 $(j=\frac{1}{2})$ 旋量表示变化。说明 ψ 分解成了两个两分量的旋量——双旋量性质。于是，按角动量理论中旋量场转动算符叙述，简单旋量 φ 和 χ 均描述具有 $\frac{\hbar}{2}$ 内禀(自旋)角动量的粒子。 证毕。

讨论三点：其一，由此也知道，$\boldsymbol{L}+\frac{\hbar}{2}\boldsymbol{\sigma}$ 是简单旋量 φ 和 χ 在 R_3 下的无穷小生成元。于是能够理解，根据 Coulomb 场中 Dirac 粒子 Hamilton 量 $H=c\boldsymbol{\alpha}\cdot\boldsymbol{P}+eV+\beta m_0c^2$ 转动对称性，$\boldsymbol{J}=\boldsymbol{L}+\frac{\hbar}{2}\sigma_0\otimes\boldsymbol{\sigma}$ 与 H 对易，从而守恒

$$\boxed{\left[\hat{H},\hat{\boldsymbol{L}}+\frac{\hbar}{2}\hat{\boldsymbol{\Sigma}}\right]=0} \tag{6.53}$$

这里要注意，即便是自由的相对论性运动，由于正负能态 φ 和 χ 的相互影响，总自旋 $\boldsymbol{S}=\frac{\hbar}{2}\sigma_0\otimes\boldsymbol{\sigma}$ 也不再单独守恒。**其二**，上面两个证明都强调：**只有在 γ 矩阵的 Dirac 表象下，双旋量才被彻底分开，各自呈现为旋量；在其他表象中，两个简单旋量是相互掺混着的。其三**，在一般 Lorentz 变换下，S 不一定是幺正的，这已由前面无穷小 S 表示式证实。但现在的 $S=\sigma_0\otimes U(R)$ 是幺正的，这与一般结论并不矛盾。因为现在是特殊 Lorentz 变换——R_3（见式(6.45)及其后的叙述）。

习题 6.21　证明：在空间转动变换 R_3 下，Dirac 表象的 Dirac 方程解 ψ 的变换性质。

习题 6.22　S 一般为非幺正的。证明 S 为幺正的充要条件是 $\varepsilon_{\rho\sigma}=\varepsilon^*_{\rho\sigma}$。分析含义。

习题 6.23　从 Coulomb 场下 Dirac 粒子 $H=c\boldsymbol{\alpha}\cdot\boldsymbol{P}+eV+\beta m_0c^2$ 具有旋转对称性出发，证明：$\boldsymbol{J}=\boldsymbol{L}+\boldsymbol{S}=\boldsymbol{L}+\frac{\hbar}{2}\sigma_0\otimes\boldsymbol{\sigma}$ 与 H 对易 $[\boldsymbol{J},H]=0$，从而 $\boldsymbol{J}$ 守恒。

6.4.5 Dirac 方程的分立对称变换

再次提请注意，无论是空间或时间反演变换，所得的 S 都只涉及 ψ 各分量之间的转化，并未考虑分量内部自变量变化所带来的改变。

首先，空间反演变换。这时 Lorentz 变换简化为

$$(a_{\lambda\nu})=\begin{pmatrix}-1 & 0 & 0 & 0\\ 0 & -1 & 0 & 0\\ 0 & 0 & -1 & 0\\ 0 & 0 & 0 & +1\end{pmatrix}$$

于是有

$$\begin{cases}-\gamma_i=S^{-1}\gamma_i S, & i=1,2,3\\ \gamma_4=S^{-1}\gamma_4 S\end{cases}\tag{6.54}$$

由 γ 矩阵代数知,满足这四个方程的解显然为 $S=\eta_p\gamma_4$。由于 $S^2=I$,η_p 只能是相因子。略去无关紧要的位相,可取 $\eta_p=\pm1$,即

$$S=\pm\gamma_4\tag{6.55a}$$

即在空间反演下,Dirac 旋量变换为 $\psi'(x')=S\psi(x)$,

$$\boxed{\begin{cases}\psi(\boldsymbol{r},t)\to\psi'(\boldsymbol{r}',t)=\pm\gamma_4\psi(\boldsymbol{r},t)=\pm\gamma_4\psi(\alpha_P^{-1}x')\\ \overline{\psi}(\boldsymbol{r},t)\to\overline{\psi}'(\boldsymbol{r}',t)=\pm\overline{\psi}(\boldsymbol{r},t)\gamma_4=\pm\overline{\psi}(\alpha_P^{-1}x')\gamma_4\end{cases}}\tag{6.55b}$$

由此可知自由 Dirac 方程在 $\boldsymbol{r}\to\boldsymbol{r}'=-\boldsymbol{r}$ 变换下保持不变:γ_4 和前三个 γ_i 反对易,所出负号与空间坐标变换所出负号恰好抵消。$S=\pm\gamma_4$ **反映了 Lorentz 群的 Dirac 表示是个双值表示。同时也表明,每个 Dirac 旋量本身的宇称没有绝对的意义,因为它本身是不确定的。只有不同 Dirac 旋量彼此之间的相对宇称有意义。注意,这并不妨碍每个 Dirac 旋量的宇称是一个本征值,不随空间反演改变。因为** $\boldsymbol{\psi}$ **中分量** $\boldsymbol{\varphi},\boldsymbol{\chi}$ **的轨道角动量量子数彼此相差 1,空间坐标反演会带来负号差异,但这一负号差异和** $\boldsymbol{\gamma_4}=\begin{pmatrix}\mathbf{1}&\mathbf{0}&\mathbf{0}&\mathbf{0}\\ \mathbf{0}&\mathbf{1}&\mathbf{0}&\mathbf{0}\\ \mathbf{0}&\mathbf{0}&\mathbf{-1}&\mathbf{0}\\ \mathbf{0}&\mathbf{0}&\mathbf{0}&\mathbf{-1}\end{pmatrix}$ **中对** $\boldsymbol{\varphi},\boldsymbol{\chi}$ **的负号差异相抵消。此问题还可见下面球旋量叙述。**

其次,时间反演变换。这时的变换为 $(\alpha_{\lambda\nu})=\begin{pmatrix}1&0&0&0\\0&1&0&0\\0&0&1&0\\0&0&0&-1\end{pmatrix}$,有

$$\begin{cases}\gamma_i=S^{-1}\gamma_i S\\ -\gamma_4=S^{-1}\gamma_4 S\end{cases}\Rightarrow S=\eta_t\gamma_1\gamma_2\gamma_3$$

由于 $S^2=-1\Rightarrow\eta_t=\pm1$,所以

$$\boxed{S=\pm\gamma_1\gamma_2\gamma_3=\pm\mathrm{i}\sigma_2\otimes\sigma_0\equiv\eta_t\sigma_2\otimes\sigma_0}\tag{6.56}$$

再三,电荷共轭变换。先考察有电磁场时 Dirac 方程的负能解

$$\gamma_\lambda\left(\partial_\lambda-\frac{\mathrm{i}e}{\hbar c}A_\lambda\right)\psi+k_c\psi=0$$

将此方程中 γ 矩阵由 Dirac 表象经幺正变换 $\gamma'_\mu=U\gamma_\mu U^{-1}$,$U=\frac{1}{\sqrt{2}}(1+\mathrm{i}\gamma_2)$,$U^{-1}=\frac{1}{\sqrt{2}}(1-\mathrm{i}\gamma_2)$,转入 Majorana 表象 $(\gamma'_\lambda,\gamma'_5)$,可得式(6.20b)。即变换后的解为

$$\psi'=U\psi=\begin{pmatrix}\phi'\\ \chi'\end{pmatrix},\quad \phi'=\frac{1}{\sqrt{2}}(\phi+\sigma_2\chi),\quad \chi'=\frac{1}{\sqrt{2}}(\chi-\sigma_2\phi)$$

接下来对方程取复数共轭。注意 **M 表象特点是 γ_i 为实的，γ_4 为纯虚的，**而 x_4，A_4 原来就是纯虚的。于是有

$$\gamma'_i\left(\partial_i+\frac{\mathrm{i}e}{\hbar c}A_i\right)\psi'^* -\gamma'_4\left(-\partial_4-\frac{\mathrm{i}e}{\hbar c}A_4\right)\psi'^* +k_c\psi'^* =0$$

即

$$\gamma'_\lambda\left(\partial_\lambda-\frac{\mathrm{i}(-e)}{\hbar c}A_\lambda\right)\psi'^* +k_c\psi'^* =0$$

这就是说，Dirac 方程的复数共轭是这样一个方程，在其中原先的 e（对电子 $e<0$）变为 $-e$。于是，假如 ψ' 是原先的负能解，则 ψ'^* 由于已共轭，和总能量相应的特征参数 ω 已变号，于是 ψ'^* 将是共轭后的这个方程的正能量解。**总之可得，Dirac 方程的每一个负能解都是电荷反号的同样 Dirac 方程的一个正能解。于是，Dirac 方程中不希望要的负能态解，正是描述在同一电磁场中运动的电荷反号粒子（反粒子）的正能态解。**

定义　电荷共轭变换 C 为粒子与反粒子互相变换的运算。所以应当说，电荷共轭称为"正反粒子共轭"更合适。下面论述是从前面 Majorana 表象中共轭变换结果发展来的。现按以下办法引入正反粒子的变换 C。原先的有电磁场的 Dirac 方程及其共轭方程为

$$\gamma_\lambda\left(\partial_\lambda-\frac{\mathrm{i}e}{\hbar c}A_\lambda\right)\psi+k_c\psi=0,\quad \left(\partial_\lambda+\frac{\mathrm{i}e}{\hbar c}A_\lambda\right)\overline{\psi}\gamma_\lambda-k_c\overline{\psi}=0$$

设定此方程代表电子，下面写出其**反粒子——正电子方程，其中波函数用 ψ_C 表示，**则有

$$\boxed{\gamma_\lambda\left(\partial_\lambda+\frac{\mathrm{i}e}{\hbar c}A_\lambda\right)\psi_C+k_c\psi_C=0,\quad \left(\partial_\lambda-\frac{\mathrm{i}e}{\hbar c}A_\lambda\right)\overline{\psi}_C\gamma_\lambda-k_c\overline{\psi}_C=0}\tag{6.57}$$

这里，除以 $-e$ 代替原先的 e 之外，和电子 Dirac 方程形式一样。**ψ_C 称为 ψ 的电荷共轭函数**（在 Dirac 场量子化后，场算符 ψ_C 称为 ψ 的电荷共轭）。**ψ_C、ψ 两组方程可以互相变换。**因为电子的 $\overline{\psi}$ 方程经转置之后为

$$\gamma_\lambda^{\mathrm{T}}\left[\partial_\lambda+\frac{\mathrm{i}e}{\hbar c}A_\lambda\right]\overline{\psi}^{\mathrm{T}}-k_c\overline{\psi}^{\mathrm{T}}=0\tag{6.58}$$

将它左乘以一个选定的 C（有逆 C^{-1}）矩阵，得

$$(C\gamma_\lambda^{\mathrm{T}}C^{-1})\left(\partial_\lambda+\frac{\mathrm{i}e}{\hbar c}A_\lambda\right)(C\overline{\psi}^{\mathrm{T}})-k_c(C\overline{\psi}^{\mathrm{T}})=0\tag{6.59}$$

选 C，使得 $-\gamma_\mu=(C\gamma_\mu^{\mathrm{T}}C^{-1})$，并因此得到

$$\boxed{\eta_C C\overline{\psi}^{\mathrm{T}}\equiv\psi_C}\tag{6.60}$$

这里 η_C 为幺正模复数相位，代表不可观察的效应，可取为 1。这就转化为第二组方

程中的第一个方程,即反粒子方程。

为给出 C 的具体表达式,取具体表象——Dirac 表象 $\gamma_i=\sigma_2\otimes\sigma_i$, $\gamma_4=\sigma_3\otimes\sigma_0$, $\gamma_5=-\sigma_1\otimes\sigma_0$。于是 $\gamma_1^{\mathrm{T}}=-\gamma_1$, $\gamma_2^{\mathrm{T}}=\gamma_2$, $\gamma_3^{\mathrm{T}}=-\gamma_3$, $\gamma_4^{\mathrm{T}}=\gamma_4$,即得

$$\boxed{C=\gamma_2\gamma_4=\begin{pmatrix}0 & \mathrm{i}\sigma_2\\ \mathrm{i}\sigma_2 & 0\end{pmatrix}=\mathrm{i}\sigma_1\otimes\sigma_2} \tag{6.61}$$

(其实,再乘任一相因子也不影响 C 的幺正性。但若乘的是纯虚数 i,则导致 $C=-C^*$,而不像现在 $C=C^*$)。于是有

$$\boxed{C^{\mathrm{T}}=-C,\quad C^{-1}=-C^*,\quad C^{+}=C^{-1}} \tag{6.62}$$

这三个关系是普遍成立的,并不依赖于表象选择。第一个式子表明 C 变换是反对称变换,第三个式子表明 C 变换是幺正变换。注意,ψ 和 ψ_C 间的变换是反线性幺正变换,因为"杠"操作中带有复数共轭

$$\boxed{\begin{cases}\psi=C\,\overline{\psi}_C^{\mathrm{T}}; & \overline{\psi}^{\mathrm{T}}=C^{+}\psi_C\\ \psi_C=\eta_C C\,\overline{\psi}^{\mathrm{T}}=C\,\overline{\psi}^{\mathrm{T}}; & \overline{\psi}_C^{\mathrm{T}}=C^{+}\psi\end{cases}} \tag{6.63}$$

综上所述,外场下的 Dirac 方程相对于下面变换是不变的

$$\boxed{\psi\rightarrow\psi_C,\quad A_\lambda\rightarrow-A_\lambda} \tag{6.64}$$

这个变换也常称为电荷共轭变换。由于 $\psi\rightarrow\psi_C$ 变换时包含了复数共轭,因此如果原先 ψ 对应负能态解,则 ψ_C 对应反粒子的正能态解。

举例,一个自旋朝下、负能量静止电子态 $\psi^{\mathrm{T}}=\mathrm{e}^{\mathrm{i}\omega t}(0\quad 0\quad 0\quad 1)$,则

$$\psi_C=C\,(\overline{\psi})^{\mathrm{T}}=\gamma_2\gamma_4\gamma_4\psi^*=\gamma_2\psi^*=\begin{pmatrix} & & & -1\\ & & 1 & \\ & 1 & & \\ -1 & & & \end{pmatrix}\mathrm{e}^{-\mathrm{i}\omega t}\begin{pmatrix}0\\0\\0\\1\end{pmatrix}=-\mathrm{e}^{-\mathrm{i}\omega t}\begin{pmatrix}1\\0\\0\\0\end{pmatrix} \tag{6.65}$$

于是,负能量自旋朝下电子的电荷共轭等价于正能量自旋朝上的电子。

习题 6.24 证明电荷共轭变换在正反粒子 ψ 和 ψ_C 间的映射是往返对称的。

6.4.6 相对论性自由运动的"Zitterbewegung"现象

相对论量子力学中,即便是自由运动,也会出现一种无规的高频"颤动"(德文 Zitterbewegung)。由 $H_0=c\boldsymbol{\alpha}\cdot\boldsymbol{p}+\beta m_0c^2$ 可得粒子的速度算符为

$$\boxed{\boldsymbol{v}=\frac{1}{\mathrm{i}\hbar}[\boldsymbol{r},H_0]=c\boldsymbol{\alpha}} \tag{6.66}$$

由 $\alpha_i^2=1$ 可知,**相对论性运动粒子瞬时速度的本征值为 $\pm c$。这个看似古怪结论只是**

表明，在相对论运动情况下，不确定性关系否定瞬时速度概念。实际上，此式对应于式(6.27)的平均值为 $V\psi_{(+)}^{+}(\boldsymbol{r},t)c\boldsymbol{\alpha}\psi_{(+)}(\boldsymbol{r},t)=c^2\boldsymbol{p}/E=\boldsymbol{v}$。为进一步深入讨论，下面计算粒子位置。注意 H_0，$\boldsymbol{p}$ 是守恒量，对易子计算完后，可令它们为设定的本征值(意味着作用在态矢上)。于是有

$$\frac{\mathrm{d}\boldsymbol{\alpha}}{\mathrm{d}t}=\frac{1}{\mathrm{i}\hbar}[\boldsymbol{\alpha},H_0]=\frac{2}{\mathrm{i}\hbar}(c\boldsymbol{p}-H_0\boldsymbol{\alpha})\rightarrow$$

$$\boldsymbol{v}(t)=c\boldsymbol{\alpha}(t)=c^2\boldsymbol{p}H_0^{-1}+\mathrm{e}^{2\mathrm{i}H_0t/\hbar}(c\boldsymbol{\alpha}(0)-c^2\boldsymbol{p}H_0^{-1}) \tag{6.67}$$

后式可用求导还原来检查。注意，按导数算符 $\mathrm{d}\boldsymbol{\alpha}/\mathrm{d}t$ 定义，它不为零只表示算符 $\boldsymbol{\alpha}$ 在含时态矢 $|\psi(t)\rangle$ 中的平均值随时间变化。类似地，$\boldsymbol{\alpha}(0)$ 对应于 $\langle\psi(0)|\boldsymbol{\alpha}|\psi(0)\rangle$。再次积分，即得此时粒子的位置矢量[14]

$$\boxed{\boldsymbol{r}(t)=\boldsymbol{r}(0)+c^2\boldsymbol{p}H_0^{-1}t-\frac{\mathrm{i}}{2}\hbar cH_0^{-1}(\mathrm{e}^{2\mathrm{i}H_0t/\hbar}-1)(\boldsymbol{\alpha}(0)-c\boldsymbol{p}H_0^{-1})} \tag{6.68}$$

前两项为自由运动。第三项称 Zitterbewegung 项，是加载在自由运动上的频率为 $\omega\approx 2m_0c^2/\hbar$ 的高频"颤动"。于是，通常的自由运动图像只是一种抹平量子涨落后的平均图像。如果只取正(或负)能量解构造波包，第三项的态平均消失，说明 Zitterbewegung 现象根源于正负能量解之间的干涉。

由于体现 Dirac 方程旋量结构的矩阵 $\boldsymbol{\alpha}$ 蕴含粒子自旋效应，空间运动中自旋和轨道两个角动量时刻存在内禀耦合。这使自旋不再独立守恒，$\boldsymbol{\alpha}$ 的时间导数算符不为零。但非相对论理论在忽略自旋的同时，也忽略了这种内禀耦合，Pauli 算符 $\boldsymbol{\sigma}$ 通常只在外场中才有 $\mathrm{d}\boldsymbol{\sigma}/\mathrm{d}t\neq 0$。

6.5 中心场 Dirac 方程求解——氢原子能谱精细结构

6.5.1 Dirac 方程球坐标下的变数分离——球旋量的引入

首先，**中心场 Dirac 方程的双旋量在分离 r 和 θ，φ 变量时，每个简单旋量中两个分量的径向波函数相同。**因为分离掉定态因子 $\mathrm{e}^{-\mathrm{i}Et/\hbar}$ 后得

$$\boxed{\begin{cases}(E-eV-m_0c^2)\varphi-c\boldsymbol{\sigma}\cdot\boldsymbol{p}\chi=0\\(E-eV+m_0c^2)\chi-c\boldsymbol{\sigma}\cdot\boldsymbol{p}\varphi=0\end{cases}} \tag{6.69}$$

e 为代数电荷。不论消去 χ 或 φ，结果均为以下形式(u 代表 χ 或 φ)

$$u=A(r)\boldsymbol{\sigma}\cdot\boldsymbol{p}B(r)\boldsymbol{\sigma}\cdot\boldsymbol{p}u$$

---

[14] Holstein B R. Topics in Advanced Quantum Mechanics, Addison-Wesley Publishing Company, 1992: 325。该书表达式与此处表达式相差一无关紧要的对厄米算符的厄米共轭。

由 $A(r)$,$B(r)$的中心对称形式,有($\boldsymbol{e}_r\cdot\boldsymbol{p}=p_r=-\mathrm{i}\hbar\partial/\partial r$)

$$\boldsymbol{\sigma}\cdot\boldsymbol{p}B(r)\boldsymbol{\sigma}\cdot\boldsymbol{p}=-\mathrm{i}\hbar[\boldsymbol{\sigma}\cdot(\nabla B(r))](\boldsymbol{\sigma}\cdot\boldsymbol{p})+B(r)(\boldsymbol{\sigma}\cdot\boldsymbol{p})^2$$

$$=-\mathrm{i}\hbar\dot{B}(r)(\boldsymbol{\sigma}\cdot\boldsymbol{e}_r)(\boldsymbol{\sigma}\cdot\boldsymbol{p})+B(r)\boldsymbol{p}^2=-\mathrm{i}\hbar\dot{B}(r)\left[p_r+\mathrm{i}\frac{1}{r}\boldsymbol{L}\cdot\boldsymbol{\sigma}\right]+B(r)\boldsymbol{p}^2$$

此种算符拆开后所得各项表明,当 u 对 r 和 θ,φ 作变数分离时,它们对径向的作用与分量无关,即 u 的两个分量的径向 r 方程相同。因为只有 $\boldsymbol{L}\cdot\boldsymbol{S}$ 项含自旋,使两个分量掺混,但此项所含 $\boldsymbol{L}$ 不对径向 r 作用,所以对径向函数来说,该项只是乘以一个与分量无关的 r 函数。总之,可给 φ 的两个分量以一个 $a(r)$,给 χ 的两个分量以另一个 $b(r)$。

其次,叙述一下"**球旋量**"。在 NRQM 的中心场问题中,为求得波函数,可把电子自旋和轨道自由度看成两个子系,利用角动量耦合理论。已知 L^2,L_z 的本征函数为 $Y_{lm}(\theta,\varphi)\equiv Y_{lm}(\boldsymbol{e}_r)$,而自旋角动量的本征函数为 $\chi_\mu(\lambda)=\delta_{\mu\lambda}$。按 $l=j\pm\frac{1}{2}$,合成结果可得总角动量为 j。显然可以认为,$Y_{lm}(\theta,\varphi)\chi_\mu(\lambda)$是在球面上的$\frac{1}{2}\hbar$ 旋量场的完全集,构成"无耦合表象",线性组合可以表示任何自旋$\frac{1}{2}\hbar$ 的旋量场。于是,在给定 j,M,l 时,定义球旋量 $\Omega_{jlM}(\boldsymbol{e}_r)$如下

$$\boxed{\Omega_{jlM}(\boldsymbol{e}_r,\lambda)\equiv\sum_\mu C^{jM}_{lm\frac{1}{2}\mu}Y_{lm}(\boldsymbol{e}_r)\chi_\mu(\lambda)} \tag{6.70}$$

由于 $j=l\pm\frac{1}{2}$,可以写为:**当 $\boldsymbol{L}$ 与 $\boldsymbol{S}$ 平行时**($j=l+\frac{1}{2}$),

$$\boxed{\Omega_{j,j-\frac{1}{2},M}\equiv\begin{pmatrix}\sqrt{\dfrac{j+M}{2j}}Y_{j-\frac{1}{2},M-\frac{1}{2}}\\ \sqrt{\dfrac{j-M}{2j}}Y_{j-\frac{1}{2},M+\frac{1}{2}}\end{pmatrix}\equiv\begin{pmatrix}\sqrt{\dfrac{l+M+\frac{1}{2}}{2l+1}}Y_{l,M-\frac{1}{2}}\\ \sqrt{\dfrac{l-M+\frac{1}{2}}{2l+1}}Y_{l,M+\frac{1}{2}}\end{pmatrix}\equiv\Omega_{l+\frac{1}{2},l,M}} \tag{6.71a}$$

当 $\boldsymbol{L}$ 与 $\boldsymbol{S}$ 反平行时$\left(j=l-\frac{1}{2}\right)$,

$$\boxed{\Omega_{j,j+\frac{1}{2},M}\equiv\begin{pmatrix}-\sqrt{\dfrac{j-M+1}{2j+2}}Y_{j+\frac{1}{2},M-\frac{1}{2}}\\ \sqrt{\dfrac{j+M+1}{2j+2}}Y_{j+\frac{1}{2},M+\frac{1}{2}}\end{pmatrix}\equiv\begin{pmatrix}-\sqrt{\dfrac{l-M+\frac{1}{2}}{2l+1}}Y_{l,M-\frac{1}{2}}\\ \sqrt{\dfrac{l+M+\frac{1}{2}}{2l+1}}Y_{l,M+\frac{1}{2}}\end{pmatrix}\equiv\Omega_{l-\frac{1}{2},l,M}} \tag{6.71b}$$

其中系数为 C-G 系数。显然,**4 分量球旋量是正交归一的**

$$\int (\Omega_{jlM})^{+} \Omega_{j'l'M'} \mathrm{d}\omega = \delta_{jj'}\delta_{ll'}\delta_{MM'} \tag{6.72}$$

不同 l,M 正交性由 Y_{lm} 推知;若 l,M 相同而 $j\left(=l\pm\frac{1}{2}\right)$不同,其正交性从球旋量系数可知:此时 Y_{lm} 的 m 消去,剩下的 θ 函数可抽出。可设定 $j',M';j,M$ 以实算来检验。

非相对论情况下$\frac{\boldsymbol{\chi}}{\boldsymbol{\varphi}}\to 0$,$l$ 逐渐成为好量子数,电子的自旋相关波函数用一个两分量简单球旋量描述就够了。而 $\boldsymbol{S}$、$\boldsymbol{L}$ 合成后的 Hamilton 与 $\boldsymbol{L}^2$、$\boldsymbol{S}^2$ 可交换,故可组成量子数完全组 j,M,l,s。**但在相对论 Dirac 方程中,$\boldsymbol{S}$、$\boldsymbol{L}$ 耦合结果使得 $\boldsymbol{S}\cdot\boldsymbol{L}$ 与 $\boldsymbol{H}$ 不可交换,l 已失去守恒量的资格。因此,对于运动(特别是高速运动的)粒子,自旋和轨道角动量分别都守恒的现象已不存在(但对自由粒子和中心场宇称仍守恒)。反映在解的结构上,现在要用双旋量(4 个分量)来描述,而每个旋量的 l 虽可固定,但两个旋量的 l 已不相同了。**

可以证明(习题 6.25),球旋量 $\Omega_{jlM}(\boldsymbol{e}_r)$有两个互逆公式成立

$$\begin{cases}(\boldsymbol{\sigma}\cdot\boldsymbol{e}_r)\Omega_{jlM}(\boldsymbol{e}_r)=-\Omega_{jl'M}(\boldsymbol{e}_r)\\(\boldsymbol{\sigma}\cdot\boldsymbol{e}_r)\Omega_{jl'M}(\boldsymbol{e}_r)=-\Omega_{jlM}(\boldsymbol{e}_r)\end{cases},\quad l'=2j-l \tag{6.73}$$

习题 6.25 证明:球旋量 $\Omega_{jlM}(\theta,\varphi)$的互逆公式(6.73)。

总结以上所说,可以假设中心场 Dirac 方程的电子波函数为

$$\phi=\begin{pmatrix}\varphi\\\chi\end{pmatrix}=\begin{pmatrix}\mathrm{i}a(r)\Omega_{jlM}(\boldsymbol{e}_r)\\-b(r)\Omega_{jl'M}(\boldsymbol{e}_r)\end{pmatrix},\quad l'=2j-l \tag{6.74}$$

其中,l'和 l 是与自旋合成同一个 j 的两个可能 l 值,如 $l+\frac{1}{2}=j$ 和 $l'-\frac{1}{2}=j$。这个解表达式的特点是:**$\boldsymbol{\varphi}$ 和 $\boldsymbol{\chi}$ 分属于 $\boldsymbol{L}^2$ 的不同本征值,前者如果为 $l(l+1)$,后者则为 $l'(l'+1)$,所以 $\boldsymbol{\phi}$ 不是轨道角动量的本征函数($\boldsymbol{L}$ 和 $\boldsymbol{H}$ 不对易)。在一般情况下,l 只用来区别 j,M 相同的两个不同的电子态,不是好量子数。然而,l 与宇称有单值的联系。**这从空间反演下,双旋量 ϕ 变化是乘以 γ_4 再将坐标反号即可知:j 为半奇数,$2j+1$ 为偶数,γ_4 对简单旋量 χ 要多乘一个负号,于是坐标反号所得符号与 γ_4 所得符号相抵。从而两个旋量有相同符号,一个为 $(-1)^l$,另一个为 $(-1)(-1)^{l'}=(-1)(-1)^{2j-l}=(-1)^l$。**然而,$(l,l')$地位是等同的,对同一个 j,$\boldsymbol{\varphi}$ 中 l 可取 $j\pm1/2$两个值,宇称实际并不确定。**注意到上面公式以及

$$\begin{aligned}\boldsymbol{\sigma}\cdot\boldsymbol{p}\varphi&=\boldsymbol{\sigma}\cdot\boldsymbol{p}(\mathrm{i}a\Omega_{jlM})=\mathrm{i}a\boldsymbol{\sigma}\cdot\boldsymbol{p}\Omega_{jlM}+\hbar\frac{\mathrm{d}a}{\mathrm{d}r}(\boldsymbol{\sigma}\cdot\boldsymbol{e}_r)\Omega_{jlM}\\&=-\mathrm{i}a(\boldsymbol{\sigma}\cdot\boldsymbol{p})(\boldsymbol{\sigma}\cdot\boldsymbol{e}_r)\Omega_{jl'M}-\hbar\frac{\mathrm{d}a}{\mathrm{d}r}\Omega_{jl'M}\end{aligned}$$

$$=-\mathrm{i}a\{\boldsymbol{p}\cdot\boldsymbol{e}_r+\mathrm{i}\boldsymbol{\sigma}\cdot\boldsymbol{p}\times\boldsymbol{e}_r\}\Omega_{jl'M}-\hbar\frac{\mathrm{d}a}{\mathrm{d}r}\Omega_{jl'M}$$

由于 $\boldsymbol{p}\cdot\boldsymbol{e}_r=-\mathrm{i}\hbar(\nabla\cdot\boldsymbol{e}_r)+p_r$，$p_r\Omega=0$，还有 $(\nabla\times\boldsymbol{e}_r)=0$，继续可得

$$=-\mathrm{i}a\{-\mathrm{i}\hbar(\nabla\cdot\boldsymbol{e}_r)-\mathrm{i}\boldsymbol{\sigma}\cdot(\boldsymbol{e}_r\times\boldsymbol{p})\}\Omega_{jl'M}-\hbar\frac{\mathrm{d}a}{\mathrm{d}r}\Omega_{jl'M}$$

$$=-\mathrm{i}a\left\{-\mathrm{i}\hbar\frac{2}{r}-\mathrm{i}\frac{1}{r}\boldsymbol{\sigma}\cdot\boldsymbol{L}\right\}\Omega_{jl'M}-\hbar\frac{\mathrm{d}a}{\mathrm{d}r}\Omega_{jl'M}$$

另外，由 $\hbar\boldsymbol{\sigma}\cdot\boldsymbol{L}=2\boldsymbol{S}\cdot\boldsymbol{L}=J^2-L^2-S^2$，又有

$$\boldsymbol{\sigma}\cdot\boldsymbol{L}\Omega_{jl'M}=\left\{j(j+1)-l'(l'+1)-\frac{3}{4}\right\}\hbar\Omega_{jl'M} \tag{6.75}$$

现在改写大括号内数，定义 $\kappa\equiv\pm\left(j+\frac{1}{2}\right)$（$\kappa$ 的±号参考上面宇称讨论），

$$j(j+1)-l'(l'+1)-\frac{3}{4}\equiv-(\kappa+1)=\begin{cases}-(l+2),j=l+\frac{1}{2},l'=l+1\\ l-1,j=l-\frac{1}{2},l'=l-1\end{cases} \tag{6.76}$$

利用记号 κ 重新表示式(6.75)，得 $\boldsymbol{\sigma}\cdot\boldsymbol{L}\Omega_{jl'M}=-(\kappa+1)\hbar\Omega_{jl'M}$。再将此式代入前面 $\boldsymbol{\sigma}\cdot\boldsymbol{p}\varphi$ 计算结果中，即得

$$\boldsymbol{\sigma}\cdot\boldsymbol{p}\varphi=-\hbar\Omega_{jl'M}\left\{\frac{\mathrm{d}a}{\mathrm{d}r}+\frac{1-\kappa}{r}a\right\} \tag{6.77}$$

类似可得 $\boldsymbol{\sigma}\cdot\boldsymbol{L}\Omega_{jlM}=(\kappa-1)\hbar\Omega_{jlM}$，于是又有

$$\boldsymbol{\sigma}\cdot\boldsymbol{p}\chi=-\mathrm{i}\hbar\Omega_{jlM}\left\{\frac{\mathrm{d}b}{\mathrm{d}r}+\frac{1+\kappa}{r}b\right\} \tag{6.78}$$

将这两个表达式代入前面双旋量联立方程(6.69)，求得决定径向波函数的方程组（记 $F(r)\equiv ra(r)$，$G(r)\equiv rb(r)$）为

$$\boxed{\begin{cases}\dfrac{\mathrm{d}F}{\mathrm{d}r}-\dfrac{\kappa}{r}F-\dfrac{1}{\hbar c}(E-eV+m_0c^2)G=0\\[2mm] \dfrac{\mathrm{d}G}{\mathrm{d}r}+\dfrac{\kappa}{r}G+\dfrac{1}{\hbar c}(E-eV-m_0c^2)F=0\end{cases}} \tag{6.79}$$

这就是在球坐标中，引入球旋量后，从 Dirac 双旋量波函数中分离掉角函数，剩下径向部分 $a(r)$，$b(r)$ 所满足的联立方程。注意，在此分离变数过程中，同时澄清了以下五个问题：①除 $\boldsymbol{L}$ 不与 H 对易外，从解的结构形式也可以理解，为什么在相对论下 l 不是好量子数；②为什么过渡到非相对论 l 又变为好量子数；③在 l 不是好量子数的情况下，为什么宇称是好量子数；④为什么好量子数宇称的本身数值是不确定的（视 $\boldsymbol{S}$ 与 $\boldsymbol{L}$ 平行反平行，即视取 l 或 $l'=l\pm1$ 而定）；⑤整个解的全貌特别是它的角函数形式。

6.5.2 Dirac 单电子方程精确解——氢原子能谱精细结构[15]

现求束缚态解($E_{nr}=E-m_0c^2<0$)。电子 $e<0$,$-eV=\frac{Ze^2}{r}$,有

$$\begin{cases}\frac{\mathrm{d}F}{\mathrm{d}r}-\frac{\kappa}{r}F-\left(\frac{E+m_0c^2}{\hbar c}+\frac{Z\alpha}{r}\right)G=0\\ \frac{\mathrm{d}G}{\mathrm{d}r}+\frac{\kappa}{r}G+\left(\frac{E-m_0c^2}{\hbar c}+\frac{Z\alpha}{r}\right)F=0\end{cases}\tag{6.80a}$$

这里 $\alpha\equiv\frac{e^2}{\hbar c}\cong\frac{1}{137.037}$为精细结构常数。引入量纲为一参数 ρ,令

$$\begin{cases}c_1=(E+m_0c^2)/\hbar c & (>0)\\ c_2=(m_0c^2-E)/\hbar c & (>0)\\ \lambda=\sqrt{c_1c_2}=\sqrt{m_0^2c^4-E^2}/\hbar c & (>0)\\ \rho=\lambda r & (\geqslant 0)\end{cases}\tag{6.81}$$

上式化为

$$\begin{cases}\frac{\mathrm{d}F}{\mathrm{d}\rho}-\frac{\kappa}{\rho}F-\left(\frac{c_1}{\lambda}+\frac{Z\alpha}{\rho}\right)G=0\\ \frac{\mathrm{d}G}{\mathrm{d}\rho}+\frac{\kappa}{\rho}G-\left(\frac{c_2}{\lambda}-\frac{Z\alpha}{\rho}\right)F=0\end{cases}\tag{6.80b}$$

当 $\rho\to\infty$时,两个方程的渐近形式分别为$\frac{\mathrm{d}F}{\mathrm{d}\rho}-\frac{c_1}{\lambda}G=0$ 和$\frac{\mathrm{d}G}{\mathrm{d}\rho}-\frac{c_2}{\lambda}F=0$。令 $F=A\mathrm{e}^{-\rho}$,$G=B\mathrm{e}^{-\rho}$,代入得 $A=-\frac{c_1}{\lambda}B$ 和 $B=-\frac{c_2}{\lambda}A$。由于 $\lambda^2=c_1c_2$,两个解是渐近地趋于正比关系。可采用带 $\mathrm{e}^{-\rho}$乘子的广义幂级数试探解

$$F(r)=\mathrm{e}^{-\rho}\rho^{\sigma}\sum_{n=0}^{\infty}f_n\rho^n;\quad G(r)=\mathrm{e}^{-\rho}\rho^{\sigma}\sum_{n=0}^{\infty}g_n\rho^n\xrightarrow{\rho\to\infty}-\frac{c_2}{\lambda}\mathrm{e}^{-\rho}\rho^{\sigma}\sum_{n=0}^{\infty}f_n\rho^n\tag{6.82}$$

将它们代入联立方程(6.80b),决定系数 f_n,g_m 和 σ 值。

首先,用特征方程决定 σ。令全部最低幂次($\sigma-1$)项系数和等于零

$$\begin{cases}(\sigma-\kappa)f_0-\alpha Zg_0=0\\ Z\alpha f_0+(\sigma+\kappa)g_0=0\end{cases}\tag{6.83}$$

若要此联立方程有非零解 f_0,g_0,系数行列式应当为零,即得

$$\sigma=\sqrt{\kappa^2-\alpha^2Z^2}\tag{6.84}$$

---

⑮ Dirac P A M. 量子力学原理. 北京:科学出版社,1965。

根据 $r\to 0$ 自然边条件[⑯]：$F(r)\equiv ra,G(r)\equiv rb\to 0$，$\sigma$ 应取正根。

其次，令广义幂级数展开式中 $\sigma+n$ 次幂项系数和为零，得系数递推关系

$$\begin{cases}-f_n+f_{n+1}(\sigma+n+1)-\kappa f_{n+1}-\dfrac{c_1}{\lambda}g_n-Z\alpha g_{n+1}=0\\[2ex]-g_n+g_{n+1}(\sigma+n+1)+\kappa g_{n+1}-\dfrac{c_2}{\lambda}f_n+Z\alpha f_{n+1}=0\end{cases}\tag{6.85}$$

从这组联立方程可以导出系数 f_n,g_n 的关联方程：用 $\frac{c_2}{\lambda}$ 乘第 1 式再与第 2 式相减再利用 $\lambda^2=c_1c_2$，以消去 f_n,g_n。改记 $n+1\to n$，得 $f_n\sim g_n$ 关系

$$\left[\frac{c_2}{\lambda}(\sigma+n-\kappa)-Z\alpha\right]f_n-\left[\frac{c_2}{\lambda}\alpha Z+\sigma+n+\kappa\right]g_n=0\tag{6.86}$$

其三，考察级数中的高阶项 $n=N\gg 1$：这时第一个递推关系可近似为 $-f_N+(N+1)f_{N+1}-\frac{c_1}{\lambda}g_N\approx 0$，而且 f_n,g_n 有近似关系 $\frac{c_2}{\lambda}f_N\sim g_N$，所以

$$(N+1)f_{N+1}\approx f_N+\frac{c_1}{\lambda}\frac{c_2}{\lambda}f_N=2f_N\to\sum\frac{1}{N!}(2\rho)^N=e^{2\rho}$$

于是有渐近式 F、$G\to e^{\rho}$，两个解都呈现发散。因此，系数 g_m、f_n 必须在某个 n_r 值处截断。由于递推关系是齐次的，自 n_r 处为零后，其后所有系数均为零。将 $f_{n_r+1}=g_{n_r+1}=0$ 代入递推公式，求得

$$-f_{n_r}-\frac{c_1}{\lambda}g_{n_r}=0,\quad -g_{n_r}-\frac{c_2}{\lambda}f_{n_r}=0$$

两个方程相容，取任一个得 $f_{n_r}=-\frac{c_1}{\lambda}g_{n_r}$。代入上面 $f_n\sim g_n$ 关系式，令系数为零，得 $-2\sigma-2n_r+\alpha Z\left(\frac{c_1-c_2}{\lambda}\right)=0$。将 c_1,c_2,λ 值代入，得

$$-2\sigma-2n_r+\alpha Z\frac{2E}{\hbar c}\frac{\hbar c}{\sqrt{m_0^2c^4-E^2}}=0$$

注意 $E=\varepsilon_{nr}+m_0c^2$，即得氢原子能谱精细结构公式

$$\boxed{1-\frac{\varepsilon_{nr}}{m_0c^2}=\left\{1+\frac{\alpha^2Z^2}{\left(n_r+\sqrt{\kappa^2-\alpha^2Z^2}\right)^2}\right\}^{-\frac{1}{2}}}\tag{6.87}$$

6.5.3　简要讨论

（1）公式（6.87）首先由 Sommerfeld 用考虑到相对论效应的半经典方法（Bohr 轨

---

⑯　此处自然边条件应和量子力学的一致。见张永德. 量子力学（第四版）. 北京：科学出版社，2016，第 4 章。

道理论)得出[17],现在则是 RQM 计算结果。它与实验符合得很好。再结合习题 6.1、6.2 和 6.27 将能全面地了解氢原子能谱精细结构问题。

(2)公式只含两个量子数:径向量子数 n_r,旋轨耦合下与总角动量有关的量子数 κ(实际相当于角方向量子数 n_φ)。由于精细结构常数 α 很小,所以 $\varepsilon_{nr}/m_0c^2\to 0$,氢原子所有能级的结合能均远小于电子的静止能量,并且能级几乎完全决定于和数 $n_r+|\kappa|$。由相对论效应引起的分裂重数决定于和数 $n_r+|\kappa|$ 固定下的 n_r,κ 的不同组合数。不同组合之间的能级分裂,即相对论性能级修正很小,它们构成氢原子能谱的精细结构。

(3)对类氢原子,当 $\alpha Z\ll 1$ 时可按 αZ 展开保留到 $(\alpha Z)^4$,得

$$\boxed{E-m_0c^2\cong\frac{-(Ze^2)^2m_0}{2\hbar^2n^2}\left[1+\frac{(Ze^2)^2}{n\hbar^2c^2}\left(\frac{1}{|\kappa|}-\frac{3}{4n}\right)\right]}\tag{6.88}$$

6.6 Dirac 方程的非相对论近似

Dirac 方程只对少数情况,如自由粒子、氢原子和相对论谐振子,可以解析求解。因此,近似求解可以拓宽 Dirac 方程的应用范围。而且,对近似解的研究可以使 RQM 和 NRQM 的衔接紧密融洽。同时,近似解又可以给出一些效应的物理图像和具体结论,有利于推广应用。

6.6.1 电磁场中 Dirac 方程的简单旋量表示

首先,采用 Dirac 表象把两个简单旋量分开,转化成用单一简单旋量表示的形式,这种形式易于作近似。由电磁场中 Dirac 方程

$$\gamma_\mu\left(\partial_\mu-\frac{\mathrm{i}e}{\hbar c}A_\mu\right)\psi+k_c\psi=0$$

令 $\psi=\begin{pmatrix}\varphi\\ \chi\end{pmatrix}$,$\gamma_i=\sigma_2\otimes\sigma_i$,$\gamma_4=\sigma_3\otimes\sigma_0$,$A_4=\mathrm{i}V$,$x_4=\mathrm{i}ct$,得

$$\begin{cases}\left(\mathrm{i}\hbar\dfrac{\partial}{\partial t}-eV-m_0c^2\right)\varphi-c\boldsymbol{\sigma}\cdot\left(\boldsymbol{p}-\dfrac{e}{c}\boldsymbol{A}\right)\chi=0\\ \left(\mathrm{i}\hbar\dfrac{\partial}{\partial t}-eV+m_0c^2\right)\chi-c\boldsymbol{\sigma}\cdot\left(\boldsymbol{p}-\dfrac{e}{c}\boldsymbol{A}\right)\varphi=0\end{cases}$$

作如下减除静止能量的变换

$$\varphi(\boldsymbol{x},t)=\mathrm{e}^{-\frac{\mathrm{i}}{\hbar}m_0c^2t}\varphi^{(\mathrm{sub})}(\boldsymbol{x},t),\quad \chi(\boldsymbol{x},t)=\mathrm{e}^{-\frac{\mathrm{i}}{\hbar}m_0c^2t}\chi^{(\mathrm{sub})}(\boldsymbol{x},t)\tag{6.89}$$

代入得

[17] 索科洛夫 A A. 量子电动力学导论. 吴伯泽译. 北京:人民教育出版社,1962:469.

$$\begin{cases}\left(\mathrm{i}\hbar\dfrac{\partial}{\partial t}-eV\right)\varphi^{(\mathrm{sub})}-c\boldsymbol{\sigma}\cdot\left(\boldsymbol{p}-\dfrac{e}{c}\boldsymbol{A}\right)\chi^{(\mathrm{sub})}=0\\ \left(\mathrm{i}\hbar\dfrac{\partial}{\partial t}-eV+2m_0c^2\right)\chi^{(\mathrm{sub})}-c\boldsymbol{\sigma}\cdot\left(\boldsymbol{p}-\dfrac{e}{c}\boldsymbol{A}\right)\varphi^{(\mathrm{sub})}=0\end{cases}$$

于是，原先对 φ 作用的 $\mathrm{i}\hbar\frac{\partial}{\partial t}$ 改变成对 $\varphi^{(\mathrm{sub})}$ 作用的 $\mathrm{i}\hbar\frac{\partial}{\partial t}+m_0c^2$。所以变换后的 $\mathrm{i}\hbar\frac{\partial}{\partial t}$ 可以认为是粒子的已减除静止能量的“能量算符”，即只涉及动能与势能之和。由第二个方程解出 $\chi^{(\mathrm{sub})}$，代入第一个方程，得

$$\left(\mathrm{i}\hbar\frac{\partial}{\partial t}-eV\right)\varphi^{(\mathrm{sub})}-c\boldsymbol{\sigma}\cdot\left(\boldsymbol{p}-\frac{e}{c}\boldsymbol{A}\right)\frac{1}{\left(\mathrm{i}\hbar\dfrac{\partial}{\partial t}-eV+2m_0c^2+\mathrm{i}\varepsilon\right)}c\boldsymbol{\sigma}\cdot\left(\boldsymbol{p}-\frac{e}{c}\boldsymbol{A}\right)\varphi^{(\mathrm{sub})}=0 \tag{6.90}$$

这就是下面作为各阶近似出发点的简单旋量方程。至此并未作近似。

6.6.2 非相对论一阶近似——Pauli 方程

现在对上式作非相对论一阶近似，导出 Pauli 方程。在非相对论情况下，若取正能解，即粒子总能量 $E\sim m_0c^2$，且弱势 $|eV|\ll m_0c^2$，即动能、势能都很小于静止能量；这时 $|\chi|\ll|\varphi|$，即 $|\chi^{(\mathrm{sub})}|\ll|\varphi^{(\mathrm{sub})}|$。故在体现 $\chi^{(\mathrm{sub})}$ 作用的第二项中作非相对论一阶近似：在其分母中，相对于 $2m_0c^2$ 略去动能和势能项 $\mathrm{i}\hbar\frac{\partial}{\partial t}-eV$，并因分母不会出现零值而略去 $+\mathrm{i}\varepsilon$（等价于提前取了极限）。得 $\varphi^{(\mathrm{sub})}\cong\varphi_{nr}^{(1)}$ 一阶近似方程

$$\boxed{\left(\mathrm{i}\hbar\frac{\partial}{\partial t}-eV\right)\varphi_{nr}^{(1)}-c\boldsymbol{\sigma}\cdot\left(\boldsymbol{p}-\frac{e}{c}\boldsymbol{A}\right)\frac{1}{2m_0c^2}c\boldsymbol{\sigma}\cdot\left(\boldsymbol{p}-\frac{e}{c}\boldsymbol{A}\right)\varphi_{nr}^{(1)}=0} \tag{6.91a}$$

即

$$\boxed{\mathrm{i}\hbar\frac{\partial\varphi_{nr}^{(1)}}{\partial t}=H_{nr}^{(1)}\varphi_{nr}^{(1)},\quad H_{nr}^{(1)}\equiv\frac{1}{2m_0}\left[\boldsymbol{\sigma}\cdot\left(\boldsymbol{p}-\frac{e}{c}\boldsymbol{A}\right)\right]^2+eV} \tag{6.91b}$$

注意，当 $\boldsymbol{A}\neq0$ 时，此式 Hamilton 量 $H_{nr}^{(1)}$ 中包含了轨道磁矩和自旋磁矩在外磁场中的取向能。因为，取外磁场为 $\boldsymbol{B}=\nabla\times\boldsymbol{A}$，$\boldsymbol{A}=\frac{1}{2}\boldsymbol{B}\times\boldsymbol{r}$，有

$$\begin{aligned}\frac{1}{2m_0}\left[\boldsymbol{\sigma}\cdot\left(\boldsymbol{p}-\frac{e}{c}\boldsymbol{A}\right)\right]^2&=\frac{1}{2m_0}\left(\boldsymbol{p}-\frac{e}{c}\boldsymbol{A}\right)^2+\frac{\mathrm{i}}{2m_0}\boldsymbol{\sigma}\cdot\left\{\left(\boldsymbol{p}-\frac{e}{c}\boldsymbol{A}\right)\times\left(\boldsymbol{p}-\frac{e}{c}\boldsymbol{A}\right)\right\}\\&=\frac{1}{2m_0}\left(\boldsymbol{p}-\frac{e}{c}\boldsymbol{A}\right)^2+\frac{-\hbar e}{2m_0c}\boldsymbol{\sigma}\cdot\{\boldsymbol{A}\times\nabla+\nabla\times\boldsymbol{A}\}\\&=\frac{1}{2m_0}\left(\boldsymbol{p}-\frac{e}{c}\boldsymbol{A}\right)^2-\frac{\hbar e}{2m_0c}\boldsymbol{\sigma}\cdot\boldsymbol{B}\equiv\frac{\boldsymbol{p}^2}{2m_0}-\boldsymbol{\mu}_L\cdot\boldsymbol{B}-\boldsymbol{\mu}_S\cdot\boldsymbol{B}+\frac{e^2\boldsymbol{A}^2}{2m_0c^2}\end{aligned}$$

其中，$\boldsymbol{\mu}_L=\frac{e}{2m_0c}\boldsymbol{L}$，$\boldsymbol{\mu}_S=\frac{e}{m_0c}\boldsymbol{S}$，分别是轨道磁矩和自旋磁矩。于是又可得

$$\boxed{H_{nr}^{(1)}=\frac{\boldsymbol{p}^2}{2m_0}+eV-(\boldsymbol{\mu}_L+\boldsymbol{\mu}_S)\cdot\boldsymbol{B}+\frac{e^2\boldsymbol{A}^2}{2m_0c^2}} \tag{6.91c}$$

式(6.91)就是 **NRQM 的 Pauli 方程,现在它是 Dirac 方程的非相对论一阶近似结果。由 $\boldsymbol{H_{nr}^{(1)}}$ 可知,Dirac 方程所描述的粒子具有自旋磁矩**

$$\boxed{\boldsymbol{\mu}_S=\frac{e}{m_0c}\boldsymbol{S}} \tag{6.92}$$

此磁矩在外磁场中引起了附加能$-\boldsymbol{\mu}\cdot\boldsymbol{B}$。这里 e 代数电荷。前面已说过,Dirac 粒子有 $\boldsymbol{S}=\frac{\hbar}{2}\boldsymbol{\sigma}$ 自旋角动量,于是 Dirac 粒子的自旋迴磁比为 $\gamma=\frac{e}{m_0c}$。这些都表明,**电子自旋和磁矩已经自动蕴含在 Dirac 方程的旋量结构中,这是 Dirac 方程的重大成就。**

6.6.3 非相对论二阶近似

研究 Dirac 方程的二阶近似。还是从式(6.90)出发,为了更细致一点计算能量变化,假定所研究的是定态,即能量有确定值的情况。

由于是定态,可以设定时空变数有因子分解

$$\begin{cases}\varphi^{(\mathrm{sub})}(\boldsymbol{x},t)=\varphi_0^{(\mathrm{sub})}(\boldsymbol{x})\mathrm{e}^{-\mathrm{i}E_{nr}t/\hbar}\\ \chi^{(\mathrm{sub})}(\boldsymbol{x},t)=\chi_0^{(\mathrm{sub})}(\boldsymbol{x})\mathrm{e}^{-\mathrm{i}E_{nr}t/\hbar}\end{cases}$$

代入式(6.90),消除时间导数,得定态方程

$$H^{(\mathrm{sub})}\varphi_0^{(\mathrm{sub})}=E_{nr}\varphi_0^{(\mathrm{sub})},\ H^{(\mathrm{sub})}\equiv\frac{1}{2m_0}\boldsymbol{\sigma}\cdot\left(\boldsymbol{p}-\frac{e}{c}\boldsymbol{A}\right)\left(\frac{1}{1+\frac{E_{nr}-eV}{2m_0c^2}}\right)\boldsymbol{\sigma}\cdot\left(\boldsymbol{p}-\frac{e}{c}\boldsymbol{A}\right)+eV \tag{6.93}$$

合并此前式(6.89)变换,可得 $E_{nr}=E-m_0c^2$,等于粒子总能量减去静止能量,即粒子动能与势能之和。虽然现在涉及弱势、低速的非相对论情况,但式(6.93)还没有如同一阶近似式(6.91)那样将 $H^{(\mathrm{sub})}$ 内因子分母中 $(E_{nr}-eV)/2m_0c^2$ 完全略去。现在对此因子作高一阶近

$$\left(1+\frac{E_{nr}-eV}{2m_0c^2}\right)^{-1}\approx1-\frac{E_{nr}^{(2)}-eV}{2m_0c^2}$$

得

$$\boxed{H_{nr}^{(2)}\varphi_{nr}^{(2)}=(H_{nr}^{(1)}+H')\varphi_{nr}^{(2)}=E_{nr}^{(2)}\varphi_{nr}^{(2)}} \tag{6.94}$$

$$H_{nr}^{(1)}=\frac{1}{2m_0}\left[\boldsymbol{\sigma}\cdot\left(\boldsymbol{p}-\frac{e}{c}\boldsymbol{A}\right)\right]^2+eV$$

$$H'\equiv-\frac{1}{4m_0^2c^2}\boldsymbol{\sigma}\cdot\left(\boldsymbol{p}-\frac{e}{c}\boldsymbol{A}\right)(E_{nr}^{(2)}-eV)\boldsymbol{\sigma}\cdot\left(\boldsymbol{p}-\frac{e}{c}\boldsymbol{A}\right)$$

这里 $\boldsymbol{H_{nr}^{(1)}}$ 即 Pauli 方程 Hamilton 量式(6.91)。$\boldsymbol{H'}$ 是对 $\boldsymbol{H_{nr}^{(1)}}$ 的二阶修正。

为了和 Hamilton 量直到 $\boldsymbol{\beta}^2$ 的二阶近似相匹配，应当在概率归一化计算中也计入略去的 $\boldsymbol{\chi}$ 对归一化的同阶贡献。 这样才是全面和自洽的。显然，计算这个修正量时，只需采用 χ 的一阶近似式就够了，

$$\chi=\frac{1}{2m_0c}\boldsymbol{\sigma}\cdot\boldsymbol{p}\varphi=\frac{-\mathrm{i}\hbar}{2m_0c}\boldsymbol{\sigma}\cdot(\nabla\varphi)$$

于是概率密度 ρ 为

$$\rho=\varphi^+\varphi+\chi^+\chi=\varphi^+\varphi+\frac{\hbar^2}{4m_0^2c^2}(\nabla\varphi^+\cdot\boldsymbol{\sigma})(\boldsymbol{\sigma}\cdot\nabla\varphi)$$

此式形式上不同于 Schrödinger 方程概率密度表达式 $\rho=\psi_S^+\psi_S$。为了能够找到二阶近似的 Schrödinger 方程，必须寻找这样的函数变换，它将两分量 φ 转换为两分量 ψ_S，而 ψ_S 不但能够导出二阶近似 Schrödinger 方程，并且概率密度数值即为这种等价形式。即要求

$$\int\psi_S^+\psi_S\mathrm{d}v=\int\left\{\varphi^+\varphi+\frac{\hbar^2}{4m_0^2c^2}(\nabla\varphi^+\cdot\boldsymbol{\sigma})(\boldsymbol{\sigma}\cdot\nabla\varphi)\right\}\mathrm{d}v$$

因为

$$\int(\nabla\varphi^+\cdot\boldsymbol{\sigma})(\boldsymbol{\sigma}\cdot\nabla\varphi)\mathrm{d}v=-\int\varphi^+(\boldsymbol{\sigma}\cdot\nabla)(\boldsymbol{\sigma}\cdot\nabla)\varphi\mathrm{d}v=-\int\varphi^+\Delta\varphi\mathrm{d}v$$

考虑被积函数“+”操作不变，应当有

$$\int\psi_S^+\psi_S\mathrm{d}v=\int\left\{\varphi^+\varphi-\frac{\hbar^2}{8m_0^2c^2}[\varphi^+(\Delta\varphi)+(\Delta\varphi^+)\varphi]\right\}\mathrm{d}v$$

在保留直到二阶小量 β^2 的条件下，显然可得近似解 $\psi_S^{(2)}$ 为

$$\begin{cases}\psi_S^{(2)}=\left(1+\dfrac{\boldsymbol{p}^2}{8m_0^2c^2}\right)\varphi^{(2)}\\ \psi_S^{(2)+}=\left(1+\dfrac{\boldsymbol{p}^2}{8m_0^2c^2}\right)\varphi^{(2)+}\end{cases}\rightarrow\begin{cases}\varphi_{nr}^{(2)}=\left(1-\dfrac{\boldsymbol{p}^2}{8m_0^2c^2}\right)\psi_S^{(2)}\\ \varphi_{nr}^{(2)+}=\left(1-\dfrac{\boldsymbol{p}^2}{8m_0^2c^2}\right)\psi_S^{(2)+}\end{cases}\tag{6.95}$$

将此式代入 $H_{nr}^{(2)}\varphi_{nr}^{(2)}=E_{nr}^{(2)}\varphi_{nr}^{(2)}$ 中，得

$$\left(1+\frac{\boldsymbol{p}^2}{8m_0^2c^2}\right)(H_{nr}^{(1)}+H')\left(1-\frac{\boldsymbol{p}^2}{8m_0^2c^2}\right)\psi_S^{(2)}=E_{nr}^{(2)}\psi_S^{(2)}\tag{6.96}$$

鉴于 H' 已是 β^2 量级，可将 H' 中 $\left(-\frac{e}{c}\boldsymbol{A}\right)$ 略去，得

$$\left(1+\frac{\boldsymbol{p}^2}{8m_0^2c^2}\right)\left\{H_{nr}^{(1)}-\frac{1}{4m_0^2c^2}\boldsymbol{\sigma}\cdot\boldsymbol{p}(E_{nr}^{(2)}-eV)\boldsymbol{\sigma}\cdot\boldsymbol{p}\right\}\left(1-\frac{\boldsymbol{p}^2}{8m_0^2c^2}\right)\psi_S^{(2)}=E_{nr}^{(2)}\psi_S^{(2)}$$

注意左边含有 $E_{nr}^{(2)}$ 项，将其移到右边合并再将出现的因子 $\left(1+\frac{\boldsymbol{p}^2}{4m_0^2c^2}\right)$ 除过来，也就是左乘以 $\left(1-\frac{\boldsymbol{p}^2}{4m_0^2c^2}\right)$，乘开合并取至同阶近似，即得

$$\left(1-\frac{\boldsymbol{p}^2}{8m_0^2c^2}\right)\left\{H_{nr}^{(1)}+\frac{e}{4m_0^2c^2}(\boldsymbol{\sigma}\cdot\boldsymbol{p})V(\boldsymbol{\sigma}\cdot\boldsymbol{p})\right\}\left(1-\frac{\boldsymbol{p}^2}{8m_0^2c^2}\right)\psi_S^{(2)}=E_{nr}^{(2)}\psi_S^{(2)}$$

(6.97)

为了继续乘开并保留到 β^2 项，两边乘子不必对大括号内 H' 项再行修正，而只需对 $H_{nr}^{(1)}$ 项作修正，并在修正时略去其中的 $-\frac{e}{c}\boldsymbol{A}$。于是得

$$\left\{\frac{1}{2m_0}\left[\boldsymbol{\sigma}\cdot\left(\boldsymbol{p}-\frac{e}{c}\boldsymbol{A}\right)\right]^2+eV-\frac{\boldsymbol{p}^4}{8m_0^3c^2}\right.$$
$$\left.+\frac{e}{4m_0^2c^2}\left[-\frac{1}{2}(V\boldsymbol{p}^2+\boldsymbol{p}^2V)+(\boldsymbol{\sigma}\cdot\boldsymbol{p})V(\boldsymbol{\sigma}\cdot\boldsymbol{p})\right]\right\}\psi_S^{(2)}=E_{nr}^{(2)}\psi_S^{(2)} \tag{6.98}$$

注意有等式

$$\begin{cases}(\boldsymbol{\sigma}\cdot\boldsymbol{p})V(\boldsymbol{\sigma}\cdot\boldsymbol{p})=V\boldsymbol{p}^2-\mathrm{i}\hbar(\boldsymbol{\sigma}\cdot(\nabla V))(\boldsymbol{\sigma}\cdot\boldsymbol{p})\\ \boldsymbol{p}^2V-V\boldsymbol{p}^2=-\hbar^2[\Delta V+2(\nabla V)\cdot\nabla]\end{cases}$$

于是上面最后项方括号内量为

$$\begin{aligned}&(\boldsymbol{\sigma}\cdot\boldsymbol{p})V(\boldsymbol{\sigma}\cdot\boldsymbol{p})-\frac{1}{2}(\boldsymbol{p}^2V+V\boldsymbol{p}^2)\\ =&V\boldsymbol{p}^2-\mathrm{i}\hbar(\boldsymbol{\sigma}\cdot(\nabla V))(\boldsymbol{\sigma}\cdot\boldsymbol{p})-\frac{1}{2}(\boldsymbol{p}^2V+V\boldsymbol{p}^2)\\ =&-\mathrm{i}\hbar(\boldsymbol{\sigma}\cdot(\nabla V))(\boldsymbol{\sigma}\cdot\boldsymbol{p})+\frac{\hbar^2}{2}[\Delta V+2(\nabla V)\cdot\nabla]\\ =&-\mathrm{i}\hbar[(\nabla V)\cdot\boldsymbol{p}+\mathrm{i}\boldsymbol{\sigma}\cdot((\nabla V)\times\boldsymbol{p})]+\frac{\hbar^2}{2}[\Delta V+2(\nabla V)\cdot\nabla]\end{aligned}$$

所以

$$(\boldsymbol{\sigma}\cdot\boldsymbol{p})V(\boldsymbol{\sigma}\cdot\boldsymbol{p})-\frac{1}{2}(\boldsymbol{p}^2V+V\boldsymbol{p}^2)=\hbar\boldsymbol{\sigma}\cdot((\nabla V)\times\boldsymbol{p})+\frac{\hbar^2}{2}\Delta V \tag{6.99}$$

最后得到，**外电磁场中 Dirac 方程的二阶非相对论近似 $\psi_S^{(2)}$ 方程，**

$$\boxed{\left\{\frac{1}{2m_0}\left[\boldsymbol{\sigma}\cdot\left(\boldsymbol{p}-\frac{e}{c}\boldsymbol{A}\right)\right]^2+eV-\frac{\boldsymbol{p}^4}{8m_0^3c^2}+\frac{\hbar e}{4m_0^2c^2}\boldsymbol{\sigma}\cdot[(\nabla V)\times\boldsymbol{p}]+\frac{\hbar^2e}{8m_0^2c^2}\Delta V\right\}\psi_S^{(2)}=E_{nr}^{(2)}\psi_S^{(2)}} \tag{6.100}$$

若只有外静电场 $V(\boldsymbol{r})$，不存在外磁场($\boldsymbol{A}=0$)，则有

$$\boxed{\left\{\frac{\boldsymbol{p}^2}{2m_0}+eV-\frac{\boldsymbol{p}^4}{8m_0^3c^2}+\frac{\hbar e}{4m_0^2c^2}\boldsymbol{\sigma}\cdot((\nabla V)\times\boldsymbol{p})+\frac{\hbar^2e}{8m_0^2c^2}(\Delta V)\right\}\psi_S^{(2)}=E_{nr}^{(2)}\psi_S^{(2)}} \tag{6.101}$$

显然易得此式特例——中心场 $V=V(r)$ 的二阶非相对论近似公式。

6.6.4 讨论

这个二阶近似 Hamilton 的最后三项就是所要求的二阶相对论性修正。第一项 $-\frac{\boldsymbol{p}^4}{8m_0^3c^2}$ 表示质量增加导致动能下降的动能修正

$$T=\sqrt{(m_0c^2)^2+\boldsymbol{p}^2}-m_0c^2=m_0c^2\left\{\left(1+\frac{\boldsymbol{p}^2}{m_0^2c^2}\right)^{\frac{1}{2}}-1\right\}\cong\frac{\boldsymbol{p}^2}{2m_0}-\frac{1}{8}\frac{\boldsymbol{p}^4}{m_0^3c^2} \tag{6.102a}$$

第二项为旋-轨耦合能。代表电子磁矩与电子空间轨道运动所产生的磁场的相互作用能。如果电场是中心对称的，则$\nabla V(r)=\frac{\mathrm{d}V}{\mathrm{d}r}\boldsymbol{e}_r$，于是此项为

$$\frac{\hbar e}{4m_0^2c^2}\boldsymbol{\sigma}\cdot((\nabla V)\times\boldsymbol{p})=\frac{\hbar e}{4m_0^2c^2}\boldsymbol{\sigma}\cdot\left(\frac{\mathrm{d}V}{\mathrm{d}r}\frac{1}{r}\boldsymbol{r}\times\boldsymbol{p}\right)=\frac{1}{2m_0^2c^2r}\frac{\mathrm{d}U}{\mathrm{d}r}\boldsymbol{L}\cdot\boldsymbol{S} \tag{6.102b}$$

这里 $U=eV$ 为粒子在中心场中的势能。粗略估计此项量级为

$$\frac{1}{2m_0^2c^2r}\frac{e^2Z}{r^2}(\boldsymbol{L}\cdot\boldsymbol{S})\sim\frac{1}{2m_0^2c^2}\frac{e^2Z}{a^3}(a\cdot p)^2\sim\left(\frac{e^2Z}{2a}\right)\frac{v^2}{c^2}\approx\left(\frac{e^2Z}{2a}\right)_{\text{Coulomb}}\beta^2$$

第三项称 Darwin 振颤。归因于电子位置概念在 $\lambda_c=\hbar/m_0c$ 尺度上的失效，导致作用其上的 Coulomb 势的弥散

$$\frac{\hbar^2e}{8m_0^2c^2}(\Delta V) \tag{6.102c}$$

例如，产生 Coulomb 场的原子核 Ze 电荷所在点。这时 $\Delta V=-4\pi Ze\delta(\boldsymbol{r})$。于是将来求能量平均时将出现与此修正项相应的 $|\psi(0)|^2$ 因子，它对所有 $l\neq0$ 的态都等于零。注意接触项与旋-轨项是“互补”的：当 $l=0$ 时旋轨项为零，接触项不为零；当 $l\neq0$时旋轨项不为零，接触项为零。

习题 6.26 由上面二阶非相对论近似 Hamilton 量 $H_{nr}^{(2)}$，令其中 $\boldsymbol{A}=0$，按照 $H_{nr}^{(2)}\varphi_{nr}^{(2)}=E_{nr}^{(2)}\varphi_{nr}^{(2)}$，导出

$$\left\{\frac{P^2}{2m_0}+eV-\frac{P^4}{8m_0^3c^2}+\frac{e\hbar}{4m_0^2c^2}\boldsymbol{\sigma}\cdot[(\nabla V)\times\boldsymbol{P}]+\frac{\hbar^2e}{4m_0^2c^2}(\Delta V)+\frac{ie\hbar}{4m_0^2c^2}(\nabla V)\cdot\boldsymbol{P}\right\}\varphi_{nr}^{(2)}=E_{nr}^{(2)}\varphi_{nr}^{(2)}$$

这种做法有两个缺点：$\varphi_{nr}^{(2)}$ 概率不归一，$H_{nr}^{(2)}$ 最后一项不厄米，需要处理。

习题 6.27 作为上面非相对论近似计算的应用，寻求氢原子能谱精细结构的微扰论解。

6.7 Foldy-Wouthuysen 变换

本节讨论 Dirac 方程的 Foldy-Wouthuysen 变换[18]。**F-W 变换是一类能够将 Dirac方程退耦为两个 2 分量简单旋量方程的幺正变换：一个简单旋量方程在非相对论极限下给出 Pauli 方程，从而描述正能态解；另一个则描述负能态解。然而，由于相互作用必定引起 Dirac 方程正负能态间的耦合与相互跃迁，这时不可能按正负能**

---

[18] Foldy L L, Wouthuysen S A. Phys. Rev. ,1950, 78:29; Bjorken J D, et al. Relativistic Quantum Mechanics. 北京：科学出版社，1984:46；吴大猷. 量子力学(乙部). 北京：科学出版社，31，48 页；Roman P. Advanced Quantum Theory. 133 页.

态将方程干净利落地分离成为两个简单旋量方程。也就是说,在高能并有相互作用的情况下,这种分离只能近似地实现。对于自由粒子或是在非相对论极限下,可以干净利落地实现按正负能态分离。因为这两种情况下,正负能态之间已不存在耦合与相互跃迁,本来就是截然分开的。

F-W 变换的目的是给只研究一种能态提供方便,特别是给只关心正能态解的非相对论近似提供方便。若加以改进,将 F-W 变换改变为按协变方式分离正负螺度态,则对相对论情况也很有用。

6.7.1 自由粒子 F-W 变换

若以最简明方式说明 F-W 变换,可采用 Dirac 表象中的自由粒子 Dirac 方程。为此**将方程中算子分为两类:"奇"算符——它们将大小两个分量相互耦合**,如 α,γ,γ_5 等;**"偶"算符——它们不耦合大小两个分量**,如 1、β、Σ_i 等。于是问题可以改个提法:寻找幺正变换 U_F,它能从方程中(一般情况为按所要精度近似)消去所有的奇算符。

记 $U_F=\mathrm{e}^{\mathrm{i}S}$,这里 S 为厄米而且不显含 t。于是($H=(c\boldsymbol{\alpha}\cdot\boldsymbol{p}+\beta m_0c^2)$)

$$\psi'=\mathrm{e}^{\mathrm{i}S}\psi,\quad \mathrm{i}\frac{\partial\psi'}{\partial t}=\mathrm{e}^{\mathrm{i}S}H\psi=\mathrm{e}^{\mathrm{i}S}H\mathrm{e}^{-\mathrm{i}S}\mathrm{e}^{\mathrm{i}S}\psi=H'\psi'$$

按要求,这里 H' 不应包含奇算符。类似于二维情况下寻找一个幺正变换,将两分量自旋 Hamilton 量 $H=\sigma_xB_x+\sigma_zB_z$ 变换为只包括偶算符,即只包括 $1,\sigma_z$。那是一个绕 y 轴的转动 $\mathrm{e}^{\frac{\mathrm{i}}{2}\sigma_y\theta_0}=\mathrm{e}^{\frac{1}{2}\sigma_z\sigma_x\theta_0}$,而 $\theta_0=\arctan\left(\frac{B_x}{B_z}\right)$。受此启发,取($|\boldsymbol{p}|=p$)

$$\mathrm{e}^{\mathrm{i}S}=\mathrm{e}^{\beta\boldsymbol{\alpha}\cdot\boldsymbol{p}\theta(\boldsymbol{p})}=\cos(p\theta(\boldsymbol{p}))+\frac{\beta\boldsymbol{\alpha}\cdot\boldsymbol{p}}{p}\sin(p\theta(\boldsymbol{p}))\tag{6.103a}$$

这里 $(\beta\boldsymbol{\alpha}\cdot\boldsymbol{p})^n=(-1)^{n/2}p^n$($n$ 为偶数);$(\beta\boldsymbol{\alpha}\cdot\boldsymbol{p})^n=(-1)^{(n-1)/2}p^{n-1}\beta\boldsymbol{\alpha}\cdot\boldsymbol{p}$($n$ 为奇数)。$\theta(\boldsymbol{p})$ 为待定的标量函数。代入得

$$\begin{aligned}H'&=\mathrm{e}^{\mathrm{i}S}H\mathrm{e}^{-\mathrm{i}S}=(c\boldsymbol{\alpha}\cdot\boldsymbol{p}+\beta m_0c^2)\left\{\cos(p\theta)-\frac{\beta\boldsymbol{\alpha}\cdot\boldsymbol{p}}{p}\sin(p\theta)\right\}^2\\&=c\boldsymbol{\alpha}\cdot\boldsymbol{p}\left\{\cos(2p\theta)-\frac{\beta\boldsymbol{\alpha}\cdot\boldsymbol{p}}{p}\sin(2p\theta)\right\}+\beta m_0c^2\left\{\cos(2p\theta)-\frac{\beta\boldsymbol{\alpha}\cdot\boldsymbol{p}}{p}\sin(2p\theta)\right\}\\&=\frac{\boldsymbol{\alpha}\cdot\boldsymbol{p}}{p}\{cp\cos(2p\theta)-m_0c^2\sin(2p\theta)\}+\beta\{m_0c^2\cos(2p\theta)-cp\sin(2p\theta)\}\end{aligned}$$

为了从 H' 中消去所有的奇算符,可选 $\theta(|\boldsymbol{p}|)$ 为

$$\tan(2p\theta(p))=p/m_0c\quad 或\quad \theta(p)=(2p)^{-1}\arctan(p/m_0c)$$

若取量纲为一的 θ',则结果为

$$\mathrm{e}^{\mathrm{i}S}=\exp\{\beta\boldsymbol{\alpha}\cdot\boldsymbol{p}\theta'(p)/m_0c\},\quad \theta'=(m_0c/2p)\arctan(p/m_0c)$$

可将 $\mathrm{e}^{\mathrm{i}S}$ 写成明确形式:由于 $\cos(2p\theta)=m_0c^2/E$,$\sin(2p\theta)=pc/E$,所以 $\tan^2(p\theta)+$

$\frac{2m_0c}{p}\tan(p\theta)-1=0$，得 $\tan(p\theta)=\frac{E-m_0c^2}{pc}=\sqrt{\frac{E-m_0c^2}{E+m_0c^2}}$。于是 $\sin(p\theta)=\sqrt{\frac{E-m_0c^2}{2E}}$，$\cos(p\theta)=\sqrt{\frac{E+m_0c^2}{2E}}$。由此得知

$$
\begin{aligned}
e^{iS}&=\cos(p\theta)+\frac{\beta\boldsymbol{\alpha}\cdot\boldsymbol{p}}{p}\sin(p\theta)=\sqrt{\frac{E+m_0c^2}{2E}}+\frac{c\beta\boldsymbol{\alpha}\cdot\boldsymbol{p}}{\sqrt{2E(E+m_0c^2)}}\\
&=\frac{1}{2}\sqrt{\frac{2E}{E+m_0c^2}}\left(1+\frac{c\beta\boldsymbol{\alpha}\cdot\boldsymbol{p}+m_0c^2}{E}\right)
\end{aligned}
\tag{6.103b}
$$

由此表达式可知，即便自由粒子情况，F-W 变换也是非局域的。因为它包含了动量算符 p_i，从而某空间点的 ψ' 不仅与同一点的 ψ 有关，还与此点的邻域(Compton 波长 $\hbar/m_0c$)的 ψ 有关。在此幺正变换下得

$$
\boxed{H'=\beta\{m_0c^2\cos(2p\theta)+cp\sin(2p\theta)\}=\beta c\sqrt{(m_0c)^2+\boldsymbol{p}^2}}
\tag{6.104}
$$

这就是所要寻找的对角化的 Hamilton 量，它也可以写为 $H'=\beta|E|$。注意 β 有两个本征值 ±1，于是此时 F-W 变换实现了对正负能态贡献的严格而彻底的分离。这对只涉及正能态的低能现象特别有用。实际上，不论 Dirac 矩阵取什么表示，总可以写

$$
\psi'=\frac{1}{2}(1+\beta)\psi'+\frac{1}{2}(1-\beta)\psi'\equiv\psi'_++\psi'_-:\begin{cases}H'\psi'_+=|E|\psi'_+\\H'\psi'_-=-|E|\psi'_-\end{cases}
$$

于是 ψ'_+ 描述正能态，ψ'_- 描述负能态。由于 $\frac{1}{2}(1\pm\beta)=\begin{pmatrix}\sigma_0&0\\0&0\end{pmatrix},\begin{pmatrix}0&0\\0&\sigma_0\end{pmatrix}$，所以 $\frac{1}{2}(1\pm\beta)$ 算符是将任意 Dirac 态函数向正(负)能态的投影，这导致 $(\psi'_+)^{\mathrm{T}}=(\varphi'_1\quad\varphi'_2\quad0\quad0)$；负能态情况类似。对于所有的运动常数($[H',\Omega]=0$)，$\psi'_+$ 和 ψ'_- 能态均同时满足。可以说，Hilbert 空间被分成了相等的两个子空间，正能态的描述只占用 Hilbert 空间的一半，负能态为另一半。注意，若对任意 ψ 执行这种投影，则 $\psi'_\pm=\frac{1}{2}(1\pm\beta)e^{iS}\psi$，意思就是先进行 F-W 变换再进行这种投影。

最后再次指出，由前面叙述知道，在低能非相对论极限下，负能部分 ψ'_-(相对于正能部分 ψ'_+)总是可以忽略的。

习题 6.28　论证：(1)对任意矩阵 A，有 $e^{i\alpha A}=\cos(\alpha A)+i\sin(\alpha A)$；(2)当 A 为自逆算子时，可简化为 $e^{i\alpha A}=\cos\alpha+iA\sin\alpha$；(3)当指数为反易自逆算子之和时，再推广为 $e^{i\boldsymbol{\alpha}\cdot\boldsymbol{A}}=\cos\alpha+i\frac{\boldsymbol{\alpha}\cdot\boldsymbol{A}}{\alpha}\sin\alpha$。

习题 6.29　自由电子 P_0 线性型往 γ_4 轴的变换——熟知的 F-W 变换

$$
P_0\psi=i\partial_t\psi=H\psi=(\boldsymbol{\alpha}\cdot\boldsymbol{P}+\beta m_0)\psi
$$

习题 6.30　P_0 线性形式自由粒子 Dirac 方程变到 $\boldsymbol{\alpha}$ 超面中去。

6.7.2 一般 F-W 变换[19]

由于自由 Dirac 方程可以直接解析求解，对自由 Dirac 方程的 F-W 变换，意义不大。有实践意义的是，将 F-W 变换推广到有相互作用情况。但相互作用不可避免地要引起正负能态间的跃迁，这时分离只能在一定误差要求下近似地实现。如果粒子本身的能量以及相互作用所交换的能量越小，分离就会越彻底，分离所产生的误差也就越小。

为了在一定阶数之下实现这种近似分离，采用如下数学框架。在外电磁场下 Hamilton 量为

$$\boxed{H=c\boldsymbol{\alpha}\cdot\left(\boldsymbol{p}-\frac{e}{c}\boldsymbol{A}\right)+eV+\beta m_0c^2\equiv\mathscr{Q}+\mathscr{E}+\beta m_0c^2} \tag{6.105}$$

$$\boxed{\begin{cases}\mathscr{Q}=c\boldsymbol{\alpha}\cdot\left(\boldsymbol{p}-\dfrac{e}{c}\boldsymbol{A}\right),\\ \mathscr{E}=eV\end{cases}\qquad\begin{cases}\beta\mathscr{Q}=-\mathscr{Q}\beta\\ \beta\mathscr{E}=\mathscr{E}\beta\end{cases}}$$

由于上式中出现了势场，一般说来，Hamilton 量本身会与时间有关。因而一般情况下幺正变换也与时间有关，从而不可能像自由粒子情况那样能构造一个不显含时间的 S，使得在所有阶上均从 H' 中消去奇算符。现在只局限于消去非相对论展开式主要项中的奇算符。这是下面寻找所要变换的标准。

引入变换 $\psi'=\mathrm{e}^{\mathrm{i}S}\psi$，于是有

$$\mathrm{i}\hbar\frac{\partial}{\partial t}\mathrm{e}^{-\mathrm{i}S}\psi'=H\psi=H\mathrm{e}^{-\mathrm{i}S}\psi'=\mathrm{e}^{-\mathrm{i}S}\left(\mathrm{i}\hbar\frac{\partial\psi'}{\partial t}\right)+\left(\mathrm{i}\hbar\frac{\partial\mathrm{e}^{-\mathrm{i}S}}{\partial t}\right)\psi'$$

$$\boxed{\mathrm{i}\hbar\frac{\partial\psi'}{\partial t}=\left\{\mathrm{e}^{\mathrm{i}S}\left(H-\mathrm{i}\hbar\frac{\partial}{\partial t}\right)\mathrm{e}^{-\mathrm{i}S}\right\}\psi'\equiv H'\psi'} \tag{6.106a}$$

注意，如此记法的大括号中第二项 $\mathrm{i}\hbar\dfrac{\partial}{\partial t}$ 并非严格意义上的算符——它只微在 $\mathrm{e}^{-\mathrm{i}S}$ 上，不对 ψ' 作用。此处 S 包含了动能和场能，考虑到在非相对论下变换是小的，以及现在是按 H 的非相对论展开逐级消去奇算符的，因此 S 是被展成 $\dfrac{1}{m_0}$ 的幂级数的。假定下面计算只限于考虑被展的 Hamilton 量的非相对论近似，其阶数为 (动能$/m_0c^2$)^3 和 (动能 · 场能$/m_0^2c^4$)，按 Baker-Hausdorff 公式有

$$\mathrm{e}^{\mathrm{i}S}H\mathrm{e}^{-\mathrm{i}S}=H+\mathrm{i}[S,H]+\frac{\mathrm{i}^2}{2!}[S,[S,H]]+\cdots+\frac{\mathrm{i}^n}{n!}[S,[S,\cdots,[S,H]\cdots]]+\cdots$$

对 $\mathrm{e}^{\mathrm{i}S}\left(H-\mathrm{i}\hbar\dfrac{\partial}{\partial t}\right)\mathrm{e}^{-\mathrm{i}S}$ 用此展式。但注意，$\dfrac{\partial}{\partial t}$ 特殊含义使 $\dfrac{\partial}{\partial t}$ 的 B-H 展开式无零阶项，出现多阶项是 $\dot{S}$ 与 $\mathrm{e}^{-\mathrm{i}S}$ 非对易造成的。可取到如下阶

---

[19] Bjorken J D, et al. Relativistic Quantum Mechanics. 上册. 北京：科学出版社，1984.

$$\boxed{H'=H+\mathrm{i}[S,H]-\frac{1}{2}[S,[S,H]]-\frac{\mathrm{i}}{6}[S,[S,[S,H]]]+\cdots-\hbar\dot{S}-\frac{\mathrm{i}\hbar}{2}[S,\dot{S}]}$$

(6.106b)

现在作一级 F-W 变换——只消去$\left(\frac{1}{m_0}\right)^0$级的奇算符,保留$\frac{1}{m_0}$级的奇算符。按自由粒子类比,这时可取 S 为

$$\boxed{S=-\mathrm{i}\frac{\beta\mathscr{Q}}{2m_0c^2}} \tag{6.107a}$$

注意,此时展开式(6.106b)中的第二项就出现$-\mathscr{Q}$,

$$\begin{aligned}\mathrm{i}[S,H]&=\mathrm{i}\left[-\mathrm{i}\frac{\beta\mathscr{Q}}{2m_0c^2},\beta m_0c^2+\mathscr{Q}+\mathscr{E}\right]=\frac{1}{2m_0c^2}[\beta\mathscr{Q},\beta m_0c^2+\mathscr{Q}+\mathscr{E}]\\&=-\mathscr{Q}+\frac{1}{m_0c^2}\beta\mathscr{Q}^2+\frac{1}{2m_0c^2}\beta[\mathscr{Q},\mathscr{E}]\end{aligned}$$

抵消了 H 中的 $\mathscr{Q}$。注意$[\beta,\mathscr{Q}]=2\beta\mathscr{Q}$,$[\beta\mathscr{Q},\mathscr{Q}]=2\beta\mathscr{Q}^2$,由习题 6.31 知

$$\frac{\mathrm{i}^2}{2}[S,[S,H]]=\frac{-1}{2m_0c^2}\beta\mathscr{Q}^2-\frac{1}{2m_0^2c^4}\mathscr{Q}^3-\frac{1}{8m_0^2c^4}[\mathscr{Q},[\mathscr{Q},\mathscr{E}]]$$

$$\frac{\mathrm{i}^3}{3!}[S,[S,[S,H]]]\approx\frac{1}{6m_0^2c^4}\mathscr{Q}^3-\frac{1}{6m_0^3c^6}\beta\mathscr{Q}^4$$

$$\frac{\mathrm{i}^4}{4!}[S,[S,[S,[S,H]]]]=\frac{1}{24m_0^3c^6}\beta\mathscr{Q}^4$$

再加上展开式的最后两项

$$-\hbar\dot{S}=\mathrm{i}\frac{\hbar\beta\dot{\mathscr{Q}}}{2m_0c^2},\quad -\frac{\mathrm{i}\hbar}{2}[S,\dot{S}]=-\frac{\mathrm{i}\hbar}{2}\left[\frac{-\mathrm{i}\beta\mathscr{Q}}{2m_0c^2},\frac{-\mathrm{i}\beta\dot{\mathscr{Q}}}{2m_0c^2}\right]=-\frac{\mathrm{i}\hbar}{8m_0^2c^4}[\mathscr{Q},\dot{\mathscr{Q}}]$$

汇聚全部计算结果,得

$$\boxed{H'=\beta mc^2+\mathscr{E}'+\mathscr{Q}'} \tag{6.107b}$$

$$\mathscr{E}'=\mathscr{E}+\frac{\beta\mathscr{Q}^2}{2m_0c^2}-\frac{\beta\mathscr{Q}^4}{8m_0^3c^6}-\frac{1}{8m_0^2c^4}[\mathscr{Q},[\mathscr{Q},\mathscr{E}]]-\frac{\mathrm{i}\hbar}{8m_0^2c^4}[\mathscr{Q},\dot{\mathscr{Q}}]$$

$$\mathscr{Q}'=\frac{\beta}{2m_0c^2}[\mathscr{Q},\mathscr{E}]-\frac{\mathscr{Q}^3}{3m_0^2c^4}+\frac{\mathrm{i}\hbar\beta\dot{\mathscr{Q}}}{2m_0c^2}$$

经此一阶 F-W 变换后,奇算符项已只在 m_0^{-1} 阶项中出现。注意,β 与 $\mathscr{Q}'$ 也是反对易$[\beta,\mathscr{Q}']=2\beta\mathscr{Q}'$,而 β 与 $\mathscr{E}'$ 仍是对易$[\beta,\mathscr{E}']=0$。故第二级 F-W 变换与前面第一级情况相同。实际上,任一算符(4×4 矩阵)总可以表示为与 β 对易和反对易两部分之和。这是因为,该算符总可用 16 个 γ 矩阵组合表示,将表示式中各项按 γ_i(除 γ_4)幂次的奇偶合并可得两项。而由直接计算即知,凡与 β 对易的算符必为形如$\begin{pmatrix}X & 0\\ 0 & Y\end{pmatrix}$,

即偶算符；凡与 β 反对易的必为 $\begin{pmatrix} 0 & X \\ Y & 0 \end{pmatrix}$，即奇算符。**接着，用此时 H 中的 $\mathscr{Q}$ 乘 β 作为 S，进行幺正变换，就可以消去这一阶次的 $\mathscr{Q}$ 算符。这就是 F-W 变换的精髓。**

进一步，实施第二级 F-W 变换，为此令

$$\boxed{S' = \frac{-\mathrm{i}}{2m_0c^2}\beta\mathscr{Q}' = \frac{-\mathrm{i}}{2m_0c^2}\beta\left(\frac{\beta}{2m_0c^2}[\mathscr{Q},\mathscr{E}] - \frac{\mathscr{Q}^3}{3m_0^2c^4} + \frac{\mathrm{i}\hbar\beta\dot{\mathscr{Q}}}{2m_0c^2}\right)} \tag{6.108}$$

注意这里 S' 的最低阶为 $m_0{}^{-2}$ 了，于是可取

$$H'' = \mathrm{e}^{\mathrm{i}S'}\left(H' - \mathrm{i}\hbar\frac{\partial}{\partial t}\right)\mathrm{e}^{-\mathrm{i}S'} \cong \mathrm{e}^{\mathrm{i}S'}H'\mathrm{e}^{-\mathrm{i}S'} - \mathrm{i}\hbar\mathrm{e}^{\mathrm{i}S'}\frac{\partial\mathrm{e}^{-\mathrm{i}S'}}{\partial t}$$

$$= H' + \mathrm{i}[S', H'] + \frac{\mathrm{i}^2}{2}[S', [S', \beta m_0c^2]] - \hbar\dot{S}'$$

按此处 $\mathscr{Q}'$ 表达式，根据上面非相对论近似标准，可略去 $\frac{1}{2m_0c^2}\beta\mathscr{Q}'^2$ 项。得（习题 6.32）

$$\boxed{H'' = \beta m_0c^2 + \mathscr{E}' + \mathscr{Q}'', \quad \mathscr{Q}'' = \frac{1}{2m_0c^2}\beta[\mathscr{Q}', \mathscr{E}'] + \frac{\mathrm{i}\hbar}{2m_0c^2}\beta\dot{\mathscr{Q}}'} \tag{6.109}$$

注意 β 与 $\mathscr{Q}''$ 依然是反对易的，情况与前面相同。考虑到 $\mathscr{Q}'$ 的表达式是 $m_0{}^{-1}$ 阶的，故 $\mathscr{Q}''$ 是 $m_0{}^{-2}$ 阶的。这就是说，经第二级 F-W 变换后，奇算符已只在 $m_0{}^{-2}$ 阶项中出现。

最后，进行第三次幺正变换。令

$$\boxed{S'' = \frac{-\mathrm{i}\beta\mathscr{Q}''}{2m_0c^2}} \tag{6.110}$$

同样，注意 $\mathscr{Q}''$ 的最低阶为 $m_0{}^{-3}$，于是

$$H''' = \mathrm{e}^{\mathrm{i}S''}\left(H'' - \mathrm{i}\hbar\frac{\partial}{\partial t}\right)\mathrm{e}^{-\mathrm{i}S''} = \mathrm{e}^{\mathrm{i}S''}H''\mathrm{e}^{-\mathrm{i}S''} - \mathrm{i}\hbar\mathrm{e}^{\mathrm{i}S''}\frac{\partial\mathrm{e}^{-\mathrm{i}S''}}{\partial t}$$

$$\approx H'' + \mathrm{i}[S'', H''] = \beta m_0c^2 + \mathscr{E}' + \mathscr{Q}'' + \frac{1}{2}[\beta\mathscr{Q}'', \beta] = \beta m_0c^2 + \mathscr{E}'$$

$$\boxed{H''' = \beta\left(m_0c^2 + \frac{\mathscr{Q}^2}{m_0c^2} - \frac{\mathscr{Q}^4}{8m_0^3c^6}\right) + \mathscr{E} - \frac{1}{8m_0^2c^4}[\mathscr{Q}, [\mathscr{Q}, \mathscr{E}]] - \frac{\mathrm{i}\hbar}{8m_0^2c^4}[\mathscr{Q}, \dot{\mathscr{Q}}]} \tag{6.111a}$$

到此，变换已在约定的（动能$/m_0c^2$）^{3} 和（动能 * 场能$/m_0^2c^4$）精度上消去了 Hamilton 量 H''' 中的奇算符，达到了目的。

下面整理计算以便得出 H''' 明确形式。注意 $\boldsymbol{p}'$ 与旋量算符 $\boldsymbol{\alpha}$ 无关，$\boldsymbol{\alpha} = \sigma_1 \otimes \boldsymbol{\sigma}$，以及 $(\boldsymbol{\sigma}\cdot\boldsymbol{A})(\boldsymbol{\sigma}\cdot\boldsymbol{B}) = \boldsymbol{A}\cdot\boldsymbol{B} + \mathrm{i}\boldsymbol{\sigma}\cdot(\boldsymbol{A}\times\boldsymbol{B})$，得

$$\frac{\mathscr{Q}^2}{2m_0c^2} = \frac{1}{2m_0c^2}\left[c\boldsymbol{\alpha}\cdot\left(\boldsymbol{p} - \frac{e}{c}\boldsymbol{A}\right)\right]^2 = \frac{1}{2m_0}\left(\boldsymbol{p} - \frac{e}{c}\boldsymbol{A}\right)^2 - \frac{e\hbar}{2m_0c}\sigma_0\otimes\boldsymbol{\sigma}\cdot\boldsymbol{B}$$

$$-\frac{\mathcal{Q}^4}{8m_0^3c^6}\approx-\frac{c^4\boldsymbol{p}^4}{8m_0^3c^6}=-\frac{\boldsymbol{p}^4}{8m_0^3c^2}$$

$$\frac{1}{8m_0^2c^4}\{[\mathcal{Q},\mathcal{E}]+\mathrm{i}\hbar\dot{\mathcal{Q}}\}=\frac{1}{8m_0^2c^4}\left\{\left[c\boldsymbol{\alpha}\cdot\left(\boldsymbol{p}-\frac{e}{c}\boldsymbol{A}\right),eV\right]+\mathrm{i}\hbar(-e\boldsymbol{\alpha}\cdot\dot{\boldsymbol{A}})\right\}$$

$$=\frac{1}{8m_0^2c^4}\{c\boldsymbol{\alpha}\cdot(-\mathrm{i}\hbar e\,\nabla V)-\mathrm{i}\hbar e\boldsymbol{\alpha}\cdot\dot{\boldsymbol{A}}\}$$

$$=\frac{\mathrm{i}\hbar e}{8m_0^2c^3}\boldsymbol{\alpha}\cdot\left(-\nabla V-\frac{1}{c}\dot{\boldsymbol{A}}\right)=\frac{\mathrm{i}\hbar e}{8m_0^2c^3}\boldsymbol{\alpha}\cdot\boldsymbol{E}$$

按约定的近似标准,因为已有 $m_0{}^{-2}$ 因子,可略去下式中场能平方项

$$\left[\mathcal{Q},\frac{\mathrm{i}\hbar e}{8m_0^2c^3}\boldsymbol{\alpha}\cdot\boldsymbol{E}\right]\approx\frac{\mathrm{i}\hbar e}{8m_0^2c^2}[\boldsymbol{\alpha}\cdot\boldsymbol{p},\boldsymbol{\alpha}\cdot\boldsymbol{E}]$$

$$=\frac{\mathrm{i}\hbar e}{8m_0^2c^2}\{\alpha_i\alpha_j(p_i\mathcal{E}_j)+\alpha_i\alpha_j(\mathcal{E}_jp_i-\mathcal{E}_ip_j)\}$$

$$=\frac{\mathrm{i}\hbar e}{8m_0^2c^2}\sum_{ij}\alpha_i\alpha_j\left(-\mathrm{i}\hbar\frac{\partial\mathcal{E}_j}{\partial x_i}\right)+2\frac{\hbar e}{8m_0^2c^2}\sigma_0\otimes\sigma_k\varepsilon_{ijk}(\mathcal{E}_ip_j-\mathcal{E}_jp_i)$$

因子 2 是由于求和对两个反称相乘的对称量进行的 $\sum\limits_{i\neq j}=2\sum\limits_{i>j}$。当 $i\neq j$ 时 $\alpha_i\alpha_j=\sigma_1\otimes\sigma_i\cdot\sigma_1\otimes\sigma_j=\sigma_0\otimes i\varepsilon_{ijk}\sigma_k$。故

$$=\frac{\hbar^2e}{8m_0^2c^2}\left\{\sum_i\frac{\partial\mathcal{E}_i}{\partial x_i}+\sum_{i\neq j}\alpha_i\alpha_j\frac{\partial\mathcal{E}_j}{\partial x_i}\right\}+\frac{\hbar e}{4m_0^2c^2}\boldsymbol{\Sigma}\cdot(\boldsymbol{E}\times\boldsymbol{p})$$

$$=\frac{\hbar^2e}{8m_0^2c^2}(\nabla\cdot\boldsymbol{E})+\frac{\mathrm{i}\hbar^2e}{8m_0^2c^2}\boldsymbol{\Sigma}\cdot(\nabla\times\boldsymbol{E})+\frac{\hbar e}{4m_0^2c^2}\boldsymbol{\Sigma}\cdot(\boldsymbol{E}\times\boldsymbol{p})$$

这里已记 $\boldsymbol{\Sigma}=\sigma_0\otimes\boldsymbol{\sigma}$。于是,变换后化简的 Hamilton 量 H''' 成为

$$\boxed{\begin{aligned}H'''=&\beta\left\{m_0c^2+\frac{1}{2m_0}\left(\boldsymbol{p}-\frac{e}{c}\boldsymbol{A}\right)^2-\frac{\boldsymbol{p}^4}{8m_0^3c^2}\right\}+eV-\frac{e\hbar}{2m_0c}\beta\boldsymbol{\Sigma}\cdot\boldsymbol{B}\\&-\frac{\mathrm{i}e\hbar^2}{8m_0^2c^2}\boldsymbol{\Sigma}\cdot(\nabla\times\boldsymbol{E})-\frac{e\hbar}{4m_0^2c^2}\boldsymbol{\Sigma}\cdot(\boldsymbol{E}\times\boldsymbol{p})-\frac{\hbar^2e}{8m_0^2c^2}(\nabla\cdot\boldsymbol{E})\end{aligned}}\tag{6.111b}$$

显然,如前所说,这里 H''' 只含偶算符,两个简单旋量 φ,χ 很易分离。对照式(6.100),此处 H''' 中各项有简单而直接的物理解释:

第一项大括号内量是 $\sqrt{\left(\boldsymbol{p}-\frac{e}{c}\boldsymbol{A}\right)^2c^2+m_0^2c^4}$ 展开式(展开到规定阶数),表明相对论下质量增加修正。对非均匀磁场情况,应为

$$\frac{1}{2m_0}\left(\boldsymbol{p}-\frac{e}{c}\boldsymbol{A}\right)^2=\frac{\boldsymbol{p}^2}{2m_0}-\frac{e}{m_0c}\boldsymbol{A}\cdot\boldsymbol{p}+\mathrm{i}\frac{e\hbar}{2m_0c}(\nabla\cdot\boldsymbol{A})+\frac{e^2A^2}{2m_0c^2}$$

若为均匀磁场,此处 $\boldsymbol{A}\cdot\boldsymbol{p}\rightarrow-\boldsymbol{\mu}_L\cdot\boldsymbol{B},\nabla\cdot\boldsymbol{A}=0$。大括号后第 2、3 项分别是静电能和磁偶级能。第 6、7 两项合起来是厄米的(证明见习题 6.33),表达了自旋-轨道能量。对稳定场($\boldsymbol{A}$ 不含 t)$\boldsymbol{E}=-\nabla V\Rightarrow\nabla\times\boldsymbol{E}=0$,即第 6 项为零。这时两项只剩下第 7 项,由 6.6 节旋-轨耦合讨论知它可化为二维形式

$$-\frac{e\hbar}{4m_0^2c^2}\boldsymbol{\sigma}\cdot(\boldsymbol{E}\times\boldsymbol{p})=\frac{1}{2m_0^2c^2r}\frac{\mathrm{d}U}{\mathrm{d}r}\boldsymbol{S}\cdot\boldsymbol{L}$$

是熟知的中心场旋-轨耦合能项。最后第 8 项已知为 Darwin 项。

这里所得 H''' 比上节非相对论二阶近似结果式(6.100)在以下两点上有所推广：①这里是 4 维的，而不是 2 维的；②这里允许同时有电场和磁场，而且可以是不稳定的。

习题 6.31 设 Hamilton 量为 $H=c\boldsymbol{\alpha}\cdot\left(\boldsymbol{P}-\frac{e}{c}\boldsymbol{A}\right)+eV+\beta m_0c^2\equiv\mathscr{Q}+\mathscr{E}+\beta m_0c^2$，$\mathscr{E}=eV$，$\mathscr{Q}=c\boldsymbol{\alpha}\cdot\left(\boldsymbol{P}-\frac{e}{c}\boldsymbol{A}\right)$，$\beta\mathscr{E}=\mathscr{E}\beta$，$\beta\mathscr{Q}=-\mathscr{Q}\beta$。再令 $S=-\mathrm{i}\frac{\beta\mathscr{Q}}{2m_0c^2}$，计算

$$\frac{\mathrm{i}^2}{2}[S,[S,H]],\frac{\mathrm{i}^3}{3!}[S,[S,[S,H]]],\frac{\mathrm{i}^4}{4!}[S,[S,[S,[S,H]]]]$$

习题 6.32 计算第二级 F-W 变换。这时 S' 为式(6.108)。

习题 6.33 证明式(6.111b)中两项 $-\frac{\mathrm{i}e\hbar^2}{8m_0^2c^2}\boldsymbol{\Sigma}\cdot(\nabla\times\boldsymbol{E})-\frac{e\hbar}{4m_0^2c^2}\boldsymbol{\Sigma}\cdot(\boldsymbol{E}\times\boldsymbol{p})$ 合起来是厄米的。

6.8 Dirac 方程作为单粒子波函数方程的缺陷

6.8.1 阶跃势垒散射，Klein 佯谬

继续 K-G 方程佯谬的讨论。现在从 Dirac 方程出发，仍在单电子力学理论范围内求解正势垒 $V(z)=V_0\theta(z)$ 散射。

设 z 轴负、正半轴分别为区域 Ⅰ、Ⅱ，只研究势垒高度超过 $V_0\geqslant E+m_0c^2$ 的情况。分离掉三个波函数的时间因子 $\mathrm{e}^{-\mathrm{i}Et/\hbar}$。对正能量 E 的入射波和反射波，按式(6.23b)和式(6.27)分别为

$$\begin{cases}\hbar ck=\sqrt{E^2-m_0^2c^4}\\ \psi_{\mathrm{in}}^{\mathrm{I}}=\sqrt{\dfrac{E+m_0c^2}{2E}}\begin{pmatrix}a\xi_{+1}\\ \dfrac{a\hbar ck\xi_{+1}}{E+m_0c^2}\end{pmatrix}\mathrm{e}^{\mathrm{i}kz/\hbar}\\ \psi_{\mathrm{re}}^{\mathrm{I}}=\sqrt{\dfrac{E+m_0c^2}{2E}}\begin{pmatrix}b\xi_{+1}+b'\xi_{-1}\\ \dfrac{-\hbar ckb\xi_{+1}+\hbar ckb'\xi_{-1}}{E+m_0c^2}\end{pmatrix}\mathrm{e}^{-\mathrm{i}kz/\hbar}\end{cases}\tag{6.112a}$$

这里对反射波 $-\boldsymbol{\sigma}\cdot\boldsymbol{k}\xi_\alpha=-k\sigma_3\xi_\alpha=-\alpha k\xi_\alpha$。至于 Ⅱ 区透射波负能解，只需对式(6.24b)和式(6.27)作替换 $|E|\to(V_0-E)$，自旋脚标符号不替换(现在只限于单粒子理论，没有反粒子概念)。有

$$\begin{cases}\hbar ck'=\sqrt{(E-V_0)^2-m_0^2c^4}=(E-V_0)\sqrt{1-m_0^2c^4/(E-V_0)^2}\ (<0)\\ \psi_{\text{trans}}^{\text{II}}=\sqrt{\dfrac{V_0-E+m_0c^2}{2(V_0-E)}}\begin{pmatrix}\dfrac{\hbar ck'd\xi_{+1}-\hbar ck'd'\xi_{-1}}{V_0-E+m_0c^2}\\ d\xi_{+1}+d'\xi_{-1}\end{pmatrix}\mathrm{e}^{-\mathrm{i}k'z}\end{cases}$$

(6.112b)

注意，由式(6.11c)知，这里 $k'<0$。a,b,b',d,d' 是 5 个叠加系数。现在通过界面时自旋没有反转，$b'=d'=0$。由 $x=0$ 处连续性条件可得

$$a+b=\frac{k'}{k}\frac{d}{r}\sqrt{\frac{E}{(V_0-E)}}$$

$$a-b=rd\sqrt{\frac{E}{(V_0-E)}},\quad r=\frac{\sqrt{(E+m_0c^2)(V_0-E+m_0c^2)}}{\hbar ck} \tag{6.113}$$

讨论：原以为势垒高度超过 $V_0\geqslant E_k+m_0c^2$ 会加强对粒子的阻挡，但用(6.11c)式相似论证可知此时 $k'<0$。于是透射波不再阻尼衰减，而成了无阻尼振荡。按式(6.31)，容易算出沿 z 轴的入射流、透射流和逆 z 轴的反射流，得

$$\begin{cases}j_{\text{in}}=\mathrm{i}c\,\overline{\psi}_{\text{in}}^{\text{I}}\gamma_3\psi_{\text{in}}^{\text{I}}=\mathrm{i}c\,(\psi_{\text{in}}^{\text{I}})^{+}\gamma_4\gamma_3\psi_{\text{in}}^{\text{I}}=|a|^2\dfrac{\hbar k}{E/c^2}\\ j_{\text{re}}=\mathrm{i}c\,\overline{\psi}_{\text{re}}^{\text{I}}\gamma_3\psi_{\text{re}}^{\text{I}}=-|b|^2\dfrac{\hbar k}{E/c^2}\\ j_{\text{tran}}=\mathrm{i}c\,\overline{\psi}_{\text{tran}}^{\text{II}}\gamma_3\psi_{\text{tran}}^{\text{II}}=|d|^2\dfrac{\hbar k'}{(V_0-E)/c^2}\end{cases}$$

于是得到

$$\boxed{\frac{j_{\text{trans}}}{j_{\text{inc}}}=\frac{4kk'r^2}{(k'+r^2k)^2};\quad \frac{|j_{\text{ref}}|}{j_{\text{inc}}}=\frac{(k'-r^2k)^2}{(k'+r^2k)^2}=1-\frac{j_{\text{trans}}}{j_{\text{inc}}}} \tag{6.114}$$

此时流密度联立等式出现佯谬：反射流强度超过入射流强度，而透射流强度则是负的。

习题 6.34 依据式(6.112)和式(6.113)，计算出入射流、透射流和反射流以及式(6.114)。

6.8.2 Klein 佯谬物理分析

无论是自由或有外场的 K-G 方程和 Dirac 方程都有正负能量两套解。实际上，**负能解出现在所有相对论性量子理论，甚至经典相对论理论中。**但在经典理论中，负能解的存在不会成为正能解不稳定的根源。因为正负能解之间有一个很大的能量间隙 $2m_0c^2$，而经典理论框架根本不考虑运动状态跃迁，特别是自发跃迁。只要初始时刻放弃负能解，以后就可以不必理会它们的存在。但量子理论情况不同。即便电子初始处于正能态，相互作用也会产生辐射，使能量减少，从而跃迁到负能态。何况还有(真空涨落导致的)自发跃迁！**因此，考虑到量子跃迁，量子理论已经无法像经典理论那样简单地对负能解视而不见。**

Klein 佯谬现象的物理根源在于，当用势阱(垒)将粒子局限在 Compton 波长 λ_C 范围内时，按不确定性关系，动量变化相应的能量已经足够产生新粒子。原先被忽略的负能解将显得突出，QT 的单粒子物理图像不再适用。其实，此处 Dirac 方程佯谬和前面 K-G 方程佯谬都不是真正的谬误，而只是提醒负能解在起着不可忽略的作用。足够高并足够快的跳变势垒固然能对正粒子有快速阻遏作用，但同时也激发出负能解。换种说法，入射电子流从左向右敲击势垒，在强场处的真空中产生正负电子对(而不是从“Dirac 电子海”中敲出电子对！K-G 粒子就没有这个“海”！详见下节讨论)。新生的电子跟随反射电子向左运动，而新生的正电子则在势垒中向右运动。于是三个流的代数和不变，却令反射流大于入射流，透射流呈负值。

即便自由的相对论性运动，正负能量解之间的干涉也会产生相对论性运动所特有的“相对论性颤动”，何况外部势场变化剧烈的强场区域。由式(6.23a)可知，进入正能旋量 φ 中的负能旋量 χ 是经受求导作用(或乘以边界处与势场有关的波数的。若将 φ 和 χ 地位反过来，情况类似)。一般地说，只要势场变化剧烈(在 λ_C 尺度上有明显变化)，负能解就必然出现(即使初始并不存在)，其影响不可忽略。简言之，强场的作用使单粒子物理图像失效，使理论超出力学理论范畴。人为规定不考虑负能解，对于平缓变化的弱场，若不计上述相对论性颤动，还勉强可行。但对于剧烈变化的外场(或粒子间相互碰撞)情况，这种人为删除决不可以！否则理论将是平庸的力学理论，无法描述正反粒子对的产生和湮没、粒子之间转化等大量精彩现象！

所以，Klein 佯谬充分昭示：QT 本质上是个粒子数不守恒的多体理论，忽略同时存在着的反粒子解有时是不可能的。除非能量较低或是自由粒子运动的平庸情况，一旦能量(以及相应守恒律)允许，理论的多粒子本性便会以很自然的方式显露出来。这正是相对论量子力学之所以不稳定、不自洽和经常出现佯谬的根本原因。

Klein 佯谬也直接指明了 RQM 的适用范围：①相对于粒子静止能量来说，势场很弱；②相对于 λ_C 来说，势场的空间变化很平缓。只在这个范围内(而且忽略相对论性颤动效应)，才可以指望单粒子相对论量子力学方程是有效的[20]。

6.8.3 作为单粒子量子力学方程缺陷分析

由于 Dirac 方程存在负无穷能级解与物质世界稳定性有矛盾，1930 年 Dirac 提出了“**空穴理论**”。主要内容是：①假定自然界的基态(真空态)是这样一种状态：空间所有各点，全部负能级都被电子占据，而全部正能级都为空缺。这个“背景真空”后人称之为“Dirac 电子海”。根据 Pauli 不相容原理，无论电子经受什么样的相互作用，正能量的电子都不会坠入任何负能态中。这样，正能量电子运动的稳定性就得到了

[20] 脚注⑲文献，上册，42-46 页。

保证;②如果在某过程中以某种形式(如 γ 射线)交给“真空”以不小于 $2m_0c^2$ 能量,就有可能从电子海中提升一个负能态上的电子到正能态,“新生”出一个电子。与此同时,“海”中则留下一个“空穴”。这个空穴具有电子同样的质量但电荷相反,其行为完全像个正电荷的电子,称为正电子。于是实验上就表现出:以能量耗损不小于 $2m_0c^2$ 为代价从真空中同时产生出一对正负电子对。当然也存在逆过程——正负电子对的湮没,并以辐射形式释放出能量。

此处补充指出两点:第一,正电子当然也有 $E=T+V>0,T>0$,即总能量和动能都为正值;第二,在真空各处,负能量电子的电荷密度都为无限大,这显得很怪异。为此 Dirac 设定,由于电荷密度分布均匀,电场没有优先方向,使均匀分布本身对电磁场没有贡献,仍有 $\mathrm{div}E=0$,如同真空中通常表现出的那样。只有对均匀分布的偏离,才对电荷密度有贡献——占据一个正能态有 $-e$;空出一个负能态有 $+e$。

按现在的观点对“Dirac 电子海”的评价是:**Dirac 方程的电荷共轭变换表明,正粒子方程的负能解描述反粒子的正能态运动。**即 Dirac 方程使人们确信,**带电粒子应当存在电荷反号的反粒子,即应当存在正电子。**所得这个结论是很深刻的,并已为实验所证实。同时,Dirac 方程也以最自然、最优美的方式给出了电子自旋和电矩,这也是方程的辉煌成就(尽管电矩还不够精确)。**但是,为了解释电子态的稳定性所引入的“Dirac 电子海”概念则是不必要的!负电荷密度处处无限大的真空背景,其平均电磁场效应为零,终究不够自然。更何况,概念无法推广。基于 Pauli 不相容原理的 fermion“海”概念,无法应用到 boson 情况!根本上说,人们不能无限层次地要求相互作用中新生粒子必定作为组分粒子,事先包含在真空或是参与碰撞的粒子内部。这里应当接受如下观念:新生粒子可以是在对称性和守恒律约束下,在相互作用过程中“临时创生”出来的。**

除了上面缺陷之外,单粒子 Dirac 方程还存在以下三点局限性:

其一,方程只描述参加电磁作用的自旋 1/2 粒子。即便对于电子,由方程所得迴磁比之比 $g=g_S/g_L=2$ 也略小于实测值,测得多出的部分称为电子的反常磁矩。此矛盾以及氢原子精细结构辐射修正都说明,虽然 Dirac 方程比 Schrödinger 方程前进一大步,但作为单电子波函数方程,只限于计及外部的电磁场作用,并没有考虑电子自身的电磁作用,仍然是个近似方程。为了更精确地描写电子行为,需要考虑自身作用,将单电子 Dirac 方程转换为多体理论的量子场方程。对电子量子场方程作微扰展开,直到 8 阶近似,电子反常磁矩计算与实验符合十分出色[21]。

其二,前面 Dirac 的全部理论推导仅使用了量子理论及相对论一般原理,就得到了电子的自旋为 $\hbar/2$。如此做法推广应用于质子和中子是可以的,但却不能推广应用于光子。情况为什么是这样,原因必须从 Dirac 理论推导中隐藏着的假设去寻找。

---

[21] Kinoshita T. PRL,1981,47:1573;实验有 Van Dyck R S, Jr. ,et al. PRL, 1987, 59:26.

Dirac 在推理中使用了一个隐藏的假设:**"粒子的位置是可观察量"。但对光子,此假设不成立:由于光子的零质量,原则上,光子不是一个可以定位观测精确到几何点的东西。理论中引入描述光子场的空间坐标(x_1,x_2,x_3)并非表明光子位置是可观察量,于是 Dirac 上述理论推导不成立,当然光子的自旋也就不是 $\hbar/2$ 了。无法对光子作定位描述的结果是,光子没有通常意义上的坐标表象,**不具有通常物理解释的坐标波函数——模平方是定域的概率密度。然而,光子有动量表象描述。这对于实际目的已经足够了[22]。

其三,进一步,虽然所有 1/2 自旋粒子都能被 Dirac 方程描述,但电磁场中的质子和中子同时还参与强相互作用,并不完全由电磁场下 Dirac 方程描述。质子反常磁矩计算就比电子情况糟糕得多,更不用说中子反常磁矩完全不能由它来说明。

总之,现在人们深切理解到,在粒子数守恒的力学理论范畴内,不可能建立稳定而自洽的相对论性量子理论。唯一出路是脱出力学理论束缚,考虑正反粒子同时存在,将正粒子的负能级解诠释成反粒子的正能级解[23],转换为多粒子系统的量子场方程,构建出不保证粒子数守恒的相对论性量子场论。以自由粒子情况来说,以前是粒子无正反,能级有正负;现在则是粒子有正反、电荷有正负,能级全为正。这就消除了负无穷能级的困惑,保证了物质粒子的稳定性。(其实,反粒子概念是相对论性理论的一个必然结论,甚至可以在经典理论范畴内讨论[24]。)

由此返回考察"Dirac 电子海"概念,应当说那是一个尚未脱离单粒子观念束缚的概念,它既不普适、又不自然、也无必要。由于清楚了二次量子化的物理根源,从单粒子量子理论的此岸转向多粒子量子理论的彼岸已经不必游渡这个古怪好玩的"Dirac 海"了。正如 Weinberg 引用 Schwinger 所说[25]:**现在最好将它当成一件历史珍玩,把它忘掉。**

㉒ 阿希叶泽尔 А И. 量子电动力学. 北京:科学出版社,1959:7;Dirac P A M. 量子力学原理. 北京:科学出版社,1965:273. 更详细见张永德,量子菜根谭(第Ⅲ版),北京:清华大学出版社,2016 年,第 23 讲。

㉓ Stuckelberg E C G. Helvetica Physica Acta, 1942, 15: 23-37; Feynman R P. Phys. Rev., 1949, 76: 749-759;Feynman R P. In Nobel Lectures: Physics 1963～1970: 155-178. World Scientific, Singapore, 1998. Online at http://www.nobel.se.

㉔ Feynman R P. Phys. Rev., 1948, 74: 939-946;Costella J P, et al. Classical antiparticles. Amer. Journal of Physics, 1997, 65:835-841.

㉕ Weinberg S. The Quantum Theory of Fields(Vol. I). 1995: 14.

习题解答概要

第 1 章

1.1 证：按 $U^{(S)}(t,t_0)$ 的物理含义，将它写成无穷乘积的形式

$$U^{(S)}(t,t_0)=\lim_{\Delta t\to 0}\mathrm{e}^{-\mathrm{i}\frac{H(t)\Delta t}{\hbar}}\mathrm{e}^{-\mathrm{i}\frac{H(t-\Delta t)\Delta t}{\hbar}}\cdots\mathrm{e}^{-\mathrm{i}\frac{H(t_0)\Delta t}{\hbar}}\equiv T\mathrm{e}^{\frac{-\mathrm{i}\int_{t_0}^{t}H(t)\mathrm{d}t}{\hbar}}$$

直接用算符导数的定义于此式，可得

$$\frac{\partial U^{(S)}(t,t_0)}{\partial t}=\lim_{\Delta t\to 0}\frac{U^{(S)}(t+\Delta t,t_0)-U^{(S)}(t,t_0)}{\Delta t}$$

$$=\lim_{\Delta t\to 0}\frac{\left(\mathrm{e}^{-\mathrm{i}\frac{H(t+\Delta t)\Delta t}{\hbar}}-1\right)\left(\mathrm{e}^{-\mathrm{i}\frac{H(t)\Delta t}{\hbar}}\mathrm{e}^{-\mathrm{i}\frac{H(t_0+m\Delta t)\Delta t}{\hbar}}\cdots\mathrm{e}^{-\mathrm{i}\frac{H(t_0)\Delta t}{\hbar}}\right)}{\Delta t}$$

所以

$$\frac{\partial U^{(S)}(t,t_0)}{\partial t}=\frac{1}{\mathrm{i}\hbar}H(t)U^{(S)}(t,t_0)$$

（其实，此公式按态矢 Schrödinger 方程，直接从两边排除初态即得。此处推导只是为了直观演示时序乘积的微分运算。）

1.2 证：由 Heisenberg 绘景算符 $\Omega^{(H)}(t)$ 的定义式直接求导即得

$$\frac{\mathrm{d}\Omega^{(H)}(t)}{\mathrm{d}t}=U^{(S)}(t,t_0)^{-1}\frac{\partial\Omega^{(S)}(t)}{\partial t}U^{(S)}(t,t_0)+\frac{\mathrm{d}U^{(S)}(t,t_0)^{-1}}{\mathrm{d}t}\Omega^{(S)}(t)U^{(S)}(t,t_0)$$

$$+U^{(S)}(t,t_0)^{-1}\Omega^{(S)}(t)\frac{\mathrm{d}U^{(S)}(t,t_0)}{\mathrm{d}t}$$

$$\equiv\frac{\partial\Omega^{(H)}(t)}{\partial t}+\frac{1}{\mathrm{i}\hbar}U^{(S)}(t,t_0)^{-1}\left[\Omega^{(S)}(t),H(t)\right]U^{(S)}(t,t_0)$$

注意如下记号

$$\frac{\partial\Omega^{(H)}}{\partial t}\equiv(U^{(S)})^{-1}\frac{\partial\Omega^{(S)}}{\partial t}U^{(S)},\quad H^{(H)}(t)\equiv(U^{(S)})^{-1}H(t)U^{(S)}$$

即得结果

$$\frac{\mathrm{d}\Omega^{(H)}(t)}{\mathrm{d}t}=\frac{\partial\Omega^{(H)}(t)}{\partial t}+\frac{1}{\mathrm{i}\hbar}\left[\Omega^{(H)}(t),H^{(H)}(t)\right]$$

1.3 证：由相互作用绘景态矢和算符的定义

$$\begin{cases}|\psi^{(I)}(t)\rangle=U^{(I)}(t,t_0)|\psi^{(I)}(t_0)\rangle\\ \Omega^{(I)}(t)=U^{(I)}(t,t_0)^{-1}\Omega^{(S)}(t)U^{(I)}(t,t_0)\end{cases}$$

其中 $U^{(I)}(t,t_0)\equiv U_0^{(S)}(t,t_0)^{-1}U^{(S)}(t,t_0)$。由于

$$\frac{\mathrm{d}U^{(I)}(t,t_0)}{\mathrm{d}t}\equiv\frac{\mathrm{d}U_0^{(S)}(t,t_0)^{-1}}{\mathrm{d}t}U^{(S)}(t,t_0)+U_0^{(S)}(t,t_0)^{-1}\frac{\mathrm{d}U^{(S)}(t,t_0)}{\mathrm{d}t}$$

$$=U_0^{(S)}(t,t_0)^{-1}\frac{\mathrm{i}}{\hbar}H_0(t)U^{(S)}(t,t_0)-U_0^{(S)}(t,t_0)^{-1}\frac{\mathrm{i}}{\hbar}H(t)U^{(S)}(t,t_0)$$

$$=-\frac{\mathrm{i}}{\hbar}[U_0^{(S)}(t,t_0)^{-1}H_i(t)U_0^{(S)}(t,t_0)]U^{(I)}(t,t_0)$$

即

$$\frac{\mathrm{d}U^{(I)}(t,t_0)}{\mathrm{d}t}=\frac{1}{\mathrm{i}\hbar}H_i^{(I)}(t)U^{(I)}(t,t_0)$$

于是

$$\mathrm{i}\hbar\frac{\mathrm{d}|\psi^{(I)}(t)\rangle}{\mathrm{d}t}=\mathrm{i}\hbar\frac{\mathrm{d}U^{(I)}(t,t_0)}{\mathrm{d}t}\Big|\psi^{(I)}(t_0)\rangle\equiv H_i^{(I)}(t)\Big|\psi^{(I)}(t)\rangle$$

对算符类似有

$$\begin{aligned}\frac{\mathrm{d}\Omega^{(I)}(t)}{\mathrm{d}t}&=U_0^{(S)}(t,t_0)^{-1}\frac{\partial\Omega^{(S)}(t)}{\partial t}U_0^{(S)}(t,t_0)+\frac{\mathrm{d}U_0^{(S)}(t,t_0)^{-1}}{\mathrm{d}t}\Omega^{(S)}(t)U_0^{(S)}(t,t_0)\\&\quad+U_0^{(S)}(t,t_0)\Omega^{(S)}(t)\frac{\mathrm{d}U_0^{(S)}(t,t_0)}{\mathrm{d}t}\\&=\frac{\partial\Omega^{(I)}(t)}{\partial t}-\frac{1}{\mathrm{i}\hbar}U_0^{(S)}(t,t_0)^{-1}H_0(t)\Omega^{(S)}(t)U_0^{(S)}(t,t_0)\\&\quad+\frac{1}{\mathrm{i}\hbar}U_0^{(S)}(t,t_0)^{-1}\Omega^{(S)}(t)H_0(t)U_0^{(S)}(t,t_0)\\&=\frac{\partial\Omega^{(I)}(t)}{\partial t}+\frac{1}{\mathrm{i}\hbar}[\Omega^{(I)}(t),H_0^{(I)}(t)]\end{aligned}$$

这里

$$\frac{\partial\Omega^{(I)}(t)}{\partial t}=U_0^{(S)}(t,t_0)^{-1}\frac{\partial\Omega^{(S)}(t)}{\partial t}U_0^{(S)}(t,t_0)$$

$$H_0^{(I)}(t)=U_0^{(S)}(t,t_0)^{-1}H_0(t)U_0^{(S)}(t,t_0)$$

1.4 解：见文献①。

1.5 答：可得

$$\mathrm{i}\hbar\frac{\partial}{\partial t}|\psi_*\rangle=H^*{}_0|\psi_*\rangle,\quad H_{0*}=U'^{-1}H_0U'$$

算符方程为

$$\frac{\mathrm{d}\Omega_*}{\mathrm{d}t}=\frac{\partial\Omega_*}{\partial t}+[\Omega_*,V_*],\quad V_*=U'^{-1}VU'$$

人们不谈及这个绘景是由于它有严重缺点：通常只对动力学演化感兴趣，但在这个绘景中荷载动力学演化的是算符方程。而算符（矩阵）方程要比态矢（列矢量）方程变数多得多，也就更难于作具体计算。

1.6 提示：比如，三者中有等距算符情况。例如是

$$\Omega=\sum_{n=0}^{\infty}|n\rangle\langle n+1|,\quad\left(\Omega^+=\sum_{n=0}^{\infty}|n+1\rangle\langle n|\right)$$

这时 $\Omega\Omega^+=I,\Omega^+\Omega=I-|0\rangle\langle 0|$。相应演化算符为非幺正的，出现 $U^+\neq U^{-1}$。

1.7 提示：令 ρ 这两个展开式相等，以 ρ 某个本征矢 $|bi\rangle$ 夹积此等式。

1.8 证：插入不同表象的完备性条件。对分立情况，有

① Dirac P A M. 量子力学原理. 北京：科学出版社，1965：120.

$$\langle\Omega\rangle=\sum_{m,\xi}\langle m\mid\xi\rangle\langle\xi\mid\rho\Omega\mid m\rangle=\sum_{\xi,m}\langle\xi\mid\rho\Omega\mid m\rangle\langle m\mid\xi\rangle=\sum_{\xi}\langle\xi\mid\rho\Omega\mid\xi\rangle$$

对连续情况，有

$$\begin{aligned}\int\langle\xi\mid\rho\Omega\mid\xi\rangle\mathrm{d}\xi&=\int\mathrm{d}\xi\iint\langle\xi\mid\eta\rangle\mathrm{d}\eta\langle\eta\mid\rho\Omega\mid\eta'\rangle\mathrm{d}\eta'\langle\eta'\mid\xi\rangle\\&=\iint\langle\eta\mid\rho\Omega\mid\eta'\rangle\mathrm{d}\eta\mathrm{d}\eta'\int\langle\eta'\mid\xi\rangle\mathrm{d}\xi\langle\xi\mid\eta\rangle\\&=\iint\delta(\eta'-\eta)\langle\eta\mid\rho\Omega\mid\eta'\rangle\mathrm{d}\eta\mathrm{d}\eta'=\int\langle\eta\mid\rho\Omega\mid\eta\rangle\mathrm{d}\eta\end{aligned}$$

1.9 证：设 ρ 的任一本征右矢为 $|c'\rangle$，对应本征值为 c'，则

$$\langle c'|\rho|c'\rangle=c'\langle c'|c'\rangle$$

即

$$\sum_{\alpha}\langle c'\mid\alpha\rangle\omega^{(\alpha)}\langle\alpha\mid c'\rangle=\sum_{\alpha}\omega^{(\alpha)}\ |\langle\alpha\mid c'\rangle|^2=c'\langle c'\mid c'\rangle$$

现在，$\omega^{(\alpha)}$ 是在此混态中态 $|\alpha\rangle$ 的概率，不会为负，$\langle c'|c'\rangle$ 不会为负，故 c' 不会为负数(而且密度矩阵的本征值 c' 是在系综所处态中找到相应纯态 $|c'\rangle$ 的权重概率，这从 $c'=\langle c'\mid\rho\mid c'\rangle=\sum_{\alpha}\omega^{(\alpha)}|\langle\alpha\mid c'\rangle|^2$ 可以看出)。ρ 没有负本征值这一点可以和经典密度 ρ 不会是负数的事实相类比。

1.10 证：条件必要性显然，现证其充分性：如 $\rho^2=\rho$，有 $\mathrm{tr}(\rho^2)=\mathrm{tr}\rho=1$，

$$\sum_{\alpha\beta}\omega^{(\alpha)}\omega^{(\beta)}\ |\langle\beta\mid\alpha\rangle|^2=1=\sum_{\alpha\beta}\omega^{(\alpha)}\omega^{(\beta)},\quad\sum_{\alpha\neq\beta}\omega^{(\alpha)}\omega^{(\beta)}(1-|\langle\beta\mid\alpha\rangle|^2)=0$$

对于 $\alpha\neq\beta$：$(1-|\langle\beta|\alpha\rangle|^2)>0$，所以 $\omega^{(\alpha)}\omega^{(\beta)}=0$。而这只当 $\omega^{(\alpha)}$(即 $\omega^{(\beta)}$)只有一个不为零(于是它必为 1)时才办得到。否则，如 $\omega^{(\alpha)}$ 有 α',α''，则 $\omega^{(\beta)}$ 也有 α',α''，交叉项 $\neq0$。故系综处于纯态的充要标志是其密度矩阵为投影算符。

1.11 提示：参考上题证明，或利用不等式 $\sum_{i=1}^{n}p_i=1\rightarrow\sum_{i=1}^{n}p_i^2\leqslant1$。

1.12 证：原证明见文献①，这里将证明思路简述如下。若态空间为 3 维实矢量空间，任一状态矢量对应单位球面上一点，可用角 $(\theta\varphi)$ 来表示。于是可以将框架函数写为 $p(\theta,\varphi)$，并将它用球谐函数展开

$$p(\theta,\varphi)=\sum_{lm}c_{lm}Y_{lm}(\theta,\varphi)$$

取任意三个相互正交方向 $\{(\theta\varphi),(\theta'\varphi'),(\theta''\varphi'')\}$，即三个正交基矢。得到 $p(\theta,\varphi)+p(\theta',\varphi')+p(\theta'',\varphi'')=1$。将三者的展开式(包含从 $(\theta\varphi)\rightarrow(\theta'\varphi')$ 和 $(\theta\varphi)\rightarrow(\theta''\varphi'')$ 的两个转动 D 函数)代入此和式。三维空间转动下，不同 l 分量不会相互掺混，相互掺混的只是同一个 l 值的不同 m 分量。所以和式中每一个 l 分量本身也应当就是一个框架函数：即所有相同 l 的系数取值非负，而且总和为 1(于是将不存在许多 l 值)。按此结论，只需针对任一固定 l 值来考察下面表达式是框架函数的条件即可

$$p_l(\theta,\varphi)=\sum_{m=-l}^{l}c_mP_l^{|m|}(\cos\theta)\mathrm{e}^{im\varphi}$$

显然，这里 l 不能取奇数。因为空间反演下 $Y_{lm}(\theta,\varphi)$ 宇称是 $(-1)^l$，于是当一个或多个奇数 l 基反

① Gleason A M. J. Math. Mech. 1957, 6: 885；现在证明参见 Peres A. Quantum Theory: Conceptions and Methods. Kluwer Academic Publishers, 1993.

号时(它们仍旧是态的正交归一基),框架函数将取负值。但框架函数并不允许取负值。对偶数 l 情况,只需考虑 $x-y-z$ 三个相互正交方向 $\theta_1=0,\theta_2=\pi/2(\varphi_2=0),\theta_3=\pi/2(\varphi_3=\pi/2)$ 的简单情况即可。由于 $P_l^{|m|}(1)=\delta_{0m}$,$p_l(0,\varphi)=c_0$ 是个常数。由此可得

$$p_l(\frac{\pi}{2},\varphi)+p_l(\frac{\pi}{2},\varphi+\frac{\pi}{2})=\sum_{m=-l}^{l}c_mP_l^{|m|}(0)\mathrm{e}^{\mathrm{i}m\varphi}(1+\mathrm{i}^m)$$

若要这三个 p_l 构成一个框架函数,此式应当与 φ 无关。于是其中奇数 m 应当无贡献。由于 l 是偶的,$l+m$ 的奇偶性由 m 决定,而 $P_l^m(0)=0,\forall\, l+m=$ 奇数。再说 $m=\pm2$ 时 $(1+\mathrm{i}^m)=0$。于是要上式右边为常数,就只需要防止出现 $m=\pm4,\pm8,\cdots$。这就是说,除了 $l=0,2$ 之外,现在需要排除其余所有偶 l 值。因为转动群的 l 阶球谐表示是不可约的。于是,要求在每一个基(相应于极轴的每一种选择)中 $c_4=0$ 就等于要求 $c_m=0,\forall\, m$。事实上,通过选择 $2l+1$ 个不同的极轴,可以得到 c_4 的 $2l+1$ 个线性无关表达式。若要它们全为零,当也只当每一个 $c_m=0$ 才行。

于是最后只剩下 $l=0,2$ 这两阶球谐函数。这样,三维空间的框架函数总可以写成单位矢量 E 的 Cartesian 分量 e_m 的双线性组合形式。也就是说,实三维空间任何框架函数总可以表示为下述形式

$$p(E)=\sum_{m,n}\rho_{nm}e_ne_m$$

这里 ρ 是迹为 1 的非负实对称矩阵。

任何高维复矢量空间总可以分解为若干个三维实空间。由于每一个三维实子空间中框架函数都是如上形式,导致大空间里必定有

$$p(E)=\sum_{m,n}\rho_{nm}e_n^*e_m$$

这里 ρ 是迹为 1 的非负厄米矩阵。

另一未完成的证明。令矩阵 $f_{ij}\equiv\mathrm{tr}(F_iF_j)$,此实对称阵是满秩矩阵,各行和及各列和为 λ_j (λ_i)。由 $\boldsymbol{p}$,f 可以构造 ρ:

$$p_i\rightarrow p'_i=\sum_j(f^{-1})_{ij}p_j,\quad \rho=\sum_i p'_iF_i$$

显然,如此构造的 ρ 满足厄米、正定、迹为 1 的条件。厄米性很显然,因为 p'_i 都是实数。而迹归一则因为:由 $\boldsymbol{p}=f\cdot\boldsymbol{p}'$,左乘以行矢量(1 1 … 1),得

$$1=\sum_i p_i=(\sum_i f_{i1},\sum_i f_{i2},\cdots,\sum_i f_{in})\begin{pmatrix}p'_1\\p'_2\\\vdots\\p'_n\end{pmatrix}=(\lambda_1,\lambda_2,\cdots,\lambda_n)\begin{pmatrix}p'_1\\p'_2\\\vdots\\p'_n\end{pmatrix}=\sum_i\lambda_ip'_i$$

代入 ρ 的求迹式,即证得 $\mathrm{tr}\rho=1$。而且可以检验,有

$$\mathrm{tr}(F_j\rho)=\sum_i\mathrm{tr}(F_jF_i)p'_i=\sum_{i,k}f_{ji}(f^{-1})_{ik}p_k=p_j$$

1.13 证:参见文献①,证明如下。此系统的一般纯态可以表示为

$$|\psi\rangle_{AB}=\sum_{i\mu}\alpha_{i\mu}|i\rangle_A|\mu\rangle_B\equiv\sum_i|i\rangle_A|\tilde{i}\rangle_B$$

这里 $\{|i\rangle_A\}$ 和 $\{|\mu\rangle_B\}$ 分别是 H_A 和 H_B 的正交归一基,而且

① 张永德. 量子信息物理原理. 北京:科学出版社,2005,3.1 节.

$$|\tilde{i}\rangle_B \equiv \sum_\mu \alpha_{i\mu}|\mu\rangle_B$$

注意$\{|i'\rangle_B\}$不一定归一，也未证明她们彼此正交。于是对子系统B部分求迹，得到对子系统A的约化密度矩阵ρ_A为

$$\rho_A \equiv \mathrm{tr}_B(|\psi\rangle_{ABAB}\langle\psi|) = \mathrm{tr}_B\left\{\sum_{ij}|i\rangle_{AA}\langle j|\otimes|\tilde{i}\rangle_{BB}\langle\tilde{j}|\right\}$$
$$= \sum_{ij}{}_B\langle\tilde{j}|\tilde{i}\rangle_B(|i\rangle_{AA}\langle j|)$$

上式的最后一步等号是由于

$$\mathrm{tr}_B|\tilde{i}\rangle_{BB}\langle\tilde{j}| = \sum_k {}_B\langle k|\tilde{i}\rangle_{BB}\langle\tilde{j}|k\rangle_B = \sum_k {}_B\langle\tilde{j}|k\rangle_{BB}\langle k|\tilde{i}\rangle_B = {}_B\langle\tilde{j}|\tilde{i}\rangle_B$$

这里$\{|k\rangle_B\}$是子系统B的正交归一基。另一方面，对子系统A的相应状态ρ_A，总可以选择它的本征矢量作为正交基$\{|\mathrm{i}\rangle_A\}$，使它对角化。即总可以对ρ_A作谱分解为

$$\rho_A = \sum_i p_i|i\rangle_{AA}\langle i|$$

当然可以选择A的两组正交基是相同的。于是，比较两个ρ_A表达式即得${}_B\langle\tilde{j}|\tilde{i}\rangle_B = p_i\delta_{ij}$。由此可知，$\{|\tilde{i}\rangle_B\}$相互正交。将它们归一，即令$|i'\rangle_B = \frac{1}{\sqrt{p_i}}|\tilde{i}\rangle_B$，最后就得到

$$|\psi\rangle_{AB} = \sum_i \sqrt{p_i}\,|i\rangle_A|i'\rangle_B$$

这就是两体量子系统任一纯态$|\psi\rangle_{AB}$的 Schmidt 分解。一般而言，所采用的正交基依赖于态$|\psi\rangle_{AB}$。也就是说，不能用这两组正交基$\{|i\rangle_A\}$、$\{|i'\rangle_B\}$同时又去对另一个纯态$|\varphi\rangle_{AB}$作 Schmidt 分解。另外，常称 Schmidt 分解的项数目为 Schmidt 数。

1.14　答：例如，对B粒子的约化密度矩阵为

$$\rho_B = \mathrm{tr}^{(A)}(|\psi\rangle_{AB}\langle\psi|) = {}_A\langle 0|\psi\rangle_{AB\,AB}\langle\psi|0\rangle_A + {}_A\langle 1|\psi\rangle_{AB\,AB}\langle\psi|1\rangle_A$$
$$= a_{00}|0\rangle_{BB}\langle 0| + a_{01}|0\rangle_{BB}\langle 1| + a_{10}|1\rangle_{BB}\langle 0| + a_{11}|1\rangle_{BB}\langle 1|$$
$$a_{00} = (|c_{00}|^2 + |c_{10}|^2),\quad a_{01} = (c_{00}c_{01}^* + c_{10}c_{11}^*)$$
$$a_{10} = (c_{01}c_{00}^* + c_{11}c_{10}^*),\quad a_{11} = (|c_{01}|^2 + |c_{11}|^2)$$

1.15　证：双态体系的密度矩阵是单位迹的 2×2 厄密非负矩阵。它们构成一个三维集合，表示为单位球——Bloch 球。球是凸性的，球面各点对应所有纯态；球内各点对应全部混态；球外点不对应物理态。

现在根据 Bloch 球来解释混态的含糊性问题。事实上，对任何混态ρ_C，存在无穷多种方法将其表示为某些纯态ρ_i的凸性组合。办法是，对处于球内的任一给定$\boldsymbol{p}_C$，可以过其端点C作线段，交球面于A、B两点。

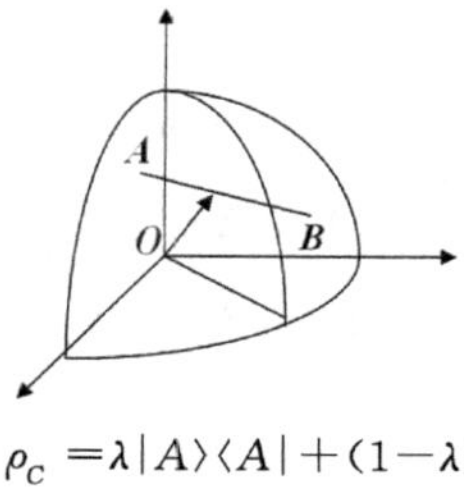

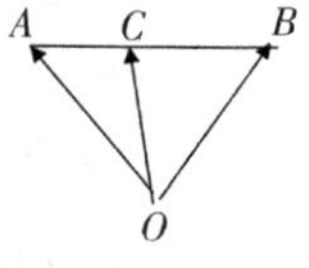

$$\rho_C = \lambda|A\rangle\langle A| + (1-\lambda)|B\rangle\langle B|$$
$$= \lambda\frac{1}{2}(1+\boldsymbol{P}_A\cdot\boldsymbol{\sigma}) + (1-\lambda)\frac{1}{2}(1+\boldsymbol{P}_B\cdot\boldsymbol{\sigma})$$

$$=\frac{1}{2}\{1+[\lambda\boldsymbol{P}_A+(1-\lambda)\boldsymbol{P}_B]\cdot\boldsymbol{\sigma}\}$$

所以

$$\begin{cases}\lambda\boldsymbol{P}_A+(1-\lambda)\boldsymbol{P}_B=\boldsymbol{p}_C\\ \lambda=\dfrac{CB}{AB},\quad 1-\lambda=\dfrac{AC}{AB}\end{cases}$$

上面两个方程说明了混态密度矩阵的纯态分解与极化矢量分解之间有单一对应关系。

作为特例，如果顺着和逆着 $\boldsymbol{p}_C$ 向其两端延长，交球面两点，则是此混态唯一的正交分解——谱分解。比例系数仍可用此公式。

于是说明，虽然纯态的制备方法是唯一的、确定的，但混态的制备方法不唯一、不确定。如果将混态解释为按一定概率分布制备出的非相干混合着的纯态序列，即对混态作纯态系综解释，这类解释将是含糊的、远不是唯一的。

1.16　解：设粒子迴转磁率为 r(可正可负)，故磁矩算符为 $\boldsymbol{\mu}=r\boldsymbol{s}=\hbar r\boldsymbol{\sigma}/2$。对电子 $r=-|e|/\mu c$。在外磁场 $\boldsymbol{B}$ 中，粒子有附加项

$$H_I=-\boldsymbol{\mu}\cdot\boldsymbol{B}=-\sum_{i=1}^{3}\frac{1}{2}\hbar r\sigma_i B_i$$

将式(1.52)转为极化矢量 $\boldsymbol{p}=\langle\boldsymbol{\sigma}\rangle$ 运动方程

$$\frac{\mathrm{d}p_s}{\mathrm{d}t}=-\frac{1}{2}r\sum_{r,t,i=1}^{3}e_{rst}\operatorname{tr}\{\sigma_i\sigma_t\}B_i p_r=r\sum_{r,i=1}^{3}e_{sri}p_r B_i$$

即得一般混态的极化矢量 $\boldsymbol{p}$ 绕外磁场 $\boldsymbol{B}$ 转动的进动方程为

$$\frac{\mathrm{d}\boldsymbol{p}}{\mathrm{d}t}=r(\boldsymbol{p}\times\boldsymbol{B})=\omega_L(\boldsymbol{p}\times\boldsymbol{e}_B)$$

进动频率 $\omega=r|\boldsymbol{B}|$，进动中 $|\boldsymbol{p}|$ 模长不变(将等式两边点乘 $\boldsymbol{p}$ 即知)。对纯态情况，可直接用 Hamilton 量附加项的含时 Schrödinger 方程导出此方程①。附带说，由于是平均值运动，此方程和相应经典运动方程有相同的形式。

1.17　解：(参见 Roman P. Advanced Quantum Theory：90)设被测系综的谱表示为 $R=\{|\alpha\rangle,\omega^{(\alpha)}\}$，即此混态的密度矩阵为

$$\rho=\sum_\alpha|\alpha\rangle\omega^{(\alpha)}\langle\alpha|$$

再假设 $R^{(\alpha)}$ 是探测器对纯态 $|\alpha\rangle$ 的响应概率(探测效率)。也就是说，作为态过滤器的探测器，以概率 $R^{(\alpha)}$ 过滤处于 $|\alpha\rangle$ 的系统。将 $\{R^{(\alpha)}\}$ 归一化，即设定总探测效率 $\sum_\alpha R^{(\alpha)}=1$。引入对给定探测器的效率矩阵 Γ

$$\Gamma\equiv\sum_\alpha|\alpha\rangle R^{(\alpha)}\langle\alpha|$$

这个算符包含了探测器探测效率的全部信息。它的本征值就是这个探测器对相应纯态的响应的相对概率。注意，它与 ρ 十分相似。容易证明，Γ 有如同密度矩阵的几条基本性质。显然，探测器响应总概率为

$$W(R)=\sum_\alpha W^{(\alpha)}=\sum_\alpha\omega^{(\alpha)}R^{(\alpha)}<1$$

① 见张永德. 量子力学(第四版). 北京：科学出版社，2016，9.3 节.

代入即知，探测器对态ρ的探测概率就是算符Γ在态ρ中的期望值

$$W(R)=\mathrm{tr}(\rho\Gamma)=\langle\Gamma\rangle$$

$W(R)$正是测量系综R时实际得到的东西。可是，人们感兴趣的是系综的态ρ。比如，假定态ρ中成分态$|\alpha\rangle$已知，也就是想要知道数列$\{\omega^{(\alpha)}\}$。显然，一次测量不足以得到所要的东西。由于Γ依赖于数列$\{R^{(\alpha)}\}$，可以通过使用几个不同的探测器的办法来改变它们，以便组成联立方程来确定态ρ。既然W是器件响应的总概率，相对于坐标变换来说，它是个不变的标量。于是乘积$\rho\Gamma$迹必须是个标量，这样，$\rho\Gamma$就只能经受相似变换，于是Γ就必须像ρ那样变换。这个限制和上面的性质有助于根据器件的结构特性来构造Γ。

由于测量器件被假设成为能够在那么多的态(它们应当覆盖被测系统所能具有的)中间进行甄别，所以效率矩阵Γ必须恰好包含如同密度矩阵ρ的独立变数一样多的独立变数。于是，若使用正交算符展开方法，如同对ρ那样，有

$$\Gamma=\sum_r\gamma_r\Omega_r;\quad \gamma_r=\mathrm{tr}(\Gamma\Omega_r)$$

但和系数ρ_r不同，γ_r直接物理意义较小，它们和测量器件的结构数据之间的关系在每种情况下都必须分别建立。

如果ρ和Γ都展成正交算符Ω_r线性组合的形式，那么很易看到信息函数能够被表示成二次形式

$$W(R)=\sum_r\rho_r\gamma_r$$

1.18　解：见文献①。光子是非定域的，没有坐标波函数，所以没有坐标表象，但有动量表象。所以取光子系综的连续动量表象，$\rho=\int|\boldsymbol{p}\rangle n(\boldsymbol{p})\langle\boldsymbol{p}|\,\mathrm{d}^3p$，$n(\boldsymbol{p})$为$|\boldsymbol{p}\rangle$态附近单位$\boldsymbol{p}$间隔内光子数。

横向光子极化与电子极化情况相似。但若光子被电子散射，则只存在光子——电子系统的总的动量—极化波函数。此时不存在严格意义上的光子子系统动量—极化波函数。这时若只限于讨论光子动量，仍有光子动量波函数，但光子这个子系统的极化态不能确定。因为表征极化态的概率幅中包含另一子系统——电子的状态参数。这就是部分极化光子态。

一般说来，光子系综的密度矩阵可写为

$$\rho=|1\rangle\lambda_1\langle1|+|2\rangle\lambda_2\langle2|$$

这里极化态$|1\rangle$，$|2\rangle$不一定正交(比如，可能一个线极化，另一个圆极化。视如何测量——线偏、圆偏而定)。取正交极化表象$|1'\rangle$，$|2'\rangle$：

$$\begin{cases}\rho_{1'1'}=\langle1'|\rho|1'\rangle=\lambda_1\,|\langle1'|1\rangle|^2+\lambda_2\,|\langle1'|2\rangle|^2\\ \rho_{1'2'}=\langle1'|\rho|2'\rangle=\lambda_1\langle1'|1\rangle\langle2'|1\rangle^*+\lambda_2\langle1'|2\rangle\langle2'|2\rangle^*\\ \rho_{2'1'}=\langle2'|\rho|1'\rangle=\lambda_1\langle1'|1\rangle^*\langle2'|1\rangle+\lambda_2\langle1'|2\rangle^*\langle2'|2\rangle\\ \rho_{2'2'}=\langle2'|\rho|2'\rangle=\lambda_1\,|\langle2'|1\rangle|^2+\lambda_2\,|\langle2'|2\rangle|^2\end{cases}$$

注意$\rho_{1'1'}+\rho_{2'2'}=\lambda_1+\lambda_2=1$和$\rho_{1'2'}=\rho_{2'1'}{}^*$，密度矩阵及其本征值为

$$\rho=\begin{pmatrix}\rho_{1'1'} & \rho_{1'2'}\\ \rho_{2'1'} & \rho_{2'2'}\end{pmatrix}=\frac{1}{2}\begin{pmatrix}1+\xi_3 & \xi_1-i\xi_2\\ \xi_1+i\xi_2 & 1-\xi_3\end{pmatrix},\quad \lambda=\frac{1}{2}\left(1\pm\sqrt{\sum_i\xi_i^2}\right)=\frac{1}{2}(1\pm\xi)$$

① 阿希叶泽尔 A И，别列斯捷茨基 B Б. 量子电动力学. 北京：科学出版社，1964：10，1-7.

于是，$|\rho-\lambda I|=0\Rightarrow\lambda^2-\lambda+\frac{1}{4}(1-\sum_i\xi_i^2)=0,\lambda_{1,2}=\frac{1}{2}(1\pm\sqrt{\sum_i\xi_i^2})=\frac{1}{2}(1\pm\xi)$。即一般情况下 ρ 可用三个参数描述((ξ_1,ξ_2,ξ_3)或(ξ,θ,φ))。如果$|1\rangle,|2\rangle$是正交的，则一开始就为 ρ 自身的谱表示，这时$(\xi=(\xi_1^2+\xi_2^2+\xi_3^2)^{\frac{1}{2}})$

$$\rho=\begin{pmatrix}\lambda_1 & 0\\ 0 & \lambda_2\end{pmatrix}=\frac{1}{2}\begin{pmatrix}1+\xi & 0\\ 0 & 1-\xi\end{pmatrix}$$

1.19 解：取箱归一化

$$\begin{cases}\phi(x+L,y,z)=\phi(x,y+L,z)=\phi(x,y,z+L)=\phi(x,y,z)\\ \phi_E=\dfrac{1}{\sqrt{V}}\exp(\mathrm{i}\boldsymbol{k}\cdot\boldsymbol{r}),\quad E=\dfrac{\hbar^2k^2}{2\mu}\\ \boldsymbol{k}=(k_x,k_y,k_z)=\dfrac{2\pi}{L}(n_x,n_y,n_z)\end{cases}$$

所以

$$\langle\boldsymbol{r}\mid\mathrm{e}^{-\beta\hat{H}}\mid\boldsymbol{r}'\rangle=\sum_E\langle\boldsymbol{r}\mid E\rangle\mathrm{e}^{-\beta E}\langle E\mid\boldsymbol{r}'\rangle=\sum_E\mathrm{e}^{-\beta E}\phi_E(\boldsymbol{r})\phi_E{}^*(\boldsymbol{r}')$$

$$=\frac{1}{V}\sum_{\boldsymbol{k}}\exp\left[-\frac{\beta\hbar^2k^2}{2\mu}+\mathrm{i}\boldsymbol{k}\cdot(\boldsymbol{r}-\boldsymbol{r}')\right]$$

将指数配方并将求和变为积分，继续得

$$=V^{-1}\mathrm{e}^{-\frac{\mu}{2\beta\hbar^2}(\boldsymbol{r}-\boldsymbol{r}')^2}\sum_{\boldsymbol{k}}\exp\left[\mathrm{i}\hbar\sqrt{\frac{\beta}{2\mu}}\boldsymbol{k}+\frac{1}{\hbar}\sqrt{\frac{\mu}{2\beta}}(\boldsymbol{r}-\boldsymbol{r}')\right]^2$$

$$=V^{-1}\mathrm{e}^{-\frac{\mu}{2\beta\hbar^2}(\boldsymbol{r}-\boldsymbol{r}')^2}\sum_{\boldsymbol{k}}\exp\left\{-\left[\sqrt{\frac{\beta}{2\mu}}\hbar\boldsymbol{k}-\mathrm{i}\sqrt{\frac{\mu}{2\beta\hbar^2}}(\boldsymbol{r}-\boldsymbol{r}')\right]^2\right\}\Delta n_x\Delta n_y\Delta n_z$$

$$=V^{-1}\mathrm{e}^{-\frac{\mu}{2\beta\hbar^2}(\boldsymbol{r}-\boldsymbol{r}')^2}\frac{L^3}{(2\pi)^3}\left(\frac{1}{\hbar}\sqrt{\frac{2\mu}{\beta}}\right)^3\left\{\int_{-\infty}^{+\infty}\exp\left(-\left[\xi-\mathrm{i}\sqrt{\frac{\mu}{2\beta\hbar^2}}(K-K')\right]^2\right)\mathrm{d}\xi\right\}^3$$

$$=\frac{1}{V}\frac{V}{(2\pi)^3}\left(\frac{1}{\hbar}\sqrt{\frac{2\mu}{\beta}}\right)^3\pi^{3/2}\exp\left[-\frac{\mu}{2\beta\hbar^2}(\boldsymbol{r}-\boldsymbol{r}')^2\right]$$

$$=\left(\frac{\mu}{2\pi\beta\hbar^2}\right)^{3/2}\exp\left[-\frac{\mu}{2\beta\hbar^2}(\boldsymbol{r}-\boldsymbol{r}')^2\right]$$

$$\mathrm{Tr}(\mathrm{e}^{-\beta\hat{H}})=\int\langle\boldsymbol{r}\mid\mathrm{e}^{-\beta\hat{H}}\mid\boldsymbol{r}\rangle\mathrm{d}\boldsymbol{r}=V\left(\frac{\mu}{2\pi\beta\hbar^2}\right)^{3/2}$$

所以

$$\langle\boldsymbol{r}|\rho|\boldsymbol{r}'\rangle=\frac{\langle\boldsymbol{r}|\mathrm{e}^{-\beta\hat{H}}|\boldsymbol{r}'\rangle}{\mathrm{Tr}(\mathrm{e}^{-\beta\hat{H}})}=\frac{1}{V}\exp\left[-\frac{\mu}{2\beta\hbar^2}(\boldsymbol{r}-\boldsymbol{r}')^2\right]$$

于是由此

$$\langle H\rangle=\mathrm{tr}(\rho H)=\iint\langle\boldsymbol{r}'\mid\rho\mid\boldsymbol{r}\rangle\langle\boldsymbol{r}\mid H\mid\boldsymbol{r}'\rangle\mathrm{d}\boldsymbol{r}\mathrm{d}\boldsymbol{r}'$$

$$=\frac{1}{V}\iint\exp\left(-\frac{\mu}{2\beta\hbar^2}(\boldsymbol{r}-\boldsymbol{r}')^2\right)\cdot\left\{-\frac{\hbar^2}{2\mu}[\nabla_r^2\delta(\boldsymbol{r}-\boldsymbol{r}')]\right\}\mathrm{d}\boldsymbol{r}\mathrm{d}\boldsymbol{r}'$$

分部积分两次并略去积分出的项，得

$$=\frac{1}{V}\int\left\{-\frac{\hbar^2}{2\mu}\nabla_r^2\exp\left[-\frac{\mu}{2\beta\hbar^2}(\boldsymbol{r}-\boldsymbol{r}')^2\right]\right\}_{r=r'}\mathrm{d}\boldsymbol{r}$$

$$= \left(-\frac{\hbar^2}{2\mu V}\right)\int\left\{-\frac{3\mu}{\beta\hbar^2}+\frac{\mu^2}{\beta^2\hbar^4}(\boldsymbol{r}-\boldsymbol{r}')^2\right\}\exp\left(-\frac{\mu}{2\beta\hbar^2}(\boldsymbol{r}-\boldsymbol{r}')^2\right)\Big|_{r=r'}\mathrm{d}\boldsymbol{r}$$

$$= \frac{3}{2\beta V}\int\left\{1-\frac{\mu}{3\beta\hbar^2}(\boldsymbol{r}-\boldsymbol{r}')^2\right\}\exp\left(-\frac{\mu}{2\beta\hbar^2}(\boldsymbol{r}-\boldsymbol{r}')^2\right)\Big|_{r=r'}\mathrm{d}\boldsymbol{r}$$

$$= \frac{3}{2}kT$$

1.20 解：(1) 按定义 $\boldsymbol{P}^{(i)}=\langle\psi^{(i)}|\boldsymbol{J}|\psi^{(i)}\rangle$，而

$$J_x=\frac{1}{\sqrt{2}}\begin{pmatrix}0&1&0\\1&0&1\\0&1&0\end{pmatrix},\quad J_y=\frac{1}{\sqrt{2}}\begin{pmatrix}0&-\mathrm{i}&0\\\mathrm{i}&0&-i\\0&\mathrm{i}&0\end{pmatrix},\quad J_z=\begin{pmatrix}1&0&0\\0&0&0\\0&0&-1\end{pmatrix}$$

得 $\boldsymbol{P}^{(1)}=(0,0,1)$， $\boldsymbol{P}^{(2)}=(1/\sqrt{2},0,-1/2)$， $\boldsymbol{P}^{(3)}=(0,0,-1)$。

(2) $\boldsymbol{p}=\frac{1}{3}(\boldsymbol{P}^{(1)}+\boldsymbol{P}^{(2)}+\boldsymbol{P}^{(3)})=\frac{1}{6}(\sqrt{2},0,-1)$。

(3) $|\psi^{(1)}\rangle=|1\rangle$， $|\psi^{(2)}\rangle=\frac{1}{\sqrt{2}}(|2\rangle+|3\rangle)$， $|\psi^{(3)}\rangle=|3\rangle$：$\rho=\frac{1}{6}\begin{pmatrix}2&0&0\\0&1&1\\0&1&3\end{pmatrix}$。

(4) $\boldsymbol{p}=\langle\boldsymbol{J}\rangle=\mathrm{tr}(\rho\boldsymbol{J})$，与(2)中结果完全一致，

$$p_x=\mathrm{tr}(\rho J_x)=\sqrt{2}/6,\ p_y=\mathrm{tr}(\rho J_y)=0,\ p_z=\mathrm{tr}(\rho J_z)=-1/6。$$

(5) $\lambda_1=\frac{1}{3},\lambda_{2,3}=\frac{1}{3}\left(1\pm\frac{1}{\sqrt{2}}\right)$，

$$S=\ln3-\frac{1}{3}\left(1+\frac{1}{\sqrt{2}}\right)\ln\left(1+\frac{1}{\sqrt{2}}\right)-\frac{1}{3}\left(1-\frac{1}{\sqrt{2}}\right)\ln\left(1-\frac{1}{\sqrt{2}}\right)。$$

1.1 由"不同时刻态矢$|P(t)\rangle$和$|P(t_0)\rangle$有相同的长度"的假设，证明

$$\langle P(t)|Q(t)\rangle=\langle P(t_0)|Q(t_0)\rangle$$

证： 取

$$\langle R(t_0)|=\langle P(t_0)|+\langle Q(t_0)|,\quad \langle S(t_0)|=\langle P(t_0)|-\mathrm{i}\langle Q(t_0)|$$

由

$$\langle R(t_0)|U^+U|R(t_0)\rangle=\langle R(t_0)|R(t_0)\rangle,\quad \langle S(t_0)|U^+U|S(t_0)\rangle=\langle S(t_0)|S(t_0)\rangle$$

即得$\langle P(t)|Q(t)\rangle=\langle P(t_0)|Q(t_0)\rangle$。于是和 Dirac P. 111 的式(2)等价。

1.2 证明：孤立系的时间演化算符必定是幺正算符。

证： 孤立系必概率守恒。即可以设定不同时刻态矢$|P(t)\rangle$和$|P(t')\rangle$有相同的长度。对任意两个态矢，由上题可得$\langle P(t)|Q(t)\rangle=\langle P(t')|Q(t')\rangle$。于是显然有

$$U^+U=1$$

所以U是等距算子。但U显然有逆，从而U是幺正算子。即有

$$U^+U=UU^+=1$$

这是因为，对任选的$t\leftarrow t_0\leftarrow t'$，有

$$\langle P(t)|Q(t)\rangle=\langle P(t_0)|Q(t_0)\rangle=\langle P(t')|Q(t')\rangle$$

即

$$\langle P(t_0)|U^{-1}U|Q(t_0)\rangle=\langle P(t_0)|Q(t_0)\rangle=\langle P(t_0)|UU^{-1}|Q(t_0)\rangle$$

由于$|P(t_0)\rangle$，$|Q(t_0)\rangle$任意性，所以有$U^{-1}U=UU^{-1}=1$。 证毕。

1.3 用时序算符T可将含时系统的演化算符$U(t,0)$表示为

$$U(t,0) = T\exp\left\{-\mathrm{i}\int_0^t H(\tau)\mathrm{d}\tau/\hbar\right\}$$

证明其导数算符为

$$\mathrm{i}\hbar\frac{\mathrm{d}U(t,0)}{\mathrm{d}t}=H(t)U(t,0)$$

证：　可直接在 T 内对指数中参数 t 求导数，从指数上拿下的 $H(t)$ 中自变数 t 是上限为最大，可从左边抽出 T 之外，即得。也可以直接按导数定义来求此导数

$$\begin{aligned}\frac{\mathrm{d}U(t,0)}{\mathrm{d}t}&=\frac{\mathrm{d}}{\mathrm{d}t}\left\{\mathrm{e}^{-\mathrm{i}H(t)\delta t/\hbar}\mathrm{e}^{-\mathrm{i}H(t-\delta t)\delta t/\hbar}\cdots\mathrm{e}^{-\mathrm{i}H(2\delta t)\delta t/\hbar}\mathrm{e}^{-\mathrm{i}H(\delta t)\delta t/\hbar}\right\}\Big|_{\delta t\to 0}\\&=\lim_{\delta t\to 0}\frac{1}{\delta t}\left\{\mathrm{e}^{-\mathrm{i}H(t)\delta t/\hbar}\mathrm{e}^{-\mathrm{i}H(t-\delta t)\delta t/\hbar}\cdots\mathrm{e}^{-\mathrm{i}H(2\delta t)\delta t/\hbar}\mathrm{e}^{-\mathrm{i}H(\delta t)\delta t/\hbar}\right.\\&\quad\left.-\mathrm{e}^{-\mathrm{i}H(t-\delta t)\delta t/\hbar}\cdots\mathrm{e}^{-\mathrm{i}H(2\delta t)\delta t/\hbar}\mathrm{e}^{-\mathrm{i}H(\delta t)\delta t/\hbar}\right\}\\&=\frac{-\mathrm{i}}{\hbar}H(t)U(t,0)\end{aligned}$$

1.4　对 H 不显含时间情况，求解式(1.7)简化成为式(1.8)，即

$$\Omega^{(\mathrm{H})}(t)=\exp[\mathrm{i}H(t-t_0)/\hbar]\Omega^{(\mathrm{S})}(t)\exp[-\mathrm{i}H(t-t_0)/\hbar]$$

1.5　在 Heisenberg 图像下，利用 $x^{(\mathrm{H})}(t)=\mathrm{e}^{\frac{\mathrm{i}}{\hbar}Ht}x\mathrm{e}^{-\frac{\mathrm{i}}{\hbar}Ht}$ 公式算出对易子的办法，给出自由粒子 $H=\frac{p^{(\mathrm{H})^2}}{2m}$ 的位置算符和动量算符下面表达式

$$x^{(\mathrm{H})}(t)=x+\frac{p}{m}t,\quad p^{(\mathrm{H})}(t)=p$$

(如习题本 p.19)

1.6　证明：正则变换构成群。

1.7　认真地说，作为一种中介图像，相互作用图像是"中间偏 Schrödinger"的。因为它将相互作用影响归到态矢演化上，而不是归到算符演化上。给出按理还存在的另一种中介图像——"中间偏 Heisenberg"图像。即将相互作用影响归到算符演化上，而不是归到态矢演化上。

解：　这种中介图像由 Schrödinger 图像作如下变换即可得到

$$U'(t,t_0) = \mathrm{e}^{-\frac{\mathrm{i}}{\hbar}\int_{t_0}^{t}V(t')\mathrm{d}t'}$$

这里已假定不同时刻的 V 可对易，否则应当采用时序算符 T 后写成

$$U'(t,t_0)=T\exp[-\frac{\mathrm{i}}{\hbar}V(t')\mathrm{d}t']$$

于是经此变换之后，有

$$|\psi_*(t)\rangle=U'^{-1}|\psi_S(t)\rangle,\quad \Omega_*(t)=U'^{-1}\Omega_S U'$$

Schrödinger 态矢方程成为

$$\mathrm{i}\hbar\frac{\partial|\psi_*\rangle}{\partial t}=V_*(t)|\psi_*\rangle,\quad V_*=U'^{-1}VU'$$

力学量方程为（需假定不同时刻的 V 可对易，于是 V 与 U 可对易；否则无法计算 $\frac{\partial}{\partial t}\exp\left(-\frac{\mathrm{i}}{\hbar}\int_{t_0}^{t}V(t')\mathrm{d}t'\right)$）

$$\frac{d\Omega_*}{dt}=\frac{\partial\Omega_*}{\partial t}+[\Omega_*,V_*]$$

此图像不便于使用。因为所关心的动力学演化现由算符荷载，于是待解的对象是算符，而不是矢量。求解工作量比相互作用图像要大得多。

1.8　研究 Schrödinger 图像中时间演化算符 U 和相互作用图像中的时间演化算符 U 之间的关系。

解：由于

$$\begin{cases}|\psi^{(S)}(t_2)\rangle=U(t_2,t_1)|\psi^{(S)}(t_1)\rangle\\ |\psi^{(I)}(t_2)\rangle=U(t_2,t_1)|\psi^{(I)}(t_1)\rangle\\ |\psi^{(I)}(t)\rangle=U_0^{-1}(t,t_0)|\psi^{(S)}(t)\rangle\end{cases}$$

一方面 $|\psi^{(I)}(t_2)\rangle=U(t_2,t_1)|\psi^{(I)}(t_1)\rangle$，另一方面

$$\begin{aligned}|\psi^{(I)}(t_2)\rangle&=U_0^{-1}(t_2,t_0)|\psi^{(S)}(t_2)\rangle=U_0^{-1}(t_2,t_0)U(t_2,t_1)|\psi^{(S)}(t_1)\rangle\\&=U_0^{-1}(t_2,t_0)U(t_2,t_1)U_0(t_1,t_0)|\psi^{(I)}(t_1)\rangle\end{aligned}$$

所以

$$U(t_2,t_1)=U_0^{-1}(t_2,t_0)U(t_2,t_1)U_0(t_1,t_0)$$

可以检验 U 满足相应的微分方程。设 $t_1=t_0$，$U(t,t_0)=U_0(t_0,t)U(t,t_0)$，

$$\begin{aligned}i\hbar\frac{\partial U(t,t_0)}{\partial t}&=-U_0(t_0,t)H_0U(t,t_0)+U_0(t_0,t)HU(t,t_0)\\&=U_0(t_0,t)VU(t,t_0)=V_IU(t,t_0)\end{aligned}$$

在 H_0 和 H 不显含时间情况下，U 表达式就简化为

$$U(t_2,t_1)=\exp\left[-\frac{i}{\hbar}(t_0-t_2)H_0\right]\cdot\exp\left[-\frac{i}{\hbar}(t_2-t_1)H\right]\cdot\exp\left[-\frac{i}{\hbar}(t_1-t_0)H_0\right]$$

或令 $t_0=0$，得

$$U(t_2,t_1)=\exp\left(\frac{i}{\hbar}t_2H_0\right)\cdot\exp\left[-\frac{i}{\hbar}(t_2-t_1)H\right]\cdot\exp\left(-\frac{i}{\hbar}t_1H_0\right)$$

若再取 $t_1=0$，进一步简化为

$$U(t,0)=U^{-1}(0,t)=\exp\left(\frac{i}{\hbar}tH_0\right)\exp\left(\frac{-i}{\hbar}tH\right)$$

1.9　求证：$\Omega^{(H)}(t)$ 在 Heisenberg 图像中的演化方程为

$$\boxed{\frac{d\Omega^{(H)}(t)}{dt}=\frac{\partial\Omega^{(H)}(t)}{\partial t}+\frac{1}{i\hbar}[\Omega^{(H)}(t),H^{(H)}(t)]}$$

这里 $H^{(H)}(t)\equiv U^{-1}H(t)U$，$\dfrac{\partial\Omega^{(H)}}{\partial t}\equiv U^{-1}\dfrac{\partial\Omega^{(S)}}{\partial t}U$。注意 $H(t)$ 与 $U(t,0)$ 不一定对易。

证：按 $\Omega^{(H)}$ 的公式(1.6)，有

$$\frac{d\Omega^{(H)}}{dt}=\frac{\partial U^{-1}}{\partial t}\Omega^{(S)}U+U^{-1}\Omega^{(S)}\frac{\partial U}{\partial t}+U^{-1}\frac{\partial\Omega^{(S)}}{\partial t}U$$

这里用了由 $U^{-1}U=1$ 得到的公式 $\dot{U}^{-1}=\dfrac{-1}{i\hbar}U^{-1}H(t)$。于是

$$\frac{d\Omega^{(H)}}{dt}=\frac{-1}{i\hbar}U^{-1}H\Omega^{(S)}U+U^{-1}\Omega^{(S)}\frac{1}{i\hbar}HU+U^{-1}\frac{\partial\Omega^{(S)}}{\partial t}U$$

$$=\frac{1}{\mathrm{i}\hbar}[U^{-1}\Omega^{(S)}U\cdot U^{-1}HU-U^{-1}HU\cdot U^{-1}\Omega^{(S)}U]+U^{-1}\frac{\partial\Omega^{(S)}}{\partial t}U$$

1.10 计算 Heisenberg 图像的任一算符 $\Omega^{(H)}$ 与它在相互作用图像中的表示式 $\Omega^{(I)}$ 的关系。

解：

$$\Omega^{(H)}=U^{-1}\Omega^{(S)}U=U^{-1}(U_0\Omega^{(I)}U_0^{-1})U=(U_0^{-1}U)^{-1}\Omega^{(I)}(U_0^{-1}U)$$

$$\Omega^{(H)}(t)=U^{-1}(t,0)\Omega^{(I)}(t)U(t,0)=U(0,t)\Omega^{(I)}(t)U(t,0)$$

$$U(t,0)=U_0(0,t)U(t,0)=U_0^{-1}(t,0)U(t,0)=U_0(0,t)U(t,0)$$

根据上面有关定义可以得到下面各类关系。比如，算符 $\dot{O}^{(H)}(t)$ 表达式可用相互作用图像算符表示

$$O_H(t)=\mathrm{e}^{\mathrm{i}Ht/\hbar}\mathrm{e}^{-\mathrm{i}H_0t/\hbar}O_I(t)\mathrm{e}^{\mathrm{i}H_0t/\hbar}\mathrm{e}^{-\mathrm{i}Ht/\hbar}$$

或利用 U 来表达，得

$$O_H(t)=U(0,t)O_I(t)U(t,0)$$

1.11 设时间 $0\to t_0\to t$，给出三个图像中由 $t_0\to t$ 的时间演化算符表达式。设 Hamilton H 不含时。

1.12 证明：对全纯表象来说，c^+ 的作用是乘 α^*，而 c 的作用是对 α^* 微商。即有下面两个等式（式(D.11)）：

$$\begin{cases}|g\rangle=c^+|f\rangle\\ g(\alpha^*)=\alpha^*f(\alpha^*)\end{cases};\quad\begin{cases}|g\rangle=c|f\rangle\\ g(\alpha^*)=\dfrac{\mathrm{d}}{\mathrm{d}\alpha^*}f(\alpha^*)\end{cases}$$

1.13 考虑自旋的自由 Green 函数。

1.14 用直接验算证明，由传播子所表示的概率幅 $\psi(\boldsymbol{r}t)$

$$\begin{cases}U(\boldsymbol{r}t;\boldsymbol{r}_0t_0)=\langle\boldsymbol{r}\mid\exp\left(-\dfrac{\mathrm{i}}{\hbar}(t-t_0)H\right)\mid\boldsymbol{r}_0\rangle\theta(t-t_0)\\ \psi(\boldsymbol{r}t)=\displaystyle\int U(\boldsymbol{r}t;\boldsymbol{r}_0t_0)\psi(\boldsymbol{r}_0t_0)\mathrm{d}\boldsymbol{r}_0\end{cases}$$

满足 Schrödinger 方程。

证：按题设从下式出发

$$\psi(\boldsymbol{r}t')=\int\langle\boldsymbol{r}\mid\mathrm{e}^{-\mathrm{i}(t'-t)H/\hbar}\mid\boldsymbol{r}_0\rangle\psi(\boldsymbol{r}_0t)\mathrm{d}\boldsymbol{r}_0$$

现假定 $t'=t+\varepsilon$，于是此式成为

$$\psi(\boldsymbol{r},t+\varepsilon)=\int\langle\boldsymbol{r}\mid(1-\mathrm{i}\frac{\varepsilon}{\hbar}H)\mid\boldsymbol{r}_0\rangle\psi(\boldsymbol{r}_0t)\mathrm{d}\boldsymbol{r}_0$$

注意

$$\int\mathrm{d}\boldsymbol{r}_0\langle\boldsymbol{r}\mid\hat{\boldsymbol{p}}\mid\boldsymbol{r}_0\rangle\psi(\boldsymbol{r}_0t)=\int\mathrm{d}\boldsymbol{r}_0(-\mathrm{i}\hbar\frac{\partial}{\partial\boldsymbol{r}}\langle\boldsymbol{r}\mid\boldsymbol{r}_0\rangle)\psi(\boldsymbol{r}_0t)$$

$$=-\mathrm{i}\hbar\frac{\partial}{\partial\boldsymbol{r}}\int\mathrm{d}\boldsymbol{r}_0\delta(\boldsymbol{r}-\boldsymbol{r}_0)\psi(\boldsymbol{r}_0t)=-\mathrm{i}\hbar\frac{\partial}{\partial\boldsymbol{r}}\psi(\boldsymbol{r}t)$$

将此关系式代入上式，即得

$$\psi(\boldsymbol{r},t+\varepsilon)=\psi(\boldsymbol{r}t)-\frac{\mathrm{i}\varepsilon}{\hbar}H(-\mathrm{i}\hbar\frac{\partial}{\partial\boldsymbol{r}},\boldsymbol{r})\psi(\boldsymbol{r}t)$$

也即

$$\mathrm{i}\hbar\frac{\partial\psi}{\partial t}=H\psi$$

第 2 章

2.1　提示：设 u,v 对应同一个 R，得 $u\sigma\cdot\boldsymbol{r}u^{-1}=v\sigma\cdot\boldsymbol{r}v^{-1}$。左乘 v^{-1}，右乘 u 后，又得

$$v^{-1}u(\sigma\cdot\boldsymbol{r})=(\sigma\cdot\boldsymbol{r})v^{-1}u$$

这说明，若 u、v 产生相同的转动，则 $v^{-1}u$ 和 $\boldsymbol{\sigma}\cdot\boldsymbol{r}$ 能交换，而其中的 $\boldsymbol{r}$ 为任意值。取 $\boldsymbol{r}=(0,0,z)$ 和此时 $\boldsymbol{\sigma}\cdot\boldsymbol{r}$ 能交换的必为对角矩阵，再取 $(0,y,0)$ 知此对角矩阵必为单位矩阵的倍数，因此 $u=cv$，c 是个数，于是 $h(u)=c^2h(v)$，但 u、v 都是单模，所以 $c^2=1$，$c=\pm1$。

2.2　提示：对式(2.10b)用二项式展开 $(a+b)^n=\sum\limits_{k=0}^{n}\dfrac{n!}{(n-k)!k!}a^{n-k}b^k$。

2.3　提示：设 A 与 $\{D^{(j)}(u),\forall u\}$ 可交换，则 A 是单位矩阵的倍数。

2.4　证明：对整数 j 情况，设另有一个与 $\{D^{(j)}(u),\forall j\}$ 不等价的不可约表示，则它的特征标 $X(\lambda)$ 乘以权重函数 $g(\lambda)$ 后必在区域 $0\leqslant\lambda\leqslant2\pi$ 上与所有 $X^{(j)}(\lambda)$ 复正交。于是也与 $X^{(j)}(\lambda)-X^{(j-1)}(\lambda)=2\cos(j\lambda)$ 复正交。但函数 $\cos(j\lambda)$ 对整数 j 形成区域 $0\leqslant\lambda\leqslant2\pi$ 上的偶函数完全集。因此，只要能证明 $g(\lambda)X(\lambda)$ 是 λ 的偶函数，则必然得出 $g(\lambda)X(\lambda)$ 恒等于零。由于 $g(\lambda)$ 至多在变换 $(\alpha\beta\gamma)\to(\lambda\theta\varphi)$ 的少数几个奇点上为零，这就表示对几乎所有 λ 都有 $X(\lambda)=0$。这样的函数不可能是不可约表示的特征标。这就证明了 R_3 不再有任何不等价于现有 $\{D^{(j)}(u),\forall j\}$ 表示的不可约表示。剩下还要证明 $g(\lambda)X(\lambda)$ 的确是偶函数。注意到两种转动 $(-\gamma)\boldsymbol{n}(\theta\varphi)$ 和 $\gamma(-\boldsymbol{n}(\theta\varphi))$ 是相同的，于是 $X(\lambda)=X(-\lambda)$。同时，由于绕任何轴转 λ 和转 $-\lambda$ 是互逆的，所以有

$$(\alpha(-\lambda\theta\varphi),\beta(-\lambda\theta\varphi),\gamma(-\lambda\theta\varphi))=(-\gamma(\lambda\theta\varphi),-\beta(\lambda\theta\varphi),-\alpha(\lambda\theta\varphi))$$

由此得知 $g(-\lambda)=g(\lambda)$。这是因为

$$\int\left|\frac{\partial(\alpha,\cos\beta,\gamma)}{\partial(-\lambda,\theta,\varphi)}\right|\mathrm{d}\theta\mathrm{d}\varphi=\int\left|\frac{\partial(-\gamma,\cos\beta,-\alpha)}{\partial(\lambda,\theta,\varphi)}\right|\mathrm{d}\theta\mathrm{d}\varphi=\int\left|\frac{\partial(\gamma,\cos\beta,\alpha)}{\partial(\lambda,\theta,\varphi)}\right|\mathrm{d}\theta\mathrm{d}\varphi$$

于是上面不可约表示的表是完全的。

半整数 j 的 $D^{(j)}$ 不在上述论证范围内。它们是覆盖群的表示，不是 R_3 的表示。在覆盖群转角区间 $[0,4\pi]$ 内，需要偶函数的完全集为全体函数 $\left\{1,\cos\dfrac{\lambda}{2},\cos\lambda,\cos\dfrac{3\lambda}{2},\cdots\right\}$。因此，类似上面论证表明，包括整数及半整数 j 的 $D^{(j)}$ 形成了覆盖群的不可约表示的完全表。　　证毕。

2.5　解：绕 z 轴无穷小转动，则

$$D^{(1/2)}(\alpha,\beta,\gamma)=I-\mathrm{i}\frac{\delta\gamma}{\hbar}S_3=I+\delta\gamma\frac{\partial D^{(1/2)}(\alpha,\beta,\gamma)}{\partial\gamma}\bigg|_{\alpha=\beta=\gamma=0}$$

所以

$$S_3=\mathrm{i}\hbar\frac{\partial D^{(1/2)}(0,0,\gamma)}{\partial\gamma}\bigg|_{\gamma=0}=\mathrm{i}\hbar\begin{pmatrix}-\mathrm{i}/2&0\\0&\mathrm{i}/2\end{pmatrix}=\frac{\hbar}{2}\begin{pmatrix}1&0\\0&-1\end{pmatrix}$$

$$S_2=\mathrm{i}\hbar\frac{\partial D^{(1/2)}(0,\beta,0)}{\partial\beta}\bigg|_{\beta=0}=\mathrm{i}\hbar\begin{pmatrix}0&-1/2\\1/2&0\end{pmatrix}=\frac{\hbar}{2}\begin{pmatrix}0&-\mathrm{i}\\\mathrm{i}&0\end{pmatrix}$$

对 S_1 可如下求

$$R(\delta\lambda\boldsymbol{e}_x)=R(-\frac{\pi}{2}\boldsymbol{e}_z)R(\delta\lambda\boldsymbol{e}_y)R(\frac{\pi}{2}\boldsymbol{e}_z)$$

$$D^{(1/2)}(\delta\lambda \boldsymbol{e}_x)=D^{(1/2)}(0,0,-\frac{\pi}{2})D^{(1/2)}(0,\delta\lambda,0)D^{(1/2)}(0,0,\frac{\pi}{2})$$

$$=I-\frac{\mathrm{i}}{\hbar}\delta\lambda\left\{\mathrm{i}\hbar D^{(1/2)}(0,0,-\frac{\pi}{2})\frac{\partial D^{(1/2)}(0,\lambda,0)}{\partial\lambda}\bigg|_{\lambda=0}D^{(1/2)}(0,0,\frac{\pi}{2})\right\}$$

$$\equiv I-\frac{\mathrm{i}}{\hbar}\delta\lambda S_1$$

$$S_1=\mathrm{i}\hbar D^{(1/2)}(0,0,-\frac{\pi}{2})\frac{\partial D^{(1/2)}(0,\lambda,0)}{\partial\lambda}\bigg|_{\lambda=0}D^{(1/2)}(0,0,\frac{\pi}{2})$$

$$=\mathrm{i}\hbar\begin{pmatrix}\mathrm{e}^{\mathrm{i}\pi/4} & 0\\ 0 & \mathrm{e}^{-\mathrm{i}\pi/4}\end{pmatrix}\begin{pmatrix}0 & -1/2\\ 1/2 & 0\end{pmatrix}\begin{pmatrix}\mathrm{e}^{-\mathrm{i}\pi/4} & 0\\ 0 & \mathrm{e}^{\mathrm{i}\pi/4}\end{pmatrix}$$

$$=\frac{\mathrm{i}\hbar}{2}\begin{pmatrix}\mathrm{e}^{\mathrm{i}\pi/4} & 0\\ 0 & \mathrm{e}^{-\mathrm{i}\pi/4}\end{pmatrix}\begin{pmatrix}0 & -\mathrm{e}^{\mathrm{i}\pi/4}\\ \mathrm{e}^{-\mathrm{i}\pi/4} & 0\end{pmatrix}=\frac{\hbar}{2}\begin{pmatrix}0 & 1\\ 1 & 0\end{pmatrix}$$

证毕。

2.6 证：

$$\begin{cases}I_1=D^{(1/2)}(0,\frac{\pi}{2},0)\frac{\mathrm{i}\partial}{\partial\lambda}D^{(1/2)}(\lambda,-\frac{\pi}{2},0)\bigg|_{\lambda=0}=\frac{1}{2}\begin{pmatrix}0 & 1\\ 1 & 0\end{pmatrix}\\ I_2=D^{(1/2)}(\frac{\pi}{2},\frac{\pi}{2},0)\frac{\mathrm{i}\partial}{\partial\lambda}D^{(1/2)}(\lambda,-\frac{\pi}{2},-\frac{\pi}{2})\bigg|_{\lambda=0}=\frac{1}{2}\begin{pmatrix}0 & -\mathrm{i}\\ \mathrm{i} & 0\end{pmatrix}\\ I_3=D^{(1/2)}(\varphi,0,0)\frac{\mathrm{i}\partial}{\partial\lambda}D^{(1/2)}(\lambda,0,-\varphi)\big|_{\lambda=0}=\frac{1}{2}\begin{pmatrix}1 & 0\\ 0 & -1\end{pmatrix}\end{cases}$$

2.8 证：将经典力学 Runge-Lenz 矢量 $\boldsymbol{M}=\frac{1}{\mu e^2}\boldsymbol{p}\times\boldsymbol{L}-\frac{\boldsymbol{r}}{r}$ 按对称规则量子化为算符 $\hat{\boldsymbol{M}}=\frac{1}{2\mu e^2}(\boldsymbol{p}\times\boldsymbol{L}-\boldsymbol{L}\times\boldsymbol{p})-\frac{\boldsymbol{r}}{r}$。可以检验，它与氢原子 Hamilton 量对易，因而守恒。为得到与此守恒量所对应的对称群，将其改写为 $\boldsymbol{L}'=\sqrt{\frac{\mu e^2}{2|H|}}\hat{\boldsymbol{M}}$。在讨论定态问题情况下，矢量 $\boldsymbol{L}'$ 分母中 $|H|$ 可代以相应本征值 $|H|\to|E_n|$。直接计算可以验证，有

$$[L'_i,L'_j]=\mathrm{i}\hbar\varepsilon_{ijk}L_k,\quad [L_i,L'_j]=\mathrm{i}\hbar\varepsilon_{ijk}L'_k$$

加上 $\boldsymbol{L}$ 自己的对易关系，合成一个封闭李代数。这 6 个算符作为生成元，生成具有 6 个参数的连续群。这显然就是氢原子问题的最大对称群。从 $\boldsymbol{L}'$ 与 $\boldsymbol{L}$ 对易子类似可知，$\boldsymbol{L}'$ 的加入仿佛添加了大小相等的另一个轨道角动量。于是，氢原子问题具有更高的对称性，其最大对称群不是 SU_2，而是更大的 $SU_2\otimes SU_2$（与 $SO(4)$ 局域同构）。

此直积群各个不等价的可约表示 $D^{(L+L')}(\alpha\beta\gamma,\alpha'\beta'\gamma')$ 是 SU_2 不可约表示的直积 $D^{(j)}(\alpha\beta\gamma)\otimes D^{(j)}(\alpha'\beta'\gamma')$，$j=0,1/2,1,3/2,2,\cdots$。按式(2.54a)特征标分解，此直积群分解为

$$D^{(j)}(\alpha\beta\gamma)\otimes D^{(j)}(\alpha'\beta'\gamma')=\bigoplus_{l=0}^{l=2j}D^{(l)}(\alpha\beta\gamma,\alpha'\beta'\gamma'),\quad l=(|j-j'|=0,1,\cdots,j+j'=2j)$$

共计 $2j+1$ 个不可约表示的直和。于是，$\boldsymbol{L}'$ 的存在使 l 能有 $(2j+1)$ 个不同取值。记 $2j+1=n$，此可约表示的维数即为 $\sum_{l=0}^{l=2j}(2l+1)=(2j+1)^2=n^2$。这也正是氢原子各个能级的简并度 $\sum_{lm}(l,m)=\sum_{l=0}^{n-1}(2l+1)=n^2$。若偏离 Coulomb 场，Runge-Lenz 矢量不再守恒，l 简并将解除。

2.9 解： 已知 $P_S^{(1/2)}(\boldsymbol{r}\times\nabla)_z\sigma_0 P_{S^{-1}}^{(1/2)}\psi(\boldsymbol{r})$。首先

$$[P_{S^{-1}}^{(1/2)}\psi]_\mu(\boldsymbol{r}) = \sum_v D_{\mu v}^{(1/2)}(S^{-1})\psi(S\boldsymbol{r})$$

接着

$$[(\boldsymbol{r}\times\nabla)_z\sigma_0 P_{S^{-1}}^{(1/2)}\psi]_\lambda(\boldsymbol{r}) = \sum_\nu D_{\lambda\nu}^{(1/2)}(S^{-1})(\boldsymbol{r}\times\nabla)_z\psi_\nu(S\boldsymbol{r})$$

然后

$$\begin{aligned}
[P_S^{(1/2)}(\boldsymbol{r}\times\nabla)_z\sigma_0 P_{S^{-1}}^{(1/2)}\psi]_\mu(\boldsymbol{r}) &= \sum_\lambda D_{\mu\lambda}^{(1/2)}(S)\sum_\nu D_{\lambda\nu}^{(1/2)}(S^{-1})P_S^0(\boldsymbol{r}\times\nabla)_z\psi_\nu(S\boldsymbol{r})\\
&= \sum_{\lambda,\nu} D_{\mu\lambda}^{(1/2)}(S)D_{\lambda\nu}^{(1/2)*}(S)P_S^0(\boldsymbol{r}\times\nabla)_z\psi_\nu(S\boldsymbol{r})\\
&= \sum_\nu \delta_{\mu\nu}P_S^0(\boldsymbol{r}\times\nabla)_z\psi_\nu(S\boldsymbol{r}) = P_S^0(\boldsymbol{r}\times\nabla)_z\psi_\mu(S\boldsymbol{r})\\
&= (S^{-1}r\times S^{-1}\nabla)_z\psi_\mu(\boldsymbol{r}) = \sum_\alpha S_{z\alpha}^{-1}(\boldsymbol{r}\times\nabla)_\alpha\psi_\mu(\boldsymbol{r})\\
&= \sum_\alpha S_{\alpha z}(\boldsymbol{r}\times\nabla)_\alpha\psi_\mu(\boldsymbol{r}) = \sum_\alpha n_\alpha(\boldsymbol{r}\times\nabla)_\alpha\psi_\mu(\boldsymbol{r})\\
&= \boldsymbol{n}\cdot(\boldsymbol{r}\times\nabla)\psi_\mu(\boldsymbol{r})
\end{aligned}$$

2.10 解： 为此从十分熟悉的 R_3 自身表示出发。这时荷载表示的基底是三维空间矢量 $\boldsymbol{r}=(x,y,z)$。于是按式(2.32)，R_3 的这两个三维表示彼此只差一个相似变换。下面求此相似变换。注意两组基底之间的关系是

$$\begin{aligned}
(x,\ y,\ z)\to(-x_+,\ x_0,\ x_-) &= \left(-(x+\mathrm{i}y),\ \sqrt{2}z,\ (x-\mathrm{i}y)\right)/\sqrt{2}\\
&= \sqrt{\frac{4\pi}{3}}r\left(Y_{1,1}(\theta,\varphi),Y_{1,0}(\theta,\varphi),Y_{1,-1}(\theta,\varphi)\right)
\end{aligned}$$

由于模长不变，两个表示之间的相似变换 M 是一个幺正矩阵，

$$(-x_+,\ x_0,\ x_-) = (x,\ y,\ z)M$$

$$M^{-1}=\frac{1}{\sqrt{2}}\begin{pmatrix}-1 & \mathrm{i} & 0\\ 0 & 0 & \sqrt{2}\\ 1 & \mathrm{i} & 0\end{pmatrix},\quad M=\frac{1}{\sqrt{2}}\begin{pmatrix}-1 & 0 & 1\\ -\mathrm{i} & 0 & -\mathrm{i}\\ 0 & \sqrt{2} & 0\end{pmatrix}$$

由此，$D^{(1)}(\alpha,\beta,\gamma)$ 表示和自身表示 $R(\alpha,\beta,\gamma)$ 相互等价，彼此相差一个幺正的相似变换

$$D^{(1)}(\alpha,\beta,\gamma)=M^{-1}R(\alpha,\beta,\gamma)M$$

以上各式即给出各种情况的 $D^{(1)}(\alpha,\beta,\gamma)$ 表达式。

2.11 证： 由于 $\boldsymbol{e}_{0,\varphi}=\boldsymbol{e}_z$ 通过 $(0,-\theta,-\varphi)^{-1}$ 转动而成 $\boldsymbol{e}_{\theta,\varphi}$，即

$$\boldsymbol{e}_{(\theta,\varphi)}=R(\varphi,\theta,0)\boldsymbol{e}_{(0,\varphi)}=R^{-1}(0,-\theta,-\varphi)\boldsymbol{e}_{(0,\varphi)}$$

所以

$$Y_{lm}(\theta,\varphi) = P(0,-\theta,-\varphi)Y_{lm}(0,\varphi) = \sum_{m'} D_{m'm}^{(l)}(0,-\theta,-\varphi)Y_{lm'}(0,\varphi)$$

可是

$$Y_{lm'}(0,\varphi)=(-1)^{m'}\sqrt{\frac{(l-m')!\ (2l+1)}{(l+m')!\ 4\pi}}P_l^{m'}(1)\mathrm{e}^{\mathrm{i}m'\varphi}$$

只当 $m'=0$ 时，才不为零($P_l^{m'}(1)=\delta_{m'0}$)，所以

$$Y_{lm}(\theta,\varphi)=D_{0m}^{(l)}(0,-\theta,-\varphi)\sqrt{\frac{2l+1}{4\pi}}$$

等式得证。将 $D^{(j)}_{m'm}$ 表达式代入上面这个等式，也可得

$$Y_{lm}(\theta,\varphi)=\sqrt{\frac{2l+1}{4\pi}}\sum_k \frac{(-1)^k l!\sqrt{(l-m)!(l+m)!}}{k!(l+m-k)!(l-k)!(k-m)!}\mathrm{e}^{+\mathrm{i}m\varphi}\left(\cos\frac{\theta}{2}\right)^{2l+m-2k}\left(\sin\frac{\theta}{2}\right)^{2k-m}$$

由此等式，利用 $P_l(1)=1, P_l(-1)=(-1)^l$，又得

$$D^{(l)}_{00}(0,0,0)=P^0_l(1)=1,\quad Y_{l0}(0,0)=\sqrt{\frac{2l+1}{4\pi}}P^0_l(1)=\sqrt{\frac{2l+1}{4\pi}}。$$

可以检验，按通常 $Y_{lm}(\theta,\varphi)$ 定义和由此式所得 $Y_{ll}(\theta,\varphi)$ 的结果均为

$$Y_{ll}(\theta,\varphi)=\sqrt{\frac{2l+1}{4\pi}}\frac{(-1)^l\sqrt{(2l)!}}{l!\ 2^l}\mathrm{e}^{\mathrm{i}l\varphi}(\sin\theta)^l$$

此处注意 $P^l_l(\cos\theta)=\dfrac{(\sin\theta)^l(2l)!}{2^l l!}$。最后，由 $d^{(j)}_{m'm}(\theta)$ 定义，得知(若设 j 为 l，$m=0$，m' 为 m，β 为 θ)，则有如下公式

$$\mathrm{d}^{(l)}_{m,0}(\theta)=\sqrt{\frac{4\pi}{2l+1}}Y_{lm}(\theta,\varphi)\mathrm{e}^{-\mathrm{i}m\varphi}$$

2.12 证：首先注意左边即为

$$\begin{aligned}\langle j_1m_1j_2m_2|P(R)|j_1m_1'j_2m_2'\rangle&=\langle j_1m_1|P(R)|j_1m_1'\rangle\langle j_2m_2|P(R)|j_2m_2'\rangle\\&=D^{(j_1)}_{m_1m_1'}(R)D^{(j_2)}_{m_2m_2'}(R)\end{aligned}$$

但此式的左边也可以插入完备性条件来表达，即

$$\begin{aligned}\langle j_1m_1j_2m_2\mid P(R)\mid j_1m'_1j_2m'_2\rangle&=\sum_{jm,j'm'}\langle j_1m_1j_2m_2\mid j_1j_2jm\rangle\langle j_1j_2jm\mid P(R)\mid j_1j_2j'm'\rangle\\&\quad\times\langle j_1j_2j'm'\mid j_1m'_1j_2m'_2\rangle\\&=\sum_{jm,j'm'}\langle j_1m_1j_2m_2\mid j_1j_2jm\rangle D^{(j)}_{mm'}(R)\delta_{jj'}\\&\quad\times\langle j_1j_2j'm'\mid j_1m'_1j_2m'_2\rangle\end{aligned}$$

根据 C-G 系数是实的，即得等式右边。

2.13 证：按式(4.31b)，用玻色子表示显然，即便用费米子表示也有

$$\begin{aligned}|j_1m_1j_2m_2\rangle&=\frac{(a_1^+)^{j_1+m_1}(b_1^+)^{j_1-m_1}(a_2^+)^{j_2+m_2}(b_2^+)^{j_2-m_2}}{\sqrt{(j_1+m_1)!\ (j_1-m_1)!\ (j_2+m_2)!\ (j_2-m_2)!}}|0_10_1;0_20_2\rangle\\&=(-1)^{4j_1j_2}\frac{(a_2^+)^{j_2+m_2}(b_2^+)^{j_2-m_2}(a_1^+)^{j_1+m_1}(b_1^+)^{j_1-m_1}}{\sqrt{(j_1+m_1)!\ (j_1-m_1)!\ (j_2+m_2)!\ (j_2-m_2)!}}\\&\quad\cdot|0_20_2;0_10_1\rangle=(-1)^{4j_1j_2}|j_2m_2j_1m_1\rangle\end{aligned}$$

于是，只当 j_1,j_2 均为半整数，交换才出负号。但此时可将它归到空间坐标态矢交换上。因此，交换任何两个角动量本征态，均可设定 $P=I$。

2.14 证：对无自旋情况，粒子交换算符退化为宇称算符 P。已知后者 P 对轨道角动量本征态的作用为 $P|lm\rangle=(-1)^l|lm\rangle$，于是有

$$\langle m_1m_2|l_1l_2lm\rangle=\langle m_1m_2|P^2|l_1l_2lm\rangle=(-1)^{l_1+l_2-l}\langle m_2m_1|l_2l_1lm\rangle$$

2.15 证：显然，r^l 相对 R_3 来说是标量，故 y_{lm} 在 R_3 作用下如同 Y_{lm} 一样的变换。并且还因为 $\nabla^2=\dfrac{1}{r^2}\dfrac{\partial}{\partial r}\left(r^2\dfrac{\partial}{\partial r}\right)+\dfrac{1}{r^2}\nabla^2_{\theta,\varphi}$，代入 r^lY_{lm}，即得

$$Y_{lm}\frac{1}{r^2}\frac{\partial}{\partial r}\left(r^2\frac{\partial r^l}{\partial r}\right)+\frac{1}{r^2}r^l\ \nabla^2_{\theta,\varphi}Y_{lm}(\theta,\varphi)=l(l+1)r^{l-2}Y_{lm}(\theta,\varphi)-l(l+1)r^{l-2}Y_{lm}(\theta,\varphi)=0$$

同时，$y_{lm}(x,y,z)$是 x,y,z 的 l 次齐次多项式，由于齐次性，故有

$$y_{lm}(-x,-y,-z)=(-1)^l y_{lm}(x,y,z)$$

这和 $Y_{lm}(\pi-\theta,\pi+\varphi)=(-1)^l Y_{lm}(\theta,\varphi)$是对应的。

2.16 证： 下面简要叙述文献①的方法。首先，有

$$\langle\xi',j'm'|[J_\pm,T_q^{(k)}]|\xi,jm\rangle=\hbar\sqrt{(k\mp q)(k\pm q+1)}\langle\xi',j'm'|T_{q\pm1}^{(k)}|\xi,jm\rangle$$

可知

$$\begin{aligned}&\sqrt{(j'\pm m')(j'\mp m'+1)}\langle\xi',j'm'|T_q^{(k)}|\xi,jm\rangle\\=&\sqrt{(k\mp q)(k\pm q+1)}\langle\xi',j'm'|T_{q\pm1}^{(k)}|\xi,jm\rangle\\&+\sqrt{(j\mp m)(j\pm m+1)}\langle\xi',j'm'|T_q^{(k)}|\xi,jm\pm1\rangle\end{aligned}$$

将这个递推关系和 C-G 系数的递推关系相比较即可发现，两者完全相似，是相同系数的线性齐次方程，即

$$\sum_j \alpha_{ij}x_j=0,\quad \sum_j \alpha_{ij}y_j=0$$

可得 $\boldsymbol{x}\propto\boldsymbol{y}$。即矩阵元$\langle\xi',j'm'|T_{q\pm1}^{(k)}|\xi,jm\rangle$与 C-G 系数$\langle jmkq\pm1|jkj'm'\rangle$成正比，比例系数与三个磁量子数无关。

证毕。

2.17 证 1： 直接利用 Wigner—Eckart 定理当然立即知道。现在用 D 矩阵表达式的办法考虑。已知绕 $\boldsymbol{e}_x$ 转 π 角转动所对应的 D 矩阵为

$$(D_{mm'}^{(1)}(R(\pi\boldsymbol{e}_x)))=-\begin{pmatrix}0&0&1\\0&1&0\\1&0&0\end{pmatrix}$$

$$\begin{aligned}P_{R(\pi e_x)}(|1,1\rangle\quad|1,0\rangle\quad|1,-1\rangle)&=-(|1,1\rangle\quad|1,0\rangle\quad|1,-1\rangle)\begin{pmatrix}0&0&1\\0&1&0\\1&0&0\end{pmatrix}\\&=-(|1,-1\rangle\quad|1,0\rangle\quad|1,1\rangle)\end{aligned}$$

因此

$$\begin{aligned}A_{100\leftarrow211}&=C\,|\langle00|\boldsymbol{r}|11\rangle|^2=C\,|\langle00|P_{R(\pi e_x)}{}^{-1}P_{R(\pi e_x)}\boldsymbol{r}P_{R(\pi e_x)}{}^{-1}P_{R(\pi e_x)}|11\rangle|^2\\&=C\left|R(\pi\boldsymbol{e}_x)\langle00|\boldsymbol{r}\sum_{m=-1}^{+1}D_{m1}^{(1)}(R(\pi\boldsymbol{e}_x))|1m\rangle\right|^2\\&=C\langle1m|\sum_{m=-1}^{+1}D_{m1}^{(1)}(R(\pi\boldsymbol{e}_x))^*\,\boldsymbol{r}|00\rangle R(\pi\boldsymbol{e}_x)^T\cdot R(\pi\boldsymbol{e}_x)\langle00|\boldsymbol{r}\sum_{m=-1}^{+1}D_{m1}^{(1)}(R(\pi\boldsymbol{e}_x))|1m\rangle\end{aligned}$$

利用 $R(\pi\boldsymbol{e}_x)$正交性质 $R(\pi\boldsymbol{e}_x)^TR(\pi\boldsymbol{e}_x)=I$，以及$(D_{mm'}^{(1)}(R(\pi\boldsymbol{e}_x)))$表示，得

$$\begin{aligned}&=C\langle1m|\sum_{m=-1}^{+1}D_{m1}^{(1)}(R(\pi\boldsymbol{e}_x))^*\,\boldsymbol{r}|00\rangle\cdot\langle00|\boldsymbol{r}\sum_{m=-1}^{+1}D_{m1}^{(1)}(R(\pi\boldsymbol{e}_x))|1m\rangle\\&=C\langle1,-1|\boldsymbol{r}|00\rangle\cdot\langle00|\boldsymbol{r}|1,-1\rangle=A_{100\leftarrow21-1}\end{aligned}$$

同理得 $A_{100\leftarrow211}=A_{100\leftarrow210}$。另外，还可以直接计算检验(见下题)。

证 2： 直接计算证明。插入 π 角转动算符 $R(\pi\boldsymbol{e}_z)=\exp(\pi\partial/\partial\varphi)$，即知

① Sakurai J J. Modern Quantum Mechanics. Revised Ed. Addison Wesley Publishing Company，1994:239.

$$\langle 00|\{x,y,z\}|1,0\rangle=\langle 00|\{0,0,z\}|1,0\rangle$$
$$\langle 00|\{x,y,z\}|1,1\rangle=\langle 00|\{x,y,0\}|1,1\rangle$$
$$\langle 00|\{x,y,z\}|1,-1\rangle=\langle 00|\{x,y,0\}|1,-1\rangle$$

按球谐函数表达式

$$Y_{1,1}(\theta,\varphi)=-\sqrt{\frac{3}{8\pi}}\sin\theta e^{i\varphi},\quad Y_{1,0}(\theta,\varphi)=\sqrt{\frac{3}{4\pi}}\cos\theta,\quad Y_{1,-1}(\theta,\varphi)=\sqrt{\frac{3}{8\pi}}\sin\theta e^{-i\varphi}$$

有

$$|\boldsymbol{r}_{00,10}|^2=|z_{00,10}|^2=\left|r\sqrt{\frac{1}{4\pi}}\int_0^{2\pi}d\varphi\int_0^{\pi}\sqrt{\frac{3}{4\pi}}\cos^2\theta\sin\theta d\theta\right|^2=\frac{r^2}{3}$$

$$|\boldsymbol{r}_{00,11}|^2=|x_{00,11}|^2+|y_{00,11}|^2=|x_{00,11}^{(+)}|^2+|x_{00,11}^{(-)}|^2=|x_{00,11}^{(-)}|^2$$

$$=\left|\int\sqrt{\frac{1}{4\pi}}r\frac{e^{-i\varphi}\sin\theta}{\sqrt{2}}\sqrt{\frac{3}{8\pi}}e^{i\varphi}\sin\theta\sin\theta d\theta d\varphi\right|^2=\frac{3r^2}{16}\left|\int_0^{\pi}\sin^3\theta d\theta\right|^2=\frac{r^2}{3}$$

$$|\boldsymbol{r}_{00,1-1}|^2=|x_{00,1-1}|^2+|y_{00,1-1}|^2=|x_{00,1-1}^{(+)}|^2+|x_{00,1-1}^{(-)}|^2=|x_{00,1-1}^{(+)}|^2$$

$$=\frac{3r^2}{16}\left|\int_0^{\pi}\sin^3\theta d\theta\right|^2=\frac{r^2}{3}$$

这也就是 $A_{100\leftarrow 211}=A_{100\leftarrow 21-1}=A_{100\leftarrow 210}$。

2.18 解：从 Hamilton 量出发考察。如果中子有电矩 $\boldsymbol{d}$,则在电场中有附加相互作用 $H_i=-\boldsymbol{d}\cdot\boldsymbol{E}$,此时 Hamilton 量为 $H=H_0-\boldsymbol{d}\cdot\boldsymbol{E}$。假定原先 H_0 是时间反演变换不变的,而这附加项则为

$$T(-\boldsymbol{d}\cdot\boldsymbol{E})T^{-1}=T(\boldsymbol{d}(\boldsymbol{x})\cdot\nabla\varphi(\boldsymbol{x},t))T^{-1}$$
$$=T\boldsymbol{d}(\boldsymbol{x})T^{-1}\cdot\nabla(T\varphi(\boldsymbol{x},t)T^{-1})=\boldsymbol{d}(\boldsymbol{x})\cdot\nabla\varphi(\boldsymbol{x},-t)$$
$$\neq\boldsymbol{d}(\boldsymbol{x})\cdot\nabla\varphi(\boldsymbol{x}t)$$

在含时电场中,这一项显然表现为时间反演对称性的破缺。

2.19 答：α 粒子角动量为零。双玻色子系统总波函数应当对称,这要求相对运动轨道角动量(也就是总角动量)量子数为偶数。衰变前后,总角动量应当守恒(不可用宇称守恒概念)。要求衰变前 Be^8 核处于总角动量为相同偶数的状态。

2.20 证：$\frac{1}{2}(1+\sigma_x^1\sigma_x^2+\sigma_y^1\sigma_y^2+\sigma_z^1\sigma_z^2)\chi_1\left(\frac{1}{2}\right)\chi_2\left(-\frac{1}{2}\right)$

$$=\frac{1}{2}\left\{\chi_1\left(\frac{1}{2}\right)\chi_2\left(-\frac{1}{2}\right)+\chi_1\left(-\frac{1}{2}\right)\chi_2\left(\frac{1}{2}\right)+i\chi_1\left(-\frac{1}{2}\right)(-i)\chi_2\left(\frac{1}{2}\right)\right.$$
$$\left.+\chi_1\left(\frac{1}{2}\right)(-1)\chi_2\left(-\frac{1}{2}\right)\right\}$$
$$=\chi_1\left(-\frac{1}{2}\right)\chi_2\left(\frac{1}{2}\right)$$

另外,$P_s^2=\frac{1}{4}(1+2\boldsymbol{\sigma}_1\cdot\boldsymbol{\sigma}_2+(\boldsymbol{\sigma}_1\cdot\boldsymbol{\sigma}_2)^2)=\frac{1}{4}(1+2\boldsymbol{\sigma}_1\cdot\boldsymbol{\sigma}_2+3-2\boldsymbol{\sigma}_1\cdot\boldsymbol{\sigma}_2)=1$。

2.21 答：当 φ_1,φ_2 相互正交时,动能算符 $\langle\varphi|T_1+T_2|\varphi\rangle=\langle\varphi_1|T_1|\varphi_1\rangle+\langle\varphi_2|T_2|\varphi_2\rangle$,无交换积分 J。若 φ_1,φ_2 不正交,则需用 $\langle\varphi|H|\varphi\rangle=A'\pm J'$,$J'$ 为交换积分。

$$\langle\varphi|T_1+T_2|\varphi\rangle=\frac{1}{2}\{\langle 1_1|\langle 2_2|\pm\langle 1_2|\langle 2_1|\}(T_1+T_2)\{|1_1\rangle|2_2\rangle\pm|1_2\rangle|2_1\rangle\}$$

$$=\frac{1}{2}\{\langle 1_1|T_1|1_1\rangle+\langle 2_1|T_1|2_1\rangle\pm\langle 1_1|T_1|2_1\rangle\langle 2_2|1_2\rangle\pm\langle 2_1|T_1|1_1\rangle\langle 1_2|2_2\rangle\}$$

$$+\frac{1}{2}(1\leftrightarrow 2)$$

$$=\{\langle 1_1|T_1|1_1\rangle+\langle 2_1|T_1|2_1\rangle\}\pm 2\mathrm{Re}\{\langle 1_1|T_1|2_1\rangle\langle 2_2|1_2\rangle\}$$

于是用 Hamilton 量作平均时，形式仍然为

$$\langle\varphi(\boldsymbol{r}_1,\boldsymbol{r}_2)|H|\varphi(\boldsymbol{r}_1,\boldsymbol{r}_2)\rangle=A'\pm J'$$

2.22 解： 比如分析 4 个粒子系统总自旋角动量——对称性的序列。每个粒子 m_l 取值为 $2l+1=3$，只有 3 个独立的单粒子态。按上面定理，不可能通过它们乘积的组合构成 4 粒子系统的全反对称态。Yang 图中最长的列只有 3 格。于是，由式(2.105)各图出发，利用角动量耦合规则即得

□□□□ ： $U^{[4]}\to L=0(S),2(S),4(S)$

□□□
□ ： $U^{[31]}\to L=1,2,3$

□□
□□ ： $U^{[22]}\to L=0,2$

□□
□
□ ： $U^{[211]}\to L=1$

这时总角动量——对称性的序列是：4(S)→3→2→1→0（详见朗道.非相对论量子力学(上册).63 节的例题 2）。

第 3 章

3.9 解： 参照书中对 Fermion 的推导。

3.10 解： 见该段(3.4.2 节)叙述。

3.11 解： 较简明的推导见《大学物理》，1989 年第 12 期，第 17 页。

3.14 证：见文献①。

3.15 证：见上题文献①38 页。

第 4 章

4.7 解： 参见第 4 章 137 页脚注文献①。

第 5 章

5.2 证： 这里证明取自 148 页文献②。考虑带电体与电磁场相互作用系统，得带电体的总机械动量的变化率为

① Avery. Creation and Annihilation Operator. 79.

② 曹昌祺. 电动力学. 北京：人民教育出版社，1961：26.

$$\frac{\mathrm{d}\boldsymbol{P}_{\text{body}}}{\mathrm{d}t} = \int \mathrm{d}\boldsymbol{r}\boldsymbol{F} = \int \mathrm{d}\boldsymbol{r}\left(\rho\boldsymbol{E} + \frac{1}{c}\rho\boldsymbol{v} \times \boldsymbol{B}\right)$$

下面证明它等于

$$\frac{\mathrm{d}\boldsymbol{P}_{\text{body}}}{\mathrm{d}t} = -\frac{\mathrm{d}}{\mathrm{d}t}\int \mathrm{d}\boldsymbol{r}\,\frac{1}{c^2}\boldsymbol{S}$$

因为，将 Maxwell 方程($\rho=\frac{1}{4\pi}\nabla \cdot \boldsymbol{E}, \rho\boldsymbol{v}=\frac{c}{4\pi}\nabla\times\boldsymbol{B}-\frac{1}{4\pi}\dot{\boldsymbol{E}}$)代入 Lorentz 力公式，得

$$\boldsymbol{F}=\frac{1}{4\pi}(\nabla\cdot\boldsymbol{E})\boldsymbol{E}+\frac{1}{4\pi}\left(\nabla\times\boldsymbol{B}-\frac{1}{c}\dot{\boldsymbol{E}}\right)\times\boldsymbol{B}$$

再用另一组 Maxwell 方程($\nabla\cdot\boldsymbol{B}=0, \nabla\times\boldsymbol{E}+\frac{1}{c}\dot{\boldsymbol{B}}=0$)，得

$$\frac{1}{4\pi}(\nabla\cdot\boldsymbol{B})\boldsymbol{B}+\frac{1}{4\pi}\left(\nabla\times\boldsymbol{E}+\frac{1}{c}\dot{\boldsymbol{B}}\right)\times\boldsymbol{E}=0$$

将 Lorentz 力公式右边写为对 $\boldsymbol{E}$ 和 $\boldsymbol{B}$ 为对称的形式。最后得(见脚注)

$$\boldsymbol{F}=-\nabla\cdot\boldsymbol{\Phi}-\frac{1}{c^2}\frac{\partial S}{\partial t}$$

这里

$$\begin{cases}\boldsymbol{\Phi}=\dfrac{1}{4\pi}\left[\dfrac{1}{2}(E^2+B^2)\boldsymbol{F}-\boldsymbol{E}\boldsymbol{E}-\boldsymbol{B}\boldsymbol{B}\right], \quad \boldsymbol{F}=ii+jj+kk \\ \dfrac{1}{c^2}\dfrac{\partial S}{\partial t}=\dfrac{1}{4\pi c}\dfrac{\partial}{\partial t}(\boldsymbol{E}\times\boldsymbol{B})=\dfrac{1}{4\pi c}(\dot{\boldsymbol{E}}\times\boldsymbol{B}+\boldsymbol{E}\times\dot{\boldsymbol{B}})\end{cases}$$

将 $\boldsymbol{F}$ 表达式代入前面积分公式，得

$$\frac{\mathrm{d}\boldsymbol{P}_{\text{body}}}{\mathrm{d}t}=-\frac{\mathrm{d}}{\mathrm{d}t}\int\mathrm{d}\boldsymbol{r}\,\frac{1}{c^2}\boldsymbol{S}-\oiint_{\infty}\mathrm{d}\boldsymbol{\sigma}\cdot\boldsymbol{\Phi}=-\frac{\mathrm{d}}{\mathrm{d}t}\int\mathrm{d}\boldsymbol{r}\,\frac{1}{c^2}\boldsymbol{S}$$

这里用了无穷远处场为零的假定。于是按此系统空间平移不变性，得

$$\frac{\mathrm{d}\boldsymbol{P}_{\text{body}}}{\mathrm{d}t}+\frac{\mathrm{d}\boldsymbol{P}_{\text{em}}}{\mathrm{d}t}=0, \quad \boldsymbol{P}_{\text{em}}=\int\mathrm{d}\boldsymbol{r}\,\frac{1}{c^2}\boldsymbol{S}=\int\mathrm{d}\boldsymbol{r}\,\frac{1}{4\pi c}\boldsymbol{E}\times\boldsymbol{B}$$

5.3 解：根据电磁场总能量公式

$$H_{em}=\frac{1}{8\pi}\int\mathrm{d}\boldsymbol{r}(\boldsymbol{E}^2+\boldsymbol{H}^2)$$

由于

$$\nabla\cdot(\boldsymbol{A}\times\boldsymbol{H})=(\nabla\times\boldsymbol{A})\cdot\boldsymbol{H}-\boldsymbol{A}\cdot(\nabla\times\boldsymbol{H})=\boldsymbol{H}^2-\boldsymbol{A}\cdot\{\nabla\cdot(\nabla\boldsymbol{A})-\Delta\boldsymbol{A}\}=\boldsymbol{H}^2+\boldsymbol{A}\cdot\Delta\boldsymbol{A}$$

所以得到

$$H_{em}=\frac{1}{8\pi}\int\mathrm{d}\boldsymbol{r}\left\{\frac{1}{c^2}\frac{\partial\boldsymbol{A}}{\partial t}\cdot\frac{\partial\boldsymbol{A}}{\partial t}-\boldsymbol{A}\cdot\Delta\boldsymbol{A}\right\}=\frac{1}{8\pi}\int\mathrm{d}\boldsymbol{r}\left\{\frac{1}{c^2}\frac{\partial\boldsymbol{A}}{\partial t}\cdot\frac{\partial\boldsymbol{A}}{\partial t}+\nabla\boldsymbol{A}\cdot\nabla\boldsymbol{A}\right\}$$

由此，将第二项分部积分，注意现在电磁场是横向的，即得结果。

5.4 解：首先反解出量子系数。由下面知 $\boldsymbol{\varepsilon}_\lambda(\boldsymbol{k})\cdot\boldsymbol{\varepsilon}_{\lambda'}(-\boldsymbol{k})=(-1)^\lambda\delta_{\lambda\lambda'}$。作变换

$$\int\mathrm{d}\boldsymbol{r}\boldsymbol{A}_t(x)\cdot\boldsymbol{\varepsilon}_\lambda(\boldsymbol{k})\mathrm{e}^{-\mathrm{i}kx}\,\frac{1}{c}\sqrt{\frac{\omega_{\boldsymbol{k}}}{8\pi(2\pi)^3\hbar}}=\int\mathrm{d}^3k'\sqrt{\frac{2\pi\hbar c^2}{\omega'_{\boldsymbol{k}}}}\cdot\frac{1}{c}\sqrt{\frac{\omega_{\boldsymbol{k}}}{8\pi\hbar}}$$

$$\cdot\sum_{\lambda'}\left[a_{\lambda'}(\boldsymbol{k}')\delta(\boldsymbol{k}-\boldsymbol{k}')\mathrm{e}^{-\mathrm{i}\omega'_{\boldsymbol{k}}t+\mathrm{i}\omega_{\boldsymbol{k}}t}+a^+_{\lambda'}(\boldsymbol{k}')\delta(\boldsymbol{k}+\boldsymbol{k}')\mathrm{e}^{\mathrm{i}\omega'_{\boldsymbol{k}}t+\mathrm{i}\omega_{\boldsymbol{k}}t}\right]\boldsymbol{\varepsilon}_{\lambda'}(\boldsymbol{k}')\cdot\boldsymbol{\varepsilon}_\lambda(\boldsymbol{k})$$

$$=\frac{1}{2}a_\lambda(\boldsymbol{k})+\frac{(-1)^\lambda}{2}a^+_\lambda(-\boldsymbol{k})\mathrm{e}^{2\mathrm{i}\omega_{\boldsymbol{k}}t}$$

$$\int \mathrm{d}\boldsymbol{r}\boldsymbol{E}_t(x)\cdot\boldsymbol{\varepsilon}_\lambda(\boldsymbol{k})\mathrm{e}^{-ikx}\sqrt{\frac{1}{8\pi(2\pi)^3\hbar\omega_{\boldsymbol{k}}}} = \mathrm{i}\int \mathrm{d}^3k'\ \sqrt{2\pi\hbar\omega'_{\boldsymbol{k}}}\sqrt{\frac{1}{8\pi\hbar\omega_{\boldsymbol{k}}}}$$
$$\cdot\sum_{\lambda'=1}^{2}[a_{\lambda'}(\boldsymbol{k}')\delta(\boldsymbol{k}-\boldsymbol{k}')\mathrm{e}^{-\mathrm{i}\omega'_{\boldsymbol{k}}t+\mathrm{i}\omega_{\boldsymbol{k}}t}-a_{\lambda'}^{+}(\boldsymbol{k}')\delta(\boldsymbol{k}+\boldsymbol{k}')\mathrm{e}^{\mathrm{i}\omega'_{\boldsymbol{k}}t+\mathrm{i}\omega_{\boldsymbol{k}}t}]\boldsymbol{\varepsilon}_{\lambda'}(\boldsymbol{k}')\cdot\boldsymbol{\varepsilon}_\lambda(\boldsymbol{k})$$
$$=\frac{\mathrm{i}}{2}a_\lambda(\boldsymbol{k})-\frac{\mathrm{i}(-1)^\lambda}{2}a_\lambda^{+}(-\boldsymbol{k})\mathrm{e}^{2\mathrm{i}\omega_{\boldsymbol{k}}t}$$

将两式相加减，并按下面注意作极化矢量的变换，即得

$$\begin{cases}a_\lambda(\boldsymbol{k})=\int\dfrac{\mathrm{d}\boldsymbol{r}}{(2\pi)^{3/2}}\mathrm{e}^{-ikx}\left\{\dfrac{1}{c}\sqrt{\dfrac{\omega_{\boldsymbol{k}}}{8\pi\hbar}}\boldsymbol{A}_t(x)-\dfrac{\mathrm{i}}{\sqrt{8\pi\hbar\omega_{\boldsymbol{k}}}}\boldsymbol{E}_t(x)\right\}\cdot\boldsymbol{\varepsilon}_\lambda(\boldsymbol{k})\\ a_\lambda^{+}(\boldsymbol{k})=\int\dfrac{\mathrm{d}\boldsymbol{r}}{(2\pi)^{3/2}}\mathrm{e}^{ikx}\left\{\dfrac{1}{c}\sqrt{\dfrac{\omega_{\boldsymbol{k}}}{8\pi\hbar}}\boldsymbol{A}_t(x)+\dfrac{\mathrm{i}}{\sqrt{8\pi\hbar\omega_{\boldsymbol{k}}}}\boldsymbol{E}_t(x)\right\}\cdot\boldsymbol{\varepsilon}_\lambda(\boldsymbol{k})\end{cases}$$

注意，在求出 $a_\lambda^{+}(-\boldsymbol{k})$ 的表达式中，含有 $(-1)^\lambda$ 和时间指数。$(-1)^\lambda$ 因子是，将该式两边 $-\boldsymbol{k}\to\boldsymbol{k}$ 时，积分号下也出 $(-1)^\lambda$，即

$$\boldsymbol{\varepsilon}_\lambda(\boldsymbol{k})\to\boldsymbol{\varepsilon}_\lambda(-\boldsymbol{k})=(-1)^\lambda\boldsymbol{\varepsilon}_\lambda(\boldsymbol{k})$$

此变换来自右手标架规定：$\boldsymbol{\varepsilon}_1(\boldsymbol{k})\sim\boldsymbol{e}_x,\boldsymbol{\varepsilon}_2(\boldsymbol{k})\sim\boldsymbol{e}_y,\boldsymbol{k}\sim\boldsymbol{e}_z$，于是 $\boldsymbol{\varepsilon}_1(-\boldsymbol{k})\sim-\boldsymbol{e}_x,\boldsymbol{\varepsilon}_2(-\boldsymbol{k})\sim\boldsymbol{e}_y,\boldsymbol{k}\sim-\boldsymbol{e}_z$。于是相互抵消。时间指数是，将 $e^{-2\mathrm{i}\omega_{\boldsymbol{k}}t}$ 乘入积分号下，改变时间分量（指数上）的符号，再将参变量 $\boldsymbol{k}\to-\boldsymbol{k}$，即完成了 $a_\lambda^{+}(-\boldsymbol{k})\to a_\lambda^{+}(\boldsymbol{k})$ 的表达式。

5.5　解：

$$[a_\lambda(\boldsymbol{k}),a_{\lambda'}^{+}(\boldsymbol{k}')]=\int\frac{\mathrm{d}(\boldsymbol{r}\boldsymbol{r}')}{(2\pi)^3}\mathrm{e}^{-ikx+ik'x'}\left[\left(\frac{1}{c}\sqrt{\frac{\omega_k}{8\pi\hbar}}\boldsymbol{A}_t(\boldsymbol{r}t)-\frac{\mathrm{i}}{\sqrt{8\pi\hbar\omega_k}}\boldsymbol{E}_t(\boldsymbol{r}t)\right)\cdot\boldsymbol{\varepsilon}_\lambda(\boldsymbol{k}),\right.$$
$$\left.\left(\frac{1}{c}\sqrt{\frac{\omega'_k}{8\pi\hbar}}\boldsymbol{A}_t(\boldsymbol{r}'t)+\frac{i}{\sqrt{8\pi\hbar\omega'_k}}\boldsymbol{E}_t(\boldsymbol{r}'t)\right)\cdot\boldsymbol{\varepsilon}_\lambda{}'(\boldsymbol{k}')\right]$$
$$=\int\frac{\mathrm{d}(\boldsymbol{r}\boldsymbol{r}')}{(2\pi)^3}\mathrm{e}^{-ikx+ik'x'}\frac{\mathrm{i}}{2\hbar}\left\{\sqrt{\frac{\omega_k}{\omega'_k}}\left[A_{ti}(\boldsymbol{r}t),\frac{1}{4\pi c}E_{tj}(\boldsymbol{r}'t)\right]\varepsilon_\lambda(\boldsymbol{k})_i\varepsilon'_\lambda(\boldsymbol{k}')_j\right.$$
$$\left.+\sqrt{\frac{\omega'_k}{\omega_k}}\left[\frac{-1}{4\pi c}E_{ti}(\boldsymbol{r}t),A_{tj}(\boldsymbol{r}'t)\right]\varepsilon_\lambda(\boldsymbol{k})_i\varepsilon_{\lambda'}(\boldsymbol{k}')_j\right\}$$
$$=\int\frac{\mathrm{d}(\boldsymbol{r}\boldsymbol{r}')}{(2\pi)^3}\mathrm{e}^{-ikx+ik'x'}\frac{\mathrm{i}}{2\hbar}\left\{\sqrt{\frac{\omega_k}{\omega'_k}}(-\mathrm{i}\hbar)\delta_{ij}^{\perp}(\boldsymbol{r}-\boldsymbol{r}')\right.$$
$$\left.-\sqrt{\frac{\omega'_k}{\omega_k}}\mathrm{i}\hbar\delta_{ij}^{\perp}(\boldsymbol{r}-\boldsymbol{r}')\right\}\varepsilon_\lambda(\boldsymbol{k})_i\varepsilon_\lambda{}'(\boldsymbol{k}')_j$$
$$=\int\frac{\mathrm{d}(\boldsymbol{r}\boldsymbol{r}')}{(2\pi)^3}\mathrm{e}^{-\mathrm{i}\omega_{\boldsymbol{k}}t+\mathrm{i}\omega'_{\boldsymbol{k}}t}\frac{1}{2}\left(\sqrt{\frac{\omega_k}{\omega'_k}}+\sqrt{\frac{\omega'_k}{\omega_k}}\right)\mathrm{e}^{-\mathrm{i}\boldsymbol{k}\cdot\boldsymbol{r}+\mathrm{i}\boldsymbol{k}'\cdot\boldsymbol{r}'}\varepsilon_\lambda(\boldsymbol{k})_i\varepsilon_{\lambda'}(\boldsymbol{k}')_j\delta_{ij}^{\perp}(\boldsymbol{r}-\boldsymbol{r}')$$
$$=\frac{1}{2}\left(\sqrt{\frac{\omega_k}{\omega'_k}}+\sqrt{\frac{\omega'_k}{\omega_k}}\right)\delta(\boldsymbol{k}'-\boldsymbol{k})\left(\delta_{ij}-\frac{k_ik_j}{\boldsymbol{k}^2}\right)\varepsilon_\lambda(\boldsymbol{k})_i\varepsilon_{\lambda'}(\boldsymbol{k}')_j$$
$$=\delta(\boldsymbol{k}'-\boldsymbol{k})\left(\boldsymbol{\varepsilon}_\lambda(\boldsymbol{k})\cdot\boldsymbol{\varepsilon}_{\lambda'}(\boldsymbol{k})-\frac{(\boldsymbol{k}\cdot\boldsymbol{\varepsilon}_\lambda(\boldsymbol{k}))(\boldsymbol{k}\cdot\boldsymbol{\varepsilon}_{\lambda'}(\boldsymbol{k}))}{\boldsymbol{k}^2}\right)$$
$$=\delta_{\lambda\lambda'}\delta(\boldsymbol{k}'-\boldsymbol{k})^{①}$$

① 利用了 $\boldsymbol{\varepsilon}_1\perp\boldsymbol{\varepsilon}_2\perp\boldsymbol{k}$.

推导中利用了等式(见下题证明)

$$\int \frac{d(\boldsymbol{r}\boldsymbol{r}')}{(2\pi)^3} e^{-i\boldsymbol{k}\cdot\boldsymbol{r}+i\boldsymbol{k}'\cdot\boldsymbol{r}'} \delta_{ij}^{\perp}(\boldsymbol{r}-\boldsymbol{r}') = (\delta_{ij} - \frac{k_i k_j}{\boldsymbol{k}^2})\delta(\boldsymbol{k}'-\boldsymbol{k})$$

5.6 证:

$$\begin{aligned}\int \frac{d(\boldsymbol{r}\boldsymbol{r}')}{(2\pi)^3} e^{-i\boldsymbol{k}\cdot\boldsymbol{r}+i\boldsymbol{k}'\cdot\boldsymbol{r}'} \delta_{ij}^{\perp}(\boldsymbol{r}-\boldsymbol{r}') &= \int \frac{d(\boldsymbol{r}\boldsymbol{r}'\boldsymbol{k}'')}{(2\pi)^6} e^{-i\boldsymbol{k}\cdot\boldsymbol{r}+i\boldsymbol{k}'\cdot\boldsymbol{r}'+i\boldsymbol{k}''\cdot(\boldsymbol{r}-\boldsymbol{r}')}(\delta_{ij} - \frac{k''_i k''_j}{\boldsymbol{k}''^2}) \\ &= \int \frac{d(\boldsymbol{r}'\boldsymbol{k}'')}{(2\pi)^3} e^{-i\boldsymbol{k}''\cdot\boldsymbol{r}'+i\boldsymbol{k}'\cdot\boldsymbol{r}'}(\delta_{ij} - \frac{k''_i k''_j}{\boldsymbol{k}''^2})\delta(\boldsymbol{k}-\boldsymbol{k}'') \\ &= \int d^3 k''(\delta_{ij} - \frac{k''_i k''_j}{\boldsymbol{k}''^2})\delta(\boldsymbol{k}-\boldsymbol{k}'')\delta(\boldsymbol{k}'-\boldsymbol{k}'') \\ &= (\delta_{ij} - \frac{k_i k_j}{\boldsymbol{k}^2})\delta(\boldsymbol{k}'-\boldsymbol{k})\end{aligned}$$

5.7 解: 这是电磁场传播子会涉及的 D 函数。

$$\begin{aligned}D(x) &= \frac{-i}{(2\pi)^3}\int \frac{d^3 k}{2|\boldsymbol{k}|}\{e^{ikx} - e^{-ikx}\} \\ &= \frac{-i}{2(2\pi)^3}\int d\theta d\varphi d|\boldsymbol{k}| \cdot |\boldsymbol{k}|\sin\theta\{e^{i|\boldsymbol{k}||\boldsymbol{r}|\cos\theta - i\omega_{\boldsymbol{k}}t} - e^{-i|\boldsymbol{k}||\boldsymbol{r}|\cos\theta + i\omega_{\boldsymbol{k}}t}\} \\ &= \frac{-i}{2(2\pi)^2}\int_0^{+\infty}|\boldsymbol{k}|d|\boldsymbol{k}|\int_{-1}^{+1}d\cos\theta\{e^{i|\boldsymbol{k}||\boldsymbol{r}|\cos\theta - i\omega_{\boldsymbol{k}}t} - e^{-i|\boldsymbol{k}||\boldsymbol{r}|\cos\theta + i\omega_{\boldsymbol{k}}t}\} \\ &= \frac{-1}{2(2\pi)^2|\boldsymbol{r}|}\int_0^{+\infty}d|\boldsymbol{k}|\{e^{i|\boldsymbol{k}|(|\boldsymbol{r}|-ct)} - e^{-i|\boldsymbol{k}|(|\boldsymbol{r}|+ct)} + e^{-i|\boldsymbol{k}|(|\boldsymbol{r}|-ct)} - e^{i|\boldsymbol{k}|(|\boldsymbol{r}|+ct)}\} \\ &= \frac{-1}{2(2\pi)^2|\boldsymbol{r}|}\int_{-\infty}^{+\infty}d|\boldsymbol{k}|\{e^{i|\boldsymbol{k}|(|\boldsymbol{r}|-ct)} - e^{-i|\boldsymbol{k}|(|\boldsymbol{r}|+ct)\cos\theta}\} \\ &= \frac{1}{4\pi|\boldsymbol{r}|}[\delta(|\boldsymbol{r}|+ct) - \delta(|\boldsymbol{r}|-ct)] \\ &= -\frac{1}{2\pi}\xi(t)\delta(\boldsymbol{r}^2 - c^2 t^2) \quad (\text{其中 } \xi(t) \equiv \frac{t}{|t|})\end{aligned}$$

注意 $\Box D(x)=0$,这可直接对指数形式的 D 表达式微分,并注意 $k^2=\boldsymbol{k}^2-|k|^2$ 来得到。

5.8 解: 写出 Maxwell 场 A_i, A_4 和 Schrödinger 场 ψ^* 的 Euler-Lagrange 方程

$$\frac{\partial \mathcal{L}}{\partial A_i} = \partial_\lambda \frac{\partial \mathcal{L}}{\partial(\partial_\lambda A_i)}, \quad \frac{\partial \mathcal{L}}{\partial A_4} = \partial_\lambda \frac{\partial \mathcal{L}}{\partial(\partial_\lambda A_4)}, \quad \frac{\partial \mathcal{L}}{\partial \psi^*} = \partial_\lambda \frac{\partial \mathcal{L}}{\partial(\partial_\lambda \psi^*)}$$

将 Lagrange 密度代入关于 A_i, A_4 的 Euler-Lagrange 方程,得到

$$\begin{cases}\dfrac{\partial \mathcal{L}}{\partial A_i} = -\dfrac{\hbar^2}{2\mu}\left(\dfrac{-iq}{\hbar c}\psi\right)^*\left[(\partial_i - \dfrac{iq}{\hbar c}A_i)\psi\right] - \dfrac{\hbar^2}{2\mu}\left[(\partial_i - \dfrac{iq}{\hbar c}A_i)\psi\right]^*\left(\dfrac{-iq}{\hbar c}\psi\right) \\ \quad = \dfrac{q}{c}\left\{-\dfrac{i\hbar}{2\mu}[\psi^*(\partial_i\psi) - (\partial_i\psi)^*\psi] - \dfrac{q}{\mu c}\psi^* A_i\psi\right\} = \dfrac{q}{c}j_i \\ \partial_\lambda \dfrac{\partial \mathcal{L}}{\partial(\partial_\lambda A_i)} = \partial_\lambda\left(\dfrac{-1}{16\pi}2\cdot 2\cdot F_{\lambda i}\right) = \dfrac{-1}{4\pi}\left(\Box A_i - \dfrac{1}{c}\partial_i\varphi\right)\end{cases}$$

$$\begin{cases}\dfrac{\partial \mathcal{L}}{\partial A_4} = i\hbar\psi^*\dfrac{q}{\hbar}\psi = iq\psi^*\psi \\ \partial_\lambda \dfrac{\partial \mathcal{L}}{\partial(\partial_\lambda A_4)} = \partial_i\left(\dfrac{-1}{16\pi}2\cdot 2\cdot F_{i4}\right) = \dfrac{-i}{4\pi}\Delta\varphi\end{cases}$$

将 L 对 ψ^* 微分项作分部积分,再代入 ψ^* 的 Euler-Lagrange 方程,得

$$\begin{cases}\dfrac{\partial \mathcal{L}}{\partial \psi^*}=\mathrm{i}\hbar\dot{\psi}-q\varphi\psi+\dfrac{\hbar^2}{2\mu}\left[(\partial_i-\dfrac{\mathrm{i}q}{\hbar c}A_i)^2\psi\right]-V_1\psi\\ \partial_\lambda\dfrac{\partial \mathcal{L}}{\partial(\partial_\lambda\psi^*)}=0\end{cases}$$

最后得到

$$\begin{cases}\mathrm{i}\hbar\dot{\psi}=-\dfrac{\hbar^2}{2\mu}\left[\left(\partial_i-\dfrac{\mathrm{i}q}{\hbar c}A_i\right)^2\psi\right]+q\varphi\psi+V_1\psi\\ \left(\Box \boldsymbol{A}-\dfrac{1}{c}\nabla\varphi\right)=-\dfrac{4\pi q}{c}\boldsymbol{j}\equiv-\dfrac{4\pi}{c}\boldsymbol{J},\quad \Delta\varphi=-4\pi q\psi^*\psi\end{cases}$$

5.9 答：如果在 Lagrange 密度的相互作用项中含有某个场场量的时间导数(当然同时还含有另一个场的场量)，则这个场的广义动量场将含有另一个场的场量。于是二次量子化后，这个场的对易关系将受另一个场的影响。比如，另一个场的Fermion(Boson)性不同于这个场，再加上这种影响不是二次型形式，将不能保证量子化基本对易规则不随时间改变。构造相互作用时，应当考虑避免这种情况。

第 6 章

6.1 解： 参见文献①。Sommerfeld 最早表明，将狭义相对论和初等量子理论相结合，可以给出与实验符合很好的氢原子精细结构能级公式。在相对论性理论中，只有标势($\boldsymbol{A}=0,V$)情况下的 Lagrange 函数为

$$\mathcal{L}=-m_0c^2\sqrt{1-\beta^2}-eV$$

这里$\beta^2=v^2/c^2=(\dot{r}^2+r^2\dot{\varphi}^2)/c^2$。由于$\mathcal{L}$中不含$\varphi,t,\varphi$为循环坐标。这导致下面两个守恒量：(注意$\dot{r}\dfrac{\partial L}{\partial\dot{r}}+\dot{\varphi}\dfrac{\partial L}{\partial\dot{\varphi}}=v\dfrac{\partial L}{\partial v}$)

$$\begin{cases}\dfrac{\partial\mathcal{L}}{\partial\dot{\varphi}}=p_\varphi=\text{const.}\\ v\dfrac{\partial\mathcal{L}}{\partial v}-\mathcal{L}=\dot{r}\dfrac{\partial\mathcal{L}}{\partial\dot{r}}+\dot{\varphi}\dfrac{\partial L}{\partial\dot{\varphi}}-\mathcal{L}=E=\text{const.}\end{cases}$$

这时$p_\varphi=\dfrac{m_0r^2\dot{\varphi}}{\sqrt{1-\beta^2}},p_r=\dfrac{\partial L}{\partial\dot{r}}=\dfrac{m_0\dot{r}}{\sqrt{1-\beta^2}}$。若$\mathcal{L}$不显含$t$，则由$\mathcal{H}=\sum\limits_{i=1}^{N}p_i\dot{q}_i-\mathcal{L}$，

$$\begin{aligned}\frac{\mathrm{d}\mathcal{H}}{\mathrm{d}t}&=\sum_{i=1}^{N}(\dot{p}_i\dot{q}_i+p_i\ddot{q}_i)-\sum_{i=1}^{N}\left(\frac{\partial\mathcal{L}}{\partial q_i}\dot{q}_i+\frac{\partial\mathcal{L}}{\partial\dot{q}_i}\ddot{q}_i\right)\\&=\sum_{i=1}^{N}\left(\dot{p}_i\dot{q}_i-\frac{\partial\mathcal{L}}{\partial q_i}\dot{q}_i\right)=\sum_{i=1}^{N}\left[\dot{p}_i\dot{q}_i-\left(\frac{\mathrm{d}}{\mathrm{d}t}\frac{\partial\mathcal{L}}{\partial\dot{q}_i}\right)\dot{q}_i\right]=0\end{aligned}$$

实际函数关系为：$\mathcal{H}=\sum\limits_{i=1}^{N}p_i\dot{q}_i(q_j,p_j)-\mathcal{L}(q_i,\dot{q}_i(q_j,p_j))$。详细微分应按此公式进行，结果和上面简写的一样。于是有

$$\begin{aligned}\mathcal{E}&=v\frac{\partial\mathcal{L}}{\partial v}-\mathcal{L}=\frac{m_0c^2}{\sqrt{1-\beta^2}}+eV=c\sqrt{m_0^2c^2+\frac{m_0^2(\dot{r}^2+r^2\dot{\varphi}^2)}{1-\beta^2}}+eV\\&=c\sqrt{m_0^2c^2+p_r^2+\frac{p_\varphi^2}{r^2}}+eV\end{aligned}$$

① 索科洛夫 A A. 量子电动力学导论. 469.

由此守恒量解出 p_r，得（$eV=-\frac{e^2}{r}$，$E_{nr}\equiv E-m_0c^2$）

$$p_r=\sqrt{-A+\frac{2B}{r}-\frac{C}{r^2}},\quad A=m_0^2c^2\left[1-\left(1+\frac{E_{nr}}{m_0c^2}\right)^2\right],\quad B=m_0e^2\left(1+\frac{E_{nr}}{m_0c^2}\right),\quad C=p_\varphi^2-\frac{e^4}{c^2}$$

依量子化条件 $\oint p_r\mathrm{d}r=n_rh$，$\oint p_\varphi\mathrm{d}\varphi=n_\varphi h$，得 $p_\varphi=n_\varphi h$，计及椭圆轨道，有

$$\oint p_r\mathrm{d}r=\oint\sqrt{-A+\frac{2B}{r}-\frac{C}{r^2}}\mathrm{d}r=2\int_{r_{\min}}^{r_{\max}}\sqrt{-A+\frac{2B}{r}-\frac{C}{r^2}}=2\pi\left(\frac{B}{\sqrt{A}}-\sqrt{C}\right)=n_r\hbar$$

将所得系数代入此式，得

$$n_r\hbar=\left\{\frac{m_0e^2\left(1+\frac{E_{nr}}{m_0c^2}\right)}{m_0c\sqrt{\left[1-\left(1+\frac{E_{nr}}{m_0c^2}\right)^2\right]}}-\sqrt{n_\varphi^2h^2-\frac{e^4}{c^2}}\right\}$$

注意 $\frac{e^2}{\hbar c}=\alpha$，得

$$\left\{n_r+\sqrt{n_\varphi^2-\alpha^2}\right\}=\frac{\alpha\left(1+\frac{E_{nr}}{m_0c^2}\right)}{\sqrt{1-\left(1+\frac{E_{nr}}{m_0c^2}\right)^2}}$$

平方后解出 $1+\frac{E_{nr}}{m_0c^2}$，得

$$1+\frac{E_{nr}}{m_0c^2}=\left\{1+\frac{\alpha^2}{(n_r+\sqrt{n_\varphi^2-\alpha^2})^2}\right\}^{-\frac{1}{2}}$$

这也是后来由 Dirac 方程求出的氢原子能级精细结构公式。$\alpha=\frac{1}{137}$是小量，展开右边分母根号并取至 α^4 项，得$\left(R=\frac{m_0e^4}{4\pi\hbar^3}\right)$

$$E_{nr}=-\frac{2\pi\hbar R}{n^2}\left\{1+\frac{Z^2\alpha^2}{n^2}\left(\frac{n}{l+1}-\frac{3}{4}\right)+\cdots\right\},\quad l=n_\varphi-1$$

6.2 提示：这里应视 φ 和 φ^* 均为独立变数。代入对 φ^* 的 Euler-Lagrnge 方程，即得关于 φ 的 K-G 方程。根据能量密度表达式

$$E=-T_{44}=(\partial_4\varphi)\frac{\partial\mathcal{L}_{\mathrm{KG}}}{\partial(\partial_4\varphi)}+(\partial_4\varphi^*)\frac{\partial\mathcal{L}_{\mathrm{KG}}}{\partial(\partial_4\varphi^*)}-\mathcal{L}_{\mathrm{KG}}$$

将 Lagrnge 密度代入后，可得

$$E=m_0c^2|\varphi|^2+\frac{\hbar^2}{m_0}\left[(\nabla\varphi^*)\cdot(\nabla\varphi)+\frac{1}{c^2}\left|\frac{\partial\varphi}{\partial t}\right|^2\right]$$

注意平面波展开式各成分间相互是正交的，只需代入一项，对归一化体积 V 积分，再令其等于 $\hbar\omega$。即得箱归一展开中的系数为

$$\hbar\omega=A_kA_k^*\left\{m_0c^2+\frac{\hbar^2}{m_0}\left(\boldsymbol{k}^2+\frac{\omega^2}{c^2}\right)\right\}\to|A_k|^2=\frac{m_0c^2}{2\hbar\omega}$$

6.3 解： 参见文献①。作用在电子上的势为 $\boldsymbol{A}=0$，$eV=-\frac{e^2}{r}$，方程简化为

① 索科洛夫 A A. 量子电动力学导论. 北京：人民教育出版社，1962:478.

$$\left\{\Box-\kappa^2+\frac{e^4}{\hbar^2c^2r^2}+\mathrm{i}\,\frac{2e^2}{\hbar c^2 r}\frac{\partial}{\partial t}\right\}\varphi=0$$

取正能量的定态解，即令 $\varphi(\boldsymbol{x},t)=\varphi(\boldsymbol{x})\mathrm{e}^{-\mathrm{i}Et/\hbar}$（$E=E_{nr}+m_0c^2$，$E_{nr}$ 为非相对论能量）。波函数的空间部分为

$$\Delta\varphi+\frac{1}{c^2\hbar^2}\left[\left(E+\frac{e^2}{r}\right)^2-m_0^2c^4\right]\varphi=0$$

这个方程可用分离变量方法求解，即令 $\varphi(\boldsymbol{x})=R(r)Y_{lm}(\theta,\varphi)$，注意

$$\nabla^2=\frac{1}{r}\frac{\partial^2}{\partial r^2}r+\frac{1}{r^2}\nabla^2_{\theta,\varphi};\quad \nabla^2_{\theta,\varphi}Y_{lm}(\theta,\varphi)=-l(l+1)Y_{lm}(\theta,\varphi)$$

代入得（$\alpha=\dfrac{e^2}{\hbar c}\cong(137)^{-1}$）

$$\left(\Delta_r-A+\frac{2B}{r}-\frac{l'(l'+1)}{r^2}\right)R=0$$

$$A=\frac{m_0^2c^2}{\hbar^2}\left[1-\left(1+\frac{E_{nr}}{m_0c^2}\right)^2\right],\quad B=\frac{m_0e^2}{\hbar^2}\left(1+\frac{E_{nr}}{m_0c^2}\right),\quad l(l+1)-\alpha^2=l'(l'+1)$$

接着类似于氢原子求解，利用判定方程作函数变换，消去 $R(r)$ 系数中负二次幂项。为此作变换 $R=G\cdot r^{\rho}$，待定系数 ρ 满足判定方程，即可进一步求解下去了。解的有限性要求截断方程的广义幂级数解，这导致决定能谱的要求

$$\frac{B}{\sqrt{A}}=l'+k+1=n'$$

这里径向量子数 $k=0,1,2,\cdots$。最后，此“K-G 原子”精细结构公式为

$$1+\frac{E_{nr}}{m_0c^2}=\left[1+\frac{\alpha^2}{\left(k+\frac{1}{2}+\sqrt{\left(l+\frac{1}{2}\right)^2-\alpha^2}\right)^2}\right]^{-\frac{1}{2}},\quad k=0,1,2,\cdots$$

这里 k 是径向量子数，l 是轨道角动量量子数。按 α^2 幂次展开，得

$$E_{nr}=-\frac{2\pi\hbar R}{n^2}\left\{1+\frac{\alpha^2}{n^2}\left(\frac{n}{l+\frac{1}{2}}-\frac{3}{4}\right)+\cdots\right\}$$

此处主量子数 $n=l+k+1=1,2,\cdots$。

将此结果用到氢原子能级的精细结构问题，与 Sommerfeld 的经典力学计算结果相比较（见习题 6.1，主量子数 $n=n_r+n_\varphi$）。后者为

$$E_{nr}=-\frac{2\pi\hbar R}{n^2}\left\{1+\frac{\alpha^2}{n^2}\left(\frac{n}{n_\varphi}-\frac{3}{4}\right)+\cdots\right\}$$

差异在于 $l+\dfrac{1}{2}\leftrightarrow n_\varphi=l+1$。但 Sommerfeld 结果与实验是吻合的①。于是，就氢原子精细结构问题来说，采用考虑了相对论效应的 K-G 方程计算结果，反而不如旧量子理论的半经典力学计算结果。具体地用此公式计算氢原子 Balmer 线系中双线分裂时，结果与旧量子理论相差 $\dfrac{8}{3}$ 因子。分裂明显偏高于 Sommerfeld 公式的值。

关于 μ^-（π^-）介子环绕正电荷的“介原子”问题的进一步讨论参见此书 590 页。

① 前脚注文献，471 页。

6.4 解 见文献①。电磁场中 K-G 方程为

$$(D_iD_i+D_4D_4-k_c^2)\varphi(x)=0,\quad D_i^2=(\partial_i-\frac{\mathrm{ie}}{\hbar c}A_i)^2=(\Delta-\frac{\mathrm{ie}}{\hbar c}\boldsymbol{A}^2)$$

经历变换 $\varphi=\frac{1}{\sqrt{2}}(\varphi+\chi)$， $D_4\varphi=\frac{-k_c}{\sqrt{2}}(\varphi-\chi)$，于是 $D_4D_4\varphi=\frac{-k_c}{\sqrt{2}}(D_4\varphi-D_4\chi)$。即有如下方程组成立

$$\begin{cases}D_4\varphi+D_4\chi=-k_c\varphi+k_c\chi\\ D_4\varphi-D_4\chi=\frac{1}{k_c}D_iD_i(\varphi+\chi)-k_c(\varphi+\chi)\end{cases}$$

将这两个方程相加减，得

$$\begin{cases}D_4\varphi=\frac{1}{2k_c}(\Delta-\frac{\mathrm{ie}}{\hbar c}\boldsymbol{A}^2)^2(\varphi+\chi)-k_c\varphi\\ D_4\chi=-\frac{1}{2k_c}(\Delta-\frac{\mathrm{ie}}{\hbar c}\boldsymbol{A}^2)^2(\varphi+\chi)+k_c\chi\end{cases}$$

于是方程(6.8)分解为两个一阶时间导数的联立方程。将它们写清楚，

$$\begin{cases}\mathrm{i}\hbar(\frac{\partial\varphi}{\partial t})=\frac{1}{2m_0}(-\mathrm{i}\hbar\nabla-\frac{e}{c}\boldsymbol{A})^2(\varphi+\chi)+(eV+m_0c^2)\varphi\\ \mathrm{i}\hbar(\frac{\partial\chi}{\partial t})=-\frac{1}{2m_0}(-\mathrm{i}\hbar\nabla-\frac{e}{c}\boldsymbol{A})^2(\varphi+\chi)+(eV-m_0c^2)\chi\end{cases}$$

在此分解下相应的概率密度、概率流密度表达式分别为（记 $\boldsymbol{\Psi}=\begin{pmatrix}\varphi\\ \chi\end{pmatrix}$）

$$\begin{cases}\rho=\varphi^*\varphi-\chi^*\chi\\ \boldsymbol{j}=\frac{\hbar}{2m_0\mathrm{i}}\left\{\boldsymbol{\Psi}^+\begin{pmatrix}1&1\\1&1\end{pmatrix}(\nabla\boldsymbol{\Psi})-(\nabla\boldsymbol{\Psi}^+)\begin{pmatrix}1&1\\1&1\end{pmatrix}\boldsymbol{\Psi}\right\}-\frac{e}{m_0c}\boldsymbol{A}\boldsymbol{\Psi}^+\begin{pmatrix}1&1\\1&1\end{pmatrix}\boldsymbol{\Psi}\end{cases}$$

由此明显地看出，K-G 方程解中含有两种正反粒子的成分，总概率密度的“不正定性”正是由于(φ，χ)两者密度消长的结果。详细见文献。

6.5 证：参见文献②。

6.6 解： 按 Dirac 方程(6.15c)和 K-G 方程

$$(\gamma_\mu\partial_\mu+\kappa)\psi=0,\quad (\Box-\kappa^2)\psi=0$$

由 Dirac 方程(6.15c)得知

$$(\gamma_\mu\partial_\mu-\kappa)(\gamma_\nu\partial_\nu+\kappa)\psi=0\rightarrow\left[\frac{1}{2}\{\gamma_\mu,\gamma_\nu\}\partial_\mu\partial_\nu-\kappa^2\right]\psi=0$$

若要此方程成为 K-G 方程，必须要求 $\gamma_\mu\gamma_\nu+\gamma_\nu\gamma_\mu=2\delta_{\mu\nu}$。

6.7 证：先证第一条。取上式两边任一相应的矩阵元，证明它们必相等。

$$\begin{aligned}[\sigma_i\otimes\sigma_j\cdot\sigma_l\otimes\sigma_m]_{\alpha\beta,\gamma\delta}&=\sum_{\lambda\chi}(\sigma_i\otimes\sigma_j)_{\alpha\beta,\lambda\chi}(\sigma_l\otimes\sigma_m)_{\lambda\chi,\gamma\delta}\\ &\equiv\sum_{\lambda\chi}(\sigma_i)_{\alpha\lambda}(\sigma_j)_{\beta\chi}(\sigma_l)_{\lambda\gamma}(\sigma_m)_{\chi\delta}=\sum_{\lambda\chi}(\sigma_i)_{\alpha\lambda}(\sigma_l)_{\lambda\gamma}(\sigma_j)_{\beta\chi}(\sigma_m)_{\chi\delta}\end{aligned}$$

---

① Feshbach H, Villars F. Rev. Mod. Phys., 1958, 30: 24.

② 马修斯 P T. 基本粒子相互作用的相对论性量子理论. 北京：科学出版社，1962: 43.

$$[(\sigma_i\cdot\sigma_l)\otimes(\sigma_j\cdot\sigma_m)]_{\alpha\beta,\gamma\delta}\equiv(\sigma_i\cdot\sigma_l)_{\alpha\gamma}(\sigma_j\cdot\sigma_m)_{\beta\delta}$$
$$=\sum_{\lambda\chi}(\sigma_i)_{\alpha\lambda}(\sigma_l)_{\lambda\gamma}(\sigma_j)_{\beta\chi}(\sigma_m)_{\chi\delta}$$

两边确实相等。再证第二条。

$$(\sigma_i\otimes\sigma_j)^{\mathrm{T}}_{\alpha\beta,\lambda\chi}=(\sigma_i\otimes\sigma_j)_{\lambda\chi,\alpha\beta}=(\sigma_i)_{\lambda\alpha}(\sigma_j)_{\chi\beta}=(\sigma_i^{\mathrm{T}})_{\alpha\lambda}(\sigma_j^{\mathrm{T}})_{\beta\chi}=(\sigma_i^{\mathrm{T}}\otimes\sigma_j^{\mathrm{T}})_{\alpha\beta,\lambda\chi}$$

再证第三条。

$$(\sigma_i\otimes\sigma_j)(\sigma_i\otimes\sigma_j)^{-1}=(\sigma_i\otimes\sigma_j)(\sigma_i^{-1}\otimes\sigma_j^{-1})=(\sigma_i\cdot\sigma_i^{-1})\otimes(\sigma_j\cdot\sigma_j^{-1})=\sigma_0\otimes\sigma_0$$

6.8　解：$\gamma_5=\gamma_1\gamma_2\gamma_3\gamma_4=\sigma_2\otimes\sigma_1\cdot\sigma_2\otimes\sigma_2\cdot\sigma_2\otimes\sigma_3\cdot\sigma_3\otimes\sigma_0$

$$=\sigma_0\otimes(\mathrm{i}\sigma_3)\cdot(\mathrm{i}\sigma_1)\otimes\sigma_3=-\sigma_0\otimes\sigma_3\cdot\sigma_1\otimes\sigma_3=-\sigma_1\otimes\sigma_0$$

6.9　证：用直积写出就是，γ_μ 从表示（$\gamma'_i=\sigma_3\otimes\sigma_i$，$\gamma'_4=\sigma_2\otimes\sigma_0$）变换到 Dirac 表示（$\gamma_i=\sigma_2\otimes\sigma_i$，$\gamma_4=\sigma_3\otimes\sigma_0$）。题意是波函数 ψ 经受 U 变换，γ'_i 经 $U\gamma'_\mu U^{-1}$ 变换而变成 γ_μ，即寻找 U 使 $U\gamma'_\mu U^{-1}=\gamma_\mu$。

先取 $\gamma'_4\to\gamma_4$：设 $U=\lambda(A\otimes B)$，A,B 是某两个 2×2 自逆矩阵。有

$$\sigma_3\otimes\sigma_0=U\sigma_2\otimes\sigma_0U^{-1}=c\alpha\otimes\beta\cdot\sigma_2\otimes\sigma_0\cdot c^{-1}A\otimes B=A\sigma_2A\otimes B\sigma_0B$$

由此得 $\sigma_3=A\sigma_2A$。显然满足此方程的解为 $A=\frac{1}{\sqrt{2}}(\sigma_2+\sigma_3)$。

再往求 β。为此，再看 $\gamma'_i\to\gamma_i$：$\gamma_iU=U\gamma'_i$，即

$$(\sigma_2\otimes\sigma_i)(A\otimes B)=(A\otimes B)(\sigma_3\otimes\sigma_i)\Rightarrow\sigma_2A\otimes\sigma_iB=A\sigma_3\otimes B\sigma_i$$

显然可取 $B=\sigma_0$，所以得到 $U=\frac{1}{\sqrt{2}}(\sigma_2+\sigma_3)\otimes\sigma_0$。

6.10　答：从 Dirac 表示经 $S=\frac{1}{\sqrt{2}}(1+\mathrm{i}\gamma_2)$，$S^{-1}=\frac{1}{\sqrt{2}}(1-\mathrm{i}\gamma_2)$ 变换，得

$$\gamma_\mu^M=S\gamma_\mu S^{-1}=\frac{1}{2}(1+\mathrm{i}\gamma_2)\gamma_\mu(1-\mathrm{i}\gamma_2)$$
$$=\frac{1}{2}\{\gamma_\mu+\mathrm{i}\gamma_2\gamma_\mu-\mathrm{i}\gamma_\mu\gamma_2+\gamma_2\gamma_\mu\gamma_2\}$$

于是，当 $\mu\neq2$ 时，$\gamma_\mu^M=\mathrm{i}\gamma_2\gamma_\mu$；而当 $\mu=2$ 时，$\gamma_\mu^M=\gamma_2$。即

$$\gamma_\mu^M=\begin{cases}\gamma_2, & \mu=2\\ \mathrm{i}\gamma_2\gamma_\mu, & \mu\neq2\end{cases}$$

用直积表示为

$$\gamma_1^M=\sigma_0\otimes\sigma_3,\gamma_2^M=\sigma_2\otimes\sigma_2,\gamma_3^M=-\sigma_0\otimes\sigma_1,\gamma_4^M=-\sigma_1\otimes\sigma_2$$

6.11　证：只证第(1)条。

$$\left[c\boldsymbol{\alpha}\cdot\boldsymbol{p}+\beta m_0c^2,\boldsymbol{L}+\frac{\hbar}{2}\boldsymbol{\Sigma}\right]=\left[c\boldsymbol{\alpha}\cdot\boldsymbol{p},\boldsymbol{L}+\frac{\hbar}{2}\boldsymbol{\Sigma}\right]$$

$$=c\left[\begin{pmatrix}0 & \boldsymbol{\sigma}\cdot\boldsymbol{p}\\ \boldsymbol{\sigma}\cdot\boldsymbol{p} & 0\end{pmatrix},\begin{pmatrix}\boldsymbol{L}+\frac{\hbar}{2}\boldsymbol{\sigma} & 0\\ 0 & \boldsymbol{L}+\frac{\hbar}{2}\boldsymbol{\sigma}\end{pmatrix}\right]\Rightarrow\left[\boldsymbol{\sigma}\cdot\boldsymbol{p},\boldsymbol{L}+\frac{\hbar}{2}\boldsymbol{\sigma}\right]=0$$

最后的对易子等于零是真的，因为

$$\sum_i\left[\sigma_i p_i, L_j+\frac{\hbar}{2}\sigma_j\right]=\sum_i\left\{\sigma_i[p_i,L_j]+\left[\sigma_i,\frac{\hbar}{2}\sigma_j\right]p_i\right\}$$

$$=\sum_i\left\{\sigma_i(\mathrm{i}\hbar\varepsilon_{ijk}p_k)+\frac{\hbar}{2}(2\mathrm{i}\varepsilon_{ijk}\sigma_k)p_i\right\}=\mathrm{i}\hbar\sum_i\varepsilon_{ijk}(\sigma_i p_k+\sigma_k p_i)=0$$

最后求和等于零是由于 j 固定时 ε_{ijk} 关于 i、k 是反称的，而小括号中的量关于 i、k 是对称的，因此求和为零。 证毕。

6.12 解： 按前面习题 6.9，得幺正变换为

$$U=\frac{1}{\sqrt{2}}(\sigma_2\otimes\sigma_0+\sigma_3\otimes\sigma_0)=\frac{1}{\sqrt{2}}\begin{pmatrix}\sigma_0 & -\mathrm{i}\sigma_0\\ \mathrm{i}\sigma_0 & -\sigma_0\end{pmatrix}$$

于是 Dirac 方程由 Dirac 表象下的式(6.15)，经受函数变换 $\psi'=U\psi$

$$\varphi'=\frac{1}{\sqrt{2}}(\varphi-\mathrm{i}\chi),\quad \chi'=\frac{1}{\sqrt{2}}(\mathrm{i}\varphi-\chi)$$

而成为

$$\begin{cases}\mathrm{i}\hbar\dfrac{\partial\varphi'}{\partial t}=-\mathrm{i}m_0c^2\chi'-c\boldsymbol{\sigma}\cdot\hat{\boldsymbol{p}}\chi'\\ \mathrm{i}\hbar\dfrac{\partial\chi'}{\partial t}=\mathrm{i}m_0c^2\varphi'-c\boldsymbol{\sigma}\cdot\hat{\boldsymbol{p}}\varphi'\end{cases}$$

6.15 解： 因为电磁场的势与场强 $\boldsymbol{E}$、$\boldsymbol{H}$ 之间的关系是一次导数的，故为了引入场强，以

$$\gamma_\mu(\partial_\mu-\frac{\mathrm{i}e}{\hbar c}A_\mu)-\kappa$$

作用到有电磁场的 Dirac 方程上，得

$$\left[\gamma_\mu\left(\partial_\mu-\frac{\mathrm{i}e}{\hbar c}A_\mu\right)-\kappa\right]\left[\gamma_\nu\left(\partial_\nu-\frac{\mathrm{i}e}{\hbar c}A_\nu\right)+\kappa\right]\psi=0$$

注意 κ 是参数，可与小括号内 ∂_μ 交换，于是展开后得

$$\gamma_\mu\gamma_\nu\left(\partial_\mu-\frac{\mathrm{i}e}{\hbar c}A_\mu\right)\left(\partial_\nu-\frac{\mathrm{i}e}{\hbar c}A_\nu\right)\psi-\kappa^2\psi=0$$

在第一项双重求和中，分出 $\mu=\nu$ 的项，并注意 $\gamma_\mu^2=1$，于是

$$(\partial_\mu-\frac{\mathrm{i}e}{\hbar c}A_\mu)^2\psi+\sum_{\substack{\mu,\nu=1\\(\mu\neq\nu)}}^{4}\gamma_\mu\gamma_\nu\left(\partial_\mu-\frac{\mathrm{i}e}{\hbar c}A_\mu\right)\left(\partial_\nu-\frac{\mathrm{i}e}{\hbar c}A_\nu\right)\psi-\kappa^2\psi=0$$

求和号内两个小括号因子乘开来为

$$\partial_\mu\partial_\nu\psi-\frac{\mathrm{i}e}{\hbar c}(A_\mu\partial_\nu\psi+\partial_\mu A_\nu\psi)-\frac{e^2}{(\hbar c)^2}A_\mu A_\nu\psi$$

$$=\partial_\mu\partial_\nu\psi-\frac{\mathrm{i}e}{\hbar c}(A_\mu\partial_\nu\psi+A_\nu\partial_\mu\psi+\psi\partial_\mu A_\nu)-\frac{e^2}{(\hbar c)^2}A_\mu A_\nu\psi$$

注意：由于前面的乘子 $\gamma_\mu\gamma_\nu$ 是反称的($\gamma_\mu\gamma_\nu+\gamma_\nu\gamma_\mu=0$)，故上面凡属对称的项求和时均消失，只剩下第二项小括号中的最后第三项 $-\frac{\mathrm{i}e}{\hbar c}(\partial_\mu A_\nu)\psi$。于是方程第二项(求和项)现在为

$$\sum_{\mu\neq\nu}-\frac{\mathrm{i}e}{\hbar c}\gamma_\mu\gamma_\nu(\partial_\mu A_\nu)\psi=-\frac{\mathrm{i}e}{\hbar c}\sum_{\mu>\nu}\gamma_\mu\gamma_\nu(\partial_\mu A_\nu-\partial_\nu A_\mu)\psi$$

$$\equiv-\frac{\mathrm{i}e}{\hbar c}\sum_{\mu>\nu}\gamma_\mu\gamma_\nu F_{\mu\nu}\psi=-\frac{\mathrm{i}e}{2\hbar c}\sum_{\mu,\nu}\gamma_\mu\gamma_\nu F_{\mu\nu}\psi$$

最后一步是由于 $\gamma_\mu\gamma_\nu$ 反称，而 $F_{\mu\nu}\equiv\partial_\mu A_\nu-\partial_\nu A_\mu=-F_{\nu\mu}$ 也是反称，相乘为对称，将$\mu>\nu$求和扩展为 μ、ν 独立求和时要除以 2。

于是最后得

$$\left[\left(\partial_\mu-\frac{\mathrm{i}e}{\hbar c}A_\mu\right)^2-\kappa^2\right]\psi-\frac{1}{2}\gamma_\mu\gamma_\nu\frac{\mathrm{i}e}{\hbar c}F_{\mu\nu}\psi=0$$

注：由此方程可导出 Dirac.《量子力学原理》中 270 页式(34)。

因为

$$\gamma_1\gamma_2=\sigma_2\otimes\sigma_1\cdot\sigma_2\otimes\sigma_2=\mathrm{i}\sigma_0\otimes\sigma_3$$

$$\gamma_1\gamma_3=\sigma_2\otimes\sigma_1\cdot\sigma_2\otimes\sigma_3=-\mathrm{i}\sigma_0\otimes\sigma_2$$

$$\gamma_1\gamma_4=\sigma_2\otimes\sigma_1\cdot\sigma_3\otimes\sigma_0=\mathrm{i}\sigma_1\otimes\sigma_0$$

$$\gamma_2\gamma_3=\mathrm{i}\sigma_0\otimes\sigma_1,\quad \gamma_2\gamma_4=\mathrm{i}\sigma_1\otimes\sigma_2,\quad \gamma_3\gamma_4=\mathrm{i}\sigma_1\otimes\sigma_3$$

所以此方程第三项

$$=-\frac{\mathrm{i}e}{\hbar c}\{\gamma_1\gamma_2F_{12}+\gamma_1\gamma_3F_{13}+\gamma_1\gamma_4F_{14}+\gamma_2\gamma_3F_{23}+\gamma_2\gamma_4F_{24}+\gamma_3\gamma_4F_{34}\}\psi$$

$$=-\frac{\mathrm{i}e}{\hbar c}\{\mathrm{i}\sigma_0\otimes\sigma_3H_z+\mathrm{i}\sigma_0\otimes\sigma_2H_y-\mathrm{i}\sigma_1\otimes\sigma_1\cdot\mathrm{i}E_x$$
$$+\mathrm{i}\sigma_0\otimes\sigma_1H_x-\mathrm{i}\sigma_1\otimes\sigma_2\cdot\mathrm{i}E_y-\mathrm{i}\sigma_1\otimes\sigma_3\cdot\mathrm{i}E_z\}\psi$$

$$=-\frac{\mathrm{i}e}{\hbar c}\{\mathrm{i}\sigma_0\otimes(\boldsymbol{\sigma}\cdot\boldsymbol{H})+\mathrm{i}\sigma_1\otimes(\boldsymbol{\sigma}\cdot\boldsymbol{E})\}\psi$$

$$=-\frac{\mathrm{i}e}{\hbar c}\{\mathrm{i}\sigma_0\otimes\sigma_0(\boldsymbol{\sigma}\cdot\boldsymbol{H})+(\sigma_1\otimes\sigma_0)\sigma_0\otimes(\boldsymbol{\sigma}\cdot\boldsymbol{E})\}\psi$$

于是，将此方程乘以 $\hbar^2$ 并用到电子情况(e 变号)

$$\left\{-(\boldsymbol{p}+\frac{e}{c}\boldsymbol{A})^2+(\frac{\mathrm{i}\hbar}{c}\frac{\partial}{\partial t}+\frac{e}{c}V)^2+m^2c^2+\frac{\hbar e}{c}(\boldsymbol{\sigma}\cdot\boldsymbol{H})+\mathrm{i}\rho_1\frac{\hbar e}{c}(\boldsymbol{\sigma}\cdot\boldsymbol{E})\right\}\psi=0$$

这里 $\rho_1=\sigma_1\otimes\sigma_0$，而 $\sigma_0\otimes\sigma_0=I_{(4\times4)}$。方程参见 Dirac《量子力学原理》中 270 页式(34)。$F_{\mu\nu}\equiv\partial_\mu A_\nu-\partial_\nu A_\mu$ 为电磁场场强张量。可得$\nabla\times\boldsymbol{A}=\boldsymbol{H}$，$-\nabla\varphi-\frac{1}{c}\frac{\partial\boldsymbol{A}}{\partial t}=\boldsymbol{E}$，此处 $A_4=\mathrm{i}\varphi$，$\chi_4=\mathrm{i}ct$。如前所述，这是一个二阶反称张量。

结合具体的电磁场性质，可以明确①A_μ 中哪些为零，②$F_{\mu\nu}$ 带以 H_i、E_i，③采用$-\mathrm{i}\gamma_1\gamma_2=\sigma_3\equiv\begin{pmatrix}\sigma_3 & 0\\ 0 & \sigma_3\end{pmatrix}$(1、2、3 指标循环)等措施，进一步将方程简化和明确化。

6.16　证：这是因为

$$x'_\mu x'_\mu=(\delta_{\mu\nu}+\varepsilon_{\mu\nu})(\delta_{\mu\lambda}+\varepsilon_{\mu\lambda})x_\nu x_\lambda=x_\mu x_\mu$$

展开左边，取到一级，即

$$x_\mu x_\mu+\varepsilon_{\mu\nu}\delta_{\mu\lambda}x_\nu x_\lambda+\varepsilon_{\mu\lambda}\delta_{\mu\nu}x_\nu x_\lambda=x_\mu x_\mu$$

即

$$\varepsilon_{\mu\nu}x_\nu x_\mu+\varepsilon_{\mu\lambda}x_\mu x_\lambda=0\rightarrow\varepsilon_{\mu\nu}x_\mu x_\nu=0$$

所以

$$\varepsilon_{\mu\nu}=-\varepsilon_{\nu\mu}$$

6.18　答：

$$
\begin{aligned}
\left[\gamma_\nu, \frac{1}{4}\varepsilon_{\rho\sigma}\gamma_\rho\gamma_\sigma\right] &= \frac{1}{4}\varepsilon_{\rho\sigma}[\gamma_\nu, \gamma_\rho\gamma_\sigma] = \frac{1}{4}\varepsilon_{\rho\sigma}\{\{\gamma_\nu, \gamma_\rho\}\gamma_\sigma - \gamma_\rho\{\gamma_\nu, \gamma_\sigma\}\} \\
&= \frac{1}{4}\varepsilon_{\rho\sigma}\{2\delta_{\nu\rho}\gamma_\sigma - 2\delta_{\nu\sigma}\gamma_\rho\} = \frac{1}{2}\varepsilon_{\nu\sigma}\gamma_\sigma - \frac{1}{2}\varepsilon_{\rho\nu}\gamma_\rho = \frac{1}{2}\varepsilon_{\nu\sigma}\gamma_\sigma + \frac{1}{2}\varepsilon_{\nu\rho}\gamma_\rho \\
&= \varepsilon_{\nu\sigma}\gamma_\sigma
\end{aligned}
$$

6.19 提示：将无限小 Lorentz 变换写成指数形式，则相应的有限 Lorentz 变换由这些无限多无限小 Lorentz 变换接连作用

$$
\lim_{N\to\infty}\left(1 - \mathrm{i}\frac{\theta}{N}\Omega\right)^N = \lim_{N\to\infty}\left(\mathrm{e}^{-\mathrm{i}\theta\frac{\Omega}{N}}\right)^N = \mathrm{e}^{-\mathrm{i}\theta\Omega}
$$

积分而成。注意沿 x_1 轴运动对时空坐标的 Lorentz 变换 L 可以写成（已略写不变的 x_2, x_3）$L = \sigma_0 \operatorname{ch}\theta - \sigma_2 \operatorname{sh}\theta = \mathrm{e}^{-\theta\sigma_2}$，$\left(\theta = \operatorname{th}^{-1}\beta, \beta = \frac{v}{c}\right)$。由此得

$$
\begin{cases}
\varepsilon_{\mu\nu} \to (\varepsilon_{14}, \varepsilon_{41}) = \theta(i, -i)\text{；其他：}\varepsilon_{\mu\nu} = 0 \\
S = \mathrm{e}^{\frac{\theta(\mathrm{i}\gamma_1\gamma_4 - \mathrm{i}\gamma_4\gamma_1)}{4}} = \mathrm{e}^{\frac{\mathrm{i}\theta\gamma_1\gamma_4}{2}} = \mathrm{e}^{\frac{\mathrm{i}\theta\sigma_2\otimes\sigma_1\cdot\sigma_3\otimes\sigma_0}{2}} = \mathrm{e}^{\frac{-\theta\sigma_1\otimes\sigma_1}{2}}
\end{cases}
$$

由于变换 S 不是幺正的，所以归一性不被保证，态矢长度会改变。

6.20 证：

$$
\begin{aligned}
T'_{\mu\nu} &= \frac{1}{2\mathrm{i}}\bar{\psi}'[\gamma_\mu, \gamma_\nu]\psi' = \frac{1}{2\mathrm{i}}\bar{\psi}S^{-1}[\gamma_\mu, \gamma_\nu]S\psi \\
&= \frac{1}{2\mathrm{i}}\bar{\psi}\left\{[\gamma_\mu, \gamma_\nu] + \frac{1}{4}\varepsilon_{\rho\sigma}[[\gamma_\mu, \gamma_\nu], \gamma_\rho\gamma_\sigma]\right\}\psi \\
&= \frac{1}{2\mathrm{i}}\bar{\psi}\left\{[\gamma_\mu, \gamma_\nu] + \frac{1}{2}\varepsilon_{\rho\sigma}[\gamma_\mu\gamma_\nu, \gamma_\rho\gamma_\sigma]\right\}\psi \\
&= \frac{1}{2\mathrm{i}}\bar{\psi}\{[\gamma_\mu, \gamma_\nu] + 2\varepsilon_{\nu\sigma}\gamma_\mu\gamma_\sigma + 2\varepsilon_{\mu\rho}\gamma_\rho\gamma_\nu\}\psi \\
&= \frac{1}{2\mathrm{i}}\bar{\psi}\{[\gamma_\mu, \gamma_\nu] + \varepsilon_{\nu\sigma}[\gamma_\mu, \gamma_\sigma] + \varepsilon_{\mu\rho}[\gamma_\rho, \gamma_\nu]\}\psi \\
&= T_{\mu\nu} + \varepsilon_{\nu\sigma}T_{\mu\sigma} + \varepsilon_{\mu\rho}T_{\rho\nu} = \{\delta_{\mu\rho}\delta_{\nu\sigma} + \varepsilon_{\nu\sigma}\delta_{\mu\rho} + \varepsilon_{\mu\rho}\delta_{\nu\sigma}\}T_{\rho\sigma} \\
&= (\delta_{\mu\rho} + \varepsilon_{\mu\rho})(\delta_{\nu\sigma} + \varepsilon_{\nu\sigma})T_{\rho\sigma}
\end{aligned}
$$

6.21 解 1：设空间绕 z 轴转过无限小 ε 角。由于 R_3 的 $I_3 = \begin{pmatrix} 0 & -1 & 0 \\ 1 & 0 & 0 \\ 0 & 0 & 0 \end{pmatrix}$，和 $R_3(\varepsilon\boldsymbol{e}_z)$ 对应的无穷小 Lorentz 变换为

$$
(\alpha_{\mu\nu}) = \begin{pmatrix} 1 & -\varepsilon & 0 & 0 \\ \varepsilon & 1 & 0 & 0 \\ 0 & 0 & 1 & 0 \\ 0 & 0 & 0 & 1 \end{pmatrix} = I + (\varepsilon_{\mu\nu})
$$

按前面 6 中所述，ψ 的 4 个分量按下述 S 矩阵进行变换

$$
S = S(\alpha_{\mu\nu}) = S[R_3(\varepsilon\boldsymbol{e}_z)] = I + \frac{1}{4}\varepsilon_{\mu\nu}\gamma_\mu\gamma_\nu = I - \frac{\varepsilon}{4}\gamma_1\gamma_2 + \frac{\varepsilon}{4}\gamma_2\gamma_1
$$

$$=I+\frac{\varepsilon}{2}\gamma_2\gamma_1=I+\frac{\varepsilon}{2}\sigma_2\otimes\sigma_2\cdot\sigma_2\otimes\sigma_1=I+\frac{\varepsilon}{2}\begin{pmatrix}-\mathrm{i}&0&0&0\\0&\mathrm{i}&0&0\\0&0&-\mathrm{i}&0\\0&0&0&\mathrm{i}\end{pmatrix}$$

另一方面，已知 SU_2 群中和 $R_3(\varepsilon\boldsymbol{e}_z)$ 对应的元素为

$$SU_2\left[R_3(\varepsilon\boldsymbol{e}_z)\right]=SU_2(0,0,\varepsilon)=\begin{pmatrix}\mathrm{e}^{-\frac{\mathrm{i}}{2}\varepsilon}&0\\0&\mathrm{e}^{\frac{\mathrm{i}}{2}\varepsilon}\end{pmatrix}\cong\begin{pmatrix}1-\frac{\mathrm{i}}{2}\varepsilon&0\\0&1+\frac{\mathrm{i}}{2}\varepsilon\end{pmatrix}$$

注意，这里未计及 $\psi(\alpha^{-1}\boldsymbol{x})$ 中的展开，而旋量场的定义也只涉及 S。

解 2： 不失普遍性，假设转动是绕 z 轴转过有限角度 θ 的有限转动。它对应 Lorentz 变换的矩阵为

$$(\alpha_{\mu\nu})=\begin{pmatrix}\cos\theta&-\sin\theta&0&0\\\sin\theta&\cos\theta&0&0\\0&0&1&0\\0&0&0&1\end{pmatrix}$$

这时不能再用 $\alpha_{\mu\nu}$ 无穷小表达式了，现直接根据 $\alpha_{\nu\mu}\gamma_\mu=S^{-1}\gamma_\nu S$，即 $\alpha_{\nu\mu}S\gamma_\mu=\gamma_\nu S$，写出含 S 的如下 4 个方程式

$$\begin{cases}\cos\theta\cdot S\gamma_1-\sin\theta\cdot S\gamma_2=\gamma_1 S\\\sin\theta\cdot S\gamma_1+\cos\theta\cdot S\gamma_2=\gamma_2 S\\S\gamma_3=\gamma_3 S;\quad S\gamma_4=\gamma_4 S\end{cases}$$

可以发现，这组方程的矩阵解 S，不可能包含 γ_μ 的一次幂，否则总会与后两个方程之一（或两个）发生矛盾。再则，含 γ_μ 二次幂的 6 个量中，凡含 γ_3、γ_4 的也要与它们发生矛盾。因此二次幂各项中，S 只能含 $\gamma_1\gamma_2$ 这一项，所以不妨假定 $S=c_1I+c_2\gamma_1\gamma_2$ 代入前两个方程，以确定待定系数 c_1,c_2：

$$\begin{cases}\cos\theta\cdot(c_1I+c_2\gamma_1\gamma_2)\gamma_1-\sin\theta\cdot(c_1I+c_2\gamma_1\gamma_2)\gamma_2=\gamma_1(c_1I+c_2\gamma_1\gamma_2)\\\sin\theta\cdot(c_1I+c_2\gamma_1\gamma_2)\gamma_1+\cos\theta\cdot(c_1I+c_2\gamma_1\gamma_2)\gamma_2=\gamma_2(c_1I+c_2\gamma_1\gamma_2)\end{cases}$$

或

$$\begin{cases}(c_1\cos\theta-c_2\sin\theta)\gamma_1+(-c_2\cos\theta-c_1\sin\theta)\gamma_2=c_1\gamma_1+c_2\gamma_2\\(c_1\cos\theta-c_2\sin\theta)\gamma_2+(c_1\sin\theta+c_2\cos\theta)\gamma_1=c_1\gamma_2-c_2\gamma_1\end{cases}$$

这两个方程彼此不独立，因为用 $\gamma_1\gamma_2$ 乘第二个方程即化为第一个方程。由于 γ_1 和 γ_2 相互独立，由第一个方程得

$$\begin{cases}c_1\cos\theta-c_2\sin\theta=c_1\\-c_2\cos\theta-c_1\sin\theta=c_2\end{cases}\Rightarrow\begin{cases}c_1(1-\cos\theta)+c_2\sin\theta=0\\c_1\sin\theta+c_2(1+\cos\theta)=0\end{cases}$$

此方程组行列式为零，又不独立，只剩一个方程 $c_1(1-\cos\theta)+c_2\sin\theta=0$。得 $c_1\sin\frac{\theta}{2}=-c_2\cos\frac{\theta}{2}$。比如，取 $c_1=\cos\frac{\theta}{2}$，$c_2=-\sin\frac{\theta}{2}$，代入 S 表达式，得

$$S\{R(\theta\boldsymbol{e}_z)\}=\cos\frac{\theta}{2}\cdot I-\sin\frac{\theta}{2}\cdot\gamma_1\gamma_2=\cos\frac{\theta}{2}\sigma_0\otimes\sigma_0-\sin\frac{\theta}{2}\sigma_2\otimes\sigma_1\cdot\sigma_2\otimes\sigma_1$$

$$=\sigma_0\otimes\begin{pmatrix}\mathrm{e}^{-\mathrm{i}\frac{\theta}{2}}&0\\0&\mathrm{e}^{\mathrm{i}\frac{\theta}{2}}\end{pmatrix}=\sigma_0\otimes SU_2\left[R(\theta\boldsymbol{e}_z)\right]=\sigma_0\otimes SU_2(0,0,\theta)$$

于是，空间转动时，Dirac 表象下对 ψ 的变换 S 是两个对应 SU_2 的直积，具有双旋量性质（由此不难计算：在无穷小转动变换下，Dirac 表象下的 Dirac 方程解的变换性质）。

6.22 答：由 $S^{-1}=\gamma_4 S^+\gamma_4$ 结果，若 S 是幺正的，则

$$S^+=\gamma_4 S^+\gamma_4 \Rightarrow \varepsilon_{\rho 4}=\varepsilon_{4\sigma}=0$$

即相应的变换 α 只能是纯空间的、无相对运动的①。同前面结论一致。

6.23 证明：这时可设与 $\boldsymbol{L}$ 交换的 $V=V(r)$，由

$$\mathrm{i}\hbar\frac{\partial\psi}{\partial t}=H\psi=[c\boldsymbol{\alpha}\cdot\boldsymbol{P}+eV+\beta mc^2]\psi$$

因为 $\beta=\sigma_3\otimes\sigma_0$，所以 $\boldsymbol{L}+\boldsymbol{S}$ 与 $eV+\beta mc^2$ 对易，只需求 $\boldsymbol{L}+\boldsymbol{S}$ 与第一项 $c\boldsymbol{\alpha}\cdot\boldsymbol{P}$ 的对易子即可。以 $J_1=L_1+S_1$ 为例，有

$$\left[\left(L_1+\frac{\hbar}{2}\sigma_0\otimes\sigma_1\right),\sigma_1\otimes\boldsymbol{\sigma}\cdot\boldsymbol{P}\right]=[L_1,\sigma_1\otimes\boldsymbol{\sigma}\cdot\boldsymbol{P}]+\frac{\hbar}{2}[\sigma_0\otimes\sigma_1,\sigma_1\otimes\boldsymbol{\sigma}\cdot\boldsymbol{P}]$$

$$=\sum_i\sigma_1\otimes\sigma_i[L_1,P_i]+\frac{\hbar}{2}\sum_i\left[\begin{pmatrix}\sigma_1&0\\0&\sigma_1\end{pmatrix},\begin{pmatrix}0&\sigma_i\\\sigma_i&0\end{pmatrix}\right]P_i$$

$$=\sum_i\sigma_1\otimes\sigma_i[(x_2P_3-x_3P_2),P_i]+\frac{\hbar}{2}\left\{2\begin{pmatrix}0&\sigma_1\sigma_2\\\sigma_1\sigma_2&0\end{pmatrix}P_2+2\begin{pmatrix}0&\sigma_1\sigma_3\\\sigma_1\sigma_3&0\end{pmatrix}P_3\right\}$$

$$=\mathrm{i}\hbar\sum_i\sigma_1\otimes\sigma_i\{\delta_{2i}P_3-\delta_{3i}P_2\}+\mathrm{i}\hbar\{\sigma_1\otimes\sigma_3P_2-\sigma_1\otimes\sigma_2P_3\}=0$$

6.24 解 $\psi_C=C(\bar{\psi})^{\mathrm{T}}=C(\psi^+\gamma_4)^{\mathrm{T}}=C\gamma_4^{\mathrm{T}}\psi^*$，

$$C(\bar{\psi}_C)^{\mathrm{T}}=C\,\overline{(C\gamma_4^{\mathrm{T}}\psi^*)}^{\mathrm{T}}=C[(C\gamma_4^{\mathrm{T}}\psi^*)^+\gamma_4]^{\mathrm{T}}=C[\psi^{\mathrm{T}}\gamma_4{}^*C^+\gamma_4]^{\mathrm{T}}$$

$$=C\gamma_4^{\mathrm{T}}C^*\gamma_4^+\psi=-(C\gamma_4^{\mathrm{T}}C^{-1})\gamma_4^+\psi=\gamma_4\gamma_4^+\psi=\gamma_4\gamma_4\psi=\psi)$$

第三式为 $\bar{\psi}_C^{\mathrm{T}}=C^{-1}\psi=C^+\psi$（应用第二式）；第四式用第一式。

或 $\bar{\psi}_C=\psi_C^+\gamma_4=(C\gamma_4^{\mathrm{T}}\psi^*)^+\gamma_4=\psi^{\mathrm{T}}\gamma_4^*C^+\gamma_4$，故

$$\bar{\psi}_C^{\mathrm{T}}=(\psi^{\mathrm{T}}\gamma_4^*C^+\gamma_4)^{\mathrm{T}}=\gamma_4^{\mathrm{T}}C^*\gamma_4^+\psi=+C^+(C\gamma_4^{\mathrm{T}}C^*)\gamma_4^+\psi$$

$$=-C^+(C\gamma_4^{\mathrm{T}}C^{-1})\gamma_4\psi=+C^+\gamma_4\gamma_4\psi=C^+\psi$$

6.25 证明：设 $\boldsymbol{n}=\{n_1,n_2,n_3\}$，则有

$$\boldsymbol{\sigma}\cdot\boldsymbol{n}=\begin{pmatrix}n_3&n_1-\mathrm{i}n_2\\n_1+\mathrm{i}n_2&-n_3\end{pmatrix}=\begin{pmatrix}\cos\theta&\mathrm{e}^{-\mathrm{i}\varphi}\sin\theta\\\mathrm{e}^{\mathrm{i}\varphi}\sin\theta&-\cos\theta\end{pmatrix}$$

代入公式得 Y_{lm} 之间的两个关系式，等式两边消去 φ 变数，得 $P_l^m(\cos\theta)$ 的两个等式，利用综合 Legendre 多项式的递推关系即可证明。

6.26 解：这时 $H_{nr}^{(2)}$ 简化为

$$\left\{\frac{1}{2m}\left[\boldsymbol{\sigma}\cdot\left(\boldsymbol{P}-\frac{e}{c}\boldsymbol{A}\right)\right]^2+eV\right\}-\frac{1}{2m}\boldsymbol{\sigma}\cdot\left(\boldsymbol{P}-\frac{e}{c}\boldsymbol{A}\right)\left(\frac{E_{nr}-eV}{2mc^2}\right)\boldsymbol{\sigma}\cdot\left(\boldsymbol{P}-\frac{e}{c}\boldsymbol{A}\right)$$

$$\Rightarrow H_{nr}^{(2)}=\frac{1}{2m}\boldsymbol{P}^2+eV-\frac{1}{4m^2c^2}(\boldsymbol{\sigma}\cdot\boldsymbol{P})(E_{nr}-eV)(\boldsymbol{\sigma}\cdot\boldsymbol{P})$$

于是按 $H_{nr}^{(2)}\varphi_{nr}^{(2)}=E_{nr}^{(2)}\varphi_{nr}^{(2)}$，将上面 $H_{nr}^{(2)}$ 中含 $E_{nr}^{(2)}$ 的项移至右边与 $E_{nr}^{(2)}\varphi_{nr}^{(2)}$ 合并，抽出因子 $\left(1+\frac{\boldsymbol{P}^2}{4m^2c^2}\right)$ 后除过来，即得

① 马修斯 P T. 基本粒子相互作用的相对论性量子理论. 北京：科学出版社，1962:50.

$$\left(1-\frac{\boldsymbol{P}^2}{4m^2c^2}\right)\left\{\frac{1}{2m}\boldsymbol{P}^2+eV+\frac{e}{4m^2c^2}(\boldsymbol{\sigma}\cdot\boldsymbol{P})V(\boldsymbol{\sigma}\cdot\boldsymbol{P})\right\}\varphi_{nr}^{(2)}=E_{nr}^{(2)}\varphi_{nr}^{(2)}$$

注意大括号中最后一项因 $\boldsymbol{P}$ 要对 V 微商而分成为两项，即

$$\left(1-\frac{\boldsymbol{P}^2}{4m^2c^2}\right)\left\{\frac{1}{2m}\boldsymbol{P}^2+eV\left(1+\frac{\boldsymbol{P}^2}{4m^2c^2}\right)+\frac{-\mathrm{i}\hbar e}{4m^2c^2}(\boldsymbol{\sigma}\cdot(\boldsymbol{\nabla}V))(\boldsymbol{\sigma}\cdot\boldsymbol{P})\right\}\varphi_{nr}^{(2)}=E_{nr}^{(2)}\varphi_{nr}^{(2)}$$

这时大括号中最后一项又可以拆开为两项，此式成为

$$(1-\frac{\boldsymbol{P}^2}{4m^2c^2})\left\{\frac{1}{2m}\boldsymbol{P}^2+eV(1+\frac{\boldsymbol{P}^2}{4m^2c^2})+\frac{e\hbar}{4m^2c^2}\boldsymbol{\sigma}\cdot((\boldsymbol{\nabla}V)\times\boldsymbol{P})-\frac{\mathrm{i}e\hbar}{4m^2c^2}(\boldsymbol{\nabla}V)\cdot\boldsymbol{P}\right\}\varphi_{nr}^{(2)}$$
$$=E_{nr}^{(2)}\varphi_{nr}^{(2)}$$

将上式展开，只保留到 β^2 项，注意 $\boldsymbol{P}^2V-V\boldsymbol{P}^2=-\hbar^2\left[\Delta V+2(\boldsymbol{\nabla}V)\cdot\boldsymbol{\nabla}\right]$，得

$$\begin{cases}H_{nr}^{(2)}\varphi_{nr}^{(2)}=E_{nr}^{(2)}\varphi_{nr}^{(2)}\\ H_{nr}^{(2)}=\left\{\dfrac{\boldsymbol{P}^2}{2m}+eV-\dfrac{\boldsymbol{P}^4}{8m^3c^2}+\dfrac{e\hbar}{4m^2c^2}\boldsymbol{\sigma}\cdot((\boldsymbol{\nabla}V)\times\boldsymbol{P})+\dfrac{e\hbar^2}{4m^2c^2}(\boldsymbol{\Delta}V)+\dfrac{\mathrm{i}e\hbar}{4m^2c^2}(\boldsymbol{\nabla}V)\cdot\boldsymbol{P}\right\}\end{cases}$$

注意最后一项不厄米，但可以等效地转化为厄米算子。办法是将它夹在 φ,φ^* 之间，并取其共轭和的一半(即厄米化)，然后取空间积分，经分部积分后，于是非厄米算子 $(\nabla V)\nabla$ 就等效地转化成厄米算子 $-\frac{\Delta}{2}$，即 $-\frac{e\hbar^2}{8m^2c^2}(\Delta V)$。它和前一项合并后，结果与正文式(6.101)相同。

6.27 解： 类氢原子能谱问题已经用 Dirac 方程直接求解过。这里再用微扰论近似求解，其合理性在于：对类氢原子情况，Dirac 方程精确解实际上并无多大必要。因为精确解与现在微扰论解之间的差异已被单电子 Dirac 方程的误差所淹没。其次，现在这种解法简明、图像清晰，作为方法也值得掌握。

现在的情况是单电子在静止核(Ze，但设 $Z\alpha\ll1$)($mv^2\sim\frac{Ze^2}{a}\Rightarrow\frac{v}{c}\sim\sqrt{\frac{Ze^2}{amc^2}}=\sqrt{\frac{Ze^2}{mc^2}}\sqrt{\frac{2me^2}{\hbar^2}}=\frac{Ze^2}{\hbar c}=Z\alpha,\frac{e^2}{\hbar c}=\alpha$)的库仑场中，电子速度 $\frac{v}{c}\sim\alpha\ll1$。现在微扰论处理的中心思想是将二级近似 Hamilton 量对未微扰的态(非相对论波函数)平均，也就是说，将 Hamilton 量中的二级修正项对 $\psi_{nr,njls}$ 进行平均(由于 $\boldsymbol{L}\cdot\boldsymbol{S}$ 耦合，取 n,j,l,s 耦合表象的基矢进行平均：$\Delta\varepsilon=\langle njls\mid\Delta H\mid njls\rangle$)，便得到类氢原子能级的相对论性修正。有(电子电荷 $-e$)

$$\Delta H=\frac{-P^4}{8m^3c^2}-\frac{e\hbar}{4m^2c^2}\boldsymbol{\sigma}\cdot((\nabla V)\times\boldsymbol{P})-\frac{e\hbar^2}{8m^2c^2}\Delta V$$
$$=\frac{-P^4}{8m^3c^2}+\frac{1}{2m^2c^2}\frac{1}{r}\frac{\mathrm{d}U}{\mathrm{d}r}\boldsymbol{L}\cdot\boldsymbol{S}-\frac{e\hbar^2}{8m^2c^2}\Delta V$$

这里 $U=-eV=-e\frac{Ze}{r}=-\frac{Ze^2}{r},\frac{\mathrm{d}U}{\mathrm{d}r}=\frac{Ze^2}{r^2},\Delta V=\Delta\left(\frac{Ze}{r}\right)=-4\pi Ze\delta(\boldsymbol{r})$。所以

$$\Delta H=\frac{-P^4}{8m^3c^2}+\frac{Ze^2}{2m^2c^2r^3}\boldsymbol{L}\cdot\boldsymbol{S}+\frac{\pi\hbar^2Ze^2}{2m^2c^2}\delta(\boldsymbol{r})\tag{A}$$

按非相对论 Schrödinger 方程，有

$$\boldsymbol{P}^2\psi=2m(\varepsilon_{nr}+\frac{Ze^2}{r})\psi$$

这里 $\varepsilon_{nr}=-\frac{m(Ze^2)^2}{2\hbar^2}\frac{1}{n^2}$ 是未微扰的能级。由此式可知

$$\overline{P^4}=4m^2\overline{\left(\varepsilon_{nr}+\frac{Ze^2}{r}\right)^2}$$

各个平均可借助下式来计算：($\rho_B\equiv\frac{\hbar^2}{me^2}$Bohr 半径)

$$\overline{\left(\frac{1}{r}\right)}=\frac{Z}{\rho_B}\frac{1}{n^2},\quad \overline{\left(\frac{1}{r^2}\right)}=\frac{Z^2}{\rho_B^2n^3\left(l+\frac{1}{2}\right)}$$

$$\overline{\left(\frac{1}{r^3}\right)}=\frac{Z^3}{\rho_B^3n^3l\left(l+\frac{1}{2}\right)(l+1)}\quad（此式当 l\neq0 时适用）$$

所以式(A)ΔH 中第一项

$$\frac{-P^4}{8m^3c^2}=\frac{-1}{2mc^2}\left\{\varepsilon_{nr}^2+\frac{2\varepsilon_{nr}Z^2e^2}{\rho_B}\frac{1}{n^2}+\frac{Z^4e^4}{\rho_B^2(l+\frac{1}{2})}\frac{1}{n^3}\right\}$$

$$=\frac{3}{8}\frac{(Ze^2)^4m}{\hbar^4c^2}\frac{1}{n^4}-\frac{(Ze^2)^4m}{2\hbar^4c^2(l+\frac{1}{2})}\frac{1}{n^3}$$

计算式(A)ΔH 中的第二项：$\boldsymbol{L}\cdot\boldsymbol{S}$ 在耦合表象中的本征值为

$$\begin{cases}\boldsymbol{L}\cdot\boldsymbol{S}=\frac{1}{2}\left[j(j+1)-l(l+1)-\frac{3}{4}\right], & l\neq0\\ \boldsymbol{L}\cdot\boldsymbol{S}=0, & l=0\end{cases}$$

于是当 $l\neq0$ 时第二项为

$$\frac{Ze^2}{2m^2c^2r^3}\boldsymbol{L}\cdot\boldsymbol{S}=\frac{Ze^2}{2m^2c^2}\cdot\frac{Z^3}{a^3l(l+\frac{1}{2})(l+1)n^3}\cdot\frac{1}{2}\left[j(j+1)-l(l+1)-\frac{3}{4}\right]\hbar^2$$

$$=\frac{(Ze^2)^4m}{4\hbar^4c^2n^3}\cdot\frac{j(j+1)-l(l+1)-\frac{3}{4}}{l(l+\frac{1}{2})(l+1)}$$

所以

$$\frac{Ze^2}{2m^2c^2r^3}\boldsymbol{L}\cdot\boldsymbol{S}=\begin{cases}\frac{(Ze^2)^4m}{4\hbar^4c^2n^3}\frac{-1}{(j+\frac{1}{2})(j+1)}, & l=j+\frac{1}{2}\\ \frac{(Ze^2)^4m}{4\hbar^4c^2n^3}\frac{1}{j(j+\frac{1}{2})}, & l=j-\frac{1}{2}\end{cases}$$

最后计算式(A)ΔH 第三项：由于 $l\neq0,\psi(0)=0$，只对 S 态有作用

$$\hbar\frac{\pi\hbar^2Ze^2}{2m^2c^2}\delta(\boldsymbol{r})=\frac{\pi\hbar^2Ze^2}{2m^2c^2}\left|\psi_{n00}(0)\right|^2=\frac{\pi\hbar^2Ze^2}{2m^2c^2}\left\{\frac{Z^{3/2}}{\sqrt{\pi\rho_B^3n^3}}\right\}^2=\frac{(Ze^2)^4m}{2c^2\hbar^4n^3}$$

这里用了 $\psi_{n00}(0)=\frac{1}{\sqrt{\pi}}\left(\frac{Z}{n\rho_B}\right)^{3/2}$。

综上所述，无论当 $l=0,l=j+\frac{1}{2},l=j-\frac{1}{2}$（以及 n,j 为何值，当然 $n_{\min}=1,j_{\min}=\frac{1}{2}$）均有

$$\Delta\varepsilon=-\frac{m(Ze^2)^4}{2n^3\hbar^4c^2}\left(\frac{1}{j+\frac{1}{2}}-\frac{3}{4n}\right)$$

此公式给出直到二级的相对论效应对类氢原子的能级修正，并给出了精细结构能量。在非相对论中，存在关于自旋取向退化和 l 的 Coulomb 退化这两类退化。现在部分地解除了 Coulomb 退化，因为对相同的 n,j 而不同的 $l=j\pm\frac{1}{2}$ 仍有双重退化。

注意，对给定的 n，$l_{\max}=n-1$，$j_{\max}=l_{\max}+\frac{1}{2}=n-\frac{1}{2}$，不存在两个相同的 $j_{\max}$，故每个 n 的 $j_{\max}$ 能级无退化。于是氢原子能谱精细结构为

$$1S_{1/2},\underbrace{2S_{1/2},2P_{1/2}},2P_{3/2},\underbrace{3S_{1/2},3P_{1/2}},\underbrace{3P_{3/2},3D_{3/2}}_{\text{简并}},3DS_{5/2},\cdots$$

所以，主量子数为 n 的能级分裂为 n 重精细结构成分：给定 n，有 n 个 l；除 $l=0$ 态外，每个 l 因 $j=l\pm\frac{1}{2}$ 分为 2 个，共计 $2(n-1)+1$ 个态；这些态除 $j_{\max}$ 外，又两两简并。所以 $\{[2(n-1)+1]-1\}\frac{1}{2}+1=n$ 个能级。

最后，应当指出两点，其一，剩下的简并已由“辐射修正”(lamb shift)所解除，这个修正被单电子 Dirac 方程所忽略，正确的解决在于将 Dirac 场二次量子化，转为多电子量子场方程；其二，由于二阶的自旋-轨道相互作用修正与辐射修正之比为 $\sim\dfrac{Z^2\alpha}{\log\left(\dfrac{1}{\alpha}\right)}$，所以对于氢原子，这个比值很小。这里近似中略去的二阶自旋-轨道相互作用修正项已显著地为辐射修正所超过。因此对较轻的原子，限于单电子 Dirac 方程范围内的进一步修正是没有意义的。或者说，单电子 Dirac 方程的能谱精确解，只对较重的核($Z\alpha\sim1$)有意义。而对精确解，这里的双重退化依然存在。

6.29　解：取 $\hbar=c=1$ 并略去 m_0 脚标。这时，$\boldsymbol{f}=\boldsymbol{\alpha}$，$f_{l+1}=\beta$，$\boldsymbol{e}=\boldsymbol{P}$，$e_{l+1}=m$，$I=H$，于是把 H 全转到 β 轴上的变换为

$$T=\exp\left\{\frac{\mathrm{i}}{2}\xi\frac{\mathrm{i}\boldsymbol{P}\cdot\boldsymbol{\alpha}}{|\boldsymbol{P}|}\beta\right\}=\exp\left(\frac{\mathrm{i}}{2}\xi\frac{\boldsymbol{P}\cdot\boldsymbol{\gamma}}{|\boldsymbol{P}|}\right)(\boldsymbol{\gamma}=\mathrm{i}\boldsymbol{\alpha}\beta),\quad \tan\xi=\frac{|\boldsymbol{P}|}{m}$$

$$THT^{-1}=|I|f_{l+1}=\sqrt{\boldsymbol{P}^2+m^2}\,\beta$$

Dirac 方程变为

$$\mathrm{i}\partial_t\psi'=\sqrt{\boldsymbol{P}^2+m^2}\,\beta\psi',\ \psi'=T\psi$$

6.30　解：用书中第二步中的公式——这就是 Cini-Touschek 变换

$$T=\exp\left(-\frac{\mathrm{i}}{2}\xi'\frac{\boldsymbol{P}\cdot\boldsymbol{\gamma}}{|\boldsymbol{P}|}\right),\quad \tan\xi'=\frac{m}{|\boldsymbol{P}|}$$

于是有

$$\begin{aligned}THT^{-1}&=\left(\cos\frac{\xi'}{2}-\mathrm{i}\frac{\boldsymbol{P}\cdot\boldsymbol{\gamma}}{|\boldsymbol{P}|}\sin\frac{\xi'}{2}\right)(\boldsymbol{\alpha}\cdot\boldsymbol{P}+\beta m)\left(\cos\frac{\xi'}{2}+\mathrm{i}\frac{\boldsymbol{P}\cdot\boldsymbol{\gamma}}{|\boldsymbol{P}|}\sin\frac{\xi'}{2}\right)\\&=(\boldsymbol{\alpha}\cdot\boldsymbol{P}+\beta m)\left(\cos\frac{\xi'}{2}+\mathrm{i}\frac{\boldsymbol{P}\cdot\boldsymbol{\gamma}}{|\boldsymbol{P}|}\sin\frac{\xi'}{2}\right)^2\\&=(\boldsymbol{\alpha}\cdot\boldsymbol{P}+\beta m)\left(\cos^2\frac{\xi'}{2}-\sin^2\frac{\xi'}{2}+\mathrm{i}2\frac{\boldsymbol{P}\cdot\boldsymbol{\gamma}}{|\boldsymbol{P}|}\sin\frac{\xi'}{2}\cos\frac{\xi'}{2}\right)\\&=(\boldsymbol{\alpha}\cdot\boldsymbol{P}+\beta m)\left(\sqrt{\frac{\boldsymbol{P}^2}{m^2+\boldsymbol{P}^2}}+\mathrm{i}\frac{\boldsymbol{P}\cdot\boldsymbol{\gamma}}{|\boldsymbol{P}|}\sqrt{\frac{m^2}{m^2+\boldsymbol{P}^2}}\right)\end{aligned}$$

$$=\frac{(\boldsymbol{\alpha}\cdot\boldsymbol{P}+\beta m)}{\sqrt{m^2+\boldsymbol{P}^2}}(|\boldsymbol{P}|-\frac{m}{|\boldsymbol{P}|}\boldsymbol{P}\cdot\boldsymbol{\alpha}\beta)$$

$$=\frac{(\boldsymbol{\alpha}\cdot\boldsymbol{P}+\beta m)}{\sqrt{m^2+\boldsymbol{P}^2}}(\frac{\boldsymbol{P}\cdot\boldsymbol{\alpha}}{|\boldsymbol{P}|}+\frac{m\beta}{|\boldsymbol{P}|})(\boldsymbol{P}\cdot\boldsymbol{\alpha})=\sqrt{m^2+\boldsymbol{P}^2}\frac{\boldsymbol{P}\cdot\boldsymbol{\alpha}}{|\boldsymbol{P}|}$$

6.31 解： $\frac{i^2}{2}[S,[S,H]]$

$$=\frac{i^2}{2}\left[\frac{-i\beta\mathcal{Q}}{2mc^2},-\mathcal{Q}+\frac{1}{mc^2}\beta\mathcal{Q}^2+\frac{1}{2mc^2}\beta[\mathcal{Q},\mathcal{E}]\right]$$

$$=\frac{-1}{4mc^2}2\beta\mathcal{Q}^2+\frac{1}{4mc^2}\left[\beta\mathcal{Q},\frac{\beta\mathcal{Q}^2}{mc^2}\right]+\frac{1}{8m^2c^4}[\beta\mathcal{Q},\beta[\mathcal{Q},\mathcal{E}]]$$

$$=\frac{-1}{2mc^2}\beta\mathcal{Q}^2+\frac{1}{4m^2c^4}\beta\mathcal{Q}[\beta\mathcal{Q},\mathcal{Q}]+\frac{1}{8m^2c^4}\{\beta\mathcal{Q}\beta[\mathcal{Q},\mathcal{E}]-\beta[\mathcal{Q},\mathcal{E}]\beta\mathcal{Q}\}$$

$$=\frac{-1}{2mc^2}\beta\mathcal{Q}^2+\frac{1}{2m^2c^4}\beta\mathcal{Q}\cdot\beta\mathcal{Q}^2+\frac{1}{8m^2c^4}\{-\mathcal{Q}[\mathcal{Q},\mathcal{E}]+[\mathcal{Q},\mathcal{E}]\mathcal{Q}\}$$

$$=\frac{-1}{2mc^2}\beta\mathcal{Q}^2-\frac{1}{2m^2c^4}\mathcal{Q}^3-\frac{1}{8m^2c^4}[\mathcal{Q},[\mathcal{Q},\mathcal{E}]]$$

$$\frac{i^3}{3!}[S,[S,[S,H]]]$$

$$=\frac{i}{3}\left[\frac{-i\beta\mathcal{Q}}{2mc^2},\frac{-1}{2mc^2}\beta\mathcal{Q}^2-\frac{1}{2m^2c^4}\mathcal{Q}^3-\frac{1}{8m^2c^4}[\mathcal{Q},[\mathcal{Q},\mathcal{E}]]\right]$$

$$=\frac{-1}{12m^2c^4}[\beta\mathcal{Q},\beta\mathcal{Q}^2]-\frac{1}{12m^3c^6}[\beta\mathcal{Q},\mathcal{Q}^3]-\frac{1}{48m^3c^6}[\beta\mathcal{Q},[\mathcal{Q},[\mathcal{Q},\mathcal{E}]]]$$

$$=\frac{-1}{12m^2c^4}\beta\mathcal{Q}[\beta\mathcal{Q},\mathcal{Q}]-\frac{1}{12m^3c^6}\{[\beta\mathcal{Q},\mathcal{Q}]\mathcal{Q}^2+\mathcal{Q}[\beta\mathcal{Q},\mathcal{Q}^2]\}-\frac{1}{48m^3c^6}\beta[\mathcal{Q},[\mathcal{Q},[\mathcal{Q},\mathcal{E}]]]$$

$$=\frac{1}{6m^2c^4}\mathcal{Q}^3-\frac{1}{12m^3c^6}2\beta\mathcal{Q}^4-\frac{1}{12m^3c^6}\mathcal{Q}\beta[\mathcal{Q},\mathcal{Q}^2]-\frac{1}{48m^3c^6}\beta[\mathcal{Q},[\mathcal{Q},[\mathcal{Q},\mathcal{E}]]]$$

$$=\frac{1}{6m^2c^4}\mathcal{Q}^3-\frac{1}{6m^3c^6}\beta\mathcal{Q}^4-\frac{1}{48m^3c^6}\beta[\mathcal{Q},[\mathcal{Q},[\mathcal{Q},\mathcal{E}]]]\approx\frac{1}{6m^2c^4}\mathcal{Q}^3-\frac{1}{6m^3c^6}\beta\mathcal{Q}^4$$

这里略去了包含场能的$\frac{1}{m^3}$项，即最后项。于是接着有

$$\frac{i^4}{4!}[S,[S,[S,[S,H]]]]=\frac{i}{4}\left[\frac{-i\beta\mathcal{Q}}{2mc^2},\frac{1}{6m^2c^4}\mathcal{Q}^3-\frac{1}{6m^3c^6}\beta\mathcal{Q}^4\right]$$

$$\approx\frac{i}{4}\left[\frac{-i\beta\mathcal{Q}}{2mc^2},\frac{1}{6m^2c^4}\mathcal{Q}^3\right]=\frac{1}{48m^3c^6}[\beta\mathcal{Q},\mathcal{Q}^3]$$

$$=\frac{1}{48m^3c^6}\{[\beta\mathcal{Q},\mathcal{Q}]\mathcal{Q}^2+\mathcal{Q}[\beta\mathcal{Q},\mathcal{Q}^2]\}$$

$$=\frac{1}{24m^3c^6}\beta\mathcal{Q}^4+\frac{1}{48m^3c^6}\mathcal{Q}\beta[\mathcal{Q},\mathcal{Q}^2]=\frac{1}{24m^3c^6}\beta\mathcal{Q}^4$$

6.32 解： 注意 S'的最低阶为$\frac{1}{m^2}$，于是可取

$$H''=e^{iS'}(H'-i\hbar\frac{\partial}{\partial t})e^{-iS'}\cong e^{iS'}H'e^{-iS'}-i\hbar e^{iS'}\frac{\partial e^{-iS'}}{\partial t}$$

$$=H'+i[S',H']+\frac{i^2}{2}[S',[S',\beta mc^2]]-\hbar\dot{S}'$$

$$=\beta mc^2+\mathcal{E}'+\mathcal{Q}'+\mathrm{i}\left[\frac{-\mathrm{i}}{2mc^2}\beta\mathcal{Q}',\beta mc^2+\mathcal{E}'+\mathcal{Q}'\right]-\frac{1}{2}\left[\frac{-\mathrm{i}}{2mc^2}\beta\mathcal{Q}',\left[\frac{-\mathrm{i}}{2mc^2}\beta\mathcal{Q}',\beta mc^2\right]\right]-$$

$$\frac{-\mathrm{i}\hbar}{2mc^2}\beta\dot{\mathcal{Q}}'$$

$$=\beta mc^2+\mathcal{E}'+\mathcal{Q}'+\frac{1}{2mc^2}[\beta\mathcal{Q}',\beta mc^2+\mathcal{E}'+\mathcal{Q}']+\frac{1}{8mc^2}[\beta\mathcal{Q}',[\beta\mathcal{Q}',\beta]]+\frac{\mathrm{i}\hbar}{2mc^2}\beta\dot{\mathcal{Q}}'$$

$$=\beta mc^2+\mathcal{E}'+\frac{1}{2mc^2}\beta[\mathcal{Q}',\mathcal{E}']+\frac{1}{2mc^2}[\beta\mathcal{Q}',\mathcal{Q}']+\frac{1}{8mc^2}[\beta\mathcal{Q}',-2\mathcal{Q}']+\frac{\mathrm{i}\hbar}{2mc^2}\beta\dot{\mathcal{Q}}'$$

$$=\beta mc^2+\mathcal{E}'+\frac{1}{2mc^2}\beta[\mathcal{Q}',\mathcal{E}']+\frac{1}{mc^2}\beta\mathcal{Q}'^2-\frac{1}{2mc^2}\beta\mathcal{Q}'^2+\frac{\mathrm{i}\hbar}{2mc^2}\beta\dot{\mathcal{Q}}'$$

$$\approx\beta mc^2+\mathcal{E}'+\frac{1}{2mc^2}\beta[\mathcal{Q}',\mathcal{E}']+\frac{\mathrm{i}\hbar}{2mc^2}\beta\dot{\mathcal{Q}}'\equiv\beta mc^2+\mathcal{E}'+\mathcal{Q}''$$

6.33　证：对两项取厄米，注意 $\boldsymbol{p}$ 在厄米操作时还有转置运算，得

$$\left\{-\frac{\mathrm{i}e\hbar^2}{8m^2c^2}\boldsymbol{\Sigma}\cdot(\nabla\times\boldsymbol{E})-\frac{e\hbar}{4m^2c^2}\boldsymbol{\Sigma}\cdot(\boldsymbol{E}\times\boldsymbol{p})\right\}^{+}=\frac{\mathrm{i}e\hbar^2}{8m^2c^2}\boldsymbol{\Sigma}\cdot(\nabla\times\boldsymbol{E})+\frac{e\hbar}{4m^2c^2}\boldsymbol{\Sigma}\cdot(\boldsymbol{p}\times\boldsymbol{E})$$

$$=\frac{\mathrm{i}e\hbar^2}{8m^2c^2}\boldsymbol{\Sigma}\cdot(\nabla\times\boldsymbol{E})-\frac{\mathrm{i}e\hbar^2}{4m^2c^2}\boldsymbol{\Sigma}\cdot(\nabla\times\boldsymbol{E})-\frac{e\hbar}{4m^2c^2}\boldsymbol{\Sigma}\cdot(\boldsymbol{E}\times\boldsymbol{p})$$

$$=-\frac{\mathrm{i}e\hbar^2}{8m^2c^2}\boldsymbol{\Sigma}\cdot(\nabla\times\boldsymbol{E})-\frac{e\hbar}{4m^2c^2}\boldsymbol{\Sigma}\cdot(\boldsymbol{E}\times\boldsymbol{p})$$

6.34　解：　势垒高度超过 $V_0\geqslant E_k+m_0c^2$ 时，由式(6.112b)出发(略去归一化体积)

$$\psi_{\mathrm{in}}^{I}=\sqrt{\frac{E_k+m_0c^2}{2E_k}}\begin{pmatrix}a\xi_{+1}\\ \dfrac{a\hbar ck}{E_k+m_0c^2}\xi_{+1}\end{pmatrix}\mathrm{e}^{\mathrm{i}kz};\quad \psi_{\mathrm{re}}^{I}=\sqrt{\frac{E_k+m_0c^2}{2E_k}}\begin{pmatrix}b\xi_{+1}+b'\xi_{-1}\\ \dfrac{-\hbar ckb\xi_{+1}+\hbar ckb'\xi_{-1}}{E_k+m_0c^2}\end{pmatrix}\mathrm{e}^{-\mathrm{i}kz}$$

$$\psi_{\mathrm{trans}}^{II}=\sqrt{\frac{V_0-E_k+m_0c^2}{2(V_0-E_k)}}\begin{pmatrix}\mathrm{d}\xi_{+1}+\mathrm{d}'\xi_{-1}\\ \dfrac{\hbar ck'\mathrm{d}\xi_{+1}-\hbar ck'\mathrm{d}'\xi_{-1}}{V_0-E_k+m_0c^2}\end{pmatrix}\mathrm{e}^{\mathrm{i}k'z}$$

流守恒要求边界 $x=0$ 处连续 $(\psi_{\mathrm{in}}^{I}+\psi_{\mathrm{ref}}^{I})\big|_{z=0}=\psi_{\mathrm{trans}}^{II}\big|_{z=0}$，注意 $b'=d'=0$，得

$$a+b=d\sqrt{\frac{E_k(V_0-E_k+m_0c^2)}{(V_0-E_k)(E_k+m_0c^2)}}$$

$$a-b=d\,\frac{k'}{k}\sqrt{\frac{E_k(E_k+m_0c^2)}{(V_0-E_k)(V_0-E_k+m_0c^2)}}\equiv rd\sqrt{\frac{E_k}{V_0-E_k}}$$

于是得

$$r=\frac{k'}{k}\sqrt{\frac{(E_k+m_0c^2)}{(V_0-E_k+m_0c^2)}},\quad a=\frac{d}{2}\sqrt{\frac{E_k}{V_0-E_k}}\left(\frac{k'}{k}\frac{1}{r}+r\right)$$

$$b=\frac{d}{2}\sqrt{\frac{E_k}{V_0-E_k}}\left(\frac{k'}{k}\frac{1}{r}-r\right)$$

注意，对现在 $V_0\geqslant E_k+m_0c^2$ 情况，按式(6.11c)相似论证，可得

$$k'=\frac{1}{\hbar c}\sqrt{(E_k-V_0)^2-m_0^2c^4}<0$$

由式(6.31)并注意 $b'=d'=0$，沿 z 轴入射流、透射流和反射流分别为

$$j_{\mathrm{in}}=\mathrm{i}c\bar{\psi}_{\mathrm{in}}^{I}\gamma_3\psi_{\mathrm{in}}^{I}=\mathrm{i}c(\psi_{\mathrm{in}}^{I})^{+}\gamma_4\gamma_3\psi_{\mathrm{in}}^{I}=\mathrm{i}\,\frac{E_k+m_0c^2}{2E_k}\begin{pmatrix}a^*\xi_{+1} & \dfrac{a^*\hbar ck\xi_{+1}}{E_k+m_0c^2}\end{pmatrix}\gamma_4\gamma_3\begin{pmatrix}a\xi_{+1}\\ \dfrac{a\hbar ck\xi_{+1}}{E_k+m_0c^2}\end{pmatrix}$$

利用 $\gamma_4\gamma_3=\sigma_3\otimes\sigma_0\cdot\sigma_2\otimes\sigma_3=-\mathrm{i}\begin{pmatrix}0 & \sigma_3\\ \sigma_3 & 0\end{pmatrix}$，$\sigma_3\xi_{\pm1}=\pm\xi_{\pm1}$，$\xi_{\pm1}^{+}\xi_{\pm1}=1$，得

$$j_{\text{in}}=c\frac{E_k+m_0c^2}{2E_k}\begin{pmatrix}a^*\ \xi_{+1} & \dfrac{a^*\ \hbar ck}{E_k+m_0c^2}\xi_{+1}\end{pmatrix}\begin{pmatrix}0 & \sigma_3\\ \sigma_3 & 0\end{pmatrix}\begin{pmatrix}a\xi_{+1}\\ \dfrac{a\hbar ck}{E_k+m_0c^2}\xi_{+1}\end{pmatrix}=|a|^2\frac{\hbar k}{E_k/c^2}$$

$$j_{\text{re}}=\mathrm{i}c\bar{\psi}_{\text{re}}^{I}\gamma_3\psi_{\text{re}}^{I}=c\frac{E_k+m_0c^2}{2E_k}\begin{pmatrix}b^*\ \xi_{+1} & \dfrac{-b^*\ \hbar ck\xi_{+1}}{E_k+m_0c^2}\end{pmatrix}\begin{pmatrix}0 & \sigma_3\\ \sigma_3 & 0\end{pmatrix}\begin{pmatrix}b\xi_{+1}\\ \dfrac{-b\hbar ck\xi_{+1}}{E_k+m_0c^2}\end{pmatrix}=-|b|^2\frac{\hbar k}{E_k/c^2}$$

$$j_{\text{tran}}=\mathrm{i}c\bar{\psi}_{\text{tran}}^{\text{II}}\gamma_3\psi_{\text{tran}}^{\text{II}}=c\frac{V_0-E_k+m_0c^2}{2(V_0-E_k)}\begin{pmatrix}d^*\ \xi_{+1} & \dfrac{d^*\ \hbar ck'\xi_{+1}}{V_0-E_k+m_0c^2}\end{pmatrix}\begin{pmatrix}0 & \sigma_3\\ \sigma_3 & 0\end{pmatrix}\begin{pmatrix}d\xi_{+1}\\ \dfrac{d\hbar ck'\xi_{+1}}{V_0-E_k+m_0c^2}\end{pmatrix}$$

$$=c\frac{V_0-E_k+m_0c^2}{2(V_0-E_k)}\left(\frac{2|d|^2\hbar ck'}{V_0-E_k+m_0c^2}\right)=|d|^2\frac{\hbar k'}{(V_0-E_k)/c^2}$$

最后得到

$$\frac{|j_{\text{re}}|}{j_{\text{in}}}=\frac{|b|^2}{|a|^2}=\frac{(k'-r^2k)^2}{(k'+r^2k)^2}=1-\frac{j_{\text{trans}}}{j_{\text{inc}}}$$

$$\frac{j_{\text{tran}}}{j_{\text{in}}}=\frac{E_k}{V_0-E_k}\frac{k'}{k}\frac{|d|^2}{|a|^2}=\frac{E_k}{V_0-E_k}\frac{V_0-E_k}{E_k}\frac{k'}{k}\frac{4k^2r^2}{(k'+r^2k)^2}=\frac{4kk'r^2}{(k'+r^2k)^2}$$